U0816062

石头城 金陵邑 清凉山 幕府山 鼓楼 阅江楼 静海寺 天妃宫 龙江宝船厂 仪凤门 挹江门 清凉门
崇正书院 惜阴书院 颜鲁公祠 随园 扫叶楼 乌龙潭 海国图志 矿路学堂 江南水师学堂 汇文书院
金陵大学 大马路 南洋劝业会 和记洋行 扬子饭店 金陵协和神学院 道胜堂 基督教百年堂 中山码头
中山大道 颐和 大学
河海大学 南京 洞
狮岭雄观 化龙 楼
阅江楼 静海寺 公祠
随园 扫叶楼 乌龙潭 海国图志 矿路学堂 江南水师学堂 汇文书院 金陵大学 大马路 南洋劝业会
和记洋行 扬子饭店 金陵协和神学院 道胜堂 基督教百年堂 中山码头 中山大道 颐和路民国公馆区
渡江胜利纪念碑 南京长江大桥 金陵饭店 紫峰大厦 南京大学 河海大学 南京师范大学 南京艺术学院

鼓楼年鉴

2016

GULOU ALMANAC

南京市鼓楼区地方志编纂委员会办公室

方志出版社

图书在版编目（CIP）数据

鼓楼年鉴. 2016 / 南京市鼓楼区地方志编纂委员会办公室编.
—北京：方志出版社，2016. 10
ISBN 978-7-5144-2171-2

Ⅰ.①鼓… Ⅱ.①南… Ⅲ.①区（城市）—南京—2016—年鉴
Ⅳ. ①Z525.31

中国版本图书馆CIP数据核字（2016）第267364号

鼓楼年鉴（2016）

编　　者：南京市鼓楼区地方志编纂委员会办公室
责任编辑：张　颢
出 版 人：冀祥德
出 版 者：方 志 出 版 社
地址　北京市朝阳区潘家园东里9号（国家方志馆4层）
邮编　100021
网址　http://www.fzph.org
发　　行：方志出版社发行中心
电话（010）67110500
经　　销：各地新华书店
印　　刷：南京顺和印刷有限责任公司
开　　本：889×1194　　1/16
印　　张：24.25
字　　数：928千字
版　　次：2016年10月第1版　　2016年10月第1次印刷
印　　数：001～800册
ISBN 978-7-5144-2171-2　　定价：180.00元
·版权所有　翻印必究·

《鼓楼年鉴》编纂委员会

顾　　问：张一新
名誉主任：刘　军
主　　任：董　伟　梁春燕
副 主 任：周文中　沈吉鸿　丁健生　赵小华　贾　慧　童晓佳
　　　　　张　凯　翁俊军　费丽明　王　红　陈　平
委　　员：唐伯才　郭　磊　林　建　万贵祥　陈福泉　尚东明
　　　　　谢秋平　李国蓉　张云霞　王　蔚

《鼓楼年鉴》编辑部

名誉主编：梁春燕
主　　编：王　蔚
副 主 编：肖　兴
文字统纂：丁　枚
审　　读：李金春
编　　辑：沈　楠　刘　宁　王燕君
装帧设计：南京宁润艺术文化有限公司

《鼓楼年鉴》主审

张一新　中共南京市鼓楼区委书记
刘　军　中共南京市鼓楼区委副书记、区长
周文中　中共南京市鼓楼区政协党组书记、副区长
董　伟　中共南京市鼓楼区委副书记
沈吉鸿　中共南京市鼓楼区委常委、常务副区长
丁健生　中共南京市鼓楼区委常委、统战部部长
赵小华　中共南京市鼓楼区委常委、区纪委书记
贾　慧　中共南京市鼓楼区委常委、组织部部长
梁春燕　中共南京市鼓楼区委常委、宣传部部长、副区长
童晓佳　中共南京市鼓楼区委常委、副区长
张　凯　中共南京市鼓楼区委常委、政法委书记、副区长
翁俊军　中共南京市鼓楼区委常委、区人武部政委
费丽明　南京市鼓楼区人民政府副区长
王　红　南京市鼓楼区人民政府副区长
陈　平　南京市鼓楼区人民政府副区长
唐伯才　中共南京市鼓楼区委办公室主任
林　建　南京市鼓楼区人民政府办公室主任

南京市鼓楼区行政区划图

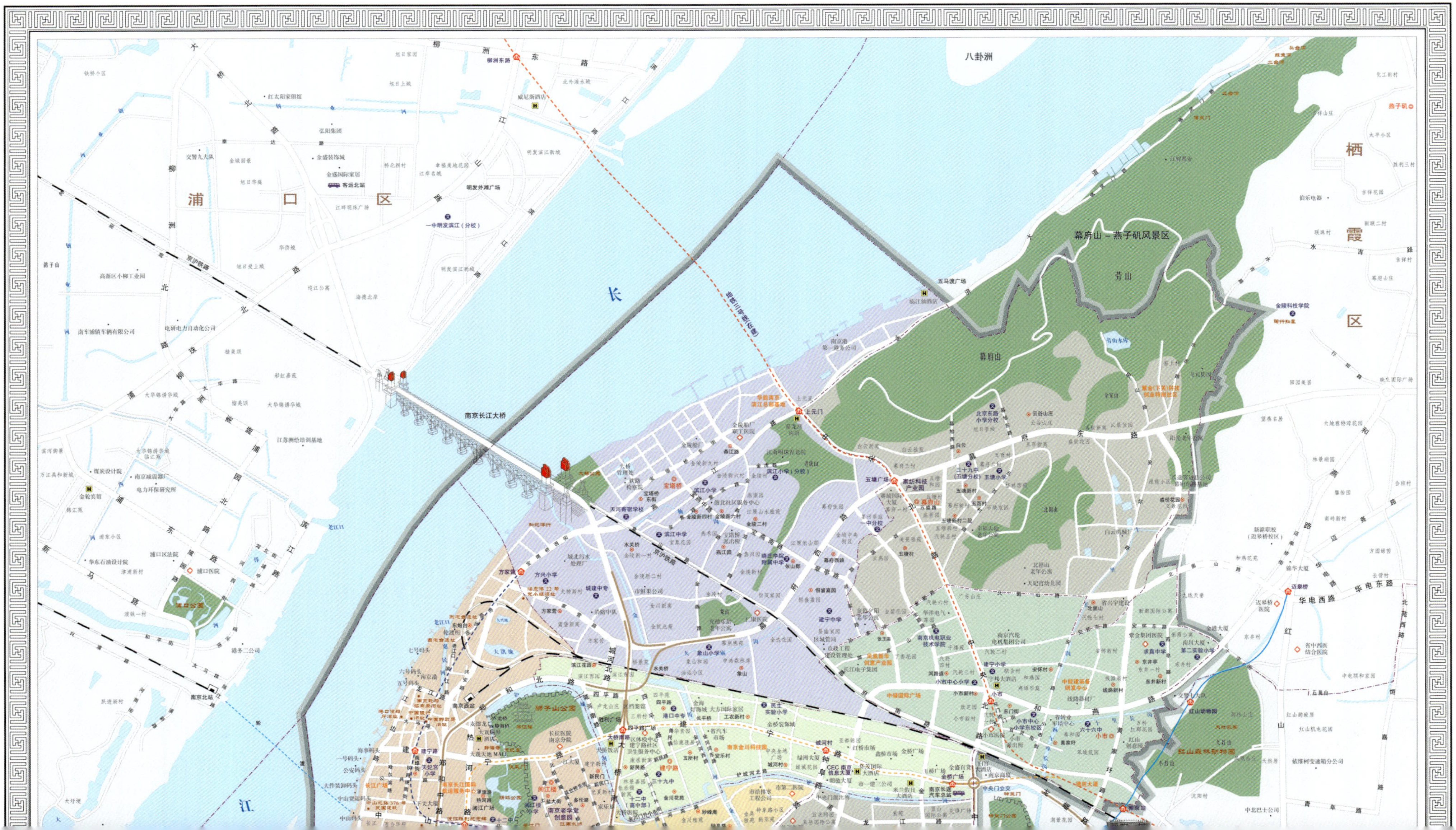

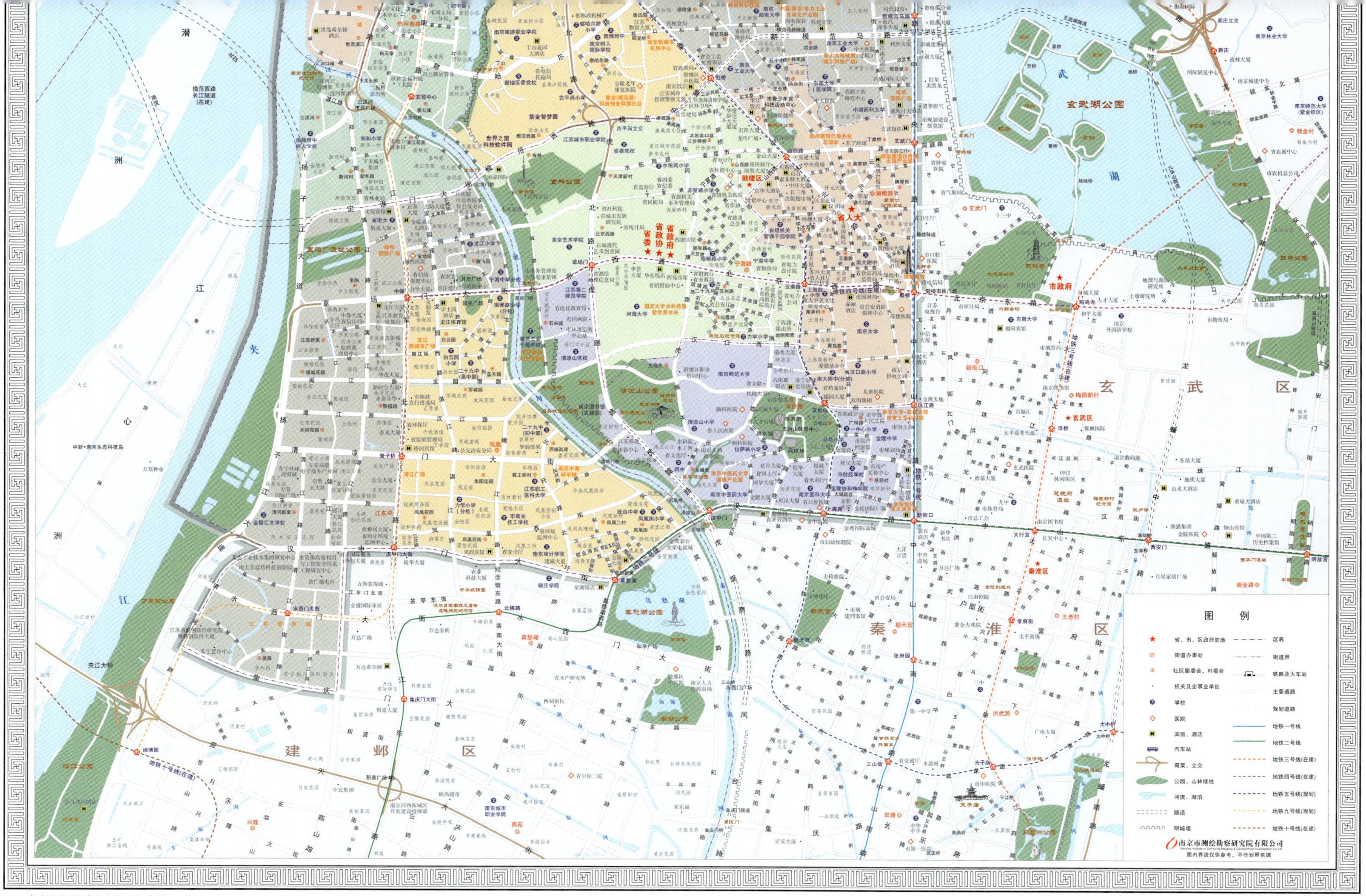

南京市鼓楼区民政局、住建局　监制
南京市测绘勘察研究院　编制

2014年1月

编辑说明

一、《鼓楼年鉴(2016)》以马克思列宁主义、毛泽东思想、邓小平理论、“三个代表”重要思想、科学发展观为指导,全面贯彻党的十八大和习近平总书记系列重要讲话精神,系统记述2015年鼓楼行政区域内自然、政治、经济、文化、社会等方面发展的主要情况,特别是记录鼓楼人民在区委、区政府的正确领导下,争创首善之区、建设幸福鼓楼的重要足迹,以及在发展中遇到的新情况、新问题。为各级党政机关、研究部门和社会各界人士及中外投资者了解、研究、建设鼓楼,提供参考依据和信息资料,也为地方志续修积累资料,是汇集区情资料的综合性地方年鉴。

二、为充分体现鼓楼特色,《鼓楼年鉴(2016)》的框架设计作了调整,全刊设18个类目:特载、专记、区情概览、都市建设、产业板块、服务业、经济管理、教育、科技、文化、公共服务、社会治理、机关团体、街道社区、人物、大事记、附录、索引。

三、《鼓楼年鉴》采用分类编辑法,设类目、分目、条目三个层次,部分分目下设副分目。2016卷有类目18个、彩图26版、随文图片82张、表格79张。

四、本卷年鉴主题彩页共分为:领导视察、幸福鼓楼·经济、幸福鼓楼·人文、幸福鼓楼·民生、践行社会主义核心价值观、纪念抗战胜利70周年、大美鼓楼七个部分。

五、《鼓楼年鉴(2016)》所刊载的文字内容和数据,由全区各部门、各街道、各单位提供,并经主管领导审定。统计资料数据使用法定计量单位,其中主要数据由鼓楼区统计局提供,其他数据由各部门提供,数据时间截至2015年12月31日。所用统计数据,由于统计的来源、口径、方式、方法和时间的不同而有一定差异,引用时以区统计局数据为准。全文中,凡直书月、日而未写年份的均为2015年。一些首次出现的内容,时间表述上作适当的上溯,个别材料时间作下延。

六、《鼓楼年鉴(2016)》的编纂工作得到全区各部门、各街道、各单位及驻区有关单位的大力支持,广大编纂人员为年鉴撰稿、编辑、校对付出了辛勤的劳动,在此深表谢意。同时欢迎社会各界提出改进意见,以便提高编纂质量。

4月25日，国务院副总理刘延东（前排左二）视察江东软件城

6月26日，省长李学勇（前排左二）视察联创集团

4月24日，2015中国·南京创洽会鼓楼主题活动“聚焦现代产业　争创首善之区——鼓楼区滨江·铁北片区投资推介会”在香格里拉大酒店开幕

4月25日，第八届中国留学人员南京国际交流与合作大会鼓楼专场活动成功举办

9月18日，模范路科技创新街区、环南艺文化创意产业功能区众创空间揭牌

9月24日，鼓楼区高端现代服务业投资推介会项目签约

3月5日，区委宣传部、区妇联、区文化局联合举办纪念“三八”国际劳动妇女节“最美家庭幸福人”活动

3月14日，南京市在石头城社区举办清明公祭活动

3月13日，华侨路街道主办，江苏省体育局、五台山体育中心和鼓楼区妇联协办的“绽放活力 舞动华侨”广场健身舞展演活动在五台山体育馆拉开帷幕

5月12日，区人口计生局在宝船厂遗址公园举办“幸福鼓楼　情暖万家”——“5·15”国际家庭日大型广场活动

6月27日，宁海路街道北京西路社区举办“最美的歌儿献给党”歌唱比赛

7月1日，鼓楼区举办区级机关纪念建党94周年表彰暨“三严三实”主题演讲会

12月4日，江苏省第四届成语教学观摩研讨会在赤壁路小学召开

2月5日，挹江门街道邀请区政协委员、书法家进社区写春联送“福”字

4月18日，鼓楼区举办第一届残疾人体育运动会开幕式暨第25次“全国助残日”宣传活动

4月30日，鼓楼区老年公益院为西藏受灾同胞义卖筹款

5月22日，鼓楼区举办综治宣传月广场活动

6月5日，鼓楼区举办“践行绿色生活　我们正在改变”——纪念六五环境日主题活动

6月19日，湖南路管委会、区市场监督管理局联合开展湖南路狮子桥步行街食品卫生检查

9月27日，南京绿地洲际酒店总经理施毕文(Rob Spiekerman)、市红十字会等单位领导到建宁路街道慰问五所村养老院老人

10月22日，区人力资源和社会保障局举办庆祝“老人节”“橙色时光　美丽夕阳”文艺汇演

12月1日，鼓楼区召开健康服务业暨卫生“协同创新、协同发展”大会

6月16日，琅琊路小学教育集团举办“我的心中之师”践行社会主义核心价值观主题活动暨第八届新城市优秀教师颁奖典礼

9月1日，宝船小学举行回归新校园后第一次开学典礼

9月30日，华侨路街道举办“中华经典诵读”活动

5月8日，宁海路街道颐和路社区党委与省级机关医院联合开展“纪念反法西斯战争胜利70周年——彭勃老将军红色故事”活动

8月25日，中央门街道军地共同纪念抗战胜利70周年

9月29日，鼓楼区军休系统举办“烽火激荡奋进路”迎国庆暨纪念抗战胜利70周年文艺演出

秦淮河两岸好风光

宋修发　摄

阅江楼的春天　　奚永根　摄

“美丽家园”——龙江　　孟　平　摄

城楼之夏　　　　葛宏军　摄

小桃园秋深　　　　肖海林　摄

华彩鼓楼　　奚永根　摄

总　目

Main Contents

目　录

特　载

专　记

区情概览

都市建设

产业板块

服 务 业

经济管理

教　育

科 技

文　化

公共服务

社会治理

机关团体

街道社区

人　物

大事记

附　录

索　引

Contents

Culture

Public Service

Social Governance

Government Agencies and Organizations

Subdistrict Community

Figures

Chronological Events

Appendix

Index

鼓楼年鉴 2016

特载

Special Reports

争首善 谋创新 促转型
群策群力打赢“十三五”开局之战
——在区委一届六次全体(扩大)会议上的报告

区委书记 杨学鹏

(2015年12月29日)

这次全会的主要任务是，深入学习贯彻党的十八大和十八届三中、四中、五中全会精神，以及习近平总书记系列重要讲话特别是视察江苏重要讲话精神，全面落实中央经济工作会议、中央城市工作会议精神以及省委十二届十一次全会、市委十三届十一次全会决策部署，回顾总结“十二五”及2015年全区工作，统筹谋划“十三五”期间鼓楼经济社会发展，研究部署2016年重点任务，动员全区上下勇于担当、奋发有为，全力打赢“十三五”开局之战，为率先全面建成更高水平的小康社会、探索开启基本现代化建设新征程打下坚实基础。

下面，我代表区委常委会向全会报告工作。

一、关于2015年工作情况

2015年是“十二五”圆满收官之年，也是科学谋划鼓楼“十三五”发展的关键之年，在鼓楼发展史上具有承前启后的特殊意义。一年以来，区委常委会在省、市委的坚强领导下，坚持稳中求进工作总基调，协调推进稳增长、促改革、转方式、调结构、惠民生各项工作，坚持以创新驱动为核心，以深化改革为动力，以依法治区为保障，主动适应经济发展新常态，更加注重提质增效、更加注重长效常态、更加注重优质均衡、更加注重和谐稳定、更加注重从严治党，加快推动改革、发展、稳定等各项事业。一年里，我们着力保增长、促转型，经济结构不断优化，在攻坚克难中完成了全年各项经济指标；一年里，我们不断推进基础设施建设，着力完善生态环境，创新城市治理体制，巩固了环境综合整治的各项成果；一年里，我们加快促进各项社会事业优质均衡发展，全力保障社会和谐稳定，群众的幸福感不断提升；一年里，我们凝心聚力推进各项综合改革，不断加大依法治区力度，坚持从严管党治党，为全区各项事业发展提供了坚实保障，荣获了“全国和谐社区建设示范城区”“全国法治县(市、区)创建先进单位”等称号。

一年来，区委常委会突出抓了以下六方面工作：

1.适应引领新常态，全力促进经济稳中有进。坚持以提高发展质量和效益为中心，重点依托七大产业功能板块，转变发展方式、调整产业结构、增强发展后劲，经济保持持续健康发展。预计全年实现地区生产总值1010亿元，增长9.5%；完成一般公共预算收入87.5亿元，增长8%；完成全社会固定资产投资277亿元，增长9%；实现社会消费品零售总额800亿元，增长11.5%。加快经济转型升级步伐，预计服务业增加值占GDP比重提高到91%，市认定总部企业达20家，新增税收亿元楼宇、特色楼宇各2幢，健康服务、智力服务、软件信息、金融等重点培育产业税收增幅均超过20%，南京朗坤软件有限公司及董事长分别入选2015年度中国软件和信息服务十大领军企业和十大领军人物。持续加大招商引资力度，全区新增实际到账千万元以上大项目150个、注册资本金62亿元，实际利用外资3.7亿美元，11家地区性总部和行业龙头企业成功落户。加速推进重点项目建设，苏宁慧谷一期、越洋国际商务中心等载体建成使用，湖北路商业综合体、湖南路地下商业街等项目全面开工，南京长江国际航运物流服务中心一期项目如期推进。全力促进创业创新，组建“南京鼓楼科技园联盟”，完成全区44个园区的空间和产业规划，模范马路科技创新街区、环南艺文化创意产业功能区两个众创空间示范区顺利揭牌，鼓楼文化产业发展中心基本建成，Amaker创客服务平台被认定为首批省级众创空间，新引进科技型企业410家，新增产学研合作项目52个，超额完成市下达的集聚“千人计划”专家、培育“科技创业家”和引进“领军型科技创业人才”等“十二五”期间招才引智目标任务。

2.提升功能品质，全力打造生态宜居环境。坚持规划引领，注重功能布局与形态优化，不断优化城市管理格局，推动城区环境品质进一步提升。加快区域协调发展，滨江、铁北、河西等重点地区建设提速，滨江商务区全面进入项目建设阶段。全力改善区域人居环境，启动并加快实施水佐岗片区等7个危旧房改造项目，完成长江新村5号等6个小区出新、861幢住宅楼道亮化，实施旭日景城、盛景园等8个小区二次供水设施改造。不断完善交通基础设施，完成燕江路、红山南路西延东段、模范马路拓宽改造等项目，新建丁家桥等一批停车场，完善道路停车智能收费系统，停车秩序进一步规范。加大环境治理力度，开展扬尘管控、渣土运输和大气污染专项整治，大庙沟、二仙沟、南十里长沟一支流等河道整治加快推进，44个排水达标区建设全面完成。积极推进城市治理网格化，完成龙江、宁海、滨江综合治理中队组建，数字化城管一期项目进入试运行阶段，城管考核引入第三方评价，城市治理水平持续提升。

3.紧扣民生福祉，全力提高居民幸福指数。加大民生保障力度，深入实施民生幸福工程，不断提升居民幸福指数。新增城镇就业35280人，大学生就业占比超过66.8%，实现自主创业2640人，城镇登记失业率控制在2.19%，基本养老保险和基本医疗保险覆盖率达98%，预计城镇居民人均可支配收入达50550元。全力加快保障房建设，五塘和园、金达花园一期、白云雅居二期建成交付。加快推动教育优质均衡发展，力学小学、宝船小学等改扩建项目投入使用，大力推进校际结对和名校办分校，校长、教师轮岗比例达到15.5%，高考二本以上达线人数位居南京市区第一，省教育督导考核顺利通过。调整优化基层医疗资源布局，热河南路、江东社区卫生服务中心以及0～3岁儿童早期综合发展训练中心投入使用，省人民医院、鼓楼医院、中大医院、南医大二附院与部分社区卫生服务中心合作共建4个医联体，17家社区卫生服务中心与驻区三级医院建立双向转诊绿色通道。不断丰富居民文化生活，成功打造"白云亭公益剧坊"特色文化品牌，白云亭文化艺术中心免费服务群众82.6万人次，"幸福鼓楼" 社区文化艺术节开展文化惠民活动2000余场，稳步推进辖区内13所高校体育设施向市民免费开放，创成"江苏省公共体育服务体系示范区"。不断完善养老服务体系，在全市率先出台加快养老服务发展实施意见，发布全国首个区级老龄事业发展白皮书，新增养老床位606张，新建AA级及以上社区养老服务站20个，居家社区养老服务中心民营率达100%。在13个街道建成街道便民服务中心，培育发展社会组织承接社区服务，建成全省首个由社会力量承办的未成年人保护中心，省级和谐社区建设达标率达99%，被国家民政部批准为第三批"全国社区治理和服务创新实验区"。

4.深化依法治区，全力保持社会和谐稳定。坚持依法执政、依法行政、公正司法同步推进，出台《关于全面推进依法治区的意见》，加快推进法治建设。健全法律服务体系，将公共法律服务纳入全区经济社会发展规划和政府公共服务范围，初步实现了政府各级法律顾问的全覆盖。加大政务信息公开力度，10个部门试点公开2014年决算信息。提升"12345""96180"热线服务效能，综合满意率位居全市前列。积极探索"1+N"陪审模式①改革，在全国率先开展陪审员工作试点，区法院被评为全省"人民满意的政法单位"，并被省委省政府记集体一等功。加快智慧检察系统建设，区检察院被评为首届全国"科技强检示范院"。健全安全生产责任体系，深入开展隐患排查治理，及时妥善做好"东方之星"号客轮翻沉事件安抚救助和善后处置工作。严格落实"五包一"化解稳控责任，非正常进京上访和重复访多发态势得到有效遏制。推行社区保安巡防责任承包制，新建警务工作站8个，建立快速处警巡逻机制，新安装老旧小区单元安全防盗门945扇，新增高清治安监控点位1655个，群众安全感持续提升。全力开展培育和践行社会主义核心价值观主题活动，顺利通过省文明城市检查，"鼓楼微讯"获腾讯"2015年度江苏最佳亲民互动奖"，全区精神文明建设成效显著。加强新形势下爱国统一战线工作，挹江门街道丁山社区获得"全国社区侨务工作示范单位"称号。扎实开展双拥共建和人民武装工作，圆满完成年度征兵任务。

5.着眼增强活力，全力推动各项综合改革。坚持将推进改革作为重要任务，增强大局观念，强化责任担当，不断增强体制机制的内在活力。大力推进经济体制和生态文明体制改革，加快政府职能转变，公布区政府93项行政审批事项、2459项权力事项清单，23个部门131个服务事项进驻行政服务大厅，改革优化机构职能及考核办法，功能板块、税源管理、统计、招商及楼宇园区等经济工作发展格局进一步完善。稳步推进民主法治领域改革，制定《关于坚持和完善人民代表大会制度推动人大工作与时俱进的意见》，健全人大对"一府两院"监督机制；制定政协专题协商议政规则，探索网络议政、远程协商新形式。推进文化体制改革，积极培育文化服务品牌，图书馆、文化馆等区级重要场馆和文化设施实现统一

①"1+N陪审模式"是鼓楼法院在人民陪审员制度改革中开展的一项试点工作，具体做法是由2名法官和1名人民陪审员组成合议庭审理案件，并组织N名人民陪审员当庭旁听案件审理，在庭审结束后由参审和旁听的人民陪审员共同讨论，对案件的事实认定问题发表自己的观点，参审的人民陪审员最终得出自己的意见并将该意见作为一票在合议时发表合议意见。

调配、运作和管理。着力推进社会体制改革,社会治理体制综合改革试点工作成效显著。稳步推进政府机构改革,组建区级市场监管体系,成立市场监管局和13个分局,完成区纪委内设机构调整,按要求加快推进其他部门合并优化。深化街道社区服务管理体制改革,全面推行社工"全科服务",在江东、小市、幕府山、宁海路4个街道试点打造社区综合服务中心,新打造苏宁睿城等13个特色社区。全力对接省医疗体制改革,打造具有鼓楼特色的医患矛盾纠纷调处服务中心。

6.落实主体责任,全力提升管党治党水平。严格按照省市委提出的"管理更严格、纪律更严明、干部更清正、政治更清明"的目标要求,不断提升从严治党水平。扎实开展"三严三实"专题教育,强化对各级领导班子和领导干部的教育管理。严控职数,稳妥推进干部配置,在基本完成超职数消化任务同时,为干部成长拓展空间。探索将审计监督纳入干部管理,建立干部"特别监督档案",扎实开展个人事项报告抽查、干部档案核查等工作。树立大抓基层鲜明导向,实施党建创新项目化管理,对薄弱社区党组织开展联动整改提升,对全区1万多家两新组织加强党建指导,推动基层党组织全面过硬。带头执行省市委关于"两个责任"的要求,制定实施细则,深化党风廉政建设"三三制"责任落实机制,对全区13个街道、18个部门党(工)委书记开展全覆盖约谈。加强廉政教育,深化落实《2013—2017年惩治和预防腐败体系建设规划》,出台《鼓楼区巡查工作办法》,开展突出问题专项巡查3项,查实并处理问题4起。积极配合省委第八巡视组做好巡视工作。今年以来,全区共立案查办各类违规违纪案件66件,其中大要案20件,追缴违纪款400余万元。

在总结成绩的同时,我们也清醒地认识到工作中存在的一些问题:经济下行压力不断增大,促进经济稳步增长的长效机制有待形成,引进有贡献度企业以及发展新兴业态成效不够显著;城市发展还存在较大的不均衡,城市面貌"二元结构"问题突出,部分地区基础设施较为薄弱,水环境整治压力较大;城市精细化管理还存在盲区和薄弱环节,长效管理不到位,执法方式单一,城市治理未形成合力;转型期间矛盾突出,化解积案和维护社会稳定任重道远;综合改革整体进展不快,推进改革"一盘棋"的思想有待进一步增强;少数党员、干部理想信念不坚定、纪律观念淡化,个别单位党风廉政责任制落实不到位,"四风"问题仍有发生。这些问题必须引起我们高度重视,采取切实措施加以解决。

二、关于"十二五"情况和"十三五"经济社会发展安排

"十二五"时期,是鼓楼发展史上综合实力提升最快、转型发展成效最大、人民群众得到实惠最多的时期之一。面对错综复杂的宏观经济环境和艰巨繁重的改革发展稳定任务,我们在中央和省市委、省市政府的坚强领导下,团结带领全区广大干部群众,紧紧围绕"争创首善之区、建设幸福鼓楼"奋斗目标,解放思想、开拓创新,顽强拼搏、锐意进取,统筹推进经济建设、政治建设、文化建设、社会建设、生态文明建设和党的建设,胜利完成了"十二五"规划确定的主要目标和任务,创造了鼓楼发展的又一个黄金期。过去的五年是全区经济实现跨越发展的五年,地区生产总值超过千亿,地方一般预算收入、社会消费品零售总额五年实现翻番,转变经济发展方式取得重大进展,服务型经济、创新型经济成为推动全区经济发展的主要引擎,产业现代化水平位居全省前列。过去五年是区域功能布局不断优化的五年,老城、河西、滨江、铁北四大功能片区建设全面推进,道路、河道、滨江岸线等基础设施不断完善,城市管理水平持续提升,生活环境更加宜居,生态环境不断优化,城市功能品质显著提升。过去五年是社会事业全面进步的五年,教育、文化、卫生、体育等发展水平继续走在全市前列,新增就业持续增加,社会保障体系全面覆盖,群众性精神文明创建富有成效,法治鼓楼、平安鼓楼建设深入推进,社会安定有序、团结和谐、充满活力,人民群众的幸福感和获得感不断提升。过去的五年是综合改革取得重大进展的五年,区划调整平稳完成,综合改革深入推进,财税体制、科技创新体制、街道管理体制、国有资产管理体制、城市管理体制改革等取得初步成效,为鼓楼"十三五"乃至更长时期的发展奠定了坚实基础。

五年的机遇挑战并存,五年的奋斗成果丰硕,五年的成就来之不易,五年的经验弥足珍贵。实践证明:只有坚持创新发展,把创新摆在全区发展全局的核心位置,推动理念创新、制度创新、科技创新和文化创新,才能不断增创发展的新优势;只有坚持转型发展,把转变发展方式贯彻于全区工作始终,才能不断开创经济社会发展新局面;只有坚持协同发展,正确处理好经济与社会、建设与管理、人与自然的关系,才能形成均衡、全面、包容、可持续发展新格局;只有坚持和谐发展,把改善民生作为一切工作的出发点和落脚点,才能凝心聚力实现发展的新跨越。

"十三五"时期是鼓楼建成更高水平小康社会、探索开启基本现代化建设新征程的关键时期,必须客观分析国内外形势的新变化,准确把握经济社会发展的新趋势。世界经济仍处在国际金融危机后的深度调整期,总体仍将延续疲弱复苏态势,不确定性、不稳定性和出现突然性事件的可能性比较大;国内经济基本面是好的,潜力大、韧性强、回旋余地大,但发展仍面临不少困难和挑战,经济减速还没有触底,下行压力仍然较大,结构调整阵痛显现,统筹稳增长、促改革、调结构、惠民生、防风险的任务非常艰巨;区域竞争格

局不断加剧，我们面临着标兵奋力前行、追兵加速赶超的激烈竞争态势；中心城区完善城市治理体系、提高城市治理能力、解决城市病等紧迫任务和人民群众对美好生活的新期待，对我们的各项工作提出了更高要求。面对发展中的各种难题，区委常委会认为，"十三五"时期，我们既要坚持底线思维，做好应对各种新挑战的准备，更要看到发展新常态下蕴含的机遇尤其是我们自身的基础和优势，主动作为，勇闯难关，进一步坚定发展信心。一是我们拥有优势独特的发展资源。鼓楼历史文化底蕴深厚、区位交通优越、科教与人才资源丰富、自然山水组合良好，具有与经济社会转型发展趋势高度契合的资源条件。二是我们拥有精耕厚植的发展基础。"十二五"规划实施以来，特别是新区成立以来，依托原两区良好的发展基础，我们在转方式、调结构上取得了积极进展，一批打基础、利长远、惠民生的重点项目将陆续竣工，培育了潜力，增强了韧性，拓宽了回旋余地，发展后劲正在日益显现。三是我们拥有人心思进的发展氛围。新区成立以来，区四套班子团结一心、精诚合作，我们的干部队伍经受住了各种大事难事的考验，这是我区发展最宝贵的依托。特别是干部队伍在教育实践活动、"三严三实"专题教育、亚青会、青奥会等重大活动中所锻造的工作激情和工作能力，在推动经济发展和重大项目建设中所展现的敢于担当、善打硬仗的优良作风，为推动鼓楼"十三五"发展提供了坚强保障，也坚定了我们破解发展难题、加快转型发展的决心。

面对新形势、新任务，我们要进一步统一思想、振奋精神，以更加强烈的使命感、责任感和紧迫感，抢抓机遇，科学谋划，创新思路，扎实工作，为区域发展赢得新优势、创造新辉煌。"十三五"时期鼓楼发展的指导思想是：高举中国特色社会主义伟大旗帜，全面贯彻党的十八大和十八届三中、四中、五中全会精神，以马列主义、毛泽东思想、邓小平理论、"三个代表"重要思想和科学发展观为指导，全面贯彻习近平总书记系列重要讲话精神，以总书记视察江苏重要讲话精神为引领，紧紧围绕"四个全面"战略布局，牢固树立创新、协调、绿色、开放、共享发展理念，牢记"两个率先"光荣使命，全面对接"四个城市""五型经济"②，更加注重提质增效、更加注重共建共享、更加注重优质均衡、更加注重多元共治、更加注重从严治党，着力打造"创新发展核心区、滨江发展示范区、生活宜居样板区、古都特色风貌区"，为"争创首善之区、建设幸福鼓楼"而努力奋斗。

贯彻上述指导思想，综合考虑未来发展的趋势和条件，今后五年，全区经济社会发展的主要目标是实现"五个显著提升"：

一是综合经济实力显著提升。到2020年，地区生产总值达1500亿元，公共财政预算收入突破126亿元，固定资产投资5年累计达1200亿元，服务业占GDP比重达93%以上，现代服务业竞争力全省领先，发展的全面性、协调性和可持续性显著增强。

二是科技创新能力显著提升。到2020年，全社会研发经费支出占GDP比重达3.6%，科技进步贡献率达66%，万人发明专利拥有量达35件，区域自主创新能力明显增强，创新驱动特征更加明显。

三是城市功能品质显著提升。到2020年，各功能片区定位明确、互补共进，基础设施更加完善，危旧房片区和黑臭河道基本消除，城镇绿化覆盖率达35%以上，生态环境更加优良，城市管理的精细化、科学化水平明显提高，生活环境更加宜居。

四是民生幸福水平显著提升。到2020年，居民人均可支配收入达到7.5万元，教育、卫生、养老等社会事业全面发展，公共服务能力和水平进一步提升，就业更加充分，社会保障体系更加完善，民生"七个更"③要求得到更好落实。

五是文化发展水平显著提升。到2020年，文化产业增加值占GDP比重超过10%，历史文化资源整合利用水平显著提升，文化旅游活动丰富活跃，形成一批在全国有重要影响的文化、旅游品牌，文化引领力、凝聚力、影响力和竞争力明显增强。

经过全区上下的共同努力，到2020年，全区经济实力更加雄厚、科技创新更具活力、城市环境更加优美、人民生活更加幸福、文化特色魅力更加彰显，在全面建成更高水平小康社会的基础上，探索开启基本实现现代化新征程。

具体工作中，我们要着力把握好以下三个方面的工作要求：

一是坚持"首善、率先"的目标追求。牢固树立高远宽阔的战略思维，立足大格局、把握大趋势，科学谋划鼓楼经济社会发展。坚持高端、核心、领先、一流的定位，加快集聚高端资源，发展高端产业，打造高品质环境，提供高效能服务，

②指南京市委提出的建设"一带一路"节点城市、长江经济带门户城市、长三角区域中心城市和国家创新型城市，发展创新型、服务型、枢纽型、开放型、生态型经济。

③习近平总书记2014年年末视察江苏期间发表了重要讲话，寄望江苏"五个迈上新台阶"，其中在推动民生迈上新台阶方面提出了"七个更"的目标：更好的教育、更稳定的工作、更满意的收入、更可靠的社会保障、更高水平的医疗卫生服务、更舒适的居住条件、更优美的环境。

推动发展迈向更强能级、更高层次。牢固树立绿色、人文、智慧、集约的理念，坚持精心规划、精致建设、精细管理的导向，在更精细化的空间中谋篇布局，打造更优的产业品质、建设品质、环境品质、生活品质和服务品质。牢固树立领先率先的工作标杆，始终保持创先争优、奋发有为的精神状态，使“创首善、争一流”的理念成为全区上下的自觉追求。

二是坚持践行“五大发展理念”。坚持创新发展，把创新作为引领发展的第一动力，大力推动产业创新和制度创新，加快形成以创新为主要引领和支撑的发展模式。坚持协调发展，更加注重各产业之间、各功能板块之间、各街道之间和各领域之间的协调促进，更加注重推动经济与社会、人与自然、物质文明与精神文明等各个方面的协调发展，全面提高发展的整体效能。坚持绿色发展，从生产和生活两头入手、治理和保护两手齐抓，加快形成节约资源和保护环境的生产生活方式，建设生态宜居的美丽家园。坚持开放发展，更加主动融入国家全方位对外开放大局，积极对接“一带一路”、长江经济带战略，加快形成开放型经济新优势。坚持共享发展，以民生“七个更”为目标，加快推进基本公共服务全覆盖、均等化、高水平，推动社会治理体系和治理能力现代化，切实提升鼓楼百姓的幸福感与获得感。

三是坚持打造“四铁”干部队伍。全区各级干部是推动鼓楼事业发展的中坚力量，实现全面建成更高水平小康社会奋斗目标，关键在于培养造就一支具有铁一般信仰、铁一般信念、铁一般纪律、铁一般担当的干部队伍。全区各级干部必须坚定对马克思主义的信仰、对社会主义和共产主义的信念，始终与党中央保持高度一致，真正做到明其理、笃其行。必须始终保持锲而不舍的意志信念，在困难面前不消沉不动摇，在顺境下不骄不躁，能经受住各种风险和困难的考验，抵制住各种腐朽思想的侵蚀。必须始终把纪律挺在前面，严格遵守党的各项纪律，坚持依法执政、依法行政、依法办事，讲政治、讲原则、讲规矩。必须勇于担负党和人民赋予的历史使命，敢于担当、不惧艰险，奋力拼搏、开拓创新，努力实现“十三五”鼓楼发展新跨越。

三、关于 2016 年工作部署

2016 年是全面建成小康社会决胜阶段的开局之年，是深化改革开放、聚力转型创新的攻坚之年，也是鼓楼区划调整红利集中释放、城市能级扩张提升的关键之年。落实好 2016 年的工作，对鼓楼奠定“十三五”发展基础、开启跨越发展新阶段影响深远、意义重大。最近，中央经济工作会议提出 2016 年宏观政策要稳、产业政策要准、微观政策要活、改革政策要实、社会政策要托底五大政策支柱，确定了经济工作去产能、去库存、去杠杆、降成本、补短板五大任务。中央城市工作会议要求尊重城市发展规律，统筹空间、规模、产业三大结构，提高城市工作全局性；统筹规划、建设、管理三大环节，提高城市工作的系统性；统筹改革、科技、文化三大动力，提高城市发展持续性；统筹生产、生活、生态三大布局，提高城市发展的宜居性；统筹政府、社会、市民三大主体，提高各方推动城市发展的积极性，进一步明确了城市工作思路和今后城市发展方向。综合中央和省、市委精神，2016 年全区工作的指导思想是：全面落实中央和省、市委一系列工作部署，牢牢把握“争创首善之区、建设幸福鼓楼”工作总定位和稳中求进的工作总基调，突出转型发展、品质提升、民生改善、依法治区、深化改革、从严治党六大任务，全面推进经济、政治、社会、文化、生态文明和党的建设，推动鼓楼继续走在全市、全省乃至全国同类城区发展的前列，努力开创“十三五”发展的崭新局面。2016 年全区经济社会发展预期目标是：地区生产总值增长 9%，服务业增加值增长 10%，公共财政预算收入增长 8%，全社会固定资产投资完成 240 亿元，社会消费品零售总额增长 10%，城镇居民人均可支配收入增长 8.5%，城镇登记失业率控制在 2.7%以内，努力实现经济发展质量和效益更高，城市功能品质整体提升，社会治理体系逐步健全，鼓楼特色首位度和核心竞争力更加突出。重点抓好以下六个方面的工作：

（一）聚力转型创新，推动经济平稳较快发展

准确把握当前城市发展内涵的深刻变化，科学规划城市空间布局，坚持创新驱动，厚植竞争优势，实现紧凑集约、高效绿色发展，努力打造鼓楼经济“升级版”。

聚焦优势产业，提升综合实力。优化调整产业功能板块体制机制，突出产业功能定位，加快载体和配套建设，以功能板块引领全区产业发展。整合发展资源，加大工作力度，促进商务商贸、航运服务、现代旅游、软件信息、智力服务等重点产业加快发展。以全市建设中国健康服务与生命科技名城为契机，整合发展空间资源，加速打造五台山健康服务集聚区，推动南京中医药服务贸易发展促进中心建设，实施健康服务业试点示范。围绕环南艺文化创意产业功能区建设，进一步落实空间与产业规划，继续推进南京艺术学院文化创意产业园和英发比高影视文化产业园建设，加大文创产业政策扶持力度，发展文创投资基金，加速创意成果转换，打造鼓楼特色文创品牌。始终把总部楼宇经济作为提升鼓楼经济特色首位度的重要路径，同步推进高端楼宇建设和老旧楼宇改造，创新完善楼宇服务管理模式，打造“数字楼宇”“智慧楼宇”服务平台，新增亿元楼宇 1 幢、特色楼宇 2 幢，引进和培育一批优质总部企业。加快建立企业上市服务体系，鼓励企业运用多层次资本市场融资。

聚焦创新创业，转换增长动力。加快各类科技创新载

体建设，着力打造模范路科技创新众创空间示范街区和环南艺文化创意产业功能区众创空间。加大大学科技园建设力度，重点推进南京财经大学科技园、南京审计大学科技园等大学科技园建设，积极探索产学研对接、校企对接有效形式，确保落地产学研合作项目50个以上。充分发挥企业在创新创业和引才方面的主体作用，实施“百家高企扶持计划”，构筑以南京科技广场为核心的公共服务平台支撑体系，出台协同创新中心战略发展计划，组建产业技术创新联盟，完善科技投融资体系，开展知识产权“护航”行动，加速集聚以高新技术企业为骨干的创新型企业。

聚焦重大项目，增强发展潜力。始终将重大项目作为稳增长、调结构、促转型、保后劲的重要抓手，坚持区领导挂钩联系重大项目，明确128个重大项目管理推进的工作责任，建立重大项目建设“绿色通道”，强化跟踪服务，助推重大项目早日落地见效。突出主导产业集聚和重点项目招商，办好创洽会、金洽会等重大招商活动，积极“走出去”赴境内外招商，吸引跨国公司和优质企业来我区设立地区总部，加快引进高端现代服务业和新兴产业项目，培育新的经济增长点。开展降低实体经济企业成本行动，落实减税清费政策，降低企业制度性交易成本、人工成本等，增强优质企业竞争力和困难企业活力。

（二）着眼协调长效，全面深化城市建设管理

坚持把创造优良人居环境作为中心目标，增强城市内部布局的合理性，提升城市的通透性和微循环能力。坚持协调发展、长效管理，立足精细、精致、精品，努力把鼓楼建设成为人与人、人与自然和谐共处的美丽家园。

集中力量改造重点片区。全力推进滨江片区开发，加快龙湖、证大、深业、中冶、恒大等项目建设，实现片区内滨江风光带全线贯通，全面拉开基础设施和路网建设框架，初步展现滨江现代化发展雏形。重点改造提升铁北片区，加快大桥南堡附近工业企业搬迁步伐，推动片区面貌改造，完善路网体系，促进区域协调发展。全力推进伍佰村地块等10个危旧房片区改造。着力推动湖南路地区二次提升，有序推进湖南路地下商业街、湖北路商业综合体建设，加快湖南路0405片等地块开发。有序推进中央门商贸区转型发展，加快中储电子商务区等载体建设。着力解决小粉桥、宁海路地块的开发建设。

建管并举提升环境品质。以改善中心城区微循环、完善铁北地区路网为重点，实施新兴路西延一期、红山南路西延、北祥路等道路建设工程，增设红楼山庄等停车设施，扩大公共自行车租赁网点范围，打造多元、畅达、便捷的交通环境。出新整治凤凰西街57号等13个老旧小区，实施开元新寓等20个小区的二次供水设施改造，完成86个排水达标区建设，实施大庙沟、二仙沟、清江河等8条黑臭河道生态修复工程，进一步提升群众居住品质。坚持源头严防、过程严管、后果严惩原则，强力推进执法整治，坚决落实扬尘污染防治、大气污染防控、渣土运输管理、餐饮油烟治理等各项管控措施，营造人民群众满意的生态宜居环境。

常态长效强化城市治理。进一步理清区街城市管理工作职责，强化街道属地管理责任落实，健全财权与事权相统一、职能与责任相适应的工作机制。加强城市治理标准化建设，全面深化网格化管理，推动社会工作网格化与城市治理网格化有机融合。继续在重点地区组建综合治理中队，实行执法、市政、环卫、停车“四位一体”的“班车式”综合巡防管理。加快环卫、市政基础设施养护作业市场化改革，促进养护水平不断提高。全面推进环卫保洁机械化，推动停车收费智能化，建成集投诉举报办理、设施养护监控、城管数据管理、防汛指挥等功能于一体的智能化指挥系统，提升城市治理的科学化、规范化水平。

（三）强化均衡共享，持续提升群众幸福指数

积极回应老百姓的物质和精神需求，提高公共服务水平，丰富公共产品供给，让鼓楼的发展更好满足百姓需求，老百姓有更多获得感。

健全社会保障体系。坚持就业优先，打造“鼓楼就业”智慧服务平台，全年新增城镇就业27500人、自主创业2400人，城镇登记失业率控制在2.7%以内。全面落实国家及省市各项社会保险政策，社会保险覆盖率达98%以上，创新“8+1+N”④社会救助体系。创新养老服务模式，鼓励养老机构“开门办院”，试点“小区养老”和困难老人家庭适老化改造推进社区居家养老服务，发展智慧养老，建设集机构、居家、社区为一体的区域性综合养老服务中心，促进养老与社会组织联动发展。

推动社会事业均衡发展。围绕打造一流的现代化教育强区目标，进一步优化教育资源布局，建成交付华宏A中学、科睿小学二期、中海配建小学及幼儿园等校舍，加快启动29中高中部建设，大力实施名校（园）办分校（园），推进义务教育学校校长、教师流动制度化、常态化，加大名师队伍建设，推动教育优质均衡发展。深化驻区大医院与基层社区服务中心“资源共享、双向转诊、预约诊疗、技术扶持、人才培养”的医疗联合体模式，推进湖南路、中央门等社区卫生服务中心建设，拓展医养康综合服务和家庭医生签约服务，建设具有鼓楼特色的现代化医疗卫生体系。推进白云亭

④“8+1”即最低生活保障、医疗救助、临时救助等8项救助制度和社会力量参与，“N”即特色区级救助政策。

文化艺术中心(二期)建设,发挥好其文化惠民作用。做好全国第二次地名普查工作,弘扬和传承优秀地名文化。积极做好全面二孩政策落实,提升人口服务管理水平。

提升公民道德文化素质。加强社会主义核心价值观宣传实践,大力开展“我们的节日”等群众性精神文化活动,选树“千百十”鼓楼先进人物以及“每月一星”“鼓楼好人”等先进典型,打造“广场志愿服务”品牌,深化“湖南路诚信商业街”和“颐和路历史文化街区”品牌建设,强化未成年人思想道德建设,大力弘扬主旋律和正能量。做好“五个一批”文化人才和青年文化人才的选拔、培养及项目资助工作,成立鼓楼区文联和各街道文联,组织好一系列品牌群众文化活动,放大鼓楼微讯官方微博影响力。完善社会征信体系,营造“守信者一路畅通、失信者寸步难行”的良好氛围。

(四)立足和谐稳定,不断强化民主法治建设

牢固树立法治观念,大力发扬社会主义民主,强化公正廉洁司法,创新社会治理方式,妥善处理社会矛盾,巩固发展平安稳定和谐大局。

加强民主政治建设。充分发挥党委总揽全局、协调各方的领导核心作用,不断加强和改进党的领导。支持区人大及其常委会加强自身建设、依法履行职能,着力提升区街人大工作水平,保障人大代表充分行使职权。支持区政协积极探索基层协商民主的有效形式,切实履行政治协商、民主监督、参政议政职能。全面贯彻落实中央和省市委统战工作会议精神和《中国共产党统一战线工作条例》,结合鼓楼实际,重点以更加开放的视野开展具有鼓楼特色的文化统战工作。支持工青妇、红十字会、残联等群团组织加强规范化建设,积极参与社会服务管理。加强党对人民武装工作的领导,创新开展双拥共建活动,推进军民融合发展。

深入推进依法治区。强化法治思维,提高公职人员特别是领导干部运用法治思维和法治方式处理问题的意识和能力。全面实施清单管理机制,健全依法决策、依法执行机制,推进执法规范化建设,推动行政复议委员会实质运作,提升行政机关负责人出庭应诉率,深化法治政府建设。稳步推进法官、检察官员额制等司法改革,继续深入开展人民陪审员工作改革试点,开展检察官办案责任制等改革,完善工作运行机制,努力维护公平正义,确保司法机关依法独立公正行使司法权。加强法治宣传教育,争创“六五”普法全国先进区,引导全社会形成学法、尊法、守法、用法的良好风气。

维护社会和谐稳定。加强矛盾风险源头预防和信息预警,落实领导干部“三访一包”和联席会办制度,更加重视初信初访,提高信访积案化解率。完善调解、仲裁、行政裁决、行政复议、诉讼等多元矛盾化解机制,引导社会组织、社会力量参与化解矛盾纠纷。深化综治和平安创建工作,推进公安巡防体制改革,优化警务服务站运行模式,建立视频共享应用机制,推广单元安全防盗门安装,全面完成区技防城建设任务,打造立体化、现代化社会治安防控体系,形成对违法犯罪行为的高压态势。做好敏感时期安保和重大社情掌控工作,强化安全生产和食品药品监管,加强居民防空防灾知识技能培训,巩固和谐稳定的社会局面。

(五)突出重点领域,稳步推进全区综合改革

认真落实中央、省、市关于全面深化改革的各项要求,坚持问题导向,以重点领域为突破,用改革创新的办法破解制约发展的体制机制弊端,释放区域创新发展活力。

深化机关事业单位改革。全面推进政府机构改革,按照“精简、统一、效能”的要求,围绕卫生、人口和计生、城市建设和管理、经济管理、社会建设等领域机构整合,抓好新机构组建和“三定”方案制定工作,确保工作的延续性。进一步转变政府职能,建立公开体系科学、内容完整、边界清晰的政府部门职责清单,完善行政审批制度配套机制,推进清单动态管理,不断提高行政服务的效率和水平。抓好事业单位分类改革工作的组织实施,理顺政府与事业单位的关系,对面向社会提供公益服务的事业单位,积极探索管办分离的有效实现形式,实行政事分开。落实事业单位法人自主权,积极探索多种形式的法人治理结构,健全决策、执行和监督机制。

探索社区治理体系改革。深入开展“社会治理和服务创新实验区”建设,积极探索社区协商新模式。深化街道社区管理服务体制改革,大力推进社区公共服务平台整合,继续试点推进社区公共服务站服务外包,促进社区“去行政化”。深化以社区为平台、社区社会组织为载体、社会工作专业人才队伍为支撑的“三社”联动机制,探索建立“六社互动”⑤共同参与机制,完善社区微网格自治体系,促进共建共享,强化社区自治。深化星级文明和谐社区创建,全面设立社区型基金,开展微公益创投,积极发展“互联网+”社区服务。深化特色社区建设,着手对118个社区进行逐个规划,努力做到一社一特,引领新一轮社区建设。

推进重点领域综合改革。深化教育办学体制机制改革,鼓励吸引社会资金发展教育,扩大和落实学校办学自主权,促进形成政府宏观管理、学校自主办学、社会广泛参

⑤“六社”指社区、社会组织、社工、社区志愿者、社区“两代表一委员”、社区驻区单位。

与的新格局。加强医疗机构人才队伍建设，完善公共医疗卫生机构考核评价机制，创新基层单位激励机制，稳步推进医师多点执业，建立医疗卫生技术人员和基层领导定期轮岗制度，进一步提升公共医疗服务水平。积极深化城管体制改革，推进执法队伍改革、停车管理规范化和公用设施市场化等重点工作，激发城市管理活力，增强城市长效管理发展后劲。

（六）坚持从严治党，不断提升党建工作水平

坚持党要管党、从严治党，与时俱进提升执政能力，弛而不息狠抓党风党纪，始终保持党的先进性和纯洁性，为“首善之区、幸福鼓楼”建设提供强有力的组织保障。

加强领导班子和干部队伍建设。以十八大以来党的创新理论以及习近平总书记系列重要讲话精神为重点，加强党员领导干部思想理论武装，完善区委中心组学习制度，坚持领导干部上讲台，推动街道、系统党（工）委中心组学习巡听旁听工作。做好区第二次党代会筹备工作，有序推进区党代会代表选举，确保选举程序规范、风清气正。筹备、组织好区人大、政府、政协换届工作。研究制定《鼓楼区党政班子建设规划纲要》，对区管领导班子开展持续性评估，找准优化方向。坚持从严选配干部，坚持以德为先，按照岗位标准考察评价和选拔干部。合理使用各年龄段干部，继续开展区管非领导职务配备、街道公务员职务与职级并行工作，注重培养选拔优秀女干部和党外干部，加大年轻干部培养选拔力度，推进干部交流，提升人岗相适度，激发干部干事创业热情。

强化基层党建和党员教育管理。严格落实基层党建工作责任制，加强中期评估和过程把控。继续实施党建创新项目化管理，力争每个党工委至少培育一个创新项目。完善组织员制度，配齐配强抓基层党建工作的专门力量。强化基层党组织的政治功能和领导核心地位，探索建立基层党组织在社区民主协商中发挥作用的有效机制。结合社区党组织换届，选优配强社区带头人队伍，对末位薄弱党组织持续开展整治。重点加强新兴领域党建工作，健全两新组织党建制度，实现分层分类管理。规范党员教育管理，理顺党员组织关系，严格落实流动党员管理、不合格党员处置等各项制度。利用党校等各类教育培训基地，大力开展党性教育培训，组织干部赴高校开展综合素质培训。建立在职党员联系服务群众长效机制，促进党员发挥先锋作用。

深化党风廉政建设。坚持把纪律和规矩挺在前面，深入贯彻执行《中国共产党廉洁自律准则》和《中国共产党纪律处分条例》，综合运用体验教育、警示教育和“以案说纪”教育，深入挖掘鼓楼传统廉政资源，将文化导向与纪律要求相结合，树高线、明底线，让守纪律、讲规矩成为鼓楼干部队伍的鲜明特质。进一步完善鼓楼特色的“三三制”党风廉政建设责任落实机制，严格执行“两个责任”追究办法，坚持“一案双查”，促进“两个责任”的具体化要求落到实处。坚持问题导向，创新监督方式方法，加强约谈提醒，开展专项巡查，强化廉政风险防控，探索“互联网＋权力监督”新路径，提升监督实效。开展强化主体责任、强化责任追究、强化责任担当专项行动，促进遵守纪律与勇于担当有机统一。准确把握运用“四种形态”⑥，既保持严惩腐败的高压态势，又坚持纪在法前，抓早抓小、动辄则咎，加大纪律审查力度，做到高标准和守底线相合，对违纪问题予以精准有效惩处，努力形成不敢腐、不能腐、不易腐的机制约束，营造干部清正、政府清廉、政治清明的良好政治生态。

同志们，新的发展蓝图已经绘就，新的目标更加催人奋进。让我们紧密团结在以习近平同志为总书记的党中央周围，在省委、市委的坚强领导下，团结带领全区党员和干部群众，大力发扬“负重攀登，敢为人先”的鼓楼精神，开拓创新、求真务实、奋力攻坚、永不懈怠，为“十三五”发展开好局，在率先全面建成更高水平小康社会、探索开启基本现代化建设新征程中夺取新的胜利！

---

⑥一是党内关系要正常化，批评和自我批评要经常开展，让咬耳扯袖、红脸出汗成为常态；二是党纪轻处分和组织处理要成为大多数；三是对严重违纪的重处分、作出重大职务调整应当是少数；四是严重违纪涉嫌违法立案审查的只能是极极少数。

政府工作报告
——在区第一届人民代表大会第四次会议上

区人民政府代区长　刘　军

(2016年1月14日)

各位代表：

现在，我代表鼓楼区人民政府，向大会作工作报告，请予审议，并请区政协各位委员和列席会议的同志提出意见。

2015年及"十二五"工作回顾

2015年是"十二五"圆满收官、科学谋划"十三五"发展的关键之年。全区上下认真贯彻党的十八大和十八届三中、四中、五中全会精神，以及习近平总书记系列重要讲话特别是视察江苏重要讲话精神，在区委的正确领导下，在区人大、区政协的监督帮助下，坚持稳中求进的工作总基调，全力落实稳增长、促改革、转方式、调结构、惠民生的各项要求，经济社会发展在新常态下保持了良好的态势。全年实现地区生产总值1011.81亿元，增长10%，其中服务业增加值925.93亿元，增长11.7%，占GDP比重达91.5%；完成税收收入141.3亿元，增长9.1%，一般公共预算收入87.9亿元，增长8.5%；完成全社会固定资产投资278.07亿元，增长9.3%；实现社会消费品零售总额797.6亿元，增长11.5%；城镇居民人均可支配收入达50526.5元，增长8.4%。

一、突出产业结构调整，发展质量进一步提升

以提高发展质量和效益为中心，重点依托产业功能板块，全力推动产业结构调整和发展方式转变，经济发展格局持续优化。

重点产业加快集聚。制定了《鼓楼区"互联网+"实施方案》，积极落实促进总部经济、楼宇经济和重点特色产业发展的政策措施，新增亿元楼宇、特色楼宇各2幢，新增市认定总部企业1家，11家地区性总部和行业龙头企业成功落户，规模楼宇税收总额增长超过15%，健康服务、智力服务、软件信息、金融服务等优势产业税收增幅均超过20%。出台了《鼓楼区关于在金融领域扶持中小微企业发展的若干意见》，全信传输、四新科技等6家企业成功上市，38家企业筹备挂牌。

创新驱动深入实施。制定了《鼓楼区关于加快发展众创空间推进大众创业创新的实施方案》，明确了"2+N"的众创空间建设格局，模范路科技创新街区、环南艺文化创意产业功能区两个众创空间示范区顺利揭牌，星火众创工厂等8家众创空间建成运营。组建"南京鼓楼科技园联盟"，完成44个园区的空间和产业规划，新引进科技型企业410家，新增产学研合作项目52个，实现高新技术产业产值342亿元。超额完成市下达的集聚"千人计划"专家、培育"科技创业家"和引进"领军型科技创业人才"等"十二五"招才引智目标任务。

载体建设全面提速。围绕产业功能板块建设，加大资金、项目集聚力度，滨江1号地块转让全面落实，滨江商务区全面进入开发建设阶段，航运中心主体施工，成功引入南京航交所；证大、深业、龙湖、中冶、南京港(集团)总部大楼等项目进展顺利；苏宁慧谷一期、艾志科技中心二期、越洋国际商务中心等载体竣工交付，湖南路地下商业街、新城创置湖北路商业综合体项目全面开工，中储电子商务区二期实现土地挂牌。

发展活力不断增强。健全经济运行机制，在全市率先完成市场监管体制改革，组建市场监管局和13个分局，全面落实"多证联办""三证合一"等改革措施，新增民营企业4560户、注册资本金319亿元。成功举办了"创洽会""金洽会""软博会"等招商活动，全区新增实际到账千万元以上大项目161个、注册资本金65亿元，实际利用外资3.7亿美元。

二、突出城市功能完善，环境品质进一步提升

坚持规划引领，注重功能布局，统筹推进危旧房改造、基础设施建设、生态环境治理，城市承载力有效增强。

铁北开发初见形象。全面梳排五大类80个重点建设项目，基本完成金宁三环危旧房项目的征收，加快推动中央北路95号等地块动迁，线路器材厂及周边地块完成挂牌出让。启动了中央北路干道整治，燕江路、红山南路西延东段竣工通车，白云路、水吉路、和园路等基本建成。华能南京滨江总部基地2号楼、华宏家纺科技创意产业园一期投入使

用，中能建能源装备产业园等一批重点载体项目加快建设。

危旧房改造有序推进。集中力量实施宝善片区动迁扫尾，杨家花园、水佐岗等一批危旧房项目在计奖期内基本完成动迁，建宁路8号、三汊河新河村等地块完成征收，动迁居民1302户、工企单位36家、面积约24万平方米。积极推进梅家塘及增补等9个地块的运作，果品市场等3个地块完成挂牌出让。

基础建设加快实施。积极推进铁路南京西站迁建，全力做好地铁、纬三路过江通道、模范西路拓宽改造等重大市政工程的服务保障，建成汉江路、慈悲社、人和街等道路。南十里长沟一支流、大庙沟、二仙沟等河道整治工程加快推进，44个排水达标区建设全面竣工移交。完成了长江新村5号等6个小区出新、861幢住宅楼道亮化，改造了旭日景城等8个小区的二次供水设施。

三、突出管理长效常态，治理水平进一步提升

优化管理职能、落实属地责任，强力推进拆违控违、环境整治、停车管理等各项工作，城市面貌持续改善。

城管体制改革全面推进。调整优化区街城市治理体制，将资金、人员等向街道倾斜，轮岗交流了147名城管执法队员。全面实施园林绿化设施养护市场化，试点小区院落市场化保洁，在全市率先实施商业户外广告设置改革。试点推进城市治理网格化管理，更大范围推广城市综合治理模式，新组建滨江综合治理中队。健全完善了城管考核机制，引入第三方评价，整体提升了城市治理水平。

环境综合整治力度加大。深入开展环保大检查，严格扬尘管控、渣土运输管理和大气污染专项治理，PM2.5平均浓度比2013年下降22.1%。大力推进城市治理标准化，狠抓“门前三包”责任落实，共拆除违建542处、2.21万平方米。积极挖潜停车资源，建成安怀东路、丁家桥等一批停车场，田家炳中学地下停车场进场施工，新增停车位1240个，实施停车智能化收费，全面规范了停车秩序。

社会治理管控成效明显。强化安全生产源头监管和隐患治理，排查整改事故隐患2067个，及时妥善做好“东方之星”号客轮事件的安抚救助和善后处置。加强食品药品安全监管，巡查企业1.3万家，查处立案64起。强化信访矛盾调处，31件信访积案得到妥善化解。完成“六五”普法终期考核，获评“全国法治区创建先进单位”。深入推进平安法治建设，加强巡逻体制改革，建立了公安实战指挥中心、8个街面警务工作站，新增高清治安监控点位1655个，安装“平安e门”945扇，刑事警情同比下降6.91%，刑事破案数同比增长4.03%。

四、突出民生服务保障，幸福指数进一步提升

坚持以群众满意为导向，完善社会保障体系，增加公共服务供给，办好为民实事项目，推动发展成果社会共享。

民生保障更加满足需求。建成交付五塘和园等保障房33.6万平方米，可安置房源3219套。全年新增城镇就业35280人，其中大学以上人员占比达66.9%，城镇登记失业率控制在2.19%。发布了全国首个区级老龄事业发展白皮书，新增养老床位606张，新建AA级以上社区养老服务站20个。扎实开展双拥共建，圆满完成年度征兵任务。民族宗教、台侨外事、妇女儿童、残疾人保障、档案、地方志等工作取得新成绩。

教育发展更加优质均衡。加强教育基础设施建设，力学小学、宝船小学等5所学校改扩建项目投入使用，华宏A中学、科睿小学（二期）主体完工，新增民办惠民幼儿园2所。加强教师队伍建设，新增240名学科带头人，教师轮岗交流比例达15.5%，6个名师工作室被授予首批“南京市名师工作室”。高考二本以上达线人数位居南京市区第一，顺利通过省教育督导考核。

医疗卫生更加便民利民。落实医改各项措施，推动卫生协同创新、协调发展，各社区卫生服务中心分别与省人民医院、鼓楼医院、中大医院、南医大二附院建立医联体。加快“2210”特色化建设，热河南路（阅江楼）、江东社区卫生服务中心、0～3岁儿童早期综合发展训练中心投入使用。推进居家护理、家庭病床服务，重点人群家庭责任医生签约率达73%。

文化体育更加贴近群众。组织开展各类文化、科普活动2000余场次，打造了“白云亭公益剧坊”等文化品牌。建成体育主题公园，推动驻区高校体育设施向市民免费开放，圆满完成“幕府善跑”、南京国际马拉松等赛事服务保障，创成“江苏省公共体育服务体系示范区”。基本完成颐和路将军馆、海洋国防教育馆、扬子饭店、和记洋行等修缮保护，鼓楼旅游咨询服务中心投入使用。

社区建设更加务实创新。深化街道社区服务管理体制改革，优化整合社区公共服务站，探索社会事项外包，全区新注册社会组织120家。建成江东、小市、幕府山、宁海社区综合服务中心，新打造苏宁睿城等13个特色社区，省级和谐社区建设达标率达99%，创成“全国和谐社区建设示范城区”“江苏省现代社区治理创新实验区”，并被民政部批准为“全国社区治理和服务创新实验区”。

五、突出法治政府建设，服务效能进一步提升

以“三严三实”专题教育为主线，扎实推进依法行政，强化政府自身建设，服务群众、服务发展的能力明显增强。

依法行政扎实推进。在全区普遍建立法律顾问制度，区政府行政诉讼出庭应诉率达100%。高度重视区人大、区政协的监督工作，388件省、市、区建议提案全部办理答复完毕。推进财政预决算等重点领域的信息公开，使用财政拨款的部门全部公开预算，10个试点部门公开财政决算。持续

提升12345、96180热线服务效能，综合满意率居全市前列。

*综合改革不断深化。*推进了经济发展工作格局、社会治理体制、国资管理等10大类改革措施，193项具体改革事项基本完成。深化行政审批制度改革，公布了93项行政审批事项、2459项行政权力事项清单，23个部门131个服务事项进驻行政服务大厅，在13个街道建成便民服务中心，实行“一门受理、一站办结”。先行先试医患纠纷调解创新，成立了区医患纠纷矛盾调处服务中心。

*廉政建设持续加强。*全面贯彻执行中央、省、市、区有关作风建设规定，自觉践行“三严三实”、深化推进“四风”问题整改落实，认真开展“三公”经费使用等专项检查，压缩一般性行政支出，实施公车制度改革。依法完成财政预算执行、政府投资、经济责任等审计项目192个，同步强化发现问题的整改，审计监督效能进一步提升。

各位代表，“十二五”是鼓楼综合实力提升最快、转型发展成效最大、人民群众得到实惠最多的时期之一。面对错综复杂的宏观经济环境和艰巨繁重的改革发展稳定任务，我们紧紧围绕“争创首善之区、建设幸福鼓楼”的奋斗目标，解放思想、开拓创新，迎难而上、乘势而为，顺利实现了“十二五”规划确定的主要目标，取得了经济社会发展的新成就。

*——过去的五年，我们坚持融合发展，全面整合资源要素，区划调整乘数效应逐步释放。*全区抢抓区划调整重大改革契机，迅速行动、精心组织，从规划融合入手，编制了《鼓楼区城市总体规划》《苏南现代化建设示范区鼓楼区规划及三年行动计划》，实现了经济社会发展规划与空间规划的融合，优化了“两轴两带四片”的空间布局，确立了七大产业功能板块的发展格局，明确了“3+4+3”的产业选择，成为新区推动发展的行动指南；在较短时间内顺利完成组织、机构、人员整合，规范了各类工作流程、管理办法、审批程序，推进了文化旅游、教育卫生等资源的整合，经济工作推进机制、国有资产管理体制、城市管理体制、街道社区管理体制等领域改革取得初步成效，为新区融合发展提供了强力支撑。

*——过去的五年，我们坚持质量提升，以增量带动结构优化，综合经济实力显著增强。*在保持经济合理增长的同时，突出增量培育、存量优化，实现了经济规模的持续扩张、综合实力的稳步提升，经济发展在新常态下表现出较好的韧性。2015年，实现地区生产总值1011.81亿元，突破千亿大关，位居主城第一、全市第二，比“十一五”末增加506.59亿元，年均增长11.4%；财政总收入达151.4亿元，比“十一五”末增加48.6亿元，年均增长8.05%，一般公共预算收入达87.9亿元，比“十一五”末增加34.8亿元，年均增长10.59%；全社会固定资产投资累计完成1180.27亿元，比“十一五”累计完成增加475.98亿元，年均增长8.4%；社会消费品零售总额达797.6亿元，比“十一五”末增加367.56亿元，年均增长13.2%；城镇居民人均可支配收入由“十一五”末的29449元提高到2015年的50526.5元，增长71.6%，年均增长11.4%。

*——过去的五年，我们坚持优化布局，实施创新驱动战略，现代产业体系不断完善。*依托产业功能板块，推动建设重点由中心城区向沿江开发拓展，以滨江风光带建成为契机，全力打造沿江总部经济带和楼宇经济带。沿江的江东软件城、滨江商务区、幕府山新产业区，经过艰苦的动迁攻坚和土地招商后全面进入建设阶段，新开工建设了证大滨江大拇指广场等一批重大项目，苏宁慧谷、联创科技大厦等投入使用。高水平建设了道路、绿化等配套设施，滨江城区的产业格局和城市形态已见雏形。深入实施创新驱动战略，优化科技创业创新格局，全面深化与驻区高校的合作，累计建成69个工程技术研究中心、3个院士工作站，新增孵化器面积41.2万平方米，新引进科技企业1812家，发明专利授权量达5911件；引进培育“千人计划”专家、“科技创业家”“领军型科技创业人才”380人、高技能人才8398人。出台了促进总部经济、楼宇经济、航运服务、智力服务、健康服务等重点产业发展的实施意见，加快推动项目建设、招商引资、产业培育，全区亿元楼宇达12幢，市、区总部企业达34家，累计完成合同利用外资15.8亿美元，实际利用外资14亿美元，2015年服务业增加值达925.93亿元，比“十一五”末增加492.36亿元，比重由“十一五”末的85.8%提高到91.5%；服务业投资占全社会固定资产投资比重达98.8%，服务型经济已成为推动全区经济发展的主要引擎。

*——过去的五年，我们坚持建管并举，强力推进建设整治，城市功能品质得到明显提升。*围绕亚青会、青奥会、国家公祭仪式等重大活动的环境保障，深入推进危旧房改造、基础建设、环境整治、城市管理，地区形象实现大幅提升。完成27处城中村、危旧房地块的征收改造，总占地面积约129万平方米，拆除房屋建筑面积64万平方米，搬迁居民3612户、工企单位119家。滨江风光带（北河口水厂—长江大桥段）、明城墙风光带（鼓楼段）实现全线贯通；新建、改造了纬一路、江东北路、城西干道等快速化道路以及清凉门大街西段、燕江路、淮滨路等一批城市道路，实施了11条主次干道、203条街巷的整治，全区绿地面积达16.2平方公里。完成686公里的雨污水管道、83公里污水支管建设，实施了南十里长沟、中保河等13条黑臭河道的治理。深化城市综合治理和网格化管理，大力度改革城市管理体制，推进了园林绿化等市场化改革，拆除违建47万平方米，新增停车泊位10574个，城市管理效能进一步提升。

*——过去的五年，我们坚持民生导向，更加注重优质均衡，社会和谐发展基础更加坚实。*紧紧把握群众需求和社会关切，持续加大投入力度，统筹解决各类民生问题，不断提

高群众生活水平。开工建设白云雅居等15个保障房项目，施工面积达129万平方米，竣工交付104万平方米。完成明华新村、安怀新村等65个老旧小区、191万平方米的整治出新，开展了30个老旧小区的二次供水改造，建成高清治安监控点位5000个。投入社会救助资金5亿多元，较“十一五”增加60%，民生政策基本实现并轨，全区新增就业约13万人。新建养老机构40家，建成居家社区养老服务中心119家，养老床位数达7373张，每千名老人拥有床位40张。南师附中树人学校、科睿小学、复兴小学等一批学校，幕府山、江东、凤凰、热河南路等社区卫生服务中心，以及白云亭文化艺术中心、社会福利院（北院）、军休管理服务中心、残疾人康复和托养中心等重点民生工程建成使用，打造了丁山、云谷山庄等51个特色社区，新增社区服务用房2.7万平方米。

各位代表，“十二五”期间，特别是新区成立以来，我们积极适应新常态，顽强拼搏、克难奋进，实现了经济社会的健康可持续发展，成绩来之不易、经验弥足珍贵。这是市委、市政府和区委正确领导的结果，是全区人民团结奋斗的结果。在此，我代表区人民政府，向付出辛勤劳动的全区人民，向区人大代表、政协委员，向各民主党派、工商联、无党派人士、各群众团体，向驻区各机关企事业单位、部队、高校、科研院所，向所有关心支持鼓楼区建设和发展的同志们、朋友们，致以崇高的敬意和衷心的感谢！

在肯定成绩的同时，我们也清醒地认识到，对照新的发展理念和要求，鼓楼经济和社会发展还存在一些问题。主要表现在：经济下行压力不断增大，促进经济稳步增长的长效机制有待形成，引进有贡献度企业以及发展新兴业态成效不够显著；城市发展还存在较大的不均衡，城市面貌“二元结构”问题突出，部分地区基础设施较为薄弱，水环境整治压力较大；城市精细化管理还存在盲区和薄弱环节，长效管理不到位，执法方式单一，城市治理未形成合力；转型期间矛盾突出，化解积案和维护社会稳定任重道远。对这些问题，我们将高度重视，在下一步工作中切实采取措施，努力加以解决。

“十三五”发展的总体思路和目标任务

各位代表，“十三五”时期是鼓楼建成更高水平小康社会、探索开启基本现代化建设新征程的关键时期。未来五年，国际经济环境将有所改善，主要经济体经济增速将缓慢回升，新一轮科技创新将带来产业组织变革，孕育着诸多有利于我国经济发展的新机遇；国内进入到全面建成小康社会的决胜阶段，“一带一路”“长江经济带”等一系列重大国家战略和深化改革的红利将逐步显现，经济社会发展将更加健康稳健；南京顺应国家发展要求，努力建设“四个城市”，发展“五型经济”，在长三角地区的发展地位将进一步巩固提升；鼓楼独特的滨江区位优势、雄厚的科技创新基础，契合了国家发展战略，只要牢固树立并切实贯彻创新、协调、绿色、开放、共享的发展理念，想方设法破解难题，千方百计厚植优势，就能不断开拓发展新境界、展示发展新成效。区委一届六次全体（扩大）会议描绘了“十三五”发展蓝图，据此制定的《鼓楼区国民经济和社会发展第十三个五年规划纲要（草案）》将提交本次大会审议。

“十三五”期间，全区经济和社会发展的总体思路是：高举中国特色社会主义伟大旗帜，全面贯彻党的十八大和十八届三中、四中、五中全会精神，以马列主义、毛泽东思想、邓小平理论、“三个代表”重要思想和科学发展观为指导，全面贯彻习近平总书记系列重要讲话精神，以总书记视察江苏重要讲话精神为引领，紧紧围绕“四个全面”战略布局，牢固树立创新、协调、绿色、开放、共享发展理念，牢记“两个率先”光荣使命，全面对接“四个城市”“五型经济”，更加注重提质增效、更加注重共建共享、更加注重优质均衡、更加注重多元共治、更加注重从严治党，着力打造“创新发展核心区、滨江发展示范区、生活宜居样板区、古都特色风貌区”，为“争创首善之区、建设幸福鼓楼”而努力奋斗。

主要目标预期是：到“十三五”期末，地区生产总值达1500亿元，年均增长9%左右；服务业增加值达1400亿元，年均增长9.5%左右，服务业增加值占GDP比重达93.3%；一般公共预算收入达126亿元，年均增长7.5%左右；社会消费品零售总额达1300亿元，年均增长10%左右；全社会固定资产投资五年累计达1200亿元；城镇居民人均可支配收入达7.5万元，年均增长9%左右。

围绕总体思路和主要目标，我们将推进五个方面的重点任务：

*一是完善创新驱动体系。*全面落实苏南自主创新示范区建设要求，把创新创业摆在发展全局的核心位置，进一步优化创新发展环境，激发创新创业活力，更大力度推动大众创业、万众创新，加快众创空间建设和特色园区发展，推动校地合作、协同创新，培育和集聚科技创新专业人才，构建南京科技创新核心区，强化创新创业对经济社会发展的引领作用。

*二是构建新型产业体系。*坚持把调整优化产业结构作为经济发展的中心环节，加强供给侧结构性改革，释放新需求、创造新供给，全面构建以商务商贸、航运服务、文化旅游、软件信息、智力服务、健康服务、金融服务、房地产等八个产业为主体的产业体系，着力发展总部楼宇经济，着力提升产业功能板块承载力，促进高端化、集约型发展。

*三是完善城市建管体系。*坚持节约资源和保护环境的

基本国策，立足于完善功能、提升品质，坚持合理增加投入与完善管理机制相结合，重点建设滨江片区和铁北片区，全力推进交通设施建设、危旧房改造、保障房建设、老旧小区整治、水环境治理、市容市貌整治、游园绿地建设，进一步改善城区环境面貌，努力建设环境优良、管理先进、运行有序的现代化中心城区。

四是健全公共服务体系。树立共享发展理念，把促进社会公平正义，增加百姓福祉作为出发点和落脚点，坚持保基本、兜底线、提水平，建设教育现代化强区、完善医疗卫生服务体系、打造公共文化特色、提高养老服务水平、增强社会保障能力、促进人的全面发展，加快构建安全、稳定、高效的社会保障安全网，让发展成果更多更公平地惠及全区人民。

五是完善城市治理体系。以创新社会治理、加强基层建设为根本，以共建共享为核心，以社区文化价值认同为着力点，提高基层治理水平、培育和发展社会组织、完善网格化治理模式、推进平安城区建设、完善社会诚信体系，进一步激发社会活力，打造文明祥和、民主自治、促进发展的社会共同体。

2016年经济社会发展的主要任务

2016年是全面建成小康社会决胜阶段的开局之年，是深化改革开放、聚力转型创新的攻坚之年，也是鼓楼区划调整红利集中释放、城市能级扩张提升的关键之年。落实好2016年的工作，对鼓楼奠定"十三五"发展基础、开启跨越发展新阶段影响深远、意义重大。根据区委一届六次全体（扩大）会议的部署，2016年区政府工作的基本思路是：全面贯彻落实中央和省、市、区委的工作部署，牢牢把握"争创首善之区、建设幸福鼓楼"工作总定位和稳中求进的工作总基调，聚力创新创业、改革开放、绿色发展、民生改善、服务优化、政府自身建设，全面增强发展动能、提升发展能级、打造宜居环境、保持和谐稳定、改善社会事业、提高治理能力，推动鼓楼继续走在全市、全省乃至全国同类城区发展的前列，努力开创"十三五"发展的崭新局面。

根据上述基本思路，建议今年全区经济和社会发展的主要目标预期为：地区生产总值增长9%左右，服务业增加值增长10%，税收收入增长9%，一般公共预算收入增长8%，全社会固定资产投资完成240亿元，社会消费品零售总额增长10%，城镇居民人均可支配收入增长8.5%，努力实现经济发展质量和效益更高，城市功能品质整体提升，社会治理体系逐步健全，鼓楼特色首位度和核心竞争力更加突出。

围绕上述思路和目标，我们将重点做好以下六个方面的工作：

一、聚力创新创业，增强结构调整新动能

按照"五型经济"的发展要求，紧扣转方式、调结构、促转型的主线，进一步统筹空间、规模、产业三大结构，加快走质量更高、效益更好、结构更优、优势充分释放的发展新路径。

深入实施创新驱动战略。聚焦"2+N"的发展格局，模范路科技创新街区众创空间示范区深化与沿线高校合作，加快南京科技广场二期、南邮蔡家巷科创中心等项目建设，打造南京创客孵化中心等一批众创空间；环南艺文化创意产业功能区众创空间示范区加快文化创意资源整合，开工建设南京艺术学院文化创意产业园，提升石榴财智中心等园区的创新创业活力。完善科技创新服务体系，推进南京财经大学科技园、南京审计大学科技园等大学科技园建设，有效落实"创业南京"人才计划，引进科技型企业400家，新增孵化器在孵企业90家、毕业企业10家，新增市级以上工程技术研究中心5家、产学研合作项目50个。推进国家知识产权强县工程试点，加快建设知识产权服务业集聚区，发明专利授权量达1225件。

加快重点产业集聚发展。落实"互联网+"行动计划，加大资源项目集聚力度，促进商务商贸、航运服务、文化旅游、软件信息、智力服务等重点产业集聚，推动特色优势产业向价值链高端延伸，8个重点产业税收增长15%。以总部经济、楼宇经济为抓手，加快推进高端楼宇建设和老旧楼宇改造，创新完善楼宇服务管理模式，新增总部企业1家、地区性总部或行业龙头项目10个，亿元楼宇1幢、特色楼宇2幢。

全力推进重大项目建设。优化调整产业功能板块体制机制，突出产业功能定位，加快载体和配套建设，以产业功能板块引领全区产业集聚和项目建设。进一步完善重大项目建设"绿色通道"，健全完善区领导挂钩联系、部门联动推进、跟踪督查督办等机制，细化落实重大项目的管理推进责任，推动重大项目落地见效。实施湖南路地区二次提升，有序推进湖南路地下商业街、新城创置湖北路商业综合体建设，加快推动湖南路0405片、小粉桥、宁海路等地块的开发。积极推进中储电子商务区等项目，南京国际服务外包产业园总部集群、龙江新城市广场二期基础施工，绿建大厦、绿地缤纷城主体封顶。

二、聚力改革开放，引领发展能级新突破

全面落实市委市政府关于枢纽型经济发展、滨江片区、铁北开发建设的有关意见，以深化改革为动力，释放发展空间、引导产业集聚、增强开放活力并举，努力提升鼓楼在全市战略格局中的发展地位。

全面提速滨江开发建设。围绕全市海港枢纽经济区建设"一带二核三区"的总体布局，加快建设下关长江国际航运物流服务集聚区，积极打造成为长三角航运一体化的支点、航运总部经济集聚的高地、航运物流创新转型的集群。

建成南京长江国际航运物流服务中心一期，深业滨江创新总部基地、证大滨江大拇指广场主体建设，南京港（集团）总部大楼基础施工。协调铁路南京西站加快搬迁，推动2号地具备条件的地块挂牌出让。全面拉开基础设施和路网建设框架，建成二板桥路、新兴路西延一期等道路，启动大唐北路、方家营南路等建设，完成电厂码头至建宁路段的岸线建设。

重点实施铁北改造提升。优化片区路网体系，完成中央北路干道整治，建成黄家圩路北延一期、翠庭路一期，续建红山南路西延西段、安怀东路，新建北祥路一期、金碧路、华胜路等道路，逐步完善片区内教育、环卫等民生配套。加快片区危旧房改造更新，大力推进老虎山周边、伍佰村等危旧房改造项目，实现起重机械厂等地块挂牌出让。加大重大载体建设力度，积极推进大桥南堡附近工业企业搬迁，中能建能源装备产业园一期基础施工，华能南京滨江总部基地3号楼主体施工、二期开工，华宏家纺科技创意产业园二期主体施工，南京站北广场商业综合体B楼主体封顶。

深化推进综合改革。全面推进政府机构改革，做好卫生、人口和计生、城市建设管理、经济管理、社会建设等领域机构整合，确保工作延续性。进一步转变政府职能，建立公开体系科学、内容完整、边界清晰的政府部门职责清单，完善行政审批制度配套机制，推进清单动态管理，不断提高行政服务的效率和水平。积极深化财政体制、国有企业、社会事业、街道社区服务管理体制等改革，切实增强驾驭经济社会发展的能力。

大力提升开放水平。突出主导产业和重大项目招商，办好创洽会、金洽会等招商活动，吸引跨国公司和优质企业设立地区总部，加快引进高端现代服务业和新兴产业项目，新增实际到账千万元以上大项目130个，实际利用外资2.5亿美元，外贸出口29亿美元，服务外包执行额11.7亿美元，离岸执行额5.7亿美元。健全金融服务体系，吸引股权投资等各类金融业态集聚发展，鼓励企业运用多层次资本市场融资，加大诚信体系建设，助推企业降低成本，提高民营经济发展水平。

三、聚力绿色发展，打造生态宜居新风貌

尊重城市发展规律，紧守生态建设底线，进一步强化规划引领、统筹建管并举，持续提升城区综合承载力和可持续发展能力。

建设生态宜居环境。健全完善联合执法机制，推行环境监管网格化管理，加大执法与处罚力度，大力整治环境污染。加强水环境治理，全面实施“水十条”，严格执行“河长制”，加强污染源和水源地环境监管，完成15个排水达标区建设，实施二仙沟等8条河道综合整治，改善河道黑臭现象。加强大气环境治理，坚决落实扬尘污染防治、餐饮油烟治理等各项管控措施，在建工地施工期间门前保洁落实率达100%。加强市容环境治理，健全完善网格化管理，督促“门前三包”责任落实，加大力度整治非法占道经营、违规设置店招店牌、机动车违停等行为，新搭违建拆除率100%。改善群众居住条件，续建金达花园、白云雅居、文景花园等保障房项目，全年竣工面积达11.7万平方米、新增安置房源774套。科学有序推进凤凰西街57号等13个老旧小区出新整治，完成开元新寓等20个小区的二次供水改造。

完善区域基础设施配套。完成滨江、铁北、中央门等片区控制性详细规划的法定化，进一步落实基础设施布局、配套设施规模等基本控制要素。配合做好地铁等重大市政工程建设，新建建宁北路一期、水西门大街西段等道路。完成红楼山庄停车场建设，加快田家炳中学、商业学校等地下停车场建设，新增广州路、虎踞路等一批公共自行车点，积极推动停车智能化管理。完成石头城路南艺后街等7处地质灾害治理、应急抢险工程。

提升城市综合治理效能。进一步厘清区街城市管理工作职责，强化街道属地管理责任落实，健全财权与事权相统一、职能与责任相适应的工作机制。健全城市管理运转机制，推进城市治理向跨部门模式转变，进一步完善第三方评价机制，切实提高公众参与度。加强城市治理标准化，推动社会工作网格化与城市治理网格化有机融合，逐步实现城市治理全覆盖。完善大城管联合执法机制，组建铁北、新湖综合治理中队，提升重点区域、窗口地区的综合执法效能。按照“管养分离、市场运作、政府监管”的原则，深化市政设施、泵站养护、环卫保洁等市场化改革，以公开招投标的方式，择优确定市场主体，提升城市资源管理质量。全面推进环卫保洁机械化，主次干道环卫作业机扫率达85%以上。

四、聚力民生改善，开创和谐稳定新局面

高度重视民生改善和保障，加强和创新帮扶救助、社会治理、基层建设，推动发展成果更好地惠及群众。

统筹民生综合保障。创新机制、积极推进高校毕业生、就业困难人员等重点群体就业，完善创业服务体系，加强大学生创业园建设，提高青年大学生入驻比例，全区新增城镇就业人数27500人，扶持大学生创业440人，新增高技能人才600人，培育自主创业者2400人，创业带动就业19000人，城镇登记失业率控制在2.7%以内。完善“8+1+N”综合社会救助体系，探索专项救助和支出型贫困家庭救助，实现民生政策的全面融合。

创新社会治理机制。深入开展重点行业领域专项治理和打非治违专项行动，坚决预防和遏制重特大安全事故发生。强化食品药品安全的源头管控，实施无证无照餐饮企业专项整治，积极创建省级食品安全城市。打造立体化、现代化社会治安防控体系，完善街面警务站工作机制，推进平安

社区与群防群治基层建设，对51个老旧开放小区进行技防改造，安装“平安e门”500扇以上。坚持源头预防、动态化解，扎实开展社会稳定风险评估，强化信访积案化解，最大限度控减社会矛盾，营造和谐稳定的社会氛围。完善司法救助和法律援助，争创“六五”普法全国先进区。

加快和谐社区建设。全面推进“全国社区治理和服务创新实验区”建设，健全完善社区协商机制，构建较为完善的社区协商“六化”模式，完成26个社区协商试点，提升社区居民自治水平。深化“省现代社区治理创新实验区”建设，推进社区“去行政化”，加大特色社区建设力度，推动社区公共服务站整合和社区事务外包形成全覆盖。健全和谐社区考核评价体系、社工队伍管理考核机制，全科社工比例达80%。精心组织社区换届选举，切实提升社区治理水平。

五、聚力服务优化，促进社会事业新提升

坚持以人为本、民生优先、共享发展，围绕人民群众关心的热点难点问题，切实加大民生建设力度，提高公共服务能力和共享水平。

提升教育现代化水平。进一步优化教育资源整合与布局调整，加快启动29中高中部建设，建成华宏A中学、科睿小学（二期）、中海凤凰熙岸配套小学及幼儿园等项目，世茂九年一贯制学校、方兴小学改扩建、实验幼儿园改扩建项目启动建设，南京商业学校郭家山校区、鼓楼区第二实验小学扩建项目启动征收。扩大优质教育资源向薄弱地区辐射，完善集团化办学模式，新成立教育集团1个，实施名校办分校3所。推进学前一年基本免费教育，新增1～2所省、市优质标准幼儿园。加强教师队伍建设，推进义务教育学校校长、教师流动制度化、常态化，培养、选拔、引进名特优教师200人。扶持民办教育发展，开办民办校2所。

提升健康服务水平。加速打造五台山健康服务集聚区，推动南京中医药服务贸易发展促进中心建设。全面对接公立医院医药价格综合改革，强化医联体功能，继续打造“2210”特色化服务，推进湖南路、中央门等社区卫生服务中心建设，为5万户居民签约家庭医生。积极做好全面二孩政策落实，提升人口服务管理水平，人口和家庭公共服务体系覆盖率95%以上。推进养老服务融合发展，鼓励养老机构“开门办院”，试点“小区养老”，建设区域性综合养老服务中心，社区居家养老服务覆盖率达100%，养老机构医疗服务覆盖率达100%。落实推进全市2015-2016妇女儿童十件实事。完成残疾人托养服务规范国家标准制定。

提升文化惠民水平。依法保护好历史文化街区及重要近现代建筑，配合实施石头城遗址公园建设，有序推进鼓楼公园整体修缮及老庙地块文物保护，采取多元化措施保护乐业村、颐和路十一片区等民国建筑，完成全国第一次可移动文物普查公布工作。不断完善公共文化服务体系，推进白云亭文化艺术中心二期（区档案馆）建设，举办“幸福鼓楼”社区文化艺术节等文化、科普活动2000场以上，文化惠民100万人次以上。启动阅江楼风景区扩容及5A创建前期筹备工作，完善提升区旅游咨询服务中心功能。广泛开展全民健身活动，新建、更新健身路径16套。完成第二次全国地名普查工作。

六、聚力自身建设，推动城市治理能力新提高

坚定不移地按照加快建设法治政府、廉洁政府和服务型政府的要求，不断加强政府自身建设，更好地担负起推进鼓楼发展的历史使命。

坚持依法行政。深化落实法治政府建设意见，自觉接受区人大及其常委会的法律监督、区政协的民主监督，切实提高建议提案的办理效果。健全科学民主决策机制，完善公众参与、专家论证、风险评估、合法性审查、集体讨论决定等重大行政决策程序。全面实施清单管理机制，加快推进重点领域“两法衔接”，提升行政机关负责人出庭应诉率，推动行政复议委员会实质运作。加大政府信息公开力度，办好政府信息依申请公开。

坚持高效为政。围绕执行力提升，健全完善政府绩效考评，强化目标考核、跟踪督查、效能监察，重担当、促实干，抓落实、转作风，以“踏石留印、抓铁有痕”的精神谋大事、抓发展，加大对懒政、怠政、不作为的治理力度，依法依规严肃问责，不断提高政府行政效能。

坚持勤政为民。全面落实联系企业、联系群众等各项制度，深化政务服务中心建设，整合优化行政服务流程，提升12345、96180办理效率，构建规范、便民、高效、全覆盖的政务服务体系。全力办好为民实事项目，去年我们提前谋划、及早启动，从2015年9月份开始，向社会公开征集意见和建议243条，经过研究论证、合理归并，选择了16条，作为大会材料请人大代表选择确认。

坚持从严治政。认真贯彻《中国共产党廉洁自律准则》和《中国共产党纪律处分条例》，严格执行中央、省、市、区有关作风建设规定，坚决反对“四风”，坚持把纪律挺在前面，严格落实党风廉政建设责任制，强化权力运行和监督，加强财政资金、工程招投标等重点领域、关键环节的行政监察和审计监督，严控“三公”经费支出，以风清气正的良好形象取信于民。

各位代表，立足新起点、推动新发展、实现新突破，是130万鼓楼人民的共同期盼，风劲潮涌，自当扬帆破浪，任重道远，更需策马加鞭。让我们在市委、市政府和区委的坚强领导下，以时不我待、只争朝夕的精神，乘势而上、凝聚合力，苦干实干、善作善成，全力打赢“十三五”开局之战，为全面建成更高水平的小康社会、探索开启基本现代化建设新征程打下坚实基础。

专记

Major Events

融合的力量

——写在新鼓楼区成立两周年之际

新区刚成立后的首次鼓楼区全体干部大会上，“1+1=？”的算术题率先摆在所有人面前。最后揭晓的答案有3个：即等于1、等于2、无穷大。答案引人畅想。

两年发展，鼓楼区用实践给予答案“生动注解”：一个新的领导班子，用两倍的发展资源撬动了无限发展机遇。

规划一张图，发展一盘棋。新区在新起点上全面融合，新街口到长江之滨，53平方公里区域精心打造出中央门商务区、新街口鼓楼片区、江东软件园片区、滨江商务区、历史文化街区、模范马路科技创新街区和幕燕片区等七大产业功能板块。板块经济推动全域经济的快速发展，2014年，鼓楼区地区生产总值906.64亿元，总量规模城区第一；服务业增加值823.76亿元，总量规模城区第一。

建设生活宜居样板区、打造古都特色风貌区。区划调整后的新鼓楼，着力于城市形象、环境建设的整体打造、建设，滨江风光带从河西中部绵延至幕府山下，民国大道则从新街口一直延伸到下关码头，河西片区实现史上“脱胎换骨”的变化。

填谷不削峰，各类民生差异提前拉平；优质资源重新布局，入学、就医越来越便捷……“改革红利”惠享百万百姓。

【建设】

推动城市建设打破空间壁垒，区域融合勾勒鼓楼新景致

护城河以南为原鼓楼区，定淮门大街以北为原下关区……合并之前，原鼓楼区、原下关区“泾渭分明”。打破空间壁垒，方能有效实现南北资源互补和要素流通。新鼓楼区成立后，区委、区政府便精心在一张地图上谋局，确立了“两带两轴四片七区”架构，推动城市基础设施建设和产业发展。

城市建设，规划先行。根据《南京市鼓楼区总体规划（2013—2030）》确定的空间载体的总体结构，新鼓楼区以明城墙、秦淮河、铁路、长江大桥引桥—大桥南路一线为界，将全区分成5个编制单元：“铁北单元、老城单元、河西单元、滨江单元、中央门单元。”除老城控详外，目前《鼓楼区铁北片区城市设计整合及控详修编》《鼓楼区中央门片区控制性详细规划》《鼓楼区滨江片区控制性详细规划修编》《河西北部片区控制性详细规划修编》等四片区控详已基本编制完成，这将成为规划审批的依据，形成指导全区项目建设的一张图。

新区成立两年来，城市建设、管理紧紧围绕“融合”著文章。

从鼓楼一直绵延至滨江的中央路，多年来以中央门为界限，呈现两种截然不同的城市景象。根据《南京市鼓楼区总体规划（2013—2030）》，这条道路是鼓楼区两条城市轴线之一。“新区成立后不久，中央北路轴线整体城市设计就已展开，重点就道路两侧城市形态、建筑立面、土地利用进行研究，让一条路的南北两端匹配起来，打开南京城市中轴线通向长江的通道。”鼓楼区住建局相关负责人透露，由于地铁3号线的施工，这条道路的整理改造一直未能进行，“今年将是鼓楼区城市建设的重点工程之一，将对道路进行全面出新，两侧绿化提档升级，道路两侧建筑立面也将同步出新……”

与此同时，建宁路西站货场的搬迁工作也在积极推进，“货场搬迁后，南瑞路北上工程也将正式实施，届时，鼓楼从南向北又将新增一个快速通道。”上述负责人称。

而北河口水厂至下关码头的滨江岸线，时下是鼓楼市民最热的休闲之地。搬迁企业、迁移生产型码头、拆除违建、清除无证渔船……原本逼仄、破乱不堪的中山码头至长江大桥段，赏心阅目的江景一览无余；架设新桥、整理岸线……从长江大桥一路徜徉至北河口水厂毫无“羁绊”。

600多年的城墙串起的历史文化与自然山水元素已成为新鼓楼发展文化创意、旅游休闲产业的重要载体，风光带建设整理依据地理风貌特点被赋予不同功能，中央路—大桥南路和中山北路—察哈尔路突出市民休闲功能、大桥南路—中山北路突出明文化旅游功能、察哈尔路—北京西路突出文化创意和休闲功能、北京西路—汉中门大街突出石头城文化与旅游休闲娱乐功能。

【发展】

"资源+空间"带来裂变效应，七大功能板块"点亮"千亿大区

原鼓楼区虽然拥有众多高校、科研院所，创新资源丰富，但受制于区域空间局促，科技创新功能未能充分发挥；原下关区可开发空间相对较大，亟待优化开发。新鼓楼区成立后，发展壁垒已然打破，生产要素的流动更为便捷。南部既有的优势创新资源向北部辐射延伸畅通无阻，北部纵深腹地在有效承接辐射的同时得以高质开发。"资源+空间"带来的裂变效应成为鼓楼区新一轮发展的最好机遇。

眼下，中储物流地块开发建设正如火如荼。此前这里是南京市城北地区最大的钢材交易集散地，"每天载着钢材的重型卡车从城市重要地带进出，不仅严重妨碍城市交通，也影响城市环境。"鼓楼区发改局局长周翰生说，实行传统运输交易产业整体迁出，既可以消除给城市交通和环境带来的瓶颈制约，也给中央门商务区的产业转型腾出空间、注入活力。按照规划，该地块作为中储物流电子商务创新园区，将建成大众物资交易中心、金融中心和智慧物流中心等。

如中储物流地块这般，破旧脏乱的铁北地区也正加速进行地块开发整理。根据规划，该地区将依托主城北部交通便捷的区位优势和山水城林有机交融的绿色空间实现产业转型提升，重点引入商务商贸、科技创新等新兴产业要素。

新鼓楼区成立后，鼓楼区域内自然条件、资源禀赋、发展现状和发展潜力都发生了新的变化。根据《苏南现代化建设示范区鼓楼区规划》确定的发展战略，立足现有产业基础，该区53平方公里范围内精心"雕琢"出中央门商务区、新街口鼓楼片区、江东软件园片区、滨江商务区、历史文化街区、模范马路科技创新街区和幕燕片区等七大产业功能板块，通过发挥各产业功能板块的"比较优势"，实现产业发展特色化、资源利用集约化和整体功能最大化。同时，该区成立鼓楼区紫金科技创业特别社区管理委员会、下关滨江商务区管理委员会，高位推进空间布局调整。

实现产业转型与提升，新鼓楼区坚持优化布局和结构调整双轮驱动，坚持科技创新和现代服务业双核引领，整体提升能级水平和综合实力。做大做强高端商务、软件信息和航运服务等重点产业；加快发展智力服务、文化旅游、健康服务和电力自动化等新兴产业；整合转型现代商贸、房地产和先进制造等优势产业。形成以高端现代服务业为支柱，成长型新兴产业为导向，传统产业不断转型升级的"3+4+3"现代产业体系。

下关滨江商务区引进了上海证大、深圳深业、龙湖集团等一批知名企业，江东软件城以苏宁慧谷为龙头的一批载体项目加快推进，幕府山新产业区华能滨江总部项目二期地块完成挂牌出让……2014年，该区全年完成地区生产总值超过900亿元，增长10.5%，其中服务业增加值815亿元，增长11.2%；全年共引进注册资金千万元以上项目132个，实际使用外资4.9亿美元。13家企业与驻区6所高校合作共建企业研究生工作站，全年实现高新技术产业产值310亿元，科技服务业收入92亿元，软件和信息服务业收入113亿元。

【文化】

以文化涵养城市，"一轴两带多片区"文化街区成就鼓楼城市新名片

文化是城市的内核和灵魂，是城市发展永不衰竭的动力。纵观世界城市的发展崛起，文化的力量都发挥了决定性的作用。鼓楼，是文化资源大区，这里不仅是六朝古都的肇始地，郑和七下西洋的起锚地，也是中国近代史的起始地和终结地。航海文化、妈祖文化、商埠文化、民国文化等积淀深厚。用文化丰富百姓精神世界，用文化涵养城市发展，鼓楼一直在"精心打磨"。

家住热河南路的刘敏每周六的"亲子时光"都是在白云亭文化艺术中心度过，这里早已不再是买卖声不绝于耳的农贸市场，而是集城市展览馆、文化馆、图书馆及相关文化服务、高端文化艺术欣赏为一体，全省一流的综合性文化艺术中心。

"以前老下关很难找到这样一个文化场地，借书得跑到南图，因为太远，有时一年才会跑上一两次。自从家门口有了这个图书馆，我几乎每周都会带孩子一起来。"刘敏说。

建筑面积超过2.5万平方米、形如书卷的白云亭文化艺术中心去年9月底对市民开放。在这里，有南京最美的坡道图书馆，也有24小时自助阅览室，在这里，不设任何一个办公区，所有的场所全部向群众开放。

两区合并之前，这一地块的利用曾有过无数次的讨论和规划设想。作为政府划拨的商业用地，进行商业开发可谓"钱"途无量，而变成公共文化艺术中心，每年还需要往里砸大几百万元的管理投入。新一届鼓楼区领导不算这笔"经济账"。他们认为，文化是城市的形象和名片，其可以通过聚集人群、拉动消费、推动产业发展，带来巨大的经济效应，是城区经济调优调精的智慧选择。"一个地区的文明、幸福，并不是从鳞次栉比的高楼中呈现，而是从市民享受到的富足文化中显现。"鼓楼区相关领导表示。

用文化丰富百姓精神生活，依靠文化资源优势发展特色产业。新鼓楼区第一次党代会明确提出建设“历史文化街区”的目标任务，按照“一轴两带多片区”的空间布局，到2020年建成彰显南京吴文化、明文化、民国文化特质的历史文化街区，形成以文化创意产业为主导，文化休闲旅游产业为补充，文化与科技并存，文化与商业融合，开发与保护并重的文化产业集聚区。

让资源互补互融，让优势叠加集聚。截至2014年年末，鼓楼区的文创产业增加值达到56.7亿元，占GDP的比重达到6.3%，文化相关产业营业收入预计150亿元，增长13%。

今年鼓楼区将进一步推进新媒体技术与应用、创意设计、数字传媒出版、数字影音娱乐、文化艺术服务与培训等“五大门类及相关产业”，精心打造南京鼓楼文化创意园等文化创意产业集聚区、石头城休闲文化产业带以及艺术金陵、英发比高影视产业园、石榴园二期……按照产业发展规划，未来5年，鼓楼区主要历史建筑、文化遗存均得到有效修缮和保护；文化产业增加值占GDP比重力争达到10%；新增文创产业载体面积30万平方米以上，打造省级以上文化产业园区2个，文化创意类企业4000多家，其中规模以上文化创意企业超过1500家，文创企业税收贡献度超过10%；文化旅游资源进一步集聚，实现旅游总收入300亿元以上。

【民生】

让“改革红利”惠享全区百姓，多个民生保障项目提前“拉平”

首善之区，幸福鼓楼。原鼓楼区作为经济强区，在推动经济发展时，民生保障也一直走在全市前列，多个民生项目为原鼓楼区独有。“融合”之下，百万百姓“一家亲”。如何将民生保障置于同一水平线？“填谷不削峰，用3年时间拉平各类民生保障。”新区甫一成立，区委、区政府便敲定了这份属于百姓的“改革红利”。

今年四十刚出头的沈永芹，看起来要比同龄人显老。沈永芹一家三口住在鼓楼区小市街道东井亭村，在过去的10多年，这个并不富裕的三口之家也和很多幸福家庭一样，每天其乐融融。可在2012年，平静的一切被打破，12岁的儿子被诊断为“系统性红斑狼疮”，这一突然袭击加上巨额的医疗费几乎让沈永芹一夜之间白了头。幸运的是，克服“苦难”前行的道路上并不仅仅是这一家人，社会、政府共伸援助之手，“2012年，街道给我们办了低保和大病救助，2013年两区合并后，我们全家又多了一份低保补助金和一个医疗救助卡……”沈永芹说，病情稳定后，儿子一直靠药物维持，每隔两个月都要去医院复查、拿药，一年的药费约6万元，但她家承担的只有1万元左右。

记者了解到，原鼓楼区和原下关区有60多项政策差异，其中一半在民政，涉及3万多人，如果一次性拉平，需投入数千万元。根据融合方案，民政各项政策就高不就低。其中待遇差距较大、涉及人数较多的，会用3年时间慢慢拉平，而一些投入不是很多的项目，将在第一年内全部到位。

鼓楼区民政局相关负责人近日向记者透露，很多原计划3年时间拉平的保障政策已经提前完成。例如，为低保家庭增发区级慰问金，至2014年年末，原下关区低保户1人户、2人户、3人户家庭拿到的与原鼓楼区持平。

在继续落实原鼓楼区低保边缘家庭生活救助的基础上，为原下关区10285人次低保边缘家庭每月给予定额救助，2014年1~4月低保边缘救助标准为每人每月20元，5月将救助标准提高至每人每月40元。

在为原鼓楼区低保对象设立每人每年300元、低保边缘对象设立每人每年150元的门诊医疗账户的基础上，2014年起也为原下关区低保对象设立每人每年100元、低保边缘对象每人每年150元的门诊医疗账户。

在原鼓楼区继续开展健康慈善项目的同时，2014年3月起，原下关区2956人次低保大重病患者也开始享受每天赠送一瓶牛奶的福利。

原鼓楼区对未享受各级财政通过学校资助的非义务教育阶段低保及低保边缘家庭学生的教育救助按照每人400元至5000元的标准进行教育救助。2014年，这一资助范围也扩至原下关区。

原鼓楼区也是教育强区。新区成立后，该区就研究制定了《鼓楼区教育资源布局调整工作规划及三年行动计划》，全面推进新一轮教育资源布局与结构调整，通过名优校办分校、名优校整合普通校，扩大名校教育集团并完善相关管理机制，实行校际结对联盟等多种方式和手段，力促优质教育资源全区覆盖，让更多百姓享受到优质教育资源。根据“三年行动计划”安排，该区计划用3年多时间，新建和改扩建中小学、幼儿园近30所，合并中小学校10余所，实施名优校办分校10余所；推进教育集团化办学，逐步实现名校领衔教育集团全覆盖；推进民办教育、国际化教育发展，促进区域教育的多样化和国际化。2014年，该区合并天妃宫小学和阅江楼小学成立新天妃宫小学，合并赤壁路小学和山西路小学成立新赤壁路小学，合并郑和小学和天妃宫小学分校成立树人学校附小。科睿小学成为琅小分校、复兴小学成为力小分校、白云园小学成为芳草园小学分校、金阜雅苑幼儿园成为市三幼分园。

南京50%以上的三级医院都集中在原鼓楼区，将优质卫生资源覆盖全区，构建现代卫生服务体系，优化基层医疗布局是两年来该区为百姓谋幸福的另一项重要任务。2013年5月，6000平方米的幕府山社区卫生服务中心建成投用，其口腔科与市口腔医院达成对口帮扶合作协议，2014年8月，与南医大二附院合作运营的中心康复病房也投入使用。而投资2000万元的凤凰社区卫生服务中心重建工程目前也已完工投入使用。新的江东和阅江楼社区卫生服务中心将在今年完工投用，另外，还将对虹桥、宁海路、建宁路等中心进行整修出新、提档升级。今年，该区还将建设2个具有学科优势的全科医学中心，建设区检验检测和放射诊断中心，逐步形成中医、康复、口腔、全科、心理、心血管、脑血管、代谢病等8个技术特色的社区诊疗中心。

源自《南京日报》2015年3月30日 A6版 朱莉莉

抢抓"互联网+"机遇，力促智慧产业快速发展

鼓楼创新转型，提升服务型经济发展能级

【写在前面】

抢抓"互联网+"机遇，促进智慧产业快速发展。今天，"核心枢纽，智慧互联——鼓楼区高端现代服务业投资推介会"正式拉开大幕。

鼓楼，科教与人才资源丰富、软件与信息服务业发达，作为南京现代服务业发展核心区，坚持以市委市政府"经济发展迈上新台阶"的要求为指引，以总部楼宇经济为龙头，以推动创业创新为动力，以服务业集聚区建设为重要抓手，聚焦转型升级，不断优化服务型经济产业结构，提升服务型经济发展能级。2014年，全区地区生产总值首次突破900亿元大关，服务业增加值完成823.8亿元，占GDP比重达到90.8%。服务业总量在全市排名第一，在全省99个区县中排名第五，服务业占GDP比重全省排名第三。今年上半年，全区服务业继续稳步发展，服务业增加值达471亿元，同比增长11.1%，服务业增加值占比达到91.8%。

优化服务型经济的产业结构，提升服务型经济的发展能级，鼓楼有着非常清晰明确的路径——

正围绕全市海港枢纽经济区建设"一带二核三区"总体布局，着力推进全省唯一的航运交易中心——下关长江国际航运物流服务集聚区建设；加快环南艺文化创意产业功能区规划建设步伐，通过专业打造，支撑特色产业规模集聚。

以智慧互联，促进重点产业跨越发展。即以深度融合为核心，全面提升"互联网+"的发展能级；以园区建设为支撑，全面拓展"互联网+"的发展空间；以科技创新为推动，全面深化"互联网+"的发展内涵；以服务平台为依托，全面优化"互联网+"的发展环境。

充分利用科教资源优势，深入实施创新驱动发展战略，以构建众创空间等创业服务平台和提升创业孵化服务能力为突破口，大力推动大众创业、万众创新，进一步激发创业创新潜力，释放创业创新活力，为经济创新发展、转型发展提供新引擎和新动力。

打造两大集聚区　推动特色产业规模集聚

【下关长江国际航运物流服务集聚区】

建成全省唯一航运交易中心 3年新增150万平方米载体

集聚区总占地面积6平方公里，包括南京长江国际航运物流服务中心、正大大拇指商业广场、龙湖滨江、深业滨江等众多市、区重点项目。笔者近日在现场看到，各项工程正在迅速推进，占地2.47万平方米、4栋百米甲级商务写字楼宇已进入主体施工阶段，"这是长江航运物流中心一期工程，根据进展，工程将于2016年年底竣工交付。"长江国际航运中心开发建设有限公司相关负责人介绍，一期工程除了这4栋百米大楼，还包括商埠街地块1栋150米高的建筑。另外，二期工程也将在2015年年末全面启动，将建设2幢百米高的综合楼，于2018年全部建成交付。除上述载体外，至2016年年末还将有35万平方米新的航运发展载体完成建设，至2018年总计可新增招商载体150万平方米。

作为全省唯一的航运交易中心，下关长江国际航运物流服务集聚区将提供完备的口岸服务、船舶交易服务、物流交易服务、航运人才服务、航运信息服务和航运金融服务，按照"财政资金引导、社会资本参与、市场机制运作、保障投资权益"的基本原则，筹建航运基金，打造成为具备资源配置能力的国际航运物流综合服务功能区，具备产业特色和发展空间的省级现代服务业集聚区，使集聚区成为长三角航运一体化的支点、航运服务能级提升的引擎、航运总部经济积聚的高地、航运物流创新转型的集群。

【环南艺文化创意产业功能区】

打造"1+7+1"空间发展格局

"环南艺文化创意产业功能区"，以南京艺术学院为中心，秦淮河、明城墙为脉，石头城路串接，核心区域北至模范西路，西至秦淮河岸线，东至虎踞路，南至石头城公园，面积约2平方公里。

将按照"1+7+1"的空间发展格局积极推进，"1"是南京艺术学院；"7"是重点建设发展7个文化创意产业园区(水木秦淮文化产业园、石榴财智中心文化产业基地、南京留学生文化创业孵化园、南京艺术学院文化创意产业园、英发比高影视文化产业园、熊猫集团文化创意产业园、南艺后街艺术设计体验街区)；"1"是江苏省国画院，主要依托区域独特的文化底蕴、南艺各专业人才资源和江苏省国画院厚重的人文优势，通过推动文化、科技、旅游、商业、休闲、金融的融合发展，进一步发挥集聚融合、带头引领作用，以点带面，打造南京文化创意产业高地和全国文化创意产业功能区示范区。

据介绍，"环南艺文化创意产业功能区"，其主要业态包括：创意设计(挖掘和利用南京艺术学院、江苏省国画院资源，发挥创意人才优势，发展艺术设计、工业设计、动漫设计、软件设计、建筑设计、广告设计等创意设计产业)、新媒体技术与应用(依托江苏省广电平台，大力发展数字广播、移动电视、数字电视、数字电影、触摸媒体、微电影等新媒体产业)、数字影音娱乐(依托区域文化及产业资源，发展影视内容产业，扩大影视制作、发行、播映和后产品开发，增加数量，提高质量，满足多种媒体、多种终端发展对影视数字内容的需求)、文化艺术服务与培训(依托南京艺术学院、江苏省国画院等高校院所资源，发挥教育艺术培训人才集聚的优势，引导培育专业的艺术服务培训机构，形成艺术服务培训的集聚化、规模化)等门类及演出会展、娱乐休闲观光等。

智慧互联　促进重点产业跨越发展

新近出台的《鼓楼区"互联网+"实施方案(2015—2017年)》(征求意见稿)提出，到2017年，互联网基础支撑和渗透能力显著提升，网络经济、实体经济和智慧鼓楼建设融合创新蓬勃发展，"互联网+" 产业成为鼓楼区经济新的增长点。全区累计楼宇建成面积700万平方米，累计科技园区面积177万平方米，累计高新技术企业95家，累计市级以上企业技术中心35家，市级以上企业工程技术研究中心83家，市级以上工程中心12家，实现软件和信息服务业收入180亿元，独立研究与开发机构研发经费支出12.5亿元，建成1个省级互联网产业园，2～3个省级互联网众创园，2个电子商务特色园区，年新增新型互联网经济创业服务平台1～2家。

两年何以确保"互联网+"产业发展完成上述目标？

鼓楼区明确，以深度融合为核心，全面提升"互联网+"的发展能级——

"互联网+"激活经济发展新动能：重点培育"互联网+"商务商贸、航运物流、信息技术、先进制造、金融服务、智慧能源、智慧应用等领域，形成"互联网+"产业支撑体系完善的发展格局。

"互联网+"促进智慧城市建设：在"互联网+"信息基础设施、生态环保、智慧城管、公共安全、社区服务、政务服务等领域做好文章，形成"互联网+"方便居民生产生活的智慧城市体系。

"互联网+"创新民生服务方式，突出"互联网+"在创新创业、教育培训、健康医疗、养老服务等方面的作用，优化提高民生服务保障水平。

以园区建设为支撑，全面拓展"互联网+"发展空间——

通过公共服务体系构筑、金融要素助推、创客人才培育、创新文化营造等一系列措施，大力推进大众创业、万众创新，加速创新与创业、线上与线下、孵化与投资相结合，加快"互联网+"产业的重点园区和重点工程建设。

以科技创新为推动，全面深化"互联网+"的发展内涵——

发挥区内科技创新创业资源优势，以紫金科技创业特别社区为引领，以大学智力服务群为基础，建立起高校、院所、园区与企业的资源共享机制，完善政产学研金"五位一体"的合作机制，促进互联网与重点产业的对接，加速科技成果转化，充分释放创新活力。

高度整合　打造创新创业优质空间

在高校云集、人才集聚的鼓楼区，"大众创业，万众创新"在每一个角落都能找到生动注解。模范马路不算长，但集聚了7所高校、3000多家企业，其中科技创新企业占了大半壁江山；可用方寸丈量的南艺后街，虽空间很有限，但创意无限，不足两平方公里区域已打造了7个文创园。

趁势而为。在"双创"的"风口"之下，《鼓楼区关于发展众创空间推进大众创业创新的实施方案》(征求意见稿)明确，将充分利用高校资源和人才优势，深入实施创新驱动发展战略，以构建众创空间等创业服务平台和提升创业孵化服务能力为突破口，大力推动大众创业、万众创新。将重点建设模范路科技创新众创空间、南艺后街文化创意众创空间两条示范街区，并于本月19日正式揭牌。

根据目标，未来5年内，该区将建成一批有效满足大众创新创业需求、具有较强专业化服务能力的众创空间等新型创业服务平台，打造一批初创企业、服务机构集聚度高、活跃度高、协同性强、辐射力强的创业创新社区和服务集聚区，成为具有区域影响力的产业科技创新中心和创新型经济发展高地。

在专业孵化器建设方面，将以"鼓楼大学科技城"建设为目标，进一步整合创业资源，组合创业要素，优化创业环境，积极推进符合鼓楼产业特点的孵化体系建设，重点建设南京邮电大学国家大学科技园、南京科技广场科技服务中心、南京工业大学光电科技园、南京财经大学科技园等孵化器，积极推动南京审计学院、南京师范大学、中国药科大学、东南大学医学院等驻区大学组建大学科技园。加快构建网络体系，推动孵化器协会和孵化联盟建设，鼓励区内重点园区走出去发展孵化器联盟，拓宽孵化企业发展之路。在大健康领域、信息和通讯、设计和创意、物联网、电子商务等领域引导建设专业孵化器。

将构建三大众创空间。充分发挥科技园区的示范引领作用，在三大紫金科创特区建设众创空间。紫金(下关)建设"星火众创工厂"，建设集项目申请、项目展示、活动通知、线上交流和服务资源检索等多种功能于一体的独立的网站平台，打造线下载体"星火咖啡"，兼容开放式办公、免费工位、小面积办公空间需求，提供IDC、项目路演、投资人对接、创业培训、政策咨询、项目申报、基础运营服务、业务对接等多种服务功能。紫金(模范路)建设"U+众创空间"，以产业链服务和天使投资为特点，通过搭建创业者、从业者、投资人、产业链上下游机构的合作交流平台，为创业团队提供产品和模式分析、市场和运营体系构建、公司治理结构设置、U+合投基金支持等服务。江东软件城建设"电商众创空间"，面积合计约1400平方米，设有开放式的公共创业沙龙空间、创业培训教室、电商企业孵化器、公共服务平台，为创业者和投资人提供投融资对接、政策咨询、项目申报、创业讲座和培训、创业辅导、工商注册、财务、法律人才资源等服务。

另外，还将鼓励以高校为主体的众创空间建设，着力推进南京艺术学院"e Fab Lab"实验室、南京机电职业技术学院"创客校园"建设和南工劝业公社众创空间建设。鼓励以社会投资为主体的众创空间建设，着力推动南京特斯拉智能科技有限公司"Amaker"创客孵化器等众创空间建设，以点带面，营造全区"大众创业、万众创新"良好氛围。

源自《南京日报》2015年9月24日　A4版　朱莉莉　曾　祥

鼓楼区"三严三实"专题教育活动

根据中央和省、市统一部署，鼓楼区从2015年4月底开始，组织推进"三严三实"专题教育活动。"三严三实"专题教育活动覆盖74个单位、740名处以上领导干部。省委常委、市委书记黄莉新多次到区调研并列席指导区委专题研讨、民主生活会，省专题教育检查组列席区委专题研讨并检查相关工作台账，对鼓楼区专题教育开展情况均给予充分肯定。省《情况通报》第11期编发区委常委会第三期专题研讨认识体会，市《情况通报》多期刊登鼓楼区专题教育动态做法。《南京日报》《南京电视台》《南京广播电台》集中报道鼓楼区"领导带头示范、树立严实标杆"的工作经验，《金陵瞭望》杂志专版发表《鼓楼区：严实并举，扎实推进"三严三实"专题教育》文章。

坚持以上率下，树立严实标杆

区委书记认真履行第一责任人责任，严格落实《专题教育一把手职责任务清单》各项要求，引导各级一把手切实把责任扛起来，把工作抓到位。组织召开5次常委会，传达学习上级精神，研究专题教育重要事项。带头召开2场专题调研，请基层和群众为干部不严不实问题"把脉画像"。学习研讨中，带头参加中心组学习，带头开展个人自学，带头作重点发言。查找问题上，率先列出自身不严不实问题清单，主动征求班子成员的意见建议。整改落实中，个人问题及时制定整改措施，能改的马上改；对基层反映社区办公用房紧张的问题，及时带领有关部门负责人到扬州路20号等地现场办公，查看房源情况、协调房屋权属，推动仙霞路等25家社区办公用房全面达标。区委书记带头，每个区委常委和党员副区长带队到分管单位开展一次督查、列席一次专题研讨、进行一次现场指导点评，有力推动各单位专题教育扎实深入开展。

坚持融入工作，建立长效机制

把专题教育和日常的干部教育培训、党员教育相结合，纳入工作常态，建立长效机制。开展党性教育活动。充分利用市内、区内红色教育基地，组织党员领导干部接受革命传统教育。6月24日，区四套班子成员集体前往雨花台烈士陵园,举行向烈士纪念碑敬献花圈仪式,参观“学习雨花英烈精神,做‘三严三实’好干部专题展”。组织230名干部观看“雨花颂信仰”文艺演出。多个部门和街道将专题教育与革命教育有机结合起来,组织党员干部到梅园新村纪念馆、渡江胜利纪念馆、王荷波纪念馆等革命教育场所参观主题展、专题展,开展重温入党誓词活动;组织党员干部到“丁山红色电影馆”观看红色电影。加强革命传统教育,组织区管干部到井冈山、延安、临沂接受革命传统教育。结合建党94周年,围绕“三严三实”开展各类主题党日活动。区级机关召开纪念建党94周年表彰暨“三严三实”主题演讲会。宁海路、华侨路、江东等街道社区,积极联动省、市级机关党组织,以“共建幸福家园”为主题开展在职党员进社区志愿服务活动。区教育局工委举行全区教育系统“我是共产党员”纪念建党94周年大会。挹江门街道工委举办“援塞抗疫医疗队抗击埃博拉”事迹宣讲会。

坚持问题先决,确保立行立改

始终抓住问题整改这个核心,坚持立查立改、边查边改,并把推动改革的成效作为衡量专题教育效果的重要标尺。把专题调研和鼓楼区在群众路线教育实践活动中形成的区领导联系基层“五个一”制度、“四项承诺”、“96180”民意直通车等联系服务群众的做法机制相结合,与基层党组织“统一活动日”、在职党员进社区报到等活动相结合,不搞“一窝蜂”,不弄“两张皮”。始终突出查找问题这个重点,对于群众反映的突出问题,主动认领、跟踪解决,不当“旁观者”“第三人”,把涉及经济发展、社会民生、法治建设、城建城管、党建及干部队伍建设等各方面的问题纳入到问题清单,区四套班子领导查找问题317条,处级领导干部完善问题清单5984条。区四套班子领导下基层驻点调研96天,解决实际问题186个,其他处以上领导干部下基层驻点调研340天,解决实际问题1094个。

坚持严督实导,确保取得实效

成立专题教育协调小组,下设综合组、联络组、文字宣传组,组织协调全区“三严三实”专题教育工作,确保工作有计划、有落实。通过听取汇报、座谈交流、旁听研讨以及查阅资料等方式,督促指导区机关部门、街道及直属单位开展专题教育。旁听研讨要求到位。在街道、机关和系统工委分别选取1家单位召开“专题研讨列席旁听暨专题教育工作推进会”,向参与旁听的47家单位作出示范,区委常委、党员副区长作现场点评,加强部署推进。审阅把关责任到位。签订专题教育“一把手”责任书,明确党(工)委书记、党员负责同志审阅把关班子成员“不严不实”问题清单。区委组织部负责抽查领导干部特别是“一把手”的“不严不实”问题清单。抽查调阅落实到位。要求各单位书记上专题党课讲稿、专题研讨发言稿及“一把手”的问题清单报区委组织部抽查,其他领导班子成员问题清单报区委组织部备案。同时,成立3个督查组在全区抽取12家单位集中督查指导专题教育开展情况,把学习研讨“重头戏”、不严不实问题“聚焦点”作为检查重点。

(施伟韦)

鼓楼区年度改革工作

2015年,鼓楼区全面推进深化改革工作。区委按照中央、省委、市委的总体部署,坚持总揽全局、统筹推进、积极探索实践,狠抓改革攻坚、任务分解、责任落实。全年193项改革事项中,完成174项,继续推进16项,未完成3项,完成率90.2%。其中,结转到2016年的有7项。继续推进的16项是需要省市区联动或者跨年度实施的事项,未完成的3项是属于按照原计划在区无法落地或者改革试点没有放在鼓楼的事项。

加强组织领导

区委根据中央、省市委要求,及时调整全面深化改革领导小组,由区委书记挂帅全面深化改革领导小组,加强深化改革工作的顶层设计、统筹协调、整体推进。领导小组下设1办6组,区委副书记担任改革办主任,6位常委担任各专项组组长,区人大常委会副主任、政协副主席担任副组长,并抽调精干力量充实改革办。区委全面深化改革领导小组在7月份召开推进改革工作大会,并多次研究重大改革事项。区政府常务会议、办公会研究通过16项区级改革方案,区委常委会、书记办公会研究通过8项区级改革方案,主要包括:政府职能转变和机构改革、分类推进事业单位改革、经济发展工作格局改革、社会治理体制改革、行政审批制度改革、区级国企(资)管理改革、城市管理体制改革、街道和社区管理体制改革、文化旅游体制改革、医药卫生体制改革等方案。年内,各类文件中涉及改革方面的发文有 39 个，其中区委 15 个、区政府 9 个、区委办 8 个、区政府 7 个。

明确责任分工

制定《中共鼓楼区委全面深化改革领导小组 2015 年工作要点》，部署全年深化改革 6 大类 36 个重点任务 193 项具体事项。制定专项小组工作规则、改革办工作细则、改革方案审查制度、督查工作办法等文件，明确推进改革的规章制度、流程、各单位的任务责任。各专项组按照区委要求，分别牵头召开专题会、推进会，加快各项改革任务落地。10 月，区委改革办牵头对全区改革任务落实情况进行专项督查，各责任单位对改革重视程度、主动抓改革的意识进一步增强，思路进一步清晰。

探索“自选动作”

社会体制改革方面：对接全省医疗体制改革，成立区医患纠纷矛盾调处服务中心，受到司法部重视和肯定；社会治理体制综合改革试点工作成效显著，在江东、小市、幕府山、宁海 4 个街道试点打造综合服务中心，获“全国社区治理和服务创新实验区”“全省现代社区治理创新实验区”称号；社区卫生机构按片对接江苏省人民医院、鼓楼医院、东南大学附属中大医院、南京医科大学第二附属医院，形成“条块结合，就近转诊，联建共享，特色发展”区域卫生协调发展模式；鼓楼区开放大学方案经市政府通过；居家养老服务实现政府购买服务全覆盖。

文化体制改革方面：区级重要场馆和文化设施实行统一调配、运管；形成“幸福鼓楼”社区文化艺术节、“书香鼓楼”全民阅读节、“话说鼓楼”社区微讲堂、“白云亭公益剧坊”等系列品牌活动，实现“一周一演”“一月一展”，免费艺术培训辅导 226 节，培训人数 57680 多人(次)；“1+2+N”(1 是指文创服务中心，2 是指两个平台，N 是指社会上比较多的文创园区)文化产业体制运作良好，文创贷开启鼓楼文创小贷的先河。

落实“规定动作”

经济体制和生态文明体制改革方面：功能板块、税源管理、统计、招商及楼宇园区等经济工作发展格局进一步完善；公布区政府各部门 9 类 2459 项权力事项清单，23 个部门 131 个服务事项进驻行政服务大厅，实行“三证合一、一照一码”(三证：工商营业执照、组织机构代码证和税务登记证，一照：三证合一为一张营业执照，一码：加载到合一后营业执照上的统一社会信用代码)；1 家企业退出广告行业，1 家企业实行财务、公章“双集中”管理，1 家企业试行混合所有制改革；全面公开除涉密部门之外、所有财政拨款部门的公共财政预算，完成 10 家部门决算公开试点工作；初步建成众创空间 15 个，继续推进 10 个；完善城管执法、停车管理、环卫保洁、市政养护“四位一体”城市综合治理模式，组建龙江、宁海、滨江综合治理中队，数字化城管项目进入试运行阶段，建立市、区、街三级停车管理模式。

民主法治领域改革方面：制定或修订出台 5 项人大工作制度，强化“一府两院”重大事项依法报告意识，实行城管、商务、民宗等政府部门主要负责人履职报告，对市容卫生长效管理等热点问题开展专题询问；出台《鼓楼区政协专题协商议政规则》《鼓楼区政协委员履职规则》；形成依法治区的推进、宣讲、法务顾问等工作体系，对全区规范性文件进行清理并上网公布。

党的建设制度改革方面：严格执行《党政领导干部选拔任用条例》，形成《鼓楼区严格干部德的考核和运用试行办法》初稿，建成干部全信息系统，出台《鼓楼区社区服务型党组织指标体系与评价标准(试行)》，建立社区书记后备人才库，启动新经济组织、新社会组织党建创客培养计划；强化“重引才育才数量，更重质量和效益”导向，制定《鼓楼区深化人才管理改革实施方案》，打造创业培训平台、投融资服务平台、人员招聘平台、为企业拓展市场的立体服务模式。

党的纪律检查体制改革方面：制定实施《关于落实廉政谈话工作的暂行办法(试行)》《鼓楼区纪委委员评议部门党政正职领导规定》，完善“三重一大”(重大问题决策、重要干部任免、重大项目投资决策、大额资金使用)事项报备制度，全区 2227 项重大事项接受监督，36 个单位“三公经费”[财政拨款支出安排的出国(境)费、车辆购置及运行费、公务接待费]接受专项检查；“派驻监督信息管理系统”试运行；对 31 家党工委书记、纪工委书记进行约谈提醒，对区直管单位实行党内监督全覆盖；区纪委监察局完成内设机构调整；在 10 家单位试行建立纪工委委员。

年内，市委督查组先后 2 次到区专题督查改革工作，视察区政务服务中心、医患纠纷矛盾调处服务中心、江东街道睿城社区综合服务中心、幕燕社会工作服务中心等改革项目，召开座谈会，听取区发改局、政务办、民政局、司法局、城管局、卫生局、市场监督管理局各自承担改革事项的汇报，对鼓楼区深化改革工作给予肯定，认为鼓楼区改革整体工作走在全市城区前列。要求鼓楼区先行先试，立足“有关工作走在前、遇到问题比较早”的区情，发扬首善精神，积极探索，锐意改革，攻克难点，加快形成可复制可推广的做法，为改革事业发展积累经验。　(区改革办)

2015年鼓楼区重点改革任务完成情况

表1

序号	具体改革事项	完成情况
一、加快转变政府职能(牵头区领导:周文中;经济体制和生态文明体制改革小组;牵头责任单位:区编办)		
1	做好省、市政府下放行政审批事项的承接工作,进一步推进行政审批制度改革	完成
2	在前期公布行政许可事项的基础上,全面清理原有区级行政处罚、行政强制、行政征收、行政给付、行政奖励、行政确认、行政裁决、行政征用、其他行政权力等共9类行政权力事项,建立公开政府行政权力事项目录清单,实现"目录之外无权力"	
3	全面梳理政府部门职责,清晰界定部门职责边界,明确交叉、相近职责的归属,建立公开体系科学、内容完整、边界清晰的政府部门职责清单	继续推进
4	规范权力运行,推进权力运行标准化,引入公众监督、社会监督、媒体监督等第三方监管,强化对行政审批事项的事中、事后监管,保证相关管理措施落实到位	完成
5	加强对行政审批中介服务机构和中介服务事项的清理、规范和监管,进一步规范中介服务行为。推进落实"三集中、三到位",按照应进必进原则,实现行政审批事项统一入驻政务服务中心办理,简化审批程序,规范审批方式,做好行政审批服务工作	
6	建立行政审批动态清理制度,加强行政审批事项和权力事项动态管理,及时调整、清理行政审批事项和行政权力事项,定期清理相关法律法规和规范性文件,严格权力事项调整	
二、深化政府机构改革(牵头区领导:周文中;经济体制和生态文明体制改革小组;牵头责任单位:区编办)		
7	按照"精简、统一、效能"要求,围绕卫计管理机构改革、城乡交通和水务一体化改革、商务管理机构改革等重点改革任务,优化政府机构设置,将职责功能相近、业务范围趋同、相互关联度高的部门和职责相对集中,进一步推动大部门制,提升政府治理能力	完成
8	全面清理部门间职责交叉和分散事项,理顺人口宏观管理、不动产登记、政府投资建设项目投资审批、绿化园林等工作职责	
9	调整机构、整合职责,实现"上下对口、职责对应"。统筹推进街道行政管理体制、行政执法体制等配套改革,明确区、街职责分工,优化街道机构设置和职能配置,充实加强街道行政执法力量	
10	严格规范机构设置和领导职数,控制区政府工作部门机构数,从严规范和管理合署办公机构、派出机构、挂牌机构、议事协调机构等	
三、深化经济发展工作格局改革(牵头区领导:周文中;经济体制和生态文明体制改革小组;牵头责任单位:区发改局)		
11	加快经济工作责任体系建设,建立职责明确、界限清晰、分工合理、权责统一、服务高效、协同有力、相互支撑的经济工作组织架构和综合管理服务机制,形成推动经济发展的合力	完成
12	加快税源管理工作体系建设,建立企业分类分级服务体系,开展分类管理、分级走访、跟踪服务等工作,行业主管部门对相应行业及企业的税收实行分类管理,实时跟踪服务	
13	加快统计工作体系建设,进一步明确街道统计工作职责,派出统计助理,加强街道统计工作力量,构建街道和产业功能板块相结合的统计工作体系	
14	加快招商及楼宇工作体系建设,组建区招商中心,承担土地和重点项目等招商任务	
15	进一步明确七个产业功能板块的招商主体责任,设立招商分中心,开展板块范围内的招商工作	
16	进一步强化楼宇、园区经济组织工作,形成协同有效的楼宇园区招商网络	
17	街道设立楼宇服务办公室,与经济发展服务科合署,承担区域内楼宇管理服务、老旧楼宇牵头改造、楼宇信息采集和数据维护等工作	
四、健全完善现代市场规则(牵头区领导:周文中;经济体制和生态文明体制改革小组;牵头责任单位:区市场监管局)		
18	全面清理行政事业性和政府定价经营服务性收费	完成
19	完善"先照后证"办法,放宽市场主体住所(经营场所)登记条件。在企业设立多证联办并联审批基础上,探索实行营业执照、组织机构代码和税务登记证"三证合一"登记制度	
20	贯彻落实《南京市公共资源交易管理办法》,加快推进区公共资源交易管理制度改革,规范公共资源交易行为,成立全区公共资源交易领导小组,将区级工作重心由组织公共资源交易活动,调整为监管交易活动,构建全覆盖、多层次的监管体系	

续表 1

序号	具体改革事项	完成情况
21	健全土地有偿使用制度，对部分经营性基础设施用地实行有偿使用，探索推进土地要素市场化配置改革	未完成
五、深化国资改革和推进混合所有制经济发展（牵头区领导：周文中；经济体制和生态文明体制改革小组；牵头责任单位：区国资办）		
22	落实市委、市政府相关文件及《鼓楼区国有资本退出传统工商业等领域改革工作实施意见》，制订全区企业退出总体方案，实行行业退出、关停清算、股权转让等方式，分批完成国有资本退出工作	完成
23	采取“边试点边探索”方式，逐步完善混合所有制改革相关制度，根据试点情况及市场发展需要，以点带面，动态调整混合比例和程度，有序推进混合所有制改革	
24	全面落实《关于放开市场准入扩大民营投资的实施办法》，鼓励和支持民营资本以PPP、股权投资、委托运营等多种形式参与交通运输、基础设施、市政工程、保障性住房、医疗卫生等公共服务领域重大项目建设	
六、深化价格改革（牵头区领导：童晓佳；经济体制和生态文明体制改革小组；牵头责任单位：区物价局）		
25	严格执行《江苏省定价目录》，放开公共文化、体育设施收费，放开仲裁、律师、会计师等重要专业服务收费，规范“收费公示、收费项目、收费标准、收费依据、收费对象”	完成
26	出台鼓楼区行政事业性收费目录清单，对各街道、各部门行政事业性收费实施税票联控制度，做到清单以外项目不得收费、不得领取财政票据	
27	按照《南京市价格信用等级管理及失信惩戒办法》，开展价格信用等级认定工作试点。逐步建立市场日常价格监管、巡查与经营者管理相结合的运行模式	
七、深化财政体制改革（牵头区领导：周文中；经济体制和生态文明体制改革小组；牵头责任单位：区财政局）		
28	进一步细化税源管理，调整财政支出分配结构，将工作经费、考核奖励向产业功能板块、行业主管部门和市场监管系统倾斜；出台《鼓楼区财税考核管理办法》	完成
29	落实国家、省、市税收制度改革要求，加强对区财税优惠政策的规范管理	
30	完善部门预算编制标准体系，建立健全预算管理基础信息库和项目库。改进预算编制方法，健全预算综合定额标准，规范编制基本支出预算	
31	完善全口径预算管理体系，实现一般公共预算、国有资本经营预算、政府性基金预算有效衔接	
32	健全透明预算制度，推进政府、部门、“三公”经费预决算公开工作	
33	开展中期财政规划研究试点，实行中期财政规划管理	
34	完善预算执行体系，改进年度预算控制方式，将收入预算从约束性逐步转向预期性	
35	突出专项资金导向和调控作用，优化专项资金分配，推动专项资金向中心任务、重点工作、重大公共服务平台倾斜	
36	加强对专项资金、政府采购和政府购买公共服务资金、以及政府债务的管理，强化重点资金监控，将政府采购和政府购买公共服务所需资金列入财政预算管理，按照国发〔2014〕43号文件精神，建立“借、用、还”相统一的政府性举债融资管理机制。健全预算绩效管理机制，实现重大专项资金预算绩效管理全覆盖	
八、深化科技体制改革（牵头区领导：郭明雁；经济体制和生态文明体制改革小组；牵头责任单位：区科技局）		
37	出台《鼓楼区加快苏南国家自主创新示范区建设的实施方案》	完成
38	科学编制“十三五”科技发展规划，加快科技管理体制改革	
39	制定《鼓楼区科技创新券实施管理办法（试行）》，向科技型企业发放科技创新券，改原有的事后奖励为前置引导	
40	调整区级科技专项资金管理制度，修订《南京市鼓楼区科技发展计划及项目管理办法》，探索公开透明的项目形成机制，促进科技项目和资金配置更加科学合理和聚焦重点	
41	加强创新创业载体建设，营造大众创业、万众创新的政策环境，支持发展众创空间（创新型孵化器），推行“专业孵化+创业导师+天使投资”的孵化模式，积极培育从孵化器毕业的上市科技公司	
42	探索基于“互联网+”的众创空间建设，引进国内一流的管理机构，提升孵化器专业服务能力	
43	出台《关于加快发展鼓楼区科技服务业的实施意见》，促进形成科技服务新业态	继续推进

续表 1

序号	具体改革事项	完成情况
44	完善产业发展体系，大力发展科学研究与试验发展服务业	
45	优化和完善知识产权制度，提升知识产权创造、运用、保护和管理能力，促进经济发展动力从要素驱动、投资驱动向创新驱动转变，开展国家知识产权强县工程试点区建设，推进科技服务业创新发展	
46	加快南京财经大学科技园知识产权服务业集聚发展试验区建设，成立知识产权服务机构联盟	
47	建立金融机构、投资机构等多方联动协调机制，完善科技金融服务体系	完成
48	加强惠企利创的政策导向，加大风险保障的增信支持，为科技型中小企业提供多元化融资服务	
49	设立科技企业贷款风险补偿资金池，实现有限财政资金循环使用	
50	充分发挥财政资金的引导、激励和杠杆作用，以外滩明珠风险投资基金为手段，探索设立针对重点产业和创业集聚区的发展基金，吸引社会资本参与，支持重点产业和创业集聚区的建设和发展	
九、深化城市建设体制改革（牵头区领导：吴勇强、沈吉鸿；经济体制和生态文明体制改革小组；牵头责任单位：区住建局）		
51	按照市委、市政府关于城建机构改革以及交通和水务一体化改革的要求，理顺管理与实施、建设与征收、行政与技术等方面关系，强化业务主管部门对全区城建项目的全面统筹和行政管理职能，按照“前期储备、计划管理、目标考核、资金配置”四合一模式，建立责权对应的城建项目管理制度	
52	组建技术力量雄厚的项目公司，作为落实区城建项目的责任主体，负责全区城建项目的立项报批、项目运作、融资建设、竣工移交和投资回收等各项工作	
53	以市场手段和企业化管理，增强区属企业自我造血功能，重点培育企业在城建项目管理中的核心竞争力	完成
54	落实市委、市政府《建立透明规范的城乡建设投融资机制改革实施方案》，建立科学合理的投融资体制，公益性和准公益性项目全面实行项目资本金制，健全债务风险预警及应急处置机制，探索土地收益划转、政府债券发行、特许经营模式等多元筹资方式，作为城建资金的有效补充	
55	构建合理有序的城建运行体系，保障区城市建设工作有序推进	
十、深化城市管理体制改革（牵头区领导：张凯；经济体制和生态文明体制改革小组；牵着责任单位：区城管局）		
56	建立区、街、社区三级责任体系，着力解决责任不明、责权利相互脱节等问题，构建“属地管理、责权明确、条块联动、监管有力、执法严格”的城市管理体制	完成
57	进一步确立街道在城市管理中的基础地位、统筹职能和保障作用，明确城市管理主体、统一权责利、规范管理、快捷处置	
58	完成覆盖全区的城市综合治理中队组建工作，全面加强区内重点道路、区域及窗口地区综合治理工作	继续推进
59	建立并完善数字化、网格化城管工作机制，全力打造指挥扁平化、监控远程化、管理智能化的指挥管理平台，实现城市管理法制化、市场化和专业化	
60	推进城市公共资源市场化，改革经费保障机制和考核评价机制	完成
61	创新停车管理模式。编制市政设施移交管理办法，建立市政养护作业市场化诚信评价体系，完善市政养护作业市场化监管机制	
62	根据《南京市市政基础设施养护作业质量标准》制定相应考核办法。完成市政设施养护作业市场化运作，对存量设施划分招标单元，公开招标，择优选择服务企业	继续推进
十一、构建生态文明建设制度体系（牵头区领导：吴勇强；经济体制和生态文明体制改革小组；牵头责任单位：区环保局）		
63	落实国家和省、市生态文明改革实施方案，建立健全经济社会发展绿色评价办法	继续推进
64	执行节能节地节水、环境、技术、安全等市场新标准	
65	落实《探索碳排放权交易市场建设实施方案》，全面完成工业类企业初始排污权的核定，按市有关要求对区域内工业企业开展排污权有偿使用	完成
66	建立环保执法与刑事司法衔接机制，建立环境案件“三审合一”集中审判制度。推动环境司法专门化	
十二、完善生态补偿机制、健全污染综合防治机制（牵头区领导：吴勇强；经济体制和生态文明体制改革小组；牵头责任单位：区环保局）		
67	落实《南京市生态红线区域保护规划》《南京市生态红线区域保护监督管理和考核暂行办法》	完成

续表 1

序号	具体改革事项	完成情况
68	实施《建立严格的环境准入制度实施方案》《加大环保执法和司法力度实施方案》及区域环保执法与刑事司法衔接制度，加强环境资源保护司法工作	完成
69	设立长江资源环境保护检察官办公室，联合长航、渔政、水政、海事等多家行政执法单位构建行政执法与刑事司法衔接工作平台	
70	从生态环境领域入手，探索建立提起公益诉讼制度	继续推进
71	创新环境监管执法体系，建立环保监管网格化，成立环境资源保护执法队伍	
72	建立环保公益诉讼制度，引导社会力量有序参与环境监管	
73	落实《南京市主要污染物排污权有偿使用和交易管理办法(试行)》，组织开展重点企业申报、数据校验、综合核定、社会公开等工作，开展排污权有偿使用和交易试点。分步推进排污权有偿使用	完成
十三、推动人民代表大会制度和人大工作与时俱进(牵头区领导：丁健生；民主法制领域改革小组；牵头责任单位：区人大机关)		
74	贯彻落实省市区委人大工作会议精神，以及区委《关于增强人大及其常委会监督刚性和监督实效的意见》要求，进一步健全"一府两院"由人大产生、对人大负责、受人大监督制度	完成
75	强化对执法和司法工作的监督，确保宪法法律法规得到有效实施	
76	加强规范性文件备案审查工作，切实维护法制统一	
77	健全人大及其常委会讨论、决定重大事项制度，"一府两院"规范重大决策出台前向人大常委会报告制度	
78	加强人大及其常委会对计划、预决算审查监督和国有资产监督职能	
79	增强人大及其常委会监督刚性和监督实效，创新监督方式、完善工作机制，强化对人大常委会审议意见的督办和落实	
80	完善人大代表对人大及其常委会重大事项决定、监督等各项工作的参与机制，组织人大代表开展定向定点调研视察和检查活动	
81	深化网络信息平台建设，密切人大代表同选民群众的联系	
十四、积极推进协商民主体系建设(牵头区领导：丁健生；民主法制领域改革小组；牵头责任单位：区政协办)		
82	贯彻中央和省、市关于加强社会主义协商民主建设意见的实施意见	完成
83	制定出台相关文件，进一步推动政治协商、民主监督、参政议政制度化规范化程序化建设	
84	加强智慧政协建设，健全完善政协委员联络机制，探索网络议政、远程协商等新形式，丰富政协委员发挥主体作用的平台与载体	
85	完善社区民主监督制度体系和等级评估指标体系	未完成
十五、深化法治鼓楼建设(牵头区领导：陶顺生；民主法制领域改革小组；牵头责任单位：区委政法委)		
86	贯彻落实鼓楼区《关于全面推进依法治区的意见》，推进依法行政，完善领导干部学法述法考评机制，提升依法决策水平	完成
87	强化党政主要负责人切实履行法治建设第一责任人职责，将法治建设成效作为衡量各级领导班子和领导干部工作实绩的重要内容，纳入政绩考核指标体系	继续推进
88	制定并出台《关于深入推进依法行政加快建设法治政府的意见》，以及区依法行政工作考核指标体系	完成
89	全力打造区"政府法务工作室"特色品牌，积极引导法学专家、知名律师参与推进政府依法行政，充分发挥工作室在政府重大决策、对外经济活动、规范行政执法、涉诉案件处理等方面的"智库""外脑"作用	
90	推进行政复议规范化建设，按照省定标准筹备建立区行政复议委员会，提升行政复议办案质量和社会公信力	
91	健全区政府规范性文件管理体系，进一步提升规范性文件制定、发布、备案审查的实体意识和程序意识	
十六、推进现代公共文化服务机制建设(牵头区领导：董伟、梁春燕；文化体制改革小组；牵头责任单位：区委宣传部)		
92	成立文化市场管理工作领导小组和文化综合执法大队，完善执法机构人员编制、职责权限相适应的组织保障体系	继续推进

续表 1

序号	具体改革事项	完成情况
93	建立绩效管理、考核奖惩制度，完善文化、公安、消防、安监和市场监督等部门的信息通报、联席会议、联合执法、区域协作以及行政执法与刑事司法相衔接等长效工作机制	完成
94	建立公共文化多元投入机制，培育文化非营利组织，动员和聚集全社会的资源与力量参与公共文化服务体系建设	
十七、优化社区文化事业发展格局（牵头区领导：董伟、王红、梁春燕；文化体制改革小组；牵头责任单位：区委宣传部）		
95	加强特色文化社区建设，发挥社区文化社团作用，开展"我们的节日"社区群众文化活动，打造群众喜闻乐见的品牌文化活动	完成
96	加强对社区文化队伍的业务指导、专业培训和表演技能辅导，提高文艺团队的业务素质和活动能力	
97	鼓励和支持社区品牌文化活动参加省、市及全国性文艺展演，增强鼓楼社区文化的影响力	
十八、加快文化人才培养体制机制创新（牵头区领导：董伟、梁春燕；文化体制改革小组；牵头责任单位：区委宣传部）		
98	进一步健全科学完善的岗位管理制度和选人用人机制，逐步实行文化系统事业单位人员持证上岗，实行量化考核，变身份管理为岗位管理	完成
99	加大优秀文化人才引进力度，完善学习培训、待遇保障等方面的政策措施，使人才有平台、有资源	
100	依托驻区高校资源，壮大"文化义工"志愿者队伍，形成专兼结合的基层文化工作队伍	
十九、深化文化产业体制机制改革（牵头区领导：董伟、梁春燕；文化体制改革小组；牵头责任单位：区文创办）		
101	进一步健全区文化发展领导小组统筹全区文化事业、文化产业发展的工作机制	完成
102	整合搭建全区文化产业发展"1+2+N"组织运行架构，形成以白云亭文化发展公司为文化创意产业投融资平台、鼓楼文化创意产业投资发展有限公司为经营平台，各文创园区协同呼应的发展格局	
103	建设"鼓楼文化产业发展中心"，打造鼓楼文化创意产业"展示推广平台""公共服务平台"与"创业创新平台"，搭建政府"三位一体""一站式"扶持发展文化创意产业服务体系	
104	探索建立"鼓楼区文化创意产业发展投资基金"，通过担保制度创新，构建信贷市场和资本市场的桥梁，创建新型文化金融平台，为企业提供融资担保、银行贷款等金融服务，开拓文创企业发展通道	
二十、加强公共文化资源载体建设（牵头区领导：董伟、梁春燕；文化体制改革小组；牵头责任单位：区文创办、区文化局）		
105	按照"一轴两带多片区"的空间布局，通过升级改造与修缮保护，整合并调整轴线文化业态，推进历史文化街区建设；对区图书馆、区文化馆、城市展览馆等区级重要场馆和文化设施统一调配、运作和管理	完成
106	突出白云亭文化艺术中心的核心地位和龙头作用，组建运营管理机构，提供免费基础服务和有偿高端服务	
107	完善区、街道、社区和社会资源四级联动体系，制定公共文化机构管理规范和评价标准，使公共文化服务制度化、规范化	
二十一、深化社会治理体制改革试点（牵头区领导：陆敏、陶顺生、王红；社会体制改革小组；牵头责任单位：区委社建工委、区委政法委、区综治办）		
108	充分利用社会治理体制改革试点先发优势，放大鼓楼社会管理改革既有成果，总结可推广、可复制的改革经验，力争在全市率先形成社会治理"鼓楼模式"，争创全省现代社区治理创新实验区	完成
109	深入推进街道社区服务管理体制改革，改变街道"机关化"倾向，推进社区"去行政化"改革，完善全科政务服务机制和网格化管理模式，高标准建设江东、小市居民综合服务中心	
110	建成13个街道便民服务中心，统一办理事项、工作流程、办理时限、考核管理，将公共服务网络延伸部署到街道便民服务中心	基本完成
111	大力培育发展社会组织，加大政府购买公共服务力度，创新公共服务供给形式，形成主体多元的公共服务新格局	完成
112	出台《关于新一轮街道社区综合改革中加强社区综治办建设的实施方案》《2015年鼓楼区推动社会组织参与综治和平安建设工作计划》《鼓楼区运用法治思维和方法依法处置突出社会矛盾实施方案》，促进社会更加安定和谐有序	

续表 1

序号	具体改革事项	完成情况
二十二、推进基层司法体制改革(牵头区领导:陶顺生;社会体制改革小组;牵头责任单位:区委政法委)		
113	落实省、市关于健全行政执法和刑事司法衔接的有关要求,进一步完善两法衔接工作制度建设、标准建设、平台建设,完善案件移送标准和移送程序,建立行政执法机关、公安机关、检察机关、审判机关信息共享、案情通报、案件移送、工作联席会议等制度	完成
114	围绕城市巡逻体制重组,深化"131 工程"建设和社会治安大巡防体制改革,优化武装巡逻、卡点值守、屯兵驻守等警力布局,整合公安、武警、内部单位等安保力量,提升反恐维稳及突发案事件应急处置能力	
115	开展检察院内部机构整合和主任检察官办案责任制的试点工作,深化"检务公开"	未完成
116	创新法院人民陪审员制度、探索建立人民监督员制度	完成
117	开展刑事案件速裁程序试点工作,对符合事实清楚、证据充分、被告人自愿认罪等条件的案件实行速裁程序	
118	完善涉法涉诉信访机制,进一步畅通群众诉求表达渠道,引导群众依法表达诉求,完善司法救助制度,体现人文关怀	
二十三、全面推进诚信体系建设(牵头区领导:童晓佳;社会体制改革小组;牵头责任单位:区市场监管局)		
119	落实《南京市全面推进诚信体系建设任务分解方案》,全面推进安全生产、环境保护、价格信用等诚信体系建设,强化企业安全生产主体责任意识、环境保护意识、价格信用意识,促进企业自我约束机制的形成,引导信用行业规范发展	完成
120	建立企业诚信档案及信息平台,按市统一要求,做好技术保障和系统、数据整合工作	
二十四、深化教育综合改革(牵头区领导:郭明雁;社会体制改革小组;牵头责任单位:区教育局)		
121	落实市政府关于学前教育发展"三项工程"的实施意见,保证公办幼教学位的不断增加,加大无证幼儿园的清理整顿,推进学前一年基本免费教育	完成
122	落实学前教育政府购买服务、政府补贴、社会力量捐资激励等制度,利用社会力量兴办普惠性民办幼儿园,在民办幼儿园中按有关标准认定 2~3 所普惠性民办幼儿园,由政府购买或补贴服务	
123	认真实施省市"关于全面改善义务教育薄弱学校办学条件"的工作部署,编制"改薄"(达标)项目规划,加快推进全区义务教育学校资源均衡配置,切实缩小校际差距	
124	进一步推进布局调整与优化,完善教育集团化办学管理制度,实施名校办分校 2 所	
125	完善义务教育家庭经济困难学生资助体系,困难学生资助覆盖率达 100%	
126	建设 3 个省级高中课程基地,推进第二十九中学高中新校区建设	
127	建设 2~3 个省级现代化实训基地,推动校企合作	
128	整合区属职业教育资源,筹建南京商贸高等职业技术学校;筹建鼓楼区开放大学,积极开发继续教育资源,完善鼓楼区社区教育数字化学习平台	
129	创新人才培养模式,构建促进学生全面发展和终身发展的育人制度体系	
130	对接市招生考试制度改革,完善义务教育阶段招生办法,搞好学业水平考试和综合素质评价工作	
131	完善《鼓楼区教育质量评价方案》,探索建立多元评价主体,引入社会评价机制,构建科学合理的中、小学教育教学质量评价与监测体系	
132	加强教育系统干部队伍思想教育和能力培养,完善中小学校校长、幼儿园园长考核管理办法	
133	实施《鼓楼区"三名工程"实施意见》,引进、培养名特优教师 200 人	
134	完善《鼓楼区推进义务教育学校教师和校长流动的意见》,稳步推进教师(校长)校际间流动,义务教育阶段教师年交流量超过 10%,力争达到 15%	
二十五、推进医疗卫生体制改革(牵头区领导:梁春燕;社会体制改革小组;牵头责任单位:区卫生局)		
135	落实省市医改试点各项改革任务,加快推进基本医疗和公共卫生体系建设,完成阅江楼社区卫生服务中心搬迁改造,建成江东社区卫生服务中心,充分利用驻区优质医疗资源,加大政府购买公共服务力度,完善南大医院、康爱医院公共卫生服务功能,改革政府购买服务方法,建成以政府直接提供为主体、购买公共卫生服务为补充的优质公共服务网络	完成

续表 1

序号	具体改革事项	完成情况
136	完善基层医疗卫生机构分级诊疗制度，与驻区三级医院实施紧密型协作，探索联建共享特色发展	完成
137	完善基本药物制度，加强对基层医疗卫生机构配备使用少数常用药品的监管，进一步满足临床和群众用药需求	
138	加强人才队伍建设，建立人才引进、培养、激励机制，通过公开选拔、任期目标责任制等制度规范社区卫生服务中心负责人的选聘，优化收入分配制度，完善基层医疗服务机构绩效评价指标体系和绩效考核办法	
139	完善医疗救助制度，扩大困难群众医疗卫生服务，规范惠民门诊服务内容和服务范围，每个街道建一个惠民门诊点	
140	加大医养融合工作力度，扩充家庭医生签约服务，对社区诊断明确、病情稳定，失独、失能、半失能等困难老人提供家庭病床服务，通过自建医疗机构、与社区卫生服务机构联合等途径，实现养老机构基本医疗服务和健康管理全覆盖	
141	深入研究把握健康服务业发展方向，整合各类要素资源，协同推进健康产业跨越发展	
二十六、推进事业单位分类改革（牵头区领导：周文中；社会体制改革小组；牵头责任单位：区编办）		
142	按照省市部署和要求，明确事业单位分类范围，严格事业单位分类标准，规范事业单位分类程序，全面完成事业单位分类工作	完成
143	按照社会功能，将现有事业单位划分为承担行政职能、从事生产经营活动和从事公益服务三个类别；根据职责任务、服务对象和资源配置方式等情况，将从事公益服务事业单位细分为公益一类和公益二类两类	
144	结合事业单位不再承担行政职能的改革方向和管理要求，按照是否完全或主要履行行政决策、行政执行、行政监督等职能，从严认定承担行政职能的事业单位	继续推进
145	结合新一轮政府机构改革和职能转变，在不增加机构限额和行政编制总额的前提下，对承担行政职能的事业单位，规范和调整行政职能，剥离其承担的其他职责	
146	研究制定分类推进事业单位改革中有关财政、国有资产管理、收入分配制度、人事制度、绩效评估、养老保险制度等配套政策，确保改革工作积极稳妥地推进	完成
二十七、推进就业和社会保障改革（牵头区领导：周文中；社会体制改革小组；牵头责任单位：区人社局）		
147	实施农民工职业技能提升计划	完成
148	开展各类就业援助专项活动	
149	完善社会救助体系，推广“一门受理”式社会救助服务	
150	深入推进社会保险全民参保登记工作，实现对参保人的全员管理、动态管理、精确管理，推进标准化建设和数据信息跨业务、跨部门共享	
151	认真做好城镇职工和居民大病保险工作，促进基本医疗保险、大病保险与医疗救助的协同互补，切实减轻参保人员大病医疗费用负担	
152	构建居家养老、社区养老、机构养老“三位一体”社会化养老服务体系	
二十八、深化党的组织制度改革（牵头区领导：谈健；党的建设制度改革小组；牵头责任单位：区委组织部）		
153	落实《南京市深化党的建设制度改革工作方案》	完成
154	研究制定加强党的建设、推动全面从严治党迈上新台阶的意见	
155	完善党的代表大会制度，落实党代表任期制，开展党代表提案工作试点	继续推进
156	制定贯彻中央关于加强党内政治生活有关规定的实施办法，对严守政治纪律和政治规矩作出具体规定	
二十九、深化干部人事制度改革（牵头区领导：谈健；党的建设制度改革小组；牵头责任单位：区委组织部）		
157	贯彻落实《党政领导干部选拔任用条例》	完成
158	坚持好干部标准和“三严三实”要求，树立鲜明的用人导向	
159	研究制定鼓楼区《严格干部德的考核和运用试行办法》，考准考实干部的德	
160	健全和完善干部全信息系统，加强干部日常考核	

续表 1

序号	具体改革事项	完成情况
161	贯彻落实中央、省市有关文件要求，加强优秀年轻干部培养选拔工作	完成
三十、加强基层服务型党组织建设（牵头区领导：谈健；党的建设制度改革小组；牵头责任单位：区委组织部）		
162	探索试行社区、社会组织领域服务型党组织评价指标体系，进一步完善基层服务型党组织指标体系与内容	完成
163	实施基层党组织薄弱环节排查与整治行动，全面筑牢基层党建工作基础	
164	全面加强基层党务干部队伍建设，落实分层分类培训制度，不断提高联系服务群众能力水平	
165	深化“双强”基层党组织带头人队伍建设，加强社区书记后备力量培养储备和遴选，确保工作传承有序	
166	严格落实“三会一课”制度，规范支部生活	
167	完善党代表驻室值班、接待群众等相关制度，推进党代表工作室规范化建设	
168	扎实推进“两新”组织党建工作，创新推动党组织活动向新兴领域延伸，不断提升“两新”党组织服务能力	
三十一、深化人才发展体制机制改革（牵头区领导：谈健；党的建设制度改革小组；牵头责任单位：区委组织部、区人才办）		
169	对接市人才管理改革内容，结合区情实际，深入推进人才管理改革	完成
170	完善人才评价、流动、激励等机制	
171	完善人才项目管理制度，提高人才创业质量效益	
172	建立人才与产业对接机制，优化人才结构布局	
173	完善市场化社会化机制，调动各类资源为人才企业发展服务	
174	尝试科技创新券、政府股权代持基金、企业融资补贴等多种方式扶持人才科技企业	
175	研究编制鼓楼区人才“十三五”发展规划	
三十二、加强和改进对领导干部行使权力的制约和监督（牵头区领导：冯雯兰；纪律检查体制改革小组；牵头责任单位：区纪委、区监察局）		
176	落实党（工）委主要负责人与班子成员、党政主要负责人与下级党政主要负责人、领导班子成员与分管联系单位主要负责人廉政谈话制度	完成
177	实施区纪委委员评议部门党政正职领导制度	
178	落实“三重一大”事项报备和检查制度	
179	建立和完善重大决策终身责任追究制度和责任倒查机制	继续推进
180	研发“派驻监督信息管理系统”，通过科技手段，提升监督成效	完成
三十三、全面落实党风廉政建设责任制（牵头区领导：冯雯兰；纪律检查体制改革小组；牵头责任单位：区纪委）		
181	实行项目化管理，完善落实党委主体责任、纪委监督责任落实机制	完成
182	制定党风廉政建设责任追究办法，严格执行“一案双查”	
183	在市纪委指导下，完善纪委集中派驻工作，确保党内监督全覆盖	
三十四、强化上级纪委对下级纪委的领导（牵头区领导：冯雯兰；纪律检查体制改革小组；牵头责任单位：区纪委、监察局）		
184	按上级纪委统一部署开展纪检监察机关内设机构调整	完成
185	调整完善纪工委工作职能	
186	落实纪工委向区纪委报告工作制度	
187	建立纪工委书记述职制度	
188	制定完善纪工委书记提名、考核、任用办法	继续推进
189	在部分工委试行纪工委委员制度	完成
三十五、加强和改进巡视联络工作（牵头区领导：冯雯兰；纪律检查体制改革小组；牵头责任单位：区纪委）		
190	建立完善巡查工作体系，成立区巡查工作领导小组	完成

续表 1

序号	具体改革事项	完成情况
191	制定有关工作制度，开展巡查工作	完成
192	建立与上级巡视工作的对接机制，制定完善上级巡视反馈意见的整改工作的督察办法	
三十六、健全党风廉政建设法规制度体系（牵头区领导：冯雯兰；纪律检查体制改革小组；牵头责任单位：区纪委）		
193	贯彻落实修订后的《中国共产党党员领导干部廉洁从政若干准则》《中国共产党纪律处分条例》。严格执行《配偶已移居国(境)外的国家工作人员任职岗位管理办法》。清理规范领导干部家属经商办企业、担任公职和社会组织职务方面的法规和规范性文件。严格执行中央和省市规范领导干部家属经商办企业、担任公职和社会组织职务等相关规定和要求	完成

备注：

1."完成情况"分为"完成""继续推进""未完成"三类；

2."完成"是指任务菜单中的事项已经落实到位，包括改革方案的正式出台、上级改革要求的已经落实；

3."继续推进"是指改革方向已经明确的前提下，按要求继续推进之中的事项，包括需要等待上级统一部署、已经起草正在走程序的改革方案、需要跨年度落实的改革事项；

4."未完成"是指实际情况与改革预期有较大出入、按照原方案无法落实、需要重新设计的改革事项

座落于江苏路39号的南京鼓楼旅游咨询服务中心

区情概览

Survey of the District

基本情况

【地理位置】 鼓楼区位于长江下游南岸、南京城西北部，是南京市中心城区之一，也是江苏省委、省人大常委会、省政府、省政协机关所在地，拥有南京主城11公里黄金长江岸线。东以中央路、中山路、窑上村十字街为界，分别与玄武区、栖霞区为邻；南以汉中路、汉中门大街、集庆门大街西段（西至清河路，东至燕山路北段）为界，分别与秦淮区、建邺区接壤；西、北以长江为界与浦口区相望。区域面积54.18平方公里。

【自然环境】 鼓楼区是山峦环绕，湖川相依，山、水、城、林浑然一体的中心城区，有龙蟠虎踞之雄，依山带水之胜。秦淮河、金川河穿境而流，清凉山、狮子山、幕府山雄踞其中，明城墙傍山环绕，11公里长江黄金岸线新姿绵延，鼓楼岗、五台山将秦淮河冲积平原和金川河冲积平原南北分开。

鼓楼区地处中纬度大陆东岸，因受地理环境影响，形成春温、夏热、秋暖、冬寒四季变化明显及冬夏时日长、春秋时日短的气候特征。

春季 大致始于3月下旬或4月上旬，到5月下旬或6月上旬结束，平均历时60～70天。

特点：气温逐渐升高，降水比冬季增加；春季除有霜外，连阴雨天气较多，有“清明时节雨纷纷”之说，有时会出现“倒春寒”（2月份的气温偏高，3～4月间的气温反而偏低）的反常天气。

夏季 大致从6月上、中旬到9月中旬，历时100天左右，明显分为初夏的梅雨天气和盛夏的伏旱天气。“梅雨季节”因湿度大、温度高，衣服、家具等易受潮发霉。

特点：降水丰富，相对湿度大；气压偏低，云量多，日照少；地区风力较弱，时有暴雨发生。7～8月间，梅雨结束后便进入盛夏天气。若此时受太平洋副热带高压脊的直接控制，便出现晴热高湿少雨的时期，即伏旱天气。

秋季 夏冬的过度季节，大致从9月中旬到11月中旬，历时60天左右。

特点：此时冬季季风爆发，从地面置换夏季风。因高空的副热带高压南撤相对缓慢，形成低层冷高压上面叠加着副热带高压，出现持久的“秋高气爽”的好天气。天高云淡、风和日丽，温湿宜人。“秋老虎”是南京城区气候的一大特点。“秋老虎”天气是指9月份进入秋季后气温有时一反常态，出现持续的高温天气，最高气温可达34～35℃以上，民间把这种天气现象俗称“秋老虎”。另一类常见的“秋老虎”天气是指夏季高温后，秋季又接着高温天气，往往是伏旱连秋旱。秋季也有连阴雨天气。深秋季节，由于受强冷空气影响，会出现寒潮及早霜。秋季的降水量较夏季明显减少，占年降水量的20%左右。

冬季 从11月中旬到翌年的3月下旬或4月上旬为冬季，历时4个多月。

特点：受冷空气控制，寒冷而干燥。寒潮侵袭下的冬季，平均每隔7～10天就有一次受寒潮或冷空气的影响过程。特冷天气都出现在大寒潮影响之后。受寒潮或冷空气的侵袭，也有冷冬月与暖冬月之分。按市区月平均温度距平值划分小于−1.5℃为冷冬月，大于1.5℃为暖冬月。冬季降水占年降水量的11.7%。

【建置沿革】 鼓楼区历史源远流长，是南京城区开发较早的地区之一，五六千年前就有多处原始村落存在。周显王三十六年（前333），楚威王熊商在石头山置金陵邑，此为鼓楼区境第一个行政建置，也是南京城区建置之始。秦始皇嬴政三十七年（前210），金陵邑改为秣陵县，增设江乘县，现区境北部属江乘县、南部属秣陵县。西汉至唐代，区境隶属名称、地界划分多有变更。五代杨吴天祐十四年（917年）至清末，区境均为江宁、上元两县管辖。明初，筑南京城墙，区境主体部分圈入内城，其余部分也在外廓之内。

民国元年（1912）1月，中华民国临时政府废上元、江宁两县，建南京府，为国都。区境属南京府[民国2年（1913），改称江宁县，为江苏省省会]。

民国16年（1927）4月，国民政府定都南京，改江宁城区为南京市，区境属南京市。

民国22年（1933）3月，南京市分划自治区，城区设8个行政区。今区境时为第六区、第七区，是建区之始。

民国26年（1937）12月，侵华日军占领南京后，区境受日伪管辖，分属第四区、第五区。民国31年（1942）4月，汪伪南京特别直辖市重新划分城区为6个区，以北极阁、华侨路、清凉山一线，沿定淮门、挹江门、金川门至玄武门城墙，划为“城区自治实验区”（为今区境部分）。

民国34年（1945），抗日战争胜利后，恢复原第六区、第七区建制，为今区境主体。

1949年4月，南京解放。1950年6月15日，第六、第七区调整为新五区、新六区（后习惯称为第五区、第六区）。新五区范围：自中央门、玄武门至新街口，自新街口至汉中门，沿城墙至挹江门，自挹江门沿城墙、护城河至中央门。新六区范围：南沿定淮门外明城墙，经挹江门、兴中门、钟阜门、新民门、金川门至黑龙江路西，折北宝塔桥西至长江中心线；南至新河二村至长江中心线。

1955年8月3日，第五区、第六区分别更名为鼓楼区和下关区。第五区设挹江门、三牌楼、中央门、水佐岗、丁家桥、鼓楼、阴阳营、上海路、沈举人巷9个街道办事处，第六区设三汊河、宝善街、二板桥、商埠街、热河路、车站、四所村、宝塔桥、三汊河水上9个办事处，作为区人民委员会的派出机构。

1967年3月，鼓楼区改称延安区，下关区改称东方红区。

1973年11月12日，延安区革命委员会、东方红区革命委员会分别更名为鼓楼区革命委员会和下关区革命委员会。

1980年9月、10月，下关区革命委员会、鼓楼区革命委员会先后撤销，相应成立下关区人民政府、鼓楼区人民政府。

1995年4月，南京市区划调整，鼓楼区区域四至：东起中央门沿中央路、中山路至新街口，与玄武区为邻；南自新街口沿汉中路、凤凰西街、江东北路到螺丝桥大街，与建邺区相连；西自螺丝桥大街沿长江堤岸到划子村渡口，与雨花台区的江心洲隔江（夹江）相望；北自划子村渡口沿定淮门大街过秦淮河沿城墙至挹江门，再沿中山北路，过大桥南路沿金川河、护城河到中央门，与下关区接壤。下关区区域四至：东以窑上村十字街为界与栖霞区相连，东南与玄武区接壤，南以定淮门大街为界与鼓楼区毗邻，西、北以长江为界，与浦口区相望。

2002年10月22日，宁委发〔2002〕45号文，将建邺区莫愁湖街道办事处汉中门大街以北地区及其建制划归鼓楼区管辖；汉中门大街以南部分划归建邺区南湖街道办事处管辖。

2007年3月1日，经省、市政府批准，将建邺区兴隆街道江东村委会划归鼓楼区管理。两区此段行政区域界线走向为：自汉中门大街中心线与清河路交汇处起，折向西南沿清河大街中心线至规划的集庆门大街中心线，折向东沿规划的集庆门大街西段中心线至规划的燕山路北段中心线，折向北沿规划的燕山路北段中心线至汉中门大街中心线。

2013年2月19日，根据《国务院关于同意江苏省调整南京市部分行政区划的批复》（国函〔2013〕24号），鼓楼区、下关区合并设立新的鼓楼区。

（区地方志办）

【行政区划】 鼓楼区人民政府辖13个街道办事处。辖区内有119个社区居委会。

【人口】 2015年，全区在册户籍312772户930524人。其中，男性464951人、女性465573人，性别比为0.9987∶1。全年出生人口6971人，出生率7.47‰；死亡人口5369人，死亡率5.75‰；人口自然增长率1.72‰。省外迁入5867人，省内迁入12718人；迁往省外6986人，迁往省内10283人。年末，全区常住人口127.6万人，比上年年末减少1.7万人。

（公安鼓楼分局）

2015年鼓楼区社区居委会一览表

表2

社　区	地　址	社　区	地　址
华侨路街道（7个社区居委会）			
慈悲社	明华新村14号	龙蟠里	虎踞路38号
广州路	广州路41号	清凉山	虎踞路3号4楼
五台山	上海路21号五台花园1幢101室	石头城	石头城新村40号
虎踞关	虎踞关36号		
宁海路街道（9个社区居委会）			
颐和路	琅琊路11号	康藏路	康藏路4号
天津新村	虎踞北路18号天津新村7幢	三步两桥	水佐岗32巷
古　林	定淮门6号	仙霞路	匡芦路17号
北京西路	虎踞北路4号	山西路	四卫头45号
苏州路	玉泉路6号		
湖南路街道（8个社区居委会）			
裴家桥	裴西村6号	青岛路	汉口路47号204室
丁家桥	湖南路8号	南秀村	金银街17号
傅厚岗	高云岭34号	云南路	渊声巷41号
马台街	天福园28号	大方巷	五条巷14号

续表 2

社　区	地　址	社　区	地　址
中央门街道(12 个社区居委会)			
观音里	观音里 8 号	三牌楼	三牌楼大街 110-1 号
颂德里	三牌楼大街 111 号	青石村	青石村 89 号
紫竹林	长江新村 7-1 号	劝业路	新模范马路 7 号
将军庙	新模范马路 9 号 21 幢 26 室	新门口	东瓜圃桥 9 号 102 室
天正和鸣	中央路 389 号凤凰和鸣苑 2 幢 101 室	工人新村	工人新村 82 号
汇林绿洲	黑龙江路 17 号	模范马路	狗耳巷 22-1 号
挹江门街道(9 个社区居委会)			
丁　山	察哈尔路 108 号	钟阜路	福建路 8-13 号
戴家巷	戴家巷 16 号	妙峰庵	铁路北街 284 号
察哈尔路	回龙桥 8 号	回龙桥	校门口 25 号 101 室
鲁迅园	中山北 283 号	模范西路	古平岗 22 号
福建路	洪庙巷 21 号(西侧)		
江东街道(9 个社区居委会)			
清河新寓	清江路 39 号	聚福园	漓江路 6 号
睿城社区	润江路 1 号	宝　船	草场门大街 168 号宁工新寓 48-102 室
长阳花园	清凉门大街 298 号	宝地园	龙江花园车站旁
银城花园	银城花园小区 86 号 3 楼	腾飞园	腾飞园 17 幢
江滨新寓	江滨新寓 31-2 号		
凤凰街道(11 个社区居委会)			
莫愁新寓	莫愁新寓胜棋里 17 幢	华阳佳园	清凉门大街 113 号
凤凰二村	凤凰二村 10 幢	凤凰花园	福安园 28 号
凤凰街	凤凰庄 9-102 号	苏城苑	湛江路 98 号苏城北苑 11-2
凤凰西街	凤凰西街 275-1 号	蓝天园	蓝天园 19 号
西城岚湾	清凉门大街 8 号-西城岚湾 3 幢	白云园	白云园 50 号
教工新村	教工新村 34-2 号		
热河南路街道(9 个社区居委会)			
小桃园	姜家园 46 号	清江花苑	郑淮路 9 号
姜圩路	姜圩路 60 号	新和园	新河一村 11 号
二板桥	二板桥 414 号	新河村	郑和南路 88 号
晏公庙	热河南路 221 号	三汊河	迎江园 7 幢
白云亭	二板桥 572 号		
阅江楼街道(8 个社区居委会)			
多伦路	盐仓桥 26 号	热河路	热河路 50 号阅江广场 4 楼
盐大街	盐西街 22 号	商埠街	公共路 14 号
新民门	建宁新村 31 号	唐山路	中山北路 607 号 1 幢 3 单元 101 室
东炮台	东炮台街 69 号天妃宫寄宿学校	世茂滨江	南通路 89 号 3 号楼一楼

续表 2

社　区	地　址	社　区	地　址
建宁路街道(8个社区居委会)			
城河村	建宁路25号巷内	五所村	五所村20号
工农新村	建宁路84号	新民路	江沿村76号
安乐村	安乐村117号	金川花苑	金川门外18号
四平路	四平苑78号	滨江花园	滨江花园西园25号旁
宝塔桥街道(12个社区居委会)			
方家营	方家营800号南堡新寓内	水关桥	金陵新二村62幢
宝塔桥东街	金陵新九村27幢1单元101室	燕江路	金陵新八村2幢-1
金陵新四村	金陵新四村15号	象　山	幕府西路103号
金陵新六村	金陵新七村33幢-1	恒盛嘉园	幕府西路55号恒盛嘉园29幢
金陵二村	宝燕南路10号	幕府西路	幕府西路33号金域中央21幢
燕江园	燕归园18号	依山郡	幕府西路88号
小市街道(9个社区居委会)			
东井新村	小市村32号	东门街	东门街24-70号
线路新村	和燕路63号、安怀村330号	河路道	汽轮三村1号,中储地产内102、103室
东井亭	东井亭100号	小市新村	小市新村451号
安怀村	安怀村44幢前	黄家圩	小市街88号、黄家圩48号
张王庙	张王庙200号		
幕府山街道(8个社区居委会)			
五塘新村二段	五塘新村25幢旁	北崮山	汽轮七村8幢
五塘新村一段	五塘新村40幢旁	五佰村	五塘新村新网点4号
盛世花园	云谷山庄小区40幢	五塘村	五塘村89号
云谷山庄	云谷山庄小区40幢	白　云	旭日景城小区17幢

（区民政局）

经济社会发展

经济建设

【经济指标完成情况】 2015年,鼓楼区实现地区生产总值(GDP)1011.81亿元,同比增长10%,其中服务业增加值925.93亿元，同比增长11.7%,占GDP比重91.51%;实现公共财政预算收入87.91亿元,增长7.6%;城镇居民人均可支配收入50526.5元，增长8.4%；社会消费品零售总额797.6亿元,增长11.5%;完成全社会固定资产投资278.08亿元,增长9.28%;引进注册资本千万元以上大项目161个,总注册资本金65亿元；实际利用外资3.7亿美元，服务外包执行额17.1亿美元，其中离岸服务外包执行额10.6亿美元;软件和信息服务业收入62.37亿元;旅游总收入156亿元,同比增长18.2%。

【重点产业培育】 2015年,区委区政府制定《鼓楼区“互联网+”实施方案》,落实促进总部经济、楼宇经济和重点特色产业发展的政策措施，新增亿元楼宇、特色楼宇各2幢,新增市认定总部企业1家,11家地区性总部和行业龙头企业落户，规模楼宇税收总额增长超过15%，健康服务、智力服务、软件信息、金融服务等优势产业税收增幅均超过20%。出台《鼓楼区关于在金融领域扶持中小微企业发展的若干意见》，全信传输科技股份有限公司、四新科技应用研究所有限公司等6家企业上市,38家企业筹备挂牌。新增民营企业4560户、注册资本金319亿元。成功举办“创洽会”“金洽会”“软博会”等招商活动。

【科技创业创新】 2015年，鼓楼区制定《鼓楼区关于加快发展众创空间推进大众创业创新的实施方案》，明确“2+N”众创空间建设格局，模范路科技创新街区、环南艺文化创意产业功能区2个众创空间示范区揭牌，星火众创工厂等8家众创空间建成运营。组建“南京鼓楼科技园联盟”，完成44个园区空间和产业规划，新引进科技型企业410家，新增产学研合作项目52个，实现高新技术产业产值342亿元。超额完成市下达的集聚“千人计划”专家、培育“科技创业家”和引进“领军型科技创业人才”等“十二五”招才引智目标任务。

【重要载体建设】 2015年，鼓楼区围绕产业功能板块建设，加大资金、项目集聚力度，滨江1号地块转让全面落实，滨江商务区全面进入开发建设阶段，航运中心主体施工，引入南京航交所；证大、深业、龙湖、中冶、南京港(集团)总部大楼等项目进展顺利；苏宁慧谷一期、艾志科技中心二期、越洋国际商务中心等载体竣工交付，湖南路地下商业街、新城创置湖北路商业综合体项目全面开工，中储电子商务区二期实现土地挂牌。 （区政府办）

政治建设

【党的建设】 2015年，中共鼓楼区委按照省市委提出的“管理更严格、纪律更严明、干部更清正、政治更清明”的目标要求，不断提升从严治党水平。扎实开展“三严三实”(严以修身、严以用权、严以律己，谋事要实、创业要实、做人要实)专题教育，强化对各级领导班子和领导干部教育管理。严控职数，稳妥推进干部配置，在基本完成超职数消化任务同时，为干部成长拓展空间。探索将审计监督纳入干部管理，建立干部“特别监督档案”，开展个人事项报告抽查、干部档案核查等工作。树立大抓基层鲜明导向，实施党建创新项目化管理，对薄弱社区党组织开展联动整改提升，对全区1万多家“两新组织”(新经济组织和新社会组织）加强党建指导，推动基层党组织全面过硬。带头执行省市委关于“两个责任”(主体责任和监督责任)的要求，制定实施细则，深化党风廉政建设“三三制”(党工委承担个性目标、共性目标、激励目标三类，采取党风廉政建设意见书、函告书、报告书“三书”分解)责任落实机制，对全区13个街道、18个部门党工委书记开展全覆盖约谈。加强廉政教育，深化落实《2013～2017惩治和预防腐败体系建设规划》，出台《鼓楼区巡查工作办法》，开展突出问题专项巡查3项，查实并处理问题4起。配合省委第八巡视组做好巡视工作。全年区纪检组织立案查办违规违纪案件68件68人，其中大要案43件，追缴违纪款400余万元。 （区委办）

【人民代表大会制度建设】 2015年，区人大常委会围绕全区工作大局，举行常委会会议9次，听取和审议“一府两院”专项工作报告27项，开展执法检查和视察调研13次，作出决议、决定7项，发出审议意见书11份，备案审查规范性文件3件，任免国家机关工作人员50人次、人民陪审员102人次。组织区内各级代表开展为期半年的调研活动，形成调研报告36篇。召开“建言‘十三五’，助力促效能”代表调研成果报告会，接待选民5983人次，174名人大代表向选民述职。指导帮助11个街道“代表之家”、87个社区“代表活动室”完成提档升级工作。办结158件议案和建议，办结率、回复率100%。 （区人大办）

【政府自身建设】 2015年，鼓楼区推进经济发展工作格局、社会治理体制、国资管理等十大类改革措施，193项具体改革事项基本完成。深化行政审批制度改革，公布93项行政审批事项、2459项行政权力事项清单，23个部门131个服务事项进驻行政服务大厅。在13个街道建成便民服务中心，实行“一门受理、一站办结”。推进财政预决算等重点领域信息公开，使用财政拨款的部门全部公开预算，10家试点部门公开财政决算。持续提升“12345”“96180”热线服务效能，综合满意率居全市前列。开展“三公”(财政拨款支出安排的出国及出境费、车辆购置及运行费、公务接待费)经费使用等专项检查，压缩一般性行政支出，实施公车制度改革。依法完成财政预算执行、政府投资、经济责任等审计项目192个。 （区政府办）

【政治协商制度建设】 2015年，政协鼓楼区委员会借助政协提案和反映社情民意2项特色和优势工作，增强服务经济发展和民生福祉实效。听取并审议政府工作报告和其他报告，综合归纳整理经济社会发展7个方面26条意见和建议，为区委区政府科学决策和任务落实提供参考。调研视察全区社会建设工作，听取相关工作情况通报，提出意见和建议。围绕重大项目、科技产业、健康产业、信息技术、提案办理等议题组织委员视察调研，与相关部门开展对口协商，提出意见和建议。年内，组织驻区全国及省、市、区四级政协委员，走进社区开展民主协商活动23次。完成理论研究论文38篇，其中3篇被市政协评为优秀理论研究文章。收集上报社情民意信息187篇，被市级以上政协采用78篇，上报及被采用信息数量均列全市各区之首。收到委员提案284件，立案218件，全部办结，满意率95%。其中解决采纳167件，占总数89.8%。

（区政协办）

【法治和平安建设】 2015年，鼓楼区建立公安实战指挥中心、8个街面警务工作站，新增高清治安监控点位1655个，安装平安e门945扇，刑事警情同比下降6.91%，刑事破案数同比增长4.03%。全年立刑事案件9796起，同比下降12.1%，其中“八大类”案件129起，破案121起，破案率91%；侵财案件8978起，同比下降17.6%。入室盗窃、盗窃非机动车破案率分别为33.97%、15.41%。区检察院办理审查逮捕各类犯罪案件747件1032人，审查起诉案件929件1207人。公安鼓楼分局日均接警1120起，完成大型安保任务272场次。是年，鼓楼区被评为“全国法治区创建先进单位”、省“社会治安安全县（区）”、省“2012~2014年平安铁路示范县（市、区）”“全省禁毒工作先进集体”“全省社区禁毒社区康复工作示范单位”。区法院被省委省政府命名为“人民满意的政法单位”，记集体一等功。区检察院被最高人民检察院评为首届全国“科技强检示范院”，并作为全省唯一代表赴京领奖。公安鼓楼分局获“全市公安科技信息化工作先进单位”称号，刑事科学技术室通过公安部全国一级示范单位验收。（区委政法委）

【爱国统一战线】 2015年，鼓楼区统一战线围绕中心，服务大局，着力推进全区多党合作事业健康发展，辖区街道、社区党组织与各民主党派鼓楼基层组织结对共建实现全覆盖。区政府有关部门与民主党派基层组织、工商联对口联系工作有效开展，搭建知情明政平台，促进政党协商制度化。通过开展走访调研、召开情况通报会、举办社会主义学校培训班等形式，就教育、民主法治、产业布局、创业环境、民生保障等方面建言献策。在全市首创成立统一战线法律服务团，举办《马关条约》座谈会。加强非公有制经济人士学习教育引导，开展省市人大代表、政协委员中非公有制经济代表人士综合评价工作。探索推进青年企业家队伍建设，发现、培育、考察、推荐近60名新生代非公有制经济代表人士人选，指导基层商会创建学习型、服务型、创新型、法治型特色商会。提升民族宗教工作水平，举办政策法规教育培训和赴井冈山参观学习等活动，提升民宗干部和宗教教职人员队伍建设。帮助、指导基督教道胜堂等宗教场所完成换届选举工作，开展禁止针对部分地区少数民族群众歧视性做法检查督查工作。加强港澳台统战工作协调服务，组织归侨侨眷和台胞开展“叙侨情　暖侨心”座谈会和“看鼓楼　寻故根　共筑中国梦”等活动，走访驻区台资企业，开展留学人员统战工作调研，完成区台协换届工作。是年，区委统战部获“江苏省统一战线工作先进集体”称号。（区委统战部）

文化建设

【文化产业】 2015年，鼓楼区文化产业发展加快，引进注册资本千万元以上大项目13个，组织15家重点文创企业参与省文化产业专项资金申报，19家企业参与年度市级文化产业发展专项资金申报，完成2014年年度鼓楼区文化产业绩效考核。水木秦淮街区升级改造、南艺文化创意产业园、英发比高影视文化产业园等重大项目有序推进，投入使用载体面积超额完成。至年末，文化及相关产业税收4.27亿元，文化产业增加值占GDP比重6.6%，文化创意产业营业收入160亿元。（区文创办）

【文化事业】 2015年，鼓楼区组织开展各类文化、科普活动2000余场次，打造“白云亭公益剧坊”等文化品牌。建成体育主题公园，推动驻区高校体育设施向市民免费开放，完成“幕府善跑”、南京国际马拉松等赛事服务保障，创成“江苏省公共体育服务体系示范区”。基本完成颐和路将军馆、海洋国防教育馆迁建，完成扬子饭店、和记洋行等修缮保护，鼓楼旅游咨询服务中心投入使用。（区政府办）

社会建设

【民生发展】 2015年年末，全区常住人口127.6万人，比上年年末减少1.7万人。根据城乡一体化住户抽样调查，全年城镇居民人均可支配收入50526.5元，同比增长8.4%。其中，居民工薪收入、经营净收入、财产性收入、转移性收入比上年分别增长7.5%、8.3%、9.7%和11.3%。居民家庭人均消费支出30838.9元，同比增长8.3%。恩格尔系数为25.6%，教育文化娱乐服务支出占费用支出比重16.0%。全区百户家庭汽车拥有量39.7辆；百户家庭电脑拥有量113.6台，百户家庭电话拥有量295.1部；人均住房面积36.6平方米。是年，全区建成交付五塘和园等保障房32.8万平方米，可安置房源3219套。全年新增城镇就业3.7万人，其中大学以上人员占比66.9%，城镇登记失业率控制在2.19%。基本养老保险和基本医疗保险覆盖率98%以上。发布全国首个区级老龄事业发展白皮书，新增养老床位606张，新建AA级以上社区养老服务站20个。（区统计局　区政府办）

【社会事业】 2015年，鼓楼区加强教育基础设施建设，力学小学、宝船小学等5所学校改扩建项目投入使用，华宏A中学、科睿小学（二期）主体完工，新增民办惠民幼儿园2所。加强教师队伍建设，新增240名学科带头人，教师轮岗交流比例15.5%，6个名师工作室被授予首批“南京市名师工作室”。高考二本以上达线人数位居南京市区第一，通过省教育督导考核。落实医改各项措施，推动卫生协同创新、协调发展，各社区卫生服务中心分别与省人民医院、鼓楼医院、中大医院、南医大二附院建立医联体。17 家社区卫生服务中心与驻区三级医院建立双向转诊绿色通道。热河南路（阅江楼）、江东社区卫生服务中心、0～3 岁儿童早期综合发展训练中心投入使用。推进居家护理、家庭病床服务，重点人群家庭责任医生签约率 73%。

【社会建设与管理】 2015 年，鼓楼区深化街道社区服务管理体制改革，优化整合社区公共服务站，探索社会事项外包，全区新注册社会组织 120 家。建成江东、小市、幕府山、宁海社区综合服务中心，新打造苏宁睿城等 13 个特色社区，省级和谐社区建设达标率 99%，创成“全国和谐社区建设示范城区”“江苏省现代社区治理创新实验区”，并被国家民政部批准为“全国社区治理和服务创新实验区”。强化安全生产源头监管和隐患治理，排查整改事故隐患 2067 个，及时妥善做好“东方之星”号客轮翻沉事故安抚救助和善后处置。加强食品药品安全监管，巡查企业 1.3 万家，查处立案 64 起。强化信访矛盾调处，31 件信访积案得到妥善化解。 （区政府办）

生态文明建设

【基础设施环境】 2015 年，鼓楼区推进铁路南京西站迁建，全力做好地铁、纬三路过江通道、模范西路拓宽改造等重大市政工程的服务保障，建成汉江路、慈悲社、人和街等道路。南十里长沟一支流、大庙沟、二仙沟等河道整治工程加快推进，44 个排水达标区建设全面竣工移交。完成长江新村 5 号等 3 个小区出新、865 幢住宅楼道亮化，改造旭日景城等 8 个小区二次供水设施。

【市容卫生环境】 2015 年，鼓楼区调整优化区街城市治理体制，将资金、人员等向街道倾斜，轮岗交流 147 名城管执法队员。全面实施园林绿化设施养护市场化，试点小区院落市场化保洁，在全市率先实施商业户外广告设置改革。试点推进城市治理网格化管理，更大范围推广城市综合治理模式，新组建滨江综合治理中队。健全完善城管考核机制，引入第三方评价，整体提升城市治理水平。开展环保大检查，严格扬尘管控、渣土运输管理和大气污染专项治理，PM2.5 平均浓度比 2013 年下降 22.1%。推进城市治理标准化，狠抓“门前三包”（包卫生、包绿化、包秩序）责任落实，全年完成新版“门前三包”责任书换签 2.3 万份，建立“门前三包”自治联盟 42 个，建立微信群、QQ 群 37 个，设置红黑榜 15 个。全面拆除违建 534 处 2.23 万平方米。建成安怀东路、丁家桥等一批停车场，田家炳中学地下停车场进场施工，新增停车位 1240 个，实施停车智能化收费，全面规范停车秩序。颐和路等 12 条道路及宁海路等 4 个广场被命名为全市标准化示范单元，小桃园、胜利广场、山西路广场等 11 个公园广场成为全市标准化管理示范单元。

【生产生活环境】 2015 年，鼓楼区开展环境问题挂牌督办、水源地保护、餐饮油烟污染整治等环保专项行动，改善区域环境质量。加强扬尘污染管控，实行空气质量日报，全年降尘量均值每平方公里 5.19 吨 / 月；北河口水厂饮用水源地水质持续优秀，达标率 100%；区域环境噪声均值 55 分贝，达到考核目标要求。推进“黄标车”（尾气排放量大、深度高、排放稳定性差的车辆）淘汰工作，全区淘汰“黄标车”8810 辆，完成率 97.15%。全区 50 家危险废物产生单位全部实施网上申报和网上转移，“江苏省危险废物动态系统”网上申报率 100%。安全转移处置工业危险废物 460 余吨，集中转移处置医疗废物 3212.6 吨，医疗废物集中处置率 100%。全年征收排污费 706 万元，处罚环境违法案件 106 件。全区新增绿地 12.8 万平方米，其中公共绿地 7.44 万平方米，赤壁路小学创成国际生态学校、旭日景城小学创成省级绿色学校。至年末，全区有各类城市绿地面积 1625.8 万平方米。其中，公共绿地 453.72 万平方米，人均公共绿地面积 4.8 平方米，建成区绿地率 31.95%。

（区政府办）

组织机构及负责人

中国共产党
南京市鼓楼区委员会

书　　记：杨学鹏
副 书 记：曹路宝（12 月 31 日免）
　　　　　陆　敏
常　　委：董　伟　吴勇强
　　　　　沈吉鸿　冯雯兰
　　　　　丁健生　谈　健
　　　　　周文中　陶顺生
　　　　　郭明雁　吴蒙龙

南京市鼓楼区人民代表
大会常务委员会

主　　任：王根宝
党组书记：王根宝
党组副书记：华　峰
副 主 任：华　峰　刘　人
　　　　　蓝绍森　张克勤
　　　　　张晓燕　朱　滨
　　　　　沈文娟（兼任）

南京市鼓楼区人民政府

区　　长：曹路宝
党组书记：曹路宝

党组副书记：吴勇强
常务副区长：吴勇强
副 区 长：沈吉鸿 周文中
郭明雁 费丽明
郑玲玲（2月28日免）
王 红 梁春燕
童晓佳 张 凯
陈 平
巡 视 员：林连宝（2月退休）
正 区 级：王 堡 史先荣
华 峰
副巡视员：姚 坚（1月退休）
杜建仁（3月退休）
任 刚
张兴才（2月退休）
萧泰迅 卞书明
张发轩 耿效华
副 区 级：车道正 颜浩淳
徐 丽

中国人民政治协商会议南京市鼓楼区委员会

主 席：王隆京
党组书记：王隆京
党组副书记：刘晓青
副 主 席：刘晓青 田跃初
周越古 王开琳
张尊建（兼任）
杨秀英（兼任）
沈桂明（兼任）
甘卫华（兼任）

中国共产党南京市鼓楼区纪律检查委员会

书 记：冯雯兰
常务副书记：朱建宁
副 书 记：巢伟平 贾 红
孙 宁
常 委：李银忠 王荣辉
邵 玮 毛文波
刘红军 张顺富
石 琳

南京市鼓楼区人民法院

院 长：衡 阳
党组书记：衡 阳
党组副书记：盛 皓（正处职）
邓向东（正处职）
副 院 长：盛 皓 邓向东
谈雪萍 徐 华
李仁军 孙展虹
黄德清（12月免）
彭 静 王 东
纪检组长：俞本美（1月免）
机关党委书记：曹桂福（副处职）
政治处主任：夏 雯
审委会专职委员：赵重菊（副处职）
沈 菁（副处职）
（12月免）
纪步超（副处职）
调 研 员：王 平（10月退休）
何 蓉（11月免，保留区管正处级）
俞本美（1月任）
副调研员：吴 苹 张梦青
罗 辑
戎建生（3月退休）
傅春亮
耿予萍（1月任，6月退休）
谷 平（11月任）

执行局

民事执行局局长：李 宁（副处职）
行政执行局局长：张瑞强（副处级）

南京市鼓楼区人民检察院

检 察 长：杨建萍
党组书记：杨建萍
党组副书记：吴 艳（正处职）
正 处 职：梅 琨
正 处 级：黄 清 徐明明
副检察长：吴 艳 梅 琨
黄 清 徐明明
王洪生 曹莉莉
曹 立
副 处 职：刘 红（党组成员）
（11月免）
纪检组长：罗 玮
政治处主任：胡 俊
检委会专职委员：程 功（副处职）
（7月去世）
吴德彪（副处职）
调 研 员：刘 红（11月任，11月免，保留区管正处级）
副调研员：马遇鸣
庞文庆（2月退休）
孙兴荣（11月退休）
杨 利
周海鸥（1月退休）
南宏玉（1月任，12月退休）
李 华（11月任）
副 处 级：姬 玲（11月任）

反贪污贿赂局

局 长：赵 培（副处职）
副 局 长：叶 凯（副处级）（10月免）

反渎职侵权局

局 长：姚 旭（副处职）

职务犯罪预防局

局 长：顾丽娟（副处级）

中国共产党南京市鼓楼区人民武装部委员会

第一书记：杨学鹏
书 记：翁俊军
副 书 记：吴蒙龙

中国共产党南京市鼓楼区委工作部门

区委办公室

主 任：王 前
副 主 任：白清泉（兼任）
马 蓉（正处职）

区委政研室
主　　任:白清泉
副 主 任:黄书田

机要局
局　　长:邵世芳(副处职)

保密委员会办公室
主　　任:邵世芳(兼任)

信访局
局　　长:周德刚
督查专员:周云宁(正处职)
张晓春(正处职)(11月免)
岑继白(正处职)
副 局 长:蔡　新(正处级)
胡一挺　兰朋明
曲战平　倪立业
丁朗如
调 研 员:张晓春(11月任)
正 处 级:贝维纲(11月任)
副调研员:潘桂明(1月任)

督察办公室
主　　任:吴惠锋
副 主 任:李　松(11月免,保留区管副处级)
钱　军

组织部
部　　长:谈　健
常务副部长:陈福泉
副 部 长:刘　迎　徐金龙
张　莉

新经济、新社会组织工委
书　　记:刘　迎(兼任)

组织员办公室
主　　任:徐金龙(兼任)
副 主 任:白　扬　俞栋铭

党代会代表联络办公室
副 主 任:刘　迎(兼任)

人才工作办公室
主　　任:张　莉(兼任)

直属工委
副 书 记:夏莉荔
纪工委书记:夏莉荔(兼任)

党史工作办公室
主　　任:金　群
副 主 任:胡峻敏
调 研 员:梁学勤(提前离岗退养)
副 处 级:潘良霞(2月任)

老干部局
局　　长:汪　华
党总支书记:赵志祥(正处职)
副 局 长:张玉良
调 研 员:范成平(提前离岗退养)
胡　琼(11月免,保留区管正处级)
副调研员:唐永良
李笑梅(11月任)

关心下一代工作委员会
副秘书长:盛文煊　郑志芬

宣传部
部　　长:董　伟
常务副部长:陈　华
副 部 长:范利云　曹　波
燕丽萍　王　玮
冯智勇
调 研 员:束传贤(提前离岗退养,2月退休)
副调研员:陈功元(提前离岗退养,6月退休)
李世保(11月任)

精神文明建设委员会办公室
主　　任:范利云(兼任)
副 主 任:叶扣林(1月免)
调 研 员:叶扣林(1月任)

文化创意产业发展服务办公室
主　　任:曹　波(兼任)
党总支书记:康世强
副 主 任:杨　春

统战部
部　　长:丁健生
常务副部长:张晓艳
副 部 长:张　敏　厉东芳
廖建华
调 研 员:魏夏宁(提前离岗退养,5月退休)
张春满(提前离岗退养)
笪远甦(11月任)
正 处 级:杨书明(2月任)
副调研员:马　军(提前离岗退养,6月退休)
王永康(1月任)

台湾工作办公室
主　　任:厉东芳(兼任)
副 主 任:笪远甦(11月免)

工商业联合会
党组书记:张　敏(兼任)
专职副主席:牛维祥

政法委员会
书　　记:陶顺生
常务副书记:李长鸣(2月免,保留区管正处级)
副 书 记:丁高奎　谈国莘
调 研 员:王祥保(提前离岗退养,10月退休)
王昆远(提前离岗退养,3月退休)
沈志宏(11月免,保留区管正处级)
副调研员:胡贻友　马文广
吴迎宁(提前离岗退养)
张其林
姚冬梅(1月任)
胡　萍(11月任)

综治办公室
副 主 任:谈国苹(兼任) 刘宗亮 许诗保
副调研员:汪必扬(11月免,保留区管副处级)

依法治理办公室
副 主 任:丁高奎(兼任)

维稳办公室
主 任:刘建元
副 主 任:赖宁生 芮有干

国家安全办公室
主 任:邱林祥
副 主 任:缪 慧(正处职) 杨丽莉 徐 健

610办公室
主 任:程东晓(2月免,保留区管正处级)
副 主 任:丁元东(11月免,保留区管正处级) 朱 军 杜宏程 钱绍杰
副调研员:董世峰 钱凤宝(提前离岗退养) 范吉刚(提前离岗退养)

机构编制委员会办公室
主 任:肖锋力
副 主 任:王红丽 吴雅文(11月免,保留区管副处级)
调 研 员:王新军(提前离岗退养,11月退休)
副调研员:曲新宁

机关工委
书 记:赵金玉
副 书 记:谢春生(正处职) 卢陵燕 孟国华
纪工委书记:卢陵燕(兼任)
调 研 员:章丕红(11月免,保留区管正处级) 徐晓武(11月免,保留区管正处级)
副调研员:朱贵知(7月退休) 吴从康

区委社会建设工作委员会
书 记:张 永
副 书 记:王 影(兼任)

党 校
常务副校长:夏 远(11月免,保留区管正处级)
副 校 长:王友谊(正处职)(2月免,保留区管正处级) 李 翔 周宏丽
调 研 员:王天喜(11月免,保留区管正处级) 于德江(11月免,保留区管正处级) 刘凤珍
副调研员:高 滢 高发生 曹 英 杨文林(11月任)

区委开发工作委员会
书 记:姜 勇

老龄工作委员会办公室
主 任:喻宁艳(兼任)

南京市鼓楼区人民代表大会常务委员会办公室和各工作委员会

办公室
主 任:姜宏斌
正 处 职:汪振宇(2月免,保留区管正处级)
副 主 任:唐 坚(兼任) 盛 捷(兼任) 曾晓慧 肖朝晖
调 研 员:彭如志(2月免兼) 潘良霞(1月任,2月免) 王鸣清(1月任)
副调研员:陈海青(1月任) 霍 卫(11月任,12月退休)

内务司法工作委员会
主 任:谈国富
副 主 任:姬 玲(11月免) 葛龙军(11月任)

财政经济工作委员会
主 任:姚 彤
副 主 任:黄 迎(正处职,11月任)

教科文卫工作委员会
主 任:徐 军
副 主 任:潘良霞(2月免)

环资城建工作委员会
主 任:李国栋
副 主 任:彭如志(2月免)

民族宗教侨台事务工作委员会
主 任:贝维纲(11月免)

人事代表联络工作委员会
主 任:唐 坚
副 主 任:王鸣清(2月免) 龚雪奎

信访办公室
主 任:盛 捷
副 主 任:赵莉蓉(11月免,保留区管副处级)

南京市鼓楼区人民政府工作部门

政府办公室
主 任:林 建
副 主 任:周德刚(兼任) 周 彤(兼任) 王 丽(兼任) 郑卫琴(兼任) 高 峰 佘 静

石红珍
调　研　员:崔玉超(提前离岗退养)
副调研员:陈延慧(8月退休)
徐久根
戴　华(11月任)

外事办公室

主　　任:郑卫琴
副　主　任:佘　静(兼任)

法制办公室

主　　任:王　丽
副　主　任:俞忠东
正　处　级:鲁昌贵(10月任)

政务服务管理办公室

主　　任:周　彤
副　主　任:徐　方
滕云峰(11月任)
副调研员:陈俊伟

防范和处理邪教问题办公室

主　　任:丁元东(11月免兼)

事业单位登记管理局

局　　长:王红丽(兼任)

发展和改革局

局　　长:周瀚生
副　局　长:于　宁(正处职)
张　珂　邓少华
陆丽君
谷修岭(8月免)
段　艳
调　研　员:郑小平(提前离岗退养,5月退休)
凌乔木(11月免,保留区管正处级)
副调研员:卢晋宁(11月退休)
王海山(9月退休)
张成先
王葆华(1月任)
杨政平(11月任)

经济和信息化办公室

主　　任:吴　翔
副　主　任:尹鸿汉

住房和建设局

局　　长:徐淮舟
工委书记:徐晓华
工委副书记:徐淮舟(兼任)
纪工委书记:徐晓华(兼任)
副　局　长:徐晓华(兼任)　胥亚林
胡　敏　初　伟
禹克荣(11月免)
高　庆(11月免)
蔡连瑞
梅仁明(11月免,保留区管副处级)
睢建波　刘　园
夏敬录
调　研　员:胥亚林(兼任)
副调研员:沈代仲　陈　军
俞开武
王一军(1月任)
齐永利(11月任)

乌龙谭公园

主任、书记:吴　林(副处级)

科学技术局

局　　长:向　卫
副　局　长:许安秀　宋振宇(兼任)
李智辉(正处级)(11月免)
洪东其　郑　浩
端　军(11月免)
杜　敏
调　研　员:李智辉(11月任)
端　军(11月任)
副调研员:张雪男　汤　立
刘布克　赵长河

知识产权局

局　　长:许安秀(兼任)

电子政务办公室

主　　任:宋振宇
副　主　任:吴宝兴　蒲云尧

教育局

局　　长:蔡双根
工委书记:柴　耘
工委副书记:蔡双根(兼任)
副　局　长:周　斌(正处职)
谈雅萍(正处职)
陈春保　肖大明
周东镇
调　研　员:王　强(提前离岗退养)
谢从军(提前离岗退养,12月退休)
储　红(11月免,保留区管正处级)
张俊生(11月免,保留区管正处级)
副调研员:申　云　曹小平(1月任)

教育督导室

主　　任:谈雅萍(8月兼任)
副　主　任:邬向飞(正校职)
闵志萍(正校职)
王　颖
督　　学:周苏平(兼任)(10月退休)
高绪荣(兼任)
陈伟庆(兼任)(9月退休)
郑　雁(兼任)
闻建华(副校级)(8月任)
李　斌(副校级)(8月任)

监察局

局　　长:巢伟平(兼任)
副　局　长:周　彤(兼任)　邵　玮
石　琳

民政局

局　　长:吴更新
工委书记:喻宁艳
工委副书记:吴更新(兼任)
梁桂英
纪工委书记:梁桂英(兼任)
副　局　长:王　影　李秀文
吴晓清(10月免,保留区

管副处级）
许银虎（11 月免）
周自堂
调　研　员：徐士锦（11 月免，保留区管正处级）
商应征（提前离岗退养）
王支英（提前离岗退养，3 月退休）
蔡　伟（11 月免，保留区管正处级）
许银虎（11 月任）
副调研员：孙龙呈（1 月退休）
汪　宁（11 月免，保留区管副处级）
吴赛法
刘利平（提前离岗退养，9 月退休）
郑　标　王福姐
周　宁（11 月任）

司法局

局　　长：武　刚
党委书记：张建国（11 月免，保留区管正处级）
副 局 长：王　平（正处级）
刘　磊
杨庆勇（1 月免）
袁受美　王建明
调　研　员：陈家宽（11 月免，保留区管正处级）
姚启明（11 月免，保留区管正处级）
杨庆勇（1 月任）
副调研员：王　毅（3 月退休）
范永军　陈浩林
程祝聪（11 月任）

财政局

局　　长：许小卫
副 局 长：田伟民（兼任）
刘晓晖（正处职）
王绮明（正处职）
周小明（正处职）
黄　迎（正处职）（11 月免）
丁学农
张海燕（11 月免）
吴海林
张红萍（11 月免，保留区管副处级）
李　娟

国有资产监管管理办公室

主　　任：田伟民
党委书记：徐劲松
党委副书记：蔡文明
纪工委书记：蔡文明（兼任）
副 主 任：喻泳宇　梁　璟

人力资源和社会保障局

局　　长：张国强
工委书记：王　辉
工委副书记：张国强（兼任）
副 局 长：陶万虎（2 月免）
樊晋安（1 月免）
宋建忠　樊学燕
朱煜明　方立清
吴乾雄　冷　明
调　研　员：赵福生（11 月免，保留区管正处级）
王　岩（11 月免，保留区管正处级）
汤文艺（11 月免，保留区管正处级）
陶万虎（2 月免兼，保留区管正处级）
樊晋安（1 月任，11 月免，保留区管正处级）
副调研员：文　璇（提前离岗退养，1 月退休）
钱永华　龚华东
李玉荣（10 月退休）

公务员局

局　　长：王　辉（兼任）
副 局 长：宋建忠（兼任）

审计局

局　　长：尚东明
副 局 长：周恩情（11 月免）
刘龙伟　王海峰
丁玲晔
调　研　员：兰　芳（5 月退休）
周恩情（11 月任，11 月免，保留区管正处级）
副调研员：吴德南

统计局

局　　长：谢秋平
副 局 长：赵　欣　赵　园
吉　添
副调研员：夏　岩　李明福

物价局

局　　长：张长青
副 局 长：王雪琴（1 月免）
卢　英　李金锤
调　研　员：张　雯
王雪琴（1 月任，10 月免，保留区管正处级）
副调研员：魏渝嘉（1 月退休）
胡志堂　胡新春
刘学元（提前离岗退养，9 月退休）
王祖礼（提前离岗退养）
戴淑堂（1 月任）
梁　晨（11 月任）

安全生产监督管理局

局　　长：檀　利（10 月提前退休）
王　伟（10 月任）
副 局 长：季习平（2 月免）
马　进（11 月免）
叶　红
周建平（11 月任）
调　研　员：龚　颖（11 月免，保留区管正处级）
季习平（2 月免兼，保留区管正处级）
马　进（11 月任）
副调研员：谢道喜（10 月退休）
王志慧
相朱尧（1 月任）

杨万名(11 月任)

投资促进局

局　　长:杨　杨

副 局 长:曹　琳　唐　娜

周晓慧　张鸣明

副调研员:周修忠

杨　莉(1 月任)

环境保护局

局　　长:潘永吉

工委书记:巢　璐

工委副书记:潘永吉(兼任)

纪工委书记:巢　璐(兼任)

副 局 长:巢　璐(兼任)

郑树良

李　力(11 月免)

刘玉龙　谢　蕾

调 研 员:吴海军(11 月免,保留区管正处级)

陈康娟(11 月免,保留区管正处级)

卞爱平(11 月免,保留区管正处级)

李　力(11 月任,11 月免,保留区管正处级)

副调研员:俞寿生

何忠稳(8 月退休)

倪　坚

金礼明(1 月任)

城市管理局(城市管理行政执法局)

局　　长:徐桓峰

工委书记:李国民

工委副书记:徐桓峰(兼任)

正 处 职:苏有林(2 月免,保留区管正处级)

副 局 长:李国民(兼任)

于根宝(2 月免)

田富合(1 月免)

祝建华　张　俊

王永仁

赵中柱(6 月免)

张立安　张守虎

尤习明

调 研 员:王阶义(提前离岗退养)

臧宝陵(11 月免,保留区管正处级)

吴建宁(11 月免,保留区管正处级)

于根宝(2 月免兼,保留区管正处级)

田富合(1 月任,2 月免,保留区管正处级)

正 处 级:彭如志(2 月任)

副调研员:蒋晓清(8 月退休)

张庆友

王亚芳(11 月免,保留区管副处级)

朱建平

蒋　勤(1 月任)

孙宏伟(11 月任)

商务局

局　　长:李　艳

工委书记:陈庆贵

正 处 职:陈技明(2 月免,保留区管正处级)

纪工委书记:陈庆贵(兼任)

副 局 长:陈庆贵(兼任)

赵永明(6 月免)

徐松林　祝　瑞

田　园　张　兵

徐国富

调 研 员:李　军(11 月免,保留区管正处级)

副调研员:李自来　庞文静

严有德　郑天寿

成宝根(11 月任)

文化局

局　　长:李国蓉

党委书记:孙　威(10 月免,保留区管正处级)

党委副书记:任明璋

纪工委书记:任明璋(兼任)

副 局 长:张　乐(正处职)

张　骏

朱冬梅(11 月免)

管　磊

调 研 员:张国防(提前离岗退养)

吴永康(提前离岗退养)

刘传俊(11 月免,保留区管正处级)

姜东林(11 月免,保留区管正处级)

朱冬梅(11 月任,11 月免,保留区管正处级)

副调研员:于石城(提前离岗退养,4 月退休)

乐开安(提前离岗退养)

张殿亮

卫生局

局　　长:唐伯才

工委书记:徐　昕

工委副书记:唐伯才(兼任)

纪工委书记:徐　昕(兼任)

副 局 长:傅豫梅　宋志坚

安冬梅　庄永忠

李晓明

调 研 员:丁　萍(提前离岗退养,9 月退休)

李　惠(11 月退休)

陈玉林(11 月免,保留区管正处级)

副调研员:严世增

蒋燕民(1 月任)

汪鸿刚(11 月任)

爱国卫生运动委员会

主任委员:郭明雁(2 月免兼)

梁春燕(2 月兼任)

副主任委员:徐桓峰(2 月免兼)

唐伯才(2 月兼任)

佘　静(2 月兼任)

李晓明(2 月兼任)

办公室主任:田富合(2 月免兼)

李晓明(2 月兼任)

市场监督管理局

局　　长:丁卫泽

工委书记:王　伟(10月免)
工委副书记:董永平(正处职)
纪工委书记:陈卫彬(正处级)
副局长:王宗源　李长浩
杨克明　薛春华
吴馨南　史学广
闫俊仁　吴　俊
汪盛齐　戴恩庆
调研员:胡　华(1月任)
丁铁武(11月免,保留区管正处级)
丁昌盛(11月免,保留区管正处级)
副调研员:巢卫东　周林华
李灯余　周在峰
徐建宁　褚燕萍
丁　梅(11月任)

食品药品监督管理局

局长:王宗源(兼任)

旅游局

局长:李　民
副局长:张立军
王振荣(2月免,保留区管副处级)
张红麟(11月任)
调研员:耿　旻(11月免,保留区管正处级)
胡传山(10月退休)
副调研员:刘中华(11月任)

人口和计划生育局

局长:单友方
副局长:施秀红(2月免,保留区管副处级)
郑金玲　陶新梅
调研员:董莎莉(提前离岗退养)
副调研员:王晓凤(提前离岗退养)
杨永斌
陶建华(11月任)

人民防空办公室

主任:夏建权
正处职:黄京奇
副主任:任国健　资京义
茆长林
调研员:杭　军(11月免,保留区管正处级)
王信奎(11月免,保留区管正处级)
副调研员:胡全夫
张国安(6月退休)
王晓苏
成苏建(11月任)

民族宗教事务局

局长:廖建华(兼任)
副局长:方立中

台湾事务办公室

主任:厉东芳(兼任)
副主任:笪远甦(11月免兼)

侨务办公室

主任:厉东芳(兼任)
副主任:笪远甦(11月免兼)

国税局

局长:陈雁青
党组书记:徐六保(5月免)
陈雁青(5月任)
副局长:张建国　徐　健
严维国
纪检组长:邹　勇
副调研员:李昌华

地税分局

局长:罗　斌(4月免)
马学民(4月任)
副局长:尤　克　周　斌
周　妍
陈卓兵(6月任)
副调研员:吴　兵　夏　莉
潘祥云　柳　峰
颜月平
鲁世君(6月任)

公安分局

局长:车道正
政委:吕　丹
副局长:黄　伟　梁卫国
黄玉辉
监察室主任:谢　凯
调研员:王先进　郭传真
黄　梁　朱　明

体育局

局长:徐　磊
总支部书记:刘　云(正处职)(11月免,保留区管正处级)
副局长:李万红　袁　春
张海燕(11月任)
调研员:李宝金(11月免,保留区管正处级)
副调研员:娄小枫
黄振球(11月任)

档案局(馆)

局长:张云霞
副局长:史丽宁
调研员:肖崇厚(11月免,保留区管正处级)
副调研员:彭　辉
段丽莉(3月退休)
邵光霞(7月退休)
徐　梅(11月任)
馆长:赵　琳
副馆长:史丽宁(兼任)

地方志编纂委员会办公室

主任:王　蔚
副主任:肖　兴
副调研员:陈　鹏
祁金燕(11月任)

房屋征收管理办公室

主任:梁卫国
工委书记:李向红
工委副书记:梁卫国(兼任)
副主任:李向红(兼任)
丰小兵

施国平(1 月免)
葛龙军(11 月免)
殷位栋
滕云峰(11 月免)
何云鸿
调　研　员:施国平(1 月任,2 月免,保留区管正处级)
副调研员:顾玉明　张永利

区政府派出机构

南京鼓楼国家大学科技园管理委员会

主　　任:郭明雁(兼任)
副 主 任:徐　丽(兼任)
何　建
党工委副书记:姜　涛
综合处处　长:沈晓蕾
副处长:阚加力　杨晓芳
朱晓萍(10 月任)
高校园区联络处
处　　长:周新萍
副 处 长:张玉琦
副调研员:李柯柯(11 月任)
发展规划处副处长:闫　刚
紫金(鼓楼)科创特区管理办公室
副 主 任:吴素芹
紫金(下关)科创特区管理办公室
主　　任:薛超美
副 主 任:左文芳
紫金(模范路)科创特区管理办公室
主　　任:田洪昊(11 月任)
副 主 任:李远航

南京市下关滨江商务区管理委员会

主　任:沈吉鸿(兼任)
南京市下关滨江指挥部指挥长助理:滕献忠
副 主 任:滕献忠(兼任)
综合处处　长:李　辉
副处长:石　群(正处职)
发展规划处处　长:刘之浩
副处长:梁　冬
建设管理处处　长:刘公勤
副处长:禹克荣(11 月任)
招商与产业发展处处　长:金学春
副处长:曹　宁
滨江风光带建设管理办公室
副 主 任:孙建武
副调研员:宋　鉴　童　珑
历史文化街区保护利用管理办公室
副　主　任:卢怀道

湖南路山西路地区管理委员会

主　　任:曹　伟
工委书记:邹汉宁
副 主 任:张兴月
王桂荣(1 月免)
吴玉萍
调　研　员:王桂荣(1 月任,11 月免,保留区管正处级)
副调研员:朱民义(提前离岗退养,2 月退休)
施广金(提前离岗退养)
刘新忠

中央门商贸区管理委员会

主　　任:林海滨
工委书记:尹伟勋
工委副书记:林海滨(兼任)
周耸宁
纪工委书记:周耸宁(兼任)
副 主 任:周耸宁(兼任)　张　阳
李　康
副调研员:兰敦华(11 月免,保留区管副处级)

阅江楼风景区管理委员会

主　　任:韩剑峰
工委书记:程宗清
工委副书记:韩剑峰(兼任)
纪工委书记:程宗清(兼任)
副 主 任:曹　军　王富强
刘　翔　孙学全
李建国　卞广宏
王　韬
调　研　员:邱　民(11 月免,保留区管正处级)

中国人民政治协商会议南京市鼓楼区委员会工作部门

秘　书　长:李增平
副秘书长:万贵祥(正处职)
吴　超(正处职)
满在理(正处职)
彭广军(正处职)

办公室

主　　任:万贵祥(兼任)
副 主 任:谌　菲　刘　坤
调　研　员:陈　卫(11 月免,保留区管正处级)
副调研员:汤印河

提案委员会

主　　任:王卫东
副 主 任:沈　燕

经济科技委员会

主　　任:顾　铭

人口资源环境(城市建设)委员会

主　　任:高建军(11 月免,保留区管正处级)
副 主 任:高　庆(11 月任)

教卫文体委员会

主　　任:罗　瑛

社会法制(民族宗教)委员会

主　　任:凌　志
副 主 任:杨建国(11 月任)

委员工作委员会

主　　任:沈伟进

港澳台侨(外事)委员会

主　　任:杨书明(2 月免)

文史(学习)委员会

主　　任:李晶晶

中国共产党南京市鼓楼区纪律检查委员会工作部门

根据中央纪委和省市纪委"转职能、转方式、转作风"的工作部署、省纪委《关于县级纪检监察机关内设机构调整的指导意见》(苏纪办发〔2015〕12号)文件精神和鼓楼区实际,区纪委监察局对内设机构进行调整。调整后,区纪委机关、监察局内设机构为:办公室、纪检监察干部管理监督室、宣传教育室、党风政风监督室、信访室、案件监督管理室、纪检监察一室、纪检监察二室、案件审理室;区政府纠正行业不正之风办公室在党风政风监督室挂牌。

办公室

主　　任:张顺富(9月任)

纪检监察干部管理监督室

主　　任:王荣辉(9月任)

宣传教育室

主　　任:桂　峰(9月任)

党风政风监督室

主　　任:刘红军(9月任)

信访室

主　　任:薛金通(9月任)

案件监督管理室

主　　任:毛文波(9月任)

纪检检查一室

主　　任:施　武(9月任)

纪检检查二室

主　　任:顾　扬(9月任)

案件审理室

主　　任:李银忠(9月任)

区政府纠正行业不正之风办公室

主　　任:李　璐(副处职)(9月任)
正处级纪检员:熊　斌
副处级干部:叶　凯(9月任)
调　研　员:陈　红(提前离岗退养,8月退休)
梁　华(11月免,保留区管正处级)
曹桂霞(11月退休)
高　明(11月免,保留区管正处级)
副调研员:赵　平(1月退休)
黄忠欢(提前离岗退养)
龚锡民(11月免,保留区管副处级)
张和生(11月免,保留区管副处级)
刘向宇
昌国银(提前离岗退养)
孟　群
王　玲(12月退休)
王建庭(1月任)
成春荣(11月任)

区纪委、监察局纪检监察工作室

区纪委、监察局纪监工作一室

主　　任:王红军(11月免,保留区管正处级)
副　主　任:江国兴　朱爱冬

区纪委、监察局纪监工作二室

主　　任:姜　倩
副　主　任:花伟星

区纪委、监察局纪监工作三室

主　　任:任志刚
副　主　任:徐　靖

区纪委、监察局纪监工作四室

主　　任:汪家圣
副　主　任:姜　涛

南京市鼓楼区各群众团体

总工会

常务副主席:吴霁宁
副　主　席:陈靖秋(正处职)(10月免,保留区管正处级)
王以华(正处职)
王祝山
调　研　员:张伟明(11月免,保留区管正处级)
汤海鸿(11月免,保留区管正处级)
戴　华(1月任,11月免,保留区管正处级)
副调研员:刘建永(提前离岗退养)
林　江　王致鸣

团　委

书　　记:樊向前
副　书　记:邵　睿　蔡　健
陈　昕

妇女联合会

主　　席:祁　敏
副　主　席:卢羽红　卢是玥
吴兆兰(兼任)
调　研　员:赵　虹(11月免,保留区管正处级)
刘　洁(11月免,保留区管正处级)
余　浚(11月免,保留区管正处级)
王小菲(1月任)

残疾人联合会执行理事会

理　事　长:王燕萍
副理事长:毛惠英　毕　兵
副调研员:张爱芬(1月任)

红十字会

常务副会长:陈　珺
副　会　长:孙春风(副处职)(11月免,保留区管副处级)

薛文友(11 月任)
副调研员:夏金平(提前离岗退养)

科 协

主　　席:金　晔
专职副主席:刘晨平
许启明(8 月任)

南京市鼓楼区各街道

华侨路街道

工委书记:王　媛
工委副书记:疏新生(兼任)
孙焰艳　胡　宇
纪工委书记:胡　宇(兼任)
人大工委主任:邵　娟
办事处主任:疏新生
办事处副主任:孙焰艳(兼任)
马兴松
孙广明(11 月免,保留区管副处级)
徐祥华
王　春(11 月去世)
周　勇(兼任)
政协工委主任:袁　榕
人武部部长:郑爱华
综治办主任:周　勇
副调研员:虞万琴(提前离岗退养,4 月退休)
朱宝明　王圣明
王树富　梁继红
程沂蒙(1 月任)
李贞梅(11 月任)

宁海路街道

工委书记:倪一如
工委副书记:陶相中(兼任)
唐　涛　罗有进
纪工委书记:唐　涛(兼任)
人大工委主任:于爱珍(10 月免,保留区管正处级)
办事处主任:陶相中
办事处副主任:华　岚　傅　越
程国庆
李雅婕(10 月任)
朱元海(兼任)
政协工委主任:王冬丽
综治办主任:朱元海
统战委员:唐　坤(副处级)
调研员:陈　凯(11 月免,保留区管正处级)
曹爱萍(11 月免,保留区管正处级)
石治国(11 月免,保留区管正处级)
副调研员:郑建英(11 月免,保留区管副处级)
李成明(11 月免,保留区管副处级)
何亚斌
宋春芳(1 月任)
陈建申(11 月任)

湖南路街道

工委书记:李本武
工委副书记:陈爱华(兼任)
冯　磊　朱　江
徐晓红
纪工委书记:朱　江(兼任)
人大工委主任:白建栋
办事处主任:陈爱华
办事处副主任:冯　磊(兼任)
许燕青　梁全民
苏　治(10 月任)
陈铭谊(兼任)
政协工委主任:刘翠萍
人武部部长:郑长林(10 月免,保留区管副处级)
综治办主任:陈铭谊
统战委员:周汝干(副处级)
调研员:张新霞(11 月免,保留区管正处级)
孙淮宁(11 月免,保留区管正处级)
副调研员:谢晓春(提前离岗退养,1 月退休)
成志方　安宗钊
张庆信

中央门街道

工委书记:翁晓泳
工委副书记:李志平(兼任)
徐兴国(11 月免)
史　国
纪工委书记:徐兴国(11 月免兼)
人大工委主任:潘京潮(2 月免,保留区管正处级)
办事处主任:李志平
办事处副主任:李玉生(2 月免)
杨　健(2 月免,保留区管副处级)
张　红　吴志强
李亚舒
沈　涛(10 月任)
王传辉(兼任)
政协工委主任:孙　仲
政协工委副主任:徐兴国(11 月免兼)
综治办主任:王传辉
统战委员:曹　杰(副处级)
调研员:李玉生(2 月免兼,保留区管正处级)
徐兴国(11 月任)
副调研员:秦余珠(11 月免,保留区管副处级)
杨明玉　章荣保
袁黎光
高建中(4 月退休)
胡向阳
封祺翔(1 月任)
吴长青(11 月任)

挹江门街道

工委书记:郭　磊
工委副书记:闫　航(兼任)
王可可　肖　立
纪工委书记:肖　立(兼任)
人大工委主任:马巧令
办事处主任:闫　航
办事处副主任:张　健　刘开福
匡　猛　易从霞
王文炜(兼任)
政协工委主任:刘尊坤(11 月免,保留区管正处级)

人武部部长:王永国
综治办主任:王文炜
统战委员:叶　芸(副处级)
调研员:顾理明(11月免,保留区管正处级)
副调研员:乔增斌　岳梦吟(11月免,保留区管副处级)
易永春(提前离岗退养)
李春阳　唐吉林
李建华(1月任,4月退休)
赵守江(11月任)
陈海滨(11月任)

江东街道

工委书记:陈海涛
工委副书记:倪　锐(兼任)
孙良毅
刘　艳(11月免)
纪工委书记:孙良毅(兼任)
人大工委主任:李新明(4月免)
办事处主任:倪　锐
办事处副主任:阙晶晶(正处职)(11月免)
李春宁(11月免,保留区管副处级)
刘　莉　王　伟
王英俊　王爱兵
林　莉
徐　柯(11月免兼)
桂健民(11月兼任)
政协工委主任:张跃进(2月免,保留区管正处级)
人武部部长:黄永刚
综治办主任:徐　柯(11月免)
桂健民(11月任)
统战委员:何国安(副处级)
调研员:武业胜(11月免,保留区管正处级)
戴为钢(7月退休)
刘　艳(11月任)
副调研员:解天兰(提前离岗退养,1月退休)
王和平(提前离岗退养)
顾国民　黄年俊
王忠云
刘汉桃(11月任)

凤凰街道

工委书记:周颖秋
工委副书记:周　兵(兼任)
王　辉　李　军
纪工委书记:王　辉(兼任)
人大工委主任:郑　峰(11月免,保留区管正处级)
人大工委副主任:黄建新(2月免)
办事处主任:周　兵
办事处副主任:王　征　吴海明
赵铁军　陈　峻
秦　岷(兼任)
政协工委主任:倪慧敏(11月免,保留区管正处级)
人武部部长:张　军(2月免)
综治办主任:秦　岷
统战委员:章蔷丽(副处级)
调研员:马　平(11月免,保留区管正处级)
汪明法(11月免,保留区管正处级)
黄建新(1月任,2月免,保留区管正处级)
张　军(1月任)
副调研员:毛建卿　石尧明
姚　敏(1月任)
唐为民(1月任)

热河南路街道

工委书记:石　英
工委副书记:倪娅红(兼任)
王启伦
纪工委书记:王启伦(兼任)
人大工委主任:鲁昌贵(10月免)
人大工委副主任:束长青
办事处主任:倪娅红
办事处副主任:刘国青　李亚萍
张雯娟　汪立斌
杨锡强　李　强(兼任)
政协工委主任:刘宝港
政协工委副主任:薛玉虎(2月免)
人武部部长:薛玉虎(2月免兼)
综治办主任:李　强
统战委员:薛玉虎(2月免兼)
调研员:薛玉虎(2月免兼,保留区管正处级)
杨有华(提前离岗退养,3月退休)
徐亚坤(11月免,保留区管正处级)
钱扬义(11月免,保留区管正处级)
副调研员:王　宁
耿希民(11月任)

阅江楼街道

工委书记:刘东生
工委副书记:成　静(兼任)
人大工委主任:陈　兵
人大工委副主任:邵统明(2月免)
办事处主任:成　静
办事处副主任:杨建国(11月免)
王宁平　范宇容
浦　健
张红麟(11月免)
隋　芳
马志忠(10月任)
朱永梅(兼任)
政协工委副主任:曹　兵
人武部部长:徐　祥
综治办主任:朱永梅
统战委员:曹　兵(兼任)
调研员:黄　民(11月免,保留区管正处级)
邵统明(1月任)
副调研员:费厚忠(11月免,保留区管副处级)
黄翠凤(11月免,保留区管副处级)
刘建东
袁　倩(1月任)
杨家坤(11月任)
孙银圣(11月任)

建宁路街道

工委书记:刘晓军
工委副书记:吕　扬(兼任)
　　许　杰
纪工委书记:许　杰(兼任)
人大工委主任:刘晓军(兼任)
人大工委副主任:郑　静(2月免,保留区管副处级)
办事处主任:吕　扬
办事处副主任:张　斌　刘　雅
　　许正兵　赵颖洁
　　戴红军
　　俞同辉(兼任)
政协工委主任:胡文军
政协工委副主任:杨秋明
人武部部长:杨秋明(兼任)
综治办主任:俞同辉
统战委员:杨秋明(兼任)
副调研员:闫生国(提前离岗退养,2月退休)
　　陈信如　陈占江
　　苏道良(1月任)
　　魏　新(11月任)

宝塔桥街道

工委书记:杨　宸
工委副书记:田洪昊(11月免兼)
　　阙晶晶(11月兼任)
　　田志荣
纪工委书记:田志荣(兼任)
人大工委主任:杨　宸(兼任)
人大工委副主任:高云燕
办事处主任:田洪昊(11月免)
　　阙晶晶(11月任)
办事处副主任:姚志江　吴恒林
　　徐志鸿　王庭梅
　　徐　辉
　　洪　亮(10月任)
　　曹成建(兼任)
政协工委主任:王祥果
政协工委副主任:黄晓庭(1月免)
人武部部长:黄晓庭(2月免兼)
综治办主任:曹成建
统战委员:黄晓庭(1月免兼)
调研员:周远洋(11月免,保留区管正处级)
　　张放鸣(11月免,保留区管正处级)
　　黄晓庭(1月任,11月免,保留区管正处级)
副调研员:王军炎(11月免,保留区管副处级)
　　刘晓明(9月退休)
　　蔡东飞

小市街道

工委书记:吕燮纲
工委副书记:仇建军(兼任)
　　程立鹏
纪工委书记:程立鹏(兼任)
人大工委主任:陈方方
人大工委副主任:朱国祥
办事处主任:仇建军
办事处副主任:梁　平　尹雪莲
　　吴向松　李　文
　　诸抢顺(兼任)
政协工委主任:康　强
政协工委副主任:王新民(11月免)
人武部部长:王新民(11月免兼)
综治办主任:诸抢顺
统战委员:王新民(11月免兼)
调研员:王新民(11月任)
副调研员:孟庆玲(提前离岗退养)
　　裘贤富　肖祥华
　　于丰喜
　　郭明兰(1月任)

幕府山街道

工委书记:赵　耀
工委副书记:张媛媛(兼任)
　　周　刚
纪工委书记:周　刚(兼任)
人大工委主任:汤忠胜
人大工委副主任:彭　健
办事处主任:张媛媛(9月任)
办事处副主任:王采喜　徐　楠
　　薛文友　姜晓薏
　　陈　晨(1月任)
　　张开生
　　刘　枫(11月免兼)
　　吴　涌(11月兼任)
政协工委主任:周　捷
政协工委副主任:张道明(11月免,保留区管副处级)
人武部部长:张道明(11月免兼)
综治办主任:刘　枫(11月免)
　　吴　涌(11月任)
统战委员:张道明(11月免兼)
调研员:徐正华(11月免,保留区管正处级)
副调研员:陈宜林(提前离岗退养,5月退休)
　　张　俊
　　严云龙(1月任)
　　景雪森(11月任)

(张　治)

都市建设

Urban Construction

城市更新

【概况】 2015年，鼓楼区强化控制性详细规划修编及法定化工作（以下简称控详），区住建部门与市规划局合力推进《鼓楼区铁北片区城市设计整合及控详修编》等5个项目控详规划修编，完成河西片区控详批复和铁北片区中央门控详专家评审、规划公示等工作，滨江控详和老城控详有序推进。年内，开展并完成《西流湾公园及周边地块规划研究》等4个重点片区城市设计工作。规划审批案件16件，建筑面积2114.34平方米。汉江路建设工程、慈悲社道路拓宽改造工程、人和街道路拓宽改造工程竣工。新增绿地12.8万平方米、立体绿化4520平方米。至年末，全区绿地面积1625.8万平方米，绿地率31.95%，绿化覆盖率34.5%，人均公共绿地面积4.80平方米。长江新村5号等3个小区出新工程完工，完成865幢房屋2070个单元楼道亮化，完成47台电梯更新和大修。7个城中村危旧房项目完成动迁，房屋建筑面积27.11万平方米，动迁居民1533户、工企单位17家。区质监站受理监督江苏绿建大厦基坑支护工程、方家营路建设工程等32个项目。2个工程被评为省级文明工地；莫愁新寓小学综合楼等6个工程被评为市级文明工地；力学小学教学综合楼工程等4个工程被评为南京市优质结构工程；南京市第二医院等4家单位及复地新都国际公寓等3家居住区获2015年度南京市园林式单位（居住区）称号。在全市首创办理住宅类房屋登记备案时签署遵守房屋租赁安全承诺书举措。新增房屋租赁登记备案3319户。全年设计服务业税收1.52亿元，营业收入25亿元。 （张笑雪）

【工程质量监管】 2015年，鼓楼区质监站受理监督江苏绿建大厦基坑支护工程、方家营路建设工程等32个项目，其中房建类项目28个、市政园林类项目4个，建筑面积112万平方米，总造价52亿元。全年，开出质量类整改通知书72份、安全类整改通知书81份、停工通知书16份；不良行为记录4起、红黄牌警示1件、行政处罚18件。工程质量合格率100%，主体结构工程验收合格率100%，未发生任何建设工程质量安全事故。受监项目中，南京宝船小学改扩建工程、力学小学教学综合楼工程被评为省级文明工地；莫愁新寓小学综合楼等6个工程被评为市级文明工地；力学小学教学综合楼工程等4个工程被评为南京市优质结构工程。

（区建设工程质量监督站）

区域规划

【《鼓楼区铁北片区城市设计整合及控详修编》】 2015年，《鼓楼区铁北片区城市设计整合及控详修编》完成专家评审、规划公示、市级部门联审等报批工作及规划局内部评审会，至年末等待上报市政府。铁北片区修编范围：长江岸线以东，鼓楼区北部边界以南，南至南京长江大桥—象山路—幕府南路以北区域，规划用地面积13.6平方公里。该控详修编2014年5月启动编制，主要结合幕府山、老虎山、象山、长江、金川河、十里长沟等山水景观资源，通过"两带一轴"多片区总体布局结构，打造各具特色多个功能片区，以突出铁北片区特色。规划重点：城市设计——整合优化（重点相关城市设计整合及重合部分优化），现状——校核优化（重点用地边界、场地竖向、道路线位等），相关部门——有效衔接（重点市区级各部门及规划范围内大单位等），各类配套——校核优化（重点公益性公共配套设施、市政设施等），规划图则——落实（重点明确待改造用地各项控制指标）。

【《鼓楼区中央门片区控制性详细规划》】 2015年，《鼓楼区中央门片区控制性详细规划》（简称《规划》）完成专家评审、规划公示、市级部门联审等报批工作、规划局内部评审会，至年末等待上报市政府。中央门片区修编范围：南京长江大桥引桥—大桥南路以东，象山路—幕府南路以南，中央北路以西，护城河以北区域，规划用地面积3.2平方公里。该《规划》2014年5月启动编制，依据建设"多彩中央门、乐活智慧城"总体定位，保护和提升原有特色风貌，挖掘和开创未来魅力空间。规划重点：构建连续、开放线性开敞空间，串联不同开发区域，重点建设沿护城河绿带、沿金川河绿带、沿铁路绿带，强化明城墙遗址、金川河沿线和铁路沿线景观可视性；建立若干与滨水垂直指状绿地渗透，把城市带到滨水，增加建宁路至明城墙遗址景观通廊，主要包括金川门外大街、钟阜路、紫竹林路、金贸大街等；形成均质分布点式开敞空间和各个区域开敞节点。塑造有特色城市节点空间，体现重要节点形象，主要包括中央门、钟阜路、四平路等节点。

【《鼓楼区滨江片区控制性详细规划修编》】 2015年年末，《鼓楼区滨江片区控制性详细规划修编》（简称《规划》）完成中间成果待市规划局审查。滨江片区修编范围：长江岸线以东，南京长江大桥以南，大桥南路—护城河以西，秦淮河以北区域，规划用地面积5.2平方公里。该《规划》2014年5月启动编制。

【《河西北部片区控制性详细规划修编》】 2015年年末，《河西北部片区控制性详细规划修编》（简称《规划》）得到市政府批复。河西北部片区修编范围：东至外秦淮河，西临夹江，南抵应天大街，北至三汊河口区域，规划面积19.24平方公里。该《规划》2014年6月启动编制。

【《南京老城片区控制性详细规划修编(鼓楼片区)》】 2015年年末,《南京老城片区控制性详细规划修编(鼓楼片区)》(简称《规划》)完成中间成果,待向区政府汇报。南京老城片区规划修编范围:中央路以东,汉中路以南,护城河以西,护城河南路－护城河北路区域,规划用地面积17.71平方公里。该《规划》2014年8月启动编制。

【《西流湾公园及周边地块规划研究》】 2015年,鼓楼区启动《西流湾公园及周边地块规划研究》(简称《规划》),《规划》研究范围为玄武湖以东,新模范马路以南,山西路湖南路以北区域,面积0.21平方公里。由南京郦都建筑规划设计有限公司负责实施,经过多次向区领导汇报并调整方案,完成最终成果,年末通过专家评审会。

【《环南艺文化产业功能区空间规划》】 2015年,鼓楼区启动《环南艺文化产业功能区空间规划》(简称《规划》),《规划》研究范围东侧以虎踞路为界,西侧以秦淮河为界,南侧以石头城公园为界,北侧以模范西路为界,规划用地1.33平方公里。由南京郦都建筑规划设计有限公司负责实施,经过多次向区领导汇报并调整方案,完成最终成果。

【《老虎山周边地区城市设计》】 2015年,鼓楼区启动《老虎山周边地区城市设计》,研究范围东侧以中山北路为界、西侧以金燕路为界、北侧以燕江路为界,规划用地1.31平方公里。由南京郦都建筑规划设计有限公司负责实施,经过多次向区领导汇报并调整方案,完成最终成果。

【《幕燕滨江地块及白云石矿城市设计》】 2015年,鼓楼区《幕燕滨江地块及白云石矿城市设计》启动,幕燕滨江地块位于南京市城北长江之滨,燕埠山北侧,长江大桥与燕子矶之间,由H&D(UK H&D DESIGN SE RVICES LTD)公司负责编制。规划方案整合至南京幕燕建设发展有限公司组织编制的《南京市幕燕滨江风貌区西片区概念城市设计》成果中。

【规划审批】 2015年,鼓楼区规划审批案件16件,建筑面积2114.34平方米,其中临时规划许可证13件,建筑面积1660.64平方米;永久规划许可证(个人)3件,建筑面积453.7平方米。 (张笑雪)

市政建设

【排水达标区建设】 2015年,鼓楼区完成市环境综合整治指挥部下达重点减排项目44个片区171.76万平方米排水达标创建任务。其中,节点改造片区5个、拆迁片区6个、工企单位颁发排水许可证10个、工程改造措施(总体工程完工类)片区23个。

2015年鼓楼区排水达标区建设一览表

表3　　单位:万平方米

序号	排水区名称	排水区类别	所属街道	面　积
1	天正湖滨花园	节点改造	中央门	4.16
2	天正湖滨花园、天正国际广场	节点改造	中央门	3.48
3	凤凰和鸣苑	节点改造	中央门	2.64
4	凤凰国际大厦	节点改造	中央门	2.03
5	新金贸花园片区	节点改造	中央门	4.13
6	七三九零八部队宿舍楼-1	实体工程完工	幕府山	1.12
7	七三九零八部队宿舍楼-2	实体工程完工	幕府山	0.60
8	白云新寓	实体工程完工	幕府山	1.42
9	长安汽车维修厂宿舍	实体工程完工	幕府山	0.53
10	五塘村-1	实体工程完工	幕府山	1.53
11	五塘村-2	实体工程完工	幕府山	0.56
12	五塘中学(39中分校)	实体工程完工	幕府山	1.83
13	核工业二七二大队	实体工程完工	幕府山	3.43
14	幕燕雅苑	实体工程完工	幕府山	14.62
15	张王庙-2(尊园)	实体工程完工	幕府山	4.37

续表 3

序号	排水区名称	排水区类别	所属街道	面　积
16	幕府一村	实体工程完工	幕府山	2.50
17	黑龙江路 26 号片区	实体工程完工	中央门	3.20
18	紫苑片区	实体工程完工	中央门	4.42
19	蓝山国际公寓片区	实体工程完工	中央门	4.37
20	汇林绿洲怡林苑片区	实体工程完工	中央门	3.96
21	汇林绿洲广林苑	实体工程完工	中央门	6.17
22	紫竹林 21 号片区	实体工程完工	中央门	3.11
23	江苏省现代服务业集聚区	实体工程完工	中央门	3.77
24	芦席营片区	实体工程完工	中央门	3.45
25	建设新村片区	实体工程完工	中央门	2.67
26	南京工业大学宿舍	实体工程完工	中央门	2.80
27	青石村片区	实体工程完工	中央门	3.63
28	工人新村片区	实体工程完工	中央门	6.39
29	晓庄变电站	排水行为	幕府山	3.80
30	长安汽车配件公司	排水行为	幕府山	2.51
31	南京市疾病预防控制中心片区	排水行为	中央门	5.36
32	南京市田家炳高级中学	排水行为	中央门	4.97
33	南京长江电子信息产业集团有限公司	排水行为	中央门	2.28
34	南京市田家炳高级中学运动场	排水行为	中央门	2.09
35	南京南瑞工贸实业有限责任公司	排水行为	中央门	3.55
36	中国华电集团公司	排水行为	中央门	2.97
37	中国人民解放军第一零零二工厂	排水行为	中央门	2.43
38	南京汽车集团有限公司	排水行为	中央门	10.18
39	丽堤汽车旅馆	拆　迁	幕府山	0.74
40	长途客运总公司幕府东路基地	拆　迁	幕府山	4.15
41	仙人湖度假村	拆　迁	幕府山	15.58
42	南京幕府智慧产业园	拆　迁	幕府山	10.71
43	南京润锦物流有限公司(幕府智慧产业园)	拆　迁	幕府山	0.70
44	世博银朗广告器材制造公司(幕府智慧产业园)	拆　迁	幕府山	2.85

【幕云路建成使用】 3 月，白云雅居项目配套道路幕云路建成并投入使用。该道路为沥青路面，位于区保障房项目白云雅居以南，东起幕旭西路，西至中央北路，呈东西走向，全长 564.63 米，宽 12 米。根据鼓住建发〔2013〕491 号文《关于华宏 A 保障房（白云雅居）项目南侧规划道路立项批复》，主体由新厦房地产公司承建，2014 年年末施工结束，取名幕云路，蕴含保障房项目白云雅居及幕府山元素。开通后，方便白云雅居 2000 多户居民通行。

【汉江路西段打通建成】 5 月 20 日，汉江路西段建设工程竣工。该工程 2014 年 9 月 28 日开工，东起汉江路小学门口原有道路，西至江东北路，长约 130 米，规划路幅宽 24 米，其中车行道 18 米，两侧人行道各 3 米。工程立项投资 550 万元，实施道路、排水、桥梁（跨径 13 米桥梁一座）、绿化、路灯、交通工程等。工程竣工使汉江路西接江东北路，打通断头路，完善区域交通网络，提升周边环境品质，方便汉江路小学师生及周边居民出行。

【红山南路西延工程竣工】 5月，红山南路西延开放使用，12月底竣工验收完成移交。工程西起中央北路，东至黄家圩路，长1060米，规划路幅35米~50米。总投资3.38亿元，其中征收费用2.1亿元，建设费用1.28亿元，为区代市融资城建项目。

【慈悲社道路拓宽改造完成】 9月，慈悲社道路拓宽改造工程竣工。该工程2014年9月开工，南起汉中路，北至华侨路，长463米，规划路幅16米。工程立项投资7460万元，实施道路、排水、强弱电杆线下地、自来水和燃气管道改造、路灯安装、交通工程和拆迁等。该道路拓宽后，进一步完善新街口西北地区路网结构，缓解周边区域交通压力。

【人和街道路拓宽改造完成】 10月，人和街道路拓宽改造工程竣工。该工程2014年12月开工，东起中山北路，西至祁家桥路，全长约460米，规划红线宽度16米。工程立项投资5630万元，实施道路、桥涵、排水、路灯、交通、景观绿化、杆线下地和拆迁等。该道路拓宽后，进一步完善区域路网结构，提升山西路地区道路微循环能力，缓解周边区域交通压力。

【翠庭路一期开工建设】 翠庭路一期工程含道路建设及河道整治，其中道路南起幕府南路至北祥路，长约300米，规划路幅20米；河道长约270米，设计上口宽8米，两侧绿化宽3米~15米，总投资约2200万元(不含征收)。10月，完成项目前期手续，11月中旬进场施工。至年末，完成导流槽280米、围堰50立方米、过河污水管18米、河道清淤与挡墙基坑开挖60米、钢筋混凝土挡墙20米，完成工程总量20%。

【燕江路(东段)拓宽改造完成】 燕江路（东段）拓宽改造工程东起中央北路，西至金燕路，全长约540米，规划路幅35米。总投资3.36亿元，其中征收费用2.8亿元，建设费用5600万元，为区代市融资项目。11月底，道路、绿化、路灯及配套附属设施完工，并完成竣工验收和道路移交。

【大庙沟和二仙沟环境综合整治】 大庙沟东起幕府南路，西至金川河，河道全长约1000米；二仙沟东起金燕路，西至金陵乡泵站，河道全长约1100米。河道整治包括清淤、挡墙修复工程、沿河景观提升、河道引水及截流构筑物等工程内容，总投资1670万元。至年末，完成淤泥清运约2万立方米，浇筑砼质挡墙900米，砌筑、修复块石挡墙200米，铺设雷洛护垫3200平方米；完成河道引水管铺设590米，完成河道沿线绿化约930平方米；完成沿线出水口排查等河道环境综合整治任务。

【南十里长沟一支流河道整治】 南十里长沟一支流河道整治工程北起幕府东路，南至和燕路，全长约2800米。工程实施内容包括束水桥涵、河底生态化改造；构筑物拆除、清淤、蓄水构筑物；挡墙修复、栏杆出新；截流、杆线下地；景观绿化及附属工程等。河道整治工程迁移10千伏电力杆线约600米、燃气管道约70米、自来水等管线保护10米；清除河底淤泥、固化垃圾等约8000立方米；完成河底生态化改造7500平方米，新增砼质箱涵117米、钢筋混凝土U型槽232米、砌筑或修复挡墙6000平方米；铺设透水混凝土人行步道1800平方米，砌筑河道上口围墙约200米；栏杆基础及L型压顶514米、栏杆安装1163米；新增绿化约6000平方米，增设2座蓄水池容量约3000立方米。至年末，河道整治工程竣工。

(张笑雪)

园林绿化

【概况】 2015年，鼓楼区为省住建厅科技发展中心、金茂广场物业管理中心以及清凉山公园管理处李剑晨美术馆等5家驻区单位成功申请市立体绿化扶持资金35万元。新增绿地12.8万平方米(其中，公园绿地7.44万平方米)、立体绿化4520平方米、草坪地被8.24万平方米、绿篱1551米，种植乔木6946株、灌木6.58万株、各类草花173万盆。至年末，全区绿地面积1625.8万平方米，其中公共绿地453.72万平方米，绿地率31.95%，绿化覆盖率34.5%，人均公共绿地面积4.80平方米。是年，南京市第二医院等4家单位及复地新都国际公寓等3家居住区获2015年度南京市园林式单位(居住区)称号，5家单位通过园林式单位(居住区)复核。

【义务植树】 3月植树节期间，区委书记杨学鹏、区长曹路宝率区四套班子领导到滨江大道幕燕段，与区机关、街道干部和群众一起参加义务植树活动，种植法桐55株、垂丝海棠及各类乔木49株；中央门街道开展义务植树活动15场，1180人参加，栽植行道树及乔木375株、灌木570株、绿篱300米。年内，全区开展植树活动36场，栽植行道树及乔木774株、灌木1.34万株、绿篱600米、草坪1120平方米、草花0.5万株。

【古树名木管理与保护】 2015年，鼓楼区逐步为古树名木安装防护栏，鼓楼公园内首批3株古树名木完成金属方钢防护栏安装。区绿化委员会办公室对鼓楼公园7棵古树名木向社会开展认养活动。至年末，全区有古树名木139株。

(张笑雪)

房产管理

【房屋安全管理】 2015年，鼓楼区完成代征税款4.1亿元，同比增长21%。全年新增房屋租赁登记备案3319户，11月1日起，取消房屋租赁登记备案手续费，减轻纳税企业和个人负担。全年印制并发放各类房屋租赁安全宣传手册12万份，重点发放至全区13个街道119个社区居民手中。年初，提高房屋租赁双方对消防安全和“群租”房危害认知度，加强私房出租和流动人口房屋租赁长效管理，全年签订《南京市出租户综合管理责任书》并录入南京市房屋租赁管理系统9000余份，参加区大型房屋租赁消防安全宣传活动3次，流动人口房屋租赁登记备案率100%。是年，疑似危房61幢、6.19万平方米，鉴定险房36处47幢、6.45万平方米。其中，宁工新寓4幢、8幢、11幢完成居民清场，启动房屋加固工作；宁工新寓菜场、宁海路54号出具加固方案并实施加固工程；东井二村501、502、503、504等4幢险房列入危旧房改造计划；姜家圩52号、新河二村164号、165号出具加固设计方案；回龙桥13号1幢28户拟通过征收解决落实政策工作。全年办结来访11件，发还尚存房屋630.1平方米，发还被拆房屋落实政策补偿费1868.61万元，为4户原公房承租户落实经济适用房。

【老旧小区整治出新】 2015年，鼓楼区投资1542万元，完成长江新村5号、热河南路16～28号、教工新村3个老旧小区出新工程，面积5.54万平方米，整治房屋19幢。完成新增中央北路沿线五塘村69～75号、汽轮四村19～23号、上元里片区3个小区出新任务工程招标，计划出新面积约14万平方米，实施房屋整治40幢。投资约450万元，完成北祖师庵、芳草园等202个小区，865幢房屋2070多个单元楼道亮化。按照节能环保要求，采用吸顶式声控LED楼道灯具，设置公用电智能分配器，通过电量均分器自动将各单元中楼道灯所用电量平均分配到各用户电表中，电费由单元住户平均分摊。年内，全区有62台电梯列入整治计划，涉及8个街道22个小区，经南京市特种设备安全监督检验研究院安全评估，39台更新、12台重大修、11台维修。至年末，上年顺延的11台维修电梯整治完毕；更新和大修51台电梯中，除芳草园4台重新调整为大修，按电梯整治程序办理相关手续等待备货外，其余47台电梯全部整治完成。

2015年鼓楼区老旧电梯整治结项情况一览表

表4　　　　单位：台

申报时间	数　量	小区名称	整治形式	数　量	所在街道
2012年	1	清溪园	更新	1	凤　凰
2013年	31	五台花园	大修	8	华侨路
		芳草园高层(高校)	大修	3	凤　凰
		汉中路266号	更新	2	华侨路
		龙全花园	更新	2	湖南路
		开元新寓	更新	2	中央门
		苏州路17号公寓	更新	3	宁海路
		华侨公寓	更新	2	华侨路
		南秀大厦	更新	2	华侨路
		青云巷27号	更新	2	湖南路
		萨家湾24-27号	更新	2	挹江门
		华富大厦	更新	3	中央门
2014年	15	上海路9、12号	更新	2	华侨路
		广州路223号	更新	1	华侨路
		大铜银巷16号	更新	2	华侨路
		古平岗24号	更新	2	挹江门
		中南园	更新	3	中央门
		萨家湾10、15号	更新	2	挹江门
		百合果园	更新	2	热河南路
		四平苑	大修	1	建宁路
合　计	47				

【房地产中介机构走访检查】 3月，鼓楼区开展为期一个月房地产中介机构走访检查。抽查9家房产中介机构，针对无法查证房主信息资料(房产证、土地证、身份证)真实性而为房屋交易或租赁埋下隐患、从业人员流动性较大、房屋买卖或租赁发生问题后无法找到相关责任人、从业人员准入门槛较低、专业性不强等问题，督促中介机构和个人整改。7月，安排工作人员回访，抽查前次检查发现的问题，相关房地产中介机构和个人整改结果良好。

【首创房屋租赁安全承诺制度】 9月，鼓楼区在全市首创住宅类房屋登记备案时签署遵守房屋租赁安全承诺书举措。房屋租赁安全承诺书规定不得将部分进出客厅或者厨房、卫生间改为卧室对外出租；落实日常消防安全管理，坚持每日消防检查、巡查，及时做好火灾隐患和消防安全自查自改等14项工作，同时将承诺书文本在区住建局网站进行公示，方便办税企业和群众查询和下载。房屋租赁登记备案和税收征缴前，当事人签订《房屋租赁及消防安全告知(承诺)书》，使纳税人在办理房屋租赁登记备案前了解房屋租赁政策，遵守相关规定。至年末，承诺书签定2500余份。

【江苏路支巷环境整治完成】 2015年年末，江苏路支巷环境整治工程竣工。工程东临四卫头，西临江苏路，全长112米。整治内容包括道路、建筑立面出新，店牌店招、围墙、门楼、雨棚、空调外机罩、铝合金格栅、卷帘门、破损落水管、垃圾桶更换，瓷砖墙面清洗等。2014年10月开工，投资117.7万元。 (张笑雪)

住房保障

【保障性用房建设】 2015年，鼓楼区保障房建设完成施工面积55.1万平方米，竣工面积32.8万平方米，提供房源3219套。其中，五塘和园全面竣工，B片区于6月交付安置，建筑面积1.8万平方米，提供房源162套；白云雅居二标段二标区面积7.8万平方米竣工，三标段面积5.2万平方米主体封顶；文景花园三期因前期规划调整、资金短缺、建设主体变更等原因，一直没有开工，年末重新申领规划许可证；文景花园二期面积5.72万平方米，完成建设；金达花园一期24万平方米竣工，二期10.6万平方米主体施工。

【保障性用房管理】 2015年，鼓楼区抓好征收项目保障性用房申请管理和社会低收入保障性用房申请管理工作。其中，受理、审核、录入被征收家庭申购经济适用房1207件、中低价商品房368件、产权调换房1238件。组织被征收家庭选房2615套，其中经济适用房2118套、中低价商品房297套、产权调换房200套。年内，举办3次廉租房选房活动，219户低保、低收入家庭参加选房；受理申请公共租赁住房资料176户，152户公共租赁住房申购家庭选取花岗、岱山、丁家庄等房源，并与市安居集团公司对接办理入住手续。书面登记“南京市住房保障方式转换申请表”491户，并送南京市房改办审核。全区在保家庭5595户(其中实物配租67户，租赁补贴1447户、经济适用住房4081户)，低收入住房保障新增748户，发放租赁补贴资金2281万元。

【金帆北苑保障房项目建成交付】 3月，鼓楼区重点保障房建设项目金帆北苑建成交付。该项目占地面积5.2万平方米，建筑面积9.1万平方米，其中住宅建筑面积6.8万平方米、商业配套及办公面积0.7万平方米、地下建筑面积1.6万平方米。小区内配套建设社区卫生院、幼儿园、老年活动中心、社区服务中心等公共服务设施，设有停车位416个。该项目2012年3月正式开工，2015年1月29日至2月9日安置850户拆迁居民。 (张笑雪)

地块开发

【概况】 2015年，鼓楼区棚户区改造任务计划为“鼓楼区2015年城市环境综合整治清单”“2015年鼓楼区棚户区新开工项目清单”“再干两百天”3项内容，涉及考核计划项目7个，占地面积43.29万平方米，涉及房屋建筑面积28.77万平方米、居民1600余户、工企单位近30家。至年末，7个城中村危旧房项目中，金宁三环及线路器材厂地块、中储二期地块完成挂牌出让，三汊河新河村、二板桥路东侧2个地块完成征收，水佐岗地块、中央北路95号地块、杨家花园地块实施征收。

【金宁三环及线路器材厂地块挂牌出让】 2013年10月启动手续办理，至2015年上半年完成动迁工作，6月10日挂牌出让。项目东至安怀新村和线路新村，南至和燕路，西至安环村路，北至北固山路。占地面积19.29万平方米，涉及房屋建筑面积14.08万平方米、居民32户、工企单位2家。规划用地性质为商办混合、商住混合用地，可建地上建筑面积45.04万平方米。

【中储二期地块挂牌出让】 2013年11月启动手续办理，至2015年上半年完成动迁工作，10月28日挂牌出让。项目东至小市新村小区，南至幕府南路，西至铁古庙小区，北至规划道路。占地面积7.98万平方米，涉及房屋建筑面积4.56万平方米、居民77户、工企单位2家。规划用地性质为商住混合用地，可建地上建筑面积23.46万平方米。

【三汊河新河村地块开发完成征收】 2014年1月重新办理前期手续，至

2015年年末完成全部征收工作。项目东至居住小区，南至有恒路，西、北至在建金陵湾小区。占地面积1.26万平方米，涉及房屋建筑面积1.7万平方米、居民360户。规划用地性质为二类居住用地，可建设地上建筑面积4.40万平方米。

【中央北路95号地块开发启动】 为2014年改善类项目，2015年启动征收工作，至年末完成居民动迁31户。项目东至中央北路，南至汽轮六村，西至驻区某部，北至张王庙路。总占地面积8.47万平方米，涉及房屋建筑面积1.52万平方米、居民84户、工企单位2家。该地块为南京市城建集团收储地块，规划研究及后续运作均由市城建集团安排。 （张笑雪）

征收管理

【概况】 2015年，鼓楼区实施房屋征收拆迁项目有11个：窑上村城中村地块危旧房改造项目（集体五期）、人和街道路拓宽改造工程、二毛南路配套绿地工程、窑上村城中村地块危旧房改造（国有三期）项目、水佐岗片区危旧房改造项目、城市快速内环北线西延（古平岗立交至定淮门桥）、杨家花园地块危旧房改造项目、二板桥路拓宽改造项目、二板桥路东侧地块危旧房改造项目、起重机械厂地块危旧房改造项目、安怀村汽轮电机厂周边地块危旧房改造项目。涉及住户2148户、工企单位45家，被征收用地总面积32.38万平方米，被征收拆迁房屋总面积17.80万平方米。全年签约住户1943户、工企单位18家，二毛南路配套绿地等3个项目完成全部征收工作。

【二毛南路配套绿地工程征收完成】 1月，鼓楼区启动二毛南路配套绿地工程征收工作。项目性质为绿地建设，项目征收决定号“宁鼓府征字〔2015〕第2号”。房屋征收范围西至中山北路，北至二毛南路，东、南至现状（暂定名）小区。征收项目面积1259.39平方米，房屋建筑总面积396.98平方米，被征收住户4户，用地单位为南京新厦市政建设项目管理有限公司。至年末完成全部征收任务。

【窑上村城中村地块（集体五期）征收基本完成】 1月，鼓楼区启动窑上村城中村地块危旧房改造征收工作（集体五期）。项目性质为危旧房改造，项目拆迁许可证号“宁征拆字〔2015〕001号”。房屋拆迁范围位于鼓楼区窑上村城中村地块危旧房改造项目（五期）权属界线示意图中涉及村镇建设用地集体土地上房屋。征收项目用地面积6000平方米，房屋建筑面积5603平方米，被征收住户35户、工企单位2家。年内，与南京家彩装饰材料厂、南京通达合金材料厂签订拆迁补偿协议；并与南京飞元实业有限公司签订02—06、02—08地块征收和合作开发协议。该地块用地单位为南京紫金（下关）科技创业特别社区建设发展有限公司。至年末，完成全部征收任务的97.1%。

【人和街道路拓宽改造工程征收基本完成】 1月，鼓楼区启动人和街道路拓宽改造征收工作。工程性质为危旧房改造，项目征收决定号“宁鼓府征字〔2015〕第1号”。房屋征收范围西起祁家桥路，东至中山北路，与四卫头、规划路平交。征收项目占地面积7226.41平方米，房屋建筑面积595.9平方米，被征收住户5户、工企单位2家。用地单位为鼓楼区“品质鼓楼”建设指挥部。至年末完成全部征收任务的85.71%。

【窑上村城中村地块（国有三期）征收启动】 2月，鼓楼区启动窑上村城中村地块危旧房改造（国有三期）征收工作。项目性质为危旧房改造，项目征收决定号“宁鼓府征字〔2015〕第3号”。房屋征收范围鼓楼区幕府东路199号，南京紫金（下关）科技创业特别社区内3个地块。征收项目用地面积8.98万平方米，房屋建筑面积2.56万平方米，被征收住户58户、工企单位2家。用地单位为南京紫金（下关）科技创业特别社区建设发展有限公司。至年末完成全部征收任务的28.33%。

【水佐岗片区危旧房改造项目征收基本完成】 2月，鼓楼区启动水佐岗片区危旧房改造征收工作。项目性质为危旧房改造，项目征收决定号“宁鼓府征字〔2015〕第4号”。房屋征收范围东至水佐岗，南至宁夏路18号小区，西至省工商局家属院，北至水佑岗。征收项目用地面积2.13万平方米，房屋建筑面积2.77万平方米，被征收住户473户、工企单位1家。用地单位为鼓楼区住房和城乡建设局。至年末，完成全部征收任务的98.1%，剩余8户居民和5家工企单位进入约谈阶段。

【城市快速内环北线西延项目征收基本完成】 6月，鼓楼区启动城市快速内环北线西延（古平岗立交至定淮门桥）征收工作。项目性质为环境整治，房屋征收决定号“宁鼓府征字〔2015〕第5号”。房屋征收范围东起古平岗立交，西至定淮门桥。征收项目用地面积4.27万平方米，房屋建筑面积1.17万平方米，被征收住户121户、工企单位14家。用地单位为南京市新厦建设投资有限公司。至年末完成全部征收工作的89.62%。

【杨家花园地块危旧房改造项目征收基本完成】 6月，鼓楼区启动杨家花园地块危旧房改造征收工作。项目性质为危旧房改造，项目征收决定号“宁鼓府征字〔2015〕第6号”。房屋征收范围东至绣球公园，南至承德路，西至热河南路，北至建宁路。征收项目用地面积4.12万平方米，房屋建筑面积4.12万平方米，被征收住户574户、工企单位16家。用地单位为鼓楼区滨江发展建设指挥部。至年末，完成全部征收任务的98%，剩余9户居民和3家工企单位。

【二板桥路拓宽改造工程征收完成】 8月，鼓楼区启动二板桥路拓宽改造征收工作。项目性质为道路建设，项目征收决定号“宁鼓府征字〔2015〕第7号”。房屋征收范围南起白云亭路，北至中山北路。征收项目用地面积1.73万平方米，房屋建筑面积987.55平方米，被征收住户8户、工企单位2家。用地单位为南京新厦建设投资有限公司。至年末完成全部征收任务。

【二板桥路东侧地块危旧房改造项目征收完成】 8月，鼓楼区启动二板桥路东侧地块危旧房改造征收工作。项目性质为道路建设，项目征收决定号“宁鼓府征字〔2015〕第8号”。房屋征收范围鼓楼区二板桥路东侧，东至住宅小区，南至白云亭路，西至二板桥路。征收项目用地面积378.72平方米，房屋建筑面积141.99平方米，被征收住户3户。用地单位为鼓楼区住房和城乡建设局。至年末完成全部征收任务。

【起重机械厂地块危旧房改造项目征收基本完成】 11月，鼓楼区启动起重机械厂地块危旧房改造征收工作。项目性质为危旧房改造，项目征收决定号“宁鼓府征字〔2015〕第9号”。房屋征收范围东至复地项目工程区，南至安怀村东路，西至线路器材厂铁路专用线，北至北崮山路东延。征收项目用地面积7.19万平方米，房屋建筑面积4.97万平方米，被征收住户696户、工企单位5家。用地单位为鼓楼区住房和城乡建设局。至年末完成全部征收任务的81%。

【安怀村汽轮电机厂周边地块项目征收基本完成】 11月，鼓楼区启动安怀村汽轮电机厂周边地块征收工作。项目性质为危旧房改造，项目征收决定号“宁鼓府征字〔2015〕第10号”。房屋征收范围东至安怀村路，南至南京市机械中等专业学校，西至汽轮电机厂，北至汽轮电机厂。征收项目用地面积2.67万平方米，房屋建筑面积1.5万平方米，被征收住户170户、工企单位3家。用地单位为鼓楼区住房和城乡建设局。至年末完成全部征收任务的89.59%。

（王樊钧）

城市治理

【概况】 2015年，区委区政府制定《鼓楼区城市综合管理第三方检查评价办法》《2015年度鼓楼区垃圾分类工作实施意见》《鼓楼区垃圾分类工作考核暂行办法》。投资233.9万元升级改造原数字化城市管理系统，12月通过市城管局验收。完成小市、金陵小区等8处垃圾中转站升级改造。完成幕府一村、龙园西路等9座公厕维修改造。打造中央路、江东北路等10条机械化清扫保洁精品路段，快车道路面本色呈现率98%，慢车道、人行道本色呈现率90%。开展违法建设、建筑工地渣土运输、户外广告店招店牌、占道经营、“门前三包”责任区违法行为等专项整治，办理各类案件1.11万件。在13个街道分别成立停车设施管理站，为每个街道停车管理站配备驻街交警；完成新版“门前三包”责任书换签2.3万份；组建滨江综合治理中队，各街道成立市政园林设施管理站、停车管理站、环卫分公司等城管专项队伍，形成“四级网格化巡查管理”和城管执法、停车管理、市政绿化养护、环卫保洁，街道统一领导的“四位一体综合治理”城市治理新格局。开展环卫养护市场化试点，13个街道通过公开招投标，29个社区街巷、院落环境卫生保洁服务进行市场化运作。抓好城市治理标准化体系建设，全区358个单元（单位）通过标准化复检验收，颐和路等12条道路及宁海路等4个广场被命名为全市标准化示范单元，小桃园、山西路等11个公园广场打造成为全市标准化管理示范单元，并多次作为示范典型接受全市标准化观摩。

【滨江综合治理中队组建】 2015年，鼓楼区组建滨江综合治理中队（滨江城管执法中队2013年4月15日成立，2015年向综合治理中队转型）。中队有在编执法人员13人、协管员19人。管辖范围为淮滨路（滨江世贸段）—郑和中路—热河路—城河路—长江大桥引桥西侧—长江岸线合围区域内重点道路两侧及滨江风光带（南堡公园—万景园段约11公里）。主要职责：拆违、行政强拆、环境综合整治等，配合滨江开发和建设，保障市、区重点工程项目推进，完成滨江管委会交办的突击性任务，以及所辖区域城市管理综合执法工作和区城市管理综合行政执法大队交办的各项任务。至年末，全区有龙江、宁海、滨江3个综合治理中队，与各街道市政园林设施管理站、停车管理站、环卫分公司等城管专项队伍，形成以街道为主体的基层管理力量。

【城市治理标准化建设】 2015年，鼓楼区贯标358个单元通过标准化复检验收。其中，宁海路街道牵头市政、环卫、绿化、行政执法等相关单位，累计投入100余万元，打造北京西路、西康路、宁夏路、江苏路、宁海路等路网标准化示范单元；颐和路等12条道路及宁海路等4个广场被命名为全市标准化示范单元；热河南路、阅江楼、建宁路、江东、凤凰、挹江门、华侨路等街道牵头组织实施，会同南京瑞泽市政工程有限公司、万荣园林实业有限公司等园林作业单位，成功将小桃园、胜利广场、山西路广场等11个公园广场打造成为全市标准化管理示范单元，并多次作为示范典型接受全市标准化观摩。

【数字化城市管理系统建设】 2015年年初，鼓楼区启动原数字化城市管理系统升级改造。通过完善建设方案、公开招投标，以及开发应用程序、采购硬件设备等，9月下旬完成系统升级改造，同步开展试运行和调试，各项指标均达到国家住建部标准和省住建厅规范，12月通过市城管局验收。数字化城市管理系统升级改造预算资金350万元，实际投资233.9万元。

（李元枚）

市容管理

【市容执法管理】 2015年，区城管局会同属地街道、住建、环保以及治安巡警等单位联合执法，先后开展违法建设、建筑工地渣土运输、户外广告店招店牌、占道经营、"门前三包"责任区违法行为等专项整治。会同属地街道及公安、交警等部门，打击机动车占道经营等行为，办理各类案件1.11万件，其中占道经营1.05万件、机动车占道114件、市容环卫责任区220件、户外广告查处55件、违规运输渣土116件、占用道路168件；教育、驱赶各类占道经营行为2.65万次；拆除违法建设534处2.23万平方米；机动车违停贴单11万件，清拖车辆300余台、非机动车1020辆次。

【街巷道路停车管理】 2015年，鼓楼区在13个街道分别成立停车设施管理站，每个街道停车管理站配备驻街交警，寻求城市空地、待建工地等用于建设临时停车场，筹措资金建设丁家桥空地停车场，新增泊位143个。结合公共资源市场化，启动湘江路、北圩路、清凉门桥下、湛江路等4块空地停车场经营权转让招标工作。联合整治沈举人巷、汉江路、石头城等重点难点区域停车秩序；会同区住建局、区消防大队、交警五大队、华侨路街道整治新街口地区道路秩序。

【新版"门前三包"责任书换签】 2015年，区城管局会同各街道全面落实新版"门前三包"责任书换签及管理新模式推进。完成新版责任书换签2.3万份，建立"门前三包"自治联盟42个，建立微信群、QQ群37个，设置红黑榜15个；会同街道组织专项宣传58场次，悬挂宣传横幅262条，发放《关于"门前三包"管理致广大市民朋友的一封信》2.3万封，张贴宣传画200余张，制作大型围挡宣传广告21处。以《南京市"门前三包"管理办法》正式实施为契机，开展"门前三包"专项整治，加大沿街巡查力度和频次，督促整改并依法依规处理和燕路、中山北路沿线违反"门前三包"店家445起。

【第三方检查评价机制建立】 2015年，鼓楼区率先引入第三方机构考核评价城市管理工作。通过公开招标，选定武汉中南社会调查研究所作为第三方城市管理评价机构。制定《鼓楼区城市综合管理第三方检查评价办法》，采取定点采样、定时巡查等方式，全面、公平、公正评价全区城市管理工作。3月起，对照城市管理各项业务标准，由第三方评价机构每月检查、评价和通报各街道环境卫生、市容景观、拆违控违、停车秩序、"门前三包"等十大类城管工作情况并及时跟进督促整改，增强城管考核评价透明度和公正性，促进全区城管工作整体水平提升。在全市2015年专项项目考核中，停车设施排名第一，环境卫生、市政设施、渣土管理均排名第三，城管执法排名第四。

【环卫养护市场化试点】 2015年，鼓楼区开展环卫养护市场化试点，由区城管局统一组织协调，全区13个街道先后通过公开招投标，对29个社区街巷、院落环境卫生保洁服务计划进行市场化运作，其中小市街道东井亭社区4月份先行进行试点。至年末，全区29个社区街巷、院落保洁服务实施市场化运行，涉及街巷保洁面积50.6万平方米、居民6.7万户。推行垃圾分类市场化，选出19个小区作为创建垃圾分类示范小区，完成聚福园、清江西苑、长阳花园、星汉城市花园以及虎啸花园等12个示范小区创建工作。推动户外广告市场化运作，率先开展辖区内商业户外广告有偿设置试点，公开拍卖湖南路04、05片工地围挡广告，探索户外广告市场化工作路径。

（李元枚）

市政管养

【市政设施维护管理】 2015年，鼓楼区修复车行道4.81万平方米、人行道2.32万平方米、路牙4154米、路沿5678米；完成乔木补栽412株、花灌木补栽9.1万株、草坪地被补铺3.9万平方米；行道树修剪、抹芽16.18万株，花卉布置89.23万盆；垃圾清理1.51万吨；绞拉干管468.25公里，疏通支管196.25公里，清检查井4.25万座次，清雨水井5.88万座次，清出水口387座，清运淤泥1.15万立方米。清捞河道垃圾2145.63万平方米，岸坡清扫434.12万平方米，河道巡查3.85公里，外运垃圾1.46万立方米。强化市政设施审批事项监管，完成市政设施挖掘占用初审、监管249件，完成市城管局审批案件监管238起；办理临时排水、接管许可115件（正式排水31件，施工临时排水22件，排水接管62件），查处城市违法排水行为13件。

【防汛常态管理】 2015年，区城管局完善移动式电源泵车、柴油机自吸式水泵、液压渣浆泵、抽水泵、发电机以及抢险车等重要机械设施储备；组建以民兵、街道干部、社区工作人员和当地群众组成的抢险队伍21支1768人。争取资金连通凤凰二村小区雨水支管与市政主管，预防汛期严重淹水，提高防汛能力。关注重大项目工程、地产开发造成新的积淹水点。督促纬三路过江通道、地铁3号线、滨江片区世茂地产等重点项目落实防汛责任，责成建设单位疏通工地周边管道、沟渠，增加排涝流量，提高防汛排涝效能，解决九家圩地段以及舸舫园小区、凤凰二村小区等汛期积淹水问题。

【"牛皮癣"清洗】 2015年，区城管局依托"牛皮癣"专业清洗队伍，加大主次干道清除、日常巡查，发现问题24小时内给予处理，"牛皮癣"清洗向背街小巷和社区延伸。全年清除"牛皮癣"46.47万处，停机处理"牛皮癣"电话84户。办结店招登记备案375件，临时性户外宣传活动606件。

【洗车场管理】 2015年，鼓楼区城管执法部门加强洗车场管理，现场勘查76家洗车场（站），其中22家许可，54家不予许可；备案登记全区有资质城管洗车场。至年末，市局发放备案证46家，整治洗车场195家（次），取缔无证洗车场120余次。 （李元枚）

环卫保洁

【垃圾分类】 2015年，鼓楼区制定出台《2015年度鼓楼区垃圾分类工作实施意见》《鼓楼区垃圾分类工作考核暂行办法》，建立垃圾分类责任体系，选出19个小区作为创建垃圾分类示范小区，并按照市垃圾分类办要求进行市场化运行，完成聚福园、清江西苑、长阳花园、星汉城市花园以及虎啸花园等12个示范小区创建工作。在111个社区330个小区安装366个旧衣物回收箱，推进旧衣服回收试点。市、区级机关垃圾分类完全覆盖；垃圾分类覆盖至13个街道114个社区501个小区、片区，涉及人口69.65万人；制作分类标识贴2700张，发放宣传画、宣传页5.93万张，开展各类垃圾分类宣传活动75次，1.26万人次参与；各类垃圾分类培训43次，5127人次参与，垃圾分类指导员培训率100%。

【环卫设施改造】 2015年，鼓楼区财政投入1500万元，完成小市、金陵小区、安乐村、定淮门、银城、龙池庵、三汊河、紫竹林等垃圾中转站升级改造。投入200万元，完成幕府一村、龙园西路等9座公厕维修改造。

【道路精细化保洁】 5月18日起，鼓楼区提高机械化作业水平，全面打造中央路、江东北路等10条机械化清扫保洁精品路段，每天进行"三洒水、两机扫、一冲洗"机械化作业；每2天对快车道进行1次"清洗（组合）"作业；每3天对慢车道、人行道进行1次"水扫"作业，确保路面无垃圾、无杂物、无积尘、无污渍，快车道路面本色呈现率98%，慢车道、人行道本色呈现率90%。 （李元枚）

环境保护

【概况】 2015年，鼓楼区开展环境问题挂牌督办、水源地保护、餐饮油烟污染整治等环保专项行动，改善区域环境质量。加强扬尘污染管控，实行空气质量日报，全年降尘量均值每平方公里5.19吨／月，PM2.5年均浓度较2013年下降22.1%。完成81家餐饮油烟治理。整治淘汰敞开式干洗机85台，淘汰"黄标车"（尾气排放污染量大、深度高、排放稳定性差的车辆）8810辆，完成率97.15%。治理大庙沟、二仙沟、清江东沟、清江河、中保河等黑臭河流，完成南十里长沟及一支流综合整治。开展河道水质监测，实施工业企业、医疗单位排污许可。完成江苏省环保厅2014年度清江河、清江东沟黑臭河治理考核。办理回复群众投诉及上级督办涉及河道水质黑臭案件27件。挂牌督办7件突出环境问题。审批建设项目107个，验收47项，环保"三同时"（建设项目中防治污染设施，与主体工程同时设计、同时施工、同时投入使用）执行率100%。全区50家危险废物产生单位全部实施网上申报和网上转移，"江苏省危险废物动态系统"网上申报率100%。安全转移处置工业危险废物460余吨，集中转移处置医疗废物3212.6吨，医疗废物集中处置率100%。立案查处环境违法案件106件，处罚金额184.7万元，征收排污费706万元。区环保局受理各类污染举报投诉5575件，"12345"综合得分563.7，列区"12345"信访第四名。"12369"满意率88.3%。开展"践行绿色生活·我们正在改变"等主题环保宣传活动。是年，鼓楼区创成南京市依法行政示范点。是年，赤壁路小学创成国际生态学校，旭日景城小学创成省级绿色学校。区环保局获省第12届江苏美境行动优秀组织奖。

【环保信访处理】 2015年，区环保局实行24小时值班和周三局长接待日制度，制定"清零"计划，落实专人包件。2014年12月1日至2015年12月31日，受理各类污染举报投诉

5575件。其中,办理"12345"工单4465件、"12369"投诉792件、"96180"投诉144件,承办市、区领导批转34件,其他类举报投诉140件。全年"12345"综合得分563.7,列区"12345"信访第四名;"12369"满意率88.3%。

【环境治理依法行政】 2015年,区环保局环保约谈辖区高校实验室和金陵船厂等重点企业负责人;围绕"治污染、惠民生、促和谐"开展环境违法行为查处,立案查处环境违法案件106件,处罚金184.7万元。申请法院强制执行案件2起,做好1起噪声扰民环境行政诉讼案件应诉工作。排污费征收企业116家次,征收706万元。上海铁路局南京东机务段等4家单位参保环境保护责任险。开展行政权力事项清理工作,清理原有行政许可6项、行政处罚91项(其中常用事项21项)、行政强制13项(其中常用事项1项)、行政征收1项、行政其他1项。在全市行政执法考核中位列第三,创成南京市依法行政示范点。

(李　婷)

环境监测

【概况】 2015年,区环保监测站完成3个空气自动站空气环境质量监测和7个降尘监测点降尘量监测;完成地表水例行监测106个断面,监测"河长制"河流水质;区域环境噪声23个点位,交通噪声65个点位,功能区噪声4个点位,监测16次;收集93场次降水数据,酸雨频率14%。完成验收监测30家、辐射监测3家、信访监测53家次、委托监测15家次。加强国控污染源南京市城北污水处理厂和中国长江航运集团金陵船厂(废气和粉尘工段完成搬迁)监督性监测。完成空气质量自动站幕府路监测点日报工作。出具各类监测报告145份,其中噪声58份、水质48份、辐射3份、验收34份、油烟2份。完成《鼓楼区2015年环境质量声像报告》《鼓楼区2015年区域重点污染源排污状况年报》编写上报工作。参加南京市环境监测中心站石油类项目实验室间比对活动,完成2015年度资质认定获证实验室监督检查自查、全国检验检测联网直报系统填写上报工作。

【空气环境质量】 2015年,鼓楼区2个国家级空气质量监测站点数据反映空气优良率58%,3个站点(含市控站点)空气质量监测数据反映空气优良率60%;监测数据显示,二氧化氮、细颗粒物(PM2.5)和可吸入颗粒物(PM10)等指标为主要超标因子。全年空气降尘值达标,7个降尘监测点反映降尘量均值每平方公里5.29吨/月,低于每平方公里6.50吨/月的考核目标值。全年降水93场,酸雨频率14%。

2015年鼓楼区空气自动监测站监测情况

表5

站　点	属　性	达　标(天)		超　标(天)			空气质量指数	年度优良率(%)
		优秀	良好	轻度污染	中度污染	重度污染		
山西路	国控点	23	163	124	39	16	94	51
草场门	国控点	45	186	97	27	10	88	63
幕府山	市控点	32	218	74	27	14	86	68

【水环境质量】 2015年,鼓楼区水环境质量总体略有好转,但达标率处较低水平。全年饮用水源地水质持续优秀,达标率100%。5个水功能区断面(三汊河口、宝塔桥、中山码头、上元门水厂、北河口水厂)达标率60%,主要超标断面为三汊河口、宝塔桥、中山码头。6个市小康断面(上元门水厂、北河口水厂、三汊河口、芦龙桥、倒桥、石城桥)达标率41.5%,主要超标断面为石城桥、芦龙桥、倒桥、三汊河。21个城区(河长制)水体,26个断面监测结果显示,基本处于黑臭状态。外秦淮河水系和金川河水系,6个断面监测结果显示,整体处于Ⅳ类至劣Ⅴ类水平之间,主要超标污染物为氨氮和生化需氧量。

【声环境质量】 2015年,鼓楼区功能区噪声达标率75%;区域环境噪声均值55.0分贝,达到考核目标要求。

(李　婷)

2015 年鼓楼区功能区噪声监测情况

表 6

监测时间	频　次	达标率(%)	超　标　点　位
一季度	1	75	裴西村、建宁路
二季度	1	50	裴西村、西康路、姜家园、建宁路
三季度	1	88	建宁路
四季度	1	88	建宁路
全年平均值	4	75	

环境整治与创建

【餐饮油烟污染整治】 2015 年，鼓楼区将餐饮业污染整治列入区经济社会发展目标，梳理 13 个街道 81 家扰民餐饮，年内全部完成餐饮油烟整治。检查餐饮单位 143 家，处罚 6 家未正常使用油烟净化器单位。为 80 多家大型餐饮油烟净化设备安装在线监控系统，运用在线监控平台，发现问题及时进行现场核查，与市场监管局、城管局、街道开展联合执法，确保油烟净化器发挥治理效益。

【环境问题挂牌督办】 2015 年，鼓楼区挂牌督办 7 件突出环境问题件，年内完成中大医院污水处理设施升级改造、南京汽轮电机(集团)有限公司喷涂废气治理、中国药科大学制药厂制剂车间粉尘治理、漓江路 196 号 3 家餐饮店油烟整治、新泰烧烤油烟治理、南京医科大学第二附属医院医疗废物暂存点规范化整治等 6 件；下关大桥高架桥隔声屏建设工程进入施工监理招标阶段。

【挥发性有机化合物整治】 2015 年，鼓楼区环保部门开展挥发性有机化合物整治，完成市下达的煤炭港加油站油气回收设施、南京汽轮电机(集团)有限公司发电机车间喷涂废气治理工程；完成干洗行业挥发性有机废气污染整治，整治淘汰敞开式干洗机85 台；全年淘汰“黄标车”8810 辆，完成 97.15%；为 102 家企业评定环保信用等级。

【环境保护宣传教育】 2015 年，鼓楼区举办区四套班子和副处职以上领导干部生态文明建设专题讲座；区环保局联合区科协、中央门街道、宝塔桥街道等单位开展环保科普活动，向社区居民赠送环保法规、宣教手册及环保袋；到重点企业、医疗单位、结对社区开展专项培训和环保知识讲座，2000 余人次参训；组织辖区工业企业、规模以上餐饮、医疗机构、高校环保负责人开展各类新环保法律法规及环境知识学习，发放各类环保学习手册 192 份；在赤壁路小学、旭日景城小学开展国际生态学校和省级绿色学校创建活动；组织辖区小学生参加“全国环境小记者项目新闻作品大赛”，拉萨路小学学生获文章类作品二等奖，赤壁路小学学生分获文章类作品二等奖、三等奖及照片类作品三等奖；设计制作新《中华人民共和国环境保护法》《中华人民共和国大气污染防治法》以及社区环保宣传海报 10 余种 2.2 万份，向 13 个街道 119 个社区、145 家工地发放各类环保宣传海报 698 份。在市级以上媒体刊发环保新闻 16 篇，被市局网站采用信息 193 条，《鼓楼信息》采用 38 篇；微博原创 73 条，转发 287 条。

【“六五”环境日纪念活动】 6 月 5 日，南京市暨鼓楼区“践行绿色生活，我们正在改变”纪念“六五”环境日主题活动，在江边路 30 号欢乐舞台喷泉广场举办。该日为《中华人民共和国环境保护法》(简称《环保法》)新法实施后首个环境日。活动旨在通过传播、弘扬“生活方式绿色化”环保理念，为生态文明建设奠定社会和群众基础。活动中，颁发扬尘志愿监督员代表聘书 4 人、环境保护模范单位绿色工地 4 家、绿色生活示范社区等奖牌 2 家，赠送新《环保法》及配套学习书籍 60 余册。市政府办公厅、市委宣传部等部门领导与志愿者参加活动。仪式最后，约 200 名志愿者骑行或步行，从鼓楼区欢乐滨江舞台出发，沿滨江岸线，到达渡江胜利纪念馆，通过实际行动践行低碳出行绿色生活理念。

【“关爱母亲河”环保公益活动启动】 11 月，鼓楼区环保局、龙虎网、“爱之源”公益组织 3 家部门和单位联合，在全市率先启动高校环保志愿者“关爱母亲河”环保公益活动，把外秦淮河鼓楼段保护纳入常态环保志愿活动中。外秦淮河鼓楼段从汉中门桥到入江闸口总长约 5300 米，组织方将外秦淮河鼓楼段分为汉中门桥、清江花苑、小桃园 3 段。南京农业大学 48 名环保志愿者在小桃园段分组开展活动，寻找最美河段，记录排污口位置，查找污染原因，清理草丛等隐蔽处垃圾，向过往行人宣传保护母亲河理念。年内，志愿者定期汇总研究调查中发现的问题，寻找解决方法，开展外秦淮河鼓楼段保护工作。　　(李　婷)

环境监管

【建设项目环评审批】 2015年,鼓楼区严格执行建设项目环境影响评价制度,避免新增污染和破坏环境现象。新建、扩建、改建项目实行污染物总量控制。注重环保“三同时”验收,建立健全项目环境管理和环境监察、环境监测联动机制,审批建设项目107个,其中审批建设项目登记表50项、报告表45项、报告书12项,验收47项,环保“三同时”执行率100%、合格率100%。

【危险废物处置】 2015年,鼓楼区培训170家产废单位相关管理人员,向危废重点单位发放《危险废物产生单位守法管理告知书》和《医疗废物和危险废物环境管理指南》,到河海大学、儿童医院、金陵船厂、南京长客集团汽车修理总厂等单位开展危险废物环境管理宣讲活动。整改落实南医大二附院东院医疗废物暂贮场所挂牌督办件,并通过市环保局检查验收。开展跨区危险废物专项执法检查工作,全区被查企业达标率100%。全区50余家危险废物产生单位全部实施网上申报、网上转移,“江苏省危险废物动态系统”网上申报率100%。全年安全转移处置工业危险废物160批次460余吨;集中转移处置医疗废物3212.6吨,比2014年增加约120吨,医疗废物集中处置率100%。

【扬尘污染管控】 2015年,区环保局建立工地巡查24小时值班制度,按照南京市工地扬尘管控9个100%(工地扬尘防治公示牌设置率、工地标准化围挡率、冲洗台设置率、出场车辆冲洗率、工地现场裸露土方覆盖率、工地主要道路和操作场地硬化率、土方外运渣土车密闭化运输率、拆迁工地湿法作业率、主次干道每日冲洗率)要求,会同街道检查验收全区123家工地扬尘管控情况。实施阅江楼街道网格化管理试点,专项整治滨江商务区在建工地扬尘控制。至年末,联合执法近60次,检查工地1562家次,出动执法人员4680人次。全年处理扬尘信访投诉184件,扬尘立案16件,处罚金35万元。确保国家公祭日、南京国际马拉松赛事等重大活动期间环境空气质量整体达标。全年降尘量均值每平方公里5.19吨/月,完成年度月均降尘量控制在6.65吨/平方公里以下考核目标,PM2.5年均浓度较2013年下降22.1%。扬尘管控工作考核在全市排名第二。

【水环境视频监控】 2015年,鼓楼区运用视频监控系统强化辖区水环境监管。4月,区环保部门与电信部门签署协议,更新完善原有视频监控系统,在夹江水源地、秦淮河入江口、金川河各生态补水口、清江东沟及辖区河道重点断面安装摄像头,实时监控水源地及河道情况。监控终端联接区环保局、区环境监察队和有关街道环保科,发现异常及时处理,监管效率有效提升。

【环境保护检查】 2015年,鼓楼区重点专项检查水源地、工业企业、扬尘管控、规模以上餐饮、医疗机构环境保护情况。出动114人次,检查北河口水源地保护区水质及污染源、相关企业应急预案制定与落实。出动1226人次,检查南京汽轮电机(集团)有限公司、金陵船厂、中国药科大学制药有限公司、六九零二厂等驻区企业,检查污染治理设施96台(套)次。整改南京金州城北污水处理有限公司污水排放大肠杆菌超标、南京线路器材厂油污排放污染南十里长沟一支流等问题。出动258人次,检查高温生产企业,防止因高温引发火灾和爆炸事故发生。

(李　婷)

广场晨曲

鼓楼年鉴 2016

产业板块

Industrial Functional Areas

下关滨江商务区

【概况】 下关滨江商务区位于鼓楼区西北部，东至明城墙，南起秦淮河，西沿长江，北至长江大桥引桥、大桥南路，面积约6万平方公里。核心区域东至热河路、城河路、大桥南路引桥，南起中山北路，西沿长江，北至长江大桥南堡公园，规划用地2.36平方公里，规划建筑面积380万平方米，总投资约800亿元。功能定位：全国中心城市旧城复兴范例、南京长江地带重要城市名片、鼓楼区现代产业全新发展高地、市民安居生活品质生态家园。2015年，完成1号地块土地招商；5个开发楼盘实现销售；引入南京航运交易所，进一步确定下关滨江商务区在全市海航型枢纽体系中核心地位；完善商务区城市功能配套，推动道路项目建设；完成杨家花园危旧房改造动迁。全年实现固定资产投资63.48亿元；财税收入12.78亿元，增幅27%，完成目标任务111%；标准以上服务业增加值完成51.1亿元，同比增10.9%。

【基础设施建设】 2015年，滨江商务区推动下关大街和方家营路开工建设，完成杨家花园项目危旧房改造动迁任务。加快草场门大街人行天桥、汉中门大街人行天桥、上元门观江大平台建设进度。至年末，实现绿化、市政、保洁、保安一体化综合养护。民国海军医院南楼三级驿站配套建设投入使用。

【土地招商运作】 2015年，滨江商务区完成市委市政府下达的1号地块土地分块招商任务，引入恒大集团参与滨江开发建设，通过股权转让交易，恒大集团取得6.4万平方米土地开发使用权，预计项目总投资70亿元，在整体上形成多家国内知名开发商齐聚滨江发展局面。

【项目开发建设】 2015年，下关滨江商务区龙湖项目一期一、二组团部分封顶；证大项目、深业项目有序推进；恒大项目开工建设；中冶3号地项目进入主体建设阶段。证大大拇指广场一期、龙湖春江紫宸一期、深业滨江半岛一期、世茂、边城5个楼盘开盘销售。

（王　欣）

【南京长江国际航运物流服务集聚区建设】 南京长江国际航运物流服务集聚区位于下关滨江商务区内，总占地面积6平方公里，包括南京长江国际航运物流服务中心、正大大拇指商业广场、龙湖滨江、深业滨江等市区重点项目。该积聚区为全省唯一航运交易中心，建成后将提供完备口岸服务、船舶交易服务、物流交易服务、航运人才服务、航运信息服务和航运金融服务，按照“财政资金引导、社会资本参与、市场机制运作、保障投资权益”基本原则，筹建航运基金，打造成为具备资源配置能力的国际航运物流综合服务功能区、具备产业特色和发展空间的省级现代服务业集聚区。

2015年，集聚区核心项目——南京长江国际航运物流服务中心一期工程进入主体施工阶段，二期南京港集团总部大楼同步建设。该项目位于郑和中路两侧永宁街、商埠街地块，占地面积3.5万平方米，建设5栋甲级写字楼，主要用于安置滨江区域待安置航运单位，同时具备航运企业总部办公、航运中介组织、航运交易、航运物流、航运贸易等功能。由南京长江国际航运中心开发公司开发建设，总投资33亿元。至年末，永宁街地块：1号、4号楼主体结构封顶，2号、3号楼主体施工至13层；商埠街地块：完成初步设计及桩基施工图设计，进入规划数字报建、各相关部门征询及人防手续办理阶段。

（孟　晖　王　欣）

部分在驻企业

【上海证大房地产有限公司】 上海证大房地产有限公司创立于1994年，公司专注城市综合体项目、区域型商业项目和高端住宅开发，同时开展酒店投资及经营、物业租赁、管理及代建业务，是香港主板上市（0755.HK）公司。证大房产以上海、南京为核心，项目集中于长三角经济发达地区，海外拓展澳洲、南非等市场。

2015年，企业在南京拥有证大滨江大拇指广场、证大喜玛拉雅中心、证大九间堂等3个项目。证大滨江大拇指广场项目位于下关滨江商务区，包括永宁街高端商住区和大马路特色历史商业街区，约17块土地，用地约15万平方米，总建筑面积81万平方米，收购总价65亿元。年末，项目一期开盘销售。

【深业集团有限公司】 深业集团有限公司是深圳市人民政府全资拥有，深圳市国有资产监督管理局直管的大型综合性企业集团。集团前身深业（集团）有限公司1983年9月在香港注册成立。以房地产和基础设施、物流运输为主业，同时涉足金融、现代农业、高科技制造等领域。至2015年年末，集团总资产940.1亿元，净资产284.5亿元，土地储备近1300万平方米，拥有运营收费公路3条，里程数188公里。

深业华东地产开发有限公司总部位于下关滨江商务区，是深业集团为整合江苏、安徽等地项目，开拓长三角市场而成立的区域性房地产公司。管辖项目有南京市深业滨江半岛、马鞍山深业华府、常州深业华府。2015年，深业滨江半岛项目一期实现开盘销售。

【龙湖地产有限公司】 龙湖地产有限公司1995年创建于重庆，业务涉及地产开发、商业运营和物业服务三大领城。2009年11月19日在香港联交所主板上市。集团总部设在北京，有员工1.2万人。至2015年年末，开发项目超过100个，建筑面积超过2000万平方米，待开发土地储备3949万平方米，实现合同销售545.4亿元。2014年6月，龙湖地产有限公司获取鼓楼滨江项目，正式登陆南京。2015年，龙湖春江紫宸项目一期实现开盘销售。

【广州恒大地产集团江苏公司】 广州恒大地产集团江苏公司成立于2007年，按照“立足南京，辐射长三角”的发展定位，业务遍布南京、淮安、镇江、宿迁、丹阳、连云港、常州、扬州、徐州等省内主要城市。2015年9月，公司通过股权转让方式获取下关滨江商务区9幅地块，占地面积6.4万平方米，规划地上建筑面积45.4万平方米，拟建设集公寓、办公、商业、文化娱乐等多种业态于一体的城市综合项目。至年末，江苏公司在建项目14个，在建面积324.9万平方米。全年销售面积57.3万平方米，销售金额超50亿元。

（王　欣）

江东软件城

【概况】 江东软件城(简称园区)位于南京市河西新城北部地区，东起燕山路，南起集庆门大街，西至清河路，北至汉中门大街。面积1.16平方公里，规划建筑面积360万平方米。其中，研发办公面积145万平方米、商业配套面积38万平方米、人才公寓面积77万平方米，绿地率40.6%。至2015年年末，引进南京联创科技集团股份有限公司、艾志工业技术集团有限公司、凯盛集团有限责任公司、江苏南大苏富特科技股份有限公司、华胜天成科技有限公司、海隆软件股份有限公司、全信传输科技股份公司、紫光智能科技有限公司、南京巨鲨医疗公司、江苏再保融资租赁有限公司等约600家重点软件企业及服务外包企业、总部基地、研发中心入驻，其中高端软件与新兴信息服务业占53%，服务外包产业占22%，节能环保技术与服务占10%，生物医药研发占10%，其他约5%。列入中国软件百强企业5家、上市企业5家，进入辅导上市企业5家、通过CMMI3（Capability Maturity Model Integration软件能力成熟度集成模型）级以上企业5家，高新技术企业17家，就业人员1.6万人。园区先后被认定为中国服务外包基地城市示范区、国家级国际科技合作基地、江苏省省级现代服务业集聚区、江苏省软件和信息服务产业园、江苏省建筑节能与绿色建筑示范区、江苏省省级和南京市市级重点投资计划项目、市级科技企业孵化器、高标准建设中国软件名城先进、南京市总部楼宇称号等，成为南京创新型经济发展集聚基地。

2015年，江东软件城完成税收7.34亿元，其中房地产企业税收1.27亿元、园区企业税收6.07亿元。完成公共预算收入3.57亿元，其中房地产企业公共预算收入0.66亿元、园区企业公共预算收入2.91亿元，税收和公共预算收入同比分别增长12.22%和17.06%；完成固定资产投资55.39亿元，信息化和软件业务收入53亿元，服务外包离岸执行额3.01亿美元。

【项目建设】 2015年，园区竣工项目4个，建筑面积52万平方米，项目分别为苏宁慧谷一期E06/E07地块、越洋国际商务中心、艾志集团科技中心(二期)、配套小学(二期)。至年末，园区建成载体建筑面积158万平方米，在建载体建筑面积34万平方米，规划建设载体建筑面积186万平方米。

ITO园区项目竣工 9月28日，江东软件城ITO园区E07地块项目竣工。该项目由中国建筑一局(集团)有限公司二公司承建，是苏宁置业建设的集办公、休闲、娱乐等功能于一体的城市综合体。项目总建筑面积26.44万平方米，地下3层，地上44层，总高度199.8米。至年末，该项目获江苏省建筑施工文明工地、江苏省建筑施工标准化文明示范工地等荣誉。

绿建大厦主体施工 江苏绿建大厦项目位于江东软件城D01地块，建筑面积2.57万平方米，其中地上建筑面积1.8万平方米、地下建筑面积0.77万平方米；建筑高度88.95米，地上16层，地下2层，项目计划总投资约2亿元，2015年内进行主体施工。

【招商引资】 2015年，园区完成18个大项目招商工作，新增到账千万元以上项目26个、地区性总部或行业龙头项目1个，实际到账注册资本8.67亿元；新增科技企业80家、科技大项目9个。其中，注册资金5000万元以上企业15家。年内新引进的江苏紫鑫投资管理有限公司实现税收1831万元；华讯方舟科技有限公司注册资金由原1000万元增至1亿元，全年税收2131万元；新增科技创业投资额2.66亿元，新增股权投资机构3家。至年末，申请专利142件，其中发明专利66件[紫金(鼓楼)科技创业特别社区58件]；专利授权87件[紫金(鼓楼)科技创业特别社区76件]，其中发明专利29件[紫金(鼓楼)科技创业特别社区26件]。

【人才引进】 2015年，园区引进领军型科技创业人才12名，新引进人才企业落地率100%。组织34名人才完成申报提交工作，6人通过最终评审。

【电台塔完成拆除】 2015年，江苏省广播电视总台江东门广播发射台旧址搬迁工作进入最后阶段，技术设备拆除工程队用半个月时间完成4座电台发射塔及地网馈线拆除工作。5月8日，园区规划建设部拆除园区内最后

1座省电台塔，园区内5座电台塔全部拆除完毕。

【省电台A06、A07地块挂牌】 2015年年初，园区推进A06、A07地块挂牌工作。9月24日形成《南京市人民政府办公厅第105号会议纪要》（关于鼓楼区江东软件城A06、A07地块出让要求和条件）。至年末，完成市政、地铁、环保等主管部门意见征集，取得用地预审报告、勘测定界报告、规划设计要点，通过市国土局地价会、局审会，签订交地协议。因原意向单位态度变化进入市国土局对接商谈，重新制定挂牌方案和地块底价阶段。

【长三角商品交易所入驻园区】 2月27日，鼓楼区驻区企业联创集团与长三角商品交易所签订入驻江东软件城协议，联创副总裁孙燕，长三角商品交易所董事长翟小平，区委常委、副区长周文中参加签约仪式。

长三角商品交易所是江苏省唯一通过国务院部际联席会议备案，并冠名“交易所”的大宗商品交易平台。2011年9月经省政府批准，在省金融办监管下开展交易，同时也是2013年省政府规范清理金属交易所明确批示予以核心保留的商品交易所，并报国务院备案。该交易所注册资金1亿元。

12月18日，南京医疗器械法规公益论坛在园区召开

2月27日，长三角商品交易所董事长翟小平、总裁黄庆锋考察江东软件城投资发展环境，并签订入驻园区协议

【南京医疗器械法规公益论坛召开】 12月18日，由捷通咨询公司主办，区科技局、江东软件城协办的南京医疗器械法规大型公益论坛在南京服务外包大厦举行。会议邀请江苏及上海等地80余家医疗器械、医药科技、生物技术研发方面企业约120人到会。会上，鼓楼区推介区域发展健康服务业优势和江东软件城建设发展、政策扶持等；省药监局分析和解读国家医疗器械行业面临的机遇、行业政策法规最新内容及江苏省医疗器械行业发展现状和趋势；业内专家分别就新法规对医疗器械临床影响及实施策略、健康产业项目一站式孵化和培育，以及医疗器械企业如何应对注册进行培训等开展研讨。论坛为筹备创业或有意向到南京创业人才提供直观介绍和服务，扩大江东软件城知名度。

（徐惠子　李　立）

【区首家园区、街道联合商会江东商会成立】 （参见第288页，“机关团体”类目同名条目）

部分在驻园区及企业

【紫金（鼓楼）科技创业特别社区】 紫金（鼓楼）科技创业特别社区项目位于江东软件城B01地块，东至锦江路，南至科技二路，西至清江路，北至水西门大街。用地面积4.17万平方米，容积率5.0，规划总建筑面积31.82万平方米，其中地上建筑面积20.8万平方米、地下建筑面积11.02万平方米。功能定位为产业孵化成长基地及企业总部办公基地。至2015年年末，项目取得桩基开工前规划手续，同时完成地上部分规划许可证申报工作，完成上部建筑施工图设计工作并报省审图中心进行施工图审查。与博西家电公司、大千生态景观公司、全信传输公司意向签约面积约6万平方米。

【艾志科技研发中心及集团公司】 艾志工业技术集团科技研发中心项目位于江东软件城D02地块，用地面积2.2万平方米，容积率1.87，建筑密度约26%，建筑限高48.3米，绿地率35%，总建筑面积8.13万平方米，其中地上6.03万平方米，地下2.1万平方米。一期面积1.52万平方米，2009年建成并投入使用；二期建筑面积4.61万平方米，其中地上2.51万平方米，地下2.1万平方米，地上局部10层，地下3层，计划投资约2亿元。

艾志工业技术集团有限公司由海外归国人员赵晶纬创办，是从事密封技术及工业运维技术研发和生产的国家级高新技术企业，主营产品有液压密封与传动密封、轴承保护密封、机械密封、盘根填料密封、管道连接等密封技术产品。2015年，实施国家技术标准GB/T 30788-2014《钢制管道外部缠绕防腐蚀冷缠矿脂带作业规范》；2项产品分获德国“鱼骨形斜齿垫片”专利和中国台湾“一种特殊形状的金属垫片”专利；集团通过国家军用质量管理体系及美国石油协会、中国CCS船级社、美国ABS船级社、英国LR劳氏船级社、德国GL劳氏船级社认证。11月，集团公司与下属控股公司“艾志（南京）环保管接技术股份有限公司”资产重组，主营业务逐步调整至艾志环保公司。2015年，集团实现税收5500万元。 （徐惠子）

【南京巨鲨医疗集团有限公司】 南京巨鲨医疗集团有限公司位于汉中门大街301号南京服务外包大厦A座8楼，公司成立于1996年，旗下有南京巨鲨显示科技有限公司、南京巨鲨商贸有限公司、南京巨鲨医疗科技有限公司、香港巨鲨显示科技集团有限公司、杭州英肯科技有限公司、苏州协朗精密机械有限公司。公司员工500余人，为从事医疗信息化产品、医用专业显示器及医院感控领域产品研发设计、生产制造、市场销售、售后服务为一体的高新技术企业。自有品牌产品——巨鲨系列专业显示器及系统保障软件，经第三方市场调研机构“中金企信”调查，巨鲨产品2014年度市场占有率53%，国际排名第三。CGA技术、数字一体化手术室、院内移动医疗等技术处于国内领先地位，裸眼3D显示器应用于腹腔镜手术全球领先。2015年，公司实现销售收入8亿元，税收约3000万元。

【南京凯盛国际工程有限公司】 南京凯盛国际工程有限公司位于汉中门大街301号南京服务外包大厦B座，成立于2001年，注册资本1亿元，员工900多人。公司专业从事水泥工厂工程设计及工程总承包、纯低温余热发电开发设计及工程总承包，低NOx燃烧及SNCR烟气脱硝工程、水泥窑协同处置工业和生活垃圾、机械设备制造、机电设备安装等业务。自主开发分级燃烧+SNCR烟气脱硝技术和水泥窑协同处置垃圾及污泥技术成功应用于多条生产线。公司持有国家甲级工程设计证书及对外承包工程经营资格证书，通过国家质量管理体系、环境管理体系、职业健康安全管理体系认证和高新技术企业认定，被中国机电产品进出口商会评定为AAA级信用企业。2015年，公司获50多项发明专利和实用新型专利，多项产品通过部级技术鉴定及江苏省高新技术产品认定；获国家级优秀工程设计奖1项、国家级优秀工程咨询成果奖1项、省部级奖50多项。是年，公司完成税收6600万元。

【南京全信传输科技股份有限公司】 南京全信传输科技股份有限公司总部位于南京市汉中门大街301号A座12楼。生产研发基地坐落于江宁经济开发区空港工业园，占地面积4.5万平方米。专业从事军用光电传输系统产品研发、生产及销售，是国家火炬计划重点高新技术企业与科技型民营军工上市公司。公司是南京大学—鼓楼高校国家大学科技园入园企业，产品为载人航天工程、直升机、歼击机、预警机、雷达、航母、潜艇等国家重大项目提供配套，涵盖航空、航天、船舶、兵器、电子五大军工领域。2015年，公司实现税收2500万元。

【亚信科技(南京)有限公司】 亚信科技（南京）有限公司2009年12月6日由亚信集团股份有限公司和联创科技（南京）有限公司合并而成，是中国最大、全球收入和市值均第二的电信bss/oss提供商，为全球电信运营商提供咨询规划、系统建设及运营一体端到端全面服务。核心解决方案包括：核心业务系统（融合计费、客户关系管理、商业智能分析、网管系统等）、客户服务方案、增值应用方案、网管方案、安全解决方案，涵盖3G、宽带、wlan（标注）、安全、智能管道等技术领域。广电领域核心支撑产品覆盖全国30%以上省份。2015年，公司完成税收1.24亿元。 （徐惠子）

新街口—湖南路商务商贸区

【概况】 新街口—湖南路商务商贸区（简称新湖功能区），东至中央路、中山路，南起汉中路，西沿江苏路、山西路、西桥、中山北路、云南路、上海路，北至虹桥、天福园、童家巷，总面积约3平方公里。以中山路—中央路为轴，以新街口、鼓楼、山西路、玄武门为核心，形成“三个带”（新街口楼宇总部经济带、鼓楼—北京西路智力服务带、湖南路商贸商务带），以总部经济和楼宇经济为主要业态，重点发展高端商务商贸、智力服务、文化旅游及科技创新产业。南京湖南路山西路地区管理委员会（简称湖南路管委会）为建管主体和责任单位。2015年，湖南路管委会帮助企业拓展经营、牵线业务合作、开展商业活动，协助企业申报政策扶持、办理各类手续；建立健全网格化服务体系和数据统计平台，走访苏宁云商集团股份有限公司、凤凰出版传媒集团、紫金信托有限责任公司、南京盘龙广告文化有限公司、南京国资绿地金融中心有限公司、江苏远洋运输有限公司、南京利丰英和商贸有限公司、江苏省医药公司等100多家企业。新湖功能区全年税收收入48.75亿元，增幅14%，新增重点税源企业20多家；公共财政预算收入20.41亿元，增幅15%；固定资产投资额16.9亿元，目标完成率120.5%；限额以上社会消费品零售额109.8亿元，增幅25.67%，超年目标增幅近10个点；标准以上服务业收入172.6亿元，增幅11.5%，超年目标增幅1个点；新增标准以上服务业单位51家，增长率14.9%，超年目标增幅7个点。新申报自主品牌3家。办结人大代表建议、政协委员提案3件（主办2件、协办1件），其中区人大代表建议1件，涉及人民代表11人；区政协委员提案2件，涉及政协委员2人。全年接收"12345"工单233件，办结率100%，区考核得分94.61分。如期办结信访3件。受理各类消费投诉979起（其中，成功调解970件、立案查处1件、移交法院处理8件），完结率100%，为消费者挽回经济损失52.5万元，消费者满意率97%。年内，新湖功能区新增亿元楼宇1幢，累计6幢；特色楼宇3幢，其中规模楼宇税收30亿元，增幅15%。引进科技型创业人才2名，服务保障人才创新创业目标完成率200%。湖南路管委会从文明城市创建、窗口地区城市治理标准化示范创建、放心消费示范街区创建、食品安全街区创建、商家明码实价价格诚信创建、品牌消费集聚区创建、正版正货示范街区创建、市依法行政示范点创建8个方面开展湖南路全国"示范街"创建工作。

【招商引资】 2015年，新湖功能区新增到账千万元以上大项目25个，目标完成率166%。新增地区性总部或行业龙头项目1个，实际到账注册资本金21.3亿元，目标完成率394%；新增创业投资额4000万元，目标完成率191%。新引进股权投资企业3家，目标完成率300%；引进健康服务企业22家，目标完成率110%，其中7家投资金额在1000万元以上，目标完成率700%。

【服务企业】 2015年，新湖功能区举办各类业务培训10多次，参加区"创洽会""金洽会"、人才楼宇等招商活动20多场。走访楼宇物业60余次，走访企业超100次，帮助企业办理"三证"（营业执照、组织机构代码证、税务登记证），协调解决矛盾和困难。对接"321"人才，邀请专家进行计划书及PPT辅导10次，一对一配合人才模拟答辩等。协助人才企业落户，包括苗圃选择、开办公司及"三证"办理。

【楼宇工作座谈会】 2月9日，湖南路管委会协同区投促局、湖南路街道办事处联合召开辖区楼宇物业（招商）工作座谈会，推进和确保楼宇经济年度指标任务完成，25家物业负责人参会。会议回顾总结2014年楼宇工作情况，重点征求2015年楼宇工作意见，同时收集物业工作中问题，宣讲创建亿元、特色楼宇，重点楼宇改造、提升贡献度等相关政策。

【新增重点税源企业座谈会】 2月12日，湖南路管委会、湖南路街道、区市场监管局湖南路分局联合召开湖南路地区新增重点税源企业座谈会，推进和确保税源经济年度指标任务完成。区国税局、区地税局、区税源办、区市场监管局分管领导以及20多家湖南路地区新增重点税源企业负责人参会。会上，湖南路管委会通报2014年新湖功能区经济工作情况，区各有关部门就企业关心的财税政策进行解答，职能部门就2015年如何进一步发展经济、服务企业与参会企业进行交流。

【"新联智能配用电科技产业园"项目协调推进会】 5月20日，"新联智能配用电科技产业园"项目协调推进会召开。市国土局、市国资委、市新工集团，区住建局、湖南路街道、湖南路管委会和南京新联电子设备有限公司相关负责人参会。会议明确产业园土地权属变更手续办理流程和相关各方分工协作任务。（鲍跃华）

【湖北路商业综合体项目开工建设】 8月，新城创置湖北路商业综合体（原南京市第二毛纺织厂）项目开工建设，总投资8亿元，开发商南京新城创置房地产有限公司。该项目位于湖北路51号，东至湖北路，西临中山北路，南至规划中的二毛南路，北至乐业路。地块为商业用地。占地面积1.41万平方米，其中建设用地1.16万平方米，代征用地2470平方米。该项目建筑面积6.84万平方米，高33米。拟建地下3层（其中1～2层为商业、超市，3层为停车场），地上7层商业楼，为3.6万平方米商业综合体，全部由新城创置公司自持经营。容积率3.12，建筑密度小于52%，绿地率大于20%。2015年8月开工建设。至年末，完成地下连续墙施工。

【湖南路地下商业街项目开工建设】 湖南路地下商业街西起中山北路，东至中央路，连通地铁1号及5号线，全长1030米，宽32米，占地面积4.55

万平方米，地下主体建筑面积约 9 万平方米，将打造地下 2 层商业街。开发商南京东方大唐置业有限公司，总投资 18 亿元。2014 年 12 月，A 区山西路广场部分施工；2015 年 11 月，进行湖南路道路全封闭施工。

（冯　磊　鲍跃华）

【28 家企业获“建设鼓楼突出贡献单位”】 2015 年，新湖功能区内博西家用电器投资（中国）有限公司等 28 家企业，被区委区政府授予“建设鼓楼突出贡献单位”称号。28 家企业 2015 年税收收入 21 亿元，公共财政预算收入 9 亿元，在新湖功能区中分别占比 42%、39%。

链接：

新湖板块获“2015 年度建设鼓楼突出贡献单位”名单：

博西家用电器投资（中国）有限公司
苏宁云商集团股份有限公司
江苏省电力公司南京供电公司
国电江苏电力有限公司
紫金信托有限责任公司
南京新联创业园管理有限公司
大金（中国）投资有限公司南京分公司
江苏五星电器有限公司
现在投资管理江苏有限公司
江苏省医药公司
江苏省电力公司检修分公司
南京中油凯威石化有限公司
上海外服江苏人力资源服务有限公司
南京翡翠金轮置业有限公司
南京盘龙广告文化有限公司
南京利丰英和商贸有限公司
南京宁众人力资源咨询服务有限公司
南京红牛维他命饮料有限责任公司
江苏省出版总社
江苏凤凰文化贸易集团有限公司
南京联郡餐饮管理有限公司
南京中心大酒店有限公司
南京新金陵饭店有限公司
国际商业机器（中国）有限公司南京分公司
中国江苏国际经济技术合作集团有限公司
南京国资绿地金融中心有限公司
南京鼎阳科技有限公司
江苏和亿昌环保工程科技有限公司

（鲍跃华）

湖南路文明街创建

【街区商家分布】 湖南路位于南京市城区西北部，东至中央路，中连云南北路、丁家桥、狮子桥、马台街、湖北路，西起中山北路，西连山西路，全长 1100 米，路幅 30 米。至 2015 年年末，全街区有大中型商场 5 家、各类商家单位264 家，其中经营服装 79 家、餐饮 77 家、金融 17 家、美容美发 5 家、珠宝首饰 4 家、鞋帽箱包 9 家、眼镜 5 家、休闲娱乐 12 家、宾馆 13 家、书店 1 家、其余 42 家，名牌、精品、专卖店占 70%以上。全街区总营业面积 38.57 万平方米，就业约 1 万人。

【街区文明城市迎查】 2015 年，湖南路管委会通过例会、交班会，做好全体工作人员、执法干部、协管员、保洁员“文明城市”迎查思想动员。综合整治、维修湖南路街区范围内所有公共设施，整治街区环境卫生，清理和监管背街小巷、卫生死角，做到路面无杂物、无纸屑、无烟蒂、无痰迹；加强文明劝导，形成湖南路文明宣传和文明劝导氛围，加大不文明行为教育和不法行为处罚力度；全面清除“牛皮癣”，清理“三乱”（乱涂写、乱刻画、乱张贴）；全面整治街区车辆摆放秩序，加强非机动车摆放管理和机动车乱停乱放处罚；湖南路、狮子桥、山西路市民广场等管理区域内定人、定岗、定位，实行 24 小时综合规范长效管理。坚持领导干部带班负责制和重大节假日、双休日各科室人员值班制，落实问题整改到位，确保长效管理。

【街区商家门前三包管理】 2015 年，湖南路管委会在主要交通路口悬挂城市治理标准化宣传标语 6 条，湖南路大型电子显示屏滚动播出城市标准化宣传内容。综合执法队向辖区沿街店家发放《致沿街店家、企事业单位的一封信》400 余封，提醒商户自觉配合城管工作，营造干净文明湖南路步行街氛围。召开南京市“门前三包”管理办法培训会，沿街 200 多户商家负责人、企业经理或店长参加。采取送证上门、现场解答方式推进“门前三包”工作，与 6 家大物业公司和单位集中签订新《南京市“门前三包”管理办法》协议，物业、单位层层落实，做到责任区域管理无缝隙。

【联合执法规范街区】 2015 年，湖南路管委会开展专项整治 20 次，解决倚门开店、流动摊贩、盲流乞讨、沿街拉客以及乱发宣传单、乱扔杂物、乱张贴、乱停车等不文明和不规范现象。查处违规施工 11 起，取缔和驱赶经营流动摊点 30 余次，取缔散发小广告128 次，驱赶马自达、三轮车 200 多起；治理各类“三乱”130 多处，处理玻璃橱窗不规范宣传广告 180 多张；协调处理各类纠纷矛盾 10 余次。依据一般程序查处案件 39 起，罚款 1.92 万元；依据简易程序查处案件 140 起，罚款 5410 元。拆除广告牌 2 处，取缔摊点 10 次，完成保障任务 10 次；清理街区卫生死角 35 处，指路问路服务 159 次。规范办理湖南路商圈店家门头出新改造 50 多家。

【窗口地区标准化管理经验推广】 1月 7 日，南京市城市治理委员会湖南路标准化管理现场会在区召开，在全市推广“把大街当作自己客厅来管理”——湖南路一条街标准化、精细化管理先进经验。与会代表观摩湖南路商圈卫生保洁吸尘、降尘、公共设施擦洗、商家门头店招清洗和路面冲洗等

1月7日，南京市城市治理委员会湖南路标准化管理现场会在区召开

标准化作业。省、市多家新闻媒体专题采访标准化管理工作。湖南路管委会通过建立数据库、核定保洁标准、落实定额管理、分层次建立管理制度、完善责任体系、考核体系、组织体系等7个环节，实施标准化、精细化管理，取得切实成效。年内，北京市人民政府法制办公室、南京市第一届城市治理委员会公务委员，先后到区参观湖南路城市综合管理和行政执法以及湖南路地区标准化建设工作。（鲍跃华）

部分在驻企业

【苏宁云商股份集团有限公司】 苏宁云商股份集团有限公司位于南京市山西路8号金山大厦，是国家商务部重点培养的“全国15家大型商业企业集团”之一，连续四年蝉联中国零售百强榜首，位列全球2000大企业中国零售业第一、中国民营企业第一、中国企业500强第39位，品牌价值956.86亿元，员工突破18万人。经营商品涵盖传统家电、消费电子、百货、日用品、图书、虚拟产品等综合品类，线下实体门店1600多家，线上苏宁易购位居国内B2C（商对客电子商务模式）前三，线上线下融合发展引领零售发展新趋势。2015年，苏宁推进“科技苏宁、智慧服务”战略，线上线下虚实融合、国内国际资源融合，持续构建IT、物流、人才后台竞争力，实践互联网零售，打造科技、国际、多元新苏宁。是年，营业收入1356.76亿元，同比增长24.56%；线上平台商品交易总规模502.75亿元，同比增长94.93%。以自营、加盟、合作网点与代理方式全面推进易购服务站开设，提升三级、四级市场“苏宁易购”品牌认知度。至年末，苏宁易购直营服务站1011家，加盟服务站1430家。

【博西家用电器（中国）有限公司】 博西家用电器（中国）有限公司大中华区总部位于中山路75号，在华投资成立7家公司，建立滁州、无锡和南京4个生产基地，拥有1个全球研发中心及亚太数据交换中心。2015年，公司首度参评并荣膺“2015中国杰出雇主”。

【江苏凤凰传媒出版集团有限公司】 江苏凤凰传媒出版集团有限公司位于湖南路1号凤凰广场A楼26层，是中国出版业乃至文化产业唯一资产和销售收入超百亿元文化企业及出版产业集团。连续6年在新闻出版业总体经济规模和实力评估中名列第一。集团涉及出版、发行、印刷，以及酒店、地产和金融等六大板块。有员工1.1万人，直属子公司34家，其中出版机构12家，有6家出版单位为国家一级出版社；集团有各类报刊24种，其中最大发行量超过100万份。2015年，集团营业收入220亿元，连续七届入选“全国文化企业30强”，列世界出版业50强第六位。

【南京新联创业园管理有限公司】 南京新联创业园管理有限公司位于马台街70号，由南京新联电子设备有限公司投资，南京大学—鼓楼高校国家大学科技园提供政策扶持、园区管理及综合服务，为高新技术研发与高新企业提供创业平台孵化基地。主要经营房地产、建筑、建材、工程等行业，有员工1000多人。区内建有停车场、宾馆、商务中心、大小会议中心、员工餐厅、娱乐场所等配套设施，提供宽带网络、内线电话等现代企业办公设备，以及标准化物业管理。进入园区企业享受企业工商注册、税务登记“代办式”等配套服务，并按照现代企业制度自主运作。

【平安银行股份有限公司南京分行】 平安银行股份有限公司南京分行位于山西路128号和泰大厦，总部设在深圳。主要经营范围：办理人民币存款、贷款、结算业务，办理票据贴现，代理发行金融债券，代理发行、代理兑付、销售政府债券，代理收付款项，外汇存款，外汇贷款，外汇汇款，外币兑换，国际结算，结汇、售汇；外汇票据承兑和贴现，总行授权代客外汇买卖，总行授权外汇担保，资信调查、咨询、见证业务，经中国银行业监督管理委员会批准的其他业务。2015年，平安银行首推创新支付技术——光子支付，客户可以在无卡、无网络情况下进行无额度限制支付，累计开通光子支付近8万用户。中国银行业协会主办的“2015年度中国银行业好新闻”评选中，由平安银行报送、中央电视台制作报道的“光子支付投入商用　移动金融再添

新玩法”获“好新闻优秀奖”，平安银行获“中国银行业好新闻优秀组织奖”。

【江苏五星电器有限公司】 江苏五星电器有限公司位于中山北路241号华侨大厦，是全球500强企业、家电销售企业百思买(best buy co.,inc.)旗下全球连锁企业之一，是中国家电零售市场前三强企业，专业从事家用电器经营全国性家电零售企业。2015年，五星电器获中国电信年度优秀连锁渠道奖。 （姬忠敬）

【南京湖南路商场有限公司】 南京湖南路商场有限公司位于湖南路255号，注册资本5500万元，商场以中青年为主要服务对象，以服饰为主要经营商品。主要经营精品服饰、皮鞋、箱包，少儿用品、少儿服饰、玩具等，涵盖儿童穿、用、玩、学习等各方面。2015年，受湖南路封路施工影响，整体经营下滑。 （蒋　奋）

【南京山西路百货大楼有限责任公司】 南京山西路百货大楼有限责任公司(以下简称山百大楼)是南京市百货零售龙头企业之一，鼓楼区税源重点企业，全国商业非工业大型二类企业，“AAA”级资信单位。始建于1957年，作为南京市国有零售商业首批改制试点企业，2003年6月完成产权制度改革，成立现代产权制度下的有限责任公司。2012年4月，金盛集团完成山百大楼资产重组。

2015年，山百大楼确立社区型零售百货经营定位和与之配套经营战略。与军人俱乐部、中环国际广场合作，9月底打开临界围墙，打造活力南广场；与南京音乐台合作开展“花园音乐节”；与交广网合作开展南京大学生街舞挑战赛，邀请韩国“爱舞动”社团举行韩国街舞演出；与品牌供应商合作举办“西裤节”“珠宝节”“年终钜惠”等主题活动。至年末，拥有近10万名VIP顾客，销售收入2.3亿元，同比增长8.26%，获南京市2015年度最具诚信力百货称号。 （仲玲玲）

【南京苏宁环球购物中心】 南京苏宁环球购物中心位于湖南路18号，隶属江苏苏宁环球集团有限公司，经营面积3万多平方米，集购物、休闲、餐饮、娱乐等多种经营业态为一体。环球购物中心以“打造健康、优雅、时尚的消费乐园”为经营理念，实施品牌战略，确立中高档经营定位，被授予全国“百城万店无假货” 示范店、“中国商业信用企业”“全国达标百货店”、江苏省“精神文明建设工作先进单位”“江苏省价格诚信单位”等多项称号。

2015年6月，中心进行品牌整合资源调整，将原有1～6层百货业态压缩为1～5层，调整方向性为时尚、休闲、青春；6层主推美食餐饮业，提升商场氛围与形象，将中心打造为多元化大型SHOPPING MQLL(销品茂)。 （王　芳）

【南京八佰伴商贸有限公司】 南京八佰伴商贸有限公司位于湖南路1号，营业面积1.5万平方米，是江苏华地国际企业(集团)投资兴建的中型精品购物广场。室内建有2600坪美食广场，涵盖时尚饮料、泡芙、茶餐厅、DQ冰雪皇后等品牌美食。商场主营百货、服装、鞋包、家居用品等。至2015年年末，有员工300余人，拥有20万持卡VIP会员，有品牌123个，并与百丽集团、百家好集团、宝庆尚品、NIKE等知名品牌建立合作伙伴关系，引进LVMH集团旗下SEPHORA化妆品集合店(护肤、彩妆、香氛等)、屈臣氏超市、韩国LOCK&LOCK家居、天才宝贝、金海豚儿童早教机构等，为顾客提供丰富消费和服务选择。

2015年，商场成立7周年，针对湖南路封路建设地下商业街，推出四大举措减少封路给商场带来的影响：不断强化和提升自身服务，努力向同行学习取经，积极争取供应商和联盟商户支持，精心策划特色活动。在“价格诚信建设”及“3·15”活动中遵守商业操守。 （夏　琳）

模范马路科技创新街区

【概况】 模范马路科技创新街区东至中央路（包括南京财经大学福建路校区），南起童家巷、虹桥，西沿护城河、秦淮河，北至黑龙江路、察哈尔路，街区全长3.9公里，核心区域面积4.2平方公里。2015年，街区以电子信息技术、生物医药、节能环保、创意设计为导向，依托南京工业大学国家大学科技园、南京邮电大学物联网国家大学科技园、南京财经大学现代服务业科技园园区和重点科研院所，利用高校和企业资源，集合人才链、技术链、资本链、产业链，加快提升街区创新要素聚集、创新引领、品牌示范、服务辐射作用；全力打造创新创业人才集聚区、产学研结合示范区、高端技术研发核心区、科技创新服务平台密集区，使街区成为国内有影响力的创新园区。

模范马路科技创新街区科研院所密集，科教资源丰富，创新资源集聚，有南京工业大学、南京邮电大学、东南大学医学院、中国药科大学、南京艺术学院、南京财经大学、江苏省委党校、江苏开放大学等高校；有国电南自、南端、十四所、六九〇二厂、南汽集团、三乐电子、康尼电子、测绘仪器厂、长江电子9家大型企业。有2个国家大学科技园（南京工业大学、南京邮电大学)和1个省级大学科技园(南京财经大学)，1个国家级“协同创新中心”、4个省级“协同创新中心”和1个省级拟培育 “协同创新中心”，42个国家级、省部级重点实验室和工程中心（主要集中在节能环保、生物研发、电子信息产业方面)。

2015年,根据区政府《关于印发鼓楼区加快发展众创空间推进大众创业创新的实施方案的通知》(鼓政〔2015〕166号)精神,在模范路科技创新街区4.2平方公里核心区域,以模范路为轴线,串连沿线南京工业大学科技园、南京邮电大学物联网科技园、南京财经大学科技园等大学科技园区及紫金(模范路)科创社区,建设南京科技广场等6个众创空间,荟萃创业投资、创业创新项目、创客与人才、信息资源等中心要素,打造具有全国影响力的科技创业创新街区。

是年,模范马路科技创新街区实现公共预算收入3.56亿元,同比增长16.9%;税收6.76亿元,同比增长15%;软件收入35.04亿元。

【产业载体建设】 2015年,模范马路科技创新街区完成固定资产投资总额25.6亿元,拥有南京工业大学国家大学科技园、南京邮电大学物联网国家大学科技园、长江科技园、江苏建筑工程创意设计产业园、紫金智梦园、熊猫新兴软件园、智慧谷动漫软件园、南京工业大学虹桥校区改造、南京财经大学省级大学科技园、南邮科技综合楼等,实际使用载体面积42.4万平方米。在建载体7个:南京工业大学科技广场二期、三乐微波产业园、新城市广场虹桥中心(二期)、天将大厦、金茂二期、南邮蔡家巷科创中心、紫金模范路科技创业特别社区,在建载体面积126.68万平方米。

【招商引资】 2015年,模范马路科技创新街区新增到账1000万元以上大项目17个,实际到账注册资本5.91亿元;新增科技企业82家,科技大项目11个;新增地区性总部企业江苏中航长城节能科技有限公司和江苏天智互联科技有限公司2家;标准以上服务业单位新增8%,达102家,标准以上服务业增加值增长11.8%;引进健康服务业企业7家,其中投资1000万元以上企业1家。新增亿元楼宇1幢,累计特色楼宇1幢,税收收入增幅15%;规模楼宇9幢。完成产学研合作项目5个,2家企业申报成为省高新技术企业。

【人才集聚】 2015年,模范马路科技创新街区完成2014年第二批9位入选人才和2015年上半年13名入选人才落户,下半年申报10人。至年末,街区有两院院士14人、国家"千人计划"专家8人、省"双创计划"人才43人、南京"紫金人才计划"6人、南京"领军型科技创业人才"65人、科技创业家3人。

【余健考察省云计算关键技术工程实验室】 4月10日,国家科技部创新发展司司长余健及省科技厅领导一行考察模范马路板块专业平台之一——江苏省云计算关键技术工程实验室。实验室是江苏省发改委对云计算方向批下的唯一省级工程实验室,由国家"千人计划"专家戴元顺担任实验室主任。考察中,戴元顺展示其自主研发的"云操作系统",该系统将"云计算资源和应用服务"以及"大数据存储和处理平台"融为一体,使各种移动终端和桌面终端连上云平台后成为一个整体而获得强大计算能力、巨大存储容量和各种应用软件的虚拟超级计算机,并可按用户需求进行深度定制化。"云操作系统"在国家安全、海事、出版、教育等领域开始推广应用。

【2个众创空间揭牌】 9月18日,模范马路科技创新街区众创空间、环南艺文化创意产业功能区众创空间揭牌仪式在南京市科技广场举行。省委常委、市委书记黄莉新,市长缪瑞林、市人大常委会主任陈绍泽、市政协主席沈健、南京工业大学校长黄维以及鼓楼区区委书记杨学鹏、区长曹路宝等领导参加揭牌仪式。揭牌仪式上,曹路宝介绍鼓楼区众创空间建设情况。黄莉新、缪瑞林共同为模范路科技创新街区众创空间和环南艺文化创意产业功能区众创空间揭牌。模范马路科技创新街区众创空间培养电子信息、生物医药及器械、节能环保及相关先进材料、创意设计等四大优势产业;环南艺文化创意产业功能区众创空间重点发展创意设计、新媒体技术与应用、数字影音娱乐、文化艺术服务与培训等产业。

【南京财经大学现代服务业科技园开园暨"财智128"众创空间揭牌】 12月28日,南京财经大学现代服务业科技

12月28日,南京财经大学现代服务业科技园举行开园签约仪式

园举办开园仪式暨“财智128”众创空间揭牌仪式。南京财经大学校长宋学锋、市商务局副局长张雁宁，区委常委、副区长郭明雁等领导出席仪式。南京财经大学现代服务业科技园由鼓楼区政府和南京财经大学共建，一期建筑面积6.5万平方米，科技园将凸显现代服务业产业特色，重点打造以财智服务和技术孵化为核心的众创空间，建设知识产权服务、人力资源服务两大集聚区，年内首批16家现代服务业企业进驻园区。“财智128”众创空间系南财科技园创新创业公司孵化培育基地，面积0.8万平方米，致力于电子商务、文化创意等领域创业服务，对入园项目提供苗圃服务、孵化服务、加速服务、毕业服务。

【众创空间创业大赛暨南京3D数字化产业合作交流大会】 （参见第172页，“科技”类目同名条目）

【紫金智梦园被认定为省重点培育小企业创业基地】 12月31日，江苏省经济和信息化委员会公布2015年江苏省重点培育小企业创业基地和小企业创业示范基地名单（苏中小综合〔2015〕847号），经市县推荐、专家评审、现场考察和网上公示等程序，紫金智梦园被认定为江苏省重点培育小企业创业基地，南京邮电大学物联网国家大学科技园被认定为江苏省小企业创业示范基地。（徐春芳）

部分在驻园区

【南京工业大学国家科技园】 南京工业大学国家科技园2003年启动建设，2009年初被认定为国家大学科技园。规划占地34.8万平方米，有研发创新区和科技园创业孵化区2个区域。其中，研发创新区位于学校模范马路校区，占地14.67万平方米，以一期8万平方米科技创新大楼为核心，以老校区20万平方米为物理空间，规划新建22万平方米，最终达到50万平方米研发“种子”基地；科技园创业孵化区位于浦口经济技术开发区，占地面积20.13万平方米。至2015年年末，建成10万平方米厂房及办公区，计划形成建筑面积34万平方米“种苗”孵化区。同时，大学科技园还与南京高新区共建“海内外领军人才‘三创’载体”。基本形成“一园三区（模范马路研发创新区“种子”基地、浦口孵化创业区“种苗”基地、南工大—高新区“三创”人才基地），跨江发展”格局。构建起地方政府—地方工科高校—科技型企业互动共赢特色三螺旋体系。

至年末，有150余家科技型企业入驻南京工业大学科技园研发创新区（模范马路）。入驻企业涉及生物医药、化工、能源及交通、新材料及材料设备、环境、机电一体化、建筑、创意等领域，实现税收4441万元。

【南京邮电大学物联网国家大学科技园】 南京邮电大学物联网国家大学科技园由南京邮电大学和鼓楼区联合共建，2010年7月挂牌成立，2014年9月被认定为国家大学科技园。科技园占地3.3万平方米，一期工程以改造完成的原教学主楼为主，三牌楼校区科研楼、图科楼和无线楼等为辅，总面积1.6万平方米。该科技园旨在建设全国唯一以物联网为特色国家大学科技园，构建全国物联网知识产权基地、产业孵化基地、应用示范基地和人才培养基地，形成辐射海内外物联网应用技术创新平台、产业集聚平台、服务经营平台和市场交易平台。至2015年年末，入园企业140余家，其中互联网企业60余家。实现税收1250万元。

科技园曾被国家教育部、科技部联合授牌“国家级高校学生科技创业实习基地”，教育部授牌“泛在网络健康服务系统教育部工程研究中心”；江苏省发改委、教育厅联合授牌“江苏省物联网应用示范工程建设单位”，江苏省经信委、教育厅联合授牌“江苏省中小企业物联网产业公共技术服务平台”，江苏省经信委授牌“江苏省智慧服务软件研究中心”，江苏省科协授牌“江苏物联网科普教育基地”，江苏省教育厅授牌“江苏省企业研究生工作站”；南京市发改委授牌“南京市现代服务业集聚区”，共青团南京市委员会授牌“青创梦想大学生创新创业共建基地”。是年，物联网技术与应用协同创新中心获批“江苏高校协同创新中心”，江苏省经信委授牌“江苏省重点培育小企业创业基地”。

【南京财经大学现代服务业科技园】 南京财经大学现代服务业科技园是江苏省教育厅、科技厅批准筹建的省级大学科技园，2009年7月成立。坐落于福建路校区沿铁路北街道路东侧。科技园依托市、区政府模范路科技创新园区建设优惠政策和南京财经大学人才学科优势，立足现代服务业产业定位，突出与学校优势学科相适应现代服务业体系建设，围绕商务服务业、金融产品研发、文化创意、食品安全与粮油品质控制、以及中介咨询与高端培训等领域，打造现代服务业产品研发基地、企业孵化基地、人才培训与集聚基地、产业辐射基地，以及现代服务业理论成果创新交流基地。

科技园一期建设选址南京市铁路北街128号，由2幢高19层建筑及裙楼组成，每幢高80米，南北楼呈L字形布置，占地面积2567平方米，建筑面积6.5万平方米，标准层面积1200平方米，其中地上建筑4.7万平方米、地下建筑1.8万平方米。大楼主体高80米，3、4、5层中间设有连廊，连廊面积约1500平方米，设有科技园配套会议室、培训室及报告厅等。标准层每幢大楼配有4部电梯，1~5层另配有单独会议电梯。首层层高4.8米，标准层层高3.9米，每幢大楼内部均设有空中花园。地下停车位约400个,2015年下半年建成使用。地面停车位约50个。一期采取可自由分隔弹性空间单元与标准化办公单元相互结合，商务中心、会议中心、智能化设施设备等配套完善。2015年12月,科技园一期工程正式开园,引进企业30余家。

【紫金智梦园】 紫金智梦园位于古平岗4号,占地3.67万平方米,建筑面积4.7万平方米,有4幢楼宇。2012年被南京市科委认定为市科技企业孵化器。园区属于旧楼改造项目,2010年1月鼓楼区政府协议承租十四所地块,由南京市模范路科技创新园区有限公司负责运营管理。园区定位为海归人才集聚区、高端服务平台集中区、战略性新兴产业培育区。建有创新创业孵化器2.2万平方米、创新企业加速器1.5万平方米、总部基地及园区配套设施1万平方米。2012年6月26日,紫金智梦园作为南京(模范路)科技创新特别社区先导区正式开园，以电子信息、生物医药、节能环保和创意设计为主导产业。以搭建科技创新服务平台为创新体系建设重要内容，为科技企业创业发展提供绿色通道。园区有模范马路创新馆、“创业支点”综合服务平台、U+众创空间等。

至2015年年末，园区引进企业135家,实际入驻76家,其中“321”人才12家、国家“千人计划”4家。公共财政预算收入2620万元，税收5967万元。 (徐春芳)

中央门商贸区

【概况】 中央门商贸区东至中央路、中央北路,南起城北护城河,西沿金川河，北至沪宁铁路—规划中的北祥路—中储原南京公司边界，面积1.6平方公里，其中钟阜路以东地区为商贸区核心发展区域。商贸区产业以商贸市场为主,商务办公、交通运输产业具有一定基础。商贸区内,金桥市场、玉桥商业广场、金盛国际家居广场、金盛百货中央门店、鑫桥市场、金桥装饰城、金海灯饰城、华东美博城8家大中型市场，有各类经营户6500余家,营业面积近50万平方米;同时,集聚长客集团、朗驰集团、铁路西站货场、交运物流、南京联运等一批客货运企业。商务办公主要包括建宁路沿线中电熊猫、亚都大厦、电子大厦、朗驰大厦、长客集团等办公楼宇，在功能上除满足自身办公外，出租用于商贸和物流服务配套。

2015年,中央门商贸区完成税收2.47亿元,占全年指标86%,同比下降2%；公共收入1.4亿元，占全年指标81%,同比下降12%;限额以上社会消费品零售额目标增长16%，实际增长28.6%；新增标准以上服务业单位9家，标准以上服务业增加值7.56亿元,同比增长12%。新增到账千万元以上大项目15个。引进健康服务企业12家。规模楼宇税收完成520.8万元,超全年目标66%；软件和信息服务业收入完成6.13亿元；固定资产投资14.08亿元。3月,中央门商贸区管委会在原督查科基础上成立招商中心。

【中储电子商务区地块建设推进】 省重点项目中储国际广场项目一期（喜年中心）位于中央门外河路道1号原中储钢材市场北区,规划占地面积8.5万平方米，建设用地面积5.6万平方米,容积率3.6;规划建筑面积约30万平方米,9栋建筑构成,功能布局主要为商业、商业办公、loft、soho等。至2015年年末，完成地下室桩基工程，土方挖运完成90%,B1、B2栋完成主体施工并封顶,实现销售100套,销售金额约1亿元。二期地块项目位于小市街道张王庙路以西,北祥路以南,幕府南路以北，占地面积7.98万平方米,规划可出让用地面积6.34万平方米,用地性质为商业办公、住宅混合用地,容积率3.7。9月完成征收并启动土地挂牌工作。10月28日,中国电建集团以26.6亿元摘得该地块土地开发权，项目进场开展场地整理等开工前期准备工作。

【建宁路8号地块具备挂牌条件】 建宁路8号地块位于西站货场以东,玉桥三期以西,现状铁路以南,建宁北路以北。租赁合同到期后,用35天时间完成245户经营户清租拆违工作,拆除违建1.3万平方米，实现清租拆违零补偿并妥善解决清租过程中相关诉讼问题。11月,地块取得项目建设规划要点,土地挂牌前期手续基本完成,挂牌条件确定，市国土局市场中心完成该地块土地挂牌价格初步测算。

【城市管理执法区域及职能调整】 1月1日，中央门商贸区管委会根据南京市城市管理区划调整，以中央门立交桥中心线为界，以东区域管辖权移交南京市玄武湖周边地区综合管理办公室(含市容、市政、环卫、交通、治安等)。4月30日,鼓楼区政府办公会议决定，中央门商贸区管委会自5月1日起正式向鼓楼区建宁路街道移交市容、市政、环卫、交通、治安等所属城市管理职能。至年末,中央门管委会主要职能是为商贸区经济发展提供组织、指导、协调、服务。

【安全生产管理】 1月10日,中央门管委会成立商贸区安全生产领导小组。委托城管科起草并通过《中央门商贸区安全生产年度工作计划》;2月27日,中央门管委会与区政府签订《2015年度安全生产目标管理责任书》;2月10～28日,中央门管委会与驻区11家企业负责人签订《企业安全生产承诺书》。3月5日,安排与驻区企业玉桥市场和金陵汽运公司（建宁路11号）共同开展环境大扫除，清除卫生死角

22处，清除积存垃圾10余吨。年内，先后组织消防安全培训4次，约200人次参训。在商贸区开展消防安全日活动，组织第三方鉴定机构检查驻区企业消防设施、重点设备、地下空间等，并出具诊断报告11份。是年，中央门商贸区管委会被评为鼓楼区2015年度安全生产优秀单位。

【重点企业座谈会】 10月29日，中央门商贸区组织长客集团、金盛集团、玉桥商业集团等辖区内24家重点税源单位召开座谈会。区财政局、投促局、市场监管局、国税局、地税局等相关领导参加会议。会上，管委会主任林海滨分析中央门商贸区经济形势，介绍商贸区未来规划发展和产业布局情况，并组织与会人员参加金川科技园园区推介会。 （王 军 彭 涛）

部分在驻企业

【南京玉桥商业集团有限公司】 南京玉桥商业集团有限公司位于建宁路8号，隶属南京市交通建设投资控股（集团）有限责任公司，是集投资、租赁、购物、娱乐、餐饮为一体的新型商贸企业。

玉桥集团投资10亿元新建玉桥三期项目于2014年开业，广场建筑面积14万平方米，由一栋9层商业楼、26层酒店式公寓、5层综合配套楼以及地下停车库和绿地花园等组成，涵盖购物、餐饮、休闲、商务、娱乐等多种功能。2015年，完成营业收入8600万元，实现税收845万元。

【南京金桥市场】 “金桥市场”隶属金鹰国际集团旗下新百投资集团，创办于1992年9月，位于建宁路12号。1998年2月3日被国家贸易部批准为国家级中心批发市场。经营面积10万平方米，有1800余户经营户，市场年交易额名列全国亿元以上工业品综合市场第13位。市场批零兼营百货、箱包皮件、服装、鞋帽、针纺、床上用品、文化用品、窗帘布料等十大类数万种商品，拥有华东、苏皖、南京地区数百家总代理、总经销商，辐射本市及周边10多个省、市地区。

2015年1月，经国家工商行政管理总局商标评审委员会商评字〔2015〕第3577号文批复，“金桥市场”获中国驰名商标认定。10月20日，新百集团电商平台“金桥购”上线，实现整个市场电商化运作。全年完成营业收入1.2亿元，实现税收946万元。

（李 佳 王 军 彭 涛）

【南京中电熊猫集团】 南京中电熊猫集团位于鼓楼区建宁路16号和18号，公司始创于1936年，被誉为中国电子工业的摇篮，连续20年位列中国电子信息百强企业前列，“熊猫-PANDA”是国内电子行业第一个“中国驰名商标”。公司建有4个国家级工程技术研究中心、1个博士后工作站、10个新产品开发研究所。主导产业包括：现代通信、数字视音频、软件信息服务、智能电子、电子制造并挺进现代服务业。下设中国电子物资苏浙公司和南京中电熊猫现代服务产业有限公司。中国电子物资苏浙公司成立于1957年9月，曾获2003～2004年度、2005～2006年度南京市“双文明”先进单位称号。公司主要经营范围：金属材料、化工产品、建筑材料、电子产品、通讯设备、办公自动化设备、家用电器、百货、五金交电、汽车及零配件、机电产品销售、仓储、货物装卸、产品材料检验、会展策划及服务，自营和代理各类商品及技术进出口等。

2015年，集团参与中电熊猫G108、熊猫301及中电颐和家园等多个项目水泥和钢材供应。推进现代服务产业园项目建设，完成一期2栋库房工程建设和设备安装，营业收入66.8亿元，利润502万元，上缴税收1500万元。

【中储南京智慧物流科技有限公司】 中储南京智慧物流科技有限公司是中储发展股份有限公司在南京投资的子公司，位于南京市中央北路河路道1号。公司利用前沿现代物流管理理论与尖端物流数据分析技术，首创BwB（Business with Business）新型交互式电子商务模式中储智运物流电子商务平台。该平台运用社会计算应用技术将国际前沿现代物流管理技术、交易及支付内部化、建立信用评价机制、智慧分析等技术充分整合，保证运力资源配置过程中经济性、安全性与时效性。平台拥有智慧物流分析技术和智慧物流预测技术等多项核心技术支撑，为客户提供一种创造性物流服务与体验。2015年，公司实现税收84万元。

（王 军 彭 涛）

幕府山新产业区

【概况】 幕府山新产业区东起幕府山与栖霞区交界处，南沿幕府东路——幕府西路一线，西至京沪铁路线，北至长江，占地面积6.8平方公里。重点建设幕府山和老虎山生态片区、紫金（下关）特区组团、上元门商务组团和五塘广场商贸组团，形成“两山三组团”的产业发展格局，引领功能板块范围内产业结构调整和发展方式转变，实现特色产业集中、优质企业集聚、功能品质提升。

2015年，紫金（下关）科技创业特别社区（简称特区）完成01～09地块土地挂牌工作，完成窑上村城中村地块危旧房改造项目（集体五期）居民拆迁工作，拆除房屋面积5603平方米，与2家企业达成拆迁补偿协议，与1家企业达成部分土地征收和合作协议，与80余家意向用地单位展开合作。一期科技载体建筑主体封顶，引进各类企业244家，载体入住率92%，实现税收收入4501万元，同比增幅

10 月 16 日，江苏省高新技术创业服务中心(紫金下关)孵化基地举行揭牌仪式

34%。被江苏省科学技术厅认定为省级科技企业孵化器，获南京市经信委授予的“市级小企业创业基地”资质。

【星火众创工厂建设】 2015 年，特区联合南京紫米网络科技有限公司（简称紫米网络)打造星火众创工厂。工厂位于特区 A1 栋，载体面积 475 平方米，有星火咖啡厅、4 个会议室、1 个公共办公区及 1 个项目路演厅，设计上彰显园区工业遗存特色，创意鲜明。特区提供众创空间载体，并整合各类招商、企业服务资源，以协助其运营，并申请各级各类财政补贴、项目申请及优惠政策落实；紫米网络组建专业、独立运营团队，负责日常管理和运营，制定孵化服务规划体系，整合各类资源，为创业人、投资者提供市场化孵化服务。

【征地拆迁】 (参见第 62 页，“都市建设”类目“窑上村城中村地块”2 个条目)

【紫博地块建设】 2015 年，特区重点推进紫博地块(01—07 地块和 01—10 地块)建设，规划建设面积 5.85 万平方米，可招商载体面积 3.55 万平方米。至年末，一期建筑主体封顶，形成 5.85 万平方米载体；完成园区 A1、A2、A7 栋外立面改造；水吉路和白云路实现全线贯通通车；完成余家山北侧、水吉路两侧 5.4 万平方米绿化覆盖；体育主题公园建设完工，绿化 2.7 万平方米。

【招商引才】 至 2015 年年末，特区孵化器一期有可招商载体 2.61 万平方米，入住率 92%。年内，新注册企业 47 家，其中科技企业 28 家。孵化器一期引进各类企业 244 家，其中注册资本千万元以上企业 54 家、国家高新技术企业 6 家、江苏省民营科技企业 4 家。实现税收收入 4501 万元，同比增幅 34%；新增到账 1000 万元以上大项目 11 个，实际到账注册资本 2.1 亿元；信息化和软件业务收入 8.03 亿元，服务外包离岸执行额 1.5 亿美元。专利申请 123 件，其中发明专利 22 件；专利授权 89 件，其中发明专利 13 件。是年，特区入选领军型科技创业人才 3 名。

【定制公交正式运营】 4 月 13 日，特区与江南公交公司合作的园区定制公交车正式运营。定制公交由江南公交公司配置1 台公交车，从地铁 3 号线五塘广场站发车，直达紫金(下关)科创特区 2 号门，线路总长 2.76 公里。工作日全天 4 班次，上午 8：10 和 8：40 从五塘广场地铁口出发，发至紫金(下关)科创特区 2 号门前；下午 17：10 和 17：40 从紫金(下关)科创特区 2 号门前出发，发至五塘广场地铁口。该项配套服务为园区企业员工通勤提供便利，乘坐率 95%。

【专场招商活动】 6 月 26 日，特区联合区投资促进局举行专场招商推介活动，邀请 17 家客商参加。活动中，客商参观展厅、沙盘，从宏观上了解特区规划结构；游览历史长廊，从时间轴角度了解特区发展史；参会客商与区有关部门进行座谈，了解特区建设发展情况、待招商地块等，寻求优质合作机遇。

【《紫金(下关)特区城市设计与控制性详细规划修编》获批复】 7 月 15 日，《紫金(下关)特区城市设计与控制性详细规划修编》(简称《规划》)获市政府批复。《规划》范围东至鼓楼区边界，南至纬一路，西至规划道路，北至幕府山景区，规划面积 1 平方公里，在原规划基础上拓宽视觉景观廊道，优化道路线型，提高规划可操作性。

【安七一到区调研】 (参见第 287 页，“机关团体”类目同名条目)

【企业座谈会】 9 月 17 日，特区召开园区入驻企业座谈会，特区领导班子全体成员与 20 家入园企业主要负责人就完善企业服务、加快企业发展沟通和交流。会上，特区各部门分管领导针对企业关注的园区基础设施建设、企业员工招聘、道路交通保障以及园区环境保护等问题一一解答。园区企业代表表示与特区共发展。

【“三证合一”政策解读交流会】 10月 16 日，特区联合星火众创工厂开展国家工商“三证合一”(工商营业执照、组织机构代码证、税务登记证，合并核发一个营业执照)新政策解读交流会，由南京紫米网络科技有限公司财务总监刘纯玉为园区参会企业解读“三证合一”新政策，并与企业代表互动交流。

(赵　景)

部分在驻企业

【南京紫米网络科技有限公司】 南京紫米网络科技有限公司位于紫金（下关）科创特区A1栋，注册资本1000万元，主要提供各类云服务，包含云文件存储、营销服务CRM、协同运营、协同电话和数据分析挖掘，以基于SAAS模式客户营销管理平台，实施一对一客户个性化服务，满足客户个性需求，实现企业与客户之间"双赢"。公司以"企业营销管理平台"软件为核心，发展项目软件及其应用，并开发企业级应用、呼叫中心应用。2015年，营业收入245万元，税收14万元。

【南京华承为数码科技有限公司】 南京华承为数码科技有限公司位于紫金(下关)科创特区A6栋，建有2万平方米合资厂房，拥有国内先进纸张生产线，同时也是德国品牌Agfaphoto喷墨打印介质授权供应商和独家经销商、Canon(佳能)喷墨打印设备及耗材授权经销商之一。公司为客户提供喷墨打印产品和应用解决方案，产品涵盖喷墨介质、打印机、墨水、软件以及数字影像商业应用方案。下属工作室同时承接艺术微喷、艺术品复制、数字博物馆制作、数字装饰等业务。2015年，公司实现销售额2000万元，纳税58万元；获国家发明专利5项，获南京银行100万元文化科技贷款扶持。

【江苏国电科源电力新材料有限公司】 江苏国电科源电力新材料有限公司位于紫金(下关)科创特区A38栋。公司专注接地行业，应用于电力、石油石化、新能源、轨道交通等行业，向客户提供接地网设计计算和咨询、金属复合接地材料生产、焊接材料生产、特殊接地体生产、接地网工程施工(EPC)、接地网改造总包、接地网在线监测评估等服务。至2015年年末，公司销售、采购、生产制造、技术研发及后勤保障均建设完成，并通过质量管理体系、环境管理体系和职业健康安全管理体系认证，镀铜圆钢和镀铜接地棒产品通过美国UL认证。全年总收入603万元，税收54万元。 （赵 景）

历史文化街区（文化创意产业）

【概况】 2015年，鼓楼区历史文化街区产业功能板块文化及相关产业税收4.27亿元，引进注册资本千万元以上大项目13个，文化产业增加值占GDP比重6.6%，文化创意产业营业收入160亿元。组织15家重点文创企业参与年度省文化产业专项资金申报，4家企业获得资金；19家企业参与年度市级文化产业发展专项资金申报，5家企业获得资金。完成2014年度鼓楼区文化产业绩效考核，获全市二等奖。是年，2家企业获南京市第三届"金梧桐奖"文化创意企业十佳称号，2件产品获南京市第三届"金梧桐奖"文化创意设计奖。鼓楼文化产业发展中心完成招商及推广、公共服务、创业创新三大平台建设，入驻9家企业；水木秦淮街区升级改造、南艺文化创意产业园、英发比高影视文化产业园等重大项目有序推进，投入使用载体面积超额完成。人大代表、政协委员建议（提案）办结率100%。12月，完成文化创意产业协会社会团体法人手续，协会成员119家。

链接：

鼓楼区历史文化街区为中山北路(鼓楼至中山码头)两侧、北京西路两侧、石头城文化产业带、滨江历史文化带为主的历史建筑和文化遗产及人文景观所构成的遗存遗产风貌片区。按照产业定位原则，形成中山北路民国历史文化轴、滨江风光带、石头城文化产业带，"一轴两带多片区"格局。

【环南艺文化创意产业功能区建设】 环南艺文化创意产业功能区（以下简称功能区），以南京艺术学院为中心，东至虎踞路，南至石头城公园，西至秦淮河岸线，北至模范西路，面积约2平方公里。以城市记忆、文化品鉴、艺术享受、创意空间、人文消费为功能定位。功能区涵盖集聚文化创意产业高端环节要素，按照"1+7+1"空间发展格局推进，"1"是南京艺术学院；"7"是重点建设发展7个文化创意产业园区（水木秦淮文化产业园、石榴财智中心文化产业基地、南京留学生文化创业孵化园、南京艺术学院文化创意产业园、英发比高影视文化产业园、熊猫集团文化创意产业园、南艺后街艺术设计体验街区）；另"1"是江苏省国画院。功能区主要业态有创意设计、新媒体技术与应用、数字影音娱乐、文化艺术服务与培训及演出会展、娱乐休闲观光等。

2月，功能区示范区参加第二批市级文化园区申报。3月，鼓楼区明确环南艺文化创意产业功能区示范区空间规划由区住建局承办，产业规划由区文创办承办，完成《"环南艺文化创意产业功能区示范区" 建设方案》初稿。4月，"环南艺文化创意产业功能区"建设方案获区委书记办公会通过，产业规划研究结题。6月，"环南艺文化创意产业集聚区"被命名为"南京市文化产业园"，9月授牌。9月18日，环南艺文化创意产业功能区内 "环南艺文化创意产业功能区众创空间"揭牌，1.3平方公里环南艺文化创意众创空间，分布影视、创意设计、培训、字画艺术品和新媒体五大类文化企业，集聚400多家文创企业。10月，《"环南艺文化创意产业功能区"产业规划》修改完成并通过专家评审。

【英发比高影视文化产业园建设】 英发比高影视文化产业园项目位于虎踞北路100号地块。规划占地面积0.86万平方米，建筑面积4.83万平方米，投资6亿元，打造影视科技、人才孵化器及尖端影视制作技术和多媒体技术研发制作产业园区。至2015年年末，完成《老城控制性详细规划——鼓楼下关片Mca010-25规划管理单元图则及城市设计图则》批前公示工作。区法制办完成收储协议及托底协议法律条款审查工作。

【水木秦淮街区出新改造】 2015年，鼓楼区实施水木秦淮街区出新改造及景观亮化工程项目。至年末，完成街区消防、空调及部分基础设施改造施工，推进A、B、C栋立面改造按照设计方案进行。

【校企对接会】 5月5日，区文创办联合南京艺术学院传媒学院，组织驻区20家知名文创企业，与300多名应届南艺毕业生举办校企（实习、就业）对接会，180多名学生与10多家企业初步达成实习、就业意向。

【“鼓楼文化产业发展中心”改造建设】 5月12日，“鼓楼文化产业发展中心”（简称中心）改造立项。中心项目投资380万元。项目包括：大楼外立面清洗改造亮化，电表分层、电信光纤等弱电系统和监控数字录像设备更新、空调系统更新、公共部位出新，部分楼层屋顶渗漏修补、物业招标、大楼上下水系统及卫生间改造、消防系统硬件设施改造更新，院子停车场地坪、院墙改造等项目，改造建设11月底全部完成。同时在大楼3层建设打造鼓楼文化创意产业发展三大平台，完成空间设计、软件招标、展示产品选取等工作，并正常运营。

【南京艺术学院文化创意产业园项目获批】 12月23日，《关于北京西路72号地块低效能用地再开发项目实施方案》（南京艺术学院文化创意产业园）获市政府批复。该项目用地性质为科研设计，建筑檐口高度≤18.6米（最高点高度≤24米），地上建筑面积≤2.5万平方米（其中：新建建筑1.65万平方米、保留建筑8527.6平方米）。5月19日，市政府正式批复地块老城控制性详细规划图则，同意图则确定地块规划用地性质、用地面积、容积率、建筑密度、建筑高度等规划控制指标，获得规划要点。年内，项目土地低效能再利用工作由鼓楼区与市国土局直接对接，并上报项目土地利用实施方案，完成稳评、环评工作。 （陈奕奕）

部分在驻园区

【南京艺术金陵文化创意产业园】 南京艺术金陵文化创意产业园位于鼓楼区大锏银巷17号，前身为金陵协和神学院。园区占地2万平方米，建筑面积1.2万平方米，9座独立建筑分布在园区内，建筑独特、具有浓厚宗教艺术底蕴，绿化覆盖率50%。园区从2013年12月开园以来，引进国内外著名媒介代理机构和文化创意企业，其中包括世界大型传媒集团WPP旗下奥美集团新媒体研究中心、江苏卫视《非诚勿扰》《一站到底》《最强大脑》栏目主创人员创立的公司、世界顶级施坦威钢琴展示中心等。园区产业定位以广告设计为主，兼具文化创意研究、高端文化服务平台功能。

2015年，园区入驻企业23家，其中文化创意企业占70%，利税超过3500万元。

【石榴财智中心文化产业基地】 石榴财智中心文化产业基地是南京市文化产业园鼓楼环南艺文化创意产业集聚区重要组成部分。项目一期位于石头城6号，改建后建筑面积2.95万平方米，19栋商务办公楼，绿化率40%。项目二期位于石头城5号，总建筑面积约7000平方米。该地块以设计类、创意型企业为主要服务对象，集文化办公、展览展示、拍卖交易、交流发布为一体的高端文化商务园区。2015年，入园企业33家，其中文化创意企业占72%。

【留学生文化创业孵化园】 留学生文化创业孵化园是南京市文化产业园鼓楼环南艺文化创意产业集聚区重要组成部分，位于鼓楼区草场门大街石头城69号和77号，规划建筑面积1.4万平方米，分两期开发运营。依托南京大学、南京师范大学等资源，发展文化产业；通过营造宽松创业环境，提供优质服务，吸引海外学子创业，帮助企业渡过初创风险，成为留学人员回国施展才华平台和优质文化资源对接转化基地。2015年，园区入驻企业37家，其中文化创意企业24家，带动就业400余人。 （陈奕奕）

石榴财智中心文化产业基地

鼓楼年鉴 2016

服务业

Service Industry

综　　述

【概况】 2015 年，鼓楼区出台《鼓楼区加快南京长江国际航运物流服务中心建设发展的若干意见》《鼓楼区关于加快健康服务业发展的意见》《鼓楼区关于加快智力服务业发展的实施意见》《鼓楼区加快发展众创空间的实施意见》，以及《鼓楼区重大项目管理推进暂行办法》《鼓楼区关于在金融领域扶持中小微企业发展的若干意见》。推进全省唯一航运交易中心——下关长江国际航运物流服务集聚区建设；加快环南艺文化创意产业功能区规划建设步伐，通过专业打造，支撑特色产业规模集聚。利用驻区高校科教资源优势，实施创新驱动发展战略。9 月，模范马路科技创新街区众创空间、环南艺文化创意产业功能区众创空间揭牌成立。至年末，全区有现代服务业集聚区 8 个。其中，省级现代服务业集聚区 2 个、市级现代服务业集聚区 6 个，规划建筑面积 474 万平方米，总投资 328 亿元。其中，建成面积 146 万平方米、在建面积 155 万平方米、拟建面积 173 万平方米。全年实现营业收入 225 亿元、税收约 17 亿元，同比分别增长 4.7%、13.3%；入驻企业 3308 家，带动 5.76 万人就业，同比分别增长 13.3% 和 41.5%；服务业增加值 925.93 亿元，同比增长 11.7%，占 GDP 比重 91.5%。同时，推进后备现代服务业集聚区建设，储备艺术金陵、石榴财智中心文化产业基地等 10 多家特色园区作为省市现代服务业集聚区候选园区。

全区 524 家规模以上服务业企业吸纳就业 11.3 万人，实现营业收入 963.6 亿元，同比增长 9.5%；实现利润总额 64.03 亿元，同比增长 15.1%。其中，房地产物管中介实现营业收入 22.68 亿元，同比增长 28.4%，我爱我家、链家地产、苏星物业等单位增长速度较快；教育业实现营业收入 4.62 亿元，同比增长 26.9%，新东方、书人教育分别以 24.7%和 32.3%增长速度位居教育行业前两名；科学研究和技术服务业实现营业收入 72.95 亿元，同比下降 6.7%。以水路运输为主的交通运输业占全区规模以上服务业比重 31.3%，增长速度 0.3%，低于全区服务业平均增速 6.4 个百分点。

至年末，全区经市、区认定总部企业 34 家，其中市级认定总部企业 20 家，占全市总数 19.2%，位于全市前列。34 家总部企业实现税收 174 亿元，同比增长 147%；完成营业收入 2330 亿元（含部分下属企业），同比有所下降。全区税收亿元楼宇 12 幢、税收千万元楼宇 51 幢，楼宇税收总额 49.11 亿元，同比增长 21.72%。全区健康服务、智力服务、软件信息、金融服务等优势产业税收增幅均超过 20%，全信传输科技股份公司、江苏四新科技应用研究所股份有限公司等 8 家企业在境外上市。

全年，鼓楼区金融业增加值 91.68 亿元，同比增长 16.1%，占区 GDP 比重 9.1%；实现软件和信息服务业收入 62.37 亿元；旅游总收入 156 亿元，同比增长 18.2%；实现社会消费品零售总额 797.6 亿元，同比增长 11.5%；完成全社会固定资产投资 278.08 亿元，增长 9.28%。区外商投资企业完成公共预算收入 3.72 亿美元、税收 7.20 亿元，2 项完成实绩同比均增长 15%，完成年度目标。11 家区内企业在境外投资成立 13 家公司，总投资 6.22 亿美元。全年新增实际到账千万元以上大项目 161 个，注册资本金 65 亿元，实际利用外资 3.7 亿美元。（杨　志　孟　晖）

2015 年鼓楼区规模以上服务业分行业主要指标完成情况

表 7　　　　单位：万元

行业类别	单位(家)	从业人员(人)	利润总额	营业收入	营业收入增幅(±%)
合　计	524	113158	640262	9635970	9.5
交通运输、仓储和邮政业	68	24404	183994	2763824	-2.1
信息传输、软件和信息技术服务业	67	18926	121557	1005095	37.3
物业管理中介	56	17872	8969	226828	28.4
租赁和商务服务业	142	28203	181229	4151050	12.9
科学研究和技术服务业	108	11225	77024	729488	-6.7
水利、环境和公共设施管理业	4	426	1967	13435	-5.8
居民服务、修理和其他服务业	17	4541	4852	112793	12.9
教育(企业)	7	1287	2445	46165	26.9
卫生和社会工作(企业)	14	2025	6158	77721	24.7
文化体育娱乐业	41	4249	52067	509571	28.2

【服务业营业收入位居全市第一】 2015年，鼓楼区规模以上服务业企业营业收入963.6亿元，同比增长9.5%，占全市比重23.5%，服务业单位数量和收入总量均位居全市第一。与全市3个主城区（玄武、秦淮、建邺）相比，增长速度位于中等偏低水平。 （孙媛媛）

【现代服务业发展引导】 2015年，鼓楼区复核市、区认定的34家总部企业，调研分析区域内8家省市现代服务业集聚区及34家市区总部企业发展情况，走访调研航运服务中心、南京财经大学科技楼、电厂综合楼等8幢在建楼宇以及长江广场、南京国际广场二期、绿建大厦等3幢拟建楼宇，梳理分析入驻企业情况。跟进项目进展情况，适时检查达科信息移动互联网应用审计平台及其产业化项目、凤凰传媒基于凤凰云跨语言文化传播服务平台等6个中央投资项目进展与资金使用情况，并完成中央投资项目核查工作。区发展与改革局（简称区发改局）与区投促局、住建局、下关滨江管委会、文创办等11个部门对接，梳理出湖南路现代服务业总部城等13个计划总投资333亿元重点招商项目。组织企业开展2015年江苏省重点物流项目、国家服务业发展引导资金项目、江苏省服务业创新百企示范工程第三批创新示范企业和南京市工程研究中心（工程实验室）专项申报。至年末，组织中储发展股份有限公司、南京联创科技集团有限公司、亚信科技（南京）有限公司（简称亚信科技）、南京华设科技股份有限公司（简称华设科技）等17家企业进行相关专项申报，其中亚信科技获江苏省2015年创新示范企业称号，亚信科技、巨鲨科技有限公司、华设科技等3家获批南京市工程研究中心。 （孟　晖）

【南京长江国际航运物流服务集聚区建设】 （参见第70页，“产业板块”类目同名条目）

【全市服务型经济发展现场会在区召开】 （参见第247页，“机关团体”类目同名条目）

【区高端现代服务业投资推介会】 9月24日，2015中国南京金秋经贸洽谈会暨第八届中国国际服务外包合作大会鼓楼区高端现代服务业投资推介会开幕。大会主题“核心枢纽，智慧互联”，聚焦航运交易服务、“互联网+”、文化创意等产业发展。会上，区长曹路宝围绕高端现代服务业发展重点，推介南京海港枢纽服务核心区——下关长江国际航运物流服务集聚区，以及知识经济集聚区——环南艺文化创意产业功能区，同时向客商推介鼓楼区发展“互联网+”产业、推进大众创业创新、扶持中小微企业发展等方面政策，并集中展示区内重点招商地块、楼宇以及众创空间载体平台。会议期间，举行鼓楼区航运产业发展基金发起仪式、环南艺文化创意产业功能区战略合作协议签约仪式以及重大项目签约仪式等。世界500强和行业龙头企业代表，区内重点高校、园区和企业代表，境内外知名中介机构，商、协会代表，国内外嘉宾和客商320人应邀参会；副市长胡万进到会并讲话。会议期间，项目签约17个，投资总额16亿元。 （涂　澄　杨　志）

【服务外包】 2015年，鼓楼区实现服务外包执行额17.06亿美元，同比增长0.14%，全市占比14.55%，完成情况全市排名第三；其中离岸执行额10.6亿美元，同比增长5.16%，全市占比17.44%，完成总量位列全市第二，2项指标均完成全年目标任务。全年在国家商务部“服务外包业务管理和统计系统”中注册服务外包企业426家，年内新增注册企业30家。其中，服务外包执行额1000万美金以上企业50家，完成执行额12.65亿美元，占全区完成总数74.15%。是年，区商务部门组织服务外包企业申报部、省、市级各类资金2181.32万元，涉及32家企业和培训机构34个项目，拨付资金1644.08万元，惠及35家企业和培训机构。

【亚信科技首次入选全球外包百强】 2015年，驻区服务外包企业亚信科技（南京）有限公司（简称亚信科技）入选全球外包100强，成为南京市本土外

9月24日，鼓楼区高端现代服务业投资推介会上发起航运产业发展基金

2015 年度鼓楼区服务外包扶持资金拨付情况

表 8　　　　单位：万元

专项扶持资金	金　额
2014 年市级国际服务贸易（服务外包）专项资金	290.00
2015 年度出口基地扶持资金、省级商务发展专项资金（第二批、第三批）	520.67
2015 年市级国际服务贸易（服务外包）专项资金	344.00
2015 年度国家外经贸发展专项资金（国际服务外包和技术出口）	489.41
合　计	1644.08

2009~2015 年鼓楼区服务外包主要指标完成情况

表 9　　　　单位：亿美元

年　份	2009	2010	2011	2012	2013	2014	2015
服务外包执行额	2.90	4.73	6.11	10.00	12.88	17.04	17.06
离岸执行额	2.01	2.20	3.65	4.69	6.37	10.04	10.56

包服务企业首次入围单位，显示鼓楼区外包服务水平进入世界顶级行列。亚信科技（南京）有限公司成立于 2004 年 2 月，为南京市总部企业，主要从事电信运营商支撑系统研究开发及相关产品、平台应用推广等国内和海外业务。公司在国内电信运营商支撑系统市场占有率位列第一，占有超过 50%份额，在国际上位于第二位。2015 年，亚信科技研发费用支出 2 亿元，占总销售收入近 10%。年末总资产 23 亿元，销售收入 26 亿元，利润 2 亿元，入库税收 1.3 亿元。

链接：

全球外包 100 强由国际外包专业协会（IAOP）每年进行评选，其专业性和独立性在业界享有极高声誉。评选涵盖规模和增长率、客户评价、组织能力、管理能力 4 个关键指标，由资深外包服务买家对外包服务提供商进行综合评选，获选企业大多数为世界 500 强公司。2015 年，是 IAOP 第十年评选全球各地外包服务供应商及顾问企业，所得出的“全球外包 100 强”及其附属名单，成为各大公司与业内最佳外包企业建立合作并进一步拓展关系重要参考依据。　（李　佳）

总部（楼宇）经济

【概况】 2015 年，鼓楼区 34 家总部企业实现税收 174 亿元，带动 14.6 万人就业，同比分别增长 147%、10.6%；完成营业收入 2330 亿元（含部分下属企业），与上年同期相比有所下降。主要税种中，增值税、企业所得税、营业税（含营改增）分别完成 30.7 亿元、40.4 亿元、11 亿元，同比分别增长 28.5%、7.5%和 10%。年内，驻区亚信科技（南京）有限公司被南京市认定为第四批总部企业，南京新联创业园管理有限公司等 3 家企业被认定为鼓楼区第二批总部企业，11 家地区性总部和行业龙头企业落户鼓楼区；江苏省盐业集团有限责任公司、江苏省城市规划设计研究院等 20 余家总部型企业被纳入鼓楼区“十三五”期间总部企业信息库。至年末，全区经市、区认定总部企业 34 家，其中市级认定总部企业 20 家，占全市总数 19.2%，位于全市前列。

2015 年，鼓楼区新增亚太商务楼、紫金智梦园 B 座等 2 幢亿元楼宇；新增区文化艺术中心大厦、苏宁慧谷 E08 等 2 幢特色楼宇。建成使用的商务办公面积 1 万平方米以上规模商务楼宇 95 幢，建筑面积 519 万平方米，楼宇日均租金每平方米 2.8 元，楼宇内入驻企业近 5000 家，楼宇单位面积贡献度 1022 元 / 平方米（按照建筑面积统计）。全区税收亿元楼宇 12 幢、税收千万元楼宇 51 幢，特色楼宇 6 幢，楼宇税收总额 49.11 亿元，同比增长 21.72%，占全区总税收 34.1%。至年末，全区有在建楼宇 27 幢，建筑面积 656 万平方米；有储备类楼宇项目 11 个，建筑面积 179 万平方米。年内，区委区政府打造“智慧楼宇”系统，开发、整合、优化楼宇经济管理系统和鼓楼楼宇 APP、楼宇经济信息网等信息工作平台，形成鼓楼区楼宇经济信息化管理服务体系。是年，中国首届楼宇经济圆桌峰会期间，鼓楼区获中国楼宇经济“十大活力城区”称号。

（孟　晖　王晓荣　杨　志）

2015 年鼓楼区市级和区级总部企业一览表

表 10

序号	市级认定总部企业	企业性质	序号	区级认定总部企业	企业性质
1	苏宁电器集团有限公司	民资	18	苏宁云商集团股份有限公司	民资
2	国电江苏电力有限公司	国资	19	江苏双楼建设集团有限公司	民资
3	南京金陵饭店集团有限公司	国资	20	亚信科技(南京)有限公司	民资
4	苏宁环球集团有限公司	民资	21	博西家用电器(中国)有限公司	外资
5	江苏省对外经贸股份有限公司	国资	22	紫金信托有限责任公司	国资
6	江苏凤凰出版传媒集团有限公司	国资	23	南京汽轮电机(集团)有限责任公司	民资
7	江苏金浦集团有限公司	民资	24	江苏南京长途汽车客运集团有限责任公司	民资
8	江苏省电力公司	国资	25	南京苏逸实业有限公司	集体
9	东华汽车实业有限公司	国资	26	南京国资绿地金融中心有限公司	国资
10	江苏五星电器有限公司	民资	27	南京大惠企业发展有限公司	民资
11	博西家用电器投资(中国)有限公司	外资	28	江苏省电力设计院	国资
12	富登投资信用担保有限公司	外资	29	中国铁通集团有限公司江苏分公司	国资
13	南京港口集团	国资	30	南京国际集团股份有限公司	民资
14	中国长江航运集团南京油运股份有限公司	国资	31	江苏省再保融资租赁有限公司	国资
15	江苏省食品集团有限公司	民资	32	南京瑞迪建设科技有限公司	国资
16	南京长江油运公司	国资	33	南京新联创业园管理有限公司	民资
17	新华日报社	国资	34	江苏天智互联科技有限公司	民资

(孟　晖)

【首批亿元楼宇、特色楼宇认定】 2015年,根据《鼓楼区促进楼宇经济加快发展实施意见》(鼓政规〔2014〕1号),经申报、初审、会审、公示、认定等程序,区促进楼宇经济发展工作领导小组认定中南国际大厦、南京油运大厦、紫峰大厦、南京国际服务外包大厦、江苏石油大厦、和泰大厦、凤凰广场、凤凰国际大厦、联创科技大厦、世界贸易中心、亚太商务楼、紫金智梦园B座12幢楼宇为亿元楼宇;南京滨江总部基地1号楼、亚太商务楼、新华大厦、天正国际广场、翠峰大厦、南大苏富特科技创新园1号楼6幢楼宇为特色楼宇。年内,区财政投入资金333.84万元,奖励亿元楼宇和特色楼宇,扶持颐和商厦更新改造工程,涉及相关楼宇17幢。

【区第一家楼宇社区服务中心成立】 8月,鼓楼区辖区金陵饭店楼宇社区服务中心(简称中心)投入运行,直接将区行政服务中心窗口职能前移对接到亚太商务楼内,并覆盖周边楼宇企业200余家。中心由金陵汇德物业公司与华侨路街道共同创建,办公地点在亚太商务楼5楼。中心为入驻亚太商务楼企业提供党群建设、经济服务、综合治理、民生服务等70余项一站式服务,同时组织形式多样活动,深化与企业交流互动,进一步提升政府服务管理能力和水平。年内,服务中心为30多家入驻楼宇企业提供工商注册登记、税务变更及涉税事项登记、寻找新办公用房、处理行政处罚事项、组织文体娱乐活动、消防培训等各类服务。

(王晓荣)

【苏宁睿城楼宇集群发布会】 11月26日,鼓楼区联合苏宁睿城在上海举办"南京市鼓楼区苏宁睿城楼宇集群发布会"。副区长童晓佳及区投促局、财政局、江东软件城等相关部门负责人,毕马威国际会计公司、江森自控有限公司、百胜(中国)投资有限公司、索尼公司、西门子公司、三星公司、联想集团、德国蒂森克虏伯集团和渣打银行、花旗银行、恒生银行等国际知名企业及外国驻沪领馆、投促机构代表约150人出席会议。会上,童晓佳介绍鼓楼区产业特点、滨江总部楼宇经济发展情况和投资环境,展示鼓楼区现代服务业和总部经济特色楼宇经济发展规划和前景。苏宁置业负责人介绍苏宁睿城项目进展和招商情况;仲量联行、戴德梁行就楼宇经济发展和跨国公司选址作交流发言。　(沈　淦　杨　志)

特色楼宇选介

【亚太商务楼】 亚太商务楼位于汉中路2号，由金陵饭店股份有限公司与新加坡欣光集团旗下伯藜置业公司共同投资建设，集国际AAAAA级标准智能写字楼、超五星级酒店以及附属商业配套为一体，总建筑面积约17万平方米，楼高242米，主楼57层、裙楼4层、地下3层。负1层为地下商铺；1层为写字楼、酒店入口大堂；裙楼2层、3层为酒店宴会厅以及多功能会议厅，裙楼4层为酒店健身中心以及悦榕庄旗下悦椿SPA；6～38层为国际AAAAA标准写字楼，41～55层为超五星级酒店客房，56～57层为“家”餐厅、“汇”行政酒廊，客人还可以在行政酒廊登记入住。亚太商务楼拥有2间金陵特级套房、30间金陵高级套房、128间金陵商务房、225间金陵豪华房。2014年4月正式投用，2015年新增世界500强公司博西家电、赛诺菲制药有限公司进驻。至年末，集聚IBM、微软、华润置地、惠普等52家世界500强及跨国公司，出租率超过90%，被鼓楼区政府命名为亿元楼宇。

【华能（南京）滨江总部基地】 华能（南京）滨江总部基地位于燕江路201号，占地面积8.37万平方米，总建筑面积65万平方米，分两期建设，打造集酒店、商业、居住、休闲等多功能于一体的城市综合体。由南京宁华物产有限公司、南京宁华世纪置业有限公司开发建设，总投资69亿元。2015年年末，2号楼竣工交付，3号楼桩基正常施工。

【清江苏宁广场】 清江苏宁广场项目地处河西新城鼓楼区清江村内，东为规划路，南为裕盛路，西临江东北路，北临清凉门大街，位于南京河西新城居住及科技功能区域内，紧邻城市快速路。用地面积3.6万平方米，其中可建用地面积1.38万平方米；建筑面积13.75万平方米，其中地上8.97万平方米、地下4.78万平方米，标准层高5.6米。包括1幢200米超高层塔楼及35米高商业裙楼，塔楼37层，裙楼地下2层、地上6层。场地西侧为下沉式市民广场。塔楼主要用于总部企业办公，商业裙楼为集苏宁电器旗舰店、品牌商业、餐饮等于一身的商业综合体，负1层为下沉式广场、大型超市及辅助用房等。未来将充分发挥区位优势，打造成为区域生活配套服务商业中心。2010年6月，苏宁置业启动项目建设，总投资约12亿元。至2015年年末，项目裙楼及地下商场开业，主楼竣工，商业配套投入使用。

【赛城国际大厦】 赛城国际大厦项目位于中央北路181号、幕府路与中央北路交汇处，东眺紫金山，西览阅江楼风光，北临南京长江大桥，与滨江幕燕滨江风光带比肩而立。项目由南京化建产业集团和江苏赛城国际集团共同投资建设，预计总投资10亿元，分两期工程。至2015年年末，一期工程建成投入使用，建筑面积4.4万平方米，其中地上面积3.5万平方米、地下面积9000平方米；1～4层为商业配套及产品展示，5～28层主要用于研发办公，负1层为商业配套及非机动车停车库，并与地铁3号线五塘村站相通，交通便捷，配套齐全。赛城国际大厦项目未来将建成为集家纺科技研发创意、设计、信息发布、品牌展示、商务、采购、消费体验、报关、检测、知识产权保护、网上交易以及高端产业链为一体的城北地区标志性建筑，成为南京主城空间发展都市经济暨现代服务业和创意产业重要项目之一。

【苏宁慧谷中心】 苏宁慧谷中心为省市级重大建设项目，处于江东软件城西南位置，用地面积15.19万平方米，建筑面积99.26万平方米，计划投资约78亿元。由10幢150米～300米摩天地标办公集群组成，集总部办公、服务外包、智慧商务、科技研发为一体，中央智能控制系统、通讯及办公自动化系统等全方位智能体系以及基于物联网系统的云服务平台，营造科技办公场所。项目分两期建设：一期用地面积7.78万平方米，建筑面积56.41万平方米，计划投资43亿元。2015年，一期E06、E07、E08地块竣工交付使用。至年末，苏宁慧谷中心引进国家电网公司、鼓楼科技、百年人寿保险股份有限公司、新华人寿保险股份有限公司、国电江苏电力有限公司、中国广核集团有限公司、中国建筑一局（集团）有限公司、中国大唐集团等国内外知名企业入驻。

（王晓荣　李　佳）

金融服务

【概况】 2015年，鼓楼区金融业增加值91.68亿元，同比增长16.1%，占全区GDP比重9.1%。金融业纳税企业447家，实现税收6.14亿元，同比增长20.4%，占全区税收总量（143.94亿元）4.2%；完成公共财政收入3.47亿元，同比增长28.5%，占全区公共财政收入总量（80.49亿元）4.3%；完成科技创业投资额5.73亿元，名列全市第三。出台《鼓楼区关于在金融领域扶持中小微企业发展的若干意见》，编制《金融扶持小微企业政策摘编》，通过“小微金融直通车”专场活动、金融政策对接会等途径，向全区企业、各街道、园区全方位宣传，提高企业政策知晓率。推进中小微企业综合金融服务平台建设，帮助企业解决融资难、融资贵等困难。区9家融资担保机构通过经营许可证年检和评议工作。至年末，全区有8家企业在境内外上市，占全市总量10%；5家企业挂牌“新三板”（代办股份转让系统，非上市高科技公司融资平台)，占全市总量5%;4家企业在江苏股权交易中心挂牌，38家企业筹备挂牌。

【金融服务体系建设和管理】 2015年，鼓楼区落实科技银行、文化银行政策，制定《鼓楼区关于在金融领域扶持中小微企业发展的若干意见》，重点推进企业上市挂牌和企业融资工作。年内与江苏银行合作推动税e融产品服务企业103家、投放贷款4900万元，新增文化银行贷款59笔1.3亿元。推动担保小贷服务小微企业，区内9家融资性担保公司新增担保195亿元，在保余额175亿元;4家小额贷款公司全年累计发放贷款7.6亿元，服务企业713家。缓解小微企业资金周转困难，印发小微企业应急互助基金相关文件，及时落实区级引导资金500万元;成立小微企业应急互助基金工作小组，建立企业申请快速审批流程，提早建立企业准入名单，缩短审批时间;通过网络、微博、微信、折页、会议等多种渠道宣传政策。至年末，帮助江苏能瑞环保节能科技有限公司、南京宝铁物流有限公司等企业使用基金550万元，在全市各区累计使用金额中排名第四。

【上市企业服务】 2015年，区发改局联系走访服务拟上市储备库企业，帮助江苏四新科技应用研究所股份有限公司、南京银城物业管理有限公司、华讯方舟股份有限公司、南京商络电子有限公司等多家拟上市企业，协调国地税、人力资源和社会保障、住建等部门，取得上市必需合规证明。至年末，全区有全信传输科技股份公司、江苏四新科技应用研究所股份有限公司等8家企业在境内外上市，占全市总量10%;5家企业挂牌"新三板"，占全市总量5%;4家企业在江苏股权交易中心挂牌;38家企业筹备挂牌。拟上市企业中有4家企业目标中小板、创业板，27家企业目标"新三板"。

【非法集资整治查办】 2015年，鼓楼区建立打击和处置非法集资机制，形成各部门、各街道密切配合联动，群防群治的良好局面。动员25个部门、7个产业功能板块、13个街道，组织开展整治非法集资联合检查专项行动、打击非法集资宣传月活动、排查清理涉嫌非法集资广告资讯信息活动、集中广场宣传等多场活动。每月通报非法集资排查线索、预警、处置情况，构建常态化监管机制和防控体系。全年公检法部门查办非法集资案件18起，挽回群众经济损失3000万元。

【服务小微企业融资】 2015年，鼓楼区制定《中小微企业贷款扶持基金管理办法》，确定工商银行、中国银行等9家银行为合作银行，举办"小微金融直通车"——鼓楼专场活动，邀请辖区企业100余人参加。针对区内各行业协会企业开展上市政策宣传，鼓励民营企业利用资本市场加快发展、利用多种手段扩大融资渠道。与江苏股权交易中心签署合作协议，在南京邮电大学科技园内设立江苏股权交易辅导中心，助推中小微企业走向多层次资本市场，加速创新发展。邀请市联合产权交易所及多家商业银行联合开展企业投融资对接会，讲解小微企业应急互助基金使用流程，加强企业、银行沟通和互信，破解企业融资难题。

2015年鼓楼区小额贷款公司一览表

表11

序号	名称	性质	地址
1	南京市四方科技小额贷款有限公司	科技	新模范马路5号南京工业大学科技园B幢1801
2	南京市金浦科技小额贷款有限公司	科技	马台街99号5楼
3	南京市瀚华科技小额贷款有限公司	科技	汉中路2号亚太商务楼28楼
4	南京市下关区润信农村小额贷款有限公司	农村	五塘村129号众悦产业园A座3楼

2015年鼓楼区融资性担保公司一览表

表12

序号	名称	地址
1	富登投资信用担保有限公司	中央路201号南楼21楼
2	富登投资信用担保有限公司南京分公司	中央路201号南楼21楼
3	瀚华担保股份有限公司江苏分公司	汉中路2号亚太商务楼28楼
4	江苏经纬投资担保有限公司	广州路37号20楼

续表 12

序　号	名　　称	地　　址
5	南京甬商投资担保有限责任公司	沈举人巷 19 号华辰大厦 9 楼
6	江苏亿人担保有限公司	管家桥 87 号 501~506 室
7	江苏徽商担保股份有限公司	管家桥 9 号华新大厦 6 楼
8	南京源昌投资担保发展有限公司	建宁路 263 号
9	江苏广源投资担保有限公司	中央北路五塘村 129 号众悦产业园 A 座 4 楼

【驻区金融企业构成】 至 2015 年年末，鼓楼区有驻区银行网点 242 家、证券机构分公司及营业部 34 家，保险及保险代理、保险经纪公司 39 家，融资租赁公司 5 家、创投机构 15 家，江苏瑞华投资控股集团有限公司、华泰紫金投资有限责任公司等其他股权投资和投资管理机构 20 家，融资性担保机构 9 家、小额贷款公司 4 家、大宗商品交易所结算中心 1 家。

【"小微金融直通车"鼓楼专场活动】 6 月 19 日，"小微金融直通车"鼓楼专场活动在江东软件城举办。活动中，市金融办银行保险处集中解读市小微企业金融新政，南京联合产权（科技）交易所重点介绍小微企业应急互助基金操作流程，宁波银行、南京证券分别介绍特色金融产品；江苏省再保融资租赁有限公司、南京肯麦思智能技术有限公司等 4 家企业进行路演。活动由南京市金融办主办，区发改局（金融办）、紫金（鼓楼）科创特别社区、区工商联联合承办，交通银行、江苏银行、南京银行、华泰证券、南京证券、光大证券等 20 余家金融机构负责人及区内成长性高、品质优秀企业家代表 100 余人参加活动。

6 月 19 日，"小微金融直通车"——鼓楼专场活动在江东软件城举办

【首笔小微企业应急互助基金发放】 6 月末，驻区江苏能瑞环保节能科技有限公司获鼓楼区首笔小微企业应急互助基金 50 万元，期限 15 天，每日费率万分之五。南京市小微企业应急互助基金以小微企业转贷过程中融资需求为切入点，帮助小微企业先还后贷暂时性资金周转。基金资金来源为市级财政首期引导资金 5000 万元，各区（园区）首期引导资金不低于 500 万元。合作银行为工商银行、农业银行、中国银行、建设银行、交通银行、江苏银行、南京银行、紫金农商银行 8 家银行。凡在上述 8 家银行有贷款，在鼓楼区正常生产经营、无不良信用记录的小微企业均可申请获得最高 500 万元、最低日费率万分之三、最长期限 15 天的小微企业应急互助基金。

（孟　晖）

【"点对点"金融服务】 11 月 16 日，鼓楼区工商联联合市航运商会邀请区发改局（金融办）、南京市股权交易中心、江苏银行和北京银行等单位开展航运企业"点对点"金融服务活动。活动中，有关人士介绍《鼓楼区关于支持中小微企业发展的金融扶持若干意见》，市股交所介绍办理南京市小微企业应急互助基金程序，江苏银行、北京银行分别介绍为中小企业解决贷款问题。与会企业家与金融单位交流，并提出支持航运业发展意见和建议。区工商联希望通过航运商会平台，帮助会员企业及时、准确、全面了解鼓楼区相关政策，拓宽融资渠道，进一步加强与政府、银行沟通和互信，共同探讨银企合作新路径，破解企业融资难题。（牛　勇）

商贸流通

【概况】 2015 年，鼓楼区实现社会消费品零售总额 797.6 亿元，占全市社会消费品零售总额 17.38%，同比增长 11.5%，高出全市 1.3 个百分点。其中，限额以上企业实现社会消费品零售总额387.27亿元,同比增长10.4%,占全区社会消费品零售总额48.55%。是年,鼓楼区社会消费品零售总额增量全市第一,综合考评评分全市第一。完成2014年度全区物流年报统计工作,54家物流企业参与统计。创建市级示范绿色市场4家、市级达标绿色市场4家,重点完成鼓楼街和苏州路2个市场升级改造和环境整治任务。区服务外包企业亚信科技(南京)有限公司入选2015全球外包100强。

【商务经济发展3项举措】 2015年,鼓楼区围绕社会消费品零售总额、外贸出口、商务服务业公共预算收入及税收等市对区综合考核目标和服务外包、对外承包劳务营业额、创建绿色市场等人大目标,以及各类绩效目标,抓重点和薄弱环节,逐项制定推进举措,落实责任分工,破解推进瓶颈,确保目标任务完成。采取推进电子商务发展,扩充电商样本企业,加强产业发展动态监测;协调相关部门,推进湖南路电子商务示范街申报和建设、江东软件园创建市级电子商务示范园区、侠客行和南京工业大学电子商务系省级电子商务示范单位授牌。关注新城市虹桥二期、华能总部基地、南京金茂广场、中储电子商务区等项目推进,利用既有载体资源,加大引企引税力度,强化企业走访服务,提高稳企固税能力,引导商务商贸产业发展。推进农贸市场升级改造等民生服务工作,加强单用途商业预付卡监管,推进肉菜流通追溯体系建设,扩充智能化再生资源回收站点,做好"双打"(打击侵犯知识产权和制售假冒伪劣商品)和酒类流通登记备案等工作。推进安全生产行业管理,处理群众投诉等3项举措,助推全区商务经济发展。

【社会消费品零售总额增量全市第一】 2015年,全区实现社会消费品零售(简称社零)总额797.6亿元。从增幅上看,同比增长11.5%,高出全市1.3个百分点,分别领先玄武区、秦淮区1.2和1.3个百分点;从体量占比上看,全区社零总额绝对量占全市17.38%,分别高出玄武区、建邺区8个和13.5个百分点(其中限额以上企业实现社零总额387.27亿元,同比增长10.4%,占社零总额48.55%)。是年,该区社零总额增量全市第一,综合考核评分全市第一。 (李 佳)

【烟草专卖】 2015年,南京市烟草专卖局二分局(分公司)(简称二分局)销售各类卷烟3.37万箱,实现销售收入13.15亿元,同比增长8.67%;销售结构156.07元/条,同比增长10.83%。建立21个终端信息采集点,开展信息采集54次,及时掌握卷烟提税价后市场状况。为1820户合法零售户提供销售服务和经营指导,开展宣传促销活动6次、品牌铺货率竞赛活动5次,召开工商零售户座谈会、品牌培育座谈会4次。精益走访和弹性走访新商圈8小时外营业客户、核心客户、潜力客户及老弱病残客户等群体。与公安、检察、法院、工商行政管理等职能部门联合协作,出动执法人员2026人次,出动车辆486台次,查获涉烟违法案件344起,其中万元以上案件53起、5万元以上案件8起,查获各类违法违规卷烟6744.5条,货值173.72万元。接待处理咨询投诉222起,处理满意率100%。完成"3·5"网络案件结案工作,判刑3人。全年出现预警2280条,其中红色预警161条、橙色预警1417条、黄色预警702条,均得到妥善处理。

(姚玉三)

市场建设

【农贸市场提档升级】 2015年,鼓楼区组织辖区农贸市场投资340万元,重点完成鼓楼街和苏州路2个农贸市场升级改造和环境整治任务。完成"9322"环境综合整治任务(2013《南京市新一轮城市环境综合整治三年行动计划》出台,实施"九整治、三规范、两集中、两提升"计划,农贸市场内外环境整治是其中内容之一)。至年末,全区完成28个农贸市场出新改造或升级,改造面积3.6万平方米。

【绿色市场创建】 2015年,鼓楼区创建鼓楼街、三牌楼、石头城、苏州路4家市级示范绿色市场和金大、镇江路、沅江路、于家巷4家市级达标绿色市场。2013年以来,全区17个农贸市场被评为市级绿色市场。

【老字号保护和发展】 2015年,鼓楼区商务部门运用市场自身力量,指导帮助金春锅贴店、三六九面馆、四明眼镜店有限责任公司、马祥兴菜馆等老字号品牌商会企业,维护自身品牌市场利益。引导老字号餐饮企业参加中国美食节、江苏国际餐饮博览会、中国南京美食文化节和湖南路狮子桥美食节等活动,提升品牌价值影响力和发展活力。通过工商、税务等部门信息资源,深入街道、社区,广泛走访各类协会,梳理普查涉及餐饮、百货、照相、理发等行业老店,帮助整理历史资料,发掘文化底蕴。区商务主管部门配合老字号商会,借助社会各方力量,开展老字号研究保护工作,并以互联网思维模式,开展电子商务运用。区商务部门在高端商务与现代商贸产业、电子商务产业2个"十三五"重点调研课题中,相应提出老字号品牌如何应对形势加快发展思路。年内,区老字号商会帮助金春锅贴店重新注册"佰年金春"商标,抢救性保护老字号,并通过司法调解获得服务类项目优先经营权。引导老字号企业适应新常态,拓展服务空间,延伸服务职能,金春锅贴社区店保持供应早中晚餐的同时,对接快递公司为社区居民提供便民取件服务；三六九面馆将城区店和江宁乡村农家乐分店有机融合，实现城市传统商贸业态与新型乡村旅游业态互动。组织四明眼镜店有限责任公司申报老字号发展专项资金，获专项资金补助7.2万元；组织南京饭店、南京三六九餐饮文化有限公司、金春锅贴店和精益眼镜有限责任公司4家老字号企业参加江苏老字号认定申报工作；组织鸡鸣汤包店参加南京老字号恢复认定申报工作。

【再生资源管理】 2015年，鼓楼区开展再生资源回收站点业务指导和安全生产管理工作；协助相关街道开展专项整治，关闭3家废品回收站点；开展废品回收站点摸底调查，发现其中65家无照证经营站点。区商务部门与区市场监督管理局对接后，为符合规定站点办理证照，确保规范经营。

【市场运行监测】 2015年，纳入鼓楼区市场运行监测系统样本企业207家，市场运行监测及应急保供企业数据报送率100%。其中，商务部重点流通企业监测系统24家、商务部生活必需品市场监测系统6家、商务部重要生产资料市场监测系统5家、商务部商贸流通业行业统计信息平台23家、南京市应急商品管理系统6家、南京市消费市场快速反应系统143家。扩大市场运行监测范围，完成龙江新城市广场、玉桥商业广场2家城市商业综合体首轮监测任务。

【酒类备案管理】 2015年，鼓楼区酒类备案管理实施酒类流通“随附单”制度，确保一货一单，依法规范酒类流通市场，辖区酒类批发企业酒类“随附单”使用率90%以上。至年末，全区酒类备案企业1772家。

【肉菜追溯体系监管】 2015年，鼓楼区肉菜追溯系统考核达标节点38个，占全区节点76%，占全市达标节点（166个）22.9%，超过市商务局年度节点达标率50%考核目标。其中，金大菜场、鼓楼街菜场、郑和南路菜场和苏州路菜场4个节点创建达标市场单位；南京肉类批发交易市场节点在全区考核中连续进入全国批发市场前十名，获商务局通报表彰。全年组织巡检巡查90余人次，6月底、9月中旬先后组织三牌楼、鼓楼街、郑和南路和金大4家菜市场开展肉菜系统追溯现场宣传活动，发放宣传资料300余份，回收追溯票近1000张。

【农药残留检测】 2015年，鼓楼区商务部门落实周抽查、月普查制度，采取定期查与突击查相结合、假日查和平时查相结合方式，强化农药残留检测工作督查力度，严格落实市场每月100%检查要求，实行专人负责，全面覆盖。全年组织农药残留检测员培训工作3次，农药残留检测巡查650余人次，发放药水105箱，检测记录本316本，蔬菜采样检测26万余笔，发现并销毁农药残留超标蔬菜4批次42公斤。

（李　佳）

电子商务

【概况】 2015年，鼓楼区列入省统计平台线上电子商务企业36家，其中年内新增21家。全区线上列入统计平台电子商务交易额18.87亿元，增幅46.8%。年内，组织南京绿灯侠电子商务有限公司、江苏省邮政管理局、江苏中博通信有限公司、江苏五星电器有限公司、南京甩手掌柜家居项目管理有限公司等16家企业参加市商务局电子商务项目库和电商专项资金申报工作。南京侠客行网络科技有限公司、南京工业大学创业教育与实训基地成为首批获省政府认证许可的“江苏省电子商务人才培训基地”。区商务部门为江苏五星电器有限公司、江苏省食品集团有限公司、江苏宏坤供应链管理有限公司、南京侠客行网络科技有限公司争取电子商务专项资金140万元。推进智慧城市建设，完成湖南路商圈、龙江商圈、中央门商圈等大型商贸企业公共WiFi安装工作，基本实现主要公共区域全覆盖，顺应消费需求。年内，全区新增2000万元及以上电商平台5个。

6月，全区食品安全宣传周活动中群众咨询农药残留检测

2015年鼓楼区电子商务重点企业/项目一览表

表13

序号	项目名称	地址/网址	项目概况	项目/企业类别	产品交易额类别	行业类别
1	★五星电器(五星享购)	http://www.5star.cn/	五星电器有限公司自建"五星享购"电商平台,以经营手机、数码和厨电产品为主,并逐步拓展到大家电和化妆品等非电器品类。该平台还与知名物流商合作建立完善的售后服务体系,兼顾线上线下的客流互通、新品类拓展	电商应用,未来可拓展平台功能	实物类为主,兼顾服务类	商贸物流
2	★南京绿灯侠电子商务有限公司	建宁路22号809室 http://m.czvv.com/shop/13927660/	美的品牌日用家电代理商,拥有6家天猫店铺和2家淘宝店铺,此外还入驻唯品会、1号店及顺丰"嘿客"商城等电商平台	电商应用	实物类为主,兼顾提供各类售后服务	日用家电批发零售
3	★江苏华米数码科技有限公司	中山北路紫峰大厦	小米和三星手机代理商,依靠华顶商城、拍拍网店,此外入驻1号店、京东商城、亚马逊等电商平台	电商应用	实物类	商务办公、手机批发零售
4	★鲜花全球通	汉中门外大街7号 http;//xhqqt.com	南京聚能市场管理服务有限公司主要致力于鲜花行业批发与零售,并搭建规模庞大的网络花卉交易平台	电商平台	实物类	礼品(鲜花)批发零售
5	★凤凰在线商城	http://www.fhzx-mall.com	打造"文化、教育、生活"一站式020购物及体验平台,吸引相关国内外知名品牌商和教育机构上线经营	电商应用/平台,未来趋向于为教育文化资源提供上线服务	实物与服务类商品兼顾	文化类产品批零贸易
6	★南京侠客行网络科技有限公司	江东软件城 http://www.xi-ankesing.cn	苏皖地区淘宝大学培训基地,主要为开设网店的企业和个人提供全方位系统性解决方案,并对从业人员进行培训	电商第三方服务	服务类	高端个性化商务培训
7	★聚力医药电子商城	山西路8号金山大厦B幢12楼E、F http://www.july-cn.com/	由南京聚力医药科技有限公司自建的医药批发交易电子商务平台,主要销售国药、保健品、药妆以及医疗器械,针对全国OTC市场,服务中小药店	电商平台	实物类	药品类批发贸易
8	★江苏省电子商务证书认证中心	虎踞北路10号 http://www.jsca.com.cn/	经江苏省委省政府批准的省内唯一一家第三方CA认证中心,负责电子政务外网及电子商务网络的电子认证和电子支付服务。先后获得国家密码管理局颁发的"电子认证使用密码许可证"、国家工业和信息化部颁发的"电子认证服务许可证"以及中国人民银行的非金融清算组织备案许可	电商第三方服务	服务类	高端专业商务服务
9	★江苏博西家用电器销售有限公司	中山路129号中南国际大厦19楼	负责博世、西门子、嘉格纳和康西达4个家电品牌在中国的管理与发展。2014年3月10日,博世家电官方旗舰店在天猫商城正式上线	电商应用	实物类	品牌家电批零贸易

续表 13

序号	项目名称	地址/网址	项目概况	项目/企业类别	产品交易额类别	行业类别
10	★中国物资采购网	广州路199号 http://www.m188.com/	由江苏省物流与采购信息中心创办,业内第一家商务信息网站,为钢铁销售与采购企业提供权威信息咨询及网上钢铁电子交易服务,并融钢材市场价格行情走势预测、信息发布、网上洽谈等功能为一体的电子商务网站	电商平台	以实物类为主兼顾信息发布、咨询等服务类	钢贸物流
11	☆中储电子商务区二期(智慧物流集聚区)	张王庙沟以西	推进传统钢贸物流企业向电商转型发展,建设中储物流电子商务创新园区,实现大宗商品交易中心落户,打造高端物流科研创新及高端商务载体	电商应用	服务类/实物类	商务办公、商贸物流
12	☆华宏家纺科技创意产业园	中央北路181号	进一步延伸整合"中国叠石桥国际家纺城"产业平台,借助"叠石桥家纺网"品牌效应,打造在南京市及长三角地区具有影响力家纺业电商贸易中枢	电商应用	服务类/实物类	商务办公、纺织日用品销售
13	☆华能滨江总部基地(钢铁交易数码港)	燕江路201号	支持企业搭建钢贸物流电子商务平台,集合网上信息发布、贸易洽谈、商情分析、电子结算等功能,实现钢贸物流产业信息化、智能化和电商化	电商应用,未来可拓展平台功能	实物类/服务类	钢贸物流

备注:★为实施项目,目标主要是进一步拓展业务范围,加速发展;☆为拟推进项目,目标主要是引导其与电商以各种方式进行融合式发展

2015年鼓楼区纳入江苏省电子商务统计平台电商企业一览表

表 14　　　　单位:万元

序号	企业名称	企业类型	行业类别	企业注册资本	电商建设总投资
1	南京欣网互联网络科技有限公司	电商应用	信息传输、软件技术服务业	1200	50
2	南京凤凰新华书店有限责任公司	电商平台	文化、体育和娱乐业	1500	500
3	江苏五星电器有限公司	电商平台	批发和零售业	109535	512
4	南京传天羽科技有限公司	电商应用/服务	信息传输、软件服务/文化、体育和娱乐	500	100
5	南京绿灯侠电子商务有限公司	电商应用	批发和零售业	500	120
6	江苏金桥国际旅行社有限公司	电商应用	旅游服务	300	50
7	江苏猫不醉电子商务有限公司	电商平台	批发和零售业	1000	300
8	南京聚力医药科技有限公司	电商平台	批发和零售业	500	300
9	南京德高国际旅游有限公司	电商应用	旅游服务	100	600
10	江苏中博通信有限公司	电商应用/平台	批发和零售业	10000	213
11	江苏苏糖糖酒食品有限公司	电商应用	批发和零售业	3000	300
12	南京软月科技有限公司	电商服务	信息传输、软件技术服务业	10	100
13	南京市快拼信息科技有限公司	电商服务	信息传输、软件技术服务业	330	600
14	南京柠卡王国儿童社会体验活动服务有限责任公司	应用服务	个性化体验式教育	200	10
15	南京掌门科技有限公司	电商应用/服务	信息传输、软件技术服务/文化、体育和娱乐业	300	300

续表 14

序号	企业名称	企业类型	行业类别	企业注册资本	电商建设总投资
16	江苏省邮政电子商务有限公司(中邮快递网上商城)	电商平台	批发零售	3000	3000
17	南京灵动信息技术有限公司	电商平台	软件信息服务	100	—
18	南京梯云纵信息技术有限公司	电商服务	信息传输、软件和信息技术服务业	108	60
19	南京侠客行网络科技有限公司	电商服务	专业化商务培训	50	200
20	南京浩扬科技发展有限公司"扬子壹购/扬子健康屋"网络商城	电商应用	综合日用品/保健食品销售	1000	40
21	江苏缤葡电子商务有限公司	电商应用	批发和零售业	1000	1200
22	南京聚能市场管理服务有限公司	电商平台	批发和零售业	500	100
23	南京创客汇网络信息技术有限公司	电商平台	信息传输、软件技术服务业	100	6000
24	南京甩手掌柜家居项目管理有限公司	电商平台	批发和零售业	3000	100
25	江苏宏坤供应链管理有限公司	电商服务	信息传输、软件技术服务业	2000	1200
26	南京君子游信息技术有限公司	电商服务	信息传输、软件技术服务业	200	800
27	中储南京智慧物流科技有限公司	电商平台	交通物流	2500	570
28	江苏省食品集团有限公司	电商应用	农林牧渔	5000	550
29	南京攀登信息技术有限公司	电商服务	信息传输、软件技术服务业	200	210
30	江苏携才养老产业服务有限公司	电商平台	社会保障、养老	1000	150
31	江苏海浩农业发展有限公司	电商应用	农林牧渔	10000	550
32	江苏兰诗服饰有限公司	电商应用	批发和零售业	1008	30
33	南京苏庭家政服务有限公司	电商平台	社会保障	50	530
34	南京好益来生物科技有限公司	电商应用	批发和零售业	100	250
35	南京喜之嘉贸易有限公司	电商应用	批发和零售业	30	200
36	江苏澳华国际货运代理有限公司	电商应用	交通物流	50	—

【电商交流平台构建】 2015年,鼓楼区组织江苏五星电器有限公司、凤凰国际书城、江苏中博通信有限公司、南京欣网视讯网络科技有限公司、南京德高国际旅游有限公司等25家电商企业,围绕江苏省电子商务统计平台进行相关工作学习培训,指导企业及时完成电商统计注册和数据报送工作。通过以会代训及建QQ群等方式,进一步为区内电商企业提供交流平台,实现优势互补、信息共享。

【电商示范基地建设】 2015年,鼓楼区依托苏宁乐购仕、苏宁环球、八佰伴、凤凰书城、和平影城、悠仙美地等全国或区域性商业总部及凤凰在线、聚力医药、德高旅游3家特色电商平台,打造湖南路电子商务示范街。依托江东软件城园区内南京侠客行网络科技有限公司、长三角商品交易所、中联车盟等相关企业,创建电子商务创业基地、孵化基地、人才培训基地。是年,南京侠客行网络科技有限公司、南京工业大学创业教育与实训基地成为"江苏省电子商务人才培训基地"。

【电子商务应用】 2015年,鼓楼区加快中储智慧物流、华能数码港等电子商务项目建设,促进电子商务与辖区大宗商品交易、物流业结合,申报市电子商务示范园。在推进江东软件园建设发展的同时,加强电子商务与服务外包产业融合,引导从事软件研发、信息服务、工程设计、供应链物流、医药研发等业务企业开展电子商务应用,形成含电子商务元素的软件产业园。培育扶持既有电商企业,择优定向、定点和定位向区外电商企业招商,引入更多、更新、更具品牌影响力的电商企业总部和区域总部,做好具有重大影响力和带动性电商项目"一站式"全程服务。提升区域电子商务运用企业规模，鼓励发展电商第三方服务和平台企业，促进传统企业在更广领域、更深层面、更多渠道运用电子商务开展经营。鼓励电商服务企业发展，依托南京侠客行网络科技有限公司作为苏皖地区淘宝大学电商精英培训中心，为有意向开展电商业务的各类中小型商贸企业提供专业培训服务。帮助凤凰在线商城招商，以电子商务产业调动和激发全区科教文化领域资源以及和其他产业互动优势。扶持鼓励聚力医药平台，逐步完善网络基础设施、支付平台、安全平台、管理平台建设以及运营、营销、信息服务、搜索引擎、管理软件等配套建设，进一步带动并示范整个电子商务商业发展和全区产业转型升级。（李　佳）

【电子商务平台清查】 2015年，鼓楼区全面清查区域电子商务交易平台，为2016年电子商务交易季报奠定基础。区统计局和区商务局沟通合作，根据部门审批记录或掌握的电商资料，结合第三次全国经济普查电子商务资料和企业服务内容及网站类型，完善鼓楼区电子商务平台名录库。清查中，重点查找核对交易额2000万元及以上电子商务实际运营企业和平台，区统计局联合街道逐家电话或网络核实查询可能符合条件的企业，仔细甄别核对企业电子商务实际运营、平台交易额等基本情况，确保单位全、网址准和信息真实。清查显示，全区年内新增2000万元及以上电商平台5个。（李立增）

【电子商务主题培训】 1月15日，“新思维下传统‘大市场’模式转型之路——鼓楼区工商联主题培训活动暨苏宁云商南京地区开放平台商户交流会”在苏宁银河大厦举行。培训活动由区工商联、中央门商贸区管委会、苏宁云商南京地区管理中心联合主办，浙江小微企业商会和区工商联纺织品商会、皮具箱包商会近百家会员企业参会。会议从“趋势、转型、学习、平台”4个方面进行分享：基于“互联网＋”商业模式、传统业态与时俱进转型，找到更有效、更适合发展平台，开辟新发展渠道等。苏宁云商南京大区开放平台中心介绍工商联会员企业优惠政策，参会单位代表咨询加入开放平台操作详情。（牛　勇）

【“中储智运”上线运行】 4月24日，中储智慧运输物流电子商务平台（简称“中储智运”）上线运行。该电商平台由中储南京智慧物流科技有限公司打造，是国内第一家直营式物流电商平台。以互联网为载体、钢贸物流为核心，通过轻资产经营“无车承运”方式经销配载空车运力，实现物流运力供需双方交易商务电子化。中储智运平台拥有多项核心技术以支撑平台运转，集电子商务交易系统、OA（办公自动化）系统、BI（商务智能）系统、云计算等于一身，是真正意义上将“物流大数据”实现企业级应用平台。平台主要包括两部分：智慧物流交易系统和智慧物流分析预测系统。交易系统实现运力网上竞价交易；分析技术可以实现智能配对，使返程运输车辆得到有效利用，最大化实现合理运输，货主可获得快速安全、最低价格运力。同时，也为承运人提供真实、可靠网上货源，承运人可充分根据业务需要与线路偏好，提前规划发车计划与行程，减少中间环节配送场站停留时间与迂回运输，节省燃油消耗、生活住宿等额外成本费用。年内，该平台实现营业额约8000万元，吸引约5000户会员。

【电子商务调研报告完成】 8月，区发改局《“十二五”期间鼓楼区电子商务发展调研报告》完成。报告分调研背景及国内和区域电商产业宏观形势、鼓楼区电子商务产业发展现状、电子商务产业发展条件分析、电子商务产业重点发展方向、电子商务产业发展目标和步骤5个部分。按照“十三五”重点调研课题要求，区商务局利用相关产业理论对全区“十二五”期间电子商务产业结构、发展要素等进行分析评估，并提出进一步推进“十三五”期间鼓楼区电子商务产业发展思路和举措，为区委区政府决策提供依据和参考。

【“金桥购”上线】 10月20日，金鹰国际旗下新百集团打造的自有电商平台“金桥购”上线。该平台首批上线优选44家商户参与，商品千余种，涵盖日用百货、家用电器、洗护、文体、针织床用、服装鞋帽、箱包皮具、母婴用品等十一大类。有得力、恒源祥、十八子、洁云等大众品牌和兰蔻、雅诗兰黛、资生堂等国际一线大牌。上线当日创下单笔2800元的成交纪录。“金桥购”是千米网专门为新百集团金桥市场量身定制的一款完整B2B2C（电子商务类型的网络购物商业模式）线上商城、物流管理、商品库存管理电商系统。该系统将金桥广场原有产业进行数字化管理，为市场提供完整的专业批发零售行业电商解决方案。年内，商户通过该平台构建售后系统和客户信息管理系统使市场线上线下无缝连接，实现整个市场电子化运作。（李　佳）

对外经贸

【概况】 2015年，鼓楼区新增实际到账千万元以上大项目161个，其中亿元以上项目10个，完成区目标124%，总注册资金65亿元，新增地区性总部或行业龙头项目11个；全区实际使用外资3.7亿美元，分别完成市、区目标186%和148%；外贸出口31亿美元，分别完成市、区目标80%和141.1%；对外承包劳务营业额14.2亿美元，分别完成市、区目标110.69%和188.9%。全区外商投资企业完成公共预算收入3.72亿美元、税收7.20亿元，2 项完成实绩同比均增长 15%，完成区年度目标。其中，全区民营企业在境外投资升级企业 32 家，累计投资 18.8 亿美元，遍布 18 个国家和地区。284 家外资企业通过联合年报工作，参检率 100%。新增亚太商务楼、紫金智梦园 B 座等 2 幢亿元楼宇；新增区文化艺术中心大厦、苏宁慧谷 E08 等 2 幢特色楼宇。11 家区内企业在境外投资成立 13 家公司，总投资 6.22 亿美元。年内，举办 2015 年投资环境新春推介会、滨江铁北片区投资环境推介会、高端现代服务业投资推介会等重大招商活动。（杨　志）

【外经完成额居全市第一】 2015 年，鼓楼区实现对外承包工程及劳务营业额 14.2 亿美元，完成市目标 110.69%，同比增长 16.23%，对外承包工程完成营业额继续稳居全市第一。全区有外经企业 25 家，其中境外承包工程资质企业 19 家，有境外劳务合作资质企业 10 家。年内，全区新签对外承包工程项目 140 个，新签合同额 10.43 亿美元；有对外承包工程完成营业额数据企业 9 家，较 2014 年增加 1 家。其中，营业额 1 亿美元以上 3 家（全市 7 家）企业完成全区总额的 90.4%。其中，江苏省建筑工程集团有限公司以 5.2 亿美元位居全市第二；中国江苏国际经济技术合作公司 4.98 亿美元，江苏建设集团 2.63 亿美元，呈现区重点骨干外经企业拉动对外承包劳务总体营业额增长态势。全年组织外经企业申报资金 4765.93 万元，涉及 9 家企业、26 个项目。拨付外经资金 1199.23 万元，惠及 18 家企业。

【外贸出口】 2015 年，鼓楼区外贸出口额 31.1 亿美元，完成市目标 80%。其中出口额 5000 万美元以上企业 9 家，外贸企业结构呈现贸易型多、规模企业少特点。至年末，鼓楼区纳入外贸统计有实际进出口业务企业 599 家，其中出口企业 411 家、进口企业282 家（部分企业进出口兼具）。全年组织外贸企业申报资金 338.93 万元，涉及 89 家企业、127 个项目。拨付外贸资金 2182.26 万元，惠及 336 家企业。

【重点外商投资企业座谈会】 1 月 13 日，鼓楼区召开辖区重点外商投资企业座谈会。富登信用担保有限公司、江苏省再保融资租赁有限公司、吉祥置业（南京）有限公司等 28 家企业参会。与会企业交流 2015 年经济发展形势，表示将克服经济新常态下调结构、促转型压力，扎根鼓楼区，为区域经济增长多作贡献。（张立群）

【2 家外经企业入围省百强民企】 7 月，鼓楼区 2 家外经企业：江苏省建筑工程集团有限公司，排名第 33 位；江苏省建工集团有限公司，排名第 81 位，入围 2014 年度江苏百强民营企业榜单。2 家企业均为建筑业企业，符合全省百强民企营业年收入 90.5 亿元入围门槛和其他评选条件。

【对外劳务合作规范经营专项检查】 7 月，鼓楼区组织开展对外劳务合作规范经营专项检查工作，加强对外劳务合作监督管理。检查采取企业自查和商务部门现场检查方式，辖区江苏职工对外交流有限公司、江苏海外集团对外经济技术合作有限公司、中国江苏国际经济技术合作集团有限公司、江苏省建工集团有限公司、江苏省对外交流公司、江苏远东海运有限公司、江苏省建设集团有限公司、江苏远洋运输有限公司和江苏省海外企业集团有限公司 9 家对外劳务合作企业接受现场检查。现场逐项核实，未发现企业有违法违规行为，通过市商务局 2015 年年审。（李　佳）

【外资企业联合年报工作】 10 月，鼓楼区 2014 年度外商投资企业联合年报工作结束。参检外资企业 284 家，参检率 100%；办理新设及增资项目 24 件，其他变更项目 41 件，非实质性变更 31 件，限额以下外商投资企业设立变更解散终止审批，在规定期限内办结率 100%。全区外商投资企业以独资企业为主，有 187 家，占比 65.9%；中外合资企业 91 家，占比 32.0%；中外合作企业 5 家，占比 1.8%；外商股份制企业 1 家，占比 0.4%。2014 年度，全区外资企业经营情况良好，外商投资企业营业收入394.15 亿元，纳税总额 16.75 亿元。其中，占企业总数 20.1%的批发和零售业企业贡献税收 50.3%；占企业总数 15.9% 的制造业企业贡献税收 17.1%；占企业 15.1%的租赁和商业服务业企业贡献税收 10.1%；占企业总数 12.3%的信息传输、计算机服务和软件业企业贡献税收 8.9%。统计显示，总部企业、商业企业仍然是全区支柱企业。（毛夏琴　杨　志）

商区商圈

【下关滨江商务区】 （参见第 70 页，“产业板块”类目同名分目）

【新街口—湖南路商务商贸区】 （参见第 73 页，“产业板块”类目同名分目）

【中央门商贸区】 （参见第 80 页，“产业板块”类目同名分目）

部分驻区商贸企业

【南京中央商场山西路店（南京太平洋百货有限责任公司）】 南京中央商场山西路店（南京太平洋百货有限责任公司）位于中山北路 86 号，由上市公司南京中央商场（集团）股份有限公司全资创建，2001 年 5 月 1 日开业，营业面积约 2 万平方米，是一个集购物、餐饮、休闲等诸多服务功能于一体的中型百货零售企业。商场分别有：一楼名品综合馆、二楼潮流男女鞋箱包馆、三楼名媛女装内衣馆、四楼时尚女装馆、五楼休闲男装馆等5层经营铺面。先后被授予国家商务部"星级达标百货店"、省消协"诚信单位"、市工商局"重合同守信用"企业、南京市"百城万店无假货" 示范店、"中国商业信用企业"、市"三信三优"企业,湖南路文明街"五星级信用商家"以及"零风险购物、零距离服务、零时差投诉"示范店等多项荣誉称号。2015年,公司销售额2.1亿元。至年末,有近8万名VIP客户。

【南京博桥酒店用品有限公司】 南京博桥酒店用品有限公司位于建宁路45号。2006年12月在南京第三商圈中央门斥资打造南京首家酒店用品专业市场,市场营业面积1万多平方米。开业初期有50余家商铺,至2015年年末有100余家商铺,有意大利DUENDE、意大利NOBILE、日本伊陶等30多家知名品牌企业加盟。主要经营陶瓷制品、金银餐具、酒吧设备、酒店摆设、玻璃器皿、中西餐具、客房用品、职业套装、酒店家具、清洁设备、制冷设备、食品机械、厨房设备等,服务国内外商家、酒店、宾馆、饭店、娱乐场所、餐饮企业、超市专业等,客户中江苏、浙江、安徽、上海餐饮酒店和经销商居多。销量、客流量、客户信任度等方面,在南京所有酒店用品专业市场中均排名第一。2015年,市场总成交额8600万元,上缴税金120万元。

【越洋国际商务中心】 越洋国际商务中心位于江东软件城内南京国际服务外包产业园C05地块,由南京普尔特房地产开发有限公司开发建设,是福建越洋投资发展有限公司在南京首发项目,总投资4.5亿元,规划打造成园区内商务办公和公交首末站综合体项目。中心占地面积0.88万平方米,容积率5.0,建筑密度约23%,建筑高度99.6米,绿地率16%。建筑面积5.98万平方米。其中,地上27层,建筑面积4.42万平方米;地下2层,建筑面积1.56万平方米,容积率5.0。主楼1~5层6米挑高,6~24层纯写字楼,项目定位超AAAAA甲级写字楼。地下2层计划为园区内商务办公和公交首末站综合体项目实施建设。2012年6月项目开工建设,至2015年年末竣工交付,完成竣工备案专项验收工作。

【中海环宇城】 中海环宇城位于清凉门大街与北圩路交汇处,占地3.3万平方米,总建筑面积23万平方米,其中购物中心8万平方米、甲级写字楼4万平方米、酒店式公寓5万平方米。项目由南京海润房地产开发有限公司开发建设,总投资20亿元。环宇城购物中心和中海大厦写字楼由中海地产长期持有,统一招商、统一运营。购物中心地上4层、地下3层。其中,负1层至地上4层为商业用房,有商户160余家;负2、负3层为停车场,停车位1200余个。项目将建成涵盖时尚服饰、大型影城、精品超市、精品家居、儿童游乐、人气餐饮等主力业态,集购物、餐饮、文化、娱乐、商务、生活配套为一体的多层次和区域级综合商业中心。2011年7月,中海环宇城启动建设。至2015年年末,商业裙楼及地库竣工验收完成,正式开业;公寓精装修竣工验收、交付完成;写字楼精装修工程完成,通过竣工验收。

【新城市虹桥中心二期】 新城市虹桥中心二期位于中山北路279号,占地面积6.5万平方米,地上建筑面积20.4万平方米,地下建筑面积约12万平方米,开发建设功能为商业、办公、酒店式公寓和住宅。由江苏运通房地产开发有限公司开发建设,总投资18亿元。2015年年末,拆迁完成97%;B1地块因拆迁问题未解决,桩基施工暂停,可施工面全部完成;B2地块01、02栋二次结构施工,北区地下室土方开挖完成60%。 (李 佳)

软件信息

【概况】 2015年,鼓楼区实现软件和信息服务业收入62.37亿元。14个项目获省市软件专项支持资金1100万元,其中8个项目获省级资金710万元、6个项目获市级资金390万元;47个项目获市软件专项奖励。签约12个"互联网+"(南京线路器材厂中能建南京能源电力科技产业园、南京创客汇网络信息技术有限公司"小鱼儿"技能时间交易平台、南京奥派信息产业股份公司基于岗位能力匹配的职业技

2015年鼓楼区获第13届省优秀软件产品奖(金慧奖)产品一览表

表15

企业名称	产品名称
国电南瑞科技股份有限公司	国电南瑞NPCS-8000配网生产抢修指挥平台系统软件V2.0
江苏瑞中数据股份有限公司	海迅数据交换平台软件V1.0
亚信科技(南京)有限公司	亚信棒网管系统软件V1.0
江苏博智软件科技有限公司	博智安全御数据库审计系统软件V2.7
南京朗坤软件有限公司	朗坤智能企业管理信息系统软件V5.0

能实训云平台、江苏凤凰数据有限公司文化传媒市场公云建设与传播平台等)产业项目,投资额3.8亿元。至年末,全区信息化和软件产业新增产业载体面积20余万平方米,新引进涉软件企业107家,实现软件产业收入132亿元,涉软从业人员5.26万人。是年,国电南瑞科技股份有限公司等5家企业5项产品获第13届省优秀软件产品奖(金慧奖)。南京朗坤软件有限公司及董事长武爱斌分别入选2015年度中国软件和信息服务十大领军企业和十大领军人物。

【5家企业入围中国软件业务收入前百家】 2015年,经省市工业和信息化主管部门初步审核、国家工业和信息化部最终核定,驻区南京南瑞集团公司、熊猫电子集团有限公司、亚信科技(南京)有限公司、江苏集群软件股份有限公司、江苏南大苏富特科技股份有限公司5家企业入围第14届中国软件业务收入前百家企业。

【14个项目获省市软件专项支持资金1100万元】 2015年,鼓楼区帮助18家企业19个项目申报省软件专项,最终7家企业8个项目获项目资金支持710万元;17家企业18个项目申报市软件专项,最终6家企业6个项目获资金支持390万元。获资金支持项目涵盖云计算、物联网、信息安全、通信、平台建设、人才引领等多个领域,项目呈现新和起点高特点,体现区信息化和软件产业发展水平。同时,47个项目获市软件专项奖励。

【2家企业入围全国电子信息百强企业】 9月1日,中国电子信息行业联合会主办的2015年中国电子信息百强企业发布暨新一代信息技术趋势研讨会上,驻区南京南瑞集团公司、江苏宏图高科技股份有限公司2家企业入围第29届全国电子信息百强企业。此届全国电子信息百强企业评选发布,以企业规模、效益和研发投入等多项指标综合评价。

【第11届南京软博会鼓楼专场活动】 9月1日,第11届中国(南京)国际软件产品和信息服务博览会鼓楼专场活动——鼓楼区"互联网+"产业项目对接会在阅江楼景区游客服务中心举行。副市长黄澜及市发改委、经信委、科委、金融办、人才办、投促委、商务局等部门领导,鼓楼区四套班子领导和特邀高校、金融机构、板块和园区、软件和信息服务业企业负责人以及"321计划"人才代表等150余人参会。推介会以"创业互联 创新鼓楼"为主题,区委常委、副区长郭明雁推介鼓楼区互联网发展环境,并发布《鼓楼区"互联网+"实施方案》。会议推介江东软件城、幕府山新产业区、模范马路科技创新街区3个重点功能板块(互联网和信息产业园区载体);介绍鼓楼区金融领域扶持中小微企业加快发展政策措施;发布智慧社区综合服务平台、千寻救助志愿者互联网服务平台、星火人才科技服务平台、10个"321计划"人才企业"互联网+"产品、中小企业综合金融服务平台、"小鱼儿"服务交易平台、新联智能用电云服务平台、"闻知阅"阅读服务平台等涉及民生、创新创业、政务服务、人才服务、金融服务、电子商务、智慧能源、教育培训八大"互联网+"科技服务平台。同期,举行"互联网+"项目对接论坛和签约仪式,鼓楼区引进和推动12个"互联网+"产业项目,总投资额3.8亿元。软博会期间,鼓楼区所有签约项目总投资额超过30亿元。

链接:

鼓楼区10个"321计划"人才企业"互联网+"产品 1.南京词酷网络信息技术有限公司(张跃):批改网;2.南京沙鸥信息科技有限公司(束博):悦家三维家装设计平台;3.南京硅轩电子科技有限公司(李红化):P1.5高清LED显示屏;4.南京翔沃信息科技有限公司(颜国顺):"停哪儿"智慧停车管理平台;5.南京修为网络科技有限公司(李学明):宝宝在线;6.南京星汉信息技术有限公司(梁尔真):星汉智慧档案;7.南京群霆信息科技有限公司(林灿堂):物联网融合云端服务支撑平台;8.南京紫米网络科技有限公司(孙刚):基于SaaS的中小企业协同运营平台;9.南京典吉教育科技有限公司(周海忠):外研通点读笔互动教学系统;10.(王国兴):魔迅运动吧。

(孟 晖)

健康产业

【概况】 2015年,鼓楼区健康服务业收入265亿元,2012~2015年年平均增长率17%,其中企业销售收入占53%,首次超过医疗机构业务收入;完成健康产业链税收(含医药品产销、体育健身等行业)6.8亿元,同比增长17%,其中卫生健康类税收1.41亿元,同比增长46%;完成公共预算收入4539万元,同比增长1588万元,增幅54%;完成健康服务业固定资产投资6.8亿元。全年新注册健康服务业企业364家,占注册企业数约9%。年初,鼓楼区健康网正式运营,项目位于石头城路118号,专注于医疗互联网市场,依靠线上线下紧密结合,整合区域内医药资源,探索新型互联网医疗健康服务,打造优质诊疗服务模式,为医、药、患以及政府管理部门提供系统、全面、有效数据支持。年内,区卫生局成立健康产业发展科,建成部门、功能板块、驻区三级医院协同创新工作机制,组织筹备驻区三级医院协同创新发展联盟。支持国际知名医疗品牌在区设立独资、合资医院;支持和鼓励发展上规模、有特色非公立医院,鼓励医养结合型老年病医院、社区康复中心建设;

支持优秀医疗“互联网+”企业开设远程会诊(专家会诊)机构。德瑞医疗、美年大健康体检中心、健康网等健康服务业项目如期完成。至年末,全区有健康服务业单位1534家,同比增长31%,其中卫生健康子行业652家。

(李青松)

【南中医丰盛健康城】 南京中医药大学丰盛健康城(简称南中医丰盛健康城)位于南京中医药大学汉中门校区内,由南京中医药大学和南京丰盛产业集团联手,由清华大学专家根据中国中医现状及专家不可复制性,制定“单边平台、碎片整合”商业模式,共同打造。2014年10月15日开业。该健康城为全市首家集中医特色医疗、健康管理、养生保健、中医药文化展示为一体的综合型健康服务综合体,也是全市第一个以健康为主题的综合服务项目。2010年起,南京中医药大学与丰盛集团合作,整合学校专家教育及科研力量与企业经营管理资源,联合打造南中医丰盛健康学院和南中医丰盛健康城。南中医丰盛健康城作为新型健康服务综合体模式,秉承中医“治未病”健康管理理念,以中国传统文化为载体,由名医、名家做支撑,采用中医绿色非药物疗法,提供星级服务,创新健康产品,孵化和培养健康科学应用型人才和健康产业管理人才;弘扬和传播中医药文化,服务领域从健康管理到养生度假、从健康地产到生态旅游,构建更为完善的健康管理体系,引领百姓健康生活方式。健康城按五星级标准建设,拥有“四堂(国粹堂、国医堂、国仁堂、国瑞堂)、一坊(和剂坊)、一中心(中西医体检中心)。开业以来,为市民寻医就诊、养生保健提供诸多方便、快捷、专业服务。2015年,市委市政府推进中医药服务贸易发展协调工作机构第一次会议决定:南中医丰盛健康城在市商务局、鼓楼区政府领导下,承建南京中医药服务贸易发展促进中心,将南京市中医药服务贸易碎片化发展空间有机整合,通过政府引导、企业为主体和市场化运作模式,在政府与行业、企业之间建立相互协调、上下联动运作枢纽,实现跨体制、宽领域资源整合。

链接:

“四堂”——国医堂(原南京中医药大学门诊部)有着近30年历史,国医堂门诊大楼分5层,建筑面积5000余平方米。1层为门诊大厅,2~3层为中医诊疗区,4~5层为中西医检测中心及健康大讲堂。拥有国医大师周仲瑛,国务院特殊津贴专家孟景春、尤松鑫、王灿晖、李飞、季光、杨进、金实、金妙文、王旭东、刘志诚等众多名医名师,擅长临床常见病、多发病以及疑难杂症、慢性病调理等。国粹堂位于健康城中心位置,主要展示中医药文化发展历程,并设有中医名家工作室,其中一楼为中医药文化展示馆,展馆面积约800平方米,分中医药文化和南京中医药大学历史展示、中药展示、中医“治未病”展示3个部分;二楼和三楼为名医工作室,按照国家关于名医工作室建设标准建设8个名医工作室,每个名医工作室均设有专家诊室、资料室、音像室、大师休息室等功能板块,平均使用面积100平方米。国仁堂是南中医丰盛健康学院实训基地,以知名专家团队为主导,为针灸、推拿、刮痧、火罐、理疗、药物熏蒸、热敷、贴敷、食疗、养生功法等多种传统非药物治疗方法临床应用实践中心。国瑞堂为健康城会员服务平台,建立VIP会员制度,通过标准化流程和个性化方案,为会员量身定制健康管理方案。

“一坊”——和剂坊是健康城传统中药加工工坊,其特色中药膏方,精选纯正道地药材,经资深药学专家团队严格把关,经过浸泡、煎煮、提纯、收膏等工序精心熬制,极具滋补作用和疗效。

“一中心”——特色体检中心,除常规西医检查外,特别引入中医体检,由中医专家坐诊检查,并配有中医检测设备,提供专业体检服务。

(区卫生局)

【健康网运营】 2015年年初,鼓楼区健康网正式运营,项目位于石头城路118号,专注于医疗互联网市场,依靠线上线下紧密结合,整合区域内医药资源,探索新型互联网医疗健康服务,打造优质诊疗服务模式,为医、药、患以及政府管理部门提供系统、全面、有效的数据支持。

【健康服务业发展科设立】 4月,区委区政府在区卫生局增设健康服务业发展科,具体承担全区健康服务业发展工作,增设科级领导职数1名。旨在发挥区医疗服务、教学科研、高端人才资源优势,管理和促进区域健康服务业发展。

【南京中医药国际养生旅游项目启动】 7月21日,南京市中医药国际养生旅游项目正式启动。当日,首批48名赤道几内亚礼仪培训班学员到南京中医药服务贸易发展促进中心——南中医丰盛健康城参加中医养生体验活动。活动中,学员参观健康城,听取健康城首席中医专家“炎热地带养生”主题讲座,品尝中医养生茶,现场体验中医“望、闻、问、切”四诊疗术。该项目为市商务局、旅游委、卫生局及相关企业共同合作推出的中医药服务贸易项目,被列入《南京市中医药服务贸易三年行动计划(2014~2017)》之中。

【美年大健康体检中心投入运营】 8月,美年大健康体检中心(鼓楼分院)投入运营。项目位于中山北路49号机械大厦1~4层裙楼,是美年大健康产业集团在南京成立的第二家高端专业健康体检机构。该分院体检运营面积800多平方米，日接纳体检流量700人次。有独立的VIP楼层和团检楼层，其中团检楼层分设男宾检区、女宾检区和公共检区。以高品质、专业健康体检为基础，以移动大数据为根源，为企业和个人客户提供体检全程信息化管理、导医分诊、检出紧急告知、体检报告解读、检后随访等管家式健康管理服务。

【健康服务业暨卫生“协同创新、协同发展”大会】 12月1日，鼓楼区健康服务业暨卫生“协同创新、协同发展”大会召开，由江苏省人民医院、南京鼓楼医院、东南大学附属中大医院（简称中大医院）、南京医科大学第二附属医院（简称南医大二附院）等三级医疗机构与鼓楼区基层社区卫生服务中心组成的4个医疗联合体正式揭牌，并进入试运行阶段。会议明确：按照“条块结合、就近转诊、联建共享、特色发展”区域卫生协调发展模式，将鼓楼区13个街道分为4个片区，分别由1所三级综合性医院作为医联体核心医院，与片区内政府办社区卫生服务中心，组成4个“医疗联合体”。副市长胡万进、省市卫计委相关领导，江苏省人民医院院长王虹、南京鼓楼医院院长韩光曙、中大医院党委书记刘乃丰、南医大二附院院长季国忠、省疾控中心主任周明浩、省妇幼保健院党委书记汤建平、市卫生监督所所长王振球，区领导杨学鹏、王隆京等，区医改领导小组成员单位、各街道主要负责人以及区卫生系统医务人员代表300余人参加会议。会上，副区长梁春燕介绍区卫生“协同创新、协调发展”有关情况，区委常委、常务副区长吴勇强与省人民医院、南京鼓楼医院、中大医院、南医大二附院、省疾控中心、省妇幼保健院、市卫生监督所签署共建医联体协议书，省、市、区领导和三级医院院长共同为医联体成员单位揭牌。 （蒋燕民）

城市旅游

【概况】 2015年，鼓楼区实现旅游收入156亿元，同比增长18.2%，自2013年两区合并以来连续三年增长率超过

2015年鼓楼区旅游管理工作情况

表16

项　目	单　位	实　绩
1.旅游企业主要情况		
星级饭店	家	26
接待人数	万人次	145.56
营业收入	亿元	17.58
纳税金额	亿元	1.52
客　房	间	6340
从业人员	人	7078
旅行社	家	147
星级旅行社	家	53
接待人数	万人次	143.02
营业收入	亿元	57.5
纳税金额	亿元	0.21
AAA级以上景区	家	9
接待人次	万人次	449.84
总收入	亿元	0.74
2.旅游管理与开发		
受理旅行社分社及网点备案	起	22
受理星级饭店申报和复核	家	13
行业安全检查	次	42
旅游投诉处理	起	249

15%；完成税源经济公共收入2.18亿元，同比增长20%；完成税收2.54亿元，同比增长13%。全年新增旅游企业17家，新增实际到账注册资本1000万元以上企业1家。香格里拉大酒店(南京)有限公司、南京新金陵饭店有限公司、城市名人资产经营有限公司3家企业始终保持较大增幅和增量，居于区域经济贡献前三位。搭建展示颐和路民国文化风采、宣传鼓楼区旅游资源形象、提供便捷旅游咨询服务、推进旅游经济招商发展的综合性平台，江苏路39号鼓楼旅游咨询服务中心完成修缮建设并投入使用。扬子饭店旧址修缮保护工程按预定计划完工。编制完成《鼓楼区旅游产业发展“十三五”规划》。建立文明旅游示范旅行社、示范酒店、示范景区、示范学校、示范社区等示范点；建设景区化城区，完善旅游配套基础设施建设，为游客提供舒适的旅游环境；健全旅游安全管理体系，加强旅游市场日常督查、联合执法和专项集中整治，营造健康有序市场环境；提升行业创优服务素质工程，培育树立文明旅游先进典型，开展“最美夕阳红”文明旅游形象大使选拔比赛活动，塑造文明旅游新形象。围绕健康旅游、滨江风光等主题，先后举办或参与组织“万米酷走　慧动滨江”健走主题活动、“巾帼风采耀滨江”全区机关女干部庆“三八”健步走活动、“幕府风光　欢乐善跑”大型公益跑步活动等传统节庆活动；举办2015南京妈祖庙会，同步开展“乙未年春祭妈祖1055周年大典”、妈祖巡游、南京天妃宫复建10周年文化专题座谈会等一系列主题活动。区旅游主管部门完善旅游产业体系建设，抓文明旅游示范区和旅游集聚区软硬两大载体建设，发挥旅游业在全区产业转型发展、区域形象提升、综合竞争力打造等方面的重要作用，不断做大做强旅游产业规模和效益。开展全区旅游安全大检查、联合检查30余次，督导企业定期开展安全培训、演练等，全年无重大旅游安全事故。依法处理旅游投诉249起，为游客挽回经济损失50余万元。开展企业诚信贯标、“平安景区”“绿色饭店”创建活动，5家单位被评为区级文明单位，17家单位被评为市、区“三信三优”诚信企业；举办旅游饭店经理岗位职务培训、新办旅行社骨干培训、旅游饭店服务技能比赛等培训竞赛活动。

【《鼓楼区旅游产业“十三五”发展规划》编制】 2015年，区旅游主管部门立足“十二五”收官及“十三五”开局，全面启动并完成《鼓楼区旅游产业“十三五”发展规划》(简称《规划》)编制工作。《规划》明确提出：瞄准“优势集中、效益集显、规模集聚”的集群化发展目标，实施“旅游+”发展战略，科学合理构建“一轴、五集聚区”(中山北路民国历史文化旅游中心轴，滨江现代都市休闲旅游集聚区、环明城墙—外秦淮河明清文化旅游集聚区、颐和路民国风情休闲旅游集聚区、新街口—鼓楼—湖南路时尚休闲旅游集聚区、广州路—汉中路—五台山健康旅游集聚区)鼓楼旅游产业空间布局，提振旅游产业实力和税收效益；计划“十三五”末完成旅游业总收入较“十二五”末翻一番目标，达到300亿元，建设成为南京最大开放式城市景区、旅游产业融合实验区、文明旅游示范区。　(周　磊)

市场开发

【概况】 2015年，鼓楼区旅游主管部门将构建“畅游鼓楼”产业体系作为全年工作指导思路，突出旅游产业竞争力和影响力建设。加强旅游资讯信息平台建设，扩大鼓楼旅游影响力。年初，“畅游鼓楼”——南京市鼓楼区旅游局微信公众号正式上线，全年政务微信公众平台推送旅游资讯近500条；设计制作颐和路民国风情明信片、江苏路39号宣传折页、“畅游鼓楼”便民雨伞等旅游文创产品，并向市民免费发放。11月，区旅游主管部门组织区内重点景区企业，组团参加2015年中国国际旅游交易会。探索旅游企业联盟合作模式，召开景区、旅行社宣传营销交流会，推进企业合作共赢；完善滨江都市休闲旅游带、明城墙—明外郭文化休闲旅游带、颐和路民国风情休闲旅游街区、新街口—鼓楼时尚休闲旅游街区等空间布局，打造优势集中的旅游发展局面。

【扬子饭店旧址修缮保护工程】 2015年，扬子饭店旧址修缮保护工程在上

修缮后的扬子江饭店

年完成加固与修缮施工工程基础上，陆续启动并完成室内装饰施工、室外景观施工、运营管理对接等工作。该建筑建于1912～1914年，年代久远、结构破损及基础沉降严重。施工遵照“保护为主、抢救第一、合理利用、加强管理”文物修缮保护原则，秉承“加固优于修缮、修复优于恢复”设计理念，克服“基础加固穿墙孔施工、墙面钢筋网片加固施工、原混凝土楼板加固施工、原木格栅及木地板楼面新增钢梁加固施工、锰镁铝屋面施工、外墙修缮、木格栅及地板调平处理、卫生间马赛克排版处理、部分回廊地面仿古花砖排版处理及部分回廊区域吊顶标高问题”等一系列困难，精心工程管理、精心施工作业，实现“外墙门窗拱券恢复、外墙修缮、清水小砖墙修缮、楼梯脱漆处理、露明木构件揩色处理及室内墙面新增设备保护层处理”等6项修缮亮点。

【“万米酷走　慧动滨江”主题健走活动】 2月7日，“万米酷走　慧动滨江”健走主题活动启动仪式在民国海军医院旧址公园举行，社会各界近千名市民参加活动，著名羽毛球运动员孙俊、葛菲夫妇到场参加启动仪式。活动路线沿民国海军医院旧址一路溯江而上，集下关滨江示范段、渡江胜利纪念馆等近20处特色景观，至北河口水厂为终点，全程约8公里。活动以迎春纳新为主题，引导百姓走向滨江，领略滨江独特风景，加入全民健身活动，生活在滨江、享乐在滨江。

【宝船滨江旅游配套项目协议签署】 3月，鼓楼区与金龙创业发展有限公司共同举行宝船滨江旅游配套项目合作协议签约仪式，由滨江商务区与新加坡合作方签署。区委书记杨学鹏等区领导，下关滨江商务区管委会、阅江楼风景区管委会、南京宝船厂遗址文化管理有限公司等单位相关负责人，以及金龙集团代表许岳金、默罕默德·苏彼亚一行出席仪式。该项目为滨江风光带旅游配套项目，南起北河口水厂，北至有恒渡口，东至扬子江大道，西临夹江，占地面积8.07公顷，预计总投资2000万美元。项目主要包括郑和博物馆（兼海上丝绸之路博物馆）、郑和下西洋所经国家风土人情文化展示中心、郑和下西洋海上探险体验馆、海洋场景多媒体模拟体验中心、东南亚文化团体表演场地以及配套娱乐、餐饮和休闲场所。

【鼓楼旅游咨询服务中心建成开放】 5月18日，位于江苏路39号南京鼓楼旅游咨询服务中心（简称中心）建成并免费对外开放。中心建筑属于市级文物保护单位，建于20世纪30年代。新中国成立后，成为南京特别市第六区（今鼓楼区）区公所。中心一楼部分区域为先锋书店，推广鼓楼民国文化系列文创商品，20种颐和路民国建筑手绘明信片在先锋颐和书馆面市。一层西侧颐和路民国文化展馆、颐和路民国风貌区实景及电子屏等区域，展示民国文化等旅游资源，设有接待台和实景模型沙盘。颐和路历史文化风貌保护区内225幢民国建筑，均以实景微缩模型形式呈现，并辅以科技手段，在沙盘旁电子触摸屏上点击其中任何一座民国建筑名称，沙盘上对应建筑灯便会亮起，墙面同时投影播放关于该幢建筑相关历史。沙盘上展示的建筑，每一幢都有故事，市民游客不进院落、围墙，也能了解颐和路民国建筑历史文化，知晓曾经居住的名人。同时，中心具备推进全区文化旅游产业招商发展，为游客、市民旅游提供咨询服务功能。年内，中心联合国旅江苏公司，组织台湾观光局、阅江楼景区及部分高星级饭店参加鼓楼旅游资源对接会，引导驻区旅游企业报团联动、精确服务，吸引台湾游客畅游鼓楼。至年末，中心先后开展“游鼓楼、知鼓楼”“台湾旅游专场会”“民国特色旅游”“导游培训”“民国下午茶”“旗袍沙龙”“汉服经典”“昆曲沙龙”等主题活动和旅游宣传促销活动10余场，吸引游客市民观光超过万余人次，成为展示颐和路民国文化风采、宣传区域旅游资源形象、提供便捷旅游咨询服务、推进旅游经济招商发展的综合性平台。

【“幕府风光　欢乐善跑”公益长跑活动】 （参见第216页，“公共服务”类目同名条目）

【组团参加2015年中国国际旅游交易会】 11月13～16日，区旅游局组织区内阅江楼风景区管委会、南京宝船厂遗址文化管理有限公司等重点旅游企业参加在云南举行的2015年中国国际旅游交易会。鼓楼区展厅采用图文展示、定点发放资料、流动宣传等方式介绍辖区旅游发展优势、推广鼓楼旅游线路和产品。参会期间，鼓楼区代表与国内外旅游业界同行进行广泛接触，接受咨询和参观约1000人次。

（周　磊）

行业管理

【概况】 2015年，鼓楼区开展文明旅游示范区创建活动，实施“文明旅游标准化、文明旅游好人、旅游市场净化、旅游设施提升、文明旅游示范、文明旅游普及”六大工程。印发文明旅游宣传资料8万余册，举办文明旅游大讲堂，开展文明旅游进社区、进校园活动，开展文明餐桌和禁烟行动。在“2015中国旅游日”之际，开展“全国最美导游李滨课堂”宣讲活动，邀请全国模范导游员李滨结合自身经历围绕导游工作、倡导文明旅游、提升服务品质等方面授课。全年新增旅游企业17家，注册资本1000万元以上企业1家；完成旅行社分社与服务网点备案20家；完成12家旅行社星级申报、评定和验收工作,评定性复核13家二星级、三星级饭店。

【文明旅游示范区创建】 2015年,鼓楼区全面开展文明旅游示范区创建工作。4月,区旅游主管部门召开全区旅游工作会议暨创建文明旅游示范区动员大会,印发文明旅游宣传资料8万余册;5月,举办文明旅游大讲堂,邀请全国模范导游李滨在全行业深入宣讲;6月,开展文明旅游进社区、进校园活动,开展文明餐桌和禁烟行动,走进琅琊路小学、幕府山街道五塘一段社区等单位,将文明旅游理念渗透到每个角落;8月,举办暑期文明旅游学生夏令营活动,建立多个文明旅游示范旅行社、示范酒店、示范景区、示范学校、示范社区等示范点,带动文明旅游创建全面展开,夯实文明旅游形象阵地;健全旅游安全管理体系,全年开展旅游市场日常督查、联合执法和专项集中整治30余次,营造健康有序市场环境;10月,举办"最美夕阳红"文明旅游形象大使选拔比赛活动,开展行业创优服务素质提升工程,培育树立文明旅游先进典型,塑造文明旅游新形象;以贯彻各种旅游法律法规和行业标准为重点,推进文明旅游法制化、正规化建设,总结形成长效标准化建设制度,构建工作长效机制。

【企业评优创建】 2015年,区旅游主管部门加强提升行业服务水平,引导企业开展星级评定、诚信贯标、"平安景区""绿色饭店"等评优创建活动,做好培训和发展工作。是年,全区旅游系统5家单位被评为区级文明单位,17家单位被评为市、区"三信三优"诚信企业;全年完成12家旅行社星级申报、评定和验收工作,完成旅行社分社与服务网点备案20家,评定性复核13家二星级和三星级饭店;组织举办旅游饭店经理岗位职务培训、旅行社骨干培训、旅游饭店服务技能比赛等培训竞赛活动。

【行业执法检查】 2015年,区旅游主管部门开展星级饭店布草洗涤情况、出境游市场、节前旅游市场秩序、市民督导团明察暗访、星级酒店公共场所控制吸烟等各类专项检查10余次;全年依法处理旅游投诉249起,组织面对面调解90多场,为游客挽回经济损失50余万元。

【"全国最美导游李滨课堂"开班】 5月19日,中国旅游日到来之际,"全国最美导游李滨课堂"在江苏路39号南京鼓楼旅游咨询服务中心开班,鼓楼区旅游局、国旅江苏公司联合邀请全国模范导游员李滨,结合自身经历讲授开展导游工作、倡导文明旅游、提升服务品质等,来自辖区旅游企业一线工作者30余人参加活动。

链接:

李滨是中国国旅江苏公司专职导游、出境领队,高级导游员,曾先后获全国模范导游员、全国优秀导游员、江苏省金牌导游员、南京好市民等诸多荣誉称号。李滨是鼓楼区旅游行业的先进代表和荣耀模范,是全国导游工作者和旅游行业学习的榜样,其先进事迹中央和省市各大主流媒体均予以报道。

【重点旅游企业安全检查】 6月,区旅游主管部门组成2个工作组,结合东方之星"6·1"翻沉事件和韩国"中东呼吸综合症"影响,导致辖区旅行社游客退团4500人左右,营收损失2000万元等突发事件,开展辖区8家重点旅游企业,江苏国旅、省中旅、康辉国旅、德高国旅、金陵商务国旅等5家从事游轮业务的重点旅行社,2家星级饭店和1家A级景区安全检查。检查中,重点强调游轮安全、用车安全、消防安全等;要求各企业切实做好应对措施,及时调整行程,认真处理退团游客费用退还和投诉处理,防止发生群体事件,防止游客感染,杜绝将疫情带到国内。

【成冰获省旅游饭店服务技能大赛单项二等奖】 7月,鼓楼区代表队参加2015年全市旅游饭店服务技能大赛,在中式铺床、中餐宴会摆台、西餐宴会摆台和调酒4项比赛中竞争角逐,全面展示该区旅游饭店员工服务素质和服务技能。驻区玄武饭店参赛选手成冰脱颖而出,作为南京市代表参加江苏省旅游饭店服务技能大赛,获中餐宴会摆台组二等奖。

【旗袍文化沙龙】 7月25~26日,"品民国风　赏旗袍韵"旗袍文化沙龙在鼓楼旅游咨询中心举办,文化沙龙由鼓楼区旅游局、中国国旅(江苏)国际旅行社有限公司联合主办,30位女性朋友参加。活动邀请专业培训师,通过讲解、互动等形式向现场客人介绍旗袍的发展、旗袍的搭配与基本妆容以及文明旅游出行礼仪、在旅游中如何正确着装等内容,主办方还聘请专业摄影师为到场嘉宾拍摄以民国建筑为背景的旗袍照。

【文明旅游学生夏令营】 8月12日,区旅游局、团区委共同举办"走进民国建筑　聆听历史声音"主题暑期文明旅游学生夏令营,来自全区30个困难家庭的少年儿童参加活动。学生通过走访江苏路39号鼓楼区旅游咨询中心、颐和路民国历史文化街区、开展作文竞赛评选等,了解和认识民国历史文化特别是民国人物故事、建筑知识,增强学生爱国主义观念。

【"幸福社区、文明旅游"最美夕阳红旅游形象大使选拔大赛决赛】 10月23日,区旅游局、区文明办、同程国际旅

10月23日，区旅游局、区文明办、同程国际旅行社南京分公司联合主办的“最美夕阳红”文明旅游形象大使选拔大赛决赛在白云亭文化艺术中心举行

行社南京分公司联合主办的“幸福社区、文明旅游”最美夕阳红旅游形象大使选拔大赛决赛在白云亭文化艺术中心举行，市旅游委副主任黄琴、副区长梁春燕参加活动并为获奖选手颁奖。活动主题为“幸福社区、老有所乐；文明旅游、从我做起”，8月初启动，全区13个街道报送参赛作品67件，包括才艺表演、文明旅游演讲等多项内容。经过前期选拔，19名选手入围决赛，最终评选产生一等奖2名、二等奖3名、三等奖5名、优秀奖9名，并授予“鼓楼区文明旅游形象大使”称号。

（周　磊）

阅江楼风景区

【概况】 阅江楼风景区由阅江楼、天妃宫、静海寺纪念馆组成，占地面积约30万平方米。阅江楼主楼外观4层，内设3层，共7层，总高52米。楼内陈列明代16位皇帝画像、朱元璋《阅江楼记》的金字靠壁、郑和下西洋巨型瓷画、朱元璋龙椅仿制品等一批明代家具和书画、陶瓷等物件。为国家AAAA级旅游风景区。

2015年，阅江楼风景区收入2039万元，同比增长19.98%；接待游客90万余人次。年内，与多伦路社区支部签订共建单位协议，举办新春送“福”进万家、趣味运动会等活动；与全国十大历史文化名楼合作开展“蓝色行动——人人都是笨小孩”点亮蓝灯活动；举办2015年南京妈祖庙会暨南京天妃宫复建10周年系列活动；举办“海上丝绸之路辉煌的见证”——南京天妃宫复建10周年专题座谈会；利用端午、国庆、重阳3个传统节庆日，举办“阅江楼杯”海内外诗联征集大赛。5月，景区游客中心完成近两年建设工程，投入试运营。是年，阅江楼风景区管委会先后被评为市内保先进集体，获2013~2014年度市“三信三优”诚信单位、2013~2014年度区文明单位、区安全生产优秀单位、区经济社会发展先进集体、区价格诚信单位等荣誉称号。

【景区宣传】 2015年，景区管委会接待外来媒体拍摄19场次，引进中央电视台国际频道大型户外青春益智真人秀节目《奔跑的课堂》，向海内外观众传播景区文化；协助配合中央电视台纪录频道拍摄《长江》系列专题片；与中国邮政集团南京分公司合作，共同推出景区智慧旅游产品“阅江楼景区AR智慧导览”邮政明信片；与江苏广播电视总台旗下《东方文化周刊》签订战略合作协议，并开展“东方全媒体”合作线下推广活动。加强景区廉政文化建设，组织部分专家学者收集并整理蕴含景区历史文化“反腐倡廉”小故事，制作景区廉政文化三折页2000份发放给游客。

【静海寺纪念馆《南京条约》史料陈列展提升工程完成】 2015年，静海寺纪念馆《南京条约》史料陈列展提升工程完成。该项目被省文物局列入《2014年全省博物馆陈列展览提升工程目录》。2014年9月，在省、市、区各级政

8 月 4 日，提升工程完成后的静海寺纪念馆《南京条约》史料陈列展接待香港公共政策研究机构高层访问团参观

府关心和支持下，管委会启动展陈提档升级改造工程，将馆内《静海沧桑》展在原有基础上合理调整与升级，改造为《南京条约》史料陈列展。提升改造后的新展陈以议约场景复原为核心展区，以前厅、英军入侵、小院、城下之盟、议约场景复原、香港回归 6 个部分为主线，总展线 174 米，实现馆内独幢古建筑 4 个展陈空间与 3 个连接空间有效连接。通过图片、实物、重点亮点微景复原等手段，再现中国近代与静海寺、与《南京条约》相关的历史风云，特别是议约史实及相关影响，整体体现中华民族在曲折中前进、在蛰伏中觉醒、在成功中自省精神。

【游客服务中心试运营】 5 月 11 日，阅江楼景区东南片区配套服务项目（游客中心）对外试营业，副市长胡万进以及区四套班子主要领导为游客中心揭牌。游客中心位于建宁路 202 号阅江楼景区南入口内，2013 年 2 月开工建设，2014 年年末完工，占地约 1 万平方米，建筑面积约 4500 平方米，总投资约 4000 万元。主要建有：游客接待中心、旅游服务中心、文化展厅、停车场等。建筑型式采用民国官式风格，充分利用山坳空间，依山势而建，整个建筑分为 3 层，东南大学古建专家杜顺宝设计，形式上与景区建筑风格上下辉映，统一协调。自试运营以来，实现经营收入 90 多万元，接待市区机关、社会各层面会议、宴请、参观 1 万多人次。

【天妃宫迎新年撞钟祈福活动】 1 月 1 日晚，“佛音禅韵　祈福天妃——2015 年天妃宫·观音寺元旦祈福撞钟法会”在南京天妃宫举办，为2005 年天妃宫·观音寺复建以来第 10 年连续举办。活动中，灵谷寺方丈、观音寺主持传静大和尚率领僧众诵经祈福，吸引近 5000 余名信众、市民共同参与，人们一起诵经祈愿、敬香纳福、撞钟迎新，预祝新一年幸福安康、吉祥如意！活动分为：佛前雅韵·佛音禅韵、开光祈福送平安、诵经祈福送安康、平安钟声添吉祥等 4 个方面。

【“天下妈祖　四海一家”2015 年南京妈祖庙会】 5 月 11 日（农历三月二十三），纪念妈祖诞辰 1055 周年暨南京天妃宫复建 10 周年系列活动在天妃宫举行。其间，举行妈祖祭拜仪式、妈祖神像巡游踩街活动、《流金岁月　十年精彩》南京天妃宫复建 10 周年主题图片展、“海上丝绸之路辉煌的见证”——南京天妃宫复建 10 周年文化专题座谈会、郑和航海文化展等一系列不同形式主题文化活动。祭拜活动首次邀请部分在南京工作生活的台湾信众、天妃宫功德主（在宁闽、侨、台商会人士），南京市民及来自福建南安、莆田，广东潮州、中国台湾地区等地信众，以及来自湄洲祖庙、上海、青岛、天津和太仓宫庙代表参加“乙未年春祭妈祖 1055 周年大典”，以及通过网络向社会征集的 10 个家庭作为陪祭人共同祭拜妈祖，进一步提升“南京天妃宫皇家宫庙”地位。

5 月 11 日，2015 年南京妈祖庙会在阅江楼风景区天妃宫内启幕

【纪念“世界自闭症日”主题活动】（参见第205页，“公共服务”类目同名条目）

（郭晶晶）

【第13届阅江楼文化艺术节开幕】 9月28日，第13届阅江楼文化艺术节在阅江楼景区游客服务中心开幕。开幕式上，景区管委会与中国邮政集团南京分公司签署“畅游鼓楼 e邮伴你行”战略合作协议。同日，由景区管委会和中国邮政集团南京分公司共同出品的“阅江楼AR智慧导览”邮政明信片举行首发仪式，产品将邮政明信片、手机语音导览完美结合，更显智慧旅游便捷性、文化性。市旅游委副主任夏军、副区长梁春燕及新民门社区、多伦路社区居民代表参加开幕式。

【妈祖文化交流研讨会】 12月16日，2015南京妈祖文化交流研讨会在南京天妃宫召开。研讨会由南京妈祖交流协会首次主办，阅江楼风景区管委会首次承办，为全国性妈祖文化交流研讨活动。会议邀请中华妈祖文化交流协会，湄洲祖庙、上海天妃宫、青岛天后宫等10家全国各地天妃宫庙以及南京大学、南京师范大学教授，南京地区闽、台商会代表90多人参加；市台办、市文广新局、市旅游委有关领导和南京妈祖文化交流协会领导，鼓楼区委副书记陆敏、区政协主席王隆京以及区有关部门领导出席会议。研讨会之前，举行妈祖祭拜仪式。会上，中华妈祖文化交流协会常务副会长林国良、南京大学社会学院副教授杨德睿、南京师范大学社会发展学院副教授白莉以及闽商、台商代表等7位嘉宾，围绕妈祖文化在“一带一路”建设、两岸关系和平发展中重要作用以及妈祖宫庙运作与管理等主题，从弘扬妈祖文化途径、南京妈祖崇拜渊源、以妈祖文化促进两岸和平发展、妈祖宫庙管理运行模式等多个角度，阐述观点建议、交流思考认识、分享工作经验。市政协副主席陆平贵、南京妈祖文化交流协会名誉会长俞明分别从妈祖文化精髓、内涵，江苏和南京与“一带一路”联系2个方面作发言。

（刘　浩）

景点选介

【石头城遗址公园】 石头城遗址公园位于石头城1号，北起石头城路南端，南至汉中门红土山，东西侧分别为明城墙和外秦淮河，水陆面积约20万平方米，是秦淮河环境综合整治总体规划的5个风貌段之一。为国家AAA级景区、江苏省重点文物保护单位。标志性景点有：燕王河、鬼脸照镜、龟石群、清凉门、城墙拜佛、石城霁雪等。古人说及金陵四景，常用“春牛首，夏钟山，秋栖霞，冬石城”来形容，“冬观石城霁雪”为文人骚客们所赞赏。

2015年，景区着力提升园内绿化，补植草坪5000平方米，种植草花8000平方米，更新沿线绿篱植被2000平方米。投入改造维修资金36.2万元，更新石头城码头塔楼亮化，更换沿线草坪灯和LED亮化灯具，维修沿线贴面，增建公园配套石头城北门收费停车场，增设相应停车管理硬件及软件等。

石头城遗址公园

【乌龙潭公园】 乌龙潭公园位于广州路215号，占地7万平方米，其中水面1.9万平方米，绿化覆盖率80%。1982年经南京市政府批准建立，2008年被评定为国家AAA级旅游景区。景区总体结构为一轴、四区。整个乌龙潭水系是一道景观轴，乌龙桥、红楼梦、人文古迹、自然湿地四大景区围绕其展开，中国象棋桥、乌龙桥、名人文化墙等各特色景点散落在景区间。

2015年，乌龙潭公园管理处加大环境整治力度，斥资修缮出新园内诸景点，全年完成公园西门片区、龙游亭景点、潭内喷泉、景区垃圾箱等出新更换工作。开展园林精细化养护管理，适时调整园林植被，补植、修剪、清杂，减少黄土裸露。全年移植补植各类苗木1900余株、地被草坪480平方米；完成乔灌木修剪1.08万株·次、色块绿篱4.4万平方米·次；伐除杂树小灌木400余株；播撒草种100公斤，节日布花8000余盆。潭内投放药物30公斤，有效整治蓝藻，控制浮萍生长，保障潭面清洁。建成一条全长400米健康步道，倡导人们追求健康生活方式。全年接待游客102万人次，较上年同期上升5%。

【古林公园】 古林公园位于草场门以东，虎踞北路21号，是一座集名花异卉、娱乐休闲为一体的综合性公园。1981年1月正式建园，1984年4月23日对外开放。公园占地面积22.77万平方米，其中水面3500平方米，绿地率95.67%。园内有牡丹园、梅花岭、金陵梅桩园、盆景园等景区。景区内有牡丹亭、天香阁、远香榭、晴云亭、四方八景阁及拜梅亭等仿古园林建筑，栽植牡丹、梅花、芍药、杜鹃、山茶、月季、樱花等各色花卉。另有儿童乐园、烧烤场、彩弹射击中心等娱乐项目。

古林公园以梅花、牡丹为主要特色，其盆景园，是一处盆景展示佳地，也是金陵盆景研发和培育中心，拥有各类品种盆景300余盆，许多盆景在各类盆景展中获得大奖。每年2～3月公园举办梅花节，是历届中国南京国际梅花节的分会场；4～5月举办牡丹花会，至2015年共举办22届。

2015年，公园投资约46万元维护园内基础设施：维修园路、台阶、铁栏杆和牡丹园、拜梅亭等建筑，维修半山亭，更换盆景园大门及嬉水园侧门，增加牡丹园和雪松山大树支护；新建四方八景阁等处道路、硬质铺装约1000平方米。新建四方八景阁和晴云亭停车场蓄水池2座，有效解决园内山地园林养护及防火问题；在牡丹园、盆景园内新砌2座花池。公园投资约100万元进行园景园容养护：按照长效管理考核要求，整治黄土裸露，并结合冬春绿化及东门景区改造、嬉水园综合改造，铺设草坪2630平方米，栽植红花酢浆草、杜鹃、红叶石楠、南天竹、小叶栀子、海桐等花灌木约5000余株，麦冬5000斤。全年引进牡丹、芍药、荷包牡丹以及盆栽什锦牡丹约800株；引进大丽花、四季海棠、矮牵牛、石竹、三色堇、一串红、太阳花、角瑾、孔雀草等盆花2.6万盆；洒播向日葵、波斯菊种子3000平方米，布置公园园事花事活动景点。投资约13万元购置碎枝机，清理园内枯死树枝，提升园林养护效率。年内，举办梅花节活动和第22届牡丹花芍药花卉展，公园从山东菏泽、河南洛阳等地引进豆绿、晨红、胡红等牡丹精品向游人展示；配合省老龄委举办"2015老年节暨第二届百佳孝星颁奖仪式"，完成省文明城市测评迎查工作。全年接待游客118万余人次，较上年上升200%。是年，公园被南京市旅游委评为"平安景区"达标单位，被鼓楼区评为区级文明单位。

【渡江胜利纪念馆】 渡江胜利纪念馆位于渡江路1号，由主馆区、渡江胜利广场、渡江胜利纪念碑等部分组成。占地面积2.1万平方米，建筑面积8200余平方米，展厅面积4400余平方米。1987年邓小平为馆题写馆名。主馆区使用仿木结构外立面，并做成"木船"形状，寓意"驶向胜利之船"。渡江胜利广场上矗立着大型"千帆竞渡"群雕。群雕分为6组，呈红色直线柱体形式，截面为红色五角星。其中最高的一根红色立柱长49.423米，象征着1949年4月23日南京解放。渡江胜利纪念碑为省级文物保护单位，双帆船形，碑座为紫绛色船体，碑身为白色双帆。渡江胜利纪念馆是全国首批百家红色旅游经典景区之一，是省市党性教育"三严三实"教育基地、市社会主义核心价值观教育基地。

2015年，纪念馆举办"永远的铁人——王进喜生平业绩展览""陈毅与泰州——泰州抗战老电影展""国家记忆——新中国历次大阅兵图片展"，与江苏省第二历史档案馆合作在大庆铁人纪念馆展出"中国战区受降档案史料展"等。全年接待游客160万人次。是年，纪念馆被评为2015年江苏省公共机构节能示范单位、南京市统一战线工作先进集体，获南京市公安局颁发的先进集体称号。

【宝船厂遗址公园】 宝船厂遗址公园位于中保村漓江路57号，是全国重点文物保护单位、国家AAA级旅游景区、南京市对外文化交流基地、南京市市级"青年文明号"、鼓楼区"三信三优"单位。

2015年，公园摸底调查所有景观设施，针对多项木质设施老化腐朽问题，提出大门牌楼、仿真宝船、碑廊木栈桥、碑廊跌水墙平台、水闸门、十二船舵等处多套维修方案。申请维修资金500多万元，年末进入立项程序。同时，完成西广场消防设施、茅草亭、前广场石凳、三角亭等整改维修工程。7月11日，宝船厂遗址公园被列为"海上丝绸之路"申遗预备地点，文物专家到宝船厂遗址现场考察600年前造船遗迹。11月16日，为期8天的境外媒体"一带一路看江苏"考察采访活动落下帷幕，来自世界15个国家17家媒体近30名记者参观宝船厂遗址公园，有着600多年历史宝船让外国记者瞬间穿越到明代，跟随郑和一同开启西太平洋和印度洋航海之旅。

【鼓楼公园】 鼓楼公园位于北京西路1号。2015年，公园因地铁4号线施工需要，仍然实行闭园消险加固。在地铁施工期间，以加强安全管理、保护历史文物为重点，投资1万元，增设安全监控设施4个，全年未发生一起安全事故。长效管理管辖范围内绿化植被，施有机复合肥300余公斤，确保植物枝型美观，来年花多叶茂。多次补植黄土裸露或人为踩踏地被，全年投入3万元，补栽麦冬600余平方米、法青480株，栽种开花地被135平方米，补植色块缺株340余株。邀请园林专家到园指导病虫害防治工作，园内植物病虫害得到有效控制。

【清凉山公园】 清凉山公园位于清凉山83号，占地面积26.67公顷，最高处海拔65.7米。清凉山古名石头山，乃钟山西延之尾端，与城东紫金山齐名，并称为"钟山龙蟠，石城虎踞"。享有"六朝胜迹"之称的清凉山，自战国以来相继兴建金陵邑、石头城、驻马坡、南唐避暑宫、崇正书院、扫叶楼等一批颇有影响的名胜古迹，是南京市一座历史文化名园。公园先后复建龚贤纪念馆、清凉兰苑、清凉山89号公馆楼、武侯驻马遗址浮雕、石文化展示区以及金陵名人艺术馆（李剑晨艺术馆、魏紫熙艺术馆）、清凉山公园观赏园艺区等多处现代人文景观。公园坚持文化建园，定期举行兰花展、奇石展等文化交流活动，常年举办书画、奇石、收藏品展览。其中，海峡两岸兰花展汇集南京兰友及周边城市乃至全国兰艺家选送的近千盆名品精品兰花，成为公园经典传统展览。

2015年，公园举办春季兰花邀请展，荟萃数百盆海内外兰花精品，同期举办兰文化书画展。公园西北角主峰东坡，建有300多株银杏树组成的银杏谷，公园新增高1.6米、宽1.5米"银杏谷"景观石，"银杏谷"3个字由银杏书画家忆君书写，秋季银杏盛开时节同期举办第一届清凉银杏谷摄影大赛。

【南京国防园】 南京国防园位于鼓楼区虎踞路87号，是南京市唯一国防教育主题公园，园名由江泽民亲笔题写，1992年7月落成正式对外开放，2004年10月实行免费开放。园内有国防教育馆、军兵种馆、中国人民解放军军史馆。户外展区主要为重型武器陈列场和军事体验乐园。园内拥有古金陵四十八景之一的"石城霁雪"胜景，"石城虎踞"所指之处即为公园所在地，公园内"东吴第一军事要塞""鬼脸城"、明城墙、燕王河、烽火台、晚清炮台、民国地堡等古迹，是南京悠久历史和军事文化的集中体现。南京国防园先后获国家国防教育主题公园、江苏省爱国主义教育基地、江苏省全民国防教育基地、江苏省双拥示范基地、江苏省科普教育基地、南京市爱国主义教育基地、南京市双拥文化示范基地、南京市科普教育示范基地、南京市社会主义核心价值观实践基地等荣誉称号，同时还是江苏省首家按照国家标准建设的应急避难场所。

2015年，国防园完成新老展馆屋面出新、园内标识牌增加及修复、园内广播系统维修及增加、公园军事礼品销售点改造出新、园内鱼雷快艇等重型武器出新工作。提档升级公园景观，突出杜鹃专类园特色，新栽植杜鹃7300余株，移植乔木花灌木2360株，铺设草坪6500平方米。结合国防教育特色开展"全民国防教育日"国防公益专场活动、"12·13"国家公祭日活动；举办"伟大贡献——中国与世界反法西斯战争"展览、"第二届军事体验嘉年华"活动；开展"国防科普教育进校园活动"和"国防之旅"科技夏令营活动；承办防震减灾科普宣传比赛，开展应急救护知识培训和人防专题活动等各类培训活动。完成全年经济目标133%，公园获江苏省科普教育基地、社会主义核心价值观教育实践基地、江苏省双拥示范基地等荣誉称号。

（闻　武　张笑雪）

2015年鼓楼区AAA级及以上景区一览表

表17

名　称	等　级	地　址
南京阅江楼风景区	AAAA	建宁路202号
宝船厂遗址景区	AAA	漓江路57号
石头城遗址公园	AAA	石头城1号
乌龙潭公园	AAA	广州路217号

星级饭店及旅行社选介

【南京金陵饭店】 南京金陵饭店位于汉中路2号，主楼高37层，有近千间(套)客房，是1979年经国务院批准建设的全国首批旅游涉外企业之一，1983年10月建成开业。至2015年年末，饭店接待党和国家领导人以及其他国家元首、政要700余位，世界500强董事长、总裁等各界精英、社会名流5000余人次，承接高端商务活动、国际会议3.5万批次。开业32年，累计接待全球165个国家2400万人次宾客。2014年7月，金陵饭店亚太商务楼投入试运营。至2015年年末，金陵饭店拥有客房近千间(套)、5000平方米会议场地、10万平方米国际标准写字楼、以及金陵风尚地下商业街区，成为江苏地区最大的五星级酒店综合体。

2015年，饭店接待全国政协副主席何厚铧、台湾地区国民党副主席郝龙斌、德国北威州州长克拉夫特等政要，承办各类重大活动、商务会议1300批次。金陵贵宾会员突破130万名，客房平均出租率76%，宾客满意率99.2%，第三方网评好评率99.6%。实施金陵楼客房、璇宫出新升级，加强核心产品功能创新及环境营造。推进饭店、写字楼租赁及商业配套、物业管理三大板块一体化运营，亚太楼新增世界500强公司博西家电、赛诺菲进驻。金陵汇德物业公司与鼓楼区华侨路街道共同创建的金陵饭店楼宇社区服务中心搬迁至亚太楼办公，可为入驻企业提供党群建设、经济服务、综合治理、民生服务等70余项服务。至年末，入驻世界500强、跨国公司和总部企业近80家，亚太楼、世贸楼写字楼出租率均超过90%，分别被鼓楼区政府命名为“特色楼宇”和“亿元楼宇”，并获政府奖励。是年，金陵饭店被中央文明委授予全国文明单位称号，被国家旅游局评为全国文明旅游先进单位，获第三届全国饭店“金星奖”；餐饮部获全国巾帼文明岗；连续五年获TripAdvisor卓越奖并升格“名人堂”特别荣誉奖；连续11年荣膺中国最佳商务酒店；被授予江苏省百家旅游行业诚信示范单位称号；凭借97%的用户推荐率荣登携程网“2015年度最佳酒店”榜首并获最佳人气酒店称号；作为“大众点评”南京酒店最佳商户排名第一酒店，获南京最佳城市旅游酒店、南京最佳周末度假酒店等称号。

【南京绿地洲际酒店】 南京绿地洲际酒店位于鼓楼区中央路1号——紫峰大厦49~82层，是“紫峰”“云峰”“翠峰”三大建筑合围而成的“绿地中心·紫峰大厦”建筑群中最高的主楼。作为南京国际化顶级商务建筑综合体，其功能包含白金五星级酒店、甲级办公楼与高档商场等商业业态，系国内大型超高商业综合体。酒店2010年开业，有444间(套)全景客房。2015年，酒店获第三届中国饭店“金星奖”、携程旅行口碑榜“2015年度最佳酒店设施奖”。被评为南京市安置残疾人就业先进单位和鼓楼区价格诚信单位。

【索菲特银河大酒店】 索菲特银河大酒店是法国雅高酒店集团旗下奢华酒店品牌，位于山西路9号，置身于繁华的湖南路商务区，紧邻狮子桥美食街，步行可至玄武湖、颐和路民国建筑群、青春剧场以及玄武门地铁站。酒店建于2005年，为五星级酒店，拥有352间(套)客房，房间整体设计糅合法式生活品味与中国特色。含高级房、豪华房、高级套房、行政套房等多种房型，可满足客人多样化需求。

2015年，酒店主营收入9.08万元，同比上升8.9%。酒店接待埃塞俄比亚总理夫妇及代表团一行、坦桑尼亚副总统比拉勒一行等外国政要。同时，酒店获“商务旅行”评选的2014~2015年度最佳会议酒店等12项奖项。

【南京威斯汀大酒店】 南京威斯汀大酒店位于中央路201号，坐落于中央大道核心地段，置身于金茂汇广场南塔，紧邻湖南路商业中心，为五星级酒店。有234间客房，每间客房均可饱览玄武湖景观。该酒店是喜达屋酒店及度假村管理集团在江苏省的第一家威斯汀品牌酒店，是南京地区唯一一家每间客房均可饱览玄武湖景观的国际连锁品牌酒店。

2015年，酒店客房收入4247万元。酒店管理层及员工代表投身驻地公益活动，多次到中央门街道观音里社区为社区老人送温暖，帮助老人理发，陪伴老人闲话家常，送上由酒店大厨亲手制作的节日美味。是年，酒店及员工再度荣膺多项全国、市、区奖项，其中包括由《私家地理》杂志颁发的2015年度最佳城市商务酒店、《漫旅》杂志颁发的年度中国百家酒店奖项、全球最大旅游网站TripAdvisor（猫途鹰）颁发的年度卓越奖，酒店被国务院侨务工作办公室评为中餐繁荣基地实践教学点。酒店财务副总监李涵获鼓楼区旅游统计先进个人，酒店总经理戴乐格获2015年度南京公共外交协会梧桐奖最佳商务使者奖。

【古南都饭店】 古南都饭店位于广州路208号，坐落于南京商业和高校中心地带，毗邻绿荫环抱的五台山体育中心。酒店为五星级酒店，拥有各类高档客房305间和“民食国粹”“澎龙轩”等民国大菜餐厅及日本料理餐厅“那古野”。

2015年，古南都饭店斥资约600万元更新设备、出新改造员工宿舍，进一步提升顾客消费和体验环境以及员工工作与生活氛围。全年接待消费者25万余人次，较上年同期上升5.1%；实现主营收入1亿元，同比上升

0.2%。酒店投入200万元，成立南京明德慈善基金会，帮助餐饮行业困难人群，救助受灾地区。年内，酒店通过国家旅游局五星复评以及ISO 9001质量管理体系再认证。被市公安局评为市级治安先进集体，被鼓楼区政府评为综合治理先进单位，被鼓楼区旅游局评为先进单位。酒店工程基建部暖通组、客房部楼层管家组被评为市级工人先锋号。古南都商标再次通过江苏省著名商标和南京市著名商标复评。同时获携程渠道最佳合作奖与最佳酒店服务奖，以及同程旅游最佳口碑奖。

【苏宁环球套房饭店】 苏宁环球套房饭店是南京市第八家荣膺“五星级饭店”称号的饭店，也是中国大陆第一家五星级全套房豪华商务饭店，由苏宁环球集团投资兴建，于2001年9月16日正式开业并于一年后成为商务型五星级酒店。酒店坐落于广州路188号，紧邻河海大学、南京大学、南京师范大学等全国著名高等学府和北京西路各省级机关，周边有江苏省人民医院、南京儿童医院等多家大型医疗机构，酒店附近有先锋书店旗舰店、ELLEN'S酒吧、宝莱纳啤酒花园等著名特色店。饭店有111间(套)客房、16米的卢浮宫宴会厅，配有LED大屏及音响设施，可举办容纳200余人大型宴会、会议。

2015年，饭店投资1430万元，逐批全面改造出新客房楼层，升级客房设备设施，重点突出互联网化与娱乐化。是年，饭店通过第三次旅游饭店五星级评定性复核。餐饮方面推出龙虾宴、生日宴等系列主题宴会，利用网络渠道开展团购、在线预订等，实现餐饮转型升级和经营情况提升。

【南京玄武饭店】 南京玄武饭店坐落于中央路193号玄武湖畔，于1986年12月28日开业，2002年被评为五星级酒店。饭店拥有270间/套客房、零点中餐厅、风味餐厅、旋转餐厅、大宴会厅、宴会包间，多功能厅、会议室、门吧，以及室内恒温游泳池、健身房、香薰SPA、KTV等设施。2006年起，饭店经营业绩超亿元并加入World hotels世界酒店组织。曾获南京星级饭店主营前三强、江苏省旅游饭店20强、南京旅游业突出贡献奖等荣誉。

2015年，饭店客房接待宾客5.84万人次，餐饮接待宾客1.99万人次，实现营业收入1.04亿元。完成接待全国秋季糖酒会任务，服务质量和管理水平均得到提高。年内，饭店工程管理以节能为主线，通过实施技改节能、管理节能和维保节能，全年能源费用比2014年减少15.5万元。是年，饭店通过五星级复核，被南京市政府评为2014年度江苏省旅游行业诚信示范单位；被江苏省工商行政管理局评为2014～2016年江苏省著名品牌商。

【南京中心大酒店】 南京中心大酒店位于南京繁华商业中心新街口地区中山路75号，酒店建筑面积3.8万平方米，是一座设施完善的五星级酒店，曾为中国酒店业管理人员培训重要基地。中心大酒店于1993年1月8日正式开业，同时被国家旅游局批准为四星级涉外旅游饭店。2006年年初，酒店完成改制，并由南京颐斯汀酒店管理咨询有限公司管理。2010年3月酒店正式荣膺为五星级饭店。

2015年，酒店加强网络口碑营销，全年网络订房间天数比2014年增长19.4%，网络订房业绩比2014年增长15.7%。全年实现营业收入1.35亿元，并首次获第三届中国饭店金星奖。

【城市名人酒店】 城市名人酒店坐落于中山北路30号，是一家五星级数码智慧型豪华商务酒店，酒店楼高178米、51层，建筑面积8.2万平方米，拥有豪华、行政客房等356间(套)。

2015年，酒店获江苏省餐饮行业协会常务理事单位、江苏省餐饮业安全用气示范单位等荣誉。

【南京丁山花园大酒店】 南京丁山花园大酒店坐落于察哈尔路90号，为五星级酒店。酒店由丁山楼(8层102间客房)、丁山公寓楼(11层120间套)、丁山主楼(18层453间套客房)3幢建筑组成。

2015年，丁山花园大酒店改造升级酒店公寓楼及别墅区。8月，酒店加入江苏国信酒店管理集团，成为旗下12家星级酒店之一，并统一品牌形象系统。

【中国国旅(江苏)国际旅行社有限公司】 中国国旅(江苏)国际旅行社有限公司位于中山北路202-1号，初创于1954年，是江苏省首批五星级旅行社，连续多年排名全国百强旅行社江苏省内第一。至2015年年末，公司具备中国公民国内旅游和出境旅游以及公务商务差旅服务、航空商旅服务、会议展览、入境旅游、翻译导游服务等综合旅游服务功能，有员工近800人，在南京市内设有33家营业门店，省内设立有13家分(子)公司，全省服务网点超过70个。公司也是地区最早发展电商的传统旅行社企业，有专业技术研发团队，线上营业额接近公司整体经营收入15%。

2015年，公司营业收入18.7亿元，获全国百强社排名第25位，江苏省内排名继续保持第一。被遴选为旅游行业全国文明旅游先进单位。荣膺江苏品牌紫金奖——富有国际影响力江苏品牌奖，获“2015中国江苏旅行商交易大会”江苏最佳旅行社。导游李滨获国家旅游局游客满意奖。江苏公司再次蝉联国旅集团和国旅总社优秀企业。

【江苏省中旅旅行社有限公司】 江苏省中旅旅行社有限公司位于中山北

路313号，建于1955年，前身为南京华侨旅行社，是新中国最早从事外事接待业务的机构之一。历经数次股权变更后，隶属于中国港中旅集团，是中国旅行社总社有限公司全资大型国际旅行社。主营业务包括出境旅游、国内旅游、入境旅游、国际国内机票销售和公务、商务考察及会展业务。公司多次获全国百强国际旅行社、江苏省示范诚信旅行社、江苏省十佳旅行社，首批被授予江苏省五星级旅行社，首批获台湾游经营资质。2008年，因市场战略需要，公司与中国旅行社总社下属的江苏省中旅旅游航空服务有限公司合署经营，两公司对外统称江苏省中旅。

2015年，江苏省中旅实现营业收入9.6亿元，利润总额449.67万元，接待海内外宾客及提供票证单项服务约30万人次，安全运营12个航次豪华邮轮，经营规模江苏第一，在歌诗达号游轮上海口岸销售量全国排名第二。公司首次尝试将常规邮轮旅游与主题活动相结合，成功举办2015亚太手风琴艺术节和海上好声音演唱会2个大型邮轮主题活动。

（孙　丽）

2015年鼓楼区星级饭店一览表

表18

单　位　名　称	星　级	地　　址
南京金陵饭店	五　星	汉中路2号
南京绿地洲际酒店	五　星	中山北路1号
索菲特银河大酒店	五　星	山西北路1号
南京威斯汀大酒店	五　星	中央路201号
古南都饭店	五　星	广州路208号
苏宁环球套房饭店	五　星	广州路188号
南京玄武饭店	五　星	中央路193号
南京中心大酒店	五　星	中山路75号
城市名人酒店	五　星	中山北路30号
南京丁山花园大酒店	五　星	察哈尔路90号
锦江南京饭店	四　星	中山北路259号
江苏凤凰台饭店	四　星	湖南路47号
南京新纪元大酒店	四　星	中山路251-1号
华东饭店	四　星	北京西路67号
金陵晶元大酒店	四　星	江东北路386号
南京虹桥饭店	三　星	中山北路202号
华江饭店	三　星	中山北路178号
江苏国瑞大酒店	三　星	中山北路55号
瑞迪大酒店	三　星	广州路223号
南京米兰假日大酒店	三　星	建宁路7号
凤西宾馆	三　星	汉中门大街118号
学士园大酒店	三　星	草场门大街91号
文苑宾馆	三　星	江东北路399号
江苏物资大厦	三　星	中山北路283号
金盾饭店	三　星	虎踞关8号
华能苑饭店	二　星	中山路239号

2015 年鼓楼区星级旅行社一览表

表 19

单位名称	星级	地址
* 中国国旅(江苏)国际旅行社有限公司	五星	中山北路 202-1 号
* 江苏省中旅旅行社有限公司	五星	中山北路 313 号
* 南京德高旅游有限公司	五星	山西路 67 号世贸中心大厦 A2 座 23 楼
* 中国康辉南京国际旅行社有限责任公司	四星	建宁路 57 号
* 南京海外旅游有限公司	四星	三牌楼大街 238 号钟阜大厦 506 室
* 江苏金桥国际旅行社有限公司	四星	中山北路 219 号宏图大厦 9 楼
* 江苏缤纷假期国际旅行社有限责任公司	四星	广州路 5 号君临国际 B 栋 2203 室
* 江苏金陵商务国际旅行社有限责任公司	四星待批	广州路 5 号君临国际 B 栋 5F
* 江苏新好游国际旅行社有限公司	三星	广州路君临国际 2 幢 2001 室
* 江苏省中山国际旅行社有限公司	三星	汉中路 8 号金轮国际广场 1201、1202 室
* 江苏省金阳光旅行社	三星	中环国际 15 楼
南京上铁国际旅游有限公司	三星	中山北路 509 号
南京台旅观光旅游有限责任公司	三星	中央路 417 号城市先锋广场 1613 室
南京华江商务国际旅行社有限公司	三星	中山北路 281 号 821A 室
南京市天马国际旅游有限公司	三星	汇贤居 09 栋 29 号 1702 室
南京华之旅航空旅游有限公司	三星	汉中门大街 56 号建威大厦 B 座 717-718 室
江苏民族国际旅行社有限公司	三星	马台街 139 号 6 楼
南京金航假期旅行社有限公司	三星	建宁路 16 号综合楼 3 楼西厅
* 江苏友谊国际旅行社	三星待评	山西路世贸大厦 A13 楼
* 江苏金色华夏航空旅行社有限公司	三星待评	中央路 73-1 号
* 江苏职工国际旅行社	三星	中山北路 202 号
南京华夏国际旅行社有限公司	三星	汉中路 108 号金轮大厦 10 楼 10A
南京大洋国际旅行社有限公司	三星	建宁路 1 号
南京全美国际旅行社有限公司	三星	中山北路 281 号虹桥中心 B 座 616 室
南京飞鹰旅行社有限公司	三星	汉中门金鹰特惠 30 楼 D 座
* 南京圣和国际旅行社有限责任公司	二星	中山路 81 号华夏大厦 901 室
江苏省天马旅行社	二星	湖北路 85 号 6 楼
南京城市先锋国际旅行社有限公司	二星	中山北路 204 号
南京江峡旅行社有限公司	二星	中山北路 281 号虹桥新城市广场区 02 栋 1220B
江苏老年总社	二星	广州路 140 号随园大厦 24 楼 E 座
南京天外天国际旅行社有限公司	二星	中山北路 281 号 1326A 室
南京梧桐旅行社有限责任公司	二星	华侨路 37 号春风大厦 20 楼 F 座 2006 室
南京七彩凤凰国际旅行社有限公司	二星	山西路 67 号世贸中心大厦 A1 座 12 楼
南京汇东国际旅行社	二星	集庆门大街 155 号 1 幢 1 单元 701 室
江苏教育国际旅行社	二星	北京西路 15 号江苏教育大厦 23 楼
南京永乐假期旅行社有限责任公司	二星	上海路 40-1 号五台商务大楼 508 室

续表 19

单位名称	星　级	地　　址
南京亮点旅行社有限公司	二　星	广州路 140 号随园大厦 25 楼 G 座
南京天府国际旅行社有限公司	二　星	中山北路 281 号虹桥中心 1 幢 1606
南京大宇旅行社	二　星	察哈尔路 102 号
南京五台旅游有限公司	二　星	中央路 323 号利奥大厦 2006 室
江苏观光假日旅游有限公司	二　星	山西路 68 号颐和商厦 13 层 E 座
南京锦海国际旅游有限公司	二　星	中山北路 281 号 1116A 室
南京师豪高校旅行社有限公司	二　星	宁海路 122 号
南京洋洋(国际)旅行社有限公司	二　星	中央路 417 号 1239 室
南京长三角旅行社有限公司	二　星	中央门外安怀村 460 号 59 幢 504 室
南京中侨旅行社有限公司	二　星	虎踞北路 100 号 4 号楼 2 楼
南京维景国际旅行社有限公司	二　星	先锋广场 9 楼 922 室
南京海悦国际旅行社有限公司	二　星	定淮门大街 11 号商会大厦 A 座 1201 室
南京可可国际旅行社有限公司	二　星	中央路 417 号先锋广场 1613 室
南京青春国际旅行社有限公司	二　星	中山北路 200 号弘正楼 203 室
江苏凤凰台旅行社有限公司	二　星	湖南路 47 号
南京长江大桥旅游公司	二　星	宝塔桥东街 7 号
南京双门楼旅行社	二　星	虎踞北路 185 号双门楼宾馆内
南京哪玩国际旅行社有限公司	二　星	新晨大厦 26 层
南京地球行动旅行社有限公司	一　星	云南北路 49 号天星翠琅大厦 11 楼 B 座

注：前面加 * 为出境旅行社，共 15 家

（冯裕华）

辉映古都

鼓楼年鉴 2016

经济管理

Economic Administration

发展目标管理

【国民经济和社会发展规划执行情况】2015年，鼓楼区围绕年初确定的目标任务，以深化综合改革为动力，依托七大产业功能板块，加快产业结构优化提升，推动经济社会持续健康发展。在年初区一届人大三次会议审议通过的106项经济社会发展计划目标中，地区生产总值等96项目标全面完成，社会消费品零售总额等10项目标完成遇到困难，计划执行情况总体较好。全年区域经济社会发展呈现四方面特点：综合实力显著增强，主要经济指标保持增幅、达到预期；产业转型持续推进，产业结构、产业体系、产业项目、科技创新成效整体提升；城市品质不断完善，道路建设、危旧房改造力度加大，生态环境进一步改善；社会事业协调发展，民生保障、教卫文体、社区服务、平安法治等项工作亮点较多。在2015年计划执行中，受宏观经济形势影响，社会消费品零售总额等个别总量指标未能实现预期，少数产业功能板块税收增幅距目标要求有一定差距；受征收资金、规划审批等因素制约，绿建大厦等重点项目和中央北路95号地块危旧房改造项目进度有所延后。

（具体执行情况，参见第39页，“区情概览”类目“经济社会发展”分目）

【“十二五”国民经济主要指标完成情况】2015年是“十二五”计划收官之年。“十二五”期间，鼓楼区综合实力提升、转型发展、人民群众生活保障等均取较大成绩。面对错综复杂的宏观经济环境和艰巨繁重的改革发展稳定任务，围绕“争创首善之区、建设幸福鼓楼”奋斗目标，解放思想、开拓创新，顺利实现“十二五”规划确定的主要目标，取得经济社会发展新成就。2013年3月，原鼓楼区和原下关区合并成立新鼓楼区，在较短时间内顺利完成组织、机构、人员整合；完成各类工作流程、管理办法、审批程序规范整理；推进文化旅游、教育卫生等资源整合。至2015年年末，完成《鼓楼区城市总体规划》《苏南现代化建设示范区鼓楼区规划及三年行动计划》编制工作，实现经济社会发展规划与空间规划融合，优化“两轴两带四片”空间布局(两轴：中山北路民国历史文化轴、中山路—中央路—中央北路商务商贸轴；两带：滨江风光带、明城墙风光带；四片：老城片、河西片、滨江片、铁北片)；确立七大产业功能板块发展格局，明确“3+4+3”产业发展战略(3个重点产业：高端商务、软件信息、航运服务；4个新兴产业：智力服务、文化旅游、健康服务、电力自动化；3个优势产业：现代商贸、房地产、先进制造)。2015年，实现地区生产总值（GDP)1011.81亿元，突破千亿大关，位居主城第一、全市第二，比“十一五”末增加505亿元，年均增长11.4%；财政总收入151.36亿元，比“十一五”末增长48.6亿元，年均增长8.05%，一般公共预算收入87.91亿元，比“十一五”末增加34.8亿元，年均增长10.59%；全社会固定资产投资累计完成1179.2亿元，比“十一五”累计完成增加474.9亿元，年均增长8.3%；社会消费品零售总额797.6亿元，比“十一五”末增加369.96亿元，年均增长13.2%；城镇居民人均可支配收入由“十一五”末的29449元提高到2015年年末的50526.5元，增长71.7%，年均增长11.4%。全面深化与驻区高校合作，5年间累计建成69个工程技术研究中心、3个院士工作站，新增孵化器面积41.2万平方米，新引进科技企业1812家，发明专利授权量5911件；引进培育“千人计划”专家、“科技创业家”“领军型科技创业人才”380人、高技能人才8398人。全区亿元楼宇12幢，市、区总部企业34家；累计完成合同利用外资15.8亿美元，实际利用外资14亿美元。2015年服务业增加值925.93亿元，比“十一五”末增加486亿元，占GDP比重由“十一五”末的85.8%提高到91.5%；服务业投资占全社会固定资产投资比重98.8%，服务型经济成为推动全区经济发展的主要引擎。

【“十三五”规划纲要编制】2015年，鼓楼区启动“十三五”规划纲要编制工作。围绕经济发展、城市建设与管理、改革创新、文化建设、社会建设等全区全局性重大问题，拟定15个重点调研专题，作为规划编制的重要依据。专题调研历时2个多月，组织4场重点课题专家评审会，6月底全面完成重点调研专题。动员全区力量参与“十三五”规划调研，区发改局牵头组织全区29个政府部门、7个功能板块和13个街道，共同编制71个专项调研课题，9月底全面完成专项调研课题。组织区各部门负责人、区人大代表、区政协委员、党外人士、驻区高校及企业代表、经济专家等，分别召开7场规划纲要征求意见座谈会。起草对编制工作有指导性的《鼓楼区改革经济发展工作格局》，会同相关部门完成《鼓楼区科技园区产业与空间规划》编写。按照“思路更加清晰、定位更加准确、布局更加科学、任务更加明确”的要求，注重“十三五”规划与城市总体规划有机对接，围绕建设“争创首善之区、建设幸福鼓楼”主旨思路，以及打造经济强、百姓富、环境美、社会文明程度高的省会城市标志区和现代化滨江城区的功能定位，科学制定发展目标和指标体系，优化产业发展空间布局和城市建设。以提高创新能力为动力，以民生改善为宗旨，制定全区“十三五”期间重点任务，明确时间节点，提出务实可行的措施，全面完成“十三五”规划纲要编制工作。

【目标制定及分解】 2015 年，鼓楼区经济和社会发展目标四大类 106 项。其中，主要目标 17 条、产业转型目标 37 条、城市建设管理目标 27 条、社会发展目标 25 条。经人大代表票选出 10 项（包括 16 个子项）为民办实事重点项目并组织实施。按照职能要求，将 106 项经济和社会发展目标，分解到 44 个部门、7 个功能板块和 13 个街道；将 10 项为民办实事重点项目，分解落实到 13 个部门、7 个功能板块、10 家国有企业。

【工作任务书制定】 2015 年，鼓楼区将市综合考核区目标、区经济和社会发展目标、为民办实事重点项目、幸福都市目标、市下达各条口目标，以及《鼓楼区 2015 年综合目标考核办法》中提出的考核重点，结合部门、街道、产业功能板块、国有企业实际情况，形成 55 个部门、13 个街道、7 个功能板块及 10 家国有企业工作任务书，明确职责，便于考核监督，实现全区重点工作全覆盖。

【市对区综合目标总分全市第一】 2015 年，鼓楼区将市基本现代化目标分解到相关责任部门和单位，每月汇总、分析目标进度，及时发现问题。加强过程监测，突出预研预判，提前预测重点目标，实现及时预警，重点目标、加分目标、评价目标均取得较好名次或位次前移。是年，鼓楼区实现市对区综合考核目标总分全市排名第一。

（孟 晖）

国有资产管理

【概况】 2015 年，鼓楼区有 10 家区属国有企业列入国民经济指标考核，全年国民经济收入 5.11 亿元，同比增加 1.91 亿元，增幅 60%；费用支出（剔除人力成本、财务费用、固定资产折旧）2608 万元，同比降低 1626.33 万元，降幅 38.4%。组织全区行政事业单位负责人和相关人员参加固定资产管理培训。重点调研“十三五”规划，撰写并提交《加强区属国有资产管理和运营能力的研究》《区属国有企业股权多元化的研究》成果报告。是年，区国有资产管理办公室（简称区国资办）获共青团鼓楼区委员会“青年文明号”称号。

【国资监管】 2015 年，区委区政府制定《鼓楼区关于加强区属房产管理的实施细则》《鼓楼区关于公共资源交易制度改革的实施方案》《鼓楼区区属国有企业重大事项报告制度》《鼓楼区农村集体资金资产资源监督管理意见》。公开竞价出租公有房屋 4 次、12 处、8239.49 平方米，收取年租金 645.4 万元；集中处置行政事业单位固定资产 2 次，报废收入 54560 元。

【国资运作】 2015 年，区委区政府制定《鼓楼区深化国有资产管理改革实施方案》《鼓楼区国有资本退出传统工商业等领域改革工作实施意见》《鼓楼区国有资本退出设计、施工、监理、养护、环卫、园林、审图、咨询等领域（简称八大领域）改革实施意见》，推进区属国资退出一般竞争性领域改革。涉及退出八大领域及传统工商业企业 53 家，其中退出传统工商业 44 家，退出设计、施工等八大领域 9 家，涉及 7 个主管部门（区属公司集团及主管局）。在退出八大领域及传统工商业企业 53 家中，实施股权转让 3 家、关闭清算 3 家、业务转型 47 家。是年，区国资办加大国有资本经营收益征收力度，下达国有资本收益征缴通知书 7 份，区属企业国有资本经营收益收缴 1100 万元。

【固定资产清查】 2015 年，鼓楼区审计局在财政预算执行和其他财政收支审计中发现部分单位固定资产账卡、账与实物不符，部分资产对外出租未按规定程序予以审批，房租收入存在欠收及未及时上缴财政等问题。区政府高度重视审计发现问题和提出的建议，下发《关于开展全区固定资产专项清查的通知》《关于开展全区房产专项清查的通知》，要求各行政事业单位全面清理固定资产，重点检查自有房产，以及租入、借入、托管等各类其他非自有房产是否未及时在国有资产管理系统中进行登记、国有资产处置或调拨未按规定程序审批等情况。区国资办结合清理工作，在国有资产管理信息系统中新设“资产标签管理”，要求各单位按规范从国有资产管理系统中打印资产条形码，并贴至相应固定资产，确保固定资产明细账和国有资产管理系统数据以及各单位自有实物三者相一致。明确要求各单位应以此次清理结果为基础，责任到人，定期或者不定期进行固定资产清查盘点，做好管理信息系统数据维护，全面提升固定资产管理工作效率与水平，真正实现资产管理信息化、规范化与标准化。

【企业高层经营管理人员卓越领导力研修班开班】 10 月 14 日，区国资办在南京财经大学（福建路校区）举办区属国有企业高层经营管理人员卓越领导力研修班，9 家区属国有企业 40 名高级管理人员参加课程研修。研修班聘请南京财经大学教授和政府相关管理部门人员，集中授课 15 次，用案例教学和情景教学相结合模式，教学工商实务、资本运营等方面知识，提升企业高层经营管理人员解决企业发展中遇到新情况、新问题及谋划新思路能力。

国资企业选介

【鼓楼区国有资产经营有限公司】 2015年，原鼓楼国资经营中心改制为南京市鼓楼区国有资产经营有限公司（简称国资公司），完成工商、税务、组织机构代码登记变更，新公章、新印鉴章刻制，房产证、贷款卡、银行开户许可证以及各家开户银行账户变更，员工社保及公积金账户信息变更等。组织召开新公司首届一次董事会、监事会，修订完善公司基础管理规章制度，启用新设账务系统——用友U8，实现国资公司统一账务平台。年内，稳步推进南京天祥涂料有限公司国有股权退出。根据市委市政府有关国有资本退出竞争性传统工商业领域相关文件精神，经报请区领导同意，外滩公司启动所持有南京天祥涂料有限公司30%股权转让前期工作。至年末，项目完成审计评估工作，并报请区国资办、区政府办理股权评估专家评审和挂牌转让批准手续。完成江苏宁淮产业园与江苏盱眙科技创新园合并变更事宜，国资中心作为股东，跟踪宁淮产业园变更事项，配合提供所需材料，顺利完成各项变更，并根据工商变更证明，完成长期股权投资入账。

年内，国资公司承担鼓楼河西公共服务中心、鼓楼看守所、下关政法大楼等市区重点项目投资主体职责。该公司作为项目主体负责建设资金筹措，满足项目正常运作需要；密切与代建单位协作，配合办理项目建设所需各项手续。至年末，下关政法大楼项目由外滩公司作为投资主体，下关城开公司代建，项目主体竣工，工程进入收尾阶段。鼓楼看守所项目以国资经营公司作为投资主体，新厦公司代建，完成前期工作立项、规划选址等手续办理。河西公共服务中心项目以国资经营公司为投资主体，鼓楼建发公司代建，年末处于基坑施工阶段。

【南京新厦建设投资控股集团有限公司】 南京新厦建设投资控股集团有限公司成立于2013年3月，是鼓楼区政府投资设立并授权的城市建设经营管理主体，注册资本金4亿元。主要承担城市基础设施、市政公用和社会保障项目投资、融资、建设、运营、管理任务；从事授权范围内国有资产经营和资本运作，盘活存量资产，吸纳社会资本，实施项目投资、建设和管理，产权监管、资产重组、收益管理等业务。集团经区政府批准收购、设立、管理下列子公司：下关房产经营有限公司（百花置业有限公司）、龙创房地产开发有限公司（鼓楼住房合作社有限责任公司）、新厦市政建设项目管理有限公司、新厦宁佑建设有限公司、滨江环卫工程有限责任公司（由区城管局管理）、下关征收服务有限公司（由区征收办管理）等；并代管外滩投资集团名下鼓楼新厦房地产开发有限公司。2015年，集团贷融资净增加额17.45亿元，融资综合资金成本率2.89%。

【南京下关区旅游开发有限公司】 南京下关区旅游开发有限公司前身为下关旅游开发总公司，成立于1998年，2012年改制为有限责任公司，并入南京外滩投资发展控股集团，成为其子公司（法人独资），注册资金扩增为3.3亿元，主要管理经营阅江楼景区并承担阅江楼风光带开发和建设。

【南京江东软件城投资发展有限公司】 南京江东软件城投资发展有限公司成立于2013年12月26日，位于南京市河西新城区北部江东软件城内，注册资本金1.15亿元。主要负责江东软件城范围内所有公司运营管理，统筹园区开发、建设、管理、招商等商务活动。

【南京模范路科技创新园区有限公司】 南京模范路科技创新园区有限公司成立于2009年12月，注册资金5000万元，是鼓楼区政府全资国资公司。公司主营园区规划与运营，主要负责紫金智梦园改造与日常运营管理，是鼓楼区模范马路科技创新街区市场运作主体，与紫金（模范路）科创特区管理办公室共同负责模范马路板块建设、经济目标任务推进、区域内产业规划与集聚、创新资源挖掘与整合等。

2015年，模范路科技创新公司与区人才办共建鼓楼区“创业苗圃”。加强与第三方合作，引进江苏省信息网络安全服务平台落户园区，提升公共服务平台功能。至年末，实际入驻科技创新型企业32家。是年，模范路科技创新公司被评为2014年度鼓楼区经济社会发展工作先进集体、区级文明单位，“创业支点”公共服务平台被评为2014年度市级“青年文明号”。

（许　杰）

财　政

【概况】 2015年，鼓楼区以产业功能板块引领重点片区建设，完善企业服务机制，建立“按企业税收规模分级管理”模式，促进财政收入平稳增长。区税源办通过定期走访区内重点企业，发放问卷调查表等方式，了解企业需求和经营状况，协调解决企业发展中困难。全年完成公共财政预算收入87.91亿元，同口径增长8.5%，其中税收形成76.95亿元，同口径增长9.1%；非税形成11.25亿元，同口径下降2.2%。；实现区本级公共财政预算可用财力53.22亿元，完成公共财政预算支出65.37亿元（含上级转移支付），增长13.8%；完成政府性基金支出29.01亿元（含上级转移支付），全区财政收支总体平衡。

2015 年鼓楼区公共财政收入执行情况

表 20　　单位:万元

项目名称	2015 年	2014 年	同口径增幅(±%)
一般公共预算收入合计	879105	800515	8.5
1.税收收入	769462	704986	9.1
国内增值税(含改征增值税)	195904	182984	7.1
营业税	209573	196333	6.7
企业所得税	139700	142408	-1.9
个人所得税	90078	75029	20.1
城市维护建设税	53759	45583	17.9
房产税	47950	37394	28.2
印花税	25657	19783	29.7
车船税	6841	5472	25.0
2.非税收入	112524	96787	-2.2
专项收入	40807	19524	17.7
行政事业性收费收入	10926	10772	1.4
罚没收入	5977	2403	148.7
国有资源(资产)有偿使用收入	52829	62246	-15.1
其他收入	1985	1842	7.8
3.退增值税(财政部专员办)	-2881	-1259	128.8
附:上划中央合计	634511	592966	
国内增值税(75%)	289845	266810	
企业所得税(60%)	209549	213612	
个人所得税(60%)	135117	112544	

注:1.根据财政部有关文件,从 2015 年 1 月 1 日起,地方教育费附加和文化事业建设费等 11 项基金调入一般公共预算;
2.同口径增幅是指在 2015 年一般公共预算收入中剔除地方教育费附加和文化事业建设费后与 2014 年同期比较;
3.因部分企业纳税关系变化,市财政局统一对鼓楼区 2014 年一般公共预算收入基数进行调整

2015 年鼓楼区一般公共预算支出执行情况

表 21　　单位:万元

项目	2015 年	2014 年	同口径增幅(±%)
一般公共预算支出合计	653706	574565	13.8
1.一般公共服务支出	63255	69115	-8.5
2.国防支出	155	169	-8.3
3.公共安全支出	17105	20046	-14.7
4.教育支出	184566	164178	12.4
5.科学技术支出	37617	37216	1.1
6.文化体育与传媒支出	20768	18190	14.2
7.社会保障和就业支出	124561	89938	38.5

续表 21

项　　目	2015 年	2014 年	同口径增幅(±%)
8.医疗卫生与计划生育支出	45227	39963	13.2
9.节能环保支出	8539	2209	286.6
10.城乡社区支出	96935	87053	11.4
11.农林水支出	1396	736	89.7
12.资源勘探信息等支出	18126	14851	22.1
13.商业服务业等支出	7323	7479	-2.1
14.金融支出	636		
15.援助其他地区支出	4468	4137	8.0
16.国土海洋气象等支出	1100		
17.住房保障支出	21171	18112	16.9
18.其他支出(类)	758	1173	-35.4

【财政管理】 2015 年,区委区政府制定《鼓楼区非税收入管理办法》《鼓楼区区级非税收入收缴管理实施细则》《鼓楼区财政票据管理实施办法》,深化非税收入收支两条线管理;与 13 家平台公司签订清理财政资金占用确认书;提高财政资金统筹管理和使用效率,将上年结余结转资金 11.03 亿元纳入预算统筹安排;清理盘活财政存量资金 8.6 亿元。

【支出结构优化】 2015 年,鼓楼区加大重点民生项目财政投入,保障辖区居民社会养老保险、医疗补助、"三无"(无生活来源、无劳动能力、无法定抚养义务人)人员老年生活困难补助和低保户救助金等民生政策落实,资金足额按时发放;加大基层医疗机构基本建设经费投入,保障基层医疗资源布局优化调整;进一步提高教育经费保障水平,重点支持教育基本建设和技术装备投入;全年财政资金重点安排白云亭文化大楼建设及运营经费,惠及全区居民。

【预决算信息公开】 2015 年,鼓楼区打造"阳光财政",实行预决算信息公开,提升政府公信力。全年除涉密部门外,全区所有使用财政资金 70 家部门 2015 年预算和"三公"〔财政拨款支出安排的出国(境)费、车辆购置及运行费、公务接待费〕经费预算全部向社会公开。9 月 30 日,全区 10 家试点部门将 2014 年部门决算信息在南京市政府信息公开平台(www.nanjing.gov.cn)上发布,完成鼓楼区部门决算信息公开试点工作。

【财政结算管理】 2015 年,鼓楼区制定《费用报销若干要求》,明确备用金、借现金、差旅费和公务接待费使用具体规范和要求。全年完成业务往来 76930 笔,其中直接支付 21028 笔、授权支付 25326 笔、基本户 30576 笔。开出基本户转账支票 6800 笔,基本户电汇 186 笔。全年装订会计凭证 2236 本、会计报表 209 本、会计账簿 180 本、其他会计资料 25 本。

【政府采购】 2015 年,鼓楼区政府实际采购规模 2.46 亿元,节约资金 4110 万元,资金节约率 14.33%。其中,货物采购金额 3994 万元,节约资金 542 万元,资金节约率 11.95%;工程采购金额 1.91 亿元,节约资金 3183 万元,资金节约率 14.29%;服务采购总金额 1495 万元,节约资金 385 万元,资金节约率 20.51%。

【会计管理】 2015 年,鼓楼区各类会计服务项目实行窗口一站式服务,区财政局组织区内代理记账公司参加南京市政府采购中心公开招标,出资购买代理记账服务,为 83 家中小微企业免费提供代理记账服务,提高中小微企业财务运作、会计信息质量和资信水平。全年完成辖区会计人员继续教育 1187 人次,办理各类会计事项 2.36 万件,组织 5614 名考生参加 2015 年度全国会计专业技术资格考试。

【《鼓楼区非税收入管理办法》出台】 11 月,《鼓楼区非税收入管理办法》出台。3 月,区审计局开展 2014 年度财政预算执行审计,针对非税收入管理中存在的收费项目设置不准确、票据使用不规范、缴款环节滞留等问题,从制度、机制层面向政府和财政部门提出出台相关制度,规范非税收费项目设置,梳理非税收缴流程,加强非税票据领用、缴销、退付等环节管控,进一步规范财政票据使用及收入缴库行为,明确非税收入管理过程中各环节职能和责任相关审计建议。区委区政府高度重视审计发现问题和提出的建议，由区财政局起草办法草案后，向各有关单位征求意见、召开会议进行完善，并提交区政府专题研究通过。

【《鼓楼区社区财务管理办法》出台】 2015年年末，区委区政府采纳区审计局“加强基层社区的制度设计和规范框架建设”意见和建议，汇总区财政局、区国资办、区民政局和各街道办事处整改意见，出台《鼓楼区社区财务管理办法》，从收支管理、资金管理、债权债务管理、固定资产管理、票据管理、印鉴以及会计档案管理等多方面进一步加强社区财务管理，强化会计核算监督，合理分配使用各项资金。年内，该区抽取6个社区专项抽查2013～2014年社区经济运行情况作为财政预算执行审计项目。审计发现社区在现金管理、财务核算和资产管理等方面存在财务核算不规范、资产管理不到位、未建立财务公开制度且没有执行收支账目对外公开等问题。针对问题，区审计局提出意见和建议，引起区政府重视并出台全区社区财务管理办法，统一规范基层社区日常财务管理和控制行为，防微杜渐，严守基层廉政关。 （黄　艳）

国家税收

【概况】 2015年，鼓楼区批发业、零售业、制造业为支柱行业；金融业、租赁业、商务服务业、房地产业依然举足轻重；楼宇经济、总部经济优势显现；高科技产业和现代服务业呈跨越式发展，逐渐成为新的税收增长点。全年组织入库各项税收收入116.48亿元，减幅5.51%。完成公共财政预算收入29.3亿元，增幅4.09%，完成市局必成指标93.3%。南京市鼓楼区国家税务管理局(简称区国税局)全年落实增值税减免2001户次，免税金额202.76亿元，退税金额1.45亿元；落实企业所得税减免218户次，税基类减免94.37亿元，税额类减免2.72亿元；小微企业所得税优惠15404户次，实际减免企业所得税5494.98万元。全年入库非居民所得税5527.9万元，增值税1632.83万元。完成风险应对447户，风险应对总成效7366万元，入库税款2503万元，入库率100%。

区国税局稽管纳税人5.85万户，其中正常稽管户4.79万户。正常稽管户中企业3.02万户，占总户数63%；个体工商户1.77万户，占总户数37%；增值税4.66万户，其中一般纳税人1.23万户，小规模纳税人3.43万户；企业所得税2.04万户，其中查账征收占84.8%、核定征收占15.2%。

是年，区国税局获省局“一案双查”(纪检监察机关在查处案件时，既要查清当事人违纪问题，又要查清主管领导或分管领导责任范围及责任)案例评比第一名。名列市局绩效考核第一，获南京市国税系统先进集体、南京市税务现代化综合达标先进单位称号。

【完成国家税收116.48亿元】 2015年，区国税局排除宏观经济下行、国家结构性减税政策和宏观调控影响以及全区国税收入连续高增幅带来高基数压力，精心组织和管控税源，全年组织入库各项税收收入116.48亿元，减幅5.51%；完成公共财政预算收入29.3亿元，增幅4.09%，完成市局指标93.3%。

【征管服务改革】 2015年，区国税局开展个体零散税收国地税联合征管改革，转变个体征管模式，联合区地税局对5万户纳税企业进行2014年度纳税人纳税信用评价，评定A级纳税企业1844户。为信用等级良好小微企业办理“税e融”贷款签约108户，贷款金额4980万元。落实“三证合一、一照一码”登记制度改革，在省政务中心、区政务大厅设立国税窗口。全年办理“三证合一、一照一码”营业执照新办、变更、换发等事项1620户次，87户企业在省政务大厅办理税务登记。其中增值税纳税人87户，增值税一般纳税人4户，营改增纳税人64户。企业所得税纳税人28户，缴纳税款25.71万元，其中增值税4.83万元，企业所得税20.88万元。在市国税局组织的2015年度纳税人满意度暨遵从意识第三方调查中，区国税局“特服号”服务得89.10分、处理投诉举报及时性得88.98分、公正性以及工作人员廉洁自律得89.42分，高于全市平均水平。

链接：

“三证合一”是指企业登记时，分别依次申请由工商行政管理部门核发工商营业执照、组织机构代码管理部门核发组织机构代码证、税务部门核发税务登记证，改为一次申请、合并核发的登记制度。“一照一码”，就是通过“一口受理、并联审批、信息共享、结果互认”，将由3个部门分别核发不同证照，改为由1个部门核发加载法人和其他组织统一社会信用代码营业执照的登记模式。

【税务现代化建设】 12月，区国税局被市国税局命名为“税务现代化综合达标先进单位”。年内，该局建立制度规范体系，全面落实基准，推行说理文书，严把重大事项审核关，统一政策管理、打造专家团队；以自助办税区、咨询辅导室、“特服号”、专家团队建设、电子化办税、纳税服务过程控制等为突破口，提档升级环境设施和干部服务能力。是年，区国税局现代税收征管体系、现代人力资源体系和现代化税务文化体系3个单项，现代税收法治体系、现代税收征管体系、现代纳税服务体系、现代人力资源管理体系、现代税务文化体系、现代税收惩防体系六大体系全部通过市国税局验收。

（冯亚颖）

地方税收

【概况】 2015年,鼓楼区组织入库各项收入140.18亿元,同比增长15.9亿元,增幅12.79%。组织区级一般公共预算收入51.14亿元,同比增收6.71亿元,增幅15.11%,完成率102.28%。全年征收社保费57.73亿元,综合征缴率99.72%;清欠2006.77万元,清欠率62.64%;征收各项基金6257.5万元。完成8个土地增值税清算,清算税款2.5亿元。全年办理各类税收减免406户次,减免税额1.73亿元;办理退税437件,退税金额1.23亿元。应对"营改增"纳税新格局,加强企业所得税后续管理,全年企业所得税汇算清缴申报率100%,复审入库416.09万元。深化国税、地税合作,坚持国税、地税联席会议制度,梳理和规范纳税人纳税行为,全年联合清理4157户差异税户,协同处理税户走逃、欠缴税款等税收违法行为1781起。

2015年,鼓楼区地方税务局(简称鼓楼地税局)推广自助办税,自助开具各类完税证、代开发票9万余张。组织70余家企业在南京市科技广场、装饰行业协会开展纳税人之家活动。维护纳税人权益,全年受理纳税咨询投诉和举报,处理诉求工单277件,投诉处理满意率96.8%,位列全市系统前列。年内,鼓楼地税局分批次召开317户税户承接见面会,应对7月1日实行的税收运行新机制;先后组织20场培训,确保税务资料交接和信息系统切换,实现属地化管理。加强税务政策研究、宣传,全年上报各类信息410篇,被上级采用270篇次,21篇信息被中央办公厅和国务院办公厅采用,其中6篇信息获国务院领导批示;1篇论文在全国国际税收优秀科研成果评比中获一等奖,5篇稿件被《人民日报》等国家级刊物刊用。政务信息和税收宣传积分2238.85分,位列全市系统第一。

是年,征收局第五税务所获江苏省"五一"劳动奖状表彰,督查内审科、征管科技科、鼓楼地税局征收局第五税务所获南京市"青年文明号"称号。

【入库各项收入140.18亿元】 2015年,鼓楼地税局排查税源税户226家、新增税户106家、税额9680万元。利用重点税源企业预测管理系统、收入质量监控系统、发票监控平台和互联网信息平台,调整重点税源直报范围,派专人跟踪复核走访34户次,重新确定113户重点税源监控企业;评定纳税人信用等级,认定A级纳税人2212户;加强管控高收入和多处取得收入自然人,查补个人所得税款378.9万元。全年组织入库各项收入140.18亿元,同比增长15.9亿元,增幅12.79%;其中税收收入82.45亿元,同比增长5.83亿元,增幅7.6%。区级一般公共预算收入51.14亿元,同比增收6.71亿元,增幅15.11%,完成率102.28%。

【社保费和基金费征缴】 2015年,鼓楼地税局履行社保、基金费征缴职能,强化社保、基金费收入日常征缴管理,科学分解各项代征基金费征收任务,按月通报入库进度,按季纳入绩效考核,规范征缴行为。做好内外部沟通协调,加大社保费征缴、清欠力度,协调联系区绿化委员会、残疾人联合会、工会等部门,推进税费基金同征、同管、同查。全年征收社保费57.73亿元,综合征缴率99.72%,清欠2006.77万元,清欠率62.64%;征收基金费6257.5万元。

【征管机制改革】 2015年,鼓楼地税局调整属地局机构职能,设3个税源基础管理所和9个中等风险应对所,确定各自职责范围。组织60人次对38项超过200户次业务进行验证和预留业务处理,调整人员岗位权限近1300个。交接梳理、核实划转税户317户。针对新机制运行中可能出现的问题,先后组织近20场培训3216人次接受培训,实现业务岗位全覆盖。鼓楼地税局领导和业务部门负责人分13批次召开纳税人见面会,详细说明税收征管新机制内容。7月1日,新机制正式实施,全区税务资料交接和信息系统一次切换成功。

【个人所得税管理】 2015年,鼓楼地税局加强管控高收入和多处取得收入自然人。至年末,全区年收入12万元自行申报26210人、多处工薪补税1246人次,申报入库税款378.9万元。外籍个人年度申报746人,汇算审核入库258.66万元。个人独资合伙企业汇算入库338.05万元。开展个人股权转让专项核查3次,推送风险数据344条,累计前置核查450户,查补税款3000余万元。参与市地税局"深化自然人数据在纳税服务上的应用"创新项目,获系统年度创新工作二等奖。

【土地增值税清算】 2015年,鼓楼地税局清算和复审土地增值税项目16个。以团队攻关形式,将清算任务平均分配至9个风险应对所,其中重点风险应对评估所每所2户,一般风险应对评估所每所1户,每所由2名业务骨干负责。清理111个房地产项目,清算8个项目土地增值税,清算税款2.5亿元。

【执法督查】 2015年,鼓楼地税局设立税收执法督查事项会审制度,统筹制定重点行业、重点税源和违法行为高发领域年度风险计划,应对管控税收风险。采取循环交叉方式检查120户中等风险应对案卷质量,排查文书、程序、证据材料、政策适用等26个问题点。全年督查税务卷宗500多户次,核查疑点214条,对4户减免税后续核实工作提出补正和整改要求。定期召开风险应对工作例会，剖析建筑业代开票、土地增值税后续管理、税务登记注销、减免税后续管理等业务规程和工作规范具体适用情况，强化风险过程监控和考核。全年风险应对2426户，应对税款2.2亿元。

【减免税款1.73亿元】 2015年，鼓楼地税局落实各项税收优惠政策，重点宣传和落实高新技术企业、软件企业、研发费加计扣除、企业政策性搬迁、固定资产加速折旧等税收优惠政策，摸底调查固定资产加速折旧新扩容十八大行业110户企业及302户原六大行业企业，组织4场专项培训，确保5000元以下固定资产加速折旧政策享受面20%。跟踪服务重大投资项目和重点工程，梳理与调研税收政策。加强与辖区内科技园、软件园和创业园联系，为园区内高新企业认定及复审、软件企业认定和研发项目确认提供事前辅导。全年办理各类税收减免406户次，减免税额1.73亿元；办理退税437件，退税金额1.23亿元。

【税法税务宣传】 2015年，鼓楼地税局通过各种方式和渠道开展税法税务宣传。全年5篇涉税宣传稿件被《人民日报》等国家级刊物刊用。其中《“三证”联办同发》《党员志愿者送清凉》被《人民日报》刊用；《志愿者涉税服务》《涉税投诉应对：有礼也要有节》《江苏建大学生创业税收服务联盟》被《中国税务报》刊用。至年末，被省、市级媒体刊用稿件30余篇，其他各类媒体采用155篇次。政务和税收等新闻宣传积分2238.85分，位列全市系统第一。4月，开展税收宣传月活动被《新华日报》等9家媒体报道。组织辖区7所中学4000余名中学生参观税收博物馆，参加南京市第12届“税收·国家·文明”征文活动，征文2500篇，获3个优秀组织奖和唯一1个特等奖。

【省首家大学生就业创业税企服务联盟成立】 4月15日，江苏省首家大学生创业税收服务联盟在南京邮电大学物联网国家大学科技园成立。鼓楼国、地税局联合紫金科技创业特别社区管委会与南京大学—鼓楼高校国家大学科技园、南京工业大学国家大学科技园、南京邮电大学物联网国家大学科技园、江苏省大学生创业园、南京中医药大学科技园、紫金（下关）科技创业特别社区、江苏城苑科技创业园、南线都市产业园代表共同签署《“1+2+8”服务备忘录》（1：紫金科技创业特别社区管委会；2：鼓楼国税局、鼓楼地税局；8：8所高校）。大学生创业税收服务联盟有成员11家，通过国、地税联合派驻税收政策顾问，结合园区企业特点、经营状况进行对接服务，链接政府、高校和企业三方资源，扶持大学生创业。

【“三证合一、一照一码”改革】 10月1日，鼓楼地税局启动“三证合一、一照一码”改革。针对推行“一照一码”登记模式后税务登记流程新变化，制定操作新规范，编制企业设立、注销、变更3种业务简易流程图，与区工商、国税等部门协作，实行业务操作、信息采集、流程运转数据交换及共享。分24批次组织业务培训，通过“12366”、短信、微信等形式宣传“三证合一、一照一码”改革内容、实施范围、办理流程。全年为2100户企业新办、变更、换发符合“三证合一、一照一码”改革要求的税务证照。 （唐　棣）

投资促进

【概况】 2015年，鼓楼区组织举办13场招商活动（市外4场、市内7场、境外2场）；接待客商考察团组115个（境内104个、境外11个）。举办“2015年鼓楼区投资环境新春推介会”、“创洽会”专场活动——“鼓楼区滨江·铁北片区投资推介会”、“金洽会”专场活动——“2015年鼓楼区高端现代服务业投资推介会”等活动。邀请境内外房地产投资商90多批次到区考察；先后组织召开土地专题招商推介会3场。

【土地招商活动】 2015年，鼓楼区举办“鼓楼区土地招商专题推介会”3场，宣传推介区域地块资源；通过网络媒体推出“鼓楼区拟挂牌地块项目预公告”，吸引中南集团等公司到区洽谈宁海路项目托底事宜；联合紫金（下关）科创特区举办土地招商专场活动，推出8幅地块吸引中兴集团与该区洽谈创客中心项目。区工商联“鼓楼区青

10月9日，鼓楼区首张“三证合一、一照一码”证书颁发

年企业家联合会(简称青企会)成立大会”期间,推介14个重点项目,并与区青企会签订招商合作协议。参加南京市新兴产业投资推介会,赴北京拜访北京天瑞金投资置业有限公司、中国招商网北京总部,开展点对点专题招商活动,洽谈合作项目。2015年,全区有中储二期、中能建南京能源科技产业园、果品市场、滨江4号4幅地块成功挂牌出让。 (陈明 杨志)

【缪瑞林考察下关滨江商务区】 (参见第249页,“机关团体”类目“缪瑞林到区调研”条目) (涂澄 杨志)

【投资环境新春推介会】 2月4日,鼓楼区举办2015年投资环境新春推介会。省商务厅副厅长赵进、区四套班子领导、江苏省驻海外经贸代表、鼓楼区新一届招商顾问,各产业功能板块、相关部门主要负责人约50人参加会议。会上,区委常委、常务副区长吴勇强通报全区2014年经济社会发展情况,全面推介鼓楼区投资环境和资源优势,探讨新常态下政府招商引资工作制度创新相关议题。区领导为利丰集团中国区总经理张中志、戴德梁行杭州及南京公司总经理汤耀光、深业华东地产开发有限公司董事长王明峰等13名驻区重点企业负责人颁发招商顾问聘书。会议期间,组织与会代表参观考察白云亭文化艺术中心和南京中医药大学丰盛健康产业城。

【滨江铁北片区投资环境推介会】 4月24日,2015年中国·南京创洽会(简称“创洽会”)鼓楼主题活动“聚焦现代产业,争创首善之区——鼓楼区滨江·铁北片区投资推介会”举行。大会围绕鼓楼区“老城内涵提升、滨江扩张发展”战略定位,重点推介滨江高端商务区和铁北核心发展区建设规划及投资环境,提出新旧城区不同发展定位:滨江沿线扩张式开发将发展为鼓楼区以总部楼宇经济带为鲜明特色的提速发展新引擎;铁北片区内涵式提升将打造鼓楼北部创新活力和宜居宜业新增长极。区委区政府将做好前瞻性规划和定位,把握产业趋势,引领产业变革,吸引优质产业,实现产业与城市功能融合、空间整合,“以产促城,以城兴产,产城融合”。“创洽会”上,鼓楼区签约金融、科技及智力服务产业项目18个,投资总额近58亿元;发布可合作招商项目27个,投资总额近500亿元;与中法、中英等国际创新创业交流平台签约;举行中储智运平台上线仪式。国家物流行业协会等专业机构及中外嘉宾和客商500人应邀参会,副市长储永宏到会并讲话。

4月24日,鼓楼区滨江·铁北区投资推介会举行

链接:

铁北片区北起幕府山鼓楼区界,南沿津浦铁路,西起大桥南路,东至鼓楼与栖霞、玄武区交界的15平方公里区域范围。 (杨志)

【法国留尼汪华商会代表团到区考察】 5月21日,法国留尼汪华商会代表团一行10人到区参观考察,重点考察清洁能源、医药医学、食品加工、旅游开发等领域并寻求合作。省商务厅外资处、区投促局、紫金科创特区高校园区联络处相关人员陪同考察。区投促局与紫金科创特区高校园区联络处就鼓楼区投资环境和紫金科创特区基本情况作推介。代表团一行考察南京中医药大学丰盛健康产业城,了解中医门诊及健康服务业务流程,与园方就引进中医服务项目进入留尼汪进行深入交流。 (沈淦)

【美国湾区企业代表到区考察洽谈】 6月24日,美国旧金山湾区委员会(简称湾区)企业代表到区考察洽谈。代表有:美国艾迪塔斯(Aditazz)公司执行董事长大卫·劳伦斯(David Laurence)、加州大学戴维斯分校校长史蒂夫·科拉尔(Steve Currall)、湾区委员会全球事务拓展官德尔·克里斯滕森(Del Christensen)等一行5人。区投资促进局、卫生局分别介绍市区投资环境、医疗资源,双方探讨建立鼓楼区与加州大学、科研机构交流机制,期待未来在医药卫生、食品安全等领域实现合作。 (涂澄)

【重点招商项目投资推介会(紫金下关专场)】 6月26日,鼓楼区投促局、紫金(下关)科创特区管理办公室首次联合举办“鼓楼区重点招商项目投资推介会——紫金(下关)科创特区专场”活动。邀请与会客商现场考察特区总体规划沙盘和特区工业遗址

特色办公区，重点推介4幅科研用地、2幅商办用地、1幅住宅用地和1幅文商旅用地等8幅地块。客商就地块规划指标、特区招商情况及周边环境整治等问题进行提问，区投促局、紫金(下关)科创特区管理办公室分别作相应解答。 （周家春）

【招商顾问年中座谈交流会】 8月14日，鼓楼区招商顾问年中座谈交流会召开，会议通报鼓楼区上半年经济运行情况、新出台的相关政策以及下一步工作打算;紫金(下关)科创特区介绍特区规划并推介合作招商项目。与会顾问围绕鼓楼区特色产业定位、招商引资及企业自身经营发展进行交流。副区长童晓佳、区招商顾问13人，区投促局、紫金(下关)科创特区等相关单位负责人参加会议。

【赴重庆和成都考察学习】 8月26～28日，副区长童晓佳率区投促局、工商联、下关滨江商务区管委会、湖南路管委会以及华侨路街道等单位相关人员赴重庆和成都考察学习。考察组先后与成都市锦江区政府、重庆市渝中区政府交流探讨楼宇改造提升、楼宇创建服务以及楼宇招商等问题，实地考察国金中心大厦、太古商业街等载体项目，参观重庆航运交易所和眉州东坡集团四川生产基地。考察期间，围绕商业地产、文化旅游、金融服务等产业举办鼓楼区投资环境（成都）推介会，邀请阿特金斯顾问有限公司、新加坡吉宝置业有限公司、四川鸿孚文化产业集团等知名企业以及当地政府相关部门近40人参加会议。 （涂澄）

【赴瑞典和西班牙开展经贸洽谈活动】 9月7～13日，区委书记杨学鹏率团赴瑞典、西班牙开展经贸洽谈及文化旅游产业主题招商活动。在瑞典期间，代表团会晤瑞典德瑞医疗集团全球战略副总裁斯蒂芬·埃里克森(Stefan Ericsson）和江苏省驻瑞典经贸代表，推进德瑞医疗集团在鼓楼区合作设立肾科医院项目；考察瑞典德瑞医疗集团在斯德哥尔摩索尔纳盖特(Solna Gate)项目及哈马毕生态城。在西班牙期间，中国驻西班牙大使吕凡、帕尔马市市长约瑟·赫拉·瓦尔加（Jose F. Hola Vargas)、西班牙投资局执行主任约瑟·卡洛斯(Jose Carlos)、加泰罗尼亚贸易投资局主任胡迪特·伊达尔戈(Judit Hidalgo）等官员先后会见代表团；代表团考察金浦集团西班牙投资项目；在西班牙帕尔马市举办鼓楼区文化旅游产业投资环境推介会，西班牙马略卡岛经济事务官员托梅乌·坎塔略普斯(Tomeu Cantallops)到会致辞，30多位当地企业代表参会。区委书记杨学鹏推介鼓楼区投资环境、优惠政策及产业发展机遇，并接受当地主流媒体《第一时间报》(Ultima Hora)采访。 （沈淦 张璐）

【区高端现代服务业投资推介会】 (参见第87页，“服务业”类目同名条目)

【美国旧金山湾区委员代表团到区考察】 10月26日，美国旧金山湾区委员代表团一行到区考察。代表团由湾区委员会首席全球业务拓展官德尔·克里斯滕森带队，先后考察白云亭文化艺术中心城市展览馆、江东软件城及苏宁慧谷。考察期间，区委书记杨学鹏会见代表团一行，双方围绕推动湾区与鼓楼区合作进行深入探讨和交流。会见后，鼓楼区与旧金山湾区委员会联合举办“南京鼓楼—旧金山湾区投资推介会”，重点推介鼓楼区投资环境并开展科技、医疗等主题对接交流，26家中外企业约60名客商参会。 （杨志 张璐）

【重点联系企业交流座谈会】 11月25日，鼓楼区投促局邀请驻区重点外资企业、境外投资企业、新落户税源企业、商务中介及外国政府驻宁投资促进机构召开交流座谈会。平安普惠投资咨询有限公司、中国电建地产集团有限公司、苏宁环球投资影业公司、亚信联创(中国)科技有限公司、戴德梁行物业顾问有限公司及德国北威州投资促进署等20家机构和企业代表参加会议。会上，区发改局解读鼓楼区“十三五”规划要点，与会企业围绕“十三五”规划基本思路，结合全区发展实际建言献策。与会人员普遍认为“十三五”时期是国家经济发展关键机遇期，企业应主动求变，积极应对新趋势、新问题，创新发展模式；政府应进一步提升服务效率和水平，促进经济社会和谐发展。会议邀请南京中医专家为企

6月24日，美国Aditazz公司执行董事长David Laurence、加州大学戴维斯分校校长Steve Currall、美国湾区委员会全球事务拓展官Del Christensen等一行到区考察洽谈

业家举行健康讲座，并参观有润艺术品交易展示中心，搭建促进驻区企业横向交流，打造开放型经济生态共赢圈平台。 （张立群　杨　志）

【参加市“十三五”发展商机（北京）推介会】 12月3～4日，区委书记杨学鹏率队赴北京参加南京市“十三五”发展商机（北京）推介会。区委常委、副区长郭明雁，副区长童晓佳以及南京鼓楼国家大学科技园管委会、区投促局、区科技局有关负责人参加。会议期间，杨学鹏一行考察MAX空港企业园、MAX泰达科技园、中关村创业大街、北京创客空间以及3W咖啡等项目，并在推介会上完成鼓楼区电建中储泛悦中央广场商办综合体等3个项目签约，投资总额72亿元。

（沈　淦　张　璐）

市场监督管理

【概况】 2015年，鼓楼区企业开户5314家，同比增长39%，新增注册资本391.5亿元，同比增长7%。其中民营企业新增4560户，新增注册资本319.4亿元。新办代码证4474户，特种设备许可681家，登记设备2127台。新办餐饮许可459户，保健食品备案46户，药品经营许可122户。受理“三证合一”执照4052户。检查楼宇113栋、园区27个、企业1.26万家，发现异地经营企业770家，约谈企业332家。调入国税纳税企业21家，税收1066万元；调入地税纳税企业16家，税收7950万元。查处各类案件261件，罚没款入库647万元。验收20家药品零售经营企业新版GSP(《药品经营质量管理规范》)，上报药品不良反应2228例。食品抽样1766批次，药品抽样358批次。申报省著名商标9件，上报省著名商标再认定9件；申报市著名商标14件，上报市著名商标再认定15件；2件商标被国家商标评审委员会认定为中国驰名商标。推荐省级守合同重信用企业9家、市级守合同重信用企业14家。全年属地企业完成公共收入37.86亿元，同比增长12%；完成税收65.68亿元，同比增长11%。共管企业完成公共收入22.9亿元，同比增长10%；完成税收49.12亿元，同比增长9%。餐饮和医药产销行业完成公共收入1.71亿元，完成税收收入3.4亿元。是年，区市场监管局获全国清理整顿人力资源市场秩序专项行动取得突出成绩单位、南京市争创无职务犯罪单位活动先进单位、鼓楼区2014年度经济社会发展先进集体、鼓楼区2014年度安全生产工作先进部门等称号。苏宁环球商贸城有限公司、南京金桥市场管理有限公司装饰城、南京味洲食品有限公司工人新村市场管理服务分公司3个单位通过“江苏省文明诚信市场”复审；苏宁环球商贸城有限公司等11家单位被命名为2014年度南京市文明诚信市场，获命名单位总数居全市各区之首。

【市场监管体制改革】 1月30日，鼓楼区市场监管局下辖13个市场监督管理分局正式挂牌运行。分局局长由街道分管经济副主任兼任，43名街道原经管干部随职能转入组成监管队伍，在全市率先完成市场监管体制改革。构建“1+13+3”(1个局机关、13个分局、3个事业单位）市场监管新模式，形成全国首创市场监管体制改革“鼓楼模式”。

【市场监管】 2015年，区市场监管局以社区和有形市场为单元划分基本网格，实行定人定岗网格化管理，设置90个网格、85个网格员，将食品药品、保健品、化妆品、特种设备安全监管以及质量、标准计量监督等新职能纳入监管体系。至年末，管理各类市场主体73294户，管理各类有形市场74家。禁止烟花爆竹买卖，未发生禽流感疫情和安全事故。确定苏宁商贸城、金桥市场、金大农贸市场、登高定淮门农贸市场为年度城市治理标准化工作试点市场。按照属地管辖原则，标准化综合治理45家农贸市场。

【无照经营整治】 2015年，区市场监管局专项整治快递市场和再生资源回收站，全区33个邮政支局和快递企业全部持照经营。开展无照经营专项整治，检查各类市场主体4977户，规范发照179户、责令整改160户，没收并妥善处理违规交易活禽500余只。逐户核实全区登记在册的90户废品回收站，规范办照7户。

【特种设备安全监管】 2015年，鼓楼区强化特种设备及电梯安全监管工作，督促102家电梯维保单位和电梯使用单位自查自纠，维修保养电梯531台，消除安全隐患72个。专项检查特种设备和涉危险化学品设备14次。

【食品药品安全监管】 2015年，鼓楼区开展食品药品安全监管，安全整顿鸭血制品、小龙虾、火锅原料、食堂、保健食品等食品药品51次。验收20家药品零售经营企业新版GSP，上报药品不良反应2228例。完成食品抽样1766批次，药品抽样358批次。与公安鼓楼分局联合侦办被公安部、国家食品药品监督管理总局、省药监局挂牌督办的“南京徐佳圆等制售有毒有害食品案”，7名涉案人员受到刑事处罚。

【稽查执法】 2015年，区市场监管局制定《立销案管理办法》，统一案号和线索管理，保证稽查工作有序开展，查处各类案件261件，罚没款入库647万元。清理1135项权力事项，拟定新执法程序，重新换发行政执法证303个。打击非法集资，排查1500余家投资、理财、融资型企业，警示8家涉嫌非法集资机构。制定《行政复议应诉工作规则》，行政复议12起、一审行政应诉13起、二审行政应诉5起。加强打击商标侵权行为，查处商标侵权案件22起，罚没金额46.17万元。案件类型主要集中在白酒类侵权案件6件，罚没款19万元；电气元件商标侵权案件2件，罚没款19.5万元；皮具类商标侵权4件。

2015年鼓楼区新认定中国驰名商标一览表

表22

序　号	商标注册人(利害关系人)	商标名称	商标注册号
1	南京金桥市场管理有限公司	金桥市场	1297406
2	苏宁云商集团股份有限公司	SUNNING	4823166

2015年鼓楼区江苏省著名商标一览表

表23

序号	商标注册人	商标名称	注册号	类别	核定使用商标(服务
1	江苏省食品集团有限公司	苏食	1411815	29	猪肉食品等
2	江苏省食品集团有限公司	图形	1394635	25	推销(替他人)
3	江苏省宁海商标事务所有限公司	NEW&HIGH	3091983	42	知识产权咨询，法律服务等
4	江苏和亿昌环保工程科技有限公司	图形	6688504	40	生产销售脱硫、脱氮、二氧化碳处理、除尘、水处理等环保设备及产品等。
5	南京巨鲨商贸有限公司	巨鲨	1565872	10	医用导管、医疗器械和仪器等
6	南京金桥市场管理有限公司	金桥市场	1297406	42	活动房屋出租、提供展览会设施、柜台出租
7	南京玉桥市场管理有限公司	玉桥	1749754	42	柜台出租等
8	南京魏胖子食品贸易有限公司	魏胖子及图	1498354	29	肉制品(酱卤肉制品)、酱牛肉系列、盐水鸭系列
9	江苏凤凰出版传媒集团有限公司	图形	4668826	41	教育、组织竞赛、安排和组织会议等
10	江苏省五台山体育中心	图形	4210259	41	教育、体育比赛、组织竞赛(教育或娱乐)等
11	南京巨鲨显示科技有限公司	巨鲨医疗及图	7861464	9	计算机、计算机外围设备、计算机周边设备等
12	江苏省建工集团有限公司	jsce及图	3786983	37	建筑、拆除建筑物、建筑施工监督等
13	南京源久房地产开发有限公司	宏图地产	5275246	36	商品房销售服务、住房代理等
14	中国江苏国际经济技术合作集团有限公司	豪雅姿	4173806	21	家用非电动榨水果器等
15	南京金陵酒店管理有限公司	金陵	5061182	35	商业信息代理、公共关系等

2015年鼓楼区再认定南京市著名商标一览表

表24

序　号	商标注册人	商标名称	注册号
1	南京一家人家政服务有限公司	一家人	1459320
2	南京金老汉投资管理有限公司	金老汉	3635421
3	金浦新材料股份有限公司	鼓及图形	684155
4	南京大地建设集团有限公司	JS	1139827
5	南京华瑞医疗器械有限公司	风帆及图	3167889
6	大千生态景观股份有限公司	图形	3863569

续表 24

序　号	商标注册人	商标名称	注册号
7	南京京城糖葫芦店	小肥熊	1998887
8	江苏省食品集团有限公司	苏食	1411815
9	江苏省食品集团有限公司	图形	1394635
10	江苏省悠仙美地饮食有限公司	悠仙美地	3187344
11	南京金桥市场管理有限公司	金桥市场	1297406
12	南京名商实业有限公司	名商红龙	4629002
13	南京扬子复合材料有限公司	宁扬及图	533268
14	江苏省宁海商标事务所有限责任公司	图形	3091983
15	南京四新科技有限公司	四新及 SX	1287521

2015 年鼓楼区江苏省名牌产品一览表

表 25

类　别	序　号	企业(区域)名称	产品(产业)名称
制造业产品	1	江苏长江涂料有限公司	油漆涂料
	2	中国能源建设集团南京线路器材厂(南京线路器材厂)	电力金具
	3	南京圣诺热管有限公司	热管换热器
服务业	4	江苏省食品集团有限公司	其他服务业
	5	中国江苏国际经济技术合作公司	外贸流通业
	6	江苏省宁海商标事务所有限公司	商标代理
	7	中储发展股份有限公司南京经销分公司	钢材批发与零售
	8	南京白鹭高速客运股份有限公司	公路客运
	9	南京古南都饭店有限公司	旅游饭店
	10	中鸿税务师事务所有限公司	涉税服务
	11	江苏瑞中数据股份有限公司	实时数据库技术服务

2015 年鼓楼区南京市名牌产品一览表

表 26

序　号	企　业　名　称	产品名称	注册商标
1	南京全信传输科技股份有限公司	航空航天用特种线缆	全信(QX)
2	江苏长江涂料有限公司	油漆、涂料	122806
3	中国能源建设集团南京线路器材有限公司	电力金具	“宁”
4	艾志(南京)环保管接技术股份有限公司	金属环垫	Enviro
7	江苏省茶叶有限公司	绿茶	东坡
8	南京白鹭高速客运股份有限公司	公路客运	长客白鹭
9	南京古南都饭店有限公司	宾馆饭店	古南都
10	南京真知味饮食娱乐有限公司	餐饮服务	真知味
11	江苏和亿昌环保工程科技有限公司	烟气脱硫工程	
12	南京晶丽酒店有限公司	宾馆(住宿、餐饮)	晶丽

【商标名牌建设】 2015年,鼓楼区商标注册新申请量4089件,有效商标注册量14895件。新申报中国驰名商标1件,被国家商标评审委员会认定为中国驰名商标2件,累计9件;申报省著名商标9件,新认定6件,再认定9件,累计56件;申报市著名商标14件,新认定13件,再认定15件,累计88件。发放省、市著名商标政府奖励345万元。推荐省级守合同重信誉企业9家、市级守合同重信誉企业14家。协助企业办理动产抵押7件,帮助企业融资8200万元。培育中国驰名商标2件、江苏省著名商标4件、南京市著名10件,商标申请1400余件,商标注册1500余件。年内,查处商标侵权案8件、违法广告案10件。至年末,全区有市级品牌基地3个。

【质量管理】 2015年,区市场监管局对接区"七大产业功能板块",开展省、市名牌培育申报。组织13家企业申报省名牌、12家企业申报市名牌。组织3家企业申报2014年度南京"市长质量奖",其中苏宁云商集团股份有限公司获组织奖提名奖,江苏省宁海商标事务所有限公司总经理曹静获个人奖提名奖。组织3家企业申报2015年南京"市长质量奖",南京朗坤软件有限公司获组织奖提名奖。组织辖区4家机动车安检机构开展安全检查。抽查流通领域商品质量179批次,11家单位获奖。

【标准制(修)订】 2015年,区市场监管局完成《残疾人托养服务规范》国家标准制订;指导南京四新科技应用研究所有限公司完善标准化良好行为省级试点各类制度、台账;协助南京汽轮电机有限责任公司、国网电力科学研究院等重点单位14个国家标准、29个行业标准的制(修)订;指导辖区3家工业企业采用5个国际标准和国际先进标准;指导江苏省宁海商标事务所有限公司制订《商标代理服务规范》省级地方标准,并通过省级专家审定和正式发布;办理10家企业21个产品标准备案。

【计量器具检测】 2015年,鼓楼区强制年度检定全区45家集贸市场3200多台计量器具。联合市计量院,检查辖区内2家汽车4S店及2家机动车环保检测站计量器具及在售润滑油、机油等定量包装商品。检查32家医院、宾馆饭店、商场、超市等安全类计量器具,发出责令整改通知书15份。检查评价26家计量诚信企业,指导5家单位申报2015年度江苏省诚信计量示范单位。指导中国长江航运集团南京金陵船厂通过省级计量保证确认考核。完成南京汽轮电机有限责任公司、上海铁路局南京供电段等5家企业12个计量标准和制造许可申请受理、考核及发证工作。

【消费维权】 2015年,区市场监管局开展"3·15"国际消费者权益保护日活动。推进"E通315"信息化平台使用。坚持24小时"12315"维权热线值守,争创"12315"消费维权服务站省级示范站。建立政务热线三级、四级平台,制定政务热线工作绩效考核细则。妥善处理16起涉及教育培训机构、健身馆预付费卡群体投诉。全年受理投诉举报16115件,同比增长62.1%,其中"12345"工单3626件、"12315"工单6350件;"96180"、领导信箱等165件;"12331"工单413件;"12365"工单61件;来信、来电、来访等5500余件,全部回复并落实办理。

【诚信体系建设】 2015年,鼓楼区强化市场诚信体系建设,推进企业、个体户年度报告工作,2014年度年报率72.6%。加强经营异常名录管理,组织开展企业出资信息、年报抽查等9项定向抽查。落实黑名单警示制度,公示被列入"黑名单"市场主体4户。规范信用证明审核流程,出具759户市场主体守法经营状况书面意见。协调全区32个成员单位,组建联络员队伍,定期向区政府报送鼓楼区市场主体年报状况分析。

【"你点我检"食品检测活动】 11月17日,区市场监管局在辖区超市与农贸市场开展食品质量"你点我检"系列活动,保障流通环节食品安全、维护消费者合法权益。活动期间,在山西路农贸市场和山西路苏果超市社区店设立2个现场,食品安全监管人员与区行风监督员、人大代表、消费者代表现场随机抽取肉类、蔬菜、豆制品、水产等食品,由南京工业大学食品质量监督检验人员现场快速检测,当场公布检测结果。当天检测61批次食品,所检项目全部符合规定要求。

(倪　伟　刘明清)

物价管理

【概况】 2015年,鼓楼区实施各类物价减负优惠和补贴9091.6万元。新建3家平价直销站,平价商店累计30家。承担省、市监测任务23项,设立价格监测点35个,采集接收监测2050家次。梳理行政权力事项清单53项,其中行政处罚13项、行政强制2项、行政征收1项、行政奖励3项、行政确认3项、其他31项。全面取消收费许可证及收费员证发放和年度审验。全区58家行政事业单位参加收费报告工作,参加率、上报率和合格率100%。办理商品房明码标价备案18批次。开展节日市场价格监管,出动127人次,发放各类提醒函406份,检查商企经营户352家,责令整改1家。依法查处价格违法案件14起,收缴罚没款22.02万元,退还消费者1.47万元。受理各类价格投诉举报920件。全区

130家单位参加价格诚信评比，109家获价格诚信单位称号。完成刑事案件价格鉴证313件，公有房租金价格认定19件，保障房建设项目价格认证42万平方米，国有资产报废处置价格认定221项。是年，区物价局获南京市稳定价格和治乱减负责任制执行情况考核优秀单位、2014年度区级文明单位称号。

2015年鼓楼区主副食品价格监测一览表

表27

序号	品　名	计量单位	1月	2月	3月	4月	5月	6月	7月	8月	9月	10月	11月	12月
1	金龙鱼花生油（超市）	元/5升	112.80	112.76	113.64	112.80	116.19	116.63	111.27	112.34	114.53	112.80	112.80	112.80
2	鲁花花生油（超市）	元/5升	141.80	140.69	142.81	142.74	137.95	143.42	143.39	147.70	145.72	144.45	144.58	145.00
3	去骨猪腿肉	元/500克	12.00	12.12	12.00	12.00	12.00	12.05	13.43	15.00	15.00	15.00	14.81	13.57
4	小排	元/500克	17.00	17.35	17.50	15.14	15.70	16.00	17.65	18.81	19.00	19.00	18.81	17.13
5	大排	元/500克	15.00	15.12	14.82	14.00	14.00	14.00	14.83	15.90	16.00	16.00	16.00	15.13
6	鸡蛋	元/500克	5.42	5.32	4.95	4.50	4.50	4.50	4.47	5.16	5.43	4.78	4.82	4.97
7	白鲢	元/500克	3.31	3.57	3.14	3.40	3.58	3.46	3.51	3.70	3.35	3.19	3.27	3.50
8	草鱼	元/500克	6.45	6.68	6.39	6.21	6.43	6.19	6.17	6.33	5.88	5.56	5.45	5.57
9	带鱼	元/500克	11.76	12.76	14.00	14.00	14.00	14.00	14.00	14.00	14.00	14.00	14.00	14.00
10	青菜	元/500克	2.70	2.53	1.82	2.02	2.28	2.22	3.00	2.53	1.88	1.50	1.45	3.32
11	西红柿	元/500克	3.28	4.26	3.14	2.91	2.62	2.34	2.61	2.86	3.21	3.50	3.50	3.63
12	土豆	元/500克	2.60	2.50	2.76	2.80	2.44	2.00	2.15	2.20	2.00	2.00	2.02	2.50
13	黄瓜	元/500克	3.46	5.12	3.27	3.03	2.31	2.02	2.60	3.10	2.30	2.06	3.60	4.78
14	青椒	元/500克	4.29	5.71	4.32	4.93	3.30	2.69	2.83	3.02	2.86	2.87	3.05	3.07
15	茄子	元/500克	5.00	5.71	5.00	4.71	3.15	2.98	3.00	3.00	3.00	3.08	3.95	5.83
16	芹菜	元/500克	3.83	4.53	3.55	3.52	3.58	3.71	3.80	3.50	3.50	3.00	3.07	3.00
17	苞菜	元/500克	1.54	1.97	2.50	2.50	2.28	2.00	2.33	2.20	2.17	2.00	2.30	2.47
18	大白菜	元/500克	0.84	1.26	1.65	1.94	1.67	1.93	2.10	1.90	1.80	1.43	0.99	1.04
19	鲫鱼	元/500克	6.63	6.83	6.60	7.00	7.63	7.50	8.08	8.00	7.33	7.13	7.30	7.00
20	鳊鱼	元/500克	5.63	6.17	5.80	6.70	7.00	7.38	7.67	7.25	6.67	7.00	6.70	6.30

2015年鼓楼区商品住房销售“明码标价”备案登记表

表28

备　案　号	企业名称	楼盘名称	销售地址	房屋面积（平方米）	备案时间	备案均价（元/平方米）
鼓价房备〔2015〕001号	南京振海房地产开发有限公司	皇冠双星花园	三汊河大桥东侧	252.3~264.08	2015.4.10	21000
鼓价房备〔2015〕002号	南京世茂房地产开发有限公司	世茂外滩新城08幢	南通路99号	99.79~274.16	2015.4.23	23732
鼓价房备〔2015〕003号	南京金名城置业有限公司	龙湖春江紫宸	建宁路与江边路交汇	46.79~92.56	2015.5.21	23500.58(毛坯)
鼓价房备〔2015〕004号	南京广厦置业（集团）有限公司	天水滨江花园	汉中门大街438号	123.92~253.31	2015.6.5	32200(毛坯)

续表 28

备　案　号	企业名称	楼盘名称	销售地址	房屋面积（平方米）	备案时间	备案均价（元/平方米）
鼓价房备〔2015〕005 号	南京金榜房地产开发有限公司	百合果园	下关新河一村 1 号	147.52(一套)	2015.8.11	22000(毛坯)
鼓价房备〔2015〕006 号	恒盛江旭(南京)房地产开发有限公司	金陵湾小区 9 幢	下关三汊河桥	130~136	2015.8.11	27500(毛坯)
鼓价房备〔2015〕007 号	下关城市建设开发(集团)有限公司	江雁云谷山庄 24~27 幢	幕府东路 57 号	90~140	2015.8.11	22003(毛坯)
鼓价房备〔2015〕008 号	南京新外滩建设发展有限公司	紫金江景苑	四平路 65 号	41.43~108.49	2015.9.7	21602(毛坯)
鼓价房备〔2015〕009 号	恒盛江旭(南京)房地产开发有限公司	金陵湾小区 04 幢	下关三汊河桥	193~262	2015.9.18	26700(毛坯)
鼓价房备〔2015〕010 号	南京广厦置业（集团）有限公司	天水滨江花园	汉中门大街 438 号	240	2015.9.18	35000(毛坯)
鼓价房备〔2015〕011 号	江苏运通房地产开发有限公司	金鼎湾如院	中山北路与校门口交汇	153~200	2015.9.23	30400(毛坯)
鼓价房备〔2015〕012 号	南京金名城置业有限公司	春江紫宸广场	建宁路与江边路交汇	130~143	2015.10.13	27851.53(毛坯)
鼓价房备〔2015〕013 号	苏宁房地产开发有限公司	千秋情花园	湛江路 69 号	258.58	2015.10.13	30000(毛坯)
鼓价房备〔2015〕014 号	南京立方置业有限公司(大姆指)	峰云府	建宁路与热河南路交汇	41~84	2015.11.4	25500(精装)
鼓价房备〔2015〕015 号	南京广厦置业（集团）有限公司	天水滨江花园	汉中门大街 438 号 8 幢 6 单元 101	153.25	2015.11.4	36000(毛坯)
鼓价房备〔2015〕016 号	南京港宁置业有限公司(深业公司)	深悦滨江公寓	江边路 1 号	60~85	2015.11.20	26666(毛坯)
鼓价房备〔2015〕017 号	南京世茂地产开发有限公司	世茂外滩新城（二期）	南通路 99 号	102~169	2015.12.21	26911.11（精装费 3800）
鼓价房备〔2015〕018 号	南京立方置业有限公司(大姆指)	峰云府	建宁路与热河南路交汇	36~90	2015.12.28	27000(精装)

【价格调控】 2015 年，鼓楼区分解全年价格调控管理目标任务，层层落实，把全区 25 家责任单位价格管理纳入全区经济与社会事业发展中进行考核。至年末，区环保局按照降低收费标准要求，减免监测服务收费 3.9 万元。区卫生局严格执行基本药物零差价销售，减收 3778.53 万元；区卫生系统优惠减免 191.35 万人次、减免费用 644.2 万元。区教育局全年为 1962 名中小学、幼儿园困难学生减免学费 126.18 万元，发放生活补助 169.7 万元。

【价格监管】 2015 年，鼓楼区开展“价格诚信有序年”主题市场监管活动。运用网格化监管，整治市场价格秩序、经营者价格行为尤其是节日市场价格行为。区物价局成立 5 个物价检查组，检查中央门、新街口、龙江和湖南路等商贸区超市、商场、农贸市场、知名餐饮、停车场、宾馆以及景点等行业价格行为。10 月，全国第 93 届糖酒交易会在南京召开期间，区物价局加大市场价格秩序监管力度。年内，落实新建普通住宅商品住房明码标价和“一价清”制度，普通住宅商品房明码标价备案率、标价率、规范率 100%。办理商品房明码标价备案 18 批次，配合江苏省物价局查处房地产开发企业不按规定明码标价行为为 2 家。全年依法查处价格违法案件 14 起，收缴罚没款 22.02 万元，其中没收违法所得 19.04 万元，罚款 2.98 万元；退还消费者 1.47 万元。

【价格监测】 2015 年，鼓楼区重点监测主副食品、药品、日用品、服装、家电、医药、能源、旅游、房租、电动车、粮油和宠物医疗价格。采集接收价格监测2050家次，汇总上报监测报表967次。全年，区主副食品涨幅7.01%，在全市11个区中排名第四。实时跟踪监测牛奶、中药材、理发美发、药品、手机、停车场、冷饮、民办养老机构、家电维修行业、宠物医院收费和蛋糕市场价格变化，撰写并上报价格动态信息10篇、价格监测综述分析12篇、调研文章11篇。新增《鼓楼价格快报》(电子版)，年内发表2期，发布信息11条。在南京价格信息网上发布信息112次，配合南京市微博比价工作，采集上报2个超市比价表249次。区物价局组成3个专题课题组，探讨经济发展进入新常态后价格监管与服务方面研究。撰写《运用价格杠杆推动鼓楼区经济结构转型升级》《发挥价格监测职能为区域经济发展提供决策依据》《价格信用体系建设》《取消药品政府定价机制后市场药价走势的分析和思考》《出新小区物业管理中的问题及其对策》等调研文章12篇，分别发表在省、市、区级刊物上。

【收费正向公示】 2015年，鼓楼区全面取消区属收费许可证及收费员证发放和年度审验。通过网络向社会公布《鼓楼区行政事业性收费单位目录》，正向公示全区6家行政收费单位、14家事业性收费单位和16家中学、45所小学、12家公办幼儿园收费情况。建立收费情况报告制度和收费单位巡访制度，跟踪评估收费政策执行情况及实施效果，并向社会公示发布收费情况公报。建立收费动态信息化管理制度，实现网上在线报告和汇总分析。

【价格争议调解】 2015年，鼓楼区依托“12358”“12345”和“96180”服务平台，受理价格举报案件920件。其中，区物价局直接受理22件，“12358”平台转办受理113件，市、区“12345”平台转办受理780件，“96180”转办受理5件。通过分析研判举报投诉变动趋势，针对社会反响强烈、短期集中爆发价格违法行为，采取措施加以应对。同时，做好影响面广的价格争议行政调解，全年接受价格争议调解34件，调解金额361.94万元。

【价格诚信体系建设】 2015年，鼓楼区把价格诚信体系建设融入“智慧物价”网络平台建设中，增设网上问卷调查内容6项，发布公开信息31条，公布调查信息6条、维护信息73条。举办13期价格政策解读培训，670名收费人员接受培训。建立收费情况报告和收费单位巡访制度，各收费单位建立健全收费台账，实行网上在线报告和汇总分析并及时向社会公示发布收费情况公报。全年有58家行政事业单位参加收费报告工作，参加率、上报率和合格率100%；奖励获市2013～2014年度“三信三优”称号单位44家；根据南京市价格信用等级管理及失信惩戒办法，开展价格诚信评比，130家单位参加，其中109家单位获价格诚信单位称号。

【价格认证服务】 2015年，鼓楼区物价局完成涉案、涉纪、涉税财产等价格鉴证工作。开展公有房租金、政府购买服务(资产)、区重大(点)建设项目、涉纪财物、涉税财物、征收安置、火灾损失等价格认定工作。通过编发《南京市鼓楼区涉案财产价格鉴证(刑事类)委托操作指南(2015版)》以及上门辅导培训等方式，指导办案民警按要求完成委托程序。全年完成刑事案件价格鉴证313件，标的额426.22万元；公有房租金价格认定19件，认定房屋57处，建筑面积3.12万平方米，标的额2028万元；政府保障房建设项目认证建筑面积42万平方米，认证标的额18.95亿元；国有资产报废处置价格认定221项14915件，标的额124.44万元；认证教育资产、停车场经营权、垃圾分类市场化服务等价格6件，标的额5860万元。

【平价直销店建设】 2015年，鼓楼区实行平价商店优胜劣汰制，促进平价商店提档升级，全年撤销4家不合格平价直销店，新增4家平价直销店，在长阳花园、苏宁睿城、象山社区新建3家平价直销站，平价直销店总数30家。

【首家社区农副产品平价直销站挂牌服务】 12月24日，鼓楼区首家社区农副产品平价直销站在江东街道苏宁睿城社区正式挂牌成立，省、市、区物价局和江东街道有关领导参加挂牌仪式。挂牌仪式结束后，睿城社区农副产品平价直销站组织挂钩对接的田博士农副产品平价直销店20余种时令蔬菜、大米、食油、鸡蛋、豆制品等，按照“平价蔬菜低于市场平均价格15%以上，其他品种低于5%以上”平价政策向社区居民销售，销售蔬菜3000斤，受到社区居民普遍欢迎。 （梁　晨）

审计监督

【概况】 2015年，鼓楼区完成审计项目192个。其中，政府投资工程结算审计项目118个、拆迁决算审计项目12个、经济责任审计项目12个、专项审计调查项目2个、财政预算执行审计项目1个、政府投资跟踪审计项目47个。审计查出问题金额46758.47万元，其中经济责任审计项目查出管理不规范金额13776.28万元，违规金额117.16万元；核减工程结算款14851万元，核减率14%；拆迁决算审计核减18014.03万元，核减率3.5%。全程跟踪监督区域40个重大建设项目，出具跟踪审计意见书2325份，核减工程造价25039万元。出具审计报告和专项审计调查报告157篇，被批示26篇次；审计撰写信息宣传稿件126篇，被采用156篇次。促进区政府出台《关于进一步深化鼓楼区经济责任审计工作的意见》《鼓楼区审计整改工作暂行办法》等文件规定，针对审计中查出的问题，及时向区委区政府提出意见和建议，促进区政府出台《关于开展全区固定资产专项清查的通知》《关于开展全区房产专项清查的通知》《鼓楼区社区财务管理办法》等整改措施和规范性文件，促进区域经济有序规范发展。

是年，区审计局获2014年度市审计机关综合考核优秀单位、2014年全市档案信息化工作先进单位，2014年鼓楼区经济社会发展工作先进集体、2013～2014年度区级文明单位、鼓楼区“结对共建”先进党组织等称号。审计项目“南京市下关区滨江实业发展总公司及关联单位资产管理和使用情况专项审计调查”被南京市审计局通报表彰，获2013～2014年全市优秀计算机审计项目三等奖，“清江村电台、向阳渔港2个地块拆迁补偿资金审计项目”获全市优秀计算机审计项目一等奖。

【预算执行审计】 2015年，区审计局全面审计鼓楼区财政运行情况。从区财政局具体组织执行本级预算情况、非税资金收缴和使用管理情况入手，审计2014年度区财政收支真实性、合规合法性、效益性、完整性。重点审计卫生、文化和城市维护等关系民生专项资金使用情况。同时，全面审查全区物业管理服务、政府采购程序规范性。预算执行审计过程中，首次调查全区行政事业单位固定资产尤其是自有房产权属和规模。至年末，完成财政预算执行审计项目1个。

年内，利用数字化审计平台，首次实现236家部门预算执行审计全覆盖，重点调查区人社局等10家预决算公开试点单位部门预算执行情况。规范预算管理，提高部门资金使用效益。通过预算数、账面数、决算数相对比，业务资料与账务信息相核对、模糊查询与重点审查相结合等审计方法，全面审查各机关事业单位“三公经费”，对各单位“三公经费”核算准确性作出评价。

【固定资产投资审计】 2015年，区审计部门审计阅江楼景区东南片区配套服务设施、南京树人学校教学楼、滨江地块环境治理、宝船厂遗址景区博览苑慢行绿道等政府投资工程竣工结算项目118个，核减工程结算款14851万元，核减率14%。跟踪审计窑上村城中村改造、水佐岗地块、杨家花园地块3个拆迁项目，重点审查拆迁范围和程序、拆迁补偿安置政策落实、拆迁专户资金收支。审计二板桥444~484号地块危旧房改造、幕燕金属物流中心地块危旧房改造、老水关桥、驴子巷地块等12个拆迁项目拆迁费用概算内项目是否全部完成，分析概算资金结余或超支原因，提出征地拆迁工作管理程序审计建议，核减金额18014.03万元，核减率3.5%。预防工程领域腐败行为，提前介入大庙村(金达花园)、华宏A(白云雅居)、金帆北苑、七三一六厂4处在建保障房建设项目，提出前期建设程序、招投标管理、造价控制、合同变更、进度款支付等方面整改意见，及时发现和纠正不合理费用支出，出具跟踪审计意见书1648份，节约造价或挽回损失90.26万元，核减工程造价3775万元，节约资金2755.26万元。

【重大建设项目专项审计】 2015年，鼓楼区审计部门全过程跟踪监督南京长江国际航运中心工程、莫愁社区服务中心工程、河西北部片区综合整治工程、力学小学教学综合楼、中央北路环境综合整治工程(市政部分)等40个重大建设项目。跟踪审计出具意见书2325份，促进核减工程造价25039万元。

【领导干部任期经济责任审计】 2015年，区审计部门受区委组织部委托，先后对区人口和计划生育局、区妇联、江东街道办事处、中央门街道办事处等12个单位和部门“一把手”领导开展经济责任审计。其中，任中审计项目2个、离任审计项目12个。审计查出管理不规范金额13776.28万元，违规金额117.16万元。是年，区审计局与区委组织部、区编制办组成联合检查组，对区人口和计划生育局领导干部开展“三责”联审(党政领导干部选人用人责任审查、机构编制责任审核和任期经济责任审计)。通过审计，区委区政府把经济责任审计结果作为干部年度岗位目标考核和廉政考核重要依据，区纪检监察部门把审计情况列入党政领导干部廉政档案，作为干部廉政考核考评依据。

【专项审计调查】 2015年，区审计局加强民生领域审计，促进维护社会稳定和人民群众利益。及时审查鼓楼区2015年春节“济困送温暖”活动组织管理、资金筹集、资金分配使用、资金使用效益。审计取证13个街道、44个部门和单位，提出审计整改建议3条。以审计促廉洁，抽调年轻审计人员，组成审计组，专项审计亚青会、青奥会专项资金收支情况。专项审查五台山体育馆、龙江体育馆、清凉门体校3个区属场馆资金使用情况，重点关注相关物资获得、使用和管理情况，以及各项赛后处置情况。

【非税收入缴款票据管理使用情况抽查】 2015年，区审计局发挥联网审计实时取数优势，结合财政同级审等各类审计项目，抽查非税收入缴款票据管理使用情况，通过数据筛选、未达款项分析、突击盘点现金等手段实施监控，加强财政资金安全管理。抽查中，审计人员以数据筛选分析为突破口，在各个单位使用非税收入缴款票据中，发现长期未缴款销票、开票时间与收款时间跨度较长等疑点，复核目标票据领取时间、存根联、记账联管理等，开展票据所涉款项收款形式、缴款程序、账务处理等延伸检查及现场取证工作。根据抽查取证情况，就其中非税收入缴款票据系统开票时间可以人为调整等情况与财政部门、系统软件供应商进行沟通，进一步防范风险。

【《经济责任审计法规资料选编》编印发放】 9月，鼓楼区完成最新《经济责任审计法规资料选编》(简称《资料选编》)收录整理工作，并印刷近200份，由区委组织部面向全区统一发放。《资料选编》收录中共中央办公厅、国务院办公厅《党政主要领导干部和国有企业领导人员经济责任审计规定》《江苏省党政领导干部“三责联审”办法(试行)》等，并将该区近年出台的经济责任审计相关实施意见及办法等内容整理入册，便于全区审计工作人员掌握审计法律法规和操作规范，正确行使审计监督权力；让全区内部审计人员、财务人员了解并掌握最新经济责任审计政策法规，进一步促进党政主要领导干部更好履行职责，提高廉洁自律水平。

【“为民办实事”重点工程审计】 2015年，鼓楼区完成2013～2015年全区“为民办实事”重点工程审计。审计涵盖社区车棚、下水道维修等居民生活保障工程结算审计；绿化、道路整治、部分河段水环境生态治理工程审计把关；青石村文化墙、社区科普室、蓝天园碧树园廉政文化艺术走廊彩绘等居民文化生活工程审计监督；小区200个电子监控点，以及部分老小区技防入户工程审计监督；对白云雅居、五塘和园、文景花园、金达花园等四大地块保障房项目建设情况跟踪审计。至年末，审计项目150多个，送审金额上亿元，核减资金数千万元，核减率20%。提出审计建议2000多条，被采纳近2000条，采纳率99%。 (王　刚)

统计管理

【概况】 2015年，鼓楼区加强功能板块统计基础建设，联手中国电信，为区七大产业功能板块开通统计内网，建立板块统计指标监测电子台账。验收申报联网直报企业1367家，占全部“四上”(规模以上工业企业、规模以上资质等级建筑业企业、限额以上批零住餐企业、限额以上服务业企业)联网直报企业96%。2015年全国1%人口抽样调查期间，组织培训200多名调查员到全区13个街道、119个社区、41个调查小区、1.2万名居民家中开展入户登记调查。清查电子商务交易平台，全年新增2000万元及以上电子商务平台5个。跟踪统计监测全区各行业收入比重占全区80%重点单位，新增“四上”单位107家。建成区教育局、区计生局江苏省部门统计示范点。利用国家、省、市2015年度调查单位审核确认工作契机，结合鼓楼区实际，全面推进文化产业单位达标入库，新增达标入库文化产业单位19家。是年，区统计局连续四年获县级统计局规范化建设年度示范单位，获南京市住户调查先进集体称号和南京市工业能源统计技能大赛优秀奖，在全市服务业统计工作考核中位列第一。

【统计基层基础建设】 2015年，鼓楼区狠抓统计规范化达标创建，通过示范展示、典型引路、业务指导，加快推动统计规范化建设进程。加强部门统计“双基”(基层统计网络和统计基础工作)建设，定期与市场监管、税务、民政、编办等部门进行数据交流；对区财政局等10个部门进行规范化达标建设和验收，建成区教育局、区计生局江苏省部门统计示范点；开通产业功能板块统计内网，建立产业功能板块电子台账。是年，区统计局“创新思路，夯实功能板块统计基层基础”被评为省级基层规范化管理创新示范项目，“建立五步联动催报机制减轻基层负担”被评为省级基层统计服务示范项目。

【全国1%人口抽样调查】 2015年，鼓楼区组建全国1%人口抽样调查专门领导小组及办公室，设立综合协调、宣传后勤、数据处理3个专业小组，根据抽样调查工作要求，将全区13个街道、119个社区划设成41个调查小区并标绘小区分块地图，明确调查指导员、调查员；组织100多名调查骨干参加PDA(掌上电脑)硬件使用和操作、PDA采集软件和PDA数据处理业务培训；针对各调查小区上报边界图和分块信息，加强审核力度，确保地图标绘不重不漏、完整覆盖，边界清晰明确、易于识别。11月1～15日，全国1%人口抽样调查正式入户登记时段，区统计局组织200多名调查员佩戴统一证件到41个调查小区1.2万名居民家中开展入户登记、调查，逐户、逐级检查验收填报的调查数据，确保源头数据质量。

【统计法治建设】 2015年，区统计局要求年度新增网报企业严格按整理材料上报审批，向新增“四上”定报单位制发《统计法律事务告知书》，依法告知新增企业应承担的统计法定义务、必须遵守的统计方法制度和统计工作要求，确保统计工作布置依法进行。集中人员、集中时间，分专业依法监督检查全区50家企事业单位。同时，组织区、街道统计机构对1476家联网直报企业开展“三查”(统计稽查、统计执法检查、统计巡查)，分析和通报检查中发现的问题。提升统计执法能力，由各专业人员及街道统计员组成统计执法队伍，全面参与50家企业统计监审，通过全员执法，提高区、街两级统计人员法制业务水平，增强街道人员宣传《中华人民共和国统计法》积极性、主动性。

【服务业和投资统计改革】 2015年，区统计局推进服务业和投资统计改革，发放《致联网直报企业负责人和企业统计人员一封信》，宣传统计制度变化，取得调查对象理解与支持。发文加强服务业统计工作，明确街道和板块服务业统计职能和工作任务，区统计局、街道和板块建立联动机制，维护直报率100%；实施精细化管理，通过人员包干，分层分级分类指导企业，每月走访10家以上行业重点户，了解企业组织架构、生产经营状况和发展设想计划等，指导企业报实报全统计数据。面对全区所有“一套表企业”（以工业企业为基本统计调查单位，整合涉及工业企业各项统计制度，消除不同统计调查制度对同一企业重复布置、重复统计，实现工业企业统一布置、搜集、汇总）进行投资新制度讲解，开办年报培训会30场。在月度投资报表填报过程中，各专业投资报表责任到人，从催报到审核全程参与，保证数据上报。至年末，全区“一套表企业”均按投资统计报表新制度上报投资统计数据。

【统计服务】 2015年，区统计局重点监测全区各行业收入比重占全区80%单位。梳理新增样本，开展新增单位业务指导，全面反映新增企业经营情况，挖掘全区经济新增长点。组成业务指导组到街道和板块走访指导，梳理统计工作难点，提出工作建议，指导各街道把关企业数据质量，实现数据质量控制关口前移。按照名录库新增工作要求，按期收集、审核、录入新增单位资料，全年新增“四上”单位107家。加强月、季、年度经济形势监测预警，定期撰写分析报告，全面反映全区经济运行动态，多篇分析受到区委区政府领导批示，开展“鼓楼区‘十三五’现代化统计指标探析”等3项课题调研，为其他部门编制《鼓楼区“十三五”规划》提供基础性统计资料。

【电子商务平台清查】 （参见第98页，“服务业”类目同名条目）

【功能板块统计指标监测电子台账建立】 2015年，鼓楼区加强区七大产业功能板块统计基础建设，制定《功能板块统计工作职责》，明确功能板块统计工作职责；联手中国电信为功能板块开通统计内网，实行专人、专机、专网、专用。提升6个产业功能板块统计指标监测可操作性，建立和制作下关滨江商务区、江东软件城、新街口—湖南路商务商贸区、模范马路科技创新街区、中央门商贸区和幕府山新产业区6个产业功能板块统计指标监测电子台账。电子台账包含名录库、投资、贸易业、服务业、房地产业和标准以上服务业增加值6个模块，各模块汇总板块范围内该专业全部单位关键指标，并逐一应对区统计局各专业科室。电子台账高效、准确反映各产业功能板块运行情况，为挖掘区域经济增长点，提升经济存量提供依据。

【文化产业单位达标入库】 2015年，鼓楼区各部门、各街道联动，召开文化产业认定业务培训会，详细解读有关文化产业标准，提高知名度。调查单位审核确认过程中，匹配企业经营范围与文化产业单位达标入库标准，结合名录库维护、文化产业资金申报、文化产业单位补充调查、工商税务库比对，开展企业经营活动和主要经济指标核查，确保文化产业单位信息准确、及时入库。全年，新增入库达标文化产业单位19家，占全部达标单位38%。

（李立增）

经济专项管理

重大项目管理

【重大项目进展】 2015年，鼓楼区156个重大项目，其中在建、新开工项目100个，储备项目56个，总投资1780亿元，年内计划投资148亿元。有11个项目列入市重大项目，其中在建6个、新开工3个、总投资510.3亿元，当年计划投资61亿元。至年末，有127个项目超过或达到年度目标，达标率84.7%。苏宁慧谷、越洋国际商务中心、艾志集团科技中心二期、金茂广场一期优化升级、南邮大厦科技综合楼、云谷山庄（德水香林）、中海环宇城、国家大学水资源中心暨世界水谷、清江苏宁广场、复地新都国际三期、五塘和园、力学小学教学综合楼、宝船小学教学综合楼、政法大楼、安怀东路地下停车场15个项目竣工。南京港（集团）总部大楼、紫金（鼓楼）科技创业特别社区、新城创置湖北路商业综合体等项目年内实现开工；中能建南京能源科技产业园、果品市场地块完成土地挂牌出让；梅家塘及增补地块完成征收；三汊河新河村、黄土山、三汊河南街后街、客车厂地块征收工作进入扫尾阶段。

（孟　晖）

2015年鼓楼区重大项目进展情况

表29

序号	项目名称	年度目标	完成进度	责　任　单　位
1	世茂滨江新城二期	16号楼外部装修,7号楼主体施工,15号楼主体施工,12号楼主体施工	达序时进度	下关滨江商务区管委会、阅江楼街道
2	深业滨江创新总部基地	高层公寓主体施工	达序时进度	下关滨江商务区管委会
3	南京长江国际航运服务中心	永宁街地块裙楼封顶,商埠街地块启动建设	达序时进度	下关滨江商务区管委会
4	复兴大厦	A地块实施主体建设,裙楼结构完成,B地块建设基本完成	达序时进度	下关滨江商务区管委会、热河南路街道
5	长江峰景二期	主体施工	达序时进度	下关滨江商务区管委会、阅江楼街道
6	中冶滨江3号地块项目	启动部分地块建设	达序时进度	下关滨江商务区管委会
7	龙湖春江紫宸	实施地下工程建设	达序时进度	下关滨江商务区管委会
8	证大滨江大拇指广场	工程出正负零,进行地上主体建设	达序时进度	下关滨江商务区管委会
9	南京港(集团)总部大楼	桩基施工	达序时进度	下关滨江商务区管委会
10	酿造厂地块	桩基施工	欠序时进度	下关滨江商务区管委会、热河南路街道
11	苏宁慧谷	E06地块、E07地块竣工验收	达序时进度	紫金科创特区管委会
12	越洋国际商务中心	竣工交付	达序时进度	紫金科创特区管委会
13	艾志集团科技中心二期	竣工交付	达序时进度	紫金科创特区管委会
14	绿建大厦	主体施工	达序时进度	紫金科创特区管委会
15	紫金(鼓楼)科技创业特别社区	桩基施工	达序时进度	紫金科创特区管委会
16	湖南路现代服务业总部城(0405片)	完成土地挂牌,开工建设	达序时进度	湖南路管委会、湖南路街道
17	新城创置湖北路商业综合体	开工	达序时进度	湖南路管委会、湖南路街道
18	三乐电子微波器件研发大楼	主体施工至6层	达序时进度	紫金科创特区管委会、宁海路街道
19	金茂广场二期	主塔楼核心筒结构施工至20层;主体外框结构施工至15层	达序时进度	紫金科创特区管委会、中央门街道
20	紫金(下关)科技创业特别社区	01-07、01-10地块建筑主体封顶,体育主题公园竣工,水吉路、白云路竣工	达序时进度	紫金科创特区管委会
21	云谷山庄(德水香林)	竣工	达序时进度	紫金科创特区管委会、幕府山街道
22	华宏家纺科技创意产业园	一期交付,二期工程出正负零	达序时进度	紫金科创特区管委会、幕府山街道
23	绿地新都会(华宏A商业地块)	达正负零	达序时进度	紫金科创特区管委会、幕府山街道
24	南京艺术学院文化创意产业园	主体施工	欠序时进度	区文创办
25	水木秦淮街区出新改造一期	完成改造	达序时进度	区文创办
26	金陵湾	6、7、8号楼竣工交付,4、5号楼主体封顶,9号楼开工建设	达序时进度	热河南路街道
27	中海环宇城	竣工交付	达序时进度	凤凰街道
28	国家大学水资源中心暨世界水谷	国际学术交流中心竣工交付	达序时进度	宁海路街道
29	清江苏宁广场	主楼交付,地下商场及裙楼营业	达序时进度	凤凰街道
30	莱蒙都会	出正负零	达序时进度	小市街道

续表 29

序号	项目名称	年度目标	完成进度	责　任　单　位
31	复地新都国际三期	竣工交付	达序时进度	小市街道
32	四平大厦	主体封顶	达序时进度	建宁路街道
33	龙江新城市广场二期	桩基施工	欠序时进度	凤凰街道
34	中山文化广场(小粉桥地块)	完成挂牌,开工建设	欠序时进度	建发公司
35	宁海路民国风情商业街区(宁海路地块)	完成挂牌,开工建设	达序时进度	建发公司
36	北圩综合楼	完成地下室施工	欠序时进度	江东街道
37	鸿泰大厦	实施基础施工	欠序时进度	江东街道
38	金达花园	一期工程竣工;二期主体施工	达序时进度	新厦集团
39	白云雅居	二标段二标区竣工;三标段单体工程基本完成	达序时进度	新厦集团
40	文景花园二期	单体工程基本完成	达序时进度	新厦集团
41	五塘和园	二期工程竣工	达序时进度	新厦集团
42	文景花园三期(7316厂地块)	主体封顶	欠序时进度	新厦集团
43	新兴路西延一期	竣工	欠序时进度	区住建局
44	红山南路西延	施工	达序时进度	区住建局
45	中央北路环境综合整治	竣工	欠序时进度	区住建局
46	二板桥路	竣工	达序时进度	区住建局
47	方家营路	竣工	欠序时进度	下关滨江商务区管委会
48	黄家圩路北延北段一期	施工	达序时进度	区住建局
49	下关大街一期	开工	达序时进度	下关滨江商务区管委会
50	佳盛花园东侧路	竣工	欠序时进度	区住建局
51	翠庭路一期	竣工	欠序时进度	区住建局
52	铁路西站迁建	尧化门货场开工建设;推进郭家山机辆设施建设工程前期工作	达序时进度	下关滨江商务区管委会
53	江东软件城市政基础设施及绿化配套工程	下圩河工程竣工	达序时进度	紫金科创特区管委会
54	上元门观江大平台	开工	欠序时进度	下关滨江商务区管委会
55	二次供水改造	完成	欠序时进度	区住建局
56	和记洋行旧址修缮改造工程	竣工	达序时进度	下关滨江商务区管委会
57	河西片区雨污分流	完成	达序时进度	区住建局
58	小区出新	完成出新	达序时进度	区住建局
59	大庙沟、二仙沟环境综合整治	完成	欠序时进度	区住建局
60	草场门大街、汉中门大街过街通道	完成	欠序时进度	下关滨江商务区管委会
61	老旧电梯整治	完成	达序时进度	区住建局
62	科睿小学	二期竣工	达序时进度	紫金科创特区管委会
63	华宏A中学	完成安装工程	达序时进度	区教育局
64	第四中学教学综合楼	竣工交付	达序时进度	区教育局
65	力学小学教学综合楼	竣工交付	达序时进度	区教育局
66	宝船小学教学综合楼	竣工交付	达序时进度	区教育局
67	中专校异地重建	开工	欠序时进度	区教育局

续表 29

序号	项目名称	年度目标	完成进度	责任单位
68	世茂九年一贯制学校	开工	欠序时进度	区教育局、下关滨江商务区管委会
69	商业学校三期	开工	欠序时进度	区教育局
70	实验幼儿园扩建	开工	欠序时进度	区教育局
71	中海凤凰熙岸教育配套项目	开工	达序时进度	区教育局、征收办
72	河西公共服务中心	主体施工至地上2层	欠序时进度	区国资中心
73	政法大楼	交付使用	达序时进度	区法院
74	安怀东路地下停车场	竣工	达序时进度	区人防办
75	新华日报社停车库及业务用房	竣工	欠序时进度	华侨路街道
76	宝船博览苑	开工建设	欠序时进度	宝船公司
77	田家炳中学操场地下停车场	完成底板浇筑	达序时进度	区人防办
78	阅江楼社区商业中心	开工	达序时进度	阅江楼景区管委会
79	天目大厦东侧地下停车库建设及民国建筑修缮	完成主体建设	欠序时进度	宁海路街道
80	二板桥派出所	竣工	欠序时进度	区公安分局
81	环卫设施改造提升	完成改造	欠序时进度	区城管局
82	海洋馆、将军馆改造及周边环境整治	完成	欠序时进度	宁海路街道
83	世茂滨江新城二期	16号楼外部装修,7号楼主体施工,15号楼主体施工,12号楼主体施工	达序时进度	下关滨江商务区管委会、阅江楼街道
84	复兴大厦	A地块实施主体建设,裙楼结构完成,B地块建设基本完成	达序时进度	下关滨江商务区管委会、热河南路街道
85	长江峰景二期	主体施工	达序时进度	下关滨江商务区管委会、阅江楼街道
86	酿造厂地块	桩基施工	欠序时进度	下关滨江商务区管委会、热河南路街道
87	湖南路地下商业街	A区土建完成,主街地面施工完成。	达序时进度	湖南路管委会、湖南路街道
88	南京新城市虹桥二期	B1地块工程桩、支护桩完成;B2地块01~06幢主体封顶	达序时进度	紫金科创特区管委会、挹江门街道
89	天将大厦	主体封顶,设备安装	达序时进度	紫金科创特区管委会、中央门街道
90	金茂广场一期优化升级	完成地上装修改造,实施下沉式广场建设	达序时进度	紫金科创特区管委会、中央门街道
91	南邮大厦科技综合楼	竣工交付	达序时进度	紫金科创特区管委会、中央门街道
92	南邮蔡家巷科创中心	完成50%工程桩施工	欠序时进度	紫金科创特区管委会、建发公司
93	南京科技广场二期	开工	达序时进度	紫金科创特区管委会、中央门街道
94	中储电子商务区一期(喜年中心)	B1、B2、B3、B4栋建筑主体施工	达序时进度	中央门商贸区管委会、小市街道
95	中储电子商务区二期(智慧物流集聚区)	桩基施工	达序时进度	中央门商贸区管委会、小市街道
96	金川科技园二期	出正负零	达序时进度	中央门商贸区管委会、建宁路街道
97	华能南京滨江总部基地	一期2号楼竣工交付;3号楼桩基施工。二期推进前期工作	达序时进度	紫金科创特区管委会、宝塔桥街道
98	云谷山庄(德水香林)	竣工	达序时进度	紫金科创特区管委会、幕府山街道
99	绿地新都会(华宏A商业地块)	达正负零	达序时进度	紫金科创特区管委会、幕府山街道
100	白云亭文化艺术中心二期	完成地下工程	达序时进度	区文创办、白云亭公司

【重大项目推进会】 4月1日，鼓楼区重大项目推进会召开。会上，区发改局(重大项目办)汇报1～3月全区重大项目进展情况及区四套班子领导挂钩联系项目情况。区住建局、下关滨江商务区管委会、紫金科创特区管委会、湖南路街道、小市街道作交流发言。区委书记杨学鹏对大项目建设和推进工作提出4点要求。全体区领导，区有关部门、直属单位和各街道负责人参加会议。 (苏鸿飞)

【"华能(南京)滨江总部基地"项目协商推进会】 6月8日，"华能（南京）滨江总部基地"重大项目协商推进会在南京滨江总部基地项目现场召开，会议由区政协主席王隆京主持，6个区属职能部门参加。会议以"专题协商"形式召开，将项目建设方所提问题，与机关职能部门现场对接、沟通交流。参会的区发改、住建、城管、征收、督查和消防等部门负责人分别对提出的问题作说明和答复。 (刘　浩)

民营经济管理服务

【概况】 2015年，鼓楼区有民营企业3.02万户、个体工商户3.87万户，占全区企业91.91%，分别比2014年增加4560户和4716户，增长率17.79%、13.81%。至年末，全区民营企业注册资本1326.5亿元。民营经济增加值387.93亿元，占全区GDP比重38.6%；完成固定资产投资60亿元，占全区固定资产投资总额21.6%。是年，全区50家对外投资民营企业境外投资26.5亿美元，占全市境外投资总额30.2%，投资分布23个国家和地区，投资额名列全市城区第一。

【重点民营企业运营成效】 2015年，南京联创科技集团股份有限公司、江苏南大苏富特科技股份有限公司、亚信科技(南京)有限公司、华讯方舟科技有限公司入选"2015年中国软件企业100强"；苏宁云商入选《财富》"中国500强"第49位，在南京市6家上榜企业中排名第一；苏宁控股集团有限公司、苏宁环球集团有限公司上榜全国工商联"2015中国民营企业500强"(全市7家)，分别名列第3名和第20名。10月，苏宁云商集团股份有限公司、江苏金浦集团有限公司、南京联创科技集团股份有限公司被评为"省优秀民营企业""市杰出民营企业"。南京大地建设集团有限责任公司、南京亚派科技实业有限公司、江苏南大苏富特科技股份有限公司、南京欣网视讯科技股份有限公司、南京全信传输科技股份有限公司被表彰为"市优秀民营企业"，获奖表彰数位居全市前列。苏宁云商集团股份有限公司、苏宁环球集团有限公司、江苏南大苏富特科技股份有限公司、南京奥派信息产业股份公司等13家主板上市民营企业占全区上市企业67%，占全市77家民营上市公司16.9%；南京欣网视讯科技股份有限公司、大千生态景观股份有限公司、南京安元科技有限公司、南京国图信息产业有限公司、南京宽润商业集团有限公司等38家民营企业筹划挂牌"新三板""创业板"。 (孟　晖)

工业管理服务

【概况】 2015年，鼓楼区28家规模以上工业企业完成工业总产值137.7亿元，同比增长1.95%。其中，新产品产值52.41亿元，同比下降18.1%。实现主营业务收入153.97亿元，同比增长5.79%；完成工业增加值41.59亿元，占全区GDP4.11%，同比增长4%；利税总额22亿元，同比增长168.3%，其中利润总额14.57亿元，同比增长668.4%，税金7.43亿元。国电南自股份有限公司、中国长航金陵船厂(简称金陵船厂)、南京汽轮电机(集团)有限责任公司3家企业产值占全区规模工业总产值79%。全年规模以上工业能耗总量1.56万吨标煤(控制目标为2.81万吨标煤)，同比下降2.79%。

【工业布局调整】 2015年，区委区政府制定《鼓楼区长江大桥南堡地区工业布局调整三年行动计划（2015～2017)》，7家工业企业列入布局调整范围。年内完成南京天环食品(集团)有限公司等5家企业搬迁任务，与南京金陵船舶附件厂签订拆迁协议，同步启动金陵船厂搬迁准备工作。

【企业技术创新】 2015年，亚信科技(南京)有限公司、南京线路器材有限公司、南京华电节能环保设备有限公司、江苏电力设计院4家企业被评为省级企业技术中心。至年末，全区有市级以上企业技术中心26家。是年，鼓楼区有6个项目被列入江苏省重点技术创新导向计划，136个项目被列入南京市技术创新项目，20个项目被列入南京市重点物联网项目。

【企业获专项引导资金1870万元】 2015年，鼓楼区以项目申报、引导资金和产业优惠政策为抓手，为企业争取各类专项资金和优惠政策。全年为企业争取获得国家、省、市级财政扶持企业发展专项引导资金1870万元。 (孟　晖)

【规模以上工业企业分类】 2015年，属于鼓楼区在地统计口径范围规模以上工业企业28家。按登记注册类型分类，国有企业6家、股份有限公司17家、外商投资企业5家。

【规模以上工业企业资产】 2015年，鼓楼区28家规模以上工业企业期末资产总计279.52亿元，其中固定资产原值57.42亿元，累计折旧23.95亿元，流动资产208.64亿元(其中应收账款净额75.33亿元、存货54.18亿元)；负债184.32亿元；所有者权益95.2亿元。

【规模以上工业企业生产与销售】2015年，鼓楼区规模以上工业企业实现销售产值138.49亿元，同比增长2.5%，其中出口交货值39.74亿元，同比下降5.8%。实现主营业务收入153.97亿元；完成利税总额22亿元。其中，企业利润总额14.57亿元，应交增值税6.10亿元。14家产值达亿元企业累计实现工业产值128.41亿元，占全区规模以上工业企业总产值94.9%。

【工业行业发展】 2015年，鼓楼区12个工业行业中，电气机械和器材制造业实现产值43.57亿元，同比下降2.6%；铁路、船舶、航空航天和其他运输设备制造业实现产值40.39亿元，同比增长5.2%；通用设备制造业实现产值30.62亿元，同比增长2.9%；专用设备制造业实现产值9.65亿元，同比增长6.4%；计算机、通信和其他电子设备制造业实现产值4.61亿元，同比增长11.0%；纺织服装、服饰业实现产值4.52亿元，同比增长10.3%。医药制造业、汽车制造业、印刷和记录媒介复制业呈上升状态，化学原料和化学制品制造业、金属制品、机械和设备修理业及酒、饮料和精制茶制造业呈下降状态。 (李南洪)

【南京汽轮电机(集团)有限责任公司】南京汽轮电机(集团)有限责任公司属国家机械工业大型企业、国家级高新技术企业、南京市50强工业企业。所设燃气轮机研究所是行业归口所，也是国家燃气轮机标委会秘书处挂靠单位，承办的《燃气轮技术》杂志是国家动力工程类中文核心期刊。公司核心能力体现在科研开发、大型精密加工、检测试验等方面。2015年，公司实现销售收入27.27亿元、利税3.82亿元、利润1.76亿元，效益指标居于行业前列。年内，在公司27.27亿元产销中，燃机联合循环机组所占比重超过40%，风电占23%；继年初完成首台60万等级汽轮机改造，四季度启动第二台60万等级汽轮机改造工作，标志着公司具备60万等级汽轮机设计制造能力；与GE燃机合作进一步深化，签署战略合作备忘录和9E.04燃机技术转让协议。公司取得3年一次高新技术企业复评，获新国家高新技术企业证书。公司所属省级“技能大师工作室”升格国家级。 (赵云森)

【南京汽车集团有限公司】 南京汽车集团有限公司是中国汽车骨干生产企业、上海汽车集团股份有限公司全资子公司，生产荣威、MG、跃进、依维柯等品牌整车系列，年综合生产能力40万辆。2015年，销售汽车16.74万辆，实现营业收入154.38亿元，实现利润7.8亿元。是年，机加工生产部缸盖一组、涂装生产部电泳打磨班获“2015年全国质量信得过班组”称号，“基于‘学习型推动与目视化拉动’的设备管理”获中国设备管理协会“全国设备管理创新成果(2010～2014)”二等奖。 (吴文娟)

【中国长江航运集团南京金陵船厂】 中国长江航运集团金陵船厂是中国长江航运集团所属大型造船骨干企业，国家大型工业企业，创建于1952年。拥有外贸进出口自营权，被国家海关列为保税工厂。2015年，实现工业总产值40亿元、商品产值35亿元、营业收入37.4亿元。全年船舶开工20艘、上船台21艘、下水26艘、交船20艘，造船完工量117万载重吨。接获生效订单9艘29.5万载重吨。

4月，与安吉汽车物流公司签订的3800车位汽车运输船是国内自主设计、首次建造的新船型，也是国内首条安装船舶智能系统的汽车运输船。7月，与意大利跨国物流集团签订的3艘6700车位汽车运输船是金陵船厂正在批量建造的成熟成品，该船总长199.9米、型宽32.26米、甲板高度36.68米，主机最大持续功率14280千瓦，航速19.35节，载重19000吨。全年实现船舶试航后一周扫尾交船；5000TEU-2号集装箱船的坞期比1号船缩短44天。全年南京船台下水整船12艘、中尾段12艘，仪征出坞14艘。年内，推进9000吨水泥运输船设计与建造等20个项目，6700车滚装船、38330吨杂货船获省科技厅高新技术产品认定，获授权发明专利1项、实用新型专利12项，自主开发切割机检查数据分析软件。完善精度管理系统PACM程序，是年，实现9000吨水泥运输船和49500吨-1号散货船的钢材一次利用率分别为92.96%和92.18%，居国内领先水平。 (李文宝)

教育

Education

综　　述

【概况】 2015 年，鼓楼区围绕“打造江苏领先、全国一流的现代化教育强区”目标，推进教育现代化建设，加快教育综合改革，促进教育公平，提升教育质量，教育事业发展呈现良好态势。全年，新建并投入使用校舍 2.69 万平方米。至年末，全区有区属中小学、幼儿园 153 所，在校生 10.65 万人。其中，中等专业学校 1 所(南京市商业学校)，学生 5269 人；市属高中 2 所、区属高中 4 所，学生 8328 人；市属初中 2 所、区属初中 12 所（含民办校 2 所)，学生 1.78 万人；小学 46 所(含民办校 1 所)，学生 5.24 万人；幼儿园 87 所(含公办园 51 所，民办园 36 所)，幼儿 2.26 万人；特殊教育学校 1 所，学生 125 人。学前 3 年教育毛入园率、义务教育巩固率 100%，高中阶段毛入学率 98.16%，全区 18 周岁年龄段高等教育毛入学率 73%以上，终身学习网络覆盖率 100%，均超过省教育现代化建设监测指标要求。全区有专任教师 8599 人(含民办)，其中中学 2992 人、小学 3286 人、学前 2047 人、职教 274 人。师生比、班师比均达到或超过国家标准。年内，鼓楼区完成教育类公共收入 8599 万元，完成率 112%，较上年同期增幅 29%；税收 1.55 亿元，完成率 123%，同比增长 41%。

是年，鼓楼区获江苏省教育系统官方微博创新奖、南京市区县教育装备工作一等奖；通过 2015 年江苏省省级教育专项督导考核验收。南京市第二十九中学获“全国文明单位”称号，南京市宁海中学创建成为首批国家级心理健康教育特色学校(全省 8 所，全市 2 所)；鼓楼区一中心小学、汉口路小学和长平路小学创建成为全国校园足球特色学校，其中一中心小学组队代表鼓楼区参加江苏省“省长杯”足球比赛获一等奖；赤壁路小学等 3 所学校被推荐为江苏省书法特色学校；旭日景城小学创建成为江苏省绿色学校；全区 25 所学校创建为市级以上依法治校示范校；宁海中学高中部等 4 所学校创建成为南京市装备管理示范学校；滨江小学等 4 所学校创建成为南京市智慧校园；青云巷小学等3 所学校被列入 2015 年南京市小学特色文化建设项目及培育项目学校。年内，区教育局办理 54 件建议和提案，答复率、满意率 100%；办理“12345”工单 2197 件、“96180”工单 178 件，综合考评得分 591.16 分。

【区教育工作接受并通过省级督导考核】 7 月 1～2 日，鼓楼区接受并通过 2015 年县级政府教育工作省级督导考核。其间，省教育督导考核组一行听取区政府发展教育事业履职情况汇报，查阅相关台账资料；分别召开人大代表、政协委员、校长代表和教师代表 4 场座谈会，实地察看鼓楼幼儿园、拉萨路小学、田家炳高级中学、鼓楼区特殊教育学校、中央门街道社区教育中心等中小学及社区教育阵地。在考核评估反馈会上，督导组肯定鼓楼区坚持教育优先发展战略、依法加大教育投入、全面改善办学条件、坚持完善教育体系做法与成绩，提出进一步提升教育水平期望与建议，并一致通过考核。

（周　燕）

【中考均分推进率、高考二本以上达线人数位列全市第一】 2015 年，鼓楼区中考总均分 549.5 分，超市均分 28.15 分，高出市平均增长率 0.3 个百分点，位居南京市均分推进率第一。全区高考普通高中本科上线人数再次破千；普通类二本以上达线 1114 人，名列全市 4 城区第一。所有区属高中全面超额完成市教育局下达的各项考核指标，其中南京市第二十九中学文理科二本上线首次突破 600 人，达 608 人，总数位居南京市榜首。南京市宁海中学、南京市田家炳高级中学、南京市第十二中学、南京师范大学附属中学、南京市第六十六中学文理科二本以上上线人数均大幅度超额完成既定目标。南京市宁海中学美术班 100%达美术类本科线，其中 4 人达到清华大学录取线。全区 6 所高中获 2014～2015 学年南京市普通高中教育发展性评估最高奖项——综合奖。

（胡丽丽）

【教育资源优化调整】 2015 年，鼓楼区按照“规模控制、质量提升、结构优化、流动有序”原则，加强教师队伍引进、培育和交流，推动优质教育资源在全区范围内整合共享，提升区域师资均衡度。加大义务教育阶段学校校长、教师制度化轮岗交流力度，引进教师 22 人，其中特级教师 1 人、市青优教师 5 人、区级骨干教师 16 人。全年符合交流条件 2529 人，实际交流 391 人，占比 15.5%。

【教育惠民】 2015 年，鼓楼区继续推进学前教育增量、创优、民办园惠民工程。宝善幼儿园异地重建办园，花开四季幼儿园创建成为南京市优质园，新认定小星星双语幼儿园、天妃宫幼儿园为民办惠民园。至年末，全区惠民园 7 所，惠及幼儿 1500 多人。完善义务教育阶段招生办法，南京市琅琊路小学等 6 所热点小学、南京市第二十九中学玉泉校区等 7 所热点初中 747 个招生名额(其中公办学校 555 个名额)实施电脑派位。分层、逐步推进外来务工人员随迁子女招生工作，2015 年秋季学期统筹录取 2040 名外来务工人员随迁子女入学。全年资助困难家庭学生 1984 人次，其中高中347 人次、初中 673 人次、小学 777 人次、幼儿园 187 人次，资助金 278.23 万元；资助中职学校困难学生 296 人，发放助学金 59.2 万元；减免 4376 人学费 1055.16 万元；发放 19593 名幼儿助学券

1959.3万元。办理2015年学生生源地助学贷款，发放52位学生助学贷款38.45万元。（周 燕 贺 玮）

【教育合作与交流】 2015年，鼓楼区29所学校与国外54所学校缔结友好姐妹学校，其中15所学校与海外学校签订合作协议或备忘录。接待13个国家和地区到访团组29批152人次，组织20批次525名师生赴境外参加各类文化交流活动。20位中小学教师赴海外培训，其中7名教师通过省教育厅组织的雏雁培育计划考试，并分三批赴加拿大和澳大利亚进行为期2个月培训。至年末，70名外籍学生、29名港澳台侨学生在鼓楼区各中小学及幼儿园就读。（黄 睿）

【未成年人社会保护中心揭牌】 7月5日，鼓楼区未成年人社会保护中心在南京天河实验寄宿学校揭牌，成为南京市首家未成年人保护中心挂牌学校。中心对6～12岁监护缺失困境未成年人实行就学寄养。依托“希望来吧”等社会组织，对6～12岁困境未成年人实施课外、周末、假期社会回归场所专业和志愿服务，提供生活照料、课外辅导、心理咨询、文化熏陶、团队娱乐等服务。

新建后的力学小学校舍

链接：

南京天河实验寄宿学校是一所民办学校，创办于2000年，有教职员工55名，其中专职教师33名、行政人员3名、教辅人员10名（其中生活老师8名）、工勤人员9名（其中专职保安2名）。学校实行双轨制教学，13个班级，在校生342名（其中随班就读全盲学生1名、智力残障儿童1名、孤儿1名）。（周 燕）

教育基础设施建设

【概况】 2015年，鼓楼区投资1.7亿元用于教育基础设施建设，新建并投入使用校舍2.69万平方米。其中，南京市力学小学综合楼9200平方米、南京市莫愁新寓小学综合楼6900平方米、南京财经大学附属小学综合楼2100平方米、南京市宝船小学综合楼8700平方米。在建南京市第四中学综合楼1.3万平方米、华宏A中学3.2万平方米及中海凤凰熙岸配套小学、幼儿园，大庙幼儿园、科睿小学二期工程；投入维修资金6817万元，整体改造出新南京树人国际学校附属小学，加固南京市力学小学、南京市莫愁新寓小学、南京市宝船小学、南京财经大学附属小学、南京市宁海中学教学楼、南京市育英外国语学校综合楼等校舍1.98万平方米。投入6000万元，改善学校教学基本条件和推进教学手段现代化。建成8个录播教室、7个校园电视台和6所书香校园，铺设37所学校无线网络，芳草园小学等11所学校试点用触摸屏取代投影机，所有新建校均按照省I类标准配置到位。投入2024.55万元，按省《学校和托幼机构食堂食品安全监督量化分级管理》A级标准，提档升级29所学校45个食堂，惠及师生3万余人。南京市宁海中学等16所学校获南京市中小学食堂提升工程示范食堂称号，南京市赤壁路小学获全市唯一“南京市中小学食堂提升工程智慧食堂e+示范学校”称号。是年，南京市第二幼儿园、南京市凤凰花园城小学、南京市旭日景城小学、南京市民生实验小学创建成为市园林式校园，鼓楼区获南京市校舍管理综合二等奖，区教育局获2013～2014年度区教育装备工作管理奖和绩效考核一等奖。（王甲旗 任庆书）

【莫愁新寓小学改扩建工程竣工】 7月，莫愁新寓小学按照《江苏省中小学教育技术装备标准》一级标准在原址实施改扩建工程。9月1日，莫愁新寓小学全体师生在改扩建后的新校园内举行新学期开学典礼。新教学综合楼6900平方米，拥有现代化教育教学设施设备，配备触摸一体机、超短焦多媒体、教育云博士教学系统、录播教室、交互移动液晶一体系统和会议转播系统、全彩LED显示屏、电子触摸屏，更新校园网站，开通学校微站和微信平台。12月25日，该校通过南京市数字化校园示范校验收。

【五所村幼儿园新园落成】 9月1日，南京市五所村幼儿园新园投入使用。新园位于五所村100号，占地面积3409平方米，建筑面积4906平方米，有8个班级、234名幼儿。该园建设结合幼儿园美育特色，集嬉戏、生活、学

9月，五所村幼儿园落成使用

习于一体，有可供幼儿平时学习和生活的活动室、多功能室、美术创意活动坊、生活体验室、阅读室等专用活动室。户外设大型运动器械、涂鸦小鱼墙、沙池、生态种植走廊、儿童戏水池等运动及娱乐设施。 （周 燕）

教师队伍建设

【概况】 2015年，鼓楼区有公办教职工12522人，其中在职教师7020人、退休5502人。在职省特级教师45人、正高级教师9人；南京市学科带头人104人、优秀青年教师328人；鼓楼区学科带头人、优秀青年教师1411人。年内依托国家、省、市、区四级培训平台，开展主题模块式培训，通过集中培训与分散培训相结合方式，提高校级干部教育理论素养和政策水平。邀请华东师范大学教授戚业国、常州市北郊初级中学团队、上海包玉刚学校(小学部)校长陈艳、上海依霖幼儿园园长徐刚及华东师大范大学教授庞维国为全区教育系统领导和教师作主题报告5场。是年，鼓楼区6个名师工作室被认定为首批“南京市名师工作室”；2人入选江苏省人民教育家培养工程；1人被认定为江苏省有突出贡献的中青年专家，2人被认定为南京市有突出贡献的中青年专家；3人获南京市“行知奖”。 （徐冬梅 余 丹）

【教师培训】 2015年，鼓楼区各校结合自身实际，组织开展“践行社会主义核心价值观”专题论坛、讲座、报告会、读书、演讲、辩论赛等103场，把社会主义核心价值观融入学校教书育人、管理育人和服务育人全过程。8月2日，区教育局举办为期3天中小学、幼儿园新教师培训，165名新教师宣读《南京市中小学教师誓词》，通过教育科研、自主发展、职业规范、沟通技巧等方面培训，为新上岗教师提供针对性和实效性指导，激发新教师自主学习热情和潜能。8月13日，区教育局举办为期3天教育系统领导干部暑期学习会，各中学副校级以上干部，各小学、幼儿园、直属单位党政负责人，督导室全体督学和教育局机关科以上干部230余人参加会议，邀请市教育局审计处处长姚新强、江苏省南菁高级中学校长杨培明、华东师范大学终身教授祝智庭从各自工作角度作专题报告。10月15日，区教育局与南京晓庄师范学院联合举办为期3天中小学校德育干部心理健康教育伦理高级研修班，南京晓庄师范学院心理专家陶勑恒就学校心理健康教育、心理辅导、师生关系及互动伦理问题等内容作全面讲解，各中小学德育校长、德育主任72人参加培训。

（朱映红 徐冬梅 余 丹）

【班主任基本功技能大赛】 2月，鼓楼区举办班主任基本功技能大赛，比赛分小、中、高3个组，全区中小学71位老师参赛。经过角逐，王宏、包丽玲、王芳、汪晓薇4位教师胜出并代表鼓楼区参加市级比赛。最终，银城小学王宏获一等奖、南京市第二十九中学包丽玲获二等奖、南京市第六十六中学王芳获三等奖。

【先进教育工作者表彰】 9月10日，鼓楼区举行庆祝第31个教师节表彰大会。区领导、区教育局全体机关干部，区政府全体督学、区教育系统各单位主要负责人及青年教师代表500余人参加。与会领导宣读表彰决定，为“江苏省有突出贡献的中青年专家”称号获得者崔利玲，以及获南京市优秀教育工作者、南京市优秀班主任、鼓楼区市级以上名师、第一届鼓楼区学科带头人、优秀教师代表颁奖。表彰结束，举行“与榜样同行”师德报告，分别宣讲南京市小市中心小学张敏、滨江中学李发红、南京市第二十九中学宋兵、琅琊路小学梁俊杰、鼓楼幼儿园崔利玲先进事迹。 （徐冬梅）

【幼儿教育研讨】 11月5日，南京市幼儿教育研讨鼓楼专场中，江苏省首批人民教育家培养对象、省特级教师、鼓楼幼儿园园长崔利玲和于家巷幼儿园、南京市第三幼儿园、南京市第二幼儿园园长在南京市第二幼儿园作现场教学展示，市区教育局领导、教育专家分别就幼儿园教育教学、提高办园质量路径和方法与全市各区教研员、园长以及老师 80 余人共同研讨。

【6 个名师工作室被授予首批“南京市名师工作室”】 11 月 18 日，鼓楼区 6 个名师工作室被授予首批“南京市名师工作室”，数量和学段覆盖面均居全市之首(全市首批认定 20 个)。6 个工作室分别为：南京市第十二中学高中数学张云飞、宁海中学高中历史陈红、宁海中学分校初中数学卜以楼、天正小学小学数学王九红、天妃宫小学小学英语杨玲、实验幼儿园幼儿教育章丽。同期，第二实验小学小学语文郭学萍工作室被评为“南京市名师工作室”培养对象。（周 燕）

学前教育

【概况】 2015 年，鼓楼区有完全建制幼儿园 87 所，其中省级示范园 27 所、省优质园 37 所、市优质园 12 所、市标准园及合格园 11 所。有专职教师 2047 人，省特级教师 7 人，市名园长 3 人，市名教师 2 人，市学科带头人和优秀青年教师 50 人次，区学科带头人和优秀青年教师 198 人次，区骨干教师 667 人。幼儿班 698 个，在园幼儿 2.26 万人。年内，该区继续走优质普惠发展之路，推进学前教育增量、创优、民办园惠民三项工程。宝善幼儿园异地重建办园，花开四季幼儿园成功创建为市优质园，新认定小星星双语幼儿园、天妃宫幼儿园为民办惠民园。至年末，全区 7 所惠民园，惠及幼儿 1500 多人；发放助学券 1959.3 万元，惠及 19593 名幼儿。开展课程共同体研究与培训、综合课程园本化审议与实施；组织走进鼓楼名园系列活动 2 场，提供园际交流、园长面对面平台；开展“幼小衔接”专题研讨，办理省优质园年审，探索招生改革新办法；强化区级统筹监管职能，理顺集体园人、财、物管理体制。南京铁路生活服务有限公司安乐村幼儿园和交通一村幼儿园由企业办园转变为民办幼儿园。是年，南京实验幼儿园获美丽幼教·爱心使者——关注孤残儿童志愿活动和南京教师志愿者联盟优秀教师志愿服务项目奖，鼓楼幼儿园获南京市教师志愿服务优秀组织单位，市第三幼儿园获南京市平安校园建设优秀成果评比二等奖，市第二幼儿园获南京市园林式校园、园务公开先进集体称号，南京市滨江幼儿园获南京市服务型基层党组织示范点，南京市于家巷幼儿园获 2014 年度南京市“青年文明号”，五塘幼儿园获南京市治安保卫工作先进单位，南京市六一幼儿园获南京市巾帼文明岗、亲子教育示范基地，三八保育院获南京军区联勤部十六分部集体三等功，省级机关第一幼儿园天使乐园部获江苏省“青年文明号”、南京市安全保卫工作先进集体，省级机关实验幼儿园《园本课程建构》丛书获南京市教育科学研究优秀成果一等奖，区金域幼儿园、市凤凰和鸣幼儿园、鼓楼区金蓓蕾幼儿园、南京科睿幼儿园、南京天使乐园教育培训中心、鼓楼区美丽如初教育培训中心获2014～2015 年度南京市先进民办学校。鼓楼幼儿园崔利玲被评为江苏省有突出贡献的中青年专家，市实验幼儿园章丽被评为南京市第八批有突出贡献的中青年专家，市于家巷幼儿园奚蓓获南京市劳动模范称号；鼓楼幼儿园王沁凌、市第二幼儿园陈学群、市第三幼儿园马悦、河海大学幼儿园金文怡、省级机关实验幼儿园马静、市滨江幼儿园刘蜜、市于家巷幼儿园杨海鲸获南京市先进教育工作者称号；幼教教师唐婷获江苏省优秀共青团员称号，曲新陵获南京市优秀共产党员称号，王娟获江苏省基础教育青年教师教学基本功大赛(学前教育)一等奖，范峻获南京市内保系统安全保卫工作个人三等功；魏海燕、庞蓉、杨佳获南京市安全保卫工作先进个人，王戟、吴京军获南京市先进民办教育工作者，崔惠娟获南京市五一巾帼标兵。

2015 年鼓楼区幼儿园基本情况

表 30

序号	名　称	等级荣誉	占地面积(平方米)	班级(个)	在园幼儿(人)	在职教职工(人)
1	南京市鼓楼幼儿园	省级优质幼儿园	6292	12	351	67
2	南京市第二幼儿园(镇江路分园)	省级优质幼儿园	2976	8	179	21
3	南京市于家巷幼儿园	省级优质幼儿园	3655	10	333	50
4	南京市五所村幼儿园	省级优质幼儿园	5701	8	234	42
5	南京市滨江幼儿园	省级优质幼儿园	6013	12	400	52
6	南京市阅江幼儿园	市级优质幼儿园	2605	6	148	30
7	南京市宝善街小学附属幼儿园	省级优质幼儿园	3405	2	49	23
8	南京市多伦路幼儿园	市级优质幼儿园	2283	11	303	50

续表 30

序号	名　　称	等级荣誉	占地面积（平方米）	班　级（个）	在园幼儿（人）	在职教职工（人）
9	鼓楼区清江花苑幼儿园	省级优质幼儿园	3040	9	267	39
10	鼓楼区热河南路幼儿园	省级优质幼儿园	2960	13	443	55
11	鼓楼区天妃宫幼儿园	省级优质幼儿园	6330	9	251	39
12	鼓楼区旭日景城幼儿园	省级优质幼儿园	3640	8	204	30
13	鼓楼区三汊河幼儿园	省级优质幼儿园	2900	9	328	38
14	鼓楼区五塘幼儿园	省级优质幼儿园	2874	9	318	36
15	鼓楼区金陵新村幼儿园	省级优质幼儿园	1883	8	279	34
16	南京鼓楼广电纽贝思建宁路幼儿园	省级优质幼儿园	5542	9	257	40
17	鼓楼区第二实验幼儿园	省级优质幼儿园	5367	12	387	51
18	鼓楼区紫金大地双语幼儿园	省级优质幼儿园	4280	13	423	52
19	鼓楼区安乐村幼儿园	省级优质幼儿园	3750	8	230	33
20	鼓楼区赛贝幼儿园	省级优质幼儿园	4850	10	275	35
21	鼓楼区东方开心幼儿园	省级优质幼儿园	6758	14	353	58
22	鼓楼区海燕幼儿园	省级优质幼儿园	5200	9	251	39
23	鼓楼区云燕幼儿园	市标准幼儿园	1520	7	185	29
24	鼓楼区希望幼儿园	市级优质幼儿园	3000	8	271	31
25	鼓楼区燕归幼儿园	市标准幼儿园	1512	6	196	27
26	鼓楼区金色森林幼儿园	省级优质幼儿园	3000	6	170	27
27	鼓楼区金域幼儿园	省级优质幼儿园	3800	11	294	45
28	鼓楼区世茂外滩阳光幼儿园	省级优质幼儿园	4209	9	265	41
29	南京市梧桐树幼儿园	合格幼儿园	1400	4	64	22
30	南京市鼓楼幼儿园（聚福园分园）	省级优质幼儿园	3735	5	150	22
31	南京市实验幼儿园	省级优质幼儿园	6704	15	463	82
32	南京市第二幼儿园	省级优质幼儿园	5592	12	376	44
33	南京市第三幼儿园（鼓楼园部）	省级优质幼儿园	5867	3	75	20
34	南京市金信幼儿园	省级优质幼儿园	5101	10	321	42
35	南京市力联阳光幼儿园	省级优质幼儿园	1927	9	271	38
36	南京市莒莱桥幼儿园	市级优质幼儿园	780	6	202	27
37	省妇女儿童活动中心艺术幼儿园	省级优质幼儿园	6250	16	498	68
38	南京大学幼儿园	省级优质幼儿园	6133	16	489	69
39	鼓楼区诺贝尔双语幼儿园	市级优质幼儿园	1120	8	182	35
40	省级机关实验幼儿园	省级优质幼儿园	13000	29	860	140
41	南京市六一幼儿园	省级优质幼儿园	4000	9	329	54
42	鼓楼区星星幼儿园	省级优质幼儿园	3322	9	325	39
43	南京师范大学龙江幼儿园	省级优质幼儿园	3100	12	409	52
44	南京市青云巷小学附属幼儿园	省级优质幼儿园	1020	7	243	30

续表 30

序号	名　　称	等 级 荣 誉	占地面积（平方米）	班　级（个）	在园幼儿（人）	在职教职工（人）
45	中电集团第十四研究所幼儿园	省级优质幼儿园	6300	11	296	42
46	鼓楼区常乐幼儿园	省级优质幼儿园	1791	13	437	52
47	江苏省军区幼儿园	省级优质幼儿园	4800	9	341	63
48	省级机关第一幼儿园	省级优质幼儿园	11131	24	733	118
49	南京市小天使幼稚园	省级优质幼儿园	2200	10	336	39
50	鼓楼区银城花园幼儿园	省级优质幼儿园	3220	9	295	35
51	南京军区联勤部三八保育院	省级优质幼儿园	3531	12	338	60
52	河海大学幼儿园	省级优质幼儿园	5635	15	456	64
53	解放军南京政治学院幼儿园	省级优质幼儿园	3600	8	272	38
54	鼓楼区金蓓蕾幼儿园	省级优质幼儿园	2258	15	445	59
55	南京市安怀新村幼儿园	市级优质幼儿园	760	4	141	19
56	中国药科大学幼儿园	市级优质幼儿园	1638	7	192	26
57	南京医科大学幼儿园	省级优质幼儿园	3882	11	337	46
58	鼓楼区江滨幼儿园	市级优质幼儿园	887	6	169	25
59	省公安厅幼儿园	省级优质幼儿园	2200	6	117	26
60	南京师范大学紫金幼儿园	省级优质幼儿园	2624	8	250	37
61	鼓楼区天福园幼儿园	省级优质幼儿园	2000	11	357	53
62	南京鼓楼广电纽贝思三牌楼幼儿园	省级优质幼儿园	1646	7	166	30
63	南京师范大学幼儿园	省级优质幼儿园	4000	17	512	66
64	鼓楼区新世纪实验幼儿园	省级优质幼儿园	4000	10	336	45
65	鼓楼区莫愁幼儿园	省级优质幼儿园	3180	13	442	53
66	江苏省国家安全厅幼儿园	市级优质幼儿园	441	2	60	20
67	鼓楼区清河幼儿园	市标准幼儿园	3800	8	173	33
68	鼓楼区东方智能幼儿园	省级优质幼儿园	3381	8	219	33
69	鼓楼区腾飞幼儿园	市级优质幼儿园	2861	9	219	35
70	南京市第三幼儿园(汇林绿洲分园)	省级优质幼儿园	2100	6	155	30
71	南京市第三幼儿园(大公馆分园)	省级优质幼儿园	4500	10	242	49
72	鼓楼区凤凰和鸣幼儿园	省级优质幼儿园	3800	10	278	45
73	鼓楼区伯利兹侨青幼儿园	市级优质幼儿园	4800	6	132	27
74	南京邮电大学幼儿园	省级优质幼儿园	3129	11	276	47
75	南京市鼓楼幼儿园(瑞园分园)	省级优质幼儿园	3418	10	314	58
76	鼓楼区凤凰幼儿园	省级优质幼儿园	2040	13	492	49
77	鼓楼区艺星幼儿园	市标准幼儿园	690	4	127	18
78	鼓楼区小星星双语幼儿园	省级优质幼儿园	3000	6	143	26
79	南京市科睿幼儿园	省级优质幼儿园	3614	9	246	42
80	鼓楼区花开四季幼儿园	市级优质幼儿园	4200	9	234	37

续表 30

序号	名　　称	等级荣誉	占地面积（平方米）	班　级（个）	在园幼儿（人）	在职教职工（人）
81	南京市第三幼儿园(金阜雅苑园分园)	省级优质幼儿园	2602	4	88	20
82	南京市鼓楼区伍佰村苏红幼儿园	合格幼儿园	620	3	68	13
83	南京市圣玛丽世茂幼儿园	合格幼儿园	4900	8	165	34
84	南京市鼓楼区和燕幼儿园	合格幼儿园	910	4	103	13
85	南京彩虹乐园幼儿园	合格幼儿园	1289.5	6	162	26
86	南京市鼓楼区小博士幼儿园	合格幼儿园	680	3	99	16
87	南京鼓楼区智慧岛幼儿园	合格幼儿园	1500	3	93	16

注：南京市鼓楼区特殊教育学校学前康复班未列入该表统计

【“课程研究共同体”活动】 2015年，鼓楼区开展课程共同体研究与培训，重视每个主题园本化审议与实施，南京市实验幼儿园(简称实幼)共同体内9所幼儿园园长、老师继续跟随实幼参与课程审议和跟班培训，开展共同体成员间课程审议和半日活动现场观摩，研讨半日活动中各环节融合主题课程目标，为孩子创设自主、自由环境以及适宜、丰富材料等。全年组织11次观摩半日活动和2次年级组课程审议，走进实幼跟班培训38人次。

【“走进鼓楼名园”系列活动】 2015年，鼓楼区举行幼儿园园际交流“走进鼓楼名园”系列活动2场，展示和分享名园办学成果，体现“活”教育改革精神。4月16日和10月28日先后组织全区幼儿园园长、幼教骨干教师、幼教研训员分别走进鼓楼幼儿园和滨江幼儿园，现场观摩鼓楼幼儿园传承陈鹤琴“活教育”思想研创的“单元教育”课程和滨江幼儿园基于“缤纷生活、快乐成长”理念建构的生活化课程，累计370余人次参加。活动中，参观鼓楼幼儿园园史室、陈鹤琴纪念室，滨江幼儿园儿童自主游戏活动区；观摩环境及区域游戏、观摩教学现场，举行户外自主运动、单元课程游戏化实践沙龙、纸卷创意造型、集体教学观摩及专题讲座；全区各幼儿园园长与两园园长面对面交流研讨提升课程设计和办园水平路径方法。鼓楼幼儿园和滨江幼儿园通过大量图片资料、实践案例，分别展示近几年潜心研究“活教育”和自主游戏活动历程及成果，传递关注材料选择的丰富性和鲜活性、关注活动形式的自主性和融合性、关注师幼互动的民主性和平等性、关注课程实施的动态性和开放性等教育理念。

10月28日，“走进鼓楼名园”系列活动之走进滨江幼儿园

【幼小衔接现场会】 6月12日，鼓楼区幼小衔接现场会专场活动在市第二幼儿园举办。幼小衔接是幼儿园和小学教育2个教育阶段平稳过渡的教育过程，也是儿童成长过程一个重大转折。活动中，区幼儿园和小学联动开展系列幼小衔接研讨，与会小学校长观摩幼儿园教学活动，听取园长汇报，全面了解幼儿园教育特点，与幼儿园园长和老师共同寻求幼小教育平稳过渡良策。100余位小学校长、幼儿园园长、老师及家长代表参加。

【市第三幼儿园拓展1园4址办园规模】 9月，南京市第三幼儿园大公馆园部、金阜雅苑园部开园，拓展成为1园4址办园规模。其中鼓楼园部占地面积5867平方米，园舍面积4551平方米，设有小、大3个班级，收托幼儿75名；汇林绿洲园部占地面积2100

平方米，园舍面积1302.5平方米，设有小、中、大6个班级，收托幼儿155名；大公馆园部占地面积4500平方米，园舍面积4000.71平方米，设有小、中、大10个班级，收托幼儿242名；金阜雅苑园部占地面积2602平方米，园舍面积2041平方米，设有小、中4个班级，收托幼儿88名。是年，大公馆园部被评为南京市园林式校园，先后接待来自广西、河南、福建幼教同行近千余人参观学习。

【幼儿园课程游戏化研讨】 11月27日，鼓楼区举办幼儿园课程游戏化项目建设现场会，180名园长及老师分别到天福园幼儿园、五塘幼儿园听取推动课程游戏化建设主题报告，观摩各年龄班室内外活动区游戏，研讨室内外游戏空间有效利用、游戏材料幼儿自主管理方法、生活化和低结构性材料投放和运用、基于儿童经验展开的自主游戏内容、以幼儿游戏记录和教师记录并用的方式动态评价幼儿游戏水平等。

（贺 玮 潘 虹 周 燕）

小学教育

【概况】 2015年，鼓楼区有小学（含民办1所）46所，班级1305个，在校生5.24万人，在职教师3286人，小学普及率100%、巩固率100%。是年，小学毕业生7564人，学业合格率100%。全区有20所小班化实验小学，其中9所为南京市小班化教育示范学校。小学教育在集团共同体建设、校际结对基础上，探索“阳光联盟学校”实践，完善校际协同发展机制，推动区域小学教育优质均衡发展。年内，汉口路小学、汉江路小学、青云巷小学成功申报南京市特色文化建设项目。宝船小学特色场馆“宝船书院”建成使用。民生实验小学通过南京市小班化教育示范学校验收，凤凰花园城小学创建成为南京市园林示范学校。马台街小学“童真竹乐团”获葫芦丝巴乌陶笛全国邀请赛金奖，南京大学附属丁家桥小学获第26届国际家用机器人灭火比赛冠军。江苏第二师范学院附属小学老师赵海涛获全国美术基本功比赛二等奖，南京大学附属丁家桥小学学生贾宝智、王玺源获第26届国际家用机器人灭火比赛初级改装组冠军。

2015年鼓楼区小学基本情况

表31

序号	名　称	等级荣誉	占地面积（平方米）	班级（个）	在校学生（人）	在职教职工（人）
1	南京市天妃宫小学	江苏省优秀少先队集体荣誉奖 江苏省体育传统项目学校 第18届全国中小学生绘画书法作品比赛先进集体	21378	45	1930	140
2	鼓楼区第二实验小学	江苏省实验小学 江苏省科技教育特色学校 江苏省实施素质教育先进集体	11269	35	1606	92
3	南京市长平路小学	江苏省实验小学 江苏省科技教育先进学校	10839	24	918	67
4	南京市滨江小学	江苏省先进红旗大队 南京市中小学生艺术团管乐团 南京市园林式校园	19383	34	1364	85
5	南京市姜家园小学	南京市园林式校园 南京市绿色学校	9950	22	580	55
6	南京市小市中心小学	江苏省科学教育特色学校 南京市教育系统第七届师德先进群体	10704	32	1298	74
7	南京市砺志实验小学	江苏省实验小学	5668	19	766	50
8	南京市方兴小学	南京市外来务工人员随迁子女义务教育先进学校 南京市平安校园 南京市红十字示范学校	10934	18	539	50
9	南师附中树人中学附属小学	南京市小班化示范学校 南京市古筝艺术中心	13054	30	892	78

续表 31

序号	名　　称	等　级　荣　誉	占地面积（平方米）	班　级（个）	在校学生（人）	在职教职工（人）
10	南京市民生实验小学	南京市园林式校园 南京市绿色学校	9055	24	658	65
11	南京市五塘小学	江苏省科学教育特色学校 南京市教育系统第七届师德先进群体	5022	18	705	45
12	南京市复兴小学	江苏省实验小学	7220	24	639	63
13	天河实验寄宿学校	南京市外来务工人员随迁子女义务教育先进学校 南京市平安校园 南京市红十字示范学校	4915	13	342	55
14	南京市旭日景城小学	南京市小班化示范学校 南京市古筝艺术中心 南京市园林式校园	13000	17	483	39
15	南京市科睿小学	南京市数字化校园	23983	10	358	38
16	南京市丁家桥小学	全国国学经典教育实验基地学校 江苏省平安学校	9446	27	884	59
17	南京市渊声巷小学	江苏省实验小学	4565	14	465	44
18	鼓楼区一中心小学	南京市青奥示范学校 南京市数字化校园	12536	31	1291	81
19	南京市汉口路小学	江苏省实验小学 南京市小班化示范学校	8160	24	816	70
20	南京市力学小学	江苏省文明单位 江苏省教学成果奖特等奖	7839	57	2887	143
21	南京市凤凰花园城小学	国家级绿色学校 江苏省实验小学 南京市现代化小学	18116	42	2011	114
22	南京市马台街小学	鼓楼区 2010~2012 年文明单位 鼓楼区 2013 年“绿色接力”先进单位	4378	18	509	42
23	南京市南昌路小学	全国艺术教育先进单位 中华优秀文化传承学校 江苏省艺术教育特色学校 教育部实验基地学校	4507	24	626	53
24	南京市紫竹苑小学	南京市实验小学 江苏省绿色学校	8073	18	600	50
25	南京市白云园小学	南京市小班化示范学校 国际启发潜能教育成就奖 省教育厅基础教育百校数字化学习(“E 学习”)试点学校	6096	24	703	61
26	南京市拉萨路小学	江苏省文明单位 江苏省教学成果特等奖	8828	57	2878	138
27	南京市银城小学	江苏省实验小学 南京市青奥示范学校	19125	75	3681	166
28	南京市回龙桥小学	全国养成教育实验学校 江苏省平安校园	4250	14	383	41
29	南京财经大学附属小学	江苏省实验小学 江苏省平安校园	6550	25	1066	66

续表 31

序号	名　　称	等　级　荣　誉	占地面积（平方米）	班　级（个）	在校学生（人）	在职教职工（人）
30	南京市三牌楼小学	江苏省教学成果二等奖 江苏省平安校园	9286	39	1810	95
31	南京市察哈尔路小学	江苏省实验小学 南京市师德先进群体	3639	23	656	45
32	南京市琅琊路小学	江苏省文明单位标兵	11322	43	2176	126
33	南京市芳草园小学	南京市课改基地 南京市现代化学校	13876	54	2651	134
34	南京市赤壁路小学	江苏省实验小学 江苏省艺术教育特色学校	14598	49	2245	140
35	南京市青云巷小学	全国优秀红领巾社团称号 江苏省优秀家长学校	4371	18	501	44
36	南京市古平岗小学	江苏省绿色校园	6265	23	731	70
37	南京市宝船小学	江苏省和谐校园 江苏省书法（写字）特色学校	7304	20	687	51
38	南京市莫愁新寓小学	国家985工程项目 全国国学经典教育实验基地学校 江苏省实验小学	10880	20	882	56
39	南京市凤凰街小学	中国少年科学院科普基地 江苏省优秀少年科学院	5552	14	508	40
40	南京市龙江小学	江苏省实验小学 南京市青奥示范校 南京市小班化示范校	8011	28	882	65
41	南京市汉江路小学	江苏省“五五”普法先进集体 南京市现代化学校	8625	28	1256	72
42	南京市天正小学	江苏省科技教育特色学校 江苏省少先队先进集体 南京市阳光体育学校	8000	32	1503	79
43	南京市象山小学	江苏省平安校园 江苏省红十字示范学校	7962	18	726	45
44	江苏第二师范学院附属小学	全国版图意识教育先进集体	4121	16	425	41
45	南京市建宁小学	南京市小班化教育示范学校 南京市实验小学	4900	18	514	43
46	南京市金陵汇文学校（小学部）（九年一贯制）	全国陶笛艺术教育实验基地 江苏省羽毛球传统学校 江苏省实验学校	37053	47	2348	255（含中学部）

【拉萨路小学获首届国家级教学成果奖】 2015年，拉萨路小学以“智慧教育”办学理念为引领，建构“慧学　慧玩　慧生活”的“智慧园”教学体系，项目驿站“教学现场中的教师成长的实践探索”获首届国家级教学成果奖，并在《人民教育》中进行解读。12月，国家教育部卓越校长“领航工程”专家走进拉萨路小学，再次解读“智慧拉小”，并将“严校长工作室”牌子授予拉萨路小学。

【小市中心小学弦乐团获市赛一等奖】 1月10日，小市中心小学弦乐团在第十届南京市少儿艺术团队大赛中，获小提琴演奏一等奖。该弦乐团于2002年成立，是南京市唯一的小学生弦乐团，有团员60人，分别来自三至六年级各个弦乐班，其中最大12岁，最小8岁。该团曾获南京市第四届、第五届中小学生艺术展演一等奖，江苏省第四届中小学生艺术素质展演二等奖。

1 月 10 日，小市中心小学弦乐团参加市级比赛获小提琴演奏一等奖

【市首座校园环保科技馆开馆】 3 月，南京市首座校园绿色环保科技馆在凤凰花园城小学落成。科技馆投资250万元，面积 328 平方米，由前沿环保知识宣传、人机互动游戏和绿色开放性教室等具有儿童化设计风格装备组成，为学生提供更为直接、有效环保实践机会。6 月 5 日世界环境日，学校举办“绿色视野”校本课程首发仪式和环保科技馆开馆典礼。至年末，科技馆接待学生 2000 余人，举办各类环保活动和讲座 20 余场。

【树人附小师生为渡江第一船“京电号”庆生】 4 月 23 日，南京树人国际学校附属小学 100 多名师生代表与渡江老战士、部队官兵到渡江胜利纪念馆参加渡江胜利暨南京解放 66 周年庆祝活动，共同为渡江第一船“京电号”小火轮庆祝 90 岁生日，缅怀为渡江胜利、南京解放牺牲的革命先烈。同学们为“京电号”送上签满姓名的祝福信并供渡江纪念馆纪念留存。

【3D 打印科普课程示范现场会】 5 月 22 日，3D 打印科普示范课程现场会在南京市天正小学举办。现场会由江苏省科学技术协会、南京弘谷信息科技有限公司和鼓楼区教育局、天正小学联合举办。该校 18 名学生通过学习 3D 建模软件和切片软件使用方法，学会 3D 打印机和三维扫描仪最新操作。学生代表为 100 余名参与活动领导、嘉宾和师生演示使用三维扫描仪现场扫描实物、导入电脑成像技术。领导和嘉宾为 3D 打印科普课程首批 18 位学员颁发结业证书。

【全市首家少儿邮局成立】 5 月26 日，南京市首个少儿邮局在回龙桥小学（前身是“江苏省邮政储金汇业局员工子弟学校”）开门“营业”。少儿邮局设业务办理区、慢递区、新书展示区、漂流角及留言墙，孩子们通过当邮递员、收发员体验“邮文化”。该少儿邮局由南京邮政总公司和南京市教育局联合开办。年内，少儿邮局邀请邮政专家开设“邮文化进校园”课程 20 余次，组织小邮递员 100 多人次到邮局观摩邮件分拣、传递、分送过程。

【市首届校园轮滑嘉年华开幕】 6 月 5 日，江苏省第十届“泛沿江体育带”全民健身大联动南京分会场、南京市首届全民健身校园轮滑嘉年华在金陵汇文学校小学部开幕，省、市体育局相关领导出席。开幕式上，世界轮滑锦标赛冠军董磊、轮滑亚锦赛马拉松冠军李丽莎现场示范轮滑标准动作，汇文小学 6 名轮滑选手向全市小学生提出开展轮滑活动倡议，为 2000 余名师生表演个人速滑、极限低杆和障碍接力 3 个项目。

【宝船小学新校园竣工投入使用】 9 月，宝船小学校舍抗震加固及新建工程竣工投入使用。2013 年 9 月，宝船小学改扩建工程启动，全校师生分别被安置在拉萨路小学、银城小学、金陵汇文学校和龙江小学过渡两年。新校园建筑面积增加 8839 平方米，达 12791 平方米，其中包含近 1000 平方米“宝船书院”。学校设报告厅、录播室、云教

5 月 22 日，3D 打印科普示范课程现场会在天正小学举办

室、实验室、书法室、音乐室、舞蹈房等,配备全新智能触控屏等教学媒体,固定资产增加投入677万元。

【马台街小学"童真啦啦操队"展演获奖】 10月,马台街小学"童真啦啦操队"作为江苏省唯一1支小学代表队赴郑州参加全国中小学"校园啦啦操"汇报展演,获最佳创编奖。该校以"让每一个孩子拥有值得回忆的童年"指导思想,创新课外活动内容与形式,引入集音乐、舞蹈、时尚、动感于一体的啦啦操项目,作为群众性体育运动全面开展。6月2日,学校被授予全国啦啦操示范窗口学校;7月16日,学校啦啦操队在2014~2015年全国啦啦操联赛总决赛暨"中国啦啦之星"争霸赛总决赛上获小学丁组花球课间啦啦操示范套路第一名。

【小学特色文化建设项目交流会】 11月10日,鼓楼区小学特色文化建设项目交流会在宝船小学召开,区教育局副局长肖大明,鼓楼区2013~2015年度被认定为省、市小学特色文化建设项目学校(示范校)及共建校校长参加会议。会上,汉江路小学、古平岗小学、南昌路小学、宝船小学等被认定为2013~2015年度省、市小学特色文化建设项目学校(示范校),并分别就各自学校特色文化建设工作基本状况、主要措施、存在问题以及下一步思路作交流发言;宝船小学"宝船书院"、汉江路小学"若水文化"、古平岗小学"童谣馆"、南昌路小学"民乐馆"、汉口路小学"四色文化"、青云巷小学"发现教育"等全区小学特色文化建设优质项目分别介绍做法和经验。

【南昌路小学被评为国家教育部实验基地学校】 11月20日,国家教育部授牌南昌路小学为"教育部实验基地学校"。南昌路小学把培养学生创新意识和实践能力作为教育教学目标,以民乐艺术中心建设为抓手,开展民乐进课堂教学,组建学生民乐团,建成艺韵文化特色校园。11月23日,南京市小学艺术中心视导组专家对南昌路小学进行三年一度专项视导,同意南昌路小学民乐中心通过南京市小学艺术中心年度验收。

【省第四届成语教学研讨会在区举行】 12月4日,江苏省第四届成语教学观摩研讨会在赤壁路小学举行。研讨会由省中华成语研究会、市语言学会与鼓楼区教育局、赤壁路小学联合举办。会上,发布该校从师生和家长中征集的600余份方案并确定教学楼、图书馆、报告厅等场馆成语命名。4位老师分别开设语文、音乐、美术、信息学科成语教学观摩课;同期举行校园成语文化展演,以课本剧表演、相声、书法、绘画、歌舞、诵读等形式演绎成语,从校园建设、课程设计等方面展现学校师生学习成语、运用成语成果。省中华成语研究会会长莫彭龄,区教育局、相关基地学校、市青少年宫代表180人参加研讨。 (周　燕　唐文静)

中学教育

【概况】 2015年,鼓楼区有市属高中2所、区属高中4所;市属初中2所,区属初中12所(含民办校2所)。全区区属中学初中班级461个,在校生1.78万人;高中班级220个,在校生8328人;在职教师2992人。初中巩固率100%。是年,初中毕业生6176人,学业合格率100%;高中毕业生2796人,学业合格率100%。区教育局根据外来务工人员随迁子女入学相关政策,安排901名外来务工人员子女到区属初中就读。年内,制订《鼓楼区初中教育质量评价方案》,从教育公平、教育质量、队伍建设、绿色发展、改革创新5个维度考核评估学校,助推学校全面发展。执行国家及省市文件精神,规范学校办学行为,严控择校比例,做好义务教育阶段免试就近入学工作。南京市第十二中学老师汪菁获南京市第五届斯霞奖;南京市第二十九中学老师胡松"几何图形"获全国第九届初中数学青年教师优秀课一等奖,老师刘珍、汪洋、周薇等获全国网络教研团队赛课一等奖,陈曦获江苏省中等职业学校"微团课"大赛一等奖。南京田家炳高级中学学生瑞莺被授予全国最美中学生称号;南京市第十二中学学生张梦瑶获第16届江苏省中学生田径运动会(苏南)高中女子跳高第一名;南京市第二十九中学学生马季获高中数学联合竞赛江苏省一等奖,周博言、金轶凡、张传庚、唐宁远等获江苏省中学生物理学科奥林匹克一等奖,李伟进、王涵潇、钱维周等获江苏省中学生化学学科

12月,南京市第二十九中学老师陈曦参加江苏省中学中职学校"微团课"大赛

2015 年鼓楼区中学(区属)基本情况

表 32

序号	名　称	等级荣誉	总占地面积(平方米)	班级(个)	在校学生(人)	在职教职工(人)
1	田家炳高级中学	江苏省四星级普通高中、全国科技教育创新“十佳”学校、江苏省科技教育课程基地	66100	36	1432	195
2	第八中学	江苏省示范初中、江苏省绿色学校、江苏省平安校园	20653	16	494	81
3	南大附中	江苏省三星级普通高中、江苏省平安校园	22077	高中 30 初中 16	高中 1109 初中 617	218
4	第十二中学	江苏省四星级普通高中、江苏省平安校园、江苏省体育传统项目学校、江苏省绿色学校	44285	44	1386	233
5	第十二初级中学	江苏省示范初中、江苏省平安校园	14114	38	1529	141
6	第二十九中学	江苏省四星级普通高中、江苏省儒学课程基地、江苏省体育传统项目学校、江苏省平安校园	32688	43	1960	294
7	29 中教育集团初级中学	江苏省示范初中、江苏省平安校园	52561	59	2495	271
8	29 中教育集团致远中学	江苏省示范初中、江苏省平安校园	16903	33	1137	155
9	第三十九中学	江苏省平安校园、江苏省绿色学校	15701	34	1268	136
10	宁海中学	江苏省四星级普通高中、江苏省艺术特色学校、江苏省美术课程基地、江苏省平安校园、江苏省绿色学校	31146	45	1605	193
11	宁海中学分校	江苏省示范初中、江苏省体育传统项目学校、江苏省平安校园	14607	36	1509	141
12	第五十中学	江苏省示范初中、江苏省平安校园	17470	35	1428	158
13	第六十六中学	江苏省三星级普通高中、江苏省平安校园	29236	高中 18 初中 16	高中 689 初中 564	148
14	南师附中树人学校	江苏省教育学会美术专业委员会科研基地、国家地理学会“地理科普教育基地”	42000	65	2577	166
15	金陵汇文学校(中学部)(九年一贯制学校)	江苏省平安校园、江苏省体育传统项目学校	37053	40	1791	255 (含小学部)
16	滨江中学	江苏省平安校园	19296	20	515	86
17	育英外校	全国民办教育先进单位、江苏省模范民办学校	16101	25	873	129
18	求真中学	江苏省民办非企业单位先进集体	13055	28	1036	85

奥林匹克一等奖，蒋云豪获信息学奥林匹克竞赛江苏省一等奖。江苏省美术教育基地落户宁海中学，南京育英外国语学校获南京阳光体育学校考核全市一等奖。

【“新优质初中”创建项目启动】 2015 年，鼓楼区确定南京市第八中学、南京市第六十六中学、南京市滨江中学为南京市“新优质初中”创建学校。同时增加南京大学附属中学、南京市第八中学、南京市第六十六中学、南京市滨江中学 4 所学校为鼓楼区 “新优质初中”创建学校。制定鼓楼区“新优质初中”创建工作实施方案，支持、鼓励“新优质初中”发展，指导 4 所学校制定创建 3 年发展规划和年度推进目标，形成“一校一策”推进方案。11 月，南京市教育科研所牵头在南京市第八中学召开创建新优质学校工程现场会，通过现场听课、评课、专家报告等活动，开展相关研究。

【金陵汇文学校中考总均分位列市区公办校第一】 2015 年，金陵汇文学校中学部 482 人参加中考。中考总均分为 592.93 分，其中 581 分(四星级高中线)以上376人,占73.8%,列南京市、鼓楼区公办学校第一,南京市初中学校第八名(含民办)。获区2015年度招生考试考点考务工作评估中考优秀奖单位、区2015年度招生考试考务工作目标管理考核优秀奖单位称号。

【宁海中学高考佳绩】 2015年,宁海中学高考文化班二本达线169人(参考235人),上线率71.9%。其中,学生余其兴以392分成为鼓楼区文科状元,位列全省第100名。美术班304人达九大美院录取线,36人进入全省1000名,均分全省第一。2015届美术省统考囊括全省前三名,100%省统考过关;清华美术学院达线4人、中央美术学院达线17人、国家美术院过关82人次,较2014届三大美院过关增加35人次。该校继续成为清华大学美术学院生源基地实验学校,获2016年清华大学美术学院年会承办资格。

【江苏省中国画学会美术教育基地落户宁海中学】 4月16日,"江苏省中国画学会宁海中学美术教育基地揭牌仪式暨名家名作进校园"活动在宁海中学举行。活动由省中国画学会、市教育局、鼓楼区政府主办,区教育局、宁海中学、江苏金泓文化发展有限公司承办,省教育厅副厅长朱卫国、区委书记杨学鹏及区四套班子相关领导,中国画学会副会长、江苏省中国画学会会长高云等,及宁海中学师生近千人参加活动。高云和杨学鹏共同为宁海中学美术教育基地揭牌。宁海中学聘请李翔、薛亮、韩显红、刘云、张广才、聂危谷、周矩敏、赵治平、张兴来、毕宝祥、周海歌、翟优12位特聘导师,成为继首次聘任沈鹏、从志远等16位特聘导师之后又一次聘任。揭牌活动同时,举办名家名作进校园画展和宁海中学师生作品展,分别展出此次特聘导师作品和宁海中学特级教师陆长根为代表的作品30幅。

【第二十九中学被评为"全国文明单位"】 5月12日,省市委宣传部、文明办在南京市第二十九中学举行"全国文明单位"授牌仪式,该校成为江苏省中学教育系统内唯一全国文明单位。该校始终坚持"以生为本、文化立校、立德树人",通过环境营造、课程设置、社团活动,将培育和践行社会主义核心价值观贯穿于学生思想道德教育全过程。全校有近3000名师生成为学雷锋注册志愿者,每年超过5000人次学生参加青年志愿者活动,形成"特校1对1伙伴活动""大方巷居家养老服务中心志愿活动"等特色志愿服务品牌。

【第二十九中学武术队获全国比赛3项第一】 8月19日,国家体育总局青少年体育司、教育部体育卫生与艺术教育司在南京市第二十九中学举办2015年全国体育传统项目学校联赛武术(套路)比赛。全国各地学校30支代表队、390名武术运动员参赛。南京市第二十九中学武术队力挫群雄,以7金3银2铜优异成绩,夺得金牌数第一、奖牌数第一、团体总分第一。

【育英外国语学校获省中小学生跆拳道锦标赛奖牌】 10月3~6日,江苏省第二届中小学生跆拳道锦标赛在江苏第二师范学院体育馆举行。锦标赛由江苏省教育厅、江苏省体育局主办,南京民办育英外国语学校承办。全省62所中小学、664名选手参赛,竞赛项目设置分品势比赛和竞技比赛两大类。开幕式上,育英外国语学校跆拳道队队员作跆拳道特技表演,并获8金2银3铜以及初中组团体竞赛总分第一、初中竞技总分第一的好成绩,同时被授予道德风尚奖。该校学生张雪萌入选国家队,获2016年第六届亚洲儿童运动会跆拳道比赛参赛资格。

【田家炳高级中学八十华诞】 11月16日,南京田家炳高级中学八十华诞,97岁高龄的田家炳通过视频表示祝贺,老校友、外交部前驻法大使吴建民、田家炳基金会主席田庆先分别为师生作"做具有国际视野的中国人""追寻幸福人生"演讲。该校连续八年囊括南京市高中发展性评估综合奖、教学质量优秀奖以及南京市校长质量管理奖。2015年,文化类二本以上硬达线153人,推进率64.5%,大幅度超越市、区下达的工作目标,再度刷新学校纪录,居南京市前列。8月24日,该校与德国格尔恩豪森一级文理中学合作课题"关注城市大气环境——中德合作寻找地衣科学考察实践活动"《多层次太阳观测研究科普活动方案》分别获第30届全国青少年科技创新大赛一等奖和"十佳实践活动"称号。

(周　燕)

社教职教

【社区教育】 2015年,鼓楼区华侨路、小市、幕府山、挹江门4个街道教育中心创建成为省级社区教育中心。至年末,全区13个街道中有7个街道创建为省级社区教育中心。合并原鼓楼社区培训学院、原下关社区培训学院,按序推进鼓楼开放大学组建工作。培训社区教育专兼职人员,开设社区教育管理理论与实务等专业知识培训16讲。街道结对开展民族文化进社区等实践性培训76场次,组织赴北京西城区等街道培训学院参观学习;与南京中医药大学心理学院合作设立"鼓楼区教师、社区妇女、老年人心理健康状况调查与干预对策研究"专项系列研究课题,对1.3万人进行心理健康问卷调查,为政府决策提出建设性意见和对策;开展青春健康同伴教育,社区学院青春健康同伴教育基地被全国社区教育专业委员会命名为全国社区教育青少年校外基地;全区各街道社区教育中心展示特色培训项目100

个，培训33.4万人次，居民参加社区教育活动57万人次，撰写社区教育论文22篇。

【社区教育展示活动】 2015年，鼓楼区举办社区教育展示5场，分别展示小市街道“民族文化进社区”、江东街道“城市建设与新市民培训”、热河南路街道“0～3岁学龄前儿童潜能开发”、建宁路街道“再就业培训促进社区居民安居乐业”、中央门街道“科普教育在社区教育中的作用”等具有创新意义项目。全区其他街道社教老师到场观摩，通过互动促进交流，取长补短，提升社区教育队伍整体素质。

【青春健康同伴教育活动】 2015年，鼓楼区社区学院为社区属地青少年开展青春健康同伴教育活动110场，1150人次参加；开展青春健康同伴教育主持人社团活动及训练120学时；与区计划生育管理办公室联合，为社区属地各高校大学生开展青春健康同伴教育活动提供培训和智力支撑；为青春健康同伴教育志愿者队伍举办“携手前行，有你有我”“我爱我家”“快乐学习，轻松收获成长”“我就是我”等主题团体心理辅导10场。

【数字化学习社区建设】 2015年，鼓楼区组织13个街道119个社区平台管理员开展4期平台管理培训，发放4万余张学习卡和8000余本宣传册，提高平台知晓率和参与率。至年末，“鼓楼市民学习在线”注册用户9.32万人，新增注册3.3万人。推动区级平台“鼓楼市民学习在线”与市级平台“南京市民学习在线”互联互通，共享教育资源，鼓楼居民可以通过一站式登录，直接进入“南京市民学习在线”进行学习。全年，“鼓楼市民学习在线”发布各类新闻信息1451篇。鼓楼电大“非物质文化遗产——南京绒花”微课程，获南京市社区大学首届微课大赛一等奖。

【南京广播电视大学鼓楼区分校】 2015年，鼓楼区电大有专职教职工16人，其中高级职称教师6人。设14个专业41个班级，在校学生2477人。全年招收新生136人，毕业学生321人。经过2年过渡，原下关电大建宁路校区学生及教师全部搬迁到三步两桥校区，实行教学统一管理。区电大独立承担南京市广播电视大学系统小学教育专业中心教研室工作，统一管理全市小学教育本科专业。全年组织100多场次近万人次考试管理。4月，区政府向市教育局上报《鼓楼区开放大学的建设方案》并获批复。是年，鼓楼区电大被评为南京电大系统教学管理先进单位；6名学生获国家开放大学奖学金，3名学生获南京广播电视大学优秀毕业生称号。

【南京理工大学鼓楼分部】 2015年，南京理工大学鼓楼分部设成人教育专升本工商管理、人力资源管理、会计学3个本科专业，6个班级，在校学生158人。全年招收新生75人，毕业学生32人。与南京理工大学成人高等教育学院开发“校企合作”“行业合作”模式，新增“人力资源管理、工商管理、土木工程”校企合作项目，首次招生200多人。是年，分部被评为南京理工大学招生管理、学籍管理先进单位。

【区职工学校】 2015年，鼓楼区职工学校增设工人新村校区和建宁路校区报名培训点，方便社会学员就近参加会计继续教育培训。全年培训会计从业人员1100余人次。面向鼓楼区行政事业单位、教育系统开办2场专场会计继续教育培训，邀请鼓楼区财政局、国资局专业管理干部举办预算法、政府采购专题讲座。针对校企合作项目开办专升本辅导班，确保2016年南京理工大学本科生源。为外来务工人员和低学历者提供继续学习提升途径，成人高中招生112人。

【民办教育管理】 2015年，鼓楼区有民办教育机构173家，其中区属学历学校4家、民办非学历教育机构133家、民办幼儿园36所。全年完成171家民办教育机构督导评估工作；办结3所民办园开办者、园长变更；新审批2所民办幼儿园、1家培训机构；完成下放到鼓楼区的31家原省属教育机构、17家原市属教育机构评估换证工作。

（周　燕）

【南京市暨鼓楼区首届“职业教育活动周”启动】 5月16日，南京市暨鼓楼区首届“职业教育活动周”在南京商业学校启动，省、市教育主管部门相关领导，区委常委、副区长郭明雁，各区教育局、各职业院校师生及学生家长，合作企业代表、社区居民300多人参加启动仪式。活动分为参观区和体验区，各职业学校在参观区通过展板和现场咨询服务，展示校园文化、专业育人过程、办学特色和办学成就；各职业学校在体验区展示珠算点钞、手绘、心肺复苏、推拿、果蔬雕刻、面塑、3D打印、手工制作、汽车维修、美容美发美甲、cosplay展示、珠宝鉴定、制茶、雨花石雕刻等44项专业技能。活动周期间，鼓楼区职校围绕“发展职业教育，成就出彩人生”主题在学校内开展各项宣传展示活动，并面向学生、家长和社区居民开放实验、实训室，演示职业教育实训活动，扩大职业教育影响力和吸引力。同时举办校企联动、走进社区、校园开放、为民服务等一系列活动。

（区政府办）

【江苏联合职业技术学院南京商贸分院】 8月，南京商业学校和南京下关中等专业学校合并，升格为江苏联合职业技术学院南京商贸分院。该院有在职教工300多人、在校生6000多人，分6个校区办学。学校设财经管理系、旅游管理系、信息工程系、工商管理系、汽修服务系和国际教育学院，专业方向16个，五年制高职专业11个。是年，1人被列为江苏省高峰人才，1人被列为江苏省职业教育领军人才，2人被列为江苏省“333”高层次人才，1人被评为省特级教师，3人被聘为省教科研中心组成员，3人被评为市学科带头人，3人被评为市优秀青年教师，1人被评为区首席教师。计算机网络技术专业和酒店服务与管理专业创建为省级品牌专业；烹饪专业和会计专业被评选为南京市优秀教学团队，获准立项建设；汤向阳财会名师工作室被评为首批省级名师工作室；会计教研组、语文教研组被评为市先进教研组。是年，学校毕业生就业率连续99%以上，被评为南京市第二届职业学校就业指导先进集体、南京市重点职业学校年度就业调查第一名；校长殷树凤主编、南京大学出版社出版发行《能行天下》职业教育书系列教材被评为南京市教学成果一等奖和江苏联院教学成果二等奖。南京商贸分院在江苏省职业学校技能大赛上获10枚金牌、9枚银牌、14枚铜牌。

（周 燕）

教育科研

【概况】 2015年，鼓楼区开展“基于学生学习的教师课堂教学行为改进的策略研究”等市级“五〇工程”（精心选题、精细设计、精当操作、精彩呈现、精致管理五大板块）精品培育课题区域互动推进研究。申报“第三届江苏省教育科学规划精品课题”，经省级评审，三牌楼小学校长李传庚主持的“求索：小学特色文化的校本建构” 课题被确定为省级精品课题。在2015年度省市“十二五”规划课题评审中，区17项课题获省级立项、36项课题获市级立项；30个党建课题获市级立项，占全市党建课题立项总数52.63%。13位老师论文获江苏省“师陶杯”论文评选特等奖和一等奖，位列全省榜首；鼓楼区教师发展中心获优秀组织奖。1200篇论文和案例参加南京市网络论文（案例）评选，一等奖、二等奖获奖比例超过45%，获奖率95%，名列全市第一。在长三角地区教育科研成果展评中，鼓楼区组织上报优秀团队7个、优秀个人9人、优秀论文32篇。年内申报42个江苏省前瞻性教学改革实验项目；组织开展校本精品课程展示评比，推荐上报20个校本课程到市级参评。

【课题研究】 2015年，鼓楼区开展区级研训项目196个，覆盖全区7000余名在职教师。项目整合科研、教研、培训等，突显科研接地气、教研上层次、培训课程化。深化学科特色项目，小学科学学科开展“做中学”项目推广实验，发展学生科学素养；语文学科推进振兴阅读项目，提升学生和教师阅读素养；品德学科推进公民法制教育实践活动项目研究；体育学科开展民间体育和特色体育项目研究；数学学科深化珠心算、数学与生活项目的实验，探索数学学习新模式；英语学科开展短剧表演展示活动研究，促进教学方式转变等。围绕“幼儿园课程游戏化的研究”“幼儿园综合教育课程研究共同体”“幼儿园园本研训方式的研究”“学前融合教育的研究”“基于儿童经验的幼儿园领域教学研究”“幼儿园活动区游戏的研究”等项目，推进研训项目课题化，促使研训工作由单一指导型转向研训互通型。推广汇文学校“优化教研组、备课组相关考核激励办法”、南京市第二十九中学“抓两头、促中间、每个学生学有所成的教学策略” 等校本研训项目，发掘各校校本研训中典型做法并加以推广。围绕 “双向细目表：学业测评的有效工具”主题开展系列研究，撰写文稿在《江苏教育》（中学版）2015第六期刊发。申报“中小学学业监测与评价中‘双向细目表’研发及其应用研究课题”在市级立项。

【科研平台搭建】 2015年，鼓楼区推进实验幼儿园主导下的课程研究共同体建设，年内新增2所幼儿园加入研究共同体，成员扩大到9所园。全年各共同体园接受实幼课程审议指导近20次，参与园长、教师600人次，9所园到实验幼儿园跟班培训32人次，实验幼儿园年级组组长到共同体各园指导半日课程开放8次。主动加强与国家级、省级、市级三类媒体联系，通过科研管理方式手段的创新，建立“鼓楼区教育科研管理平台”，分类上传每所学校科研资料，包含科研工作计划、期末工作总结、课题研究资料、开展工作资料、结题开题资料、科研获奖资料等，进一步促进教育科研管理工作网络化、系统化、互动化、科学化。

（杨 健）

【南京市精品课题区域推进会举行】 4月17日，南京市精品课题“五〇工程”“基于学生学习的教师课堂教学行为改进的策略研究”区域推进会在宁海中学分校举行。活动第一阶段，围绕“师生教和学的行为改进”主题，宁海分校4位教师分别开课：语文教师吴鹏“作文修改”课、数学教师袁勇“中考专题复习——分类讨论”、英语教师孙国良“Where would you like to visit”、物理教师徐波“机械能内能”。区教师发展中心研训员对4节课现场点评和反馈。活动第二阶段，与会人员集中讨论课题进展和研究策略。南京市第二十九中学初中部书记侯正永作《规范、科学、幸福——谈谈教师课堂教学行为的适应、改进、优化》发言，倡导课堂氛围民主化、教学研究主题化；南京市宁海中学分校校长钟丽萍作《改进教师教学行为，提升教育教学质量》发言，针对课堂教学中出现“满堂灌、效率低”普遍问题，提出改进策略；南京市滨江中学校长陈世生作《基于学情，着眼课堂，转变教与学的行为》发言，提出利用校园文化引领教师发展，利用“阳光大舞台”激励师生共同成长，利用“学练案”编写、研究、使用促进师生教与学行为转变。鼓楼区中学研训部副主任陈莉作《课题研究区域进展情况汇报》，阐述区、校共进，加强教科研理论学习，凝聚共识改变观念；区域教研课题化，科研课堂化，以子课题和微课题推进研究；新优质学校提升研究项目以改进教师行为方式为突破口；各校校本科研以教师为主体，大力提高教师专业化水平等教育教学观念。南京市教科所所长肖林元等，及课题主持人、鼓楼区教育局副局长谈雅萍，区初中校长、教科副校长、教科室主任，鼓楼区教师发展中心全体中学研训员等课题组骨干成员参加会议。

【古平岗小学通过省特色课程文化建设项目评审】 5月，古平岗小学以江苏省第一名成绩通过江苏省特色课程文化建设项目评审。评审专家现场观摩“借助童谣　快乐读写”校本课程，观看介绍学校书香校园文化建设微电影和师生自编自演读书创意节目，肯定古平岗小学在悦动童年理念引领下，开展一部专题(微电影)、一节课堂、一本校刊、一场演出、一次公益活动，撬动特色课程文化建设做法，同意古平岗小学特色课程文化建设项目通过评审。

【小学课堂教学改革成果展评暨教学工作会议】 5月28日，鼓楼区2014～2015学年小学课堂教学改革成果展评暨教学工作会议在芳草园小学举行。区委常委、副区长郭明雁，南京师范大学教授吴永军、市区教育局相关负责人，全区各小学校长、教学副校长、教导主任、获奖教师及骨干教师代表300余人参加会议。会议表彰鼓楼区2014～2015学年小学课堂教学改革取得突出成绩团队和教师，金陵汇文小学、建宁小学、龙江小学、琅琊路小学4所学校围绕“基础教育课程改革主要价值取向——培养儿童的核心素养”进行课堂教学改革经验交流，吴永军主持现场互动研讨。课堂教学改革成果展评历时2周，涉及数学、英语、美术、品德、综合实践活动5门学科，46所小学参与，各校利用课改经验总结、课改工作小报、公开课等载体展示一年来课堂教学改革方面成果。

（周　燕）

其他教育专项

【教育督导】 2015年，鼓楼区综合督导南京大学附属中学、宁海中学分校、南京市第三十九中学、南昌路小学、天妃宫小学素质教育；随机督导南京育英外国语学校、姜家园小学、长平路小学、龙江小学、象山小学、青云巷小学、砺志实验小学、渊声巷小学、马台街小学、鼓楼幼儿园、于家巷幼儿园、多伦路幼儿园教学状况；综合督导回访鼓楼区第一中心小学、天正小学素质教育；督导随访南京田家炳高级中学、南京市第二十九中学初中部、南京市力学小学、汉江路小学、丁家桥小学、三牌楼小学、于家巷幼儿园、滨江幼儿园、阅江幼儿园等20余所学校(幼儿园)教育现代化建设。区教育督导组通过听取汇报、察看现场、查阅资料、随机听课、约谈校级领导和个别访谈、座谈走访、问卷调查等形式，了解学校办学情况，从规范办学、精细管理、品质发展等方面指导学校理清办学思路、梳理经验、彰显特色、绿色发展。同时，责任督学开展挂牌督导。（王　颖）

【区特殊教育学校】 2015年，鼓楼区特殊教育学校(简称鼓楼特校)为江苏省特殊教育现代化示范学校。该校有学前康复班1个、九年义务教育班18个、中等职业教育班3个，在校生161人、教师48人。其中南京市学科带头人2人，南京市优秀青年教师4人，全国特奥优秀教练员2人，“周恩来奖教金”获得者3人。年内，学校探索普特融合课程与教学改革实践，承担鼓楼区随班就读资源中心工作，加强特殊教育教师队伍建设，加大培训力度，提升教师队伍专业化水平，为每位残疾儿童提供适合教育。是年，鼓楼特校被江苏省特殊教育师资培训中心命名为全国特殊教育国培影子培训基地，承担全国特殊教育学校校长能力提升培训5批50多人，承担安徽、天津特殊教育骨干班教师影子式培训3批80人。接待西藏拉萨、宁波达敏、成都温江，江苏泰州、镇江特教中心，江苏金坛、海门、南通及南京六合区等特殊教育学校校长和教师参访团体18个100多人参观学习。是年，该校教师赵艳霞被评为“感动江苏教育人物——2015最美特校教师”。

【鼓楼特校获全国第六届特奥会金牌20枚】 5月10～17日，鼓楼区特殊教育学校32名学生组成特奥篮球队、羽毛球队、田径队，代表江苏赴四川绵阳、江油和北川参加全国第六届特殊奥林匹克运动会田径、羽毛球、篮球三大项角逐，获金牌20枚、银牌15枚、铜牌7枚，并获得体育道德风尚奖。其中，男子篮球以分组循环赛全胜纪录获金牌和2枚个人技术金牌，女子篮球名列第三；田径获金牌14枚、银牌11枚、铜牌4枚；羽毛球队收获金牌3枚、银牌4枚、铜牌2枚。（赵艳霞）

【区教师发展中心】 2015年，鼓楼区教师发展中心教师到南京市第八中学、南京大学附属中学、南京市第六十六中学、滨江中学等4所学校听课、备课，参与校本研训、开展联片教研，通

5月，特校篮球队获全国第九届残疾人运动会暨第六届特奥会男子篮球冠军

过“名师课堂”“名师送教”等方式指导4所学校教育教学。举行市级“五〇工程”精品培育课题“基于学生学习的教师课堂教学行为改进的策略研究”区域推进会暨中期汇报会。开展教育教学微课题申报，拟定50余项精品微课题。在全市开展网络申报论文(案例)基础上，集中评审论文(案例)约1500篇，从中遴选1200篇论文(案例)报送南京市参评，一等奖、二等奖获奖比例超过45%，获奖率95%。向南京市报送42个江苏省前瞻性教学改革实验项目。向国家教育资源公共服务平台上传2842节课视频资源，推荐市级参评课200节，其中129节分获特等奖、一等奖、二等奖。通过开展初高中教学工作现场会、让我们一起从儿童出发——小学课堂教学改革成果展评、小学小班化教育现场研讨会、教学管理改革现场会、课堂教学改革现场会等区域性重大教育教学展示活动，把基层学校改革、基地学校实验研究成果辐射到全区。

是年，鼓楼区教师发展中心开展区级公开课及讲座2000节次，承办市级以上公开课及讲座逾300节次。开展区级研训项目196个，覆盖全区7000余名在职教师。开展主题系列研究，撰写《双向细目表：学业测评的有效工具》文章被《江苏教育》中学版2015第六期刊发。利用南京市教育信息化公共服务平台开展协同备课和网络研修，形成共同备课、教学研究、资源共享等一体化协作交流机制，全区各单位利用南京市教育信息化公共服务平台开展研训活动345场。指导全区24所中小学创建南京市数字化校园，申请专款120余万元，完成24所学校网管中心标准化建设，助推各校完成数字化校园创建任务，其中南京市商业学校、汉口路小学、莫愁新寓小学3所学校被评为数字化校园示范学校。举办26个暑期教师集中研训班，1206名学员参加培训；举办“引智培训”、浦口送教和新教师培训5期，500多人参训。承接送教常州“校本课程开发与实施”和送教徐州“基于课堂观察的教学研究”2个江苏省“名师送培”项目。（杨　健）

【区少年宫】 2015年，鼓楼区少年宫强化公益性质，实施《少年宫创新主题公益活动拓展计划》，形成少年宫特色、品牌公益活动。推进培训课程创新发展，研究探索“少年宫优秀课程”。申报南京市“科技创意小达人”课程和“书法班‘复式’教学实践研究”课程。全国中小学生艺术展演期间，宣传、展示鼓楼区青少年素质教育成果。举办鼓楼区“童心向党，阳光下成长”校园文化艺术展演，承办南京市“金色童年，乘上歌声的翅膀”小学生合唱比赛。加强小学艺术活动中心联盟建设及中小学艺术团建设，增强发展活力。在全市中小学生艺术展演中，鼓楼区12个节目被选拔上11个，获优秀组织奖。是年，鼓楼区少年宫获南京市中小学生艺术展演优秀组织奖、南京市小学生合唱比赛优秀组织奖、南京市航海模型比赛优秀组织奖、南京市金钥匙竞赛团体二等奖、南京市第21届中小学生科技创新大赛优秀组织奖。

【中小学生艺术活动】 2015年，鼓楼区举办各类中小学生艺术活动10场。4月，举办第五届中小学生艺术展演，以“绽放”为主题，回顾2003～2015年，全区从最初4所艺术团、6所艺术活动中心发展到20所艺术团、16所艺术活动中心历程，全区12所中小学校20所艺术团、16所艺术活动中心近千名师生参加展演。同月，举办区小学生合唱比赛，全区40所小学参加角逐，赤壁路小学合唱队获特等奖，代表鼓楼区参加南京市2015年小学生合唱决赛并获一等奖第一名；合唱队老师韩贝贝、吴燕慧美分别获优秀指挥奖和优秀伴奏奖。6月，区教育局与区关工委、区少年宫联合在复兴小学举办区中小学生车模竞赛，全区39所中小学、308名选手参加角逐，比赛结果：小学组渊声巷小学获团体一等奖、青云巷小学获团体二等奖、拉萨路小学获团体三等奖；中学组南京市第五十中学获团体一等奖、南京市第二十九中学致远分校获团体二等奖、南京市第三十九中学获团体三等奖。7月，鼓楼区在江苏省科技馆举办暑期贫困生科技主题爱心夏令营，夏令营分“科技之星”“科技创意小达人”2个部分，全市100名营员参加。8月，鼓楼区少年宫2次组队分别参加江苏省第五届青少年现场书画大赛和南京市“瞻园杯”中小学生现场书法比赛，20名选手进入决赛，区少年宫获优秀组织奖。9月，鼓楼区在区少年宫热河南路部举办“五小”(小发明、小设计、小建议、小影视、小动漫)科技评比活动，从收

4月29日，鼓楼区举办2015年小学生合唱比赛决赛

到的100多件“五小”作品中，遴选出50件优秀作品代表鼓楼区参加“小哥白尼”杯南京市中小学“五小”科技作品评比，获奖49件。其中特等奖2件、一等奖15件、二等奖11件、三等奖21件，少年宫获优秀组织奖，获奖比例和总量位居全市第一。9月，举办区中小学生金钥匙科普知识竞赛，全区近2000名中小学生参赛，从中选拔187名优秀选手组队参加南京市金钥匙竞赛，获团体二等奖。（朱 伟）

【鼓楼区青少年社会实践基地】 2015年，鼓楼区青少年社会实践基地组织全基地教职工去扬州、宝应、马鞍山等基地学习考察2次，加强教师技能培训；选送2位教师参加拓展师培训；选送1位教师参加茶艺师培训。打造一批具有吸引力的基地课程，基地与安徽博尔达研学旅行机构建立合作关系，每年接待来自安徽各地中小学生2万～3万人开展研学活动。是年，基地接待市内外大、中、小学校6万多人，比上年增长20%；接待全国各地考察学习团队20多个130多人次。

【新增8个青少年社会实践项目】 2015年，鼓楼区投入40余万元，在区青少年社会实践基地新增8个青少年社会实践项目，进一步扩充提升青少年社会实践基地基础设施、活动课程。其中，由区司法局牵头，市交管局、市关工委和基地共同投资10万元建设交通安全教育模拟学习场地，丰富法治教育体验性、趣味性，成为全国首个交通安全教育基地；区教育局技术装备办公室投入15万元，为基地安装监控探头40多个，监控覆盖基地各个区域，提高基地安全技术保障。基地自筹资金装修120平方米国防教育馆，增添火箭军、战略支援部队展示资料，提升基地国防教育馆设施和内容；区关工委为国防馆改造赞助4万元，购置2台电子书和投影设备，提升国防教育馆功能；基地自筹资金装修改造会议室、消防逃生活动室、家庭火灾隐患查找室、3D灭火活动室、肩扛导弹活动室。投入10多万元升级学生活动室，建成电子与科技创新活动室、“鲁班”木工操作室、布艺与编织操作室，扩大学生社会实践活动空间，丰富学生社会实践活动内容。（张明一）

部分驻区高校

【南京大学】 南京大学前身是创建于1902年的三江师范学堂，1950年更名为南京大学，是国家教育部直属重点综合性大学、国家“211工程”重点支持大学和国家“985工程”首批重点建设大学，有鼓楼、浦口、仙林3个校区。

2015年，学校有28个院系，各类学生40416人。其中，全日制本科生13583人、研究生16200人、留学生3216人、学位留学生1390人、成人教育学生6027人。招生8487人，毕业7851人。设本科专业87个，专业硕士学位授权点23个，专业博士学位授权点1个，博士学位一级学科授权点40个、二级学科(不含一级学科覆盖点)3个，硕士学位一级学科授权点18个、二级学科（不含一级学科覆盖点)9个，博士后流动站38个。有一级学科国家重点学科8个、二级学科国家重点学科13个，江苏高校优势学科建设工程二期项目立项学科与重点序列学科22个，江苏省一级学科重点学科14个。国家基础学科人才培养基地12个，国家生命科学与技术人才培养基地1个。有国家实验室(筹)1个，国家重点实验室7个，国家教育部重点实验室8个，江苏省重点(工程)实验室9个，国家工程技术研究中心1个，国家工程研究中心1个，国家国防科工局国防重点学科实验室1个，国家测绘地理信息局重点实验室1个，国家教育部工程中心2个，国家环境保护部工程技术研究中心1个，江苏省工程中心11个，国家级2011协同创新中心2个，江苏高校协同创新中心5个，国家教育部人文社会科学重点研究基地4个。

年内，学校新增中国科学院院士1人，新增“国家杰出青年科学基金”获得者4人，新增中组部“千人计划”“青年千人计划”“万人计划”“青年拔尖人才”39人，教师学术水平排名位列全国高校第二。至年末，学校有中国科学院院士28人，中国工程院院士3人，中国科学院外籍院士1人，第三世界科学院院士4人，俄罗斯科学院院士1人，加拿大皇家科学院院士1人，“千人计划”创新人才30人、创业人才14人、“外专千人计划”入选者2人，“万人计划”科技创新领军人才4人、

百千万工程领军人才1人、教学名师1人，国家教育部“长江学者奖励计划”特聘教授90人、讲座教授25人，国家杰出青年基金获得者101人，国家级教学名师10人，国务院学位委员会学科评议组成员19人，国家级有突出贡献的中青年科学、技术、管理专家16人，“973计划”和重大科学研究计划项目首席科学家36人次，“青年千人计划”入选者78人，“万人计划”青年拔尖人才8人，国家教育部“新世纪优秀人才支持计划”入选者238人，“百千万人才工程”国家级人选32人。

是年，学校获国家自然科学奖、国家技术发明奖、国家科技进步二等奖各1项，获国家教育部高校科学技术和人文社会科学优秀成果奖31项。3个创新团队获国家教育部滚动支持，位列全国高校第一。（潘　静）

【河海大学】 河海大学始于1915年河海工程专门学校，是有近百年办学历史、以水利为特色、工科为主、多学科协调发展的国家教育部直属全国重点大学，国家“211工程”重点建设高校，本部位于鼓楼区，在江宁区和常州市新北区设有校区。

2015年，学校有20个学院、1个系，在校生54366人，其中本科生15895人、研究生19917人、学位留学生584人、成人教育学生13948人。招生16010人，毕业13474人。有国家重点实验室1个、国家工程研究中心1个，省部级科研机构41个，有本科专业52个、硕士一级学科授权点35个、博士一级学科授权点12个、博士后流动站15个。有一级学科国家重点学科1个，二级学科国家重点学科7个，国家重点（培育）学科2个。有教职工3418人，其中专任教师1978人。专任教师中，高级职称1080人，博士生导师400人，院士2人，“千人计划”入选者4人，“青年千人计划”入选者7人，“长江学者奖励计划”特聘教授7人、讲座教授1人，“国家杰出青年基金”获得者8人，全国教学名师3人，国家级、省部级有突出贡献的中青年专家19人，入选国家和省部级各类人才计划382人次，享受国务院政府特殊津贴专家160人。

是年，学校首次获批国家自然科学基金重大国际合作研究计划项目1项，获国家自然科学基金重点项目2项，国家社科基金重点项目1项。获省部级以上奖励78项，授权国家发明专利508件，增长56.8%，获第14届“挑战杯”全国大学生课外学术科技作品竞赛一等奖。（党办　校办）

【中国药科大学】 中国药科大学前身为始建于1936年的国立药学专科学校（四年制），是国家教育部直属、国家“211工程”重点建设大学，有玄武门、江宁2个校区。

2015年，学校招收本专科学生3012人，其中本科生2763人、专科生249人；招收研究生1210人，其中博士生176人、硕士生1034人；招收留学生134人。毕业本专科学生和研究生4215人，就业率99.43%。

年内，引进教师33人，具有博士学位33人，其中教授2人。新增中组部“青年拔尖人才支持计划”入选者1人、“青年千人计划”1人、“江苏省特聘教授”1人、江苏省“六大人才高峰”资助计划6人、“双创博士”2人、“双创计划团队”1个、“双创计划个人”2人。1个创新团队获国家教育部择优滚动支持；2个创新团队获省教育厅江苏高等学校优秀科技创新团队；1个基地获批国家立项建设。

是年，学校成立基础医学与临床药学院，与南京市第一医院合作，成立中国药科大学南京第一医院。获国家科技进步二等奖1项，获国家教育部高等学校科学研究优秀成果奖（自然成果奖）一等奖1项；获江苏省科学技术奖一等奖1项、三等奖1项。《中国天然药物》蝉联中国百强科技期刊、中国最具国际影响力学术期刊，2015年SCI（被科学引文索引收录的期刊所刊登的论文）影响因子达到1.114。中药生物机能实验中心申报成为省级示范中心。（刘　睿）

【南京工业大学】 南京工业大学具有百年办学历史，是全国首批入选“高等学校创新能力提升计划（2011计划）”的高校，以工科为主，跨工、理、管、经、文、法、哲、医8个学科门类，有模范马路校区（由丁家桥和虹桥校区组成）和江浦校区。

2015年，学校有学院（部）29个，本科专业（含方向）82个，国家重点实验室1个，国家工程（技术）研究中心3个，国际联合研究中心1个，省部级重点实验室8个，省部级工程技术研究中心8个，省高校重点实验室8个。国家一级重点学科1个，江苏高校优势学科一期项目4个、二期项目6个，博士后科研流动站7个，一级学科博士学位授权点6个，二级学科博士学位授权点38个，一级学科硕士学位授权点20个，二级学科硕士学位授权点104个，硕士专业学位授权点（含工程硕士领域）23个。

年内，录取本科生5786人、硕士生1691人、博士生138人。毕业本科生7010人、硕士研究生1386人、博士研究生79人。在校生32204人，其中本科生26054人、硕士研究生5165人、博士研究生523人、留学生462人。教职工2600余人，其中专任教师1619人。专任教师中，高级职称923人，其中中国科学院院士1人、中国工程院院士6人、国家教育部“长江学者”特聘教授8人、国家杰出青年科学基金获得者9人、国家“万人计划”科技创新领军人才2人、国家“千人计划”12人、国家“973”计划项目首席科学家8人。

是年，学校按照本科教育教学改

革“三十条”,全面修订学生培养方案。完善学术学位与专业学位两种研究生培养体系，获江苏省研究生培养模式改革成果一等奖1项、三等奖1项。35名科技企业家受聘该校江苏省产业教授，建设大学生创客梦工场，成立“南工劝业公社”。学生在全国大学生数学建模竞赛中获一等奖3项，在全国“挑战杯”竞赛中获特等奖，“8天在线”团队获首届中国“互联网+”大学生创新创业大赛银奖。“柔性电子材料与器件国际联合研究中心”被国家科技部认定为国家级国际联合研究中心。“柔性电子国际合作联合实验室”获国家教育部批准立项。“化工过程安全重点实验室”获国家安监总局批准立项。2个实验室被认定为“全国石油和化工行业重点实验室”和“全国石油和化工工程实验室”。（刘运玺）

【南京邮电大学】 南京邮电大学前身是1942年诞生于山东抗日根据地的战邮干训班，1958年改建为本科院校，2005年4月更为名。是国家工业和信息化部与江苏省共建、以江苏省管理为主的高校，有仙林、三牌楼、锁金村、江宁4个校区。

2015年，学校有21个院(部、中心)、20余个研究院(所、中心)。有博士后流动站3个，一级学科博士学位授权点3个、二级学科博士学位授权点14个，一级学科硕士学位授权点10个、二级学科硕士学位授权点34个，专业学位授权点(领域)13个，本科专业53个。

年内，有各类在籍生3万余人。有教职工2300余人，其中博士生、硕士生导师561人，具有高级专业技术职务占50.50%，具有博士、硕士学位占90.67%。有中国科学院院士2人，国家教育部长江学者特聘教授3人、讲座教授1人，国家杰出青年科学基金获得者3人，全国优秀教师1人，国家重点领域创新团队1个。有国家地方联合工程研究中心1个，省部共建国家重点实验室培育基地1个，国家级实验教学示范中心2个，国家级虚拟仿真实验教学中心2个，国家级工程实践教育中心1个，国家级校外实践教育基地1个，国家级高校学生科技创业实习基地1个。图书馆拥有纸质文献藏书量200余万册。

是年，学校入选国家“2011协同创新中心”2个，入选省“2011计划”协同创新中心2个。3个学科进入ESI(基本科学指标数据库)学科排名全球前1%，国家特色专业建设点7个，国家专业综合改革试点项目1个，3个专业通过国家工程教育专业认证，国家级卓越计划专业8个。（贾　姝）

【南京师范大学】 南京师范大学主源于1902年创办的三江师范学堂，是国家“211工程”重点建设的省属重点高校；学科涉及哲、经、法、教、文、史、理、工、农、医、管、艺等门类；有仙林、随园、紫金3个校区。

2015年，学校有二级学院26个、独立学院2个。有国家地方联合工程研究中心、国家教育部人文社会科学重点研究基地、国家教育部重点实验室、国家公安部重点实验室、国家体育总局体育社会科学研究基地和体育文化研究基地、全国妇联妇女与性别研究与培训基地、江苏省国家重点实验室培育建设点各1个。本科专业99个，硕士学位授权一级学科37个，博士学位授权一级学科22个，博士后科研流动站22个。拥有国家重点学科6个、国家重点(培育)学科3个，江苏高校优势学科10个。

年内，在校本科生16314人，其中师范生3673人；在校研究生10514人，其中博士研究生1162人、硕士研究生9352人。有来自123个国家和地区的留学生1800余人，成人高等学历教育在籍生5216人。有在职教职工3240人，专任教师1870人。其中，正高级职称549人，副高级职称895人，中国科学院院士1名，国家级有突出贡献专家6名，“百千万人才工程”国家级人选9名，国家教育部创新团队1个、长江学者特聘教授4名，国家“千人计划”人才3名，国家杰出青年科学基金获得者5名，国家级教学团队4个、国家教学名师3人，国家首批“万人计划”人选3人，国家教育部“新世纪优秀人才支持计划”人选13人，中国科学院“百人计划”人选1人。

是年，学校以建设“有国际影响的高水平大学”为办学目标，着眼“十三五”事业发展，规划编制《全面深化综合改革实施方案》，成为江苏省、新疆维吾尔自治区和国家教育部共建高校。7个本科专业入选江苏高校品牌专业建设一期工程，11套课程入选国家教育部“马工程精彩一课”，位居全国高校第一。5名教授被聘为国务院学位委员会学科评议组成员，1名教师入选全国高校思政课教师影响力标兵人物，1名教师当选“江苏高教30年重要影响人物”，1名教师获全国辅导员职业能力大赛一等奖。获国家教育部人文社会科学优秀成果奖13项，其中一等奖2项，位居全国高校前列。（李红梅）

【南京医科大学】 南京医科大学创建于1934年，是省属重点建设高校，学位授权点覆盖医学、理学、工学、管理学、法学、教育学、文学7个学科门类，在江苏、上海、浙江、山东等地拥有23所附属医院和50多所教学医院。学校设有2个校区，五台校区是临床教学和研究中心，江宁校区是教学和科研中心。

2015年，学校录取本科生1940人、研究生1740人，招收留学生130名（本科生101名、硕士研究生23名、博士研究生6名），招收本科港澳台学生15名。本科、硕士和博士三层次留学生招生数均达历史新高。首次获中国政府奖学金公费留学生自主招生名额。

年内，学校有3人入选国家百千万人才工程，1人入选国家教育部"长江学者奖励计划"青年学者，3人入选国家"千人计划"，1人入选省"双创个人计划"；5人获省第四期"333工程"科研项目资助，2人入选省"六大人才高峰"，2人入选省"中青年骨干教师境外研修计划"。引进高层次人才7人。健全高层次引进人才考核制度，对32名高层次人才进行考核，优秀8人，合格24人。开展第11批校特聘教授遴选工作，A类特聘教授新增5人、续聘4人；B类特聘教授新增3人。

是年，南京医科大学成为首批国家教育部、国家卫生计生委与江苏省政府共建医学院校。临床医学、预防医学、口腔医学、护理学专业获批江苏高校品牌专业建设工程一期项目。《人体解剖学》入选第二批江苏省留学生全英文精品课程，成为首门省级全英文精品课程。在全国第四届大学生艺术展演活动中，校大学生管乐团获全国一等奖。在第六届全国高等医学院校大学生临床技能竞赛、全国首届护理专业本科临床技能大赛中均获二等奖。在第14届"挑战杯"全国大学生课外学术科技作品竞赛中，获三等奖1项。在第八届中国大学生计算机设计大赛决赛中，学校分别在交互媒体类(成都赛区)和软件应用与开发类(上海赛区)全国比赛中获二等奖和三等奖。

(阚伟伟)

【南京中医药大学】 南京中医药大学始建于1954年，是全国建校最早的高等中医药院校之一，江苏省重点建设高校，江苏省人民政府与国家中医药管理局共建高校，有仙林和汉中门2个校区。

2015年，学校设有9所直属学院、26个本科专业，各类在校生2万余名。有1个国家一级重点学科，2个国家二级重点学科，2个国家重点(培育)学科；2个江苏高校优势学科建设工程二期项目立项学科、2个重点序列学科；33个国家中医药管理局中医药重点学科。拥有中医学、中药学、中西医结合3个一级学科学位授权点和博士后科研流动站；14个二级学科博士学位授权点，自主设置二级学科博士学位授权点17个；一级学科硕士学位授权点5个，二级学科硕士学位授权点23个，自主设置二级学科硕士学位授权点19个；有专业博士学位授权点1个，专业硕士学位授权点4个，具有博士生导师自审权和主干学科专业的教授评审权。有国家级专业综合改革试点项目2个，国家级特色专业5个，卓越医生(中医)教育培养计划改革试点项目3个，国家级精品资源共享课程6门，国家级教学团队2个，国家级人才培养模式创新实验区1个，国家级实验教学示范中心3个，国家级大学生校外实践教育基地1个，国家级规划教材(主编)33部，国家级教学成果4项。建有27所附属医院、4所中西医结合临床医学院，各类教学及毕业实习基地逾百所。新增中医学、中药学两个专业。

学校是国家科技部新药临床试验研究(GCP)中心、国家发改委中药资源产业化与方剂创新药物国家地方联合工程研究中心、国家教育部中药炮制规范化及标准化工程研究中心、国家级中药炮制技术传承基地、江苏省植物药深加工工程研究中心、江苏省海洋药物研究开发中心、江苏省中医药研究与新药创制中心、江苏省中药资源产业化过程协同创新中心的依托建设单位。有江苏高校协同创新中心2个，国家地方联合工程研究中心1个，省部共建教育部重点实验室1个，教育部工程研究中心1个，国家中医药管理局重点研究室3个，国家中医药管理局三级实验室8个，江苏省重点实验室2个，江苏省高校重点实验室4个，省级工程研究中心(工程实验室)6个，江苏高校哲学社会科学重点研究基地1个。构建形成"一个中心、四大板块"的科技平台布局，即江苏省中医药研究与新药创制中心和南京中医药大学科技园、南京高新技术开发区中药产业园区、中国医药城中医药研究院、江苏生命科技园。

是年，学校与江苏康缘集团开展产学研全面战略合作，不断提高学校服务社会的能力和水平；与江苏亚东建发集团建立产学研联盟战略合作，在养老产业、养生产业、健康旅游度假产业等领域紧密合作；与瑞士、澳大利亚合作中心，共建中医人文交流和信息传播的文化中心，中医学历课程和在职培训的教育中心，中医养生保健和医疗服务的康复中心，打造三位一体的综合服务平台。

(樊广花)

【南京财经大学】 南京财经大学前身是1956年成立的粮食部南京粮食学校，2003年更名为现名，是江苏省人民政府与国家粮食局签约共建的省属重点建设大学，有仙林、福建路和桥头3个校区。

2015年，学校有18个学院，本科专业46个，硕士一级学科授权点12个、硕士专业学位授权点9个，服务国家特殊需求博士人才培养项目1个，博士后流动站1个。全日制在校生17570人，其中本科生15281人、研究生2093人、留学生196人。

年内，招收公办本科生3788人、硕士研究生745名、博士研究生3名。本科生总就业率98.75%，协议就业率98.72%；研究生总就业率95.78%，协议就业率95.60%。新增江苏省重点学科1个、省高校品牌专业建设工程一期项目5个。有教职工1669人，其中专任教师1062人。专任教师中，有教授167人、副教授378人，具有博士学位391人。全年引进博士30人、学院院长2人。教师中1人获准享受国务院政府特殊津贴,1人入选"国家百千万人才工程"并被授予"有突出贡献中青年专家"称号,1人获批"江苏特聘教授",5人获批"六大人才高峰"项目资助,4人获"333工程"科研项目资助,1人被聘为省政府参事,1人获江苏青年五四奖章,1人获江苏省外国专家管理工作特别贡献奖。

是年,学校获国家级大学生创新创业训练项目25项,全国高校微课教学比赛决赛二等奖1项,中国特色社会主义理论体系研究中心获批江苏省中国特色社会主义理论体系研究基地,获第14届"挑战杯"全国大学生课外学术科技作品竞赛三等奖1项,获第15届全国大学生田径锦标赛金牌2枚。 (郑 锷)

【南京审计大学】 南京审计大学前身是1983年成立的南京审计学院,是国内唯一以"审计"命名的全日制普通本科院校,为国家教育部、财政部、审计署和江苏省人民政府共建高校,2015年12月12日更名为南京审计大学,有莫愁、浦口2个校区。

2015年,学校设有20个专业学院(教学部),5个特色学院(研究院),33个本科专业。其中,审计学、金融学、财政学为教育部特色专业建设点,审计学、金融学专业获批为国家教育部"专业综合改革试点项目";审计学、金融学类、财政学类、工商管理类、管理科学与工程类为江苏省重点专业,审计学、金融学为江苏省品牌专业;财政学、会计学、工商管理、国际经济与贸易、信息管理与信息系统为江苏省特色专业。审计学、金融学和财政学专业入选江苏省高校品牌专业建设工程一期项目。审计学教学团队为国家级教学团队;审计学教学团队、金融学核心课程教学团队为江苏省高校优秀教学团队;金融学专业复合型应用性金融人才培养模式创新实验基地为江苏省高等教育人才培养模式创新实验基地。

年内,学校有全日制普通本科在校生15449人、研究生334人、留学生53人。普通本科招生3987人,毕业3668人。专任教师894人,正高职称118名,博士(含在读)466人。有江苏省"青蓝工程"科技创新团队4个;享受政府特殊津贴专家6人、省部级有突出贡献中青年专家4人、国家教育部"新世纪优秀人才支持计划"2人、全国审计专业学位硕士研究生教学指导委员会委员1人、国家教育部教学指导委员会委员5人、财政部"全国会计领军人才培养对象"1人、国家司法部"全国优秀教师"1人、江苏省"双创计划"人才1人、江苏特聘教授3人、江苏省教学名师1人;江苏省"333人才工程"培养对象37人(其中第二层次2人),江苏省"六大人才高峰"培养对象10人;江苏省"青蓝工程"中青年学术带头人30人、"青蓝工程"优秀青年骨干教师64人;江苏省优秀教育工作者4人;审计署先进集体2个、先进个人2人。有现代审计发展研究中心、金融风险管理研究中心2个江苏省高校哲学社会科学研究基地,审计信息工程与技术领域的1个江苏省高校协同创新中心(培育点),公共工程审计、审计信息工程、金融工程领域的3个省级重点实验室。

是年,"审计高等教育理论探索与实践创新"获江苏省高等教育教学成果特等奖和国家级优秀教学成果二等奖。获国家教育部第七届高等学校科学研究优秀成果(人文社会科学)一等奖两项。审计硕士专业学位点评估得分全国排名第一;连续四年被评为"江苏省优秀研究生招生单位"。

(曹兴华)

【南京艺术学院】 南京艺术学院前身是1912年创办的上海美术图画院,1930年更名为上海美术专科学校,由蔡元培先生任上海美专董事局主席,1959年定为现名。作为中国独立建制创办最早的高等艺术学府和全国六大艺术学院之一,是江苏省唯一的综合性艺术院校,国家文化部与江苏省政府省部共建大学。

2015年,学校有12个学院、50个专业方向、37个专业,在校生10413人,其中本科生8877人、研究生1077人、学位留学生106人,成人教育学生353人。招生2016人,毕业2238人。附属中学学生444人,招生119人,毕业67人。国家专业实验室1个,硕士一级学科授权点5个、博士一级学科授权点5个、博士后流动站5个。教职工972人,其中专任教师625人。专任教师中,高级职称279人,博士生导师62人,国家级、省部级有突出贡献的中青年专家7人,享受国务院政府特殊津贴专家17人。

是年,由学校文化产业学院院长、教授李向民担任编剧和总制片人的大型历史题材电视剧《大清盐商》获中国电视剧优秀剧本奖、江苏广电"金凤凰奖"优秀电视剧一等奖、江苏电视剧奖一等奖。8月26日,学校复排版歌剧《秋子》在爱丁堡尼克森广场剧院翡翠剧场进行首演。由学校影视学院教师段菲带领的2011级表演班创作团队,在2015上海国际艺术节Next Idea腾讯青年戏剧大赛总决赛上获最高奖。

(马海平)

科技

Science & Technology

综　　述

【概况】 2015年，鼓楼区实现高新技术产业产值342亿元，新增国家级高新技术企业10家，累计94家。知识产权服务业税收889.5万元，增幅15.04%。知识产权服务业营业收入1.4亿元，增幅15.4%；全区新增孵化面积6万平方米，新增孵化器在孵企业111家、毕业企业12家。新增产学研合作项目52个。新认定科技创业企业79家，新引进科技型企业410家，新增科技创业投资8000万元，科技创业投资基金规模7亿元。发布《2014年鼓楼区知识产权发展与保护状况》，完成《关于加快鼓楼区知识产权服务机构培育发展的研究》调研报告。按照《鼓楼区知识产权战略专项资金管理办法（试行）》，发放资金199.7万元。知识律师事务所等7家知识产权服务机构38项专利获评2015年度江苏省百件优秀发明专利申请文件，占南京市入选总数51.4%，占全省入选总数35.5%。开展地震应急演练以及科普知识培训讲座等惠民活动，新建宁海中学和山西路广场应急疏散场所2处。培训市科技创业企业家3人，引进领军型科技创业人才364人。中央门街道青石村社区成功创建为省级防震减灾科普示范单位，实现街道、社区地震应急预案体系100%覆盖，天正小学学生获南京市小学生防震减灾手抄报大赛一等奖。江苏瑞丰科技实业有限公司等14家企业被确定为区级知识产权示范企业。南京康尼电子科技有限公司、南京华设科技股份有限公司等8家企业通过市级知识产权示范企业验收。江苏四新科技应用研究所股份有限公司被确定为2015年度国家知识产权优势企业。

【“Amaker创客孵化器”获批建立】 5月，鼓楼区首个新型孵化器（众创空间）——南京特斯拉智能科技有限公司（以下简称公司）申报的“Amaker创客孵化器”获省科技厅批准设立建设。公司成立于2012年，有移动互联网云平台和线下实体平台2个部分，移动互联网云平台以www.Amaker.org网站为核心，通过“项目、团体、任务、会员、资源”五大管理模块以及“全球创客地图”，整合世界各地创客及创客空间。孵化器集聚融合各种创新创业要素，营造良好创新创业氛围，为创业创新搭建新平台。年内，公司与南京机电职业技术学院、东南大学、南京艺术学院建立战略合作伙伴关系，重点推进高校示范创客空间建设及运营工作。

（李　立）

科技创业创新

【新认定国家高新技术企业10家】 2015年，驻区江苏瑞中数据股份有限公司、江苏启润科技有限公司、江苏十方通信有限公司、江苏凤凰数据有限公司、江苏天泽智能科技有限公司、江苏省电子商务服务中心有限责任公司、江苏省绿色建筑工程技术研究中心有限公司、江苏皓盘软件科技有限公司、中交三航局第三工程有限公司、南京工大建设工程技术有限公司申报并被认定为国家高新技术企业。

【新认定省民营科技企业14家】 2015年，驻区14家企业被认定为江苏省民营科技企业。分别是：江苏诺盟化工有限公司、南京国图信息产业股份有限公司、江苏尤特斯新技术有限公司、南京荣飞科技有限公司、江苏能瑞环保节能科技有限公司、南京中贝电子有限公司、江苏金汇达网络科技有限公司、江苏北斗星网通科技有限公司、南京荟学智能科技有限公司、南京卫视电子科技有限公司、有贝才禾兑网络科技南京有限公司、南京卓泰医药科技有限公司、南京信雅达友田信息技术有限公司、南京喜力特胶粘剂有限公司。

【新认定省科技型中小企业7家】 2015年，驻区江苏赫奕科技有限公司、南京麦伦思科技有限公司、南京金晓电子信息有限公司、南京英塔信息技术有限公司、南京荣飞科技有限公司、南京慧动体育科技有限公司、江苏超净电子系统工程有限公司被认定为江苏省科技型中小企业。

【众创空间申报备案】 2015年，鼓楼区组织U+众创空间、南工劝业公社、南邮E联U盟创客驿站、侠客岛众创空间、蓝岛创客空间、Amaker创客孵化平台、南艺e Fab Lab创客空间、杏林众创、THE BOX创业咖啡众创空间、星火众创工厂、K-space（南京大学）创客学堂申报省级、市级众创空间备案。

【《关于加快发展众创空间推进大众创业创新的实施方案》出台】 2015年，鼓楼区出台《鼓楼区关于加快发展众创空间推进大众创业创新的实施方案》（简称《方案》）。《方案》明确鼓楼区发展众创空间总体要求、主要目标、重点任务、保障措施，提出以模范马路科技创新街区众创空间和环南艺文化创意产业功能区众创空间为示范，建成一批省内一流、全国领先、能有效满足大众创业创新需求的众创空间。鼓楼区将重点围绕众创空间建设、公共服务体系构筑、金融要素集聚、创业人才引育、创新文化营造5个方面，推动全区创业创新生态系统优化升级，并在工作机制建立、政策支持和简化登记等方面给予保障。

【《鼓楼区推进科技创新体制改革实施方案》出台】 2015年，鼓楼区出台《鼓楼区推进科技创新体制改革实施方案》(简称《方案》)。《方案》以建设科技创新平台为重点，指导并推进以科技管理部门和大学科技园管委会为依托的科技管理体系、以孵化器和功能板块为核心的科技创业创新孵化体系、以社会化投入为主体的科技金融服务体系、以战略性新兴产业中心为支撑的技术创新体系等4个体系。

【科技贷款4.69亿元】 2015年,鼓楼区宣传科技贷款等科技金融政策,组织各类金融机构与融资需求单位对接与交流,营造金融服务创新创业环境。全年有134家科技型企业申请科技贷款,获贷款总额4.69亿元,申请数量和金额同比分别增加45.74%、12.20%。

【科技创新券兑现】 2015年,鼓楼区召开专门工作布置会，贯彻落实科技创新券细则讲解和兑现发放工作。11名科技创业家提交申请，其中8名审核通过,兑现资金160万元。

【13个产品入围《南京市科技创业家企业新产品名录》】 2015年,鼓楼区向辖区科技创业家企业征集南京科技创业家企业新产品核实新入选科技创业家信息,11家企业13个产品入围《南京市科技创业家企业新产品名录》。

(李　立)

2015年鼓楼区入围南京市科技创业家企业新产品名录

表33

企业名称	产品名称
南京泛鹏天地软件技术有限公司	内部资金转移定价系统软件
南京德水节能科技有限公司	微渗灌灌溉系统
南京词酷网络信息技术有限公司	英语智能写作批改平台
南京济群医药科技有限公司	特地唑胺原料/片剂/粉针
南京需求响应节能科技有限公司	需求响应能源管理系统软件
南京凯耐思化工科技有限公司	绿色高效第三代金属配合物催化剂
	精制磺酸钠
	非标准油用乳化油复合剂
南京攀登信息技术有限公司	攀登粮食物联网质量溯源系统软件
南京新奕天科技有限公司	TS-SSD1001警用图片分析仪
江苏吉锐生物技术有限公司	芬母TM口腔抗菌喷剂
江苏能瑞环保节能科技有限公司	燃油发动机阻碳减排节油器

(李　立)

知识产权

【专利申请及授权】 2015年，鼓楼区专利申请总量4907件，其中发明专利申请量2608件,占比53.15%;专利授权总量3120件,其中授权发明专利1508件，占比48.33%；有效发明专利6110件,万人有效发明专利拥有量44件。

【国家暨省市专利奖】 2015年,驻区河海大学“吹填超软地基改性真空预压结合覆水预压快速处理方法”、国网电力科学研究院“基于差动阻抗原理的突变量电流差动继电器实现方法”、江苏省电力公司南京供电公司“一种电力信息系统内存数据库的多节点集群系统”“电力变压器铁芯松动故障诊断与故障初步定位系统及方法”3家单位4项发明专利被评为第17届中国专利优秀奖。国网电力科学研究院发明专利——单通道条件下纵差和纵联保护无缝切换方法，被评为第九届江苏省专利项目奖金奖；国网电力科学研究院“一种电力信息系统内存数据库的多节点集群系统”、江苏四新科技应用研究所股份有限公司“一种颗粒消泡剂的制备方法”、江苏省电力公司电力科学研究院“基于数字仿真的智能变电站继电保护测试方法及系统”3项发明专利被评为第九届江苏省专利项目奖优秀奖。南京汽车集团有限公司发明专利——具有平衡加工余量的铸件初基准加工方法,获2015年度南京市优秀专利奖。南京工业大学、南京邮电大学、南京艺术学院等5所高校7件作品获南京市第二届外观设计专利及创意设计大赛优秀作品奖,王卫、张雨轩等4名专利权人的作品获南京市第二届外观设计专利及创意设计大赛入围奖。

【《鼓楼区专利分析报告》完成】 2015年，区科技局完成《鼓楼区专利分析报告》，针对区经济环境、地区特点、人才特点、结合专利分析区内重点产业及技术发展状态，分析区域内自1985年4月1日至2015年11月29日申报主体申请所有专利，提出政策建议以及知识产权保护建议，为制定鼓楼区产业政策、调整经济结构、引导创新创业、投资融资、引进人才等提供专利方面依据。

【知识产权项目实施和质押贷款】 2015年，辖区南京工业大学和中国药科大学获年度省专利实施计划项目。南京紫米网络科技有限公司、南京华设科技股份有限公司和南京海纳医药科技有限公司分别获年度南京市重大专利技术二次开发专项和专利技术产业化专项资金扶持。南京紫米网络科技有限公司和江苏四新科技应用研究所股份有限公司以专利权作为单一担保方式获南京银行700万元科技贷款额度。

【知识产权保护】 2015年，鼓楼区开展专利行政执法活动6次，主要包括龙江新城市广场商圈、湖南路山西路商圈、大观天地Mall，检查涉及文具、玩具、家电、洗化用品、食品、药品、医疗器械、母婴用品等领域商品200余件。其中，区知识产权局与省市联合执法1次；独立开展医药、母婴用品领域执法2次；监督检查商家限期改正情况1次；处理展会侵权投诉案件1次；配合市知识产权局做好第93届全国糖酒会展会期间专利执法活动1次。全年假冒专利立案81件，结案81件。是年，大观天地MALL“正版正货”示范街区4家企业被确认为省“正版正货”承诺企业。

【企业知识产权管理标准化建设】 2015年，鼓楼区组织南京国睿安泰信科技股份有限公司、瑞声科技（南京）有限公司等10家企业申报2015年“贯标”创建工作，亚信科技（南京）有限公司、瑞声科技（南京）有限公司等9家企业被确认为2015年度企业知识产权管理标准化示范创建单位。江苏省建筑科学研究院有限公司被评为省企业知识产权贯标先进单位。河海大学和南京知识律师事务所分别被确定为2015年度省高校知识产权和专利代理机构管理规范试点单位。南京河海科技有限公司、江苏四新科技应用研究所股份有限公司、中国电子科技集团公司第十四研究所等3家企业完成省标向国标过渡。

【区首批知识产权示范培育企业确认】 2015年，鼓楼区根据《国家知识产权优势企业培育方案》要求，加大企业知识产权管理规范培育力度，推动传统优势产业、战略性新兴产业和知识产权密集型产业发展，提升企业知识产权创造、运用、保护和管理能力，形成一批知识产权优势企业。11月，区知识产权局在全区范围内开展知识产权示范企业培育申报工作，最终江苏瑞丰科技实业有限公司、南京凯盛国际工程有限公司等14家企业被确认为首批区级知识产权示范培育企业。区知识产权局指导企业在培育期内，围绕提升知识产权管理、产出、战略运用、宣传和保护5个方面能力开展工作，帮助企业规范知识产权内部管理，引导企业运用知识产权提升自主创新能力，增强企业核心竞争力，为企业顺利申报市级知识产权示范企业打牢基础。

【四新科技应用研究所被认定为国家知识产权优势企业】 12月，江苏四新科技应用研究所股份有限公司被国家知识产权局认定为2015年度国家知识产权优势企业。该公司是一家专门从事消泡剂科研、生产、销售的高新技术企业。企业自成立以来，一直重视知识产权工作，2009年成为首批江苏省企业知识产权管理标准化示范创建单位，2012年被评为省企业知识产权管理标准化示范先进单位。同时也是南京市第一批知识产权示范企业。

【南京（鼓楼）知识产权服务业集聚发展试验区工作推进会】 10月29日，南京（鼓楼）知识产权服务业集聚发展试验区（简称“试验区”）工作推进会召开，省、市、区知识产权局，区科技局、南京财经大学科技园有限公司等单位领导，以及来自省内外36家知识产权服务机构负责人60余人出席会议。南京财经大学现代服务业科技园［南京（鼓楼）知识产权服务业集聚发展试验区］接待与会人员并讲解试验区建设背景、区位优势、园区规划和相关配套政策；区知识产权局局长许安秀介绍试验区构想和相关扶持政策。会上，鼓楼区与南京财经大学科技园管委会签订《知识产权服务业集聚发展试验区的战略合作框架协议》。　（李　立）

成果转化与科技合作

【新增企业研究生工作站14家】 2015年，鼓楼区15家企业申报省研究生工作站，其中南京苏夏工程设计有限公司、南京攀登信息技术有限公司、江苏省电力公司电力经济技术研究院、南京市国土资源信息中心、南京全网物联科技有限公司、江苏洲腾文化传媒有限公司、国家计算机网络与信息安全管理中心江苏分中心、江苏省东方世纪网络信息有限公司、中国电力科学研究院南京分院、江苏鼎阳机电科技实业有限公司、南京市园林规划设计院有限责任公司、南京海纳医药科技有限公司、江苏省住房和城乡建设厅城市规划技术咨询中心、南京力鼎科技有限公司14家企业与南京师范大学、南京财经大学、河海大学、南京工业大学、南京邮电大学、东南大学、苏州科技学院 7 所高校院系合作共建企业研究生工作站获省教育厅建站审批。

【江苏省企业家国际创新联盟落户鼓楼】 4 月 28 日，江苏省企业家国际创新联盟成立并落户鼓楼区，联盟由江苏省高科技企业自主发起，接受江苏省科技厅业务指导，为国内外企业、科研院所、各界专业人士自愿合作性、综合性、非营利性社团机构。联盟以开展国际创新合作为主要目的，致力于联络、协调江苏企业开展国际交流、合作，搭建国际企业间合作交流平台，服务江苏企业开拓海外市场，提高国际竞争力，为海外来华企业提供投资、咨询、居间服务。联盟有会员单位 32 家，授牌理事长单位 4 家。年内，南京伍易科技有限公司在南京科技广场注册，为联盟具体执行单位，与联盟成员企业开展工作。

【与韩国江原道科学技术院签署合作备忘录】 9 月 2 日，韩国江原道科学技术院院长李喆洙一行 13 人代表团到区参观考察。区委常委、副区长郭明雁陪同。代表团参观江苏吉锐生物技术有限公司和南京巨鲨显示科技有限公司，并召开交流座谈会。会上，鼓楼区与韩国江原道科学技术院签订合作备忘录，共同促进生物医药领域技术为基础的双方区域产业发展。

【2015 以色列节能环保技术中国巡回展南京站活动】 10 月 26 日，2015 以色列节能环保技术中国巡回展南京站活动在江苏议事园酒店举行，以色列 13 家企业和江苏省 100 多家（其中鼓楼区 20 家）企业参会。13 家以色列企业各设 1 个展台，与中国企业轮流洽谈，涉及节能环保领域技术、原材料及设备等产品，有创新水处理技术、滤膜技术、尾气处理技术、电子支付企业和孵化器企业；合作模式有寻求投资、技术对接、合作研发等。活动作为中以两国节能环保领域交流合作平台，在两国企业间构筑国际技术转移和成果转化桥梁，通过国际交流活动的发展促进科技创新发展。活动由鼓楼区科技局承办。

【中英国际科技合作项目交流活动】 11 月 18 日，鼓楼区和江苏省高新技术创业服务中心联合举办中英智能材料项目对接大会，区委常委、副区长郭明雁，江苏省高新技术创业服务中心副主任章立等领导出席会议，英国驻上海总领事馆科技创新领事施搏荣等英方代表、英方重点项目负责人及来自全省的中方企业家，高等院校、科研院所从事国际技术转移人员参加大会。会上，江苏省高新技术创业服务中心副主任章立、鼓楼区科技局局长向卫分别致辞，英国驻上海总领事馆科技创新领事施搏荣代表英方发表讲话。英方 Bolton、Chromition 公司、EcoNova 公司、H2GO 能源有限公司、伦敦大学玛丽皇后学院等重点企业与院所简短介绍各自项目，中英方企业代表进行一对一项目对接洽谈。会议期间，英国代表团一行到江东软件城、南京邮电大学科技园、南京智慧健康产业技术研究院和南京科技广场参观，并实地考察南京市氢能关键材料工程技术研究中心。该活动作为中英智能材料领域交流合作平台，将在两国企业间构筑国际技术转移和成果转化桥梁，为科技资源对外拓展、国际先进技术成果转移提供良好交流和项目对接机会，为优秀人才引进创造氛围，为技术转移创造载体，为企业进一步入驻鼓楼、投资鼓楼提供合作平台。

9月2日，韩国江原道科学技术院代表团考察江东软件城并签署合作备忘录

【全国物联网技术协同创新成果发布与洽谈会】 12 月 5 日，由南京邮电大学国家技术转移示范机构、南京市经济和信息化委员会、鼓楼区政府联合举办的“2015 全国物联网技术协同创新成果发布与洽谈会”在南京邮电大学物联网国家大学科技园召开。省教育厅，省、市经信委、鼓楼区有关部门领导以及全国物联网领域相关高校、科研院所、企业、行业主管部门专家代表和管理人员 100 余人参加。会上，东南大学物联网交通应用研究中心、重庆邮电大学等 12 所高校、科研院所发布物联网技术协同创新成果；大唐移动通信设备有限公司等 8 家企业发布物联网应用需求。鼓楼区科技局局长向卫介绍区域投资环境和相关科技政策。鼓楼区 33 家企业现场对接交流。

【众创空间创业大赛暨南京 3D 数字化产业合作交流大会】 12 月 12 日，模范马路科技创新街区众创空间创业大赛暨南京 3D 数字化产业合作交流大会举办，市科委、市科协、鼓楼区等市区领导，全市从事增材制造和 3D 数字化行业高校、科研院所、企业，南京三维打印学会成员、投融资机构、鼓楼区相关部门代表和创客成员近 300 人参加。活动有开幕式、3D 数字化产业学术报告、创客宣讲、创业项目大赛、项目对接 5 项内容。会上，鼓楼国家大学科技园管委会负责人介绍模范马路科技创新街区产业规划；鼓楼区科技局负责人推介鼓楼区众创空间，并解读《鼓楼区关于加快发展众创空间推进大众创业创新的实施方案》，发布意向落户鼓楼区增强现实棱镜项目。3 位国内外 3D 数字化领域顶尖专家带来 3D 数字化技术最新最前沿学术及应用资讯。会议创客宣讲环节，创业导师和创业成功人士与大家分享创业理念和经验。来自全市 3D 打印、文创及动漫、数字影像及 3D 显示、三维软件、3D 互联网应用、工业设计等领域 32 个项目参加模范马路科技创新街区众创空间创业大赛角逐。龙瑞光电科技有限公司生物声纳导育仪项目获一等奖，赵金辉团队棱镜项目和陈晓强团队 3D 打印项目获二等奖，南京机电职业技术学院、南京润圣信息科技有限公司和南京悦果科技有限公司参赛项目获三等奖。获奖项目除获大赛组织方颁发的奖金和证书外，意向性落户鼓楼区的项目还将获鼓楼区众创空间相关政策扶持，并优先获鼓楼区创投公司股权投资。

（徐春芳　李　立）

12 月 12 日，模范马路科技创新街区众创空间创业大赛进行 3D 数字化产业学术交流

【南京医疗器械法规公益论坛召开】 （参见第 72 页，“产业板块” 类目同名条目）

12 月 12 日，鼓楼区举办模范马路科技创新街区众创空间创业大赛暨南京 3D 数字化产业合作交流大会

科学技术普及

【概况】 2015 年，鼓楼区组织“学雷锋，科普志愿者进社区”、社区应急疏散演练、社区防震减灾科普知识宣讲大赛等主题宣传活动 100 多场。开展第三届科普周“创新创业，科技惠民”主题广场宣传活动、全国科普日“万众创新，拥抱智慧生活”主题系列活动；开展院士进校园、食品安全进社区、居民进高校等科普品牌活动，全年科普活动 170 场次，受益群众 12 万人次。推动青少年科普教育，建设 2 个校园科普场馆和 1 家区级科普教育基地，举办“台湾科普秀”进校园、名人科技报告会等校园科普活动，开展中小学生车模竞赛、金钥匙科普知识竞赛等科技竞赛。选送 100 余件作品参加国家级别比赛，其中田家炳高级中学“寻找地衣”科学考察探究活动获第 30 届全国青少年科技创新大赛十佳奖、“多层次太阳观测研究科普活动方案”获第 30 届全国青少年科技创新大赛一等奖。天正小学学生金晓彤获南京市小学生防震减灾手抄报大赛一等奖。全年，获批国家、省、市科协各类科普扶持项目 60 多个，其中挹江门街道妙

峰庵社区获批中国科协科普益民计划项目，小市街道东井新村社区获批江苏省科协科普益民计划项目。是年，全区成功创建省科协科普示范街道1家、科普示范社区3个；创建全国科普示范社区1个；鼓楼区科学技术协会(简称区科协)先后获中国科协全国科普日活动优秀组织单位和省人社厅、省科协联合表彰的2011~2015年江苏省科协系统先进集体称号。7月，鼓楼区通过全国科普示范区验收。10月19日，鼓楼区被省科协命名为2016~2020年江苏省科普示范区；中央门街道获省科普示范街道称号；挹江门街道妙峰庵社区获全国科普示范社区称号，中央门街道紫林社区、江东街道腾飞园社区、挹江门街道丁山社区获省科普示范社区称号。罗艳获南京市社区地震科普宣传员演讲比赛一等奖，区科技局获优秀组织奖。

【玉桥商业广场入选市第一批人员密集场所地震避险示范点】 2015年，鼓楼区玉桥商业广场被选为南京市第一批人员密集场所地震避险示范点，成为全市3家单位入选地震避险示范点之一。玉桥商业集团有限公司设立“玉桥防震减灾安全工作小组”，完善应急设施配置，开展地震安全科学知识宣传，在区域内设置固定避难场所和临时避难场地，全部场地面积1.2万平方米，可容纳1万人紧急避难。地震避险示范点创立，旨在通过人员密集场所的地震避险工作品牌效应，起到应急避险工作示范引领作用。

【第三届全国科普宣传周活动】 5月18日，“科普惠民科学生活”主题宣传主场活动在白云亭文化艺术中心举行，活动由鼓楼区科协、区文化局等单位举办。内容涉及科学饮食、食品安全、转基因食品等热门话题，邀请南京农业大学生命学院教授张益民开办“食品安全科普知识”讲座；联合区卫生局、区市场监督管理局等部门和省人民医院、省老年科技协会等驻区单位现场开展健康咨询和知识竞答，向社区居民宣传科学饮食知识，普及科学生活常识。宣传周期间，区科协组织“科普惠民，科学生活”创新创业在园区、院士进校园、科普教育基地体验、科普电影放映、台湾科普秀等六大主题活动。同期，各街道、社区以及全民科学素质工作成员单位深入基层组织开展科普宣传活动，受益人数超过10万人次。

9月24日，区科协、省老科协、挹江门街道、区老科协联合举办2015年全国科普日暨科学饮食进万家活动

【全国科普示范区检查验收】 7月23日，鼓楼区接受江苏省科协检查组全国科普示范区创建工作检查验收，区委副书记、区长曹路宝，区全民科学素质工作领导小组组长、区委常委、副区长郭明雁出席验收汇报会，区全国科普示范区创建工作领导小组32家成员单位负责人参加会议。会上，曹路宝介绍鼓楼区区情区貌、未来建设规划和科技创新、基础教育情况，重点介绍区政府科普资金投入和重点项目打造。郭明雁汇报科普工作。检查组听取汇报后，现场查看创建申报材料，就存在的问题进行交流，并由省科协党组成员冯少东代表检查组进行点评，肯定区科普工作所取得的成绩，并提出3点建议。检查组一致同意通过“全国科普示范区”验收。汇报会后，检查组一行实地察看丁山社区、天正小学、工人新村社区科普画廊等科普宣传设施。10月，鼓楼区被省科协命名为2016~2020年江苏省科普示范区。

【全国科普日系列活动】 9月19~25日全国科普日期间，鼓楼区科协组织全区科协系统举办“万众创新，拥抱智慧生活”主题系列科普宣传活动。针对不同人群，设计居民科学文化生活、普及科学技术知识等12项主要活动，组织居民到南邮物联网国家大学科技园体验物联网给生活带来的便利，邀请省科普讲师团专家为机关干部讲解办公人员健身科学方法，邀请中国科学院院士在宁海中学报告厅为师生作《科技创新　引领未来》主题报告以及校园创客作品展示等。

【区科协一届二次常委会】 11月5日，鼓楼区科协一届二次常委会在下关大厦407会议室召开。鼓楼区科协第一届委员会36名常委到会，共商科协发展。区委常委、副区长郭明雁出席会议。区科协主席金晔作《集聚资源打造品牌,营造氛围激发潜能——全力开创鼓楼科协新局面》工作报告,与会委员审议通过《关于调整南京市鼓楼区科协第一届委员会委员、常委的议案》《关于调整南京市鼓楼区科协第一届委员会副主席的议案》,选举张芳等6人为科协常委、许启明为区科协副主席。

【区第一届科普讲师团成立】 12月10日,鼓楼区召开区划调整后第一届科普讲师团成立大会,南京市科协副主席庄文辉,区委常委、副区长郭明雁出席大会。科普讲师团由35位专家组成,中国工程院院士赍德担任名誉团长。科普讲师团成立后,将以科普报告会(讲座)、前沿技术及产品展示,新技术、新方法培训等形式,开展大型科普、主题科技传播、参与青少年科技创新和科技传播活动、撰写科普文章、编辑出版科普丛书,为鼓楼区经济建设建言献策。（张　飞）

【罗艳获市社区地震科普宣传员演讲比赛一等奖】 7月16日,南京市社区地震科普宣传员演讲比赛在南京国防园举办。此次比赛旨在提高社区地震科普宣传员防震减灾知识演讲技能,达到相互学习和借鉴作用,更好地为市民宣讲防震减灾知识。参加比赛的11名选手是2014年取得南京市防震减灾科普宣传员资质人员,由各区选拔推荐。选手在规定时间内围绕防震减灾法律、法规及地震科普等进行宣讲。鼓楼区热河南路街道三汊河社区罗艳代表鼓楼区参赛并获一等奖,鼓楼区科技局获优秀组织奖。（李　立）

科技园区

【概况】 2015年10月,根据省编办《关于南京市部分省级园区管理机构规格的批复》(苏编办复〔2015〕216号)和市编办《关于部分省级园区机构编制管理事项的通知》(宁编办字〔2015〕182号),南京市鼓楼紫金科技创业特别社区管理委员会(党工委)更名为南京鼓楼国家大学科技园管理委员会(党工委)(简称管委会),市副局级单位,管委会其他机构编制管理事项不变。下属江东软件城、幕府山新产业区和模范马路科技创新街区3个板块,在年度综合考核中位居全区七大板块前三名。园区内有各类科技园区44个(34个开园,6个在建,4个规划拟建),包括4个国家级大学科技园[南京大学—鼓楼高校大学科技园、南京工业大学国家大学科技园、东南大学国家大学科技园(下关)、南京邮电大学物联网国家大学科技园],3个省级大学科技园[南京中医药大学科技园、南京财经大学现代服务业科技园、河海大学水科技园(筹)]。建筑面积680万平方米(其中,投入使用面积185万平方米、在建面积140万平方米、规划建设面积355万平方米)。至年末,入驻企业3500多家,其中科技、文创企业占比约60%。

2015年鼓楼区科技园区一览表

表34　　　　单位:万平方米

序号	园区名称	占地面积	规划总建筑面积	投入使用建筑面积	产业方向	运营单位	备注
1	紫金(鼓楼)科技创业特别社区	4.17	31.53	—	软件和信息服务、服务外包等	南京紫金(鼓楼)科技创业特别社区建设发展有限公司	园区在建
2	南京国际服务外包产业园	1.84	8.84	8.84	软件和信息服务、服务外包	南京江东软件城投资发展有限公司	
3	紫金(下关)科技创业特别社区	102.10	56.87	4.00	新一代信息技术、节能环保、文化创意等	南京紫金(下关)科技创业特别社区建设发展有限公司	
4	紫金(模范路)科技创业特别社区	10.88	52.60	—	新材料、物联网、节能环保、生物医药研发等	中国电子科技集团公司第十四研究所	园区规划中
5	紫金智梦园	3.40	4.70	4.70	电子信息、生物医药、节能环保、科技金融	南京模范马路科技创新园区有限公司	
6	南京大学-鼓楼高校国家大学科技园	4.30	12.30	8.50	创业企业孵化、新兴产业培育、创新人才培养等	南京大学科技园发展有限公司	含创业中心、苏富特园区

续表 34

序号	园 区 名 称	占地面积	规划总建筑面积	投入使用建筑面积	产业方向	运营单位	备 注
7	东南大学国家大学科技园（下关）	0.40	1.00	1.00	光电显示、节能环保、文化创意、信息技术	南京东大下关科技园管理有限公司	
8	南京工业大学国家大学科技园	3.70	16.48	8.00	生物医药、化工、能源及交通、新材料等	江苏南工大科技园有限公司	
9	南京邮电大学物联网国家大学科技园	2.54	6.00	6.00	互联网+，物联网	江苏南邮物联网科技园有限公司	
10	南京中医药大学科技园	5.90	8.34	2.00	中医药健康、中医药研发、中医药文化	南京中医药大学科技园管理有限公司	
11	南京财经大学现代服务业科技园	1.07	6.50	6.50	现代服务业	南京财大科技园有限公司	
12	河海大学水科技园	15.52	74.30	3.50	水资源利用、水资源合理配置等研发	南京河海科技有限公司	含河海水资源研究中心
13	金川科技园	7.60	9.50	5.30	科技研发、软件和信息服务、文化创意、现代服务业	南京金川科技园管理有限公司	
14	南京艺术学院文化创意产业园	2.34	4.20	—	文化创意	待定	园区规划中
15	智慧谷动漫软件园	2.00	2.80	2.80	文化创意	江苏智慧谷投资管理有限公司	
16	艺术金陵文化创意产业园	2.10	0.94	0.94	文化创意	南京艺术金陵文化投资有限公司	
17	城苑科创园	1.60	2.10	2.10	电子信息、文化创意	江苏鼎元城市地产运营管理有限公司	
18	江苏建筑工程设计创意产业园	6.00	3.80	3.80	建筑工程设计	江苏工业设计园建设管理有限公司	
19	南京工业大学光电科技园	1.40	7.00	1.00	有机光电、白光LED、节能灯、无极灯及光源材料	南京工创光电科技园建设发展有限公司	
20	南京审计学院大学科技园	6.82	12.00	—	文化产业、智力服务	南京审计大学科技园管理有限公司	园区在建
21	南大苏富特科技创新园	3.12	11.50	7.70	软件研发、服务外包、生物医药等	江苏南大苏富特科技股份有限公司	
22	江苏省大学生创业园	0.10	0.35	0.35	科技研发、文化创意、现代服务业	江苏省高校招生就业指导服务中心	
23	中国（南京）电力工业自动化产业园	3.28	40.98	—	电力自动化研发	南京国电南自科技园发展有限公司	园区在建
24	老学堂创意园	4.10	6.40	2.00	文化创意、科技研发、动漫软件等	南京远航投资有限公司	
25	南京熊猫新兴软件园	2.74	3.60	3.60	软件研发	南京熊猫新兴实业有限公司	
26	长江科技园	4.11	22.00	5.10	电子信息、软件和系统集成等高新技术	南京长江科技园有限公司	

续表 34

序号	园 区 名 称	占地面积	规划总建筑面积	投入使用建筑面积	产业方向	运营单位	备 注
27	苏宁慧谷中心(一期)	7.78	56.41	56.41	软件和信息服务、电子商务、总部及研发中心	南京鼓楼国际软件与服务外包产业园有限公司	
28	联创科技园	3.40	12.60	12.60	软件和信息服务、电子商务、服务外包、总部基地和研发中心	南京联创物管理服务有限公司	
29	艾志科技中心	2.20	8.13	6.13	软件与信息服务、服务外包、总部基地和研发中心	艾志工业技术集团有限公司	
30	五星高能电子商务产业园	3.20	20.20	—	电子商务	江苏高能信息产业有限公司	园区规划中
31	五台创业园(民防大厦)	0.40	4.00	4.00	软件研发、总部办公	江苏我爱我家置业有限公司	
32	南京鼓楼区留学生创业园	0.60	0.45	0.45	创意文化、科技创新产业、大学生创业孵化园	南京垠坤金运文化发展有限公司	
33	石榴财智中心	3.30	4.00	4.00	文化产业、总部企业	江苏石头城文化产业发展有限公司	
34	三乐微波产业园	1.10	5.00	—	电子微波器件研发及产业化	南京三乐电子信息产业集团有限公司	园区在建
35	新联创业园	1.40	2.20	2.20	电子信息、新材料、生物工程等	南京新联创业园管理有限公司	
36	虎踞都市创业园(英发比高影视文化产业园)	1.00	6.50	1.20	文化产业	南京英发天虹电子有限责任公司	
37	红山创意工厂产业园	2.00	2.60	2.60	建筑设计、影视传媒、创意设计等	南京创立置业策划开发有限公司	
38	中能装备电力能源科技产业园	14.50	53.40	—	能源领域研发、总部办公以及高端商务	葛洲坝南京房地产开发有限公司	园区规划中
39	南线都市产业园(鲁尔街区)	1.00	2.00	2.00	现代商贸、文化创意、科技研发等现代都市产业	江苏亿道投资管理有限公司	
40	中储物流电子商务创新园	6.34	23.46	—	现代物流与商务服务业	中储南京智慧物流科技有限公司	园区在建
41	源泉科技园	0.65	1.80	1.80	环保科技、移动互联网科技	南京源泉企业管理有限公司	
42	南京华宏家纺科技创意产业园	2.20	15.40	—	家纺产业、文化创意	南京华宏家纺科技创意产业园有限公司	园区在建
43	众悦产业园	0.78	1.50	1.50	电子商务、服务外包	江苏众悦商业管理有限公司	
44	华能南京滨江总部基地	26.00	65.00	8.00	电子商务、健康服务、幸福产业、文化创意	南京华能南方实业开发股份有限公司	

【项目建设】 2015年，管委会完成《鼓楼区科技园区产业与空间规划》编制、《鼓楼区科技园区简介》编纂和《紫金(下关)科创特区控详修编》《模范路街区暨众创空间的产业与空间规划》编制。将园区产业与空间规划相融合，实现各园区特色发展、错位竞争。承担省、市、区重大项目26个，其中在建、新开工项目占全区总数21%，建筑面积282.09万平方米，总投资28亿元。至年末，市重大项目苏宁慧谷竣工验收，华能滨江南京总部基地2号楼竣工交付，紫金(下关)科创特区水吉路、白云路及主题公园项目竣工，01-07、01-10地块主体封顶。区重大项目艾志集团科技中心二期、越洋国际商务中心、南京邮电大厦科技综合楼等项目竣工交付。全年，园区新增产业招商面积61.7万平方米，省电台A06、A07地块完成挂牌出让前各项准备，紫金(鼓楼)项目进入桩基施工。

【经济发展】 2015年，管委会通过会展和接待活动，宣传和推介园区，整合招商资源，提高招商引资质量。全年新增到账千万元以上大项目60个，其中科技大项目27个；新增科技企业202家，实际到账注册资本20.33亿元；新增地区性总部或行业龙头项目4个；实现软件收入93.4亿元、税收15.1亿元、固定资产投资55亿元。全年入选领军型创业人才30人，人才企业营业收入7000万元，获知识产权200项，10家企业获后续投融资和科技专项资金支持，成立省级实验室“千人计划”专家戴元顺主持的江苏省云计算关键技术工程实验室。

【公共服务】 2015年，管委会依托驻区高校和科研院所综合智力资源以及各科技园区、创业园区产业发展资源优势，完善科技园孵化和产学研合作体系，实现各园区之间错位发展。协调南京熊猫新兴软件园和新联创业园升级改造，协调长江科技园办公房消防验收等问题。年内，管委会多次联合区财政及国税、地税部门，开展税收政策宣讲、投融资指导等服务；联合市、区市场监管局，提供商标、品牌等申报辅导和培训服务；联合省高新人才服务中心、省职介中心等机构，举办现场招聘会，提供人力资源服务；联合区人社局，举办劳动法培训会。关注发改、科技、人社等部门项目扶持政策，全年帮助企业申报博士后创新实践基地、服务业发展专项资金等项目30项。

【众创空间建设】 2015年，管委会按照区委区政府制定的“2+N”(2：模范马路科技创新街区和环南艺文化创意产业功能区。N：南工劝业公社、Amaker创客空间、南京科技广场众创空间——南京高层次人才创业驿站、“U+众创空间”等众创空间节点)众创空间建设格局，重点推动模范马路科技创新众创空间示范区建设，打造一批园区特色众创空间。建成运营紫金智梦园“U+众创空间”和紫金(下关)“星火众创工厂”，组织20场创客见面交流会、星火“天使汇”等活动；推动南邮物联网众创空间、南京工业大学劝业公社、跨界动漫众创空间等一批众创空间建设。

链接：

U从形状上来看，像一块磁铁，即连接创客和创业资源的磁铁。另外，U+有几层含义：一是代表YOU，创新创业，YOU先行；二是代表Union，聚焦互联网，成立创客联盟；三是代表Universe，通过不断努力壮大“U+”力量，为世界各个角落创客提供创业服务。

【基础设施建设】 4月，管委会联合市、区22个职能部门成立“建设项目公共联络服务平台”，实现项目审批部门与企业之间无缝对接，加快项目建设审批流程。至年末，帮助解决紫金智梦园电力增容、紫金(下关)园区高压杆线迁移等问题。完成下圩河南、北段河道清淤和绿化栽植，实现景观提升。紫金(下关)科创特区建成电动车充电停车场，余家山北侧、水吉路两侧拆迁现场绿化面积5.4万平方米；与江南公交公司开通定制公交，接送园区企业员工上下班。研究解决南京工程学院、南京五星高能科技集团有限公司、红山创意产业园、新联科技园、南京审计学院、江苏金陵交运集团有限公司等地块开发建设问题。紫金智梦园完成整体消防工程并通过验收，完成停车棚坡道改造、办公楼防水维修、绿化提升等工程；完成B座装修、电梯更换及电力增容，保障亚信科技(南京)有限公司顺利入驻办公。 (陈　欣)

【鼓楼科技园联盟组建】 4月17日，南京鼓楼科技园联盟成立大会在江东软件城召开。市科委、区领导、辖区科技园区主要负责人以及相关部门70余人参加。会议表决通过《南京鼓楼科技园联盟章程》，选举南京大学—鼓楼高校国家大学科技园担任第一届秘书长单位，南京工业大学国家大学科技园、紫金(鼓楼)科技创业特别社区和长江科技园3家园区担任副秘书长单位。

南京鼓楼科技园联盟是由南京鼓楼国家大学科技园管委会高校园区联络处牵头，联合驻区44家科技园区成立的非营利性社会组织。依照联盟章程，依托鼓楼区高校和科研院所综合智力资源优势和各科技园区、创业园区产业发展资源优势，完善科技园孵化体系，促进科技上中下游及相关产业链衔接，建立鼓楼区园区资源共享机制；加强与各大高校、科研院所之间产学研合作，促进与国内外科技园区交流，加速科技成果转化；定期收集联盟成员意见和建议，加强与政府职能部门间沟通与联络，为联盟成员提供咨询和服务。9月，“南京鼓楼科技园联盟生态云”信息平台上线，基本建成

4 月，鼓楼科技园联盟揭牌

“鼓楼区高校科技资源信息数据库”及“鼓楼区园区与企业资源信息数据库”，实现高校、园区、企业、部门、属地街道、管委会之间线上交流。

（李　立）

江东软件城

（参见第 71 页，“产业板块” 类目同名分目）

模范马路科技创新街区

（参见第 77 页，“产业板块” 类目同名分目）

幕府山新产业区

（参见第 81 页，“产业板块” 类目同名分目）

部分专业园区

【金川科技园】 金川科技园位于中央门商贸区建宁路 65 号，占地面积约 8 万平方米，建筑面积约 9 万平方米（其中，一期 5.3 万平方米、二期 3.7 万平方米）。金川科技园产业方向为科技型企业、研发、软件和信息服务型企业、大学生科技创业园。特色优势是省级计算机应用与软件技术实训基地、南京软件培训人才基地、南京市动漫协会成员、华三网络学院成员、计算机信息高新技术考试先进单位。一期于 2014 年年末改建完成。二期项目位于鼓楼区建宁路 65 号，规划占地面积 3.7 万平方米，容积率 1.19，规划建筑面积 4.27 万平方米（地上 3.75 万平方米、地下 0.52 万平方米），投资 1.7 亿元，由 3 栋 6 层建筑构成，功能布局主要为生产性实训基地。2015 年 6 月开工建设，至年末，完成地下室建设、部分建筑封顶。

（王　军　彭　涛）

【长江科技园】 长江科技园位于芦席营 97 号及南昌路 40 号，东靠中央路和许府巷地铁站，南邻新模范马路和玄武湖隧道，占地 4.6 万平方米，规划建筑面积 26 万平方米，其中可用建筑面积 6 万平方米，建设投资约 4 亿元。2003 年 5 月，经南京市人民政府批准成立。由南京长江电子信息产业集团有限公司投资兴办，鼓楼区政府政策支持，南京大学—鼓楼高校国家大学科技园提供综合服务平台，三方合作共建。该园以电子信息、软件和 IC 集成电路研发生产作为主要发展方向。科技园除提供办公楼宇外，还利用长江电子集团部分生产场地、贴片加工线、精密加工及检测设备，为入驻企业提供办公、研发、加工、装配等综合配套服务。吸引餐饮、咨询、融资、保洁等经营单位入驻园区，同时推进和提升周围原有酒店、宾馆、居民小区等社会服务资源为入园企业提供服务；吸引电子信息企业、软件和 IC 集成电路等高新技术企业或项目入驻科技园，形成电子信息技术和软件、IC 集成电路企业孵化基地。至 2015 年年末，吸引入驻企业 80 余家，其中包括上海贝尔、南京朗讯、宽连十方、欣网视讯等一批软件企业、研发中心和高新技术企业，实现税收 9797.17 万元。

（徐春芳）

【鼓楼溧水科技产业基地】 鼓楼溧水科技产业基地位于溧水新城中山湖畔，面积 13 平方公里，距离南京市区约 40 公里。作为南京大学—鼓楼高校国家大学科技园产业基地，由鼓楼区出资、溧水县提供土地，两区共同合作创建，合作期限 70 年（2003 年 1 月签约）。2005 年 8 月，成立园区市场运作公司——南京鼓溧科技有限公司（注册资金 2000 万元）。基地采用“一次规划、分期实施、市场运作、滚动开发”思路，按照“国际化、开放式、生态型”园区建设方向打造。2014 年 6 月，根据鼓楼区政府第 32 次区长办公会议纪要，注销南京鼓溧科技有限公司。至 2015 年年末，南京鼓溧科技有限公司注销手续全部办理完毕。2015 年，科技产业基地累计接待 150 批次客商考察。南京华瑞医疗设备制造有限公司、南京金鑫传动设备有限公司、南京捷科动力机械有限公司、台湾臻顺有限公司、南京大德科教设备有限公司、南京科光特种材料有限公司、南京华阳房地产公司、南京兰泰（帝都）印务有限公司、康吉福食用油有限公司、宁波禾采医疗器械有限公司、江苏省邮政机械厂 11 家企业入驻。　（吕桂英）

文化

Culture

综　　述

【概况】 2015年，鼓楼区进一步推进公共文化服务设施建设，公共文化设施面积每万人1256平方米。全年举办“幸福鼓楼”社区文化艺术节、“书香鼓楼”全民阅读活动及公益大讲堂、白云亭公益剧坊、“唱响鼓楼” 歌手大赛等各类文化活动2000余场，送电影进社区100多场，惠及居民100万人次。区图书馆新增图书2.44万册，接待读者64.5万人次。下关历史陈列馆接待参观3.6万人次；颜鲁公祠接待参观7万人次。区档案馆接待查档9002人次，出具各类证明1.21万份，调阅档案1264卷(件)。区地方志办公室全面启动鼓楼区志（续）资料长编编纂工作。全区建成1个市级示范文化站、8个社区文化室和5家省AAAA级数字档案室。至年末，全区有4个省级公共文化服务体系示范街道，6个市级示范文化站、49个市级文化活动室示范点、2个市级示范文化广场以及16个市级社区特色文化广场。有星级档案室15家，各类特色团队395支，涵盖9个类别1.25万人。建成全市唯一、全国首批国家共享工程中国文化网络电视社区服务站，全区119个社区共享工程服务点实现全覆盖。有序推进文化市场审批、管理工作；文物保护修缮工作扎实有效，各级文物完好率100%。年内，市长缪瑞林，省委常委、市委书记黄莉新先后视察白云亭文化艺术中心，并给予肯定和指导。是年，“书香鼓楼” 全民阅读节获江苏省公共图书馆优秀服务成果二等奖，区档案馆获江苏省AAAA级数字档案馆称号；《鼓楼年鉴(2015)》获江苏省综合年鉴“整体框架”二等奖；鼓楼区获“快乐暑期　阅读相随”南京市未成年人中华经典诵读展演活动优秀组织奖。

【文化基础设施建设】 2015年，鼓楼区突出白云亭文化艺术中心核心地位和龙头作用，组建白云亭文化艺术中心运营管理办公室，统一调配、运作和管理区图书馆、文化馆、城市展览馆、下关历史陈列馆、颜鲁公祠等区级重要场馆及文化设施。按照国家一级馆标准，结合全区130万居民文化需求，全面推进公共文化服务标准化、均等化，将白云亭文化艺术中心打造为集文化服务、高端文化艺术欣赏为一体的综合性公共文化设施，成为全省城区中功能齐全、设施先进的公共文化服务平台。推进街道文化站、社区文化室等各级文化服务设施建设，建成1个市级示范文化站（江东街道睿城社区文化中心）及8个社区文化室(燕江路社区、幕府西路社区、广州路社区、四平路社区、五塘新村一段社区、三汊河社区、东井新村社区、劝业路社区)；推进共享工程建设，完成全市唯一、全国首批国家共享工程中国文化网络电视社区服务站设备安装与组织活动，119个社区共享工程基层服务点实现100%覆盖。 （徐萌萌）

【文化惠民活动】 年内，鼓楼区开展各类文化惠民活动2000余场，举办2015“幸福鼓楼”社区文化艺术节，推出全省首个以公益惠民为基础、以戏剧教育为主题的特色文化平台“白云亭公益剧坊”。围绕“深入生活、扎根人民”文艺服务主旨，组织开展“金陵五月风” 第九届南京文学艺术节鼓楼区活动，推出展演、展览等各类别活动10余项，鼓楼区被市文联评为最佳组织奖。牵头协调、组织区机关春节联欢会。组织全区党员干部观看话剧《雨花颂·信仰》专场演出。配合市委宣传部完成南京青年文化周——“中外民间体育嘉年华”活动相关组织协调工作。统筹推进区各文化艺术协会活动，开展全区戏剧票友风采大赛和书法系列讲座、展览等。 （黄晓璐）

【公共文化服务】 2015年，鼓楼区送电影进社区100多场，惠及群众100万人次。在白云亭文化艺术中心举办“书香鼓楼”全民阅读活动、公益大讲堂、“白云亭公益剧坊”、文化展览、文化交流等各种文化活动1700多场，惠及居民85万人次；各街道、社区文化站(室)以及各种特色团队进社区开展活动近300场。实施“种子文化”工程，培育社区文艺骨干和团队，选派文化馆13名业务骨干，驻点联系辖区13个街道，每周组织文化馆业务干部进社区辅导；成立全市首支大学生文艺辅导志愿者队伍走进社区，帮助街道、社区挖掘区域特色文化并成立文艺团队，指导基层群众文化活动自主持续开展，提升文化活动水平。春、秋季各开办1期“社区艺术学校”，每期2个月，开设摄影、山水画、素描、形体、瑜伽、声乐等专业课程，免费为社区艺术爱好者和艺术团队骨干进行专业辅导。“白云亭公益剧坊”引进校园精品剧目，开展特色精品剧、喜剧展演、名人讲座等各项群众文化活动。年内，区图书馆每周免费开放56小时以上，文化馆每周免费开放42小时以上。新建成的全市首家24小时图书借还室，为读者提供全天候服务，接待读者1.7万人次，流动图书车出车278台次。

【白云亭文化艺术中心文化活动】 2015年，白云亭文化艺术中心成立“白云亭公益剧坊”，开办“书香鼓楼”公益大讲堂，开放24小时自助阅览室，举办鼓楼区2015戏曲票友风采大赛、“唱响鼓楼”2015全区歌手大赛，启动捐书换取门票活动，推出“鼓楼名师　白云开讲”系列活动。至年末，举办各类展览38场次，承办大小会议等82场次。城市展览馆免费接待群众参观20多万人次，接待党政军、社会团体及学校192个；公益剧坊举办话剧

2015 年鼓楼区白云亭文化艺术中心展览一览表

表 35

举办时间	展 览 名 称	主 办 单 位
2 月 15~26 日	“春满鼓楼”金陵书画展	区委宣传部、区文化局、区文联
3 月 27 日	庆祝鼓楼区成立两周年名人字画展	区委区政府
3 月 27 日	庆祝鼓楼区成立两周年老物件展	区委宣传部、区文化局
3 月 27 日	庆祝鼓楼区成立两周年社区特色物品展	区委宣传部、区文化局
5 月 10 日	区文化局馆藏书画精品展	区文化局
6 月 8 日	老电影展	区文化局
6 月 25 日	南京长江大桥设计作品展	区文化局
7 月 6 日	老物件展	区文化局
8 月 5 日	宁海中学师生美术作品展	区文化局、宁海中学
8 月 16 日	鼓楼区文创企业优秀作品展	区委宣传部、区文化局
9 月 2 日	纪念抗战胜利 70 周年——“珍爱和平”书画展	区政协
10 月 19 日	政协书画展	挹江门街道政协书画家协会
10 月 8 日	摄影作品展	热河南路街道
10 月 20 日	省科协高士其生平事迹展	省科协
11 月 3 日	民政社会化服务展示	市民政局、区民政局
11 月 24 日	南京·台湾彰化学生美术作品交流展	区文化局、区教育局、台湾彰化生活美学馆
12 月 16 日	“诗意南京”诗集展	区政协、南京艺术学院
12 月 23 日	挹江门街道美术作品汇报展	挹江门街道工委

演出、音乐会、文艺比赛、公益讲座等近 100 场，1.3 万人次观看；文化场馆承担街道社区团队排练活动 1880 场次，开设免费艺术培训辅导课 712 节，培训 3.8 万人次。年内，区图书馆新增图书 2.44 万册，接待读者 64.5 万人次，外借图书 23.21 万册。

2 月 5 日，白云亭文化艺术中心开展公益演出活动

【全国文化信息资源共享工程建设】 2015 年，鼓楼区组织 11 个街道参加国家中心远程教育培训 5 次，参加省共享工程分中心技术人员业务培训 2 次。申请配发 6 家共享工程基层点终端设备；采购、安装与调试区支中心电子阅览室上网行为控制设备；建成全市唯一、全国首批国家共享工程中国文化网络电视社区服务站。组织全区基层点参加全国“文化记忆·致敬荣光”——纪念中国人民抗日战争暨世界反法西斯战争胜利 70 周年网络竞赛，5 人获个人单项奖，鼓楼区获省级优秀组织奖。

（徐萌萌）

文化创意产业

（参见第 83 页，“产业板块”类目同名分目）

群众文艺

【概况】 2015年，鼓楼区围绕丰富居民文化生活、提高居民文化素养主题，联合南京市文化广播新闻出版局组织各类公益惠民演出。与江苏省京剧院、南京市演艺集团话剧团、谐趣民乐团、南京市民乐团、南京市歌舞剧院、南京市群艺馆等先后承办或协办《国粹京剧》、话剧《死去活来》、“花好月圆”中秋音乐会、开心茶馆“迎中秋 庆国庆”相声专场演出、民乐专场演出、“美在金秋”歌舞晚会、歌舞专场等。年内，举办“幸福鼓楼”2015社区文化艺术节，开展各种文化活动2000场次。

【白云亭公益剧坊】 2015年，鼓楼区整合利用辖区高校资源，与南京林业大学水木剧社、南京艺术学院呼吸剧社合作共建“白云亭公益剧坊”，成为全省第一个以公益惠民为基础、以戏剧教育为主题的特色文化平台。平台建设采用市场化、品牌化、专业化运作方式。10月，启动书籍换取公益剧场免费门票活动，每一场公益演出都设立1个爱心书柜，观众捐1本书以书籍换取免费门票观看各种演出，通过爱心传递将书捐献给贫困地区孩子。至年末，爱心书柜收到爱心图书1000多本。年内，公益剧坊每周举办1～2场免费精品演出，演出剧目由南京林业大学水木剧社、南京艺术学院呼吸剧社2所高校演出剧社自编自导，有根据俄国现实主义作家契诃夫作品改编的独幕闹剧《求婚》、根据苏童同名小说改编《离婚指南》、校园戏剧小品《青春风景线》及反映军旅生活的《特种兵》等；南京市越剧团先后献演《断桥》《曲江责子》《回十八》《湖滨惜别》等越剧经典曲目；南京市京剧团献演《变脸》《打杠子》《武松打店》等经典京剧曲目；南京市杂技团举办“杂技专场”，献演《蹬鼓》《魔术》《动感小子——草帽》《女子柔术》《集体倒立》等传统杂技节目。全年公益剧坊举办各种演出和讲座活动近100场，免费接待观众1.3万人次。

【纪念中国人民抗日战争暨世界反法西斯战争胜利70周年系列演出】 2015年，鼓楼区在白云亭文化艺术中心举办中国人民抗日战争暨世界反法西斯战争胜利70周年系列文艺演出活动。演出期间，先后举办“抗战歌曲精品情境展演——谢琨师生音乐会”、现代越剧《八女投江》、话剧《纪念碑》《一半是火焰，一半是海水》、《神圣的战争》抗战经典歌曲展演等。南京艺术学院谢琨及师生、南京市越剧团、南京艺术学院呼吸剧社、区金钟老三届合唱团参加演出，用合唱、独唱、短剧表演、戏曲演唱、诗朗诵、表演唱等形式展演越剧、话剧及40首反映第二次世界大战期间世界各国人民共同抗击法西斯侵略的经典歌曲，启迪人们铭记历史、珍爱和平。

【7部文学艺术作品获市群艺创作奖】 2015年，鼓楼区文化馆组织辖区文艺精品参加南京市群众文艺创作调演，其中唐慨作曲，谢力、吴景源辅导的民乐合奏《金陵闹灯》获器乐类优秀创作奖和表演一等奖；焦来顺作曲，谢力、吴景源辅导的民乐合奏《石城叙事》获器乐类创作奖和表演二等奖；潘晓谦作曲，马艳、卢梅辅导的男声独唱《江上有面不落的帆》获声乐类优秀创作奖和表演二等奖；柯康、钱敏编导，成静、夏云辅导的当代舞《股民咏叹调》获舞蹈类优秀创作奖和表演一等奖；邢军、葛亚男编导，卢梅、吴霞辅导的服饰表演《笛韵江南》获舞蹈类表演三等奖；段菲创作，吴霞、马艳辅导的小品《忘忧跳舞机》获小品、戏曲类优秀创作奖和表演一等奖；段菲创作，季赟、成静辅导的小品《其实我爱你很久了》获小品、戏曲类创作奖和表演三等奖。（徐萌萌）

【文艺创作人才扶持】 2015年，区委宣传部赴辖区紫金智梦园、南京师范大学、南京市第二十九中学等单位，跟踪调研服务市第二批文化人才培养对象项目。做好省、市“五个一批”文化人才组织申报工作，全区有5人获南京市第四批“五个一批”文化人才，1人获江苏省第二期青年文化人才。培养扶持鼓楼区文化名人工作室，全区范围遴选14家文化名人工作室进行项目资助。组织有艺术专长、热心公益市民加入市社区艺术教师志愿者队伍，推动志愿者在音乐、舞蹈、绘画、书法、摄影、民间艺术等领域开展工作。高恩道创作的《爱读书》获第五届全国优秀童谣征集活动一等奖(2014年度)。

链接：

五个一批：一批全面掌握邓小平理论和“三个代表”重要思想、有较高学术造诣、联系实际的理论专家；一批坚持正确方向、深入反映生活、受到群众喜爱的名记者、名编辑、名主持人；一批熟悉党和国家方针政策、社会责任感强、精通业务知识的出版专家；一批紧跟时代步伐、热爱祖国和人民、艺术水平精湛的作家及艺术家；一批既懂得宣传文化发展规律、又懂得市场运作规律的文化经营管理专家。

【文联协会活动】 2015年，鼓楼区文化艺术界联合会各协会举办活动12场。其中，区书法家协会和解放军南京政治学院书画研究院合作举办“源头活水”——鼓楼区首届“书法临贴”展；区美术家协会举办“春色满园”书画作品展览；区美术家协会和区书法家协会联合举办纪念中国人民抗日战争暨世界反法西斯战争胜利70周年书画展；区戏剧家协会举办戏曲票友风采大赛；区音乐家协会举办“唱响鼓楼”

全区歌手大赛；区文学创作家协会走进“书香鼓楼”全民阅读节；区民间艺术家协会走进狮子桥民俗节等。同时，开展“到群众中去”文艺惠民活动，组织机关和社区群众开展书法、摄影培训与讲座15场。（黄晓璐）

【“最美家庭”幸福人表彰宣讲】（参见第293页，“机关团体”类目“三八国际劳动妇女节105周年纪念活动”条目）

【荷兰Neil流行爵士乐团国际文化交流演出】 3月29日，“国际文化交流·荷兰Neil流行爵士乐团走进鼓楼”惠民文化演出在白云亭文化艺术中心举行。该乐团成立于2008年，是荷兰顶级现代流行爵士乐团，表演足迹遍及欧洲各大城市。交流展演中，乐团先后演出《奇妙的开幕（Fantacy of Gold》《新旧世界（New Old City）》《康定情歌（Kangding Love Song）》《窗外景色（Open Window）》《新旧世界（New Old City》《夜来香（Night Flower）》《梦幻世界（Dreamworld）》《赛马（Sai Ma）》《玛丽莲·梦露（Marilyn Monroe）》《梁山伯与祝英台（Chinese Romeo & Juliet）》《茉莉花（Mo Li Hua）》《另一种爱情（Another Love）》《寻根（Ancient Roots）》《一个英国人在美国（A Englishman in New York）》《Iron Globe》《惊喜（Suprise）》《下次相见在阿姆斯特丹（See you in Amsterdam）》等十多首中外名曲。200名社区居民观看表演。

5月16日，“幸福鼓楼”2015社区文化艺术节开幕

5月16日，白云亭公益剧坊揭牌

【“幸福鼓楼”2015社区文化艺术节】 5月16日，“幸福鼓楼”2015社区文化艺术节在白云亭文化艺术中心开幕，现场举行“白云亭公益剧坊”揭牌仪式，区文化局与南京林业大学、南京艺术学院等4所高校签订校园精品节目演出协议并首演校园话剧《探长来访》。艺术节历时7个多月，至12月31日闭幕，南京市越剧团献演保留越剧精品《柳毅传书》作为2015年该区最后一场文化惠民活动压轴剧目。艺术节期间，举办“纪念中国人民抗日战争暨世界反法西斯战争胜利70周年”美术、书画作品展，放映《记忆影像——我们大桥》历史纪录片并举办“南京长江大桥建设”相关生活实物展、“记忆的烙印”个人收藏时代老物件展、“最美图书”来自洪卫的礼物新书分享会、文化拥军专场演出等活动2000场次。

【戏曲票友大赛】 5月，鼓楼区在白云亭文化艺术中心举办区戏曲票友风采大赛。赛事由南京市戏剧家协会、区文联、区文化局主办，区戏剧家协会、区文化馆承办，是“幸福鼓楼”2015社区文化艺术节系列活动组成部分。大赛分初赛、复赛和决赛3个阶段，吸引市区各界数百位戏曲艺术名家和戏曲爱好者参与、观赏并交流各自绝活，全区各街道和艺术团体12支代表队入围决赛。鼓楼区明星京剧团的京剧《遇皇后》选段（表演者：孙建芬）、京剧《铡美案》选段（表演者：郭新春）获一等奖，鼓楼区录顺扬剧团的淮剧《杨家将》（表演者：王家云）、江东街道的越剧《金玉良缘》（表演者：林霞）、鼓楼区录顺扬剧团的扬剧《寻儿记》(表演者：武玲）获二等奖，湖南路街道的京剧《醉酒》(表演者：何丽珍)、热河南路街道的越剧《问苍天》(表演者：郇秀英)、湖南路街道的扬剧《珍珠塔》选段《三载江西读文章》(表演者：李向阳)、热河南路街道的黄梅戏《天仙配·路遇》(表演者：石庆、苏玉琴)、阅江楼街道的京剧《捉放曹·听他言》(表演者：刘爱菊)、幕府山街道的黄梅戏《木兰祭坟》(表演者金：玉若尘)、宁海路街道的扬剧《白蛇传·过雄黄山》选段(表演者：李志军)获三等奖。

【“花好月圆”谐趣民乐团中秋音乐会】 6月19日，“花好月圆”谐趣民乐团中秋音乐会在静海寺广场举行，来自各界市民群众观看民乐演出。作为“幸福鼓楼”社区文化艺术节系列活动之一，该场惠民文化演出由区委宣传部、区文化局、南京阅江楼景区管委会主办，区文化馆承办，谐趣民乐团承演。乐团由琵琶演奏家、国家一级演员邵荣久指挥，以民乐合奏《八月桂花遍地开》拉开序幕，先后演出笛子独奏《扬鞭催马运粮忙》、二胡齐奏《赛马》《洪湖人民的心愿》、女声独唱《十五的月亮》、男声独唱《弹起我心爱的土琵琶》《此时此刻》、京剧清唱《祖国的好山河寸土不让》、葫芦丝独奏《月光下的凤尾竹》、二胡齐奏《洪湖人民的心愿》、民乐合奏《在那遥远的地方》《花好月圆》等经典曲目。

【“幸福鼓楼”文化拥军专场演出】 7月30日，“幸福鼓楼”2015社区文化艺术节百场公益文化拥军专场演出在幕府山街道举行。演出活动由市文广新局、鼓楼区政府主办，区文化局、幕府山街道、中国人民解放军驻区某部承办，区文化馆、海豹幽默艺术团协办。幕府山地区驻地某部官兵代表和社区群众参加双拥慰问活动。演出在部队女战士歌舞表演《麻辣女兵》中开场，军、地双方文艺工作者先后表演京剧《铡美案》、歌舞《有我在》、杂技《蹬伞》《魔术环》《晃管硗碗》《编圈》《柔术》等节目，表达驻地居民对子弟兵节日问候。

11月1日，“唱响鼓楼”2015全区歌手大赛决赛

【“唱响鼓楼”歌手大赛】 11月1日，“唱响鼓楼”2015全区歌手大赛决赛在白云亭文化艺术中心举行。赛后，区领导董伟、吴勇强等为获奖选手颁奖。大赛体现“我歌唱，我幸福”生活理念，由区文化局和文化馆主办。9月启动以来，全区13个街道119个社区，区机关部门、驻区企事业单位、高等院校180名选手参赛。比赛经过前期层层选拔，有61名选手进入复赛，29名选手入围决赛，最终评选产生“鼓楼最强好声音”3名、“鼓楼最佳好声音”7名、“鼓楼最美好声音”9名、“鼓楼好声音”10名。

【“点赞家园”百场公益·综艺演出社区行】 12月5日，2015“点赞家园”南京市百场公益·综艺演出社区行在白云亭文化艺术中心4楼剧场举行，来自全区基层社区市民群众200人观看文艺演出。该公益演出作为南京市文化惠民“百千万计划”系列活动之一，由市委宣传部、市文广新局主办，市群艺馆、区文化局承办，区文化馆协办。来自市群艺馆专业演职人员先后演出舞蹈《山河待励》《小城雨巷》《且吟春雨》《万紫千红》、琵琶独奏《赶花会》、笛子独奏《姑苏行》、男声独唱《新天仙配》、女声独唱《田野的春天》《共筑中国梦》等文艺节目。

【《记忆影像——我们的大桥》纪录片首映】 12月30日，纪录片《记忆影像——我们的大桥》在白云亭文化艺术中心首映。区四套班子主要领导及为该部纪录片留下珍贵影像资料的大桥建设者代表出席活动，区机关相关部门及13个街道负责人，南京师范大学新闻与传播学院师生代表，南京长江大桥二处、大桥管养公司、桥工联谊会、守桥武警官兵代表，新闻媒体记者参加首映式。该片是一部以口述历史为题材的纪录片，通过采访健在且居住鼓楼区的大桥建设者，真实地追忆和彰显中国工人阶级不畏艰辛、自力更生、团结一心、奋发有为精神风貌。全片分为“跨越天堑”“青春之歌”“岁月留痕”“城市印记”4集，每集10分钟，用大量珍贵影像资料，再现南京长江大桥建设时期光辉历程和背后鲜为人知的故事。影片由鼓楼区区委、南京师范大学新闻与传播学院联合摄制，李康导演。影片拍摄缘起于鼓楼区滨江花园“家在大桥下”特色社区建成。滨江花园社区位于铁路南京西站和南京长江大桥之间，小区建设前居住着许多铁路、船运和码头工人，其中很多人为南京长江大桥建设者、亲历者、见证者。6月开机拍摄，耗时半年，拍摄过程中得到区社建工委、中铁大桥局第二工程局、南京长江大桥桥工联谊会以及各界关心南京长江大桥的朋友支持。

链接：

南京长江大桥位于南京市鼓楼区下关和浦口区之间，是长江上第一座由中国自行研制、设计、施工并全部使用国产材料建造的双层式铁路、公路两用桥梁，在当时为具有世界一流水准的铁路、公路两用特大桥，在中国桥梁史上具有重要意义。南京长江大桥上层为公路桥，下层为双线铁路桥，是连接津浦线与沪宁线两条铁路干线，国家南北交通要道和命脉，也是南京的著名景点之一，以“天堑飞虹”列为新金陵四十八景之一。上层公路桥长4589米，车行道宽15米，可容4辆大型汽车并行，两侧还各有2米多宽的人行道；下层铁路桥长6772米，宽14米，铺有双轨，两列火车可同时对开。1960年1月开工建设，耗资1.8亿元，历时8年建设工期，1968年9月30日铁路桥首先建成通车，同年12月29日，公路桥建成通车。

（徐萌萌）

图书与展览

【概况】 2015年，鼓楼区图书新馆在白云亭文化艺术中心全面启用。新馆有5层，面积约8000平方米，读者座位500个，日接待能力2000人次。至年末，馆藏图书38.63万册(其中电子图书3.37万册)，年新增馆藏2.44万册，接待读者64.5万人次(含分馆，白亭馆全年接待35.36万人次)，外借图书23.21万册，订阅报刊400种，为读者举办各种活动44场，流动图书车出车278台次。区图书馆正式进入全市“一卡通”四级联动体系，与金陵图书馆、各区县馆实现图书通借通还的一卡通区域流通服务。年内，举办“书香鼓楼”公益大讲堂、“中国绘本中国梦”保冬妮亲子阅读讲座、“百年中国电影之旅”电影佳作赏析、暑期亲子阅读绘本夏令营、“壮烈辉煌　永远怀念——纪念戴安澜将军和中国远征军在缅牺牲将士”专题分享会等各类讲座活动和“春满鼓楼”金陵书画名家迎春邀请展、《丰碑》纪念中国人民抗日战争暨世界反法西斯战争胜利70周年书画作品展等。区图书馆与南京凤凰国际书城合作，每月定期推出新书推荐，并设凤凰专架向读者提供借阅。是年，“书香鼓楼”全民阅读节获江苏省公共图书馆优秀服务成果二等奖。

【“书香鼓楼”公益大讲堂】 2015年，鼓楼区继续围绕“书香鼓楼”品牌，全新打造“书香鼓楼”公益大讲堂，以公益讲堂形式，邀请人文、历史、科技、教育等各界名家开讲，每月1～2场，对全区读者免费开放。全年，“书香鼓楼”公益大讲堂先后邀请儿童文学作家保冬妮主讲“中国绘本中国梦”、南京市佛教协会副会长刘大任从中华传统文化理念讲述“幸福人生”、南京大学教授潘知常主讲“阅读与人生”、南京大学教授刘迎胜主讲“感知郑和，拥抱海洋”、金陵图书馆馆长董群主讲“优秀文化传统与人生修养”、《百家讲坛》首位“80后”学者唐博分享《以史为鉴正本清源》“清案探秘”心得、健康专家曲黎敏主讲“人体自愈有妙药”，抗日名将戴安澜将军之子、省委统战部原副部长戴澄东分享“壮烈辉煌　永远怀念——纪念戴安澜将军和中国远征军在缅牺牲将士”等专题讲座18场，围绕“书香鼓楼”全民阅读节，组织读书活动35场。

2015年鼓楼区“书香鼓楼”公益大讲堂一览表

表36

序号	活动内容	日期	地点
1	智慧父母教子有方	1月11日	白云亭多功能厅
2	中国绘本中国梦	1月15日	白云亭多功能厅
3	大家来学“三体式”	1月17日	白云亭多功能厅
4	父母家庭教育合作关系对孩子成长的影响	1月18日	白云亭多功能厅
5	幸福人生	2月7日	白云亭多功能厅
6	如何培养孩子学习能力	2月15日	白云亭多功能厅
7	阅读与人生	3月28日	白云亭剧场
8	感知郑和　拥抱海洋	4月11日	白云亭剧场
9	“最浪漫的教养——陪孩子读万卷书行万里路”悠贝创始人林丹亲子教育之路	5月10日	凤凰书城报告厅
10	最美图书《来自洪卫的礼物》新书分享会	5月17日	白云亭多功能厅

续表 36

序号	活　动　内　容	日　期	地　　点
11	中法艺术对话——皮埃尔·康努乐 & 周翔	5月23日	白云亭剧场
12	优秀文化传统与人生修养	6月21日	白云亭剧场
13	人体自愈有妙药——《曲黎敏图说人体自愈妙药》新书分享会	7月18日	白云亭多功能厅
14	《以史为鉴 正本清源》“清案探秘”心得分享会	8月1日	白云亭剧场
15	文化沙龙“如何读懂我的另一半”	8月9日	白云亭家庭沙龙区
16	“壮烈辉煌 永远怀念——纪念戴安澜将军及中国远征军在缅牺牲将士”专题讲座	9月1日	白云亭剧场
17	“女子安 天下安——母亲教育 为孩子传承人生”袁洁心得分享会	9月20日	白云亭多功能厅
18	著名儿童文学家秦文君校园行	11月27日	树人附小

【亲子阅读绘本夏令营】 2015年暑期，区图书馆和南京悠贝亲子图书馆合作，在少儿阅览区开展“缤纷夏日精彩阅读”亲子阅读绘本夏令营。其间，南京悠贝亲子图书馆老师带来绘本故事和小读者及其父母进行创意美术、创意手工、亲子游戏、自制图画书。暑假期间，举办8期活动，每期40人次参加。

2015年鼓楼区亲子阅读绘本夏令营活动一览表

表 37

序　号	日　　期	活动名称	活动类型	年　龄
1	7月12日	青蛙小弟睡午觉	创意手工	2~6
2	7月14日	好饿的毛毛虫	创意美术	2~6
3	7月21日	卜卜熊的雨衣	亲子游戏	3~6
4	7月28日	我的连衣裙	自制图画书	4~8
5	8月8日	跑跑镇	亲子游戏	2~6
6	8月11日	乒乓和乓乓钓大鱼	自制图画书	4~8
7	8月18日	好大好大的鸡宝宝	创意手工	3~6
8	8月25日	走开！绿色大怪物	亲子游戏	2~6

【“大桥下文化”微型博物馆开馆】 （参见第315页，“街道社区”类目同名条目）

【自助式图书借还室开放】 4月10日，区图书馆24小时自助式借还室对读者开放。借还室位于白云亭文化艺术中心图书馆一楼，面积约70平方米，藏书万册，主推“诚信阅览、自助服务”，无人值守。全馆无线网络全覆盖，具备自助办证、自助借还等功能；万册新书，每月更新，电灯、空调等设施自主开关，成为全市区县首家为群众提供全天候公共文化服务的自助式图书馆。至年末，接待读者1.7万人次。

【“中国绘本中国梦”讲座】 1月15日，“中国绘本中国梦”亲子阅读讲座在白云亭文化艺术中心4楼多功能厅举行，活动由区文化局、教育局主办，区图书馆、南京悠贝亲子图书馆协办。该活动作为“书香鼓楼”全民阅读惠民公益讲座活动之一，特邀中国第一本原创绘本刊《超级宝宝》创始人、儿童文学作家、心理咨询师保冬妮，以“中国绘本中国梦”为题，与现场百位热爱阅读、热爱绘本的幼儿园老师及家长分享0~6岁儿童关键期关键阅读。讲座中，保冬妮通过具体生动案例，讲解如何为0~6岁儿童选择适合其发展的绘本；告诉家长如何为0~1岁、1~3岁、3~6岁各年龄段孩子选绘本、讲绘本、用绘本、玩绘本，并通过绘本使儿童在成长关键时期获得关键发展。

【“阅读经典　品味书香”读书分享交流会】 4月22日，首个“江苏全民阅读日”、第20个“世界读书日”——“阅读经典　品味书香”读书分享交流会在白云亭文化艺术中心举行。分享会上，南京树人国际学校附属小学校长陈桥蓉等7位老师结合教育教学实际,畅谈阅读带来的思索与感悟,向现场教师、家长、学生和读者朋友推荐好书;区图书馆工作人员结合工作实践,作"最值得向读者推荐的一本书"分享交流,诠释"阅读:是个体行为,更是社会文明传承的纽带"理念。

【"以史为鉴 正本清源"《清案探秘》心得分享会】 8月1日,"以史为鉴 正本清源"《清案探秘》心得分享会在白云亭文化艺术中心举行。活动邀请《百家讲坛》首位"80后"学者唐博与读者朋友分享交流参与节目播出的幕后故事。唐博介绍剖析康熙皇帝明断清代发生在南京的一场科举考试弊案,分享3个观点:清正廉洁是永恒的正能量;火车跑得快,要凭车头带;把国家利益和个人利益捆绑在一起,瞻前顾后,分不清主次关系,有可能贻误大事。

【"壮烈辉煌 永远怀念——纪念戴安澜将军和中国远征军在缅牺牲将士"专题分享会】 9月1日,"壮烈辉煌 永远怀念——纪念戴安澜将军和中国远征军在缅牺牲将士"专题分享会在白云亭文化艺术中心举行。阅江楼街道社区居民代表、驻区部队官兵代表、天妃宫小学部分师生参加活动。分享会作为"书香鼓楼"公益大讲堂纪念抗日战争胜利70周年系列活动之一,邀请抗日名将戴安澜将军之子、省委统战部原副部长戴澄东和大家一起回顾那段鲜为人知的抗战历史,缅怀中国远征军在缅牺牲将士为抵御日寇侵略壮烈辉煌、可歌可泣的英勇事迹。与会人员共同重温历史,学习先辈在强敌入侵时,不怕牺牲、自强不息、前仆后继、勇往直前的大无畏精神。

链接:

戴安澜1904年出生,黄埔军校第三期毕业学员,国民革命军第五军第200师师长,参加过台儿庄战役、徐州会战、长沙保卫战,是著名抗日将领。1942年戴安澜率部远征缅甸,3月,在缅甸北部与日军交锋,歼灭4000多人、俘虏400多人,重创日军,打出了国威。5月16日在撤退途中,不慎中弹负伤,至5月26日伤重去世,享年38岁。戴安澜牺牲后,被当时国民政府授予"当代之标准青年将领"荣誉。美国国会授权罗斯福总统追授戴安澜懋绩勋章,戴安澜因此成为第二次世界大战反法西斯斗争中第一位获得美国勋章的中国军人。1956年9月21日,中央人民政府内务部追认戴安澜为革命烈士,10月3日,毛泽东主席向戴安澜遗属颁发"革命牺牲军人家属光荣纪念证"。2009年9月10日,在"100位为新中国成立作出突出贡献的英雄模范人物和100位新中国成立以来感动中国人物"评选活动中,戴安澜被评为"100位为新中国成立作出突出贡献的英雄模范人物"。

【"春满鼓楼"金陵书画名家迎春邀请展】 2月15～26日,"春满鼓楼"金陵书画名家乙未迎春邀请展在白云亭文化艺术中心开展。书画展由区委宣传部、区文化局、区文联主办,南京澄怀文化创意发展有限公司、区文化馆承办。江苏省国画院、南京书画院、南京艺术学院美术学院、南京师范大学美术学院、九三学社江苏画院、鼓楼区文联美术家协会6家单位作品协助参展。省市文联及区委区政府相关部门领导、驻区单位书画名家出席开幕式并观看展览。展出精品佳作44件,700余人参观。

【"丰碑"书画作品展】 9月1日,"丰碑"纪念中国人民抗日战争暨世界反法西斯战争胜利70周年书画作品展在白云亭文化艺术中心开展。活动由区文化局、区书法家协会、区美术家协会主办,区委区政府及相关部门领导、驻区书协、美协书画名家出席开幕式并观看展览。展出书画作品92件,其中书法作品59件、绘画作品33件,向守志等6位老将军专门创作书法作品送展。参展作品紧扣纪念中国人民抗日战争暨世界反法西斯战争胜利70周年主题,警示教育和美学欣赏性共融。

【南京·台湾彰化学生美术作品交流展】 11月24日,南京·台湾彰化学生美术作品交流展在白云亭文化艺术中心开展,活动由区文化局、教育局,台湾彰化生活美学馆主办,南京市宁海中学分校、南京市赤壁路小学协办,南京凤凰国际书城、区图书馆、区文化馆承办。台湾彰化生活美学馆主办的"台湾中部地区四县市水彩写生比赛"有40多年历史,南京宁海中学分校和赤壁路小学都具有鲜明美术教育特色。此次交流活动展出台湾彰化地区学生写生作品42幅、南京宁海中学分校和赤壁路小学学生美术作品各40幅,1000余人参观。

(徐萌萌)

文物保护

【概况】 2015年,鼓楼区重点做好文物保护与利用基础性服务工作,各级文保单位完好率100%。加大文物日常保护与管理力度,做好文物季度巡查和重大节假日期间消防安全检查,做好明城墙安全度汛工作,壮大"文保员"队伍,完善文化遗产信息化建设,确保文物安全。完成5处全国重点文物保护单位和1处市级文物保护单位标志牌(碑)制作、安装、验收,启动340处不可移动文物标志碑制作工作。完成91处市级文物保护单位"四有"(有保护范围、有保护标志、有记录档案和有保管机构)情况调查汇总。开展第一次全国可移动文物普查第二阶段工作，完成文物登记、数据采集、信息录入、整理建档和审核校对工作。加强文博宣传教育，开展第13届鼓楼区“文博之夏”系列活动。加强小型博物馆协会建设，吸纳6家博物馆成为协会第二批会员单位，完成7处挂牌。加强区文化局局属博物馆管理，组织参加全市讲解员技能大赛，并获优秀组织奖。加强局藏文物字画管理，完成白云亭文物库房建设以及字画清点和交接。配合中央电视台“两岸及港澳中华文化知识大赛”节目在天妃宫和宝船厂遗址公园拍摄工作，配合《中国通史》栏目组魏源故居拍摄工作。配合做好“海上丝绸之路”申报世界文化遗产南京遗迹（鼓楼辖区内阅江楼、天妃宫、静海寺、宝船厂遗址）实地考察服务保障工作。配合佳盛花园东路建设审批工作、宝船厂遗址考古挖掘工作。配合驴子巷（阅江楼社区商业中心）、大乐业村地块规划及文物保护工作。完成第一批历史文化名人袁枚和魏源塑像选址先期工作。

【文物保护及安全巡查】 2015年，鼓楼区加强“文保员”队伍建设，完善“区—街道—社区—文保单位”三级四方文物保护管理网络体系，辖区内598处不可移动文物，尤其是184处各级文保单位均确定有1~2名文物保护人员，保证定人、定点巡查，遇有问题及时上报。加强日常文物巡查和行政执法检查，完成全区26处全国重点文物保护单位、33处省级文物保护单位季度巡查工作；完成91处市级文物保护单位和340处不可移动文物全年巡查工作，同步做好巡查照片台账记录。开展重大节假日期间文物消防安全检查，严禁在文物保护范围内燃放烟花爆竹，确保春节期间各级文保单位安全。为迎接第二个国家公祭日，做好辖区侵华日军南京大屠杀遇难同胞纪念场馆（碑）巡查管理和保洁工作，并配合做好公祭活动期间安全保障工作。全年辖区文物完好率100%。

【文保单位挂牌保护工作】 2015年，鼓楼区完成象山王氏家族墓地、拉贝故居、英国驻中华民国大使馆旧址、美国驻中华民国大使馆旧址、国民政府中央广播电台发射台旧址5处全国重点文物保护单位和温峤墓衣冠冢1处市级文物保护单位标志牌（碑）制作、安装与验收。启动340处不可移动文物标志碑招投标前期工作，协同街道做好对不可移动文物单位安装意向摸底工作，配合招标公司完成网上招标工作，开展标志碑选材和小样制作工作。至年末，标志碑制作安装合同签订工作完成。

【小型博物馆协会建设】 2015年，鼓楼区开展辖区新增民间博物馆调查与走访工作，精选其中10家有代表性博物馆重点接洽。组织辖区内符合要求的陈列馆、纪念馆、博物馆登记备案，给予拟备案登记单位备案流程指导。吸纳白云亭文化艺术中心内鼓楼城市展览馆、下关历史陈列馆，南京市第二十九中学儒学馆、江苏宣和美术馆、小市街道工业印记微博物馆、宝塔桥街道燕江园社区“十八般兵器”中华武术兵器展览馆6家小型博物馆为协会第二批会员单位，协会会员单位扩容至39家。

【第一次全国可移动文物普查第二阶段工作】 1月，鼓楼区提前半年完成全区范围内8家国有文物收藏单位文物登记、数据采集、信息录入及整理建档工作。邀请摄影专家重新拍摄17件文物照片47幅，确保文物数据和影像资料可靠。参加全省文物普查培训，根据相关要求，完成数据审核、校对和修改完善。

【第十个国家文化遗产日宣传活动】 6月13日是第十个国家文化遗产日，主题为“保护成果，全民共享”。鼓楼区分别在颜鲁公祠、下关历史陈列馆、扬子饭店等文化遗产场地悬挂横幅和散发宣传资料，开展“像爱惜自己生命一样保护文化遗产”宣传活动。活动中，国家文物局督察司司长刘铭威等一行在省、市文物局领导陪同下，到颐和路片区和宝船厂遗址景区，实地调查核实文物保护利用和考古挖掘情况。

【白云亭文物库房设字画专柜】 7月，鼓楼区在白云亭文化艺术中心4楼建设文物库房，安装专用字画收藏柜，加强区文化局局藏字画管理。根据原登记表信息，整理、登记、交接、建档、入库387幅书画。至年末，原由区文化局社文科、综合科共同保管的各类书画藏品全部移存于库房，库房采用双门双锁保管方式，交由社文科、文物科共同保管。

【第13届鼓楼文博之夏夏令营】 8月14日，鼓楼区第13届鼓楼文博之夏夏令营开营。活动组织华侨路、凤凰和建宁路3个街道下岗职工、残疾人、城市新市民、贫困家庭子女120多人，参观侵华日军南京大屠杀遇难同胞纪念馆、渡江胜利纪念馆等爱国主义教育基地，并赠送书包、铅笔盒、水杯等学习用品。 （徐萌萌）

【南京建筑规划专家团考察原国民政府电台旧址】 11月14日，由东南大学建筑学院教授董卫、同济大学城市规划系教授张松、省城市规划设计院副院长陈沧杰、市城市规划编制研究中心总工程师刘正平、东南大学建筑学院教授周崎、市博物馆总馆长曹志君组成的专家团一行到江东软件城，实地考察原国民政府中央广播电台旧址，现场勘查电台旧址保护范围及建设控制地带划定。

链接：

国民政府中央广播电台位于江东门北街33号，创办于1928年。电台初设于南京丁家桥国民党中央党部，后从德国订购全套无线电广播设备和中波机，并在江东门开建新的发射台。1931年，发射台正式建成，并于1932年11月12日孙中山诞辰纪念日投入使用。该电台为当时亚洲发射功率最大的广播电台，播音范围覆盖中国大部分国土，并包括东亚其他国家和东南亚部分地区。1949年4月23日南京解放，24日上午7点30分，留守于此的工作人员用“南京广播电台”的呼号，最先释放出南京解放的信号。历经80多年的风风雨雨，两座铁塔及附属机房，作为江苏广播电视总台广播传媒中心发射台所在地，至今仍在服役。2010年该处旧址入选南京市第三次全国文物普查重要成果，并分别被列入省和国家第三次全国文物普查百大新发现；2012年被列入南京市文物保护单位；2013年3月，被国务院列入全国重点文物保护单位。（徐惠子）

文化市场

【概况】 2015年，鼓楼区对接市级行政权力下放事项，完善下放事项审批工作制度；完成全国文化市场技术监管和服务平台数据录入与操作，促进审批工作规范化；组织开展打击网吧接纳未成年人、非法演出，校园周边专项整治、重要节假日及“两会”（人大、政协）期间巡查等重点专项行动；开展“清源”“净网”“护苗”“秋风”等“扫黄打非”专项行动，专项整治政治性有害出版物及印刷、复制、销售政治性非法出版物等违法违规行为，重点整治违法销售、安装和使用卫星电视广播地面接收设施行为，严厉打击非法接收境外电视、广播信号行为。全年出动执法人员3963人次，检查单位1862家次，处罚违法违规经营行为6起，罚款2.3万元；取缔无证无照经营场所17个。至年末，全区具有合法经营资格文化市场经营户660家，涵盖视频点播等三大类别11个行业。

【文化经营市场分类及构成】 2015年，鼓楼区具有合法经营资格文化市场经营户660家。其中，歌舞娱乐场所78家、游戏机60家、网吧87家、演出场所2家、印刷企业58家、复印打印135家、书店72家、音像店21家、电影院7家、卫星天线接收单位36家、影视制作（动漫）6家、户外大屏4家、艺术品市场6家、长三角书市内经营户88家。

【文化市场行政审批】 2015年，鼓楼区完成105家出版物零售单位、102家复打印单位年检复查工作；完成出版物零售许可15家、相关变更类10家；许可设立复打印单位2家；印刷企业设立审核报批2家。完成行政许可（备案）事项46件，其中互联网上网服务营业场所8件、娱乐场所10件、电影放映单位1件、广播电视节目制作单位3件、经营性演出24件。

【“扫黄打非”专项行动】 2015年，鼓楼区“扫黄打非”专项行动围绕净化出版物市场、清除网上有害信息、保护知识产权工作主线，确定查缴政治性非法出版物和清除网上有害信息为首要任务，集中开展“护苗”“净网”“清源”“秋风”专项行动。专项行动中，出动执法人员1520人次，检查单位852家次，检查印刷企业173家次、出版物等经营单位679家次；开展联合执法行动5次，取缔游商12个，处理收缴非法出版物920余册、非法音像制品1.1万张。

【印刷企业“双优诚信”活动】 7月，鼓楼区60家印刷企业参加全市文化系统“双优诚信”活动。该活动主要考查印刷企业资质齐备、管理规范情况，遵纪守法、规范运营情况，诚实守信、诚信经营等。活动由南京市文化广电新闻出版局主办、南京市印刷行业协会协办。结合此次参赛活动，区文化部门宣传新闻出版版权法规知识，加强经营者守法经营意识。（徐萌萌）

档　案

【概况】 2015年，鼓楼区测评复查15家单位省星级档案管理，检查126家机关、企事业单位档案工作。举办档案新手上岗培训、工程档案收集整理培训、宗教场所规范化建档培训、家庭档案培训等多期档案业务知识培训班，指导区机关、街道、下属单位及社区档案规范化管理。规范建设2014年度党的群众路线教育实践等重大活动档案和金茂广场一期商业优化升级工程、江边路1号地块等10个重点建设项目档案；规范建设南京市基督教小市教堂等15家宗教场所档案、幕府山社区卫生服务中心等10家卫生系统档案。开通“南京鼓楼档案”微信平台，开展查档窗口“三零一展示”（零距离、零收费、零投诉，展示档案人风采）活动，全年接待查档9002人次，出具各类证明1.21万份，调阅档案1264卷（件）。接收25家单位344卷/19305件档案进馆，完成进馆档案235万页数字化加工和300万页检查验收。全区5家单位创成省AAAA级数字档案室。7月，印发《加强和改进新形势下全区档案工作的实施意见》《鼓楼区档案馆收集档案范围实施细则》。完成省级课题“档案馆核心数据资源管理研究与应用”和市级科研项目“数据挖掘技术在婚姻档案数据分析中的应用研究”。向省档案学会提交档案学术研究论文4篇，其中1篇获省档案学术交流大会论文评选三等奖、3篇获优秀奖。向国家及省市档案网站、其他媒体、专业刊物报送并被采用工作信息128条。是年，区档案局被评为2014年江苏省档案学会工作先进单位、江苏省档案科技工作先进单位、2014 年南京市档案信息化工作先进单位，区档案馆获江苏省 AAAA 级数字档案馆称号。

【区档案馆新馆设计方案确定】 2015 年，鼓楼区档案馆新馆建设项目被列入区政府工作目标。区档案局(馆)成立新馆建设领导小组和新馆建设办公室。3 月，区委区政府 2 次召开新馆建设专项会议，传达区委书记杨学鹏和区长曹路宝对新馆建设要求。4 月，区政府召开档案馆新馆建设方案专家论证会。省、市档案局，市规划局以及东南大学建筑设计院领导和专家共同论证。8 月 20 日，经过 6 轮反复论证和修改，档案馆新馆设计方案确定：新馆位于白云亭文化艺术中心，按区县级一类档案馆标准建设，具备“五位一体”(档案安全保管基地、爱国主义教育基地、档案利用中心、政府信息查阅中心、电子文件备份中心)功能，设四大功能区域(库区、公共服务区、业务用房区和办公区)，建筑面积 8000 平方米。经过公开招标，新馆由南京市建筑设计研究院有限责任公司设计、南京白云亭文化发展有限公司承建。

【区档案馆创成“省 AAAA 级数字档案馆”】 2015 年，鼓楼区档案馆创建省 AAAA 级数字档案馆被列入区经济和社会发展目标。区档案局(馆)成立档案信息化建设工作领导小组，开展数字档案馆建设调研，明确创建目标和工作重点，对照《数字档案馆评估细则》，加强基础业务和数字档案资源建设，完善相关制度。12 月 25 日通过省档案局评估，创成省 AAAA 级数字档案馆。

【档案安全管理】 2015 年，区档案局(馆)落实档案安全管理责任，安排专人巡查监管档案库房、数字化加工场所，及时排查、处理安全隐患。强化档案出库入库制度以及档案信息安全管理。重大节假日期间联合公安鼓楼分局、区安监局、区国资办等单位，共同排查监管毗邻单位安全隐患。全年排查、处理可能危及档案实体和档案信息安全隐患 11 起，未发生档案安全管理事故。

【15 家单位档案工作通过省星级测评和复查】 2015 年，鼓楼区 15 家单位档案工作通过省星级测评和复查，超额完成 12 家单位通过测评目标任务。其中，南京基督教青年会、南京市基督教小市教堂等 5 家单位通过江苏省档案工作三星级测评，南京天妃宫观音寺通过江苏省档案工作二星级测评；南京市三牌楼小学、南京市渊声巷小学等 7 家单位通过江苏省档案工作三星级复查，南京大学附属丁家桥小学等 2 家单位通过江苏省档案工作二星级复查。

2015 年鼓楼区通过江苏省档案工作星级测评(复查)单位一览表

表 38

序　号	单　位　名　称	省星级测评(复查)等级
1	南京基督教青年会	通过省三星级测评
2	南京市基督教小市教堂	
3	南京市基督教道胜堂	
4	南京市狮子山地藏寺	
5	南京基督教会鼓楼聚会场所	
6	南京天妃宫观音寺	通过省二星级测评
7	南京市三牌楼小学	通过省三星级复查
8	南京市渊声巷小学	
9	南京市芳草园小学	
10	南京市莫愁新寓小学	
11	南京市宁海中学分校	
12	南京市汉口路小学	
13	南京市白云园小学	
14	南京大学附属丁家桥小学	通过省二星级复查
15	江苏第二师范学院附属小学	

【宗教场所 100%规范化建档】 2015年,鼓楼区按照省、市全面加强宗教场所档案规范化管理要求，从制度建设、场地设施、专业人员配置、经费保障等方面入手,规范建设宗教场所档案。南京市基督教小市教堂等 15 家宗教场所实现 100%规范化建档。其中,南京市狮子山地藏寺等 5 家宗教场所达省三星级,南京天妃宫观音寺达省二星级。

【25 家单位档案接收进馆】 2015 年,区档案局（馆）接收 25 家区机关、街道、企事业单位档案进馆(含 13 家街道独生子女档案)。档案类型主要有文书、印章、照片、光盘等 344 卷 19305 件,其中印章 657 枚、照片 290 张、光盘 6 张。装订目录 19 本,清点、核对、上架、标识、数字化加工 235 万页。

【人物及特色档案征集】 2015 年,鼓楼区征集全国先进工作者袁金良所获各类荣誉证书及各类新闻媒体有关事迹报道复制件 60 件；征集全国先进工作者茅於渊个人档案 2 件;征集知名民间剪纸艺术家陈耀个人档案电子件 30988 件(共 78.1G),实物 14 件,录音 93 分钟;征集“展示鼓楼新发展、聚焦最美劳动者”摄影作品展中有关城市新貌照片 31 张;征集《时光里的楼宇——鼓楼名楼漫记》1 本；征集鼓楼地区清末及民国初年(1912)老照片 16 张。拍摄留存小桃园景区影像资料 68 张及待拆迁区域杨家花园、下关电厂大烟囱、国际航运中心等影像资料 144 张。

【档案查阅利用】 2015 年,鼓楼区四平路 65 号和中山北路 540 号 2 个查档窗口接待查阅单位 40 余家、查档 9002 人次,出具各类证明 12106 份,调阅档案 1264 卷(件),复印、打印档案材料近 9000 张。为市民查阅婚姻、独生子女、招工等民生专题档案,跨馆出证 40 份。是年,区档案馆分两批鉴定、划控馆藏满 30 年档案，鉴定1983～1984 年度全宗档案 2286 卷,开放 198 卷,在区档案局(馆)门户网站、南京市档案资源共享平台公布文件目录 1882 条。6 月 9 日,第一批 30 个全宗 125 卷档案向社会开放;12 月 1 日，第二批 16 个全宗 73 卷档案向社会开放。

【5 家省 AAAA 级数字档案室建成】 2015 年,区档案局(馆)推进全区数字档案室建设工作，加强参加评估单位创建工作指导,组织 16 家数字档案室试点单位进行评估培训,逐条解读《数字档案室评估细则》。至年末,区人大办、区委老干部局、幕府山街道、阅江楼街道及旭日景城小学 5 家单位通过南京市档案局评估验收，创成省 AAAA 级数字档案室。

【档案信息化建设】 2015 年，区档案局(馆)专题调研全区档案信息化建设情况,完成区重点课题“全区档案信息化建设现状及展望”研究工作,结合课题研究成果,编制《鼓楼区档案信息化“十三五”规划》。整合并完成 32 家进馆单位目录数据及全文数据，完成档案数字化加工 235 万页,完成 2014 年度 300 万页馆藏档案数字化加工检查验收。结合第一次全国政府网站普查,开展网站内容维护、问题梳理,整改落实查找出的问题。改版区档案网站,6 月 9 日正式上线。

【“南京鼓楼档案”公众微信号开通】 4 月 7 日,区档案局(馆)微信公众号“南京鼓楼档案”正式开通。该微信公众号设《话说鼓楼》《记忆鼓楼》《兰台服务》3 个一级栏目,以及《漫话鼓楼》《近日读报》《秀》《市民档案员》《答题赢奖》《查档预约》《兰台讲堂》7 个二级栏目,发布有关鼓楼区历史、人文、风俗、城市变迁等档案资讯,介绍媒体关于鼓楼区最新报道，展示蕴含“鼓楼”元素的各类记忆。至年末,发布《漫话鼓楼》34 篇、《近日读报》33 篇、《答题赢奖》专题 1 个。

【“6·9”国际档案日主题活动】 6 月 9 日,江苏省、南京市暨鼓楼区在静海寺广场举行“档案——与你相伴”主题宣传,纪念“6·9”国际档案日。省市档案局、妇联及鼓楼区相关部门领导参加现场咨询宣传。活动期间,制作主题宣传展板 12 块，发放宣传用品 1000 个；与南京电视台合作拍摄介绍家庭建档知识节目，在钟阜路社区举办家庭建档专题讲座，组织家庭建档积极分子到市档案馆观摩学习，普及建立家庭成员活动经历档案、证件与凭据档案、声像档案等多种家庭档案知识;利用网站、微博、微信,在鼓楼档案微信平台增设《答题赢奖》专栏,开展趣味答题活动。

链接：

1948 年 6 月 9~11 日，位于巴黎的联合国教科文组织(UNESCO)召开专家会议，来自世界各国的档案工作者讨论决定成立国际档案理事会(ICA)。2007 年 11 月,ICA 全体成员在加拿大魁北克市举行的年度全体会议上投票决定:2008 年 6 月 9 日是 ICA 成立 60 周年纪念日，为此从 2008 年 6 月 9 日起将每年 6 月 9 月定为国际档案日。 (葛彦菲)

地 方 志

【概况】 2015 年,鼓楼区完成《鼓楼年鉴(2015)》编纂发行工作;启动《鼓楼区志(续)资料长编》编纂工作;推进颐和路社区将军馆、宁海路街道海洋国防教育馆迁建工作；编发《话说鼓楼》第三期,做好“鼓楼地方志”特色网站日常维护工作。是年,《鼓楼年鉴(2013)》获第三届江苏省年鉴奖市、县(市、区)综合年鉴一等奖;《鼓楼年鉴(2015)》获江苏省综合年鉴“整体框架”二等奖、“综述性条目”二等奖。

(沈　楠)

4月30日,《鼓楼区志(续)资料长编》编纂工作启动

【区志资料长编编纂】 2015年,《鼓楼区志(续)资料长编》编纂工作全面展开。至年末,大部分承编单位完成主体资料搜集,进入初稿编写、提交阶段。准备与动员方面:年初,区地方志办公室(以下简称区志办)在深入调研并学习借鉴外区经验基础上,策划启动全区资料长编工作,并编撰全区资料长编编目和编写手册。4月3日,区委书记办公会专题研究区资料长编编纂工作。4月23日,区委办、区政府办下发《<关于开展区志资料长编编纂工作的实施方案>的通知》(鼓委办发〔2015〕22号),明确用2015、2016两年时间,全面、系统搜集首部《鼓楼区志》《下关区志》记述下限后现行政区域自然、政治、经济、文化和社会的入志原始资料,通过专业整理、编排,分别编纂原鼓楼区、原下关区两部类资料长编。起讫时限,原鼓楼区2001年1月1日至2013年3月27日,原下关区2000年1月1日至2013年3月27日。4月30日,区委区政府召开全区资料长编编纂工作动员大会。工作网络组建方面:4月27日,区委区政府下发《关于成立区资料长编编纂委员会的通知》(鼓委发〔2015〕59号),成立区资料长编编纂工作委员会,区委区政府主要负责人担任主任,资料长编编纂委员会办公室(以下简称区长编办)牵头指导并全面推进。区长编办聘请8名责任编辑,分片联系指导83家承编单位编写工作。至6月末,全区各承编单位构成分管领导、工作人员、编写人员编写工作网络。至年末,全区直接参与资料长编编写工作人员约270人。统筹推进方面:研究确定编目修订、资料搜集、初稿编写与修改各环节工作重点、工作标准与审核程序,通过区长编办、责任编辑、承编单位三级网络推进落实。区长编办加强各阶段业务培训,全年组织责任编辑培训2轮4场、编写人员集中培训3轮5场,并根据各单位需要上门开展多场业务宣讲与培训。建立区长编办责任编辑例会制度,全年召开例会9次。强化责任编辑分片联系机制,针对性指导和跟踪服务承编单位,全年编发《资料长编工作简报》7期,采取"编者按"加各承编单位工作动态或范文评析方式,反映各阶段工作推进情况。

【区资料长编编纂工作动员大会】 4月30日,区委区政府在下关大厦四楼报告厅召开全区资料长编编纂工作动员大会。市地方志办公室副主任曹建国、市志编纂处处长乔鸣,区委副书记陆敏、副区长梁春燕,以及作为一级承编单位的各街道、区级机关各部门、各有关单位主要负责人和分管领导及工作人员240余人参加会议。梁春燕、曹建国、陆敏先后讲话,动员部署任务,明确深化思想认识、加强组织领导、坚持质量标准等方面要求。会议第二阶段,乔鸣为全区承编单位分管领导和主要工作人员作编写业务辅导。区志办发放《鼓楼区志(续)资料长编编写手册》《鼓楼区志(续)资料长编编目》。 (韩红华)

【《鼓楼年鉴(2015)》编纂】 12月,《鼓楼年鉴(2015)》由方志出版社出版发行。年初,区志办编纂人员研读区委区政府工作报告,了解全区上年工作中心和重点,调整相关类目、条目,加强"七大产业功能板块"等14个事业块篇幅比重和表述。在"专记"类目,设立重大任务保障、党的群众路线教育实践活动、全面深化改革3件全区年度大事综述专稿。新设"区情概览",对全区"五位一体"事业建设的综述;新增"电子商务"副分目及9个条目,规范"教育"类目内容表述。增加"党的群众路线教育实践活动""迎青奥"专题彩页内容。同时,制定编纂工作流程,明确全年编纂工作五阶段时间节点、具体任务、事项与标准,加强组稿、编辑、总纂、校审各环节过程把控,做好各轮文字修改校对,提升编辑推进效率。全书约90万字,20个类目,彩图28版,随文图片91张,表格55张,系统记述2014年度全区自然、政治、经济、文化、社会等方面发展的主要情况。

【《话说鼓楼·扬子饭店专辑》编印】 12月,《话说鼓楼》第三期"扬子饭店专辑"编印出刊,2万余字、80余张图片,全彩印刷。该期刊以"扬子饭店"为主线,图文并茂,以"百年翘楚""百年忆想""百年新生"3个栏目、13篇文章,立体反映扬子饭店历史文化、建筑特色及修缮保护。该期刊由区地志办与区旅游局共同策划,在区旅游局提供相关素材基础上,经过2轮组稿、4轮编辑、8轮版式设计修改等环节完成。年内,面向全区机关、街道及有关单位发行1500册。 (沈 楠)

鼓楼年鉴 2016

公共服务

Public Service

劳动保障

【概况】 2015年，鼓楼区新增城镇就业3.7万人，其中大学以上人员占比66.9%；创业带动就业2.87万人，实现再就业1.8万人，帮扶困难人员就业3356人，培育自主创业者3585人，扶持青年大学生创业605人；推荐大学生优秀创业项目83个，获奖28个；完成再就业培训9280人次，新增高技能人才2556人，新生劳动力培训1507人，农村劳动力转移培训1344人次，在职职工培训2.57万人次，职业技能鉴定取证5741人次；发放灵活就业人员社保补贴4.4万人6018万元，小微企业社保补贴47家109万元；发放市民卡8.02万张。完成年度就业评估工作，全区涉及就业评估重大项目8个，投资18.21亿元，项目建成后预测新增就业岗位6800人。全年主要指标均列全市第一方阵，实现"零就业家庭"动态消零，地区城镇登记失业率控制在2.19%，全区就业形势基本稳定。

年内，创建省级充分就业示范社区6个(小市街道东井亭社区、凤凰街道西城岚湾社区、湖南路街道青岛路社区、宝塔桥街道燕江园社区、挹江门街道钟阜路社区、江东街道清河新寓社区)，工人新村国家级充分就业社区通过复核。全区各类型企业社会保险净增加缴费9315人，养老、医疗、失业、工伤、生育五险征收总额34亿元，城镇居民医保缴费11.4万人。平稳完成9600多名上海铁路局退休职工纳入区社会化管理工作。至年末，全区17.8万名退休人员纳入社会化管理服务范围。组织安排8.91万名企业退休人员参加免费健康体检，为17.33万名企业退休人员发放清凉物品。

区劳动保障监察大队全年受理劳动者维权案件668件，其中未依法订立书面劳动合同、违反最低工资规定案件数量呈下降趋势，因劳动关系解除或终止引发劳动纠纷有所上升；为劳动者讨回工资报酬305.6万元，稳妥处理省人社厅挂牌督办的江苏集群信息技术产业公司南京分公司欠薪案件，涉及劳动者300余名。

区劳动人事争议仲裁委员会全年受理劳动人事争议案件630件，其中裁决结案78件，调解、撤诉或其他方式结案552件，调撤率87%，结案率100%。推进仲裁管理信息网上办案系统，案件网上运行率100%。组织观摩南京市鼓楼区环境卫生有限公司25人集体争议案件按要素式审理方式庭审。全年指导督促企业签订集体合同、工资集体合同1468份，涉及职工6.66万人，职工平均工资增长9.8%。审核并备案226家《企业工资总额使用手册》换发、申领、审批工作，保障企业员工薪酬自然增长。

是年，区人力资源和社会保障局(简称区人社局)被评为全省人力资源和社会保障系统先进集体、全省军队转业干部安置工作先进单位；区劳动就业管理中心被省人力资源和社会保障厅(简称省人社厅)授予公共人力资源市场功能建设五星级单位；区社会保险管理中心被评为江苏省社保经办服务示范窗口。南京留学生文化创意园被省人社厅评为2015年度省级创业示范基地，江东新南京人服务中心被省人社厅评为全省示范农民工综合服务中心。

【人才交流服务中心】 2015年，鼓楼区人才交流服务中心新增代理单位167家。至年末，全区有人事代理单位594家、人事代理1.05万人。办理应届毕业生网上签约、毕业生接收290人(其中，大专51人、本科166人、研究生70人、博士3人)；为代理单位员工落户85人(其中，本科59人、研究生26人)；办理迁出521人(其中474人整体从宁海路派出所迁往华侨路派出所，有户籍829人)；开具单位和个人各类证明159份；接收高校毕业生档案1694份(其中包括原下关事业单位档案415份、鼓楼区自主择业军转干部档案278份)，转出档案523份。上门服务科技园区企业58家，为3家人事代理单位办理人才引进3人，参保26人。组织驻区企业参加各类高校招聘会30场，参会毕业生及各类人才2万人次；组织参会用人单位569家，提供岗位1840多个，就业意向达成率78.4%。

【人力资源产业发展】 2015年，鼓楼区将人力资源产业指标列为全区经济发展重要指标。3月，区人社局成立行政审批与产业发展科，统筹推进人力资源产业发展工作。全年人力资源产业税收8406万元，营业收入28.4亿元。4月，选址考察南京财经大学、艾志集团二期、联创集团总部、大地建设虎踞路135号地块、源泉科技园等5个地点，研究建设人力资源产业园可行性，并进行综合比较分析，年末与南京财经大学就产业园建设事宜进入磋商阶段。是年，辖区上海外服江苏人力资源服务有限公司、南京宁众人力资源咨询服务有限公司获2014年度江苏省诚信人力资源服务机构称号。

【人力资源机构行政审批】 2015年，鼓楼区开展2014年度人力资源服务机构年检工作，涉及69家人力资源服务机构，注销11家，参加人力资源许可证培训62人，通过率100%。至年末，全区从事人力资源业务且合法登记企业91家，注册资金2.9亿元。其中，国有企业6家、民营企业85家，从业人员849人，具有资格证人员372人，服务用人单位1336家，派遣人员4.9万人。年内新批人力资源许可证5家，新审批劳务派遣许可证12家，分公司备案8家。

【高技能人才培养】 2015年，鼓楼区进一步巩固与区外院校合作联系，在三江学院、南京钟山职业学校开办计算机操作员和网络管理员高级职业资格鉴定，借助职业指导平台强化宣讲和推广高级工种，259名失业人员参培，满足失业人员较高层次培训需求。

【高校毕业生实名制调查登记】 2015年，鼓楼区人社局跟踪调查全区1229名未就业大学生，其中641人就业，563人升学、出国、参军；没有就业愿望5人、未就业20人，就业率97%。该区就业实名制调查率100%、就业服务率100%、就业率95%以上。年内，开展青年见习培训218人，鼓楼医院等9家企事业单位参与见习。

【民办职业培训机构管理】 2015年，鼓楼区接受开设民办职业培训机构申请3家，批复2家；接受新增培训项目申请4家，批复2家；变更法人2家，变更名称3家，变更地址1家，迁出1家。2～5月，评估检查区内47家符合评估条件的培训机构，5家优秀、39家合格，3家不合格机构被依法注销。

（吴婉榕）

就业创业

【人力资源推介服务】 2015年，鼓楼区人力资源市场举办各类招聘会74场，接受注册登记企业会员657家，个人网上求职注册1220人，招聘企业进场1882家次，发布岗位信息4.81万条，提供岗位2.41万个，接待入场求职者1.5万人次，实际求职成功近1900人。年内，“鼓楼就业网”“鼓楼就业手机客户端（企业版）”“鼓楼就业手机客户端（个人版）”“鼓楼就业微信平台”“信息化招聘摊位”等模块均上线且运营正常，实现招聘、求职全流程信息化无纸化。

【大学生创业助力扶持】 2015年，鼓楼区成立大学生就业创业服务专家团，先后走进南京大学、南京邮电大学物联网科技园、南京中医药大学等高校及园区，举办创业沙龙、创业讲座、政策宣讲等活动10余场，逐一上门走访创业实体，落实相关政策。加强小额担保贷款程序规范化管理，有8所大学创业园被市确定建立创业贷款绿色通道，全年新增大学生创业贷款13笔280万元，办理大学生创业证1815本，扶贫大学生创业605人；运作、助推优秀项目参加创业大赛，加强与各园区和高校对接力度，定期召开大学生优秀创业项目培训指导会，推荐83个经营模式新颖、可行性强、潜在效益较好或商业发展前景较好项目，参与市优秀项目遴选及大赛申报，获优秀项目奖励28个。审核通过2014年度优秀创业项目奖励55万元、优秀创业项目培育奖励22.5万元、创业载体建设奖励40万元、场租补贴67万元，合计184.5万元。促进中小微企业及大学生企业健康发展，为企业提供代理记账服务，免费协助企业办理开立银行纳税账户、办理税务登记、编制财务报表、纳税申报、工商年检等服务，全年推荐51家企业办理上述各项服务。

【省市区联动“就业援助月”专项活动】 1月5日，由省职业介绍中心、南京市就业管理中心共同组织，联合鼓楼区、玄武区、雨花台区、秦淮区职业介绍中心在鼓楼区举办“2015年就业援助月——省市区职介送政策、送万岗信息进社区”专项活动。鼓楼区组织金鹰珠江壹号国际酒店、南京大洋百货有限公司、苏果超市等200多家单位，提供工程项目经理、设计师、法律顾问、人力资源专员等3000多个岗位信息，通过社区LED电子显示屏、社区活动橱窗等多种宣传渠道，公布单位名称、工资待遇、办理保险、学历要求、联系电话、单位地址等相关招聘信息，方便各类求职者特别是就业困难人员就近就地了解岗位情况，提升求职招聘匹配效率。就业援助月专项活动期间，全区举办6场专场招聘会，帮扶466名就业困难人员实现就业。

【就业“春风行动”】 1～3月，鼓楼区组织全区13个街道及4个“新南京人”服务中心联动开展“‘搭建供需平台，促进转移就业’春风行动”。行动期间，区人力资源市场举办4场“春风行动专场招聘会”，组织100家用人单

3月3日，挹江门街道开展“春风行动”送岗位活动

位，提供5000余个相关岗位；联合六合区举办两区帮促三区联动大型招聘会，为农民工提供就业、技能培训、同城待遇、权益维护等方面服务和保障。联合街道开展3期企业春季用工需求调查，动态掌握就业市场状况。

【主题招聘活动】 3月，鼓楼区举办“迎三八、展风采、强素质、促就业”女性专场招聘活动，联系企事业用工单位30余家，提供保洁、物业、家政、餐饮、营业员等800多个岗位；与幕府山街道联合在驻区某部仓库举办“迎三八拥军助岗”军嫂面试会，16家用人单位提供近300个就业岗位，现场开展政策法规、职业指导、社会保险、就业培训、劳动保障、小额贴息贷款等咨询。4月，开展“民营企业服务月”活动，举办5场招聘活动，200多家民营企业提供就业岗位2000多个。7月，举办迎“八一”就业援助专场招聘会，40家单位提供2000余个岗位。10月，与区委组织部、区级机关工委联合开展“爱心送岗 就业帮扶”专场招聘会，40家单位参加，提供1200个岗位，737名求职人员进场求职，最终达成意向40人。11月，与省、市、区残疾人联合会联合举办“关心帮扶残疾人，实现美好中国梦”招聘会，40家用人单位参加，提供223个岗位，吸引1100名残疾人进场求职，最终达成意向232人。

【南京中医药大学大学生创业园开园暨区大学生创业工作推进会】 5月29日，南京中医药大学大学生创业园开园，同期召开区大学生创业推进会，省人社厅、市人社局、区政府分管领导以及学校领导，辖区大学生创业园、南京中医药大学就业创业指导委员会、南京中医药大学大学生创业园代表等110余人出席大会。会上，与会领导为南京中医药大学大学生创业园揭牌，南京中医药大学副书记王长青为5位大学生创业导师颁发聘书，并向近期入驻园区企业代表颁发金钥匙，南京市、鼓楼区授牌和奖励南京中医药大学“大学生就业创业指导站”“南京市大学生创业园”；鼓楼区政府兑现所驻大学生创业园2014年“场租补贴”“南京市青年大学生优秀项目”“优秀项目培育奖”等各类奖励资金185万元。副区长周文中总结鼓楼区2014年以来大学生创业工作取得的突出成绩，宣传该区创业扶持政策和创业人文氛围。会后，与会领导参观南京中医药大学汉中门校区大学生创业园远程医疗服务、柯宜君中医养生糕点、养生花茶、中华药膳、中药观赏盆栽、多功能粗粮粉等项目。

【南邮大学生创业园被授予省级创业示范基地】 9月，南京邮电大学物联网大学生创业园被省人社厅授予“省级创业示范基地”称号。该园位于鼓楼区新模范马路66号，面积5000平方米，在园企业63家，涵盖物联网应用及移动互联网、软件开发应用、电子商务、教育培训、文化传媒五大类。驻园企业创业大学生博士9人、硕士研究生19人、本科生33人、专科生1人，其中在校生13人。

【高校毕业生就业服务周】 11月14日，鼓楼区2015年高校毕业生就业服务周活动在江苏城市职业学院举行。区人社局组织南京通达海信息技术有限公司、南京东鼎生物科技有限公司、南京尊朗电器有限公司、南京服诺教育咨询有限公司第一分公司、南京拓普投资管理有限公司第二分公司、江苏瑞桓建设有限公司、南京热备舒能源科技有限公司等61家用人单位参加招聘活动，提供Windows C++开发工程师、美工/平面设计、客服人员、会计/出纳、行政文员、销售、测量员、java开发工程师等1485个岗位，并在招聘现场设立大学生就业创业政策咨询台，为大学生解答就业创业政策，发放政策宣传册200余册。招聘活动吸引2000多名学生进场求职，150人达成就业意向。 （吴婉榕）

社会保险

【未参保人员登记调查】 2015年，鼓楼区采取信息对比、数据采集、入户调查、数据集中管理和动态跟踪等措施，选取全区2万多名未参保人员进行情况调查，摸清未参保原因。至年末，全区未参保并明确住址32501人。实际完成入户调查20782人，完成市人社局入户调查目标任务128%。

【城镇职工和居民大病保险】 2015年，全区参加社会基本医疗保险64.8万人，全部纳入基本医疗保险、大病保险与医疗救助协同互补保障体系，减轻参保人员大病医疗费用负担。

【社会保险扩面稽核工作】 2015年，鼓楼区成立社会保险扩面稽核工作组，采取“区街联动、监察同步”方式开展社保稽核，分成3个小队，划片包干负责，会同相关街道开展稽核工作。同时，严把社保缴费基数申报关，确保全区社保参保规模逐年稳步扩大。全年，企业职工基本养老保险净增缴费9315人，中断缴费人员续保5752人，征收社会保险费34.3亿元，清理历年社保欠费1215万元，

【困难补助发放】 2015年，全区发放被征地老年生活困难补助1.46万人次188万元，发放被征地老年补助参加基本生活保障7151人次212万元；发放老军工补贴4997人次184万元；发放原支边、插队（场）、下放“三无”（无工作收入、无社保福利、无家庭支柱）人员生活困难补助9813人次，发放补助金569万元。

【企业退休人员社区活动组织】 2015年，鼓楼区组织退休人员开展各类娱

乐活动 2500 多场、大型活动 100 多场。其中，组织近 2800 名企业退休人员开展“乐游新南京，万人看仙林”活动、鼓楼区企业退休人员诗词赛、鼓楼区企业退休人员廉政书画展、“橙色时光、欢乐夕阳”——鼓楼区庆祝老人节文艺汇演暨颁奖大会、“纸上欢乐行”有奖读报活动、“灵猴敏捷携桃来，健康幸福寿四海” 退休人员趣味运动会等。同时，每月以街道为单位为辖区达 70、80、90、100 周岁老人举办集体祝寿活动。

【《关于〈鼓楼区机关事业单位补充医疗保险试行方案〉的补充规定》制发】 1 月 26 日，区人社局、民政局、财政局、卫生局联合下发《关于〈鼓楼区机关事业单位补充医疗保险试行方案〉的补充规定》，明确新进入区机关和全额拨款事业单位、移交区民政局安置的“涉军人员”，以及区安置的自主择业军转干部，在进入单位工资关系确认（移交区民政局、区内安置）至办理职工医疗保险参保手续期间所发生的医疗费用处理办法。

【“冬日阳光”送温暖系列活动】 春节前夕，区人社局开展节日慰问活动，慰问企业退休人员特困家庭 2512 户 302 万元；慰问孤寡老人 1655 人 132 万元；探望百岁老人、劳模代表等特殊老人，送慰问金及实物 2 万元。开展生日、重病、死亡等日常慰问 1.48 万人次 349 万元，占全市总量 28%。

【城乡居民基本养老保险参保与支付】 5 月，鼓楼区继续做好 2014 年、2015 年度城乡居民续保参保工作。至 2015 年年末，全区城乡居民养老保险缴费到账 3299 人；支付待遇领取 7.26 万人次，发放金额 2028 万元。

【区企业退休人员门球俱乐部成立】 5 月 29 日，“鼓楼区企业退休人员门球俱乐部”在五台山体育中心成立，俱乐部为南京市首个企业退休人员门球俱乐部，来自全区 13 个街道近 500 名喜爱门球的企业退休人员参加成立仪式，并举行首场趣味门球赛。年内，该俱乐部举办首届“橙色时光杯”企业退休人员门球友谊赛。至年末，鼓楼区在 13 个街道成立门球俱乐部分部，开设“认识门球”知识讲座，吸收热爱门球运动的企业退休会员 1300 余人。

（吴婉榕）

鼓楼区举办 2015 首届“橙色时光杯”企业退休人员门球友谊赛

劳动权益维护

【概况】 2015 年，鼓楼区全面启动和谐劳动关系“春季要约”行动，发挥协调劳动关系三方委员会作用，签订区域性、行业性集体合同 148 份，覆盖企业 3987 家、涉及职工 30338 人。严格行政规范、审批程序，全年新增特殊工时企业 4 家，到期延续 7 家，有效期内 31 家。完成 178 家企业“企业人工成本情况”和“企业在岗职工工资调查”工作；挑选辖区内制造业、餐饮业、零售业中小微型企业 15 家，开展最低工资标准政策实施效果专项调查，为上级相关部门出台政策提供数据资料。全年书面审查用人单位 8817 家，集体合同审查 1395 份，其中 32 家用人单位因存在违法用工行为被限期整改，同时指导帮助 29 家用人单位制定或重新完善规章制度。严格执法，日常监察、书面审查和主动巡查相结合，开展农民工工资清欠、非法用工整治、在建建筑工地规范用工等专项行动。针对建筑领域、劳动密集型企业及员工数超过百人的企业，实行“员工工资支付定期报备”制度。全年责令用人单位补签劳动合同 600 余份，清退非法押金 1.5 万元。建立舆情监控和协调处理工作机制，完善应对突发性或群体性讨薪事件的应急处理方案，细化与工会、公安、法院、检察院等职能部门联动处理细则，及时介入劳动者投诉，防止事态无序蔓延，维护劳动者合法正当权益。7 月，区劳动监察大队有效化解南京童安守护社区服务中心职工集体讨薪案。继续推广“巡回仲裁庭”及“要素式”审理模式，组织庭审观摩争议较大的集体性争议案件。

【专项检查】 2015 年，鼓楼区组织开展 4 次较大规模专项检查，重点行业或企业巡查基本实现常态化，主动巡查企业 1092 家，比上年同期增加 172 家。整顿人力资源市场秩序专项检查，打击扰乱人力资源秩序违法犯罪活动，规范职业中介行为，检查中介、劳务派遣公司42家，规范4家劳务派遣公司违反社会保险缴纳规定、违反年休假规定行为，实地检查12家劳务派遣用工单位“三性岗位”（临时性、辅助性、替代性），发出3家问题单位限期整改通知。劳动用工与社会保险情况执法检查，督促1871家用人单位依法办理社会保险登记。工资支付情况专项执法检查，春节前重点摸底和规范餐饮服务企业、在建建筑工地工资支付行为，建立全区餐饮服务企业隐患重点单位台账以及全区在建建筑工地台账，基本实现上述单位用工人数清、工资支付情况清、负责人联系方式清的目标。7～9月，开展全区劳动密集型企业工资支付及高温期间用工规范专项执法检查，检查企业196家，及时查处和纠正用人单位违法违规行为，指导用人单位合理安排高温天气、高温时段、高温岗位工作及休息，督促其落实夏季高温劳动保护措施，确保按时发放高温费及防暑降温津贴。（吴婉榕）

社会救助

【概况】 2015年，鼓楼区投入社会救助资金1.02亿元，惠及5万余人。在全市率先出台区级《关于加快养老服务发展的实施意见》，采取多元参与方式推动养老服务社会化发展。正式发布《2014年鼓楼区老年人口信息和老龄事业发展报告》。年内，举办养老服务资源项目推介会，联合区内15家养老组织成立鼓楼区养老服务联盟，由餐企改建的建宁老年康复护理中心投入运营，全区有百岁老人59名。全年新增养老床位606张，建成20个AAA级养老服务站、108个老人助餐点、12个中心厨房，每天服务老人约4500名。开展医养结合，全区有10家养老机构内设医疗机构，30家养老机构与就近社区卫生服务中心签订服务协议，全区养老机构医疗服务覆盖率100%。健全未成年人保护体系，建成全省第一个依托民营力量开办的鼓楼区未成年人保护中心，试点在天河实验寄宿学校对6～12岁监护缺失困境未成年人实行就学寄养服务，全区119个社区均设立社区未成年人保护站。全年投入社会救助资金1.02亿元，受惠5万余人。困难家庭医疗救助比例92%，“民生两险”（自然灾害公众责任保险和家庭财产综合保险）覆盖率100%。全年发放低保金7376.88万元、低保边缘生活救助金74.06万元、大重病医疗救助资金1106.1万元；发放“东方之星”号沉船事故遇难者家属补偿金35人；发放2015年春节慰问资金2260万元。是年，鼓楼区养老服务综合改革试点评估全市第一。

2015年鼓楼区百岁老人一览表

表39

序　号	所在街道	姓　名	性　别	出生年月
1	中央门	秦华礼	男	1913.01
2	中央门	张锦玲	女	1913.02
3	中央门	王素珍	女	1914.06
4	中央门	何顺海	男	1914.09
5	中央门	陈秀兰	女	1914.09
6	中央门	姜满琴	女	1914.01
7	中央门	丁素珍	女	1915.06
8	中央门	王玉斌	男	1915.11
9	中央门	汤秋莲	女	1915.12
10	中央门	李　力	男	1916.02
11	宁海路	肖连妹	女	1912.12
12	宁海路	徐桂卿	女	1914.11
13	宁海路	张云翩	男	1915.10
14	宁海路	张桂英	女	1914.04
15	宁海路	周云仙	女	1915.10
16	宁海路	孙义伦	男	1915.10

续表 39

序　号	所在街道	姓　名	性　别	出生年月
17	宁海路	周国英	女	1915.09
18	宁海路	金月琳	女	1914.08
19	宁海路	张秀兰	女	1914.01
20	宁海路	陆盘珍	女	1911.01
21	宁海路	杜玉兰	女	1910.09
22	宁海路	沈惠玲	女	1914.03
23	宁海路	郑率芬	女	1914.07
24	湖南路	唐原仁	男	1914.01
25	湖南路	黄　颜	男	1915.12
26	湖南路	董　芳	女	1915.01
27	湖南路	陈凤质	女	1908.04
28	湖南路	李长庚	女	1914.01
29	湖南路	梅丽芳	女	1915.12
30	湖南路	何玉琴	女	1914.01
31	湖南路	王蔡氏	女	1908.01
32	湖南路	邱杏娣	女	1914.11
33	凤　凰	殷颜氏	女	1913.11
34	凤　凰	庄国华	男	1914.02
35	凤　凰	石增梅	女	1915.09
36	凤　凰	程咏美	女	1913.08
37	凤　凰	王向红	女	1910.04
38	江　东	蔡虎珍	女	1914.07
39	江　东	周克芳	女	1915.12
40	挹江门	殷陈氏	女	1908.01
41	挹江门	金引璋	女	1909.12
42	华侨路	孙佩珏	女	1912.02
43	华侨路	陈普鑫	男	1915.12
44	华侨路	李寅森	男	1914.10
45	阅江楼	盛秀华	女	1914.11
46	阅江楼	童玉珍	女	1916.02
47	阅江楼	朱月萍	女	1911.01
48	阅江楼	汪光德	女	1913.10
49	阅江楼	王业成	男	1913.09
50	热河南路	王桂英	女	1914.06
51	热河南路	胡成英	女	1915.08
52	热河南路	赵希英	女	1915.08
53	幕府山	薛凤英	女	1914.01

续表 39

序　号	所在街道	姓　名	性　别	出生年月
54	幕府山	任桂兰	女	1914.07
55	建宁路	孙素珍	女	1912.06
56	建宁路	刘淑贞	女	1915.11
57	宝塔桥	陈春兰	女	1912.01
58	宝塔桥	王允帮	男	1915.05
59	宝塔桥	王灵慧	女	1912.04

【志愿者服务体系规范整合】 2015年，鼓楼区制定《社区志愿服务规范化建设实施办法》，在13个街道成立志愿服务总站，组织24个城市志愿服务示范点志愿者定期到社区开展服务。各个社区结合自身实际开展形式多样志愿服务活动，涌现出多伦路社区“多多星级志愿服务中心”等一系列工作品牌。整合区爱心协会、“96180”加盟企业、社区睦邻中心、注册社会组织和街道社区志愿服务资源，探索鼓楼特色志愿服务体系化建设。加大志愿者登记管理和监督，至年末全区注册志愿者20万余人，志愿者队伍1000多个，其中特色志愿队伍20多个，位居南京市前列。　（刘传递　黄晓璐）

困难救助

【社会救助“一门受理”】 2015年，鼓楼区继续巩固社会救助“一门受理，协同办理”建设成果，秉承“求助有门、门里有人、人人全能、能解急难”工作思路，依托街道便民服务中心推行高效便民救助服务。进一步规范救助程序，扩大救助范围，健全“救急难”机制，整合共享信息资源，促进“精准救助”；完善优化“8+1+N”（最低生活保障、低保边缘家庭生活救助、因病支出型贫困家庭生活救助、医疗救助、教育救助、临时救助、特困人员供养、受灾人员救助等8项救助制度和社会力量参与，“N”即特色区级救助政策）社会救助体系。规范化建设“一门受理”平台，逐步在窗口建设、运行机制、管理模式和人才培养上形成统一规范。开展全科社工社会救助业务培训，提升办理人员一专多能综合社会救助能力。

【困难群体社会救助】 2015年，鼓楼区有低保家庭5654户9415人，全年发放低保金及低保补充金7376.88万元；低保边缘家庭642户1506人，全年发放救助金74.06万元；34314人次困难居民获大重病医疗救助，救助资金1106.1万元。全区为低保人员设立每人每年300元门诊医疗账户（根据区划调整后社会救助政策融合方案原下关区提高至200元）；为低保边缘人员设立每人每年150元门诊医疗账户；未享受各级财政通过学校资助的非义务教育阶段低保及低保边缘家庭学生，按照高中生、中专生、大专生、本科生、研究生、博士生分类救助标准，每人每年分别给予400元～5000元教育救助，为249名学生发放教育救助金31.13万元。

【保险救助】 2015年，鼓楼区立和救灾减灾公益发展中心成立，该组织为社会组织，开展社区居民防灾减灾、应急救援、社区演练活动。区政府与中国人民保险股份有限公司南京市分公司签约，办理全区96万居民“自然灾害意外伤害”保险，办理32万户家庭“家庭财产保险”；办理80岁以上老人“意外伤害保险”，购买重点优抚对象医疗大病保险；购买退役士兵团体意外伤害保险，购买低保协理员、社区退养主

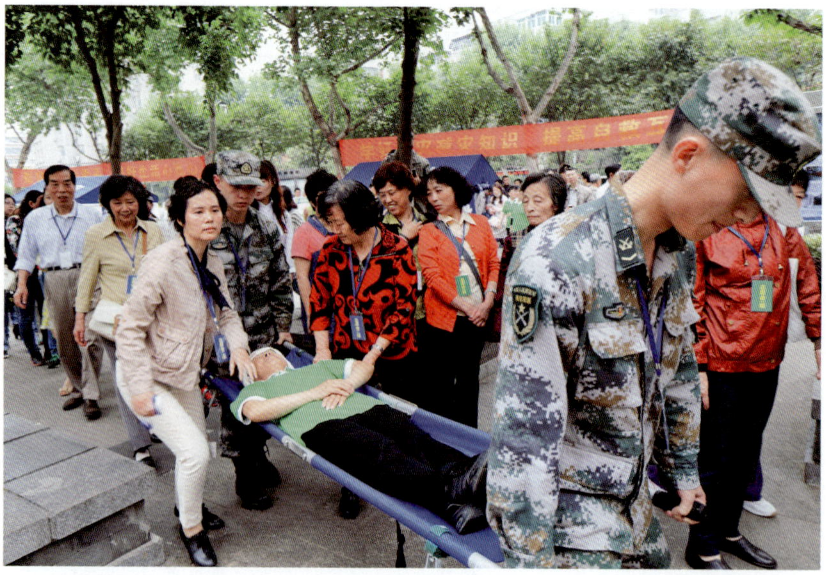

5月8日，中央门街道将军庙社区举办防灾减灾、应急救援、疏散演练活动

任意外伤害保险，户籍居民“民生两险”覆盖率100%，全年赔付53.1万元。是年，中央门街道将军庙社区获国家级综合减灾示范社区称号。

【区未成年人社会保护中心】 鼓楼区未成年人社会保护中心(简称中心)位于天河实验寄宿学校内。试点在中心对6～12岁监护缺失困境未成年人实行就学寄养服务；依托中心，在全区119个社区设立未成年人保护站。年内，通过网站发布、街道社区登记、社会组织宣传等多种方式率先公开征集寄养家庭，根据不同困境类型未成年人需求及不同寄养家庭寄养能力，形成假期寄养、临时寄养、阶段性寄养3种方式。至年末，有14户家庭应招登记。

(郑翠霞　刘细梅)

【未成年人社会保护机制建设】 4月15日，鼓楼区成立未成年人社会保护工作领导小组，制订下发《鼓楼区未成年人社会保护工作实施意见》，形成分管区领导总负责，区民政局牵头，区14个部门、13个街道相互配合，社会组织参与的未成年人社会救助工作格局。搭建全区未成年人社会保护信息平台，联合街道、社区摸底调查全区困境未成年人，初步确定全区有监护缺失困境未成年人33名、留守流动困境未成年人1名、特殊困难困境未成年人1208名，形成困境未成年人数据库。同时通过政府购买方式，与南京理工大学等高校合作，引入希望来吧、惠仁社会工作事务所、阳光家园、青雁计划、沁源青少年健康成长服务中心等专业社会组织和服务机构，承接困境未成年人专业咨询、监测评估和保护服务。

【“东方之星”号客轮翻沉事件善后处理】 6月，“东方之星”号客轮翻沉事件发生后，区民政局主要领导第一时间带队赶赴湖北监利现场应急处置，牵头成立区善后工作组，统筹协调全区善后工作，协同协作、互动联动完成各项善后工作。至年末，全区24户、37名遇难者全部落墓安葬，遇难者家属情绪总体平稳可控；全区一次性补偿金3052.5万元全部到账，发放35人，2人补偿金实施公证机关代为保管。

(李　韬　刘细梅)

老龄工作

【《关于加快养老服务发展的实施意见》新闻发布会】 4月8日，鼓楼区在全市率先出台区级《关于加快养老服务发展的实施意见》(简称《意见》)。4月16日召开《意见》新闻发布会，向社会公开宣传鼓楼区养老服务发展新政策。《意见》明确未来5年全区养老服务总体思路、发展目标、主要措施和工作要求，新建社区养老服务站、日间照护中心、社区助餐点等给予专项支持，改变以往重机构轻补助做法；明确全区以“整合资源、融合发展”为核心，辐射和带动整个鼓楼区社会资源、场所、设施、服务等资源整合，推进养老机构、居家和社区融合式发展的养老服务发展方向，鼓励社会力量承接社区养老。《意见》体现更加全面具体、更加具有操作性、更加强调惠民性、更加突出社会参与、更加精准扶持、更加注重模式化探索研究“六个更加”亮点。市老龄委、市民政局、区民政局、区卫生局、区财政局等相关部门负责人以及《新华日报》《南京日报》等10家媒体出席发布会。会上，区民政局从文件出台背景、养老规划布局、发展指标、特色措施、补贴政策等方面解读《意见》；区卫生局、财政局分别从卫生服务和财政补贴政策上作进一步解读。发布会还邀请南京大学教授陈友华、鼓楼养老服务组织代表等与媒体记者交流座谈，各部门就相关问题回答记者提问。

【社区居家养老服务】 2015年，鼓楼区新增AAA级社区养老服务站20个，引入深圳花样年集团及汇银集团、携才居家养老服务中心、银城地产等企业，以政府、社区、社会企业合作方式，推进社区养老专业化、社会化。促进“综合养老”，采取“开门办院”“小区养老”“助餐连锁”等方式，打破原有居家、社区、机构相互独立服务体系，携才居家养老服务中心、彩虹社区服务中心等开展老年助餐等“六助”(助餐、助浴、助洁、助行、助急、助医)服务。全区打造108个助餐点和12个中心厨房，为老人提供低偿及方便的就餐服务，每天服务老人约4500名。

2015年鼓楼区部分老年服务助餐点一览表

表40

序号	名　　称	地　　址	联系电话
1	教工新村助餐点	北圩路151号	15062201290
2	龙凤花园助餐点	汉江路16号龙凤花园老年活动室	15062201290
3	凤凰花园助餐点	福安园28号	15062201290
4	汇贤居助餐点	湛江路79号会所	15062201290
5	莫愁新寓助餐点	胜棋里17号	15062201290

续表 40

序号	名　　称	地　　址	联系电话
6	南秀村社区养老服务站	南秀村 8 号 101-102 室	15950523935
7	大方巷社区居家养老服务中心	西桥 208 号	15365021787
8	大方巷助餐服务点	五条巷 4 号	15062201290
9	云南路茶寿居家养老服务中心	渊声巷 50 号	18915979316
10	霞辉精神关爱中心	汉口路 52-2 号	13337710619
11	傅厚岗服务点(中心厨房)	高云岭 39 号	15062201290
12	南大二号新村助餐服务点	北京西路 2 号新村	15062201290
13	马台街助餐点	天福元 28 号	15062201290
14	湖南路银杏树老年人服务中心	西桥 8 号	13057630680
15	南山园老年人服务中心	芦席营 97 号 3 楼	13801589237
16	工人新村"幸福驿站"睦邻中心	工人新村 46 号东侧	13337723661
17	彩虹居家养老服务中心	马鞍山 2 号	18951799246
18	爱馨老年人服务中心	竹林新村 2 号	13851941195
19	苏膳居家养老生活馆	水佐岗 60-3 号	13951762215
20	北京西路社区居家养老服务站	西康路 3 号院内	18951613331
21	携才居家养老便民服务中心古林社区助餐点	北京西路 76 号	15062201290
22	携才居家养老便民服务中心南阴阳营助餐点	南阴阳营 17 号	15062201290
23	昱雅居家养老服务中心	古平岗 18 号	13057683682
24	挹江门街道安康年居家养老服务中心	察哈尔路 79 号	15905169528
25	夕阳红养老院	铁路北街洪庙巷 21 号	13913937256
26	鼓楼区银杏树老年人服务中心	福建路 22 号	15151883076
27	虎踞关鹤颜居家养老服务中心	上海路 85 号 109	18151687212
28	永庆村小区助餐点	永庆村小区 10 栋	15062201290
29	腾飞园银杏树社区养老服务站	腾飞园 5-6 幢	13851852422
30	携才居家养老便民服务中心宝船社区养老服务助餐点	沅江路 62-1 号	15062201290
31	携才居家养老便民服务中心云水百度服务点	漓江路 28 号	15062201290
32	携才居家养老便民服务中心苏宁睿城服务点	润江路 1 号	15062201290
33	携才居家养老便民服务中心东宝花园服务点	东宝花园 11 幢老年活动室	15062201290
34	携才居家养老便民服务中心舸舫园助餐点	川江街舸舫园小区	15062201290
35	心贴心老年人服务中心	金陵四村 27 号 4 楼	13400060109
36	金色夕阳老年公寓	郭家山孙家洼 118 号	13376092687
37	朝夕相处居家养老服务中心	金陵新七村 33-1	15950523935
38	携才居家养老便民服务中心金陵新四村服务点中心厨房	金陵新四村 27 号 6 楼	15062201290
39	金色夕阳老年公寓(燕江园站点)	燕江园 183 号	13376092687
40	晚霞情健康养老服务中心	安乐村 226 号旁	13770559808
41	携才居家养老便民服务建宁路街道服务点(中心厨房)	建宁路 30 号 1 楼	17705560146
42	城河村助餐点	建宁路 23 号	17705560146

续表 40

序号	名　　称	地　　址	联系电话
43	五所村助餐点	五所村居委会	17705560146
44	四平路服务点	大桥南路三所村旁	15062201290
45	卢龙山庄助餐点	卢龙山庄小区	15062201290
46	康居居家养老服务中心	小市街 80 号	13815877123
47	小市青春助老驿站	安怀村 30-18	15358107220
48	张王庙助餐服务点	郭家山 29 号大院	15062201290
49	东井亭助餐服务点	东井村 113 栋	15062201290
50	小市新村社区助餐点	小市新村社区	15062201290
51	黄家圩助餐服务点	黄家圩社区服务中心	15062201290
52	幸福天地老年公寓(中心厨房)	伍佰村 1 号	13611588343
53	五塘新村二段期颐乐苑助餐点	五塘新村 28 号	18105178777
54	五塘新村服务点	五塘新村社区 1 楼(云燕园)	13912987912
55	云谷山庄服务点	云谷山庄 40 幢 3 楼	13951620938
56	盛世花园服务点	盛世花园物业办公室旁	13813848431
57	白云新寓服务点	白云雅居社区	13813848431
58	携才居家养老便民服务中心	汽轮七村 8 幢 110 室	15062201290
59	鼓楼区安康年养老服务中心	热河南路 308 号	15905169528
60	携才居家养老便民服务中心热河南路街道服务点(中心厨房)	热河南路白云亭小区 583 号	15062201290
61	小桃园助餐点	热河南路 19 号	15062201290
62	三汊河助餐点	迎江园 7 号	15062201290
63	陆指九所服务点	定淮门大街 6 号	15062201290
64	晏公庙助餐服务点	热河南路 221 号	15062201290
65	清江花苑社区居家养老服务站	郑淮路 9 号	15062201290
66	新河二村助餐	新河二村 126 号 3 栋 4 单元	15062201290
67	姜圩路助餐点	姜圩路居委会内	15062201290

【养老服务政企合作】 2015 年，辖区汇银集团出资 100 万元，成立鼓楼区养老服务社区基金，用于支持各社区养老服务和老年社团活动，成为全省首个由企业冠名的社区养老基金。年内，区民政局与省《老年周报》、汇银集团合作，在各社区打造社区睦邻文化驿站，为老人提供读书读报分享、影视戏曲欣赏、国学讲堂、生活缴费、购买生活用品等服务。

【建宁老年康复护理中心投入运营】 3 月 28 日，鼓楼区建宁老年康复护理中心投入运营。该中心由上海天德慧益集团投资，位于建宁路 297 号，定位为高端医养融合型养老护理中心，配有医疗、康复、休闲等服务设施。中心建筑面积 9200 平方米，有养老床位 102 张，内设康复医学科、内科、外科、中医科、医学影像科等临床一线科室，配备 41 名专业康复医生和护士，满足老年人日常康复医疗需求；配备 18 张重症监护病床，成为全省首设重症监护室的医养融合老年康复护理机构。开业当日，200 多名老人进行意向登记。年内，副省长许津荣，省委常委、市委书记黄莉新等领导先后视察该中心。

【区养老服务联盟成立】 4 月，鼓楼区 15 家养老组织发起成立养老服务联盟，联盟涵盖助餐、修脚、心理关爱、社区康复、医养融合、老年金融、法律援助、音乐照顾、人才队伍等领域特色养老服务，发挥各组织专业优势、资源共享、组团发展。至年末，养老服务联盟为辖区 1.4 万名老人提供各类服务 70 余次。是年，区养老服务党建联盟获南京市第四届“社会建设创新奖”一等奖。

【养老服务综合改革试点评估全市第一】 7月,鼓楼区养老服务综合改革试点工作接受并通过南京市民政局评估组评估。考核根据养老服务体系建设、社会力量参与度、养老服务实施布局等十大项73条内容进行评估,评估结果鼓楼区在全市11个区中总分第一。

【全国首个区级老龄事业发展白皮书发布】 10月20日,《2014年鼓楼区老年人口信息和老龄事业发展报告》(简称《白皮书》)向社会公开发布。《白皮书》分三大块内容:2014年年末区老龄人口信息,主要反映区老龄人口数据及特点;从九大方面反映2014年区老龄事业发展情况及工作特色;区老龄事业发展状况附表。作为全国首个区级老龄事业发展《白皮书》,对分析全区老年人口信息、展示区老龄事业发展状况、传播区老龄工作经验、促进全社会关心和支持老龄事业发展具有重要意义。

【省第二届百佳孝星颁奖仪式暨鼓楼区重阳乐龄游园嘉年华活动】 10月21日(重阳节)在古林公园举行。活动由省老龄工作委员会办公室、省老年协会、江苏广电集团、江苏老年图影学会、鼓楼区老龄工作办公室、中国电子科技集团第十四研究所联合举办。活动围绕“培育敬老家风,建设和睦家庭”主题,举办全省第二届百佳孝星颁奖仪式、抗战胜利70周年主题摄影展、大型老年文艺演出等展演活动,以及游园游艺专家义诊、法律咨询、家电维修、义务理发、推拿按摩等系列敬老助老服务活动。副省长兼省老龄工作委员会主任许津荣、省委原书记陈焕友、区委书记杨学鹏及近5000名老人参加活动。

【区第二届公益慈善暨社区养老服务资源项目推介会】 11月6日,鼓楼区举办第二届公益慈善暨社区养老服务资源项目推介会,市民政局副局长胡益民、副区长王红,区相关部门、街道、社区负责人和公益社会组织代表近300人参会。推介会期间,鼓楼区向社会各界展示爱心传递社工服务中心、圆梦残疾人托养中心等慈善项目,向社会推介公益慈善项目、社区服务资源和需求,最终达成18个公益慈善项目合作意向,并发布78个社区养老服务项目,全区街道社区无偿提供房源1.04万平方米,用于78个新发布的社区养老服务项目。同时,举办社区微公益项目创投、千寻救助公益项目展示、公益产品爱心义卖等系列公益活动,并接待国家民政部领导及全国农村社区建设培训班学员观摩。

(张璐 袁岭)

残疾人扶助

【概况】 2015年,鼓楼区发放特殊困难残疾人补助金1.33万人次851.29万元,发放“重度残、一户多残、老养残、孤残”补助金1.57万人次157.45万元,发放低保家庭重残补贴5611人次56.11万元。发放70岁以上(含)老人祝寿补贴1384人17.99万元。发放残疾人护理补贴1969人次19.69万元,发放残疾人托养补贴4342人次80.88万元,发放残疾人社会养老保险和居民医疗保险补贴1180人次234.17万元;发放残疾人车主燃油补贴647人16.43万元。元旦、春节期间慰问各类特殊困难残疾人2218人次,发放慰问金96.15万元。审核1391家企业残疾人就业保障金,征缴2929.97万元。其中,地税鼓楼分局代为征缴2867.68万元、区残联征缴62.29万元。全年安排残疾人就业117人。至年末,全区有持证残疾人12188人。在全市率先建成“南京市鼓楼区江东康复托养中心(社区精神残疾人员‘艺疗’站)”,填补精神残疾人员在“社区家门口”享受专业康复服务空白。实现社区康复实施率100%、康复转介有效率80%、康复服务满意率80%以上目标。至年末,全区托养服务残疾人551人。完成全国残疾人基本服务状况和需求专项调查。携手驻区企业开展“善行南京鼓楼·扶贫助残惠万家”大型公益活动,扶贫助残。举办区划调整后第一届残疾人运动会暨第25个“全国助残日”宣传活动。全年接待残疾人信访300余人次,受理市区“12345”政府呼叫中心督办单和“96180”工单近50件、政府信箱2件、其他来信1件;申请法律援助5次,办理人大、政协提案建议5件。

是年,鼓楼区被评为2015年度南京市残疾人工作有功区。鼓楼区残疾人联合会(简称区残联)被评为残疾人托养服务国家级标准化试点考核评估合格单位、省级残疾人之家、“全国残疾人基本服务状况和需求专项调查”南京市先进,获南京市残疾人事业好新闻奖评选组织奖、全市档案信息化工作先进单位,区残联在全市年终残疾人工作综合考核中排名第一。

2015年鼓楼区持证残疾人一览表

表41 单位:人

类别	肢体类	视力类	听力类	言语类	智力类	精神类	多重类	合计
数量	5226	1525	997	74	1592	2517	257	12188

【残疾人文体事业发展】 2015 年，鼓楼区组织开展残疾人“文化进社区”“残疾人文化周”活动。湖南路街道成立江苏省首家街道级残疾人艺术沙龙，5 支特色小分队长期活跃在残疾人身边；挹江门街道钟阜路社区组建“康爱手工坊”，下设编织、烙画 2 个俱乐部，成为残疾人文化活动基地。有机融合残疾人健身体育与竞技体育，举办新鼓楼区第一届残疾人运动会和国际特奥东亚融合足球赛。是年，由区残联选送的文化艺术作品分获省市“残疾人事业好新闻”一等奖、二等奖、三等奖；区特殊教育学校情景剧《我们也有梦》参加全省第七届特教学校学生艺术汇演摘得启智奖；挹江门街道丁山社区、热河南路街道清江花苑社区被授牌为省“残疾人文化进社区”示范点。丁山社区残疾人王忆再次出版发行图书《轮椅上的青春》；区残疾人运动员在“全国第九届残疾人运动会暨第六届特殊奥林匹克运动会”上获金牌 3 枚；在南京市第三届残疾人运动会上获金牌 18 枚、银牌 6 枚、铜牌 1 枚，并以总分 186 分的成绩位列团体第三名，同时获“体育道德风尚奖”团体奖，连续两届在市级残疾人运动会上保持前三甲荣誉。区特殊教育学校以及教练员晋辉分别被中国残联及国家体育总局联合表彰为 2011～2014 年全国残疾人体育先进单位和先进个人。

【重点康复项目】 2015 年，鼓楼区为 14 名白内障患者免费实施复明手术、52 名贫困低视力残疾人配发助视器、8 名听力障碍者申请中央专项彩票公益金助听器验配；为肢体残疾人安装义肢 6 例、矫形器 15 例，为 409 户残疾人辅具适配和家庭简易无障碍改造；为 164 名 0～6 岁残疾儿童、19 名 7～14 岁残疾儿童实施基本康复免费训练；为 383 名精神残疾人免费提供药品 44.2 万元。

【残疾人培训与就业】 2015 年，鼓楼区 9 名盲人报考按摩师，4 名盲人参加计算机培训，167 名残疾人参加其他类型职业技能培训。区残联为残疾人提供就业信息 27 条，推荐残疾人就业 15 人次，全年安排残疾人就业 117 名。发放残疾人自谋职业补助金 5 人 1.5 万元。完成 4000 多名残疾人就业和职业培训实名制统计，并进行基础信息录入。

【残疾人教育补助金发放】 2015 年，鼓楼区发放完成义务教育阶段残疾人学生和残疾人子女奖励金 69 人 5.52 万元，发放接受中、高等教育残疾学生教育补助金 22 人 5.12 万元，发放接受中、高等教育残疾学生教育奖励金 21 人 3.4 万元，缴纳参加电大远程教育残疾学生学费 18 人次 2.82 万元。

【全国残疾人基本服务状况和需求专项调查】 1～3 月，鼓楼区开展全国残疾人基本服务状况和需求专项调查。区残联组织区、街道、社区调查人员，登门入户调查登记，完成全区 11291 名残疾人数据录入和 1185 名复录工作，准确率 100%。专项调查优秀调查员受到省、市、区残疾人联合会表彰。 （杨爱华）

【纪念“世界自闭症日”主题活动】 4 月 2 日为第八个“世界自闭症日”，全国十大历史文化景观名楼共同点亮蓝灯的“蓝星行动”在阅江楼山顶大平台举行。活动主题为“蓝色行动 人人都是笨小孩”，旨在通过文化景观名楼亮灯善举，倡导社会各界更多关爱自闭症残疾儿童，给予其家庭更多帮助和支持。来自全区康复机构近 60 名患自闭症残疾小朋友及家长参加。活动中，小朋友在老师、志愿者带领下表演游戏和欢快歌舞节目。该活动由中华志愿者协会敬老助残志愿者委员会、中国文物学会历史文化名楼保护专业委员会、武汉禧乐儿童康复中心发起，鼓楼区残联、团区委、南京小海龟儿童发展中心共同主办，阅江楼管委会承办。

链接：

全国十大历史文化景观名楼包括武汉黄鹤楼、岳阳岳阳楼、南昌滕王阁、蓬莱蓬莱阁、昆明大观楼、永济鹳雀楼、南京阅江楼、杭州城隍阁、长沙天心阁、宁波天心阁。 （郭晶晶）

【区第一届残疾人运动会】 5 月 9 日，鼓楼区（区划调整后）第一届残疾人运动会暨第 25 个“全国助残日”宣传活动在树人中学举行。运动会由区残联、体育局联合举办，市残联有关领导、副区长王红等出席开幕式，各街道残疾人以及亲属代表和区残疾人工作者、志愿者 400 多人参加活动。开幕式

4 月 2 日，鼓楼区在阅江楼开展“世界自闭症日”主题活动——点亮蓝灯“蓝星行动”

上，区特殊教育学校（简称区特校）近80名师生现场表演《相信自己》大型篮球操。区第一届残疾人运动会设立竞技和趣味两大类比赛，其中竞技类田径、乒乓球、羽毛球三大项38小项比赛报名参赛残疾人运动员78名，产生获奖个人107名及团体一等奖、二等奖、三等奖13个；趣味类比赛由区残联机关、区特校师生和13个街道残疾人等15支代表队120人参加，体现残疾人健康“共建共享共融”理念。

【王振江到区调研残疾人康复工作】 8月19日，国务院法制工作办公室起草《残疾预防和残疾人康复条例》调研组一行由由国务院法制办教科文卫司司长王振江带队，到鼓楼区调研残疾人康复工作。调研组参观调研挹江门街道丁山社区残疾人康复站、鼓馨残疾人影院及盲人无障碍阅览室。省市法制办、省市残疾人联合会等相关部门领导和副区长王红陪同调研。

【社区精神残疾人员“艺疗”站建成】 9月，区残联联手江东街道投入200多万元资金以及其他配套设施，在全市率先建成“南京市鼓楼区江东康复托养中心（社区精神残疾人员‘艺疗’站）”，探索稳定期精神病人社区康复、回归社会、融入社会新途径，填补精神残疾人员在“社区家门口”享受专业康复服务空白。中心实用面积300余平方米，其特色由原生态艺术开创人郭海平团队对精神残疾人员进行“艺疗干预”、同时由南京市青龙山精神病院对精神残疾人员进行“医疗干预”。精神残疾人员来自辖区社区和青龙山精神病院2个层面。中心配有康复指导老师和来自青龙山精神病院的医生、护士、社工集体等，施行精神残疾人康复治疗与训练。至年末，中心有学员10多名。（杨爱华）

【省市区残疾人专场招聘会在区举行】 11月25日，2015年省、市、区残疾人专场招聘会在区举行。招聘会主题“关心帮扶残疾人，实现美好中国梦”，由江苏省、南京市及鼓楼区残疾人就业管理中心联合鼓楼区人力资源和社会保障局共同主办。会上，组织江苏省妇幼卫生保健中心、江苏省人民医院、苏果超市有限公司、江苏五星电器有限公司等40家用人单位参加，提供会计、收银、文员、保安、仓管员、操作工等223个岗位，吸引1100多名残疾人进场求职，现场达成意向232人。

（区就业管理中心）

【“善行南京鼓楼 扶贫助残惠万家”大型公益活动】 12月2日，“善行南京鼓楼 扶贫助残惠万家”大型公益活动启动仪式在区行政服务中心多功能厅举行。全国知名家电企业创维集团和南京商厦携手区残联，在全区范围内开展扶贫助残公益活动。活动中，2家企业现场向困难残疾人代表捐赠13台洗衣机、26台微波炉和200个电饭煲；向全区1.22万名持证残疾人各发放价值500元助残“补贴折”，有购买意愿的残疾人凭折到南京商厦购买创维产品，产品价格将在实体或网购最低价基础上再享受500元优惠。

（杨爱华）

红十字救助

【概况】 2015年，鼓楼区有基层红十字会组织119个，专（兼）职工作人员76人，会员11123人，其中团体会员35个，成人会员7118人；志愿者2644人，其中注册志愿者1278人。募集各类救助捐款物资253.3万元，其中资金93.3万元、物资160万元。发放救助款物67.15万元，受益1600余人。区造血干细胞捐献入库志愿者新增60人，全年成功捐献2例，累计10例，新增“志友”78人。举办各级各种救护培训126场，培训1.1万人。联合区安监、公安、消防、环保、卫生等部门，在金陵船厂开展生产安全事故应急演练。年内，申请并启动中国红十字总会“红十字生命安全教育”项目和省红十字会“博爱鼓楼，情暖幼老”志愿服务项目。是年，区红十字会获2015年度中国红十字会总会和江苏省红十字会报刊宣传先进集体三等奖，救护培训、志愿服务、红十字青少年和宣传工作获南京市红十字工作单项先进奖。

【红十字青少年工作】 2015年，全区9所中小学开展博爱校园行活动，收

12月2日，“善行南京鼓楼 扶贫助残惠万家”公益活动启动仪式在区行政服务中心多功能厅举行

到义卖款12万余元，救助23名困难学生，发放救助金8.68万元。组织南京市树人中学等5所中学1万名学生，参加中国红十字会主办的"全国红十字青少年自救互救知识竞赛"活动，分别获中国红十字会最佳组织一等奖。南京师范大学、南京市第三十九中学被评为省红十字示范学校，赤壁路小学、长平路小学被评为南京市红十字示范学校。

【凤凰生命安全体验馆提档升级】 2015年，鼓楼区争取省红十字会经费支持5万元，提档升级改造凤凰生命安全体验馆外部环境及馆内软件设施。利用互联网技术，与江苏健康网合作，依托健康网微信公众平台，实施"生命安全体验馆"参观体验在线预约，中小学学生不再需要学校集体组织参观，随时可以在线预约，并与家长自行前去参观体验。体验馆与南京医科大学、南京师范大学、中国药科大学、东南大学医学院、江苏第二师范学院5所高校签约，成为高校学生社会实践志愿者服务基地。

【"红十字生命安全教育"项目实施】 2015年，鼓楼区实施"红十字生命安全教育"项目。该项目通过总会标准化管理，招募志愿者开展群众性救护培训、应急演练、学校安全教育与体验活动、亲子讲座和主题宣传红十字生命健康安全教育项目。至年末，完成亲子教育普及培训43场、培训1204人；开展主题宣传2场，300余人参加活动；联合街道完成650名以保安为主的持证救护员培训。

【"博爱鼓楼，情暖幼老"志愿服务项目实施】 2015年，鼓楼区优选社会组织惠仁社工服务中心实施"博爱鼓楼，情暖幼老"志愿服务项目，采取"社工+社会组织+社区"三社联动创新模式，整合各方资源，有针对性地回应社区弱势人群需要，提供"一站式、综合化"服务。全年，该项目为社区68户老人提供红十字志愿者上门陪护服务、开展个案服务7个，累计服务28次、传统节日活动10次。

【救护培训】 2015年，区红十字会在全区开展公益性应急救护培训活动。4月，与区教育局联合发文，将救护培训纳入学校安全教育及健康教育。暑期，南师附中、金陵中学、南京市第二十九中学3所中学2270名高一新生接受应急救护知识培训；联合省市红十字会、区教育局为全区中小学48名保健老师举办为期6天的救护师资培训班。区人社局、区委党校将应急救护知识培训纳入党校学员培训内容，年内开办全区科级干部培训3场、350人次参培，区委党校全体教师参加初级救护员培训；与机关工委、科协联合为机关干部开展应急救护知识大讲堂专题讲座。在全区13个街道全面开展物业救护员培训，计划3年实现全覆盖，确保每个物业小区有1～2名救护员，全年培训近200名救护员。至年末，举办救护培训126场，培训1.1万人，其中初级救护员1500人、普及培训9500人。

【红十字救助活动】 2015年元旦、春节期间，区红十字会开展博爱送万家系列活动，投入资金32.44万元，受益家庭785户，受益人口1404人。全年救助因大病或因灾致贫困难家庭84人、救助资金25.12万元；救助献血人员因大病导致临时困难人员14人、发放救助金5.6万元；协助区信访、民政等部门及街道，实施维稳救助23人、救助金7.36万元。

【红十字文化宣传】 4月，区红十字会与凤凰卫视、南京电视台联合拍摄宣传视频《"救心"大行动》，传播和教授心肺复苏急救技能和运用。与区科协合作，利用科协在各街道服务中心、广场等LED电子显示屏，开展急救知识宣传，传授急救技能。9月"世界急救日"期间，区红十字会联合省、市红十字会在幕府山街道云谷山庄社区广场开展"急救与老龄化人群"主题宣传活动。是年，鼓楼区"白金十分钟"广场舞参加《扬子晚报》广场舞大赛，进入前40名和半决赛。同月，完成英国内政国务大臣麦克·贝茨勋爵"为和平行走，徒步中国"在鼓楼地段行走2天安全保障任务。

【"世界红十字日"与爱同行健走活动】 5月3日，鼓楼区在滨江欢乐舞台举行"5·8"世界红十字日与爱同行健走活动。活动主题"一公里，一份爱，一起走"，体现"人道、博爱、奉献"红十字精神，省市红十字会领导、区四套班子领导、各街道、区级机关，驻区高校、中学、爱心企业、癌友协会、志友协会等800余人参加健走活动。启动仪式上，区红十字会志愿者代表、南师附中学生颜恪铭宣读倡议书，全体人员观看由南京电视台、凤凰卫视、鼓楼区红十字会共同制作的公益宣传片《人人学急救、急救为人人》。启动仪式后，14个方阵近700人从滨江欢乐舞台出发，沿滨江风光带经过下关历史陈列馆、下关渡江纪念馆，到达宝船厂遗址景区。健走活动沿途设置募捐箱，由"大家齐伸手，幸福在鼓楼"人道救助公益项目进行募集。其间，区捐献遗体与器官志愿者和区癌友协会志愿者在渡江纪念馆广场举行公益文艺演出，区救护培训老师现场做心肺复苏演示；爱心市民在留言板上留下"留一个笑脸、留一份爱心、留一份感动、留一份快乐"活动感悟。活动现场，健康网(江苏)科技有限公司、南京懋怡有限公司、谋士在仁集团、博润投资公司4家爱心企业认捐4万元，南京市第三十九中学定向募集7万余元，募捐箱募集1597.9元，所有款项全部用于困难救助。

【"世界急救日"宣传活动】 9月11日第16个"世界急救日"前夕，省、市、区红十字会联合在鼓楼区云谷山庄社区开展"急救与老龄化人群"主题宣传活动。活动现场，省红十字会救护专家吴建中、陈彦等向市民普及应急救护知识和防灾避险技能，提高群众突发灾害、意外事件和常见急症发生时应急能力；云谷山庄社区红十字志愿者表演自编应急救护情景剧、"白金十分钟"心肺复苏广场舞等宣传红十字应急救护知识，成为全国首次以广场舞形式推广应急救护知识红十字文化宣传活动。江苏省人民医院、南京鼓楼医院等10多家医疗机构及各冠名红十字医疗机构专家为社区群众开展义诊和老年病预防常识咨询，红十字应急救护师现场与群众开展急救知识互动式教学，活动发放宣传资料2000多份。省、市、区红十字会领导，区委副书记陆敏参加活动。（冯雪飞）

卫　生

【概况】 2015年，鼓楼区驻区各级医疗机构295家，医院38家（其中三级和参照三级管理12家）。全区设有17家社区卫生服务中心，其中政府主办10家、非政府主办7家；3家社区卫生服务站（其中，非政府主办2家）；区属公共卫生单位3家（疾控中心、卫生监督所和妇幼保健所）。全年，基层医疗卫生机构门急诊330.66万人次，同比下降12.85%；基本药物销售2.82亿元，同比增加23.68%；门诊均次费用153.87元；重点人群家庭责任医生签约率71.02%，健康档案更新率85.02%，居民满意率99.12%。启动驻区三级甲等综合性医院与基层卫生机构结对发展工作，建成省人民医院、南京鼓楼医院等"医联体"4个。完成江东、阅江楼2个社区卫生服务中心新址改造和整体搬迁，并先后启用。制定出台《鼓楼区深化医药卫生综合改革建设现代医疗卫生体系的实施意见》。是年，鼓楼区卫生监督所被评为2015年度江苏省基层卫生监督工作先进单位，鼓楼区妇幼保健所被评为江苏省巾帼文明岗。区卫生监督所陶岚被国家卫计委、中国红十字会总会、中国人民解放军总后勤部卫生部授予全国无偿献血志愿服务二星级志愿者荣誉称号，区卫生监督所胡建明获2015年江苏省卫生计生监督技能竞赛三等奖、公共卫生监督专业知识问答个人单项奖，区妇幼保健所周雅获鼓楼区第二届"巾帼岗位明星"称号。

【公共卫生服务】 2015年，鼓楼区强化卫生服务管理和设施建设。启动建设现代化妇幼保健体系，区妇保所确定并启动儿童眼保健中心、产后康复中心、盆底康复中心、妇女儿童中医保健中心、0~3岁儿童早期发展训练中心5个特色中心。前移传染病监测哨点站，在东南大学附属中大医院试点设立区疾控三级医院工作站。加强全区疫苗运输冷链管理，15家社区卫生服务中心疫苗统一配送。加强学校卫生和行业管理，联合开展中小学饮食饮水安全和传染病防控等专项检查，强化学校传染病防控意识。组织酒店管理知识培训和现场交流会，卫生管理示范单位现场授牌。开展爱国卫生运动，宣传推广健康膳食知识和有效控制体重方法。率先在物管小区进行病媒生物防制标准化小区建设试点工作。（李青松）

【黄莉新视察幕府山社区卫生服务中心】 （参见第248页，"机关团体"类目"黄莉新到区调研"条目）

【相约"最美护士"暨母亲节健走滨江活动】 5月10日，鼓楼区相约"最美护士"暨母亲节健走滨江国际护士节纪念活动在民国海军医院旧址举行。区领导董伟、梁春燕，区卫生局全体机关干部以及区卫生系统500余名医护人员和家属参加。活动中，表彰2015年度鼓楼区十佳"最美护士"，现场39名"最美护士"候选人的丈夫和孩子受邀向"最美护士"献上绶带和鲜花。区卫生系统组织十佳"最美护士"及其家属、与会医护人员等沿滨江3.5公里健步走，以健康步行方式参观滨江新貌。自4月中下旬起，鼓楼区卫生管理部门在全系统20家基层社区卫生服务中心、站点开展"最美护士"推荐评选活动，遵循公平、公正、公开推选原则甄选出"最美护士"候选人，并将候选人事迹通过网页、微信平台公示15天，公示期内收到投票70余万张，并从中选出十佳"最美护士"。（蒋燕民）

2015年鼓楼区十佳"最美护士"一览表

表42

序　号	姓　名	单　　位
1	王　力	建宁路社区卫生服务中心
2	辛海霞	阅江楼社区卫生服务中心
3	何菁菁	建宁路社区卫生服务中心
4	朱晓萍	阅江楼社区卫生服务中心

续表 42

序　号	姓　名	单　　位
5	钱　悦	南京大学社区卫生服务中心
6	唐娇娇	宁海社区卫生服务中心
7	王翠玲	小市社区卫生服务中心
8	戴晓丽	虹桥社区卫生服务中心
9	李晓凌	小市社区卫生服务中心
10	段卫红	建宁路社区卫生服务中心

【南京·鼓楼 2015 生物医药产学研合作项目对接暨鼓楼“创促会”生物医药专业委员会成立】 8 月 15 日，南京·鼓楼 2015 生物医药产学研合作项目对接暨鼓楼“创促会”生物医药专业委员会成立大会在南京国际服务外包产业园召开。会议由区人才创新创业促进会(简称创促会)主办、江苏吉锐生物技术有限公司和南京欧际医药科技服务有限公司协办，省经信委、省“创促会”、区人才办、区科技局、区卫生局、区委宣传部以及相关部门领导出席论坛。本次论坛吸引来自南京、上海、泰州医药城等地生物医药高科技企业机构、投资机构、大学、医院近 100 名代表参会。省“创促会”秘书长秦引林为鼓楼“创促会”生物医药专业委员会成立授牌。会议期间，与会人员先后听取中国药科大学教授徐寒梅、南京医工医药技术有限公司总经理何广卫、国家“千人计划”特聘专家郑维义、先声药业有限公司生物制品部执行董事李景荣、南京东纳生物科技有限公司董事长张宇、江苏吉锐生物技术有限公司董事长凌建群、南京凯斯艾生物科技有限公司博士庄永杰、南京大学博士吴锦慧、南京欧际医药科技服务有限公司博士赵万洲等关于生物技术与新医药研发、国家相关政策解读等方面报告。生物技术与新医药是鼓楼区战略性新兴产业重点发展产业，该区汇聚全市 80%以上的医疗、生物医药有关高校及科研院所，生物医药高端研发人才资源丰富、科技资源集聚，在生物医药高端服务业发展方面具有得天独厚的优势，区“创促会”生物医药专业委员会的成立成为推动鼓楼、南京乃至江苏生物医药创新创业平台。　(蒋燕民)

南京·鼓楼 2015 生物医药产学研合作项目对接暨鼓楼“创促会”生物医药专业委员会成立大会召开

健康产业

(参见第 101 页，“服务业”类目同名分目)

医政管理

【医疗惠民】 2015 年，鼓楼区 9 家社区卫生服务中心开设惠民门诊。辖区全面实施一般诊疗费政策，符合条件的低保户和低保边缘户实施免费优惠就诊 16815 人次，医疗救助补偿345.73 万元，实施特困人群免费手术 3 例。加强医养融合，建立 132 张孤寡老人家庭病床，全区 28 家养老托老机构、27 个 AA 级养老服务站配备全科医生并实行每周巡诊，为 68 名百岁老人提供每月一次上门巡诊服务。至年末，面向失能老人的家庭病床服务、收治老人近 400 名。严格控制抗菌药物使用量，抗菌药物占总用药比例低于20%。所有社区卫生服务中心按照江苏省新一轮基本药物目录实行“零差率”销售。

【“医联体”建设及服务】 2015 年，鼓楼区组织 128 人次全科医师参加全市社区卫生服务理论提高和适宜技术应用班学习。省人民医院和南京鼓楼医

2015年鼓楼区“医联体”建设区域划分一览表

表43

核心医院	结对社区卫生服务中心	地址
江苏省人民医院	江东社区卫生服务中心	润江路1号
	华侨路社区卫生服务中心	管家桥63号
	宁海路社区卫生服务中心	汉口西路28号
	凤凰社区卫生服务中心	莫愁新寓涌泉里2号
南京鼓楼医院	小市社区卫生服务中心	中央门外东门前街155号
	湖南路(南京大学)社区卫生服务中心	汉口路22号
	建宁路社区卫生服务中心	建宁路243号
东南大学附属中大医院	中央门社区卫生服务中心	南昌路32号
	挹江门社区卫生服务中心	中山北路253号
南京医科大学第二附属医院	宝塔桥社区卫生服务中心	宝燕南路10号
	幕府山社区卫生服务中心	幕府东路57号云谷山庄39幢
	阅江楼(热河南路)社区卫生服务中心	热河南路152号

院先后派出14批次168名医生对口支援全区社区卫生服务工作，通过培训、带教，提高全区基层社区卫生服务机构业务水平。深化和驻区三级医院协同服务机制，17家社区卫生服务中心分别与4家驻区三级医院形成稳定“双向转诊”合作关系。参与全国大型义诊周活动，组织省人民医院、省口腔医院、南京鼓楼医院、南京市脑科医院等三级医院专家进社区，开展义诊活动18次，90名专家为近1500多名群众提供诊疗和健康咨询服务。协作完成812名应急献血和500余名应征青年体检任务。年末，由江苏省人民医院、南京鼓楼医院、东南大学附属中大医院、南京医科大学第二附属医院等三级医疗机构与辖区社区卫生服务中心组成的4个医疗联合体正式揭牌，并试运行。

【慢性病防治】 2015年，鼓楼区完善信息化系统，强化慢性病管理，建立个人慢性病档案管理制度。建立高血压病管理8.89万份，规范管理7.11万人，规范管理率80.02%；糖尿病管理3.16万份，规范管理2.53万人，规范管理率80.03%。规范跟踪随访建档人员，并为慢性病患者制定个性化治疗方案。与省级机关医院联合开设“糖尿病小屋”，6462名居民接受健康教育和慢病管理。年内在热河南路、阅江楼、幕府山、华侨路等街道社区卫生服务中心开展并完成骨质疏松健康促进项目第二期工作。

【阅江楼街道社区卫生服务中心工程竣工】 12月28日，阅江楼街道社区卫生服务中心工程竣工。2014年11月6日，鼓楼区发展和改革局《关于阅江楼社区卫生服务中心房屋装修改造工程项目建议书的批复》(鼓发改发〔2014〕269号)，同意原阅江楼社区卫生服务中心(热河路66号)迁址改造。项目新址位于热河南路152号，占地面积600平方米，地上5层为社区卫生服务中心业务用房，建筑面积3000平方米，总投资785万元，于2015年1月28日开工。该中心具备基本医疗、基本公共卫生功能，服务热河南路街道、阅江楼街道及周边居民，社区卫生服务能力得到提高。

(蒋燕民)

疾病预防与控制

【概况】 2015年，鼓楼区传染病网络直报单位46家，覆盖率100%。审核传染病报告卡2.49万张，卡报告及时率99.97%，准确率、填写完整率、一致率均为100%。全年报告甲乙类传染病12种1162例，发病率89.65/10万，比上年同期上升2.39%。报告手足口病例1683例，比上年同期下降14.74%。完成每月5例常规监测样本送样工作，上送普通手足口病标本60份、重症手足口病标本59份。参与南京市儿童医院重症病例现场流行病学调查、数据录入、标本采集及上送工作，调查59例重症病例，发热伴血小板减少综合征45例。报告学校疫情38起，其中35起为手足口聚集性病例疫情，3起为诺如病毒引起的感染性腹泻，通过有效处理与控制，未出现疫情扩大和蔓延。及时核实、处理传染病预警系统中预警信息245条，均在24小时内填写异常信息卡。流行病学调查散发疫情2028例。其中，手足口1683例、肝炎57例、猩红热13例、菌痢133例、出血热2例、布病11例、伤寒6例、重症手足口病59例、狂犬病7例、发热伴血小板减少综合征45例、H7N9禽流感2例、登革热2例,其他发热病例流调8次。辖区医院报告麻疹1065例,其中鼓楼区流调728例,占68.35%。同时,流调急性和未分型乙肝41例、乙脑4例。报告腹泻病人1.32万人,检索1351人,检索率10.26%,占人口1.05‰。

肺结核病防治 全区发现肺结核病人323例,涂阳151例,其中新发涂阳126例,新登记涂阳病人密切接触者270人,均作检查。至年末,全程访视督导323例肺结核病人646次。处理人群聚集性场所肺结核疫情30起,其中医院6起,涉及医护人员6人;学校24起,涉及学生21人、教师3人。全区各医疗单位网络上报肺结核病例及可疑病例393例,报告率100%;转诊可疑患者393例,转诊率100%;其中,应追踪61例,追踪到位61例。

艾滋病监测防治 开展艾滋病监测及防治工作,同性恋(MSM)人群人类免疫缺陷病毒(HIV)检测1738人,阳性166人;暗娼人群干预6833人次,HIV抗体检测550人,无阳性病例;检测鼓楼区看守所1055名羁押人员HIV,无阳性病例;自愿咨询检测(VCT)门诊检测咨询3038人,HIV阳性121人;随访481名艾滋病病人及艾滋病病毒感染者,淋巴细胞(CD4)检测443人,检测率92.10%。全区365例符合条件的病人和感染者中308人接受免费抗病毒治疗,治疗率84.38%。辖区医疗卫生单位全年报告艾滋病(HIV/AIDS)423例,均完成信息收集,首次流调告知率100%。

血地寄防治 全区查螺面积356万平方米,未发现钉螺;江滩清淤1900立方米,药物灭螺面积60万平方米;开展2次学校保健老师血地寄防知识培训及血防宣传周、疟疾防治日、碘缺乏病防治日宣传;7~11月开展血吸虫病查病4414人次,其中双决定簇免疫测定(DDIA)查病3085人次、粪检查病517人次、渔船民(水上作业人员)DDIA查病812人次,未发现阳性。监测学生及孕妇家中食用盐300份,碘盐覆盖率99.67%;监测学生及孕妇尿碘含量300份,均在安全可控范围内。17家门诊镜检站共制作血片3910张,发现19例病人,均得到规范治疗。完成508份幼儿蛲虫及1017份成人肠道寄生虫调查工作。

其他传染病应急防治 全区处置H7N9禽流感疫情2起,病例流调2人,排查密切接触者26人。调查摸底和健康监测驻区13所高校来自埃博拉疫区学生,应急处置观察期间发热病例;开展埃博拉疫区回宁人员流行病学调查和医学观察45人。落实中东呼吸综合征防控措施,做好物资准备、培训督导、流调排查等各项工作,对从韩国等地区回宁的3例发热病例进行流行病学调查、密切接触者排查,采样送检,经过检测3例均为阴性。

【学校卫生监测】 2015年,鼓楼区开展中小学校及托幼机构学生健康监测网络直报工作,76所幼儿园、18所中学、47所小学、1所特殊学校、1所职业高中学校参与。组织中小学保健老师培训学生健康监测网络直报新软件安装使用技能,并督导新软件使用;全年处理学校聚集性传染病及预警53起,预警及时处置率100%。检测辖区18所学校教学环境,全区中小学校桌面照度和教室人均面积较低,黑板和后墙反射比、黑板照度、课桌椅分配合格率等指标合格率严重偏低,并将检测结果上报区有关部门监督整改。开展学校常见病防治情况督导70次,监督检查68所学校传染病防控,采集学生直饮水58份,监测学生直饮水水质。监测结果:琅琊路小学(本部)菌落总数不合格。

【卫生应急保障】 2015年,鼓楼区坚持预防为主、关口前移、预防与应急并重、常态和非常态结合原则,加快信息平台建设步伐,逐步实现公共卫生单位与社区卫生服务机构全面联网,促进社区卫生应急能力建设。建立并完善与各部门合作机制,做到早发现、早报告,确保发生疫情,同时到现场、同时开展调查、同时处理疫情;坚持24小时疫情值班制度,时刻保持信息畅通;强化各医疗单位疫情监测,疾控中心安排专人负责网络报告审核,确保信息准确、及时。辖区各级医疗机构实行预检分诊制度,实行首诊负责制、疫情零报告制度、发热病人日报告制度。年内完成辖区5个高考考点、7个中考考点、6个小高考考点应急保障,全年区卫生部门参与医疗保障15次,针对每一次具体情况,制定对应保障方案,全程参与活动。全年未出现1例因医疗应急保障不到位而产生的伤害事故。

【疾病控制技能培训】 2015年,鼓楼区开展疾病控制业务技能培训38次、1005人次。其中,禽流感培训1次32人;传染病防治培训2次44人;腹泻病门诊培训1次30人;埃博拉防治技术培训1次30人;中东呼吸综合征防治技术培训2次36人;结核病管理培训3次98人;免疫规划培训4次182人次;慢病管理培训6次120人;重性精神病治疗管理培训4次76人;中小学保健老师血地寄防知识培训2次132人;17家社区疟疾镜检员进行疟疾血片制作及镜检培训2次36人;社区高危人群行为干预培训2次36人;社区艾滋病病例管理培训4次71人;健康教育专业培训4次82人。

【疾病预防健康教育】 2015年,鼓楼区组织开展结核病、疟疾防治、肿瘤、碘缺乏病、控烟、食品安全、健康生活方式、爱牙日、狂犬病、高血压、精神卫生等宣传活动11次。开展专家健教讲座"进社区、进学校、进企业、进机关"活动10场次。印发各类健康教育宣传材料20种6万余份。举办区卫生系统"健康素养科普大讲堂"技能竞赛活动,并选拔优胜选手参加全市竞赛,华侨路社区卫生中心和区疾控中心选手分别获全市第二名。开设鼓楼区疾控中心微信平台,扩大健康教育覆盖面。协助区爱卫办在乌龙潭公园建成"健康步道"1条,沿途安装健康四大基石提示标牌和身体质量指数(BMI)计算尺等设施。协助区爱国卫生办公室(简称区爱卫办)开展"健康社区"创建工作,发放血压计、体重计、腰围尺,膳食营养宝塔模型、健康教育处方、限盐勺、控油壶等一批宣传材料和简单器具。全区13家社区通过市爱卫办验收,命名为"健康社区"。

【检测质量管理】 2015年,鼓楼区疾病预防与控制中心更新国家检验标准12条,作废标准18条。按时送质检部门检定/校准检测仪器114件,编制各类检测报告2170份。年内,区疾控中心检验人员持证上岗率100%、检测结果准确率95%、出具检测报告及时率90%、检测仪器完好率95%、标准现行有效率95%、投诉处理及时率95%。全年,区疾控中心检测能力九大类165项,并通过江苏省质监局食品检验机构资质和实验室资质复评审。

(蒋燕民)

公共卫生管理

【卫生监督】 2015年,鼓楼区在册2286家公共场所开展卫生监督4674户次,监督覆盖率100%;553家住宿场所、810家美容理发场所、139家沐浴场所、29家游泳场馆开展量化分级管理。监督抽检辖区游泳、住宿、沐浴等47家公共场所水质、空气质量、公共用品用具消毒效果,其中7家检测不合格,责令整改并复检;跟踪监测2家新发证单位集中空调通风系统风管内积尘量、细菌总数、真菌总数,结果均为合格。监督检查辖区内在册二次供水单位264家(其中居民住宅小区137家)、395户次(其中居民住宅监督检查165户次),监督覆盖率100%;开展现场水质快速检测155份(其中居民住宅141份),监督过程中发现的卫生问题及时提出书面整改意见,发出整改意见书66份(其中居民住宅24份)。综合评价辖区77所中、小学校卫生,评价出优秀13所、合格64所。监督检查辖区89所中、小学校和高校饮用水质量,其中55所使用直饮水和桶装水设备的中、小学校接受学生饮用水监督采样检测,结果54所学校学生饮用水监测结果合格,1所学校显示细菌总数超标,34所学校使用开水炉供水。检测5所学校教学环境,其中5所学校课桌椅配备及黑板照度不符合卫生要求、2所学校课桌面照度不符合卫生要求,其余相关指标检测均合格。年内,辖区内二级以下医疗机构、口腔诊疗医疗机构以及30%以上基层医疗机构实现医疗卫生和传染病防治监督检查覆盖。消毒隔离监督检查辖区医疗机构,其中三级医院11家、二级医院2家、其他医疗机构258家。出动车辆268次,出动人员1072人次打击代孕。日常监督辖区2家消毒产品生产企业。

2015年鼓楼区公共场所卫生量化分级管理一览表

表44 单位:家

行业类别	量化分级数	A级	B级	C级
住宿业	553	22	156	375
美容美发业	810	15	241	554
沐浴场所	139	11	34	94
游泳场所	29	5	15	9

【卫生行政许可】 2015年,鼓楼区办理卫生行政许可630件,其中公共场所单位581件(新办173件,复核、延续340件,变更29件,注销37件,补办2件);放射诊疗机构49件(新办3件,校验46件)。

【卫生执法】 2015年,鼓楼区监测违规发布医疗广告4条,涉及4家医疗机构,其中3家医疗机构被处以"警告"行政处罚,并根据《江苏省医疗机构不良执业行为记分管理办法》予以记分;1家未取得医疗机构执业许可证的机构予以取缔并进行行政处罚,处罚金1000元。检查有关"健康咨询服务部"及类似单位22家,立案查处3家,案由分别为"违法发布医疗广告"及"无医疗机构执业许可证开展诊疗活动",责令整改1家,处罚金2.6万元。至年末,全区卫生主管部门出动160余人次、32车次打击非法行医,集中取缔16户次,立案查处案件8件,没收非法药品器械价值2万余元,移送公安部门处理1件,待移送公安部门2件。受理投诉举报82起,其中涉及公共场所卫生21起、涉及医疗服务行为

58起、其他3起，所有投诉均在20个工作日内完成调查处理并及时反馈。全年行政处罚案件75件，罚没款20.92万元，未发生行政复议或行政诉讼。（王珊珊）

妇幼保健

【概况】 2015年，鼓楼区新生婴儿10661人，新生儿访视率99.1%；7岁以下儿童系统管理48416人，7岁以下儿童保健管理率99.47%；产前健康管理10427人，孕产妇健康管理率97.8%；孕产妇死亡率为零，婴儿死亡率1.69‰，5岁以下儿童死亡率2.18‰，出生缺陷率4.51‰；婚前检查率85%。

年内，区妇幼保健所每季度质控督导社区卫生服务中心妇幼基本公共卫生项目，并以简报形式报区卫生局，完成督导200余次，各社区专项考核2次，完成简报4期，按要求完成基本公共卫生考核指标。加强辖区妇幼保健业务培训与督导，召开各项妇幼保健例会20余次，组织全区妇儿保健医务人员培训21场次。加大市妇幼保健服务券免费服务项目财政保障力度，全年发放市妇幼免费服务券1万余张，妇幼免费服务费用近600万元。开展孕早期妊娠糖尿病筛查、甲状腺功能筛查、人体成分检测、母乳成分分析、儿童血氧检测、儿童髋关节B超、盆底康复治疗等延伸服务。

【孕产妇疾病监测及防治】 2015年，鼓楼区妇幼保健部门监测孕产妇17224人，艾滋病、梅毒及乙肝检测率100%。其中，梅毒感染110人、乙肝感染1645人，无艾滋病感染病例。及时准确上报所有艾滋病、梅毒感染个案，孕产妇感染者100%实施母婴阻断，规范化随访艾滋病、梅毒感染孕产妇及所生婴儿。业务培训承接“两癌”（乳腺癌、宫颈癌）检查工作的社区卫生服务中心1次，定期督导社区卫生服务中心近40次，完成“两癌”检查10201人，结案率100%。

【妇幼卫生统计与监测】 2015年，鼓楼区召开妇女、儿童保健统计人员例会各12次，审核妇女儿童保健统计数据，确保数据准确性、及时性。组织参与鼓楼—雨花台—浦口—溧水大片区5岁以下儿童死亡协作组及围产协作组会议各2次，讨论5岁以下儿童死亡、围产儿死亡及孕产妇死亡原因。全年实施2次“三网监测”（孕产妇死亡监测、5岁以下儿童生命监测、出生缺陷监测），监测质控社区卫生服务中心及辖区接产医院。

【托幼机构管理】 2015年，鼓楼区召开托幼机构卫生保健老师工作例会4次，检查指导托幼机构卫生保健工作79次。完成13所托幼机构卫生保健合格证复验工作，完成1所托幼机构及1所早期教养机构卫生保健合格证初验工作。为辖区内托幼机构提供视力筛查、口腔保健等健康检查服务，健康体检18899人、视力筛查18267人、口腔保健16149人，发现儿童龋齿3648人，患病率14.9%；砂眼52人，患病率2.12‰；贫血58人，患病率2.37‰。

【母婴健康教育】 2015年，鼓楼区开发使用微导诊和鼓楼妇幼母婴讲堂微网个性化订制服务，宣传涵盖青春期少女保健、优生优育、孕期保健、促进自然分娩、安全避孕节育、更年期保健等妇幼保健科普知识，提高妇女儿童自我保健意识。开办孕妇学校、妈妈班50余场次，深入各企事业单位免费健康讲座17场，组织参加挹江门街道、宝船厂遗址景区等广场活动4次，制作各类宣教材料约3万份，“企信通”发送宣教信息7万余条。

【0~3岁婴幼儿早期发展指导中心】 2015年，鼓楼区0~3岁婴幼儿早期发展指导中心引进幼教老师2名，外送进修人员4名，外出培训6人次。年内，邀请各街道计划生育干事和儿保医生80多人到中心参观，并接受宣传教育。建立区0~3岁婴幼儿早期发展指导QQ群，拥有105名家长。开展体验课，邀请家长参与并感受中心训练效果，全年接受体验课程家长与宝宝760人次。开展亲子培训课程3次、主题活动2次，159人参加活动。年内，接纳缴费会员28名，开展0~3岁育儿知识讲座、感知训练、视听训练、发育评估（体格、智力）等服务项目，帮助婴幼儿在专业环境中充分发挥潜能，适时科学、系统开发0~3岁婴幼儿智商、情商。（区妇保所）

爱国卫生

【健康社区创建】 12月初，鼓楼区13个“健康社区”创建工作接受并通过市爱国卫生委员会办公室（简称市爱卫办）专家组考核验收。各街道及创建社区台账资料清晰完整、健身设施齐全、居民活动丰富多彩、健康服务形式多样，达到创建要求并获专家认可。年初，区卫生主管部门与全区13个街道签定“健康社区”创建目标任务书。6月，各街道提交申请，并邀请市爱卫办及市疾控中心专家进行培训。区健康教育所为创建活动专门购买血压计、体重计等设备，并制作发放大小2种IBM（身高、体重指数）尺、腰围尺，膳食营养宝塔模型、13种健康教育处方、纸巾包、限盐勺、控油壶等宣传材料。10~11月，区爱卫办、区疾控中心先后2次到13个创建社区督查指导，督查中存在的问题现场开出整改清单。

【病媒生物防制非物管小区标准化建设】 2015年，鼓楼区推进病媒生物防制非物管小区标准化建设，区爱卫办下发“关于全面推进病媒生物防制标准化小区建设”的通知，开展13个街道非物管小区本底资料统计，组织各街道卫生干事、服务站站长培训，提出标准化小区建设时间节点及要求。区爱卫办人员分赴各街道跟踪指导，每个街道选取1～2个小区为示范点，按照病媒生物防制标准化要求建设防鼠网、防蚊闸、垃圾桶下地面硬化等，其他小区全面补建灭鼠毒饵站1.85万个。至年末，每个街道2个小区，全区26个非物管小区完成标准化建设。

【爱国卫生月活动】 4月8日，鼓楼区爱卫办在铁路北街广场开展爱国卫生月宣传活动，2015年主题为“全民参与爱国卫生 共建共享健康南京”。活动中，驻区三级医院、社区卫生服务中心开展义诊和健康宣传；区爱卫办开展现场除四害咨询，发放除四害药物。整场活动免费发放控油壶、限盐匙600份，宣传资料1000份，展出宣传展板10余块；挹江门街道每个社区展出爱卫宣传黑板报2块，接受群众咨询约700人。爱卫月期间，全区开展宣传活动20次，制作宣传展板150块，悬挂宣传横幅36条，社区出宣传黑板报121块，发放宣传资料8000份，街道健康讲堂授课13场，定制一批展板在鼓楼区机关和各街道巡回展出，提高市民环境卫生意识、健康意识、参与意识。 （戴正凤）

体 育

【概况】 2015年，鼓楼区以争创江苏省公共体育服务体系示范区为契机，加强体育组织建设，新成立独立法人协会12个。开展全民健身活动，承办南京市体育局老年体育节启动仪式及2015年南京市“全民健身挑战日——健康南京动起来”鼓楼区主会场活动、“全民健身日”活动，完成3120名居民免费国民体质测试。组织参加南京市元旦长跑，开展“万米酷走，畅游滨江”活动、“9·29”世界步行日、环江边“善跑”、区第一届残疾人运动会和“鼓楼杯”武术邀请赛等大型群体活动。区体育总会、区老年体育协会以及各单项协会全年举办各种体育赛事（活动）100场次，2万多人次参加。坚持每月举办1次健身气功教学，参加培训600人次。重点打造江东街道苏宁睿城社区和小市街道等2个全民健身特色社区。全区30套器材和40个地胶垫建设进行公开招投标，确保施工建设安全顺利完成。继续实施“后备人才培养工程”，南京市羽毛球运动学校分别参加全国及省级夏令营活动、全国羽毛球后备人才基地华东地区比赛和全国总决赛、省青少年羽毛球冠军赛分站赛和总决赛、省羽毛球传统学校比赛、省青少年羽毛球锦标赛和省羽毛球优秀运动队组织的选拔、调赛等。获全国和省级比赛金牌29枚、银牌19枚、铜牌17枚。是年，鼓楼区被命名为第一批江苏省公共体育服务体系示范区。

【学校体育设施对社会公众开放】 2015年，鼓楼区给予向社会公众开放体育设施的13所中小学校每所学校2万元经费补助，主要用于体育器材维修和补充。推动高校体育设施对社会开放，辖区有13所高校的田径场地对附近居民免费开放，每天每片田径场运动健身居民200～400人次。给予河海大学体育设施对社会开放补助经费8.8万元，向南京艺术学院无偿提供价值8万余元体育健身器材3套。

【健身器材管理】 2015年，鼓楼区有全民健身工程（点）健身路径230条，聘请3位巡修员；每个健身点每月巡查2次、健身工程每月巡查4次。在每个健身工程（点）张贴区报修电话，接到报修电话后随时安排巡修员现场处理解决。收到区“96180”和“12345”工单后，及时赶到现场修复器材，全年维修室外健身器材520件次，“12345”群体类工单76件，办结率和满意率100%。

【业余体校参加市级比赛成绩】 2015年，鼓楼区组建27个大项目62支参赛队伍，新增注册520人，集训队员近1800人，其中1200余人参加市级各种比赛，获得金牌112枚、银牌133枚、铜牌210枚，奖牌总数455枚，参赛率94%。向上级体校输送优秀后备人才28人，市羽毛球运动学校向部分合作中学输送羽毛球运动员10人。

【中小学生冬季三项运动会】 2月23日，鼓楼区中小学生冬季三项运动会在南京市第二十九中学高中部体育馆举行。65支代表队近1300名运动员参加跳长绳、跳短绳、踢毽子3个项目比赛。经过角逐，紫竹苑小学、励志实验小学、赤壁路小学分别获小学组团体前三名；滨江中学、南京市第六十六中学、宁海中学分校分别获初中组团体前三名；南京市第六十六中学、南京商业学校、南京市第二十九中学高中部分别获高中组团体前三名。

【获第一批江苏省公共体育服务体系示范区】 4月3日，根据省政府办公厅《关于推进公共体育服务体系示范区建设的实施意见》要求，省体育局命名南京市鼓楼区为第一批江苏省公共体育服务体系示范区。

【承办南京市少年儿童阳光体育运动联赛羽毛球比赛】 5月9～10日和5月16～17日，南京市少年儿童阳光体育运动联赛羽毛球比赛在南京市羽毛球运动学校羽毛球馆举办。比赛由南京市体育局、南京市教育局主办，鼓楼区体育局、高淳区体育局承办。比赛设少年甲、乙、丙，儿童甲、乙、丙、丁两大类7个组别。来自鼓楼、玄武、秦淮等7个区20所学校301名运动员参加少年组和儿童组所设35个项目比赛。经过4天600余场比赛，鼓楼区代表队获35个项目中24个第一名、22个第二名、11个第三名，并获得总分第一的优异成绩。

【全国首站“全民健身挑战日”活动】 5月16日，由国家体育总局发起，中华全国体育总会、江苏省体育局联合主办，南京市体育局、鼓楼区政府联合承办的“全民健身挑战日——健康南京动起来”活动在渡江胜利广场举行，国家体育总局群体司巡视员、副司长范广升，江苏省体育局副局长吕卫东、江苏省残疾人联合会副理事长肖敏、南京市体育局副局长葛菲、鼓楼区副区长梁春燕，中央、省、市多家媒体记者出席活动启动仪式。“全民健身挑战日”是一项全国性活动，规格层次高、涉及范围广、参与人数多。活动旨在进一步宣传美丽南京、美丽鼓楼、美丽滨江，提升市民归属感、荣誉感，同时提升全民健身水平、提升城市整体形象和影响力。启动仪式上，葛菲宣读《全民健身倡议书》，梁春燕代表鼓楼区政府致辞。现场进行太极拳、健身操、广场舞等体育表演和健步行活动(健身步道从渡江纪念馆到汉中门西大街交界处)。

【第四届校园健身操大赛】 5月20日，由区体育局、教育局联合主办的鼓楼区第四届校园健身操大赛在南师附中树人学校举行，全区41支小学代表队、16支初高中代表队，近3000名运动员参加比赛。比赛高中职校组分设炫舞拉丁、神采飞扬、活力无限3个组别；初中组分设青春花球、青春魅力、创造奇迹3个组别；小学组则为各校自编健身操，成为比赛一大亮点。各参赛学校按要求进行创编，采用武术健身操、少儿拉丁操、帽子健身操等多种形式。最终力学小学、金陵汇文小学、拉萨路小学等11所小学获小学组一等奖；南师附中树人学校、下关中专校、金陵汇文中学等5所中学获中学组一等奖。

【游泳场馆管理】 7月，鼓楼区拉网式检查辖区32家游泳场馆，做到全方位、安全无死角。检查结果：5家不符合标准的游泳单位开出整改通知书，责令整改；严重违反规定的游泳场馆，没收高危行业许可证，确保夏季游泳场馆安全有序开放。8月，配合市体育局，联合区公安、卫生等部门，再次拉网检查全区游泳场馆，督促各游泳场所严把安全关、水质关，把安全放在工作之首，确保辖区游泳场馆开放安全。9月，组织辖区游泳场馆救生技能大赛，提高游泳场馆救生员救生技能，增强各游泳场馆安全意识。 (方　粤)

【第三届区级机关羽毛球比赛】 7月3～4日，第三届区级机关羽毛球比赛在鼓楼社区体育中心羽毛球馆举行，全区机关各部门、各街道27支代表队参加比赛。比赛由区级机关工委、区总工会、区体育局联合主办，分团体赛、混合双打、单打等项目，单打按年龄分甲乙组。经过一天半激烈比拼，区财政局、鼓楼地税局、市场监管局、政府办、江东街道、热河南路街道获团体赛前六名；吴海林等获男子单打(甲组)前六名；刘君明等获男子单打(乙组)前六名；张月品等获女子单打(甲组)前六名；孔骁等获女子单打(乙组)前六名；吴海林、张海燕等6对选手获混合双打前六名。 (李富慧)

【乌龙潭公园健康步道建成】 9月，乌龙潭公园健康步道落成。健康步道全长400米，途中100米、200米、300米及400米终点处分别设置合理膳食、戒烟限酒、心理平衡、适量运动等“四大基石”健康铭牌和BMI(身高体重指数)计算尺，倡导人们追求健康生活方式，帮助居民在休闲娱乐过程中获得健康知识和健康技能，打造亲民、利民、便民健身环境。该步道修建源自2015年3月，区政协委员丁仕斌等在鼓楼区政协一届三次会议上提出“关于在公园内建设体育设施”的建议，提案得到区委区政府和乌龙潭公园响应，公园多次与区政协部分委员以及区住建局、体育局等共同研究，探讨在公园内修建体育设施的具体措施，并促成步道历时半年修建完成。

(区住建局　区卫生局)

【国民体质监测】 9月6日，区体育局组织辖区13个街道社区居民和部分机关工作人员3120人参加国民体质监测。测试年龄为20～69岁人群，测试内容包括肺活量、反应时、纵跳、俯卧撑、握力、坐位体前屈、台阶试验等项目，根据测试结果现场评定被测对象形态、机能、素质类状况的单项指标和综合体质评价，并在此基础上给出与体质综合评价相配套的健身指导和运动处方。 (方　粤)

【第三届区级机关游泳比赛】 9月12日，区级机关工委、区总工会、区体育局在区社区体育中心游泳馆联合举办第三届区级机关游泳比赛。比赛设男、女50米蛙泳和100米自由泳、4×25米自由泳接力、4×25米水中接力投篮等项目。区机关各部门、各街道组队参加。经过激烈比拼，小市街道于丰喜摘得男子50米蛙泳桂冠，区住建局陈如明获男子100米自由泳第一名；区委政法委宋雪艳夺得女子50米蛙泳、100米自由泳2项冠军；区委政法委、江东街道分别获4×25米自由泳接力、4×25米水中接力投篮冠军。

(李富慧)

【“国邦金服杯”南京首届广场秧歌舞大赛暨2015年鼓楼区健身秧歌展演

开赛】 9月12日,“国邦金服杯”南京首届广场秧歌舞大赛（第二站)暨2015年鼓楼区健身秧歌展演在宝船厂遗址景区(漓江路57号)开赛,来自全区13个街道、鼓楼区体育舞蹈协会等6支队伍224名参赛队员分别参加青年组和中老年组展示。经过展示,湖南路街道、幕府山街道、宁海路街道代表队获老年组一等奖,凤凰街道代表队获青年组一等奖。展演由南京市各区体育局、体育总会主办,并联合新华报业传媒集团、江苏紫橘文化传媒有限公司以及江苏电视台等媒体,为期3个月、800万南京市民参与。

【市羽毛球学校参加省青少年羽毛球锦标赛获奖】 10月2~7日,江苏省青少年羽毛球锦标赛在苏州吴江举行。全省13个地级市414名运动员参加比赛。市羽毛球运动学校派出56名运动员代表南京市参赛。比赛设15~17岁最大年龄组和10~14岁小年龄组。经过6天角逐,市羽毛球运动学校运动员获最大年龄组6个项目中2枚金牌和1枚铜牌;获小年龄组20个项目中10枚金牌、4枚银牌和4枚铜牌,创造近10年来最好成绩。（方 粤）

【“幕府风光 欢乐善跑”公益长跑活动】 10月18日,“咪咕杯”2015南京·鼓楼“幕府风光 欢乐善跑”在幕府山五马渡广场开跑,全程10公里,设计为折返路线[起点:五马渡广场—上元门水厂(约2公里)—折返幕燕风景区东端游乐场(约7公里)—折返—终点(五马渡广场)],近2000人参加比赛。活动由区政府、南京体育产业集团主办,区体育局、咪咕互动娱乐有限公司、南京善跑信息科技有限公司承办,江苏紫金农村紫荆银行赞助。欢乐善跑赛事主题“专注而卓越跑者服务、推崇健康环保的生活方式、携手公益助推社会进步”。活动融合体育运动、历史文化旅游推介和公益慈善等元素,每位参赛选手通过“善跑”APP公益平台,选择“希望来吧”项目,可获每公里2元公益红包,跑完全程10公里后提交数据,“善跑”APP把每位选手公里数折算成爱心善款捐献给“希望来吧”项目,用于帮助南京外来务工人员子女。当日募得爱心捐款4万多元,全部捐给区“希望来吧”的孩子们。

（方 粤 周 磊）

【健身气功展演活动】 10月23日,鼓楼区健身气功展演活动在宝船厂遗址景区举行。活动由区健身气功协会主办,来自全区26个健身气功站点近200名习练群众参加表演健身气功大舞、马王堆导引术、太极养生杖、十二段锦等功法。活动最后在百人集体表演健身气功六字诀中结束。

【“鼓楼杯”武术邀请赛】 10月24日,南京“鼓楼杯”武术邀请赛在南京龙江体育馆开幕。赛事由区体育局、区体育运动总会主办,区武术运动协会承办,有132支参赛队伍、1600多名运动员参加,其中年龄最大的运动员85岁,最小的运动员只有4岁。区人大常委会主任王根宝、副区长梁春燕等区领导及省市武术协会负责人,中国书画学会常务副主席邢北平、南京市御羽视觉书画院院长陆永卫等出席开幕式。开幕式上,区武术运动协会夕阳美武术团表演威风大刀和梨花扇团体节目,区机关工委队表演32式太极剑。随后,132支参赛队伍分4个场地竞赛。上午进行集体项目竞赛,下午个人项目竞赛。比赛结果,23支代表队分获42式太极拳、陈式太极拳7个项目一等奖和二等奖。

【第12届“宁海中学杯”乒乓球比赛】 11月14~15日,第12届“宁海中学杯”乒乓球比赛在宁海中学体育馆举行。驻区省市机关、院校、企事业单位及俱乐部56支运动队200名运动员参加。比赛结果:圆梦乒乓、电力队、南京中医药大学获男子团体前三名;南京大学、明日之星、省教育厅获女子团体前三名;庄东海、李浩年、刘宏庆获男子甲组单打前三名;任文勇、孙小妹、陆敏获女子甲组单打前三名;饶昕、肖瑞、李军获得男子乙组单打前三名;宋照明、尹百世、姚远洋获男子丙组单打前三名;戴雨朦、姜慧、冯晓雨获女子乙丙组混合双打前三名。（方 粤）

【第三届区级机关篮球比赛】 11月28~29日,区级机关工委与区总工

11月28~29日,鼓楼区举行第三届区级机关篮球比赛

会、区体育局联合在宁海中学、南京市第二十九中学高中部校区举办第三届区级机关篮球比赛。26个机关部门、街道组队参加。经过激烈比拼，机关部门组：区委办·政府办·政协办联队夺得第一名，鼓楼地税局、区市场监督管理局、区财政局分获第二、第三、第四名；街道系统组：区教育局夺得第一名，区城管局、阅江楼街道、宁海路街道、区科技园、区司法局分获第二至第六名。 （李富慧）

【市羽毛球学校参加全国羽毛球后备人才基地比赛】 12月7～11日，全国羽毛球后备人才基地比赛在广州东莞李永波羽毛球学校举行。南京市羽毛球运动学校有12名队员（男、女各6名）参加总决赛。经过5天角逐，市羽毛球运动学校12名队员全部进入前八名，并获2枚金牌、2枚银牌和3枚铜牌。 （方　粤）

人口和计划生育

【概况】 2015年，鼓楼区落实“十二五”人口和计划生育目标管理责任制，党政一把手亲自抓、负总责，实行“一票否决制”。审核96人、224家单位计划生育执行情况，取消3人评选先进资格，无一差错。主动接受区人大、区政协监督指导人口和计划生育工作，与挹江门街道区人大代表组建立定向定点联系工作制度，开展“单独二孩”政策落实、失独家庭养老等课题调研。区政协一届二十二次主席会议专题听取全区人口计划生育工作汇报，视察区人口家庭公共服务中心（建宁路243号）、青石村“青青子衿”人口文化园等重点项目。年内，新建人口文化阵地6个，组织开展人口文化主题宣传服务活动185场。打造小市、热河南路街道2个人口和家庭公共服务中心，打造新门口、苏宁睿城、小桃园、四平路、模范西路、张王庙6个社区人口和家庭公共服务站。至年末，全区人口和家庭公共服务体系建设覆盖率97.7%。实行政务公开，简化办证程序，受理答复“12356”“12345”呼叫热线，全年接待信访2976次，来信3件，个人访462件，电话访2346件，电子访239件。回复“12345”工单185件、“96180”工单3件，无1例行政侵权行为。组织基层协会开展“点亮微心愿 扬起爱心帆”“老少同乐庆六一　幸福和谐一家人”主题宣传服务活动，举办“幸福家庭相伴美丽人生”暨幸福家庭表彰会和“感恩母亲，厨艺比赛”活动，宣传单独二孩政策，普及优生优育、生殖健康知识。是年，鼓楼区获南京市“十二五”人口和计划生育目标管理责任制终期评估及人口协调发展先进区第一名，区计生局获2015年区级机关作风建设第一名。

【人口文化阵地建设】 2015年，鼓楼区按照“整体规划、注重特色、分步实施、打造精品”要求，打造湖南路街道丁家桥人口文化墙、宁海路街道三步两桥地方语言文化基地、凤凰街道生命历程浮雕人口文化墙、江东宝船“以廉守家·奔向幸福”人口文化示范基地、中央门街道工人新村人口文化阵地、幕府山街道伍佰村人口文化阵地等。是年，小桃园“岁月留声”光影文化社区、燕江园尚武崇德人口文化长廊、东井新村“工业印记”微博物馆被评为南京市人口文化示范基地。

【幸福家庭创建活动】 2015年，鼓楼区围绕“文明、健康、优生、致富、奉献”创建要求，开展幸福家庭创建和评比活动。结合“5·15”国际家庭日，在宝船厂遗址景区举行“幸福鼓楼情暖万家”活动，现场展出全区13个街道50户示范家庭先进事迹。是年，中央门等6个街道获南京市创建幸福家庭示范街道；清江花苑等20个社区被评为南京市创建幸福家庭活动示范社区，60户家庭被评为示范家庭；赵志刚等2户家庭获南京市十佳幸福家庭称号，1户家庭获南京市十佳幸福家庭提名奖。

【幸福家庭健康促进行动】 2015年，鼓楼区普及避孕节育、生殖健康、优孕优生优教科普知识，根据不同年龄人群需要，分别举办女性健康知识、生殖道感染综合防治、中老年健康保健、孕前准备、青春健康等知识讲座302场，增强群众健康意识和保健能力。开展孕前优生健康检查，实行婚姻登记、婚（孕）检一站式服务，全年服务适龄群众2435对。组织辖区无业人员及流动人口已婚育龄妇女开展免费RTI（生殖道感染综合防治）暨“两癌”（宫颈癌、乳腺癌）筛查，服务群众11879人；知情选择指导年内有生育现象及变更措施的育龄妇女5561人；已婚育龄妇女查孕查环11031人；发放避孕药具24.43万盒。

【0~3岁婴幼儿早期发展】 2015年，鼓楼区新建湖南路街道丁家桥社区、小市街道小市新村社区、幕府山街道盛世花园社区、宝塔桥街道水关桥社区、凤凰街道教工新村社区（诺贝尔双语幼儿园）、宝塔桥街道恒盛嘉园社区（赛贝幼儿园）6家亲子活动室。至年末，全区有0～3岁婴幼儿早期发展中心88个。依托金蓓蕾幼儿园启动一年4次免费亲子体验服务；各街道依托社区亲子活动室开展各类早教活动，受益婴幼儿8921人次。利用节假日、计划生育纪念日等开展各类早教知识讲座和宣传服务活动，全年开展婴幼儿知识讲座177场次、亲子活动205场次，发放宣传资料1.8万份，0～3岁婴幼儿免费体验4588人次。

【0~3岁婴幼儿早教机构监管】 2015年，鼓楼区审核通过37家民办幼儿园

资质备案。区人口和计划生育部门组织辖区8名早期发展指导服务体系和保育机构从业人员，参加中级育婴师执业资格培训考试，均取得资格证书。区人口和计划生育、卫生、市场监管、民政、公安消防、住建、教育、物价、法制等部门及13个街道组成3个执法组，专项检查全区0~3岁婴幼儿保育机构登记、备案、许可管理等情况，进行评估分类整治，定期向社会公布资质齐全机构，依法取缔存在严重安全隐患机构，清理整顿无证保育机构。年内，摸底和安全隐患排查全区80家0~3岁婴幼儿保育机构，实地查看保育机构资质和住房、消防、活动场所、器材设施、教玩具、食品卫生、安全防护设施等方面，责令8家建筑设施、18家消防设施、10家饮食卫生不达标保育机构限期整改。

【青春健康促进行动】 2015年，鼓楼区人口和计划生育部门开展“进校园、进企业、进军营、进社区、进家庭”青春健康促进行动，为青少年提供便捷、适宜、有针对性服务。全年开展青春健康主题活动96场，1.22万人参加；举办同伴教育活动217场，5996人参加；举办青春健康知识讲座102场，1.09万人参加；开展志愿服务121场，2623人次参加。

【流动人口计划生育服务管理】 2015年，鼓楼区推进流动人口聚集地协会组织建设，在流动人口相对集中的紫金（鼓楼）科技创业特别社区建立计划生育协会组织。指导和帮助社区协会建好组织、优化队伍、完善制度、丰富活动，发挥三级计划生育志愿服务体系作用。至年末，全区百人以上非公企业建会95%以上。落实科技园区“一会一站”建设，完成江东软件园流动人口服务管理站建设。强化省内各市县沟通协调，新签订《流动人口计划生育双向协作管理协议书》17份。加强同公安鼓楼分局沟通协调，召开流动人口数据共享专题讨论会。组织实施国家计划生育协会“流动人口计生协建设项目”，7月通过省计划生育协会项目验收。建立公安、卫生、药监等部门综合协调机制，联合区卫生、市场监管、妇联等部门，集中力量查处“两非”（非医学需要胎儿性别鉴定和选择性人工终止妊娠）案件，查处江东街道清河一村外来流动人口“两非”案件1例，并按流程在国家平台进行移交。

【计划生育特殊家庭关爱行动】 2015年，区人口和计划生育部门开展“迎新春　送温暖”关爱计划生育特殊家庭系列活动，走访慰问10户低保和低保边缘及生病住院特别困难户；组织失独家庭开展“开开心心包饺子，快快乐乐过新年”、发放“爱心服务卡”、送春联·送祝福、南京区域“一日游”联谊活动等；中秋、国庆节期间，区人口和计划生育部门走访70岁以上失独家庭孤寡老人19户，送去月饼、水果等节日慰问品；探索失独家庭之间互帮互助帮扶形式，在石头城社区建立由失独妈妈组成的“人间大爱编织社”，帮助失独家庭走出生活困境，共享美好生活。建立计划生育特殊家庭联系人制度，建立结对帮扶档案，开展“一帮一”结对帮扶；出资5.22万元为有需求的261户计划生育特殊家庭发放“爱心服务卡”；春节期间，委托保洁公司进行家庭保洁；端午节期间，街道、社区计划生育协会组织计划生育特困家庭包粽子，并送上节日慰问品。

【计划生育家庭扶助政策兑现】 2015年，鼓楼区立案征收社会抚养费28例58.9万元。发放独生子女父母奖励金18956人次113.736万元。完成2015年度持“独生子女父母光荣证”退休人员一次性奖励登记、审核6232人，发放资金2243.52万元。审核、发放独生子女伤残扶助金6135人次，其中伤残3439人次、死亡2696人次，发放资金859.31万元。购买计划生育特殊家庭大病和住院保险880人8.8万元；购买低保家庭独生子女平安附加保险823人4.94万元；购买流动人口计划生育家庭计划生育保险60人3600元。

【人口计生信息化建设】 2015年，鼓楼区审核录入结婚信息8363条、怀孕信息6132条、出生信息7987条、死亡注销人员信息1779条；利用市级信息交换机制，及时获取辖区空挂户人员信息，参与市级信息交换1386条，全员数据库净增61961人。坚持信息单核查录入情况通报制度，全区数据纠错8675条，核查各类信息单1.84万张，信息抽检合格率99%以上。处理信息平台各类信息（调进、调出）1.53万条，保证全省个案信息交换及时性，全区数据完整率99.95%，逻辑准确率99.69%，出生更新及时率98.23%。全面实施“独生子女父母光荣证”申请及“再生育一孩”审批网上运行，再生育审批1331例，办理“独生子女父母光荣证”9530本。完善“单独二孩”政策实施情况监测，实时监控全区“再生育一孩”申请、审批、发证、怀孕、出生情况。依托全员信息系统完善全区特别扶助人员数据库，全区流入人口信息入库29.95万条，较年初新增11.94万条，名列全市第一。

【流动人口动态监测】 2015年，区人口和计划生育部门承接国家卫计委2015年流动人口卫生计生动态监测，完成宁海路、华侨路、中央门、江东、凤凰、宝塔桥、小市、幕府山8个街道16个社区320名流动人口入户调查工作，并全部录入系统提交国家卫计委。年末，全区平均人口、年龄结构、已婚人口及占比、生育期人口及占比、文化层次、从事职业大致分类等数据上报国家相关部门汇总。

（步腊春）

社会专项事务

民政事项

【概况】 2015年，鼓楼区注册登记社会组织1684个，社会组织总量位居全市第一。承办市第三届社区暨社会公益服务项目洽谈会，并出资100万元购买15个社会组织微公益项目，达成价值450万元公益慈善项目合作意向。举办鼓楼区第二届公益慈善暨养老项目推介会和社区微公益创投项目竞标，全年公益创投资金360万元。年内，全区福利彩票销量2.82亿元，形成福彩公益金约2000万元。建设宁海路、江东、小市、幕府山等4个街道级社会组织综合服务中心，形成“区培、街引、社用”为特征的社会组织发展模式。6月，位于润江路1号的江东综合社区服务中心建成投入使用，中心实现一站式生活服务，涵盖各类便民服务和综合休闲娱乐，居民不出社区便能享受到各类休闲娱乐、保健养生等生活服务。

【社会组织发展】 2015年，鼓楼区推动街道综合服务中心全面外包，采取“政府资助、社会运作、民众受益”运营模式，面向全市社会组织进行项目竞标，建设宁海路、江东、小市、幕府山4个街道级社会组织综合服务中心，形成“区培、街引、社用”为特征的社会组织发展模式，区、街、社区“两中心一基地”社会组织服务发展架构基本形成。至年末，全区注册登记社会组织1684个，其中民办非企业单位1440个、社会团体244个，常住人口每万人拥有社会组织13个。

【社会服务公益创投】 2015年，鼓楼区公益创投全面向社会公开招标，设置项目清单内容，从评审制转为竞标制，引入项目督导制度，全年公益创投资金360万元。其中，市区联动公益创投资金190万元、省公益创投资金70万元、区社区微公益100万元。开展公益项目推介，发展社区型基金，通过企业、社会组织、社区居民等多元主体共同参与，探索构建“社区型基金（会）+专业社会组织+社区服务中心”的社区公共服务模式。

（金　津　刘细梅）

【婚姻和市民热线服务】 2015年，鼓楼区办理结婚登记12280对、离婚登记5935对，补领婚姻证件2079件、撤销婚姻1件，出具无婚姻登记记录证明2.97万份，核查婚姻登记信息3390条；收养登记1件，办结率100%。联合市、区妇联开展婚姻家庭辅导志愿活动；调解192对离婚家庭，128对调解成功；为202对新人婚前辅导。10月12日起，婚姻登记处一律不再为任何部门和个人出具（无）婚姻登记记录证明。全年接受南京市“96180”热线求助电话2.77万个，99.8%回访表示满意。

【清明社区公祭活动】 清明节期间，鼓楼区在石头城遗址公园水上码头举行专场清明社区公祭活动，全区驻地官兵、机关党员干部、中小学生、企事业单位和新市民代表600多人参加。该活动自2010年开始举办，至2015年连续开展6年公祭活动。活动围绕“让温暖和爱不断延续”主题，分3部分进行。第一部分：为了不能忘却的纪念，缅怀在中国人民解放战争中英勇作战牺牲的烈士和侵华日军南京大屠杀死难者同胞；第二部分：感恩怀远、思念亲人，寄托对逝去亲人的思念，倡导厚养薄葬；第三部分：新时期的倡议，响应国家、省市号召，倡议党员干部带头推动殡葬改革，倡导与推广新形势下文明祭祀方式，追忆逝者，默启后人。活动现场，全区13个街道举办居民代表结合活动主题表演的舞蹈、合唱、诗朗诵、男女生二重唱等节目，以实际行动表达对先祖、先贤、先烈怀念之情。活动期间，全区和街道社区举办殡葬改革知识宣传展板评比、殡改服务现场咨询，向逝者敬献鲜花、贴祈福卡、放秦淮河灯，集体悼念、惠民殡葬知识问答等多场活动。

【殡葬改革管理】 2015年，鼓楼区死亡5230人（其中，回民46人），其中本地火化4330人、外地火化854人（其中，美国死亡1人在当地处理），火化率100%；骨灰经营性公墓安葬3879人，其他为存入纪念堂、撒江、遗体捐献，回原籍、公益性公墓、基督教公墓、美国和台湾地区安葬，婴儿医院处理等，骨灰正确处理率100%。

注：死亡人数与公安部门统计口径不同，有差异（公安部门为5369人）。全书其他类目以公安部门为准。

（陈　全　刘细梅）

【区划地名和界线管理】 2015年，鼓楼区成立第二次全国地名普查工作领导小组，印发《鼓楼区第二次全国地名普查工作实施方案》。贯彻落实《江苏省地名管理条例》和《南京市地名管理条例》，代南京市政府审核鼓楼区建筑物、道路地名命名主更名申请25件。开展全省平安边界创建考评工作，配合秦淮区开展秦淮—鼓楼界线联检工作，界线管理有序，平安和谐无纠纷。

（王爱民　刘细梅）

2015年鼓楼区新地名一览表

表45

序号	申请单位	命名名称	类别	批复文号
1	鼓楼地名办	福润巷	道路	宁地名复〔2015〕5号
2	南京润昌房地产开发有限公司	复昌路	道路	宁地名复〔2015〕10号
3	南京金名城置业有限公司	春江紫宸广场	商业综合体	宁地名复〔2015〕16号
4	南京宏城地产置业有限公司	缤纷商业广场	商业商务综合体	宁地名复〔2015〕23号
5	南京昆斯兰置业有限公司	鼓北财智广场	商业综合体	宁地名复〔2015〕26号
6	南京润昌房地产开发有限公司	复昌中路	道路	宁地名复〔2015〕27号
7	南京新外滩建设发展有限公司	紫金江景苑	商业住宅	宁地名复〔2015〕37号
8	鼓楼区热河南路街道	高鼓村路	道路	宁地名复〔2015〕46号
9	南京港宁置业有限公司	深悦滨江公寓	酒店式公寓	宁地名复〔2015〕47号
10	南京龙江湾置业有限公司	深悦滨江花园	商业住宅	宁地名复〔2015〕48号
11	南京兴安置业有限公司	爱邦商业综合楼更名为爱邦商业楼	商业楼	宁地名复〔2015〕52号
12	建宁路街道	四平中路	道路	宁地名复〔2015〕55号
13	南京长江国际航运中心开发建设有限公司	江航服务中心	商务办公楼	宁地名复〔2015〕56号
14	南京新厦房地产开发有限公司	树人路等	道路	宁地名复〔2015〕61号
15	南京市市级机关事务管理局	裕盛大楼	办公楼	宁地名复〔2015〕60号
16	南京临江老城改造建设投资有限公司	锦绣江山花园	酒店式公寓商务办公	宁地名复〔2015〕62号
17	南京临江老城改造建设投资有限公司	锦绣华府	酒店式公寓商务商业	宁地名复〔2015〕62号
18	南京立方置业有限公司	峰云府	酒店式公寓商务商业	宁地名复〔2015〕63号
19	南京临江老城改造建设投资有限公司	锦绣江山花园东苑	酒店式公寓商务商业	宁地名复〔2015〕72号
20	南京临江老城改造建设投资有限公司	锦绣江山花园南苑	酒店式公寓商务商业	宁地名复〔2015〕72号
21	南京临江老城改造建设投资有限公司	锦绣江山花园西苑	酒店式公寓商务商业	宁地名复〔2015〕72号
22	南京水务集团有限公司北河口水厂	水厂路	道路	宁地名复〔2015〕76号
23	南京新城创置房地产有限公司	吾悦广场	商业商务楼	宁地名复〔2015〕81号
24	南京城建项目建设管理有限公司	古平岗、定淮门过街通道	过街通道	宁地名复〔2015〕84号
25	南京宁华物产有限公司	幕燕数码港商务楼更名为江山汇金商务楼	商务楼	宁地名复〔2015〕86号

【慈善工作】 2015年，鼓楼区通过主题募集、定向募集、冠名募集、项目募集、义卖募集、文化活动募集、慈善一日募集和日常募集八大善款募集渠道，募集善款606.91万元、各类物资581万元，助困、助学、助医（助残）、助老、慰问等各类救助支出救助款1397.75万元，救助3.28万人次。开展扶贫助困、贴心助老、助医助残、阳光助学等品牌项目，联合江苏省人民医院及武警江苏省消防总队医院开展各类助医活动。出台《鼓楼区慈善协会管理办法》等各项规章制度，加强慈善协会规范管理，实行审报、审核、审批公开透明，并利用政府网站、《工作简报》等形式定期向社会公布慈善活动情况，提高慈善事业可信度和公信力。

【慈善"全项目化"运作】 2015年，鼓楼区推行慈善"全项目化"运作。用项目"募回来"，策划涵盖助学、助困、助残、助医、助老及其他公益等6个方面23个慈善项目，并明确捐助内容、受助对象、认捐金额及认捐方式。至年末，全区各界各类慈善捐赠活动累计捐款(物)4.48亿元。将项目"交出去"，通过招投标方式将慈善项目交由社会组织承接，每个项目都按实体化运作。推进"互联网+"拓展慈善多维平台，开发公益慈善救助信息化平台，创设线上慈善公益超市，利用互联网平台打造“求助—捐赠—救助”一体化网络公益慈善模式，实现救助需求和项目与爱心捐赠快速对接。至年末，发起救助项目 10 个，救助对象1.01 万人次，注册志愿者 2166 人，全区形成“募回来 & 交出去 & 互联网 +” 大慈善格局。是年，鼓楼区慈善“全项目化”运作方式得到国家民政部肯定。

（陈贡全　刘细梅）

【双拥优抚】 2015 年，鼓楼区接收军休干部 107 名、无军籍职工 60 名；接收 2014 年冬季退役士兵 251 人（含 15 名转业士官），其中 36 人符合岗位安置，215 人自主就业，就业率 100%。全年发放优抚对象各类抚恤补助金 2850.05 万元，支付医疗同步结算平台费用 40.03 万元；申报并发放退役士兵家庭优待金 257 人 881.93 万元；发放退役士兵一次性经济补助 230 人 1185.82 万元。发挥“多头共建、跨区共建”等共建品牌优势，由街道牵头与共建部队签署新一轮共建公约，在漓江路 21 号成立区军休服务管理中心；探索社会化拥军新形式，中央门街道在全区首创成立拥军协会，其他街道也相继成立拥军指导服务站。打造双拥文化设施和文化墙，幕府山街道建成 110 米长双拥文化长廊；华侨路街道在广州路设立双拥专栏，宁海路街道推动颐和路社区将军馆和街道海洋国防教育馆扩建工程。拓展共建范围，年内组织军地双方结对 220 多对，开展双拥“六进”（进企业、进乡村、进机关、进学校、进社区、进连队）和“六送”（送健康、送体育、送文艺、送温暖、送图书、送书法）军营活动，为基层部队提供电脑、书籍、健身器材等文体用品；举办军休系统“烽火激荡奋进路”专题文艺晚会，纪念中国人民抗日战争暨世界反法西斯战争胜利 70 周年；邀请南京军区原司令员朱文泉上将围绕岛屿战争主题，为全区副处级以上干部开办讲座。创新舆论阵地，在《金陵晚报》双拥周刊上宣传部队典型，联合《江南时报》开辟鼓楼社区专版。是年，鼓楼区接受并通过全国双拥模范城调研督导组检查。

（蔡　伟　刘细梅）

民族宗教

【概况】 2015 年，鼓楼区有回族、满族、蒙古族、藏族、维吾尔族、苗族等 44 个少数民族 1.77 万人，其中回族 1.33 万人。有流动少数民族人口852 人，清真食品企业和个体网点 76 家。全区有佛教、伊斯兰教、天主教、基督教四大宗教。宗教活动场所 15 个，其中佛教寺庙 3 个，包括：南京清凉寺、天妃宫观音寺和阅江楼地藏寺。基督教活动场所 12 个，包括：基督教江苏路堂、南京基督教会鼓楼聚会处和基督教道胜堂等。有宗教教职人员 49 人，其中佛教教职人员 16 人、基督教教职人员 33 人。全区信教群众 2.31 万人，其中佛教信徒 2000 多人、伊斯兰教 9500 多人、天主教信徒 200 多人、基督教信徒 1.14 万人。

【宗教档案星级创建】 2015 年，区民族宗教事务局（简称区民宗局）联合区档案局研究制定宗教活动场所档案星级创建工作方案，按照“分类推进、重点提升，循序渐进、逐步规范，统一管理、安全至上，长期坚持、注重实效”原则，展开星级档案创建工作。加强各宗教活动场所档案人员业务培训和指导，组织到无锡、常州及南京市宗教档案工作先进场所参观，督促宗教场所改造综合档案室、阅览室，添置档案设备、器材、软件，进行巡回现场指导。是年，全区 15 个宗教活动场所均通过档案星级评定，其中省三星级 5 家、二星级 1 家。

【少数民族居民牛羊肉补贴发放】 2015 年，区民宗局跟踪并指导 13 个街道、119 个社区做好回族等 10 个少数民族居民牛羊肉补贴发放工作。是年，全区享受少数民族牛羊肉补贴居民 17331 人，市、区两级财政补贴资金 238.72 万元，其中区财政局补贴资金 119.36 万元。

【少数民族中考考生加分政策落实】 2015 年，区民宗局与区教育局招生办、各中学密切协作，层层把关，确保审核、复核民族成分工作“不错一个、不漏一个”。是年，全区 16 所中学 208 名中考少数民族考生通过审核，享受党和政府少数民族考生照顾加分政策。

【清真食品行业服务与管理】 至 2015 年年末，全区有清真食品企业和个体网点 76 家。区民宗局检查和审核发放马祥兴、韩复兴、绿柳居、桃源村等清真食品企业 7 家门店申领清真食品标志牌工作。9 月 29 日，区民宗局与区市场监督管理局、商务局等有关部门联合开展清真食品执法检查，规范辖区清真食品生产经营行为，确保回族等少数民族群众吃上放心安全清真食品。

【基督教小市教堂搬迁】 3 月 31 日，区民宗局、区住建局、区征收办、小市街道与市民族宗教事务局、市基督教“两会”（中国基督教三自爱国运动委员会和中国基督教协会）多次沟通协调，区征收办与基督教小市教堂签订征收安置协议，并完成小市教堂异地重建工作。年内，区政府各级部门全程协调指导与帮扶小市教堂征收补偿、搬迁过渡、新堂建设、环境配套、纠纷调解等方面工作。7 月 24 日，经南京市基督教协会同意，该教堂由铁古庙 500 号搬迁至幕府南路 208-1 号过渡。基督教小市教堂建于 1987 年，占地面积 155.3 平方米，有在册信徒 1500 人。

【宗教教职人员法治化建设培训】 4 月 14～15 日，区委统战部、区社会主义学校、区民宗局联合举办 2015 年全区宗教教职人员法治化建设培训班，50余名教职人员参加培训。培训班邀请省、市民宗局领导和区委党校专家分别围绕宗教政策法规新解读、提高宗教教职人员综合素质、有效发挥宗教文化正能量、党的十八届四中全会精神宣传、鼓楼区区情介绍等专题，进行系统授课和解疑释惑，增强宗教教职人员法律意识和法治观念，提高教职人员队伍政策法规水平。

【韦尔比参观凤凰街道爱德儿童发展中心】 6月2日，英国坎特伯雷大主教韦尔比一行参观凤凰街道爱德儿童发展中心。在爱德儿童发展中心，中心总干事向大主教一行介绍中心总体发展情况，小朋友为客人表演“身体音阶歌”，中心向大主教夫妇赠送小朋友手绘画。大主教夫妇向中心回赠绘有圣经故事的彩色玻璃画，并对中心各项工作给予高度评价。国家宗教事务局外事司司长肖虹，省宗教局有关负责人，区委常委、统战部部长丁健生等陪同参观。

6月2日，英国坎特伯雷大主教韦尔比一行参观鼓楼区凤凰街道爱德儿童发展中心

【基督教道胜堂完成换届选举】 6月14日，区基督教三自爱国运动委员会完成基督教道胜堂换届选举工作。大会通过差额选举，推选出7名以年轻人为主的新一届堂委会委员，并召开新一届堂委会第一次会议，确定主任、副主任及委员工作分工。牧师纪义军任主任，牧师单茜、刘云霞任副主任，上一届堂委副主任刘燕姊被推选为名誉主任。参加选举的111位代表主要是上一届堂委和多年与教堂事工服侍人员。会议由区基督教三自爱国会主任牧师张君华主持。

【宗教活动场所安全大检查】 8月15～18日，鼓楼区全面检查宗教活动场所安全工作，检查涉及天妃宫观音寺、狮子山地藏寺、南京清凉寺、基督教教会鼓楼聚会处等宗教活动场所。检查结合暑期高温和台风暴雨多发情况，重点检查消防安全制度落实、消防设施配备、饮食卫生、治安防范、方案预案、活动报备等到位情况，对个别场所检查中发现的安全问题和隐患苗头，要求场所负责人限时整改、责任到人，进一步提高安全防范意识，杜绝麻痹思想，确保宗教活动安全有序开展。全年辖区宗教活动场所未发生安全隐患事故。

【抗战胜利70周年“和平·祈祷”纪念活动】 8月22日，区基督教三自爱国运动委员会举办中国人民抗日战争暨世界反法西斯战争胜利70周年“和平·祈祷”纪念活动，全区基督教教牧和信众800余人参加。纪念活动以宣召、唱诗、祷告、祝福、歌舞表演等形式表达全区基督教界铭记历史、缅怀先烈、珍爱和平、开创未来的深切情怀。

【“宗教慈善周”活动】 9月14～21日，鼓楼区宗教团体和各宗教活动场所围绕资学、扶贫、济困、助残、养老等内容，开展“慈善爱心一日捐”资助困难家庭等慈善活动，募集和捐助善款（物）17.36万元，受益300多人，南京市兴安路心安老年公寓等5家养老院、敬老院、康复中心长年受益。

【基督教江苏路堂接受五星宗教活动场所考评】 11月27日，基督教江苏路堂接受省宗教局五星级宗教活动场所创建工作考评。考评组一行实地察看江苏路堂整体环境，听取副区长梁春燕、区民宗局局长廖建华、江苏路堂主任牧师张君华等争创五星级宗教活动场所自查情况汇报，详细询问江苏路堂法规学习、安全稳定、档案管理、财会制度、队伍建设、公益慈善等工作情况，并查阅创建工作台账。通过检查，考评组肯定区政府、区民宗局和基督教江苏路堂创建工作取得的成效。（董　芳　罗燕华）

社会治理

Social Governance

法治建设

【概况】 2015年，鼓楼区出台《关于深入推进依法行政加快建设法治政府的意见》，重新制定《鼓楼区依法行政考核指标体系》，考核兑现16个重点执法部门。贯彻落实《南京市联合执法工作规则及事项目录》《南京市行政执法争议协调办法》《南京市规范行政执法裁量权规定》等文件，开展联合执法，协调执法管辖争议。明确餐饮油烟噪声扰民、破墙开店改变房屋结构等"12345"投诉较高问题处理方式。督促有关责任单位逐一查实市法制办交办6件行政执法监督案件，督促限期办理答复。印发行政审批、行政权力清单，组织完成市下放至区31项、省下放市并再延伸下放至区9项行政审批事项对接工作。健全行政复议、行政诉讼、行政执法监督机制，推进行政审批制度、行政执法体制、行政复议体制改革，提升行政复议办案质量和社会公信力，采取政府主导、社会参与形式，成立区政府行政复议委员会。强化政府涉法事务服务保障水平，推进依法行政和法治政府建设，为全区经济和社会各项事业发展创造良好法治环境。是年，该区在市政府组织的11个区级政府依法行政考核中名列前茅，区政府法制工作办公室（简称区法制办）被评为全省政府法制工作成绩突出单位，区环保局、区卫生局、湖南路山西路管委会被评为市级依法行政示范点。

【市场监管执法体制改革】 2015年年初，鼓楼区市场监督管理局下辖13个市场监管分局挂牌运行，在全市率先完成市场监管体制改革。区法制办联合区市场监管局在全市率先制定《市场（食药品）监督管理行政处罚程序规定》，统一规范执法主体、执法程序、执法文书等，为全市市场监管执法体制改革确立相关标准规范。年末，组织原工商、质监系统303名执法人员分2个批次脱产集中培训，并全部重新换领行政执法证件，理顺市场监管执法体制机制。（桑秋枫）

依法行政

【《关于深入推进依法行政加快建设法治政府的意见》出台】 2015年，鼓楼区在全市区级政府中率先出台《关于深入推进依法行政加快建设法治政府的意见》（简称《意见》），加快依法行政工作制度设计。《意见》涵盖七大类29项内容，是全区"十三五"期间推进依法行政工作重要纲领性、指导性文件。年内，依据《意见》进一步细化法治政府建设重点任务分解表，明确相关任务责任单位。同时，重新制定《鼓楼区依法行政考核指标体系》（简称《考核指标体系》），具体贯彻落实《意见》，提供全面评价区依法行政工作依据。《考核指标体系》包括9个一级指标和32个二级指标，并从该体系中再精选出4个方面（涉及15个体系条款）便于具体量化指标，分别设置相应权重，纳入全区综合目标考核办法，同时列入16个重点执法部门《个性任务书》，从操作层面实现务实性和可行性。年末，依据考核办法，考核兑现16个重点执法部门。

【行政审批、行政权力清单制定】 2015年，鼓楼区结合政府职能转变和机构改革工作，全面清理核实区级行政许可、非许可审批、具有审批性质管理事项。2月，印发区政府行政审批清单，首批公布事项93项，并通过区机构编制委员会工作办公室（简称区编办）网站对外公开。以"市政府各部门行政权力清单"中属地行使事项作为唯一权力底数，梳理全区行政权力事项。7月，印发区政府行政权力清单，首批公布事项2459项，涵盖行政许可、处罚、强制、征收等10个类别，一并通过区编办网站对外公开。及时梳理分类市下放至区31项、省下放市并再延伸下放至区9项行政审批事项，并组织相关区级部门完成对接。

【行政机关负责人出庭应诉法定职责落实】 2015年，鼓楼区依据修订后的《中华人民共和国行政诉讼法》，推进行政机关负责人出庭应诉法定职责落实，研究创新工作程序，在呈送区领导审签答辩状的同时，附具"确定具体出庭应诉区领导"请示，开庭前向区领导专题汇报并分析案情、介绍庭审程序、注意事项等，确保全年区政府为被告的诉讼案件区领导出庭应诉率100%。同时，抓部门、街道行政负责人出庭应诉率，配合区监察局调查2起部门败诉且负责人未出庭案件，依据相关规定启动对涉及部门和责任人问责机制。与区法院协作，健全出庭应诉提前通知、审理结果及时反馈、统计信息定期交流等制度，并组织2次庭审旁听活动，邀请法官现场讲评，就规范执法程序、加强应诉准备和答辩技巧、正确对待司法判决等提出合理建议。

【行政复议】 2015年，区法制办在区政务大厅设立行政复议申请受理点，在13个街道司法所设立行政复议基层联系点，拓展受理渠道，引导公众通过行政复议渠道解决行政争议。至年末，部门作为被申请人复议案件17件，受理16件，1件不予受理。受理复议案件中，4件驳回申请、2件维持原具体行政行为、1件责令限期履行法定职责、9件申请人自愿撤回申请。区政府作为被申请人复议案件4件，其中1件被确认违法，3件予以维持。

【行政诉讼】 2015年，区政府作为被告行政诉讼案件35件。其中，一审案件25件，审结17件（其中驳回原告诉讼请求 11 件、确认违法 3 件、撤销原具体行政行为 2 件、原告撤诉 1 件)；上诉案件 10 件，审结 7 件(其中 6 件维持原一审判决、1 件撤销原判并责令区政府重新作出具体行政行为)。区政府受理行政赔偿案件 6 件，全部办结，决定不予赔偿 4 件、作出赔偿决定 2 件。区政府各部门(街道)作为被告诉讼案件 69 件，其中垂直部门 38 件。

【合同及文件审核监管】 2015 年，区法制办具体落实《鼓楼区行政机关合同管理办法》，明确以区政府名义对外签订的合同，由区法制办进行前置合法性审核；建立政府合同年度报告制度，全面总结和规范管理全区合同订立、审核、履行等工作。全年审核各类合同协议 26 件。同时，依据《鼓楼区政府规范性文件管理办法》，提请区政府审议发布的规范性文件，起草部门提供送审函、文件草案、制定说明等文书，由区法制办进行前置法律审查。全年审核区政府规范性文件 3 件，正式出台 2 件，均按要求向市政府法制办和区人大常委会报送备案。做好市、区相关文件征求意见工作，全年提供合法性建议 30 多件，审查以区政府名义回复依法申请公开信息 21 件。

【政府征收拆迁项目审核】 2015 年，鼓楼区强化征收拆迁项目有关文书法律审查，规范前置审批材料收集整理，严守“开户资金”和“保障房源”2 个证明文件底线，规范征收行为，保障被拆迁人合法权益。全年，区政府作出人和街道路拓宽工程、二毛南路配套绿地工程、窑上村城中村地块旧城改造、水佐岗片区危旧房改造等 10 个新项目征收决定(公告)，超过期限未达成补偿协议的，依法作出房屋征收补偿决定 18 件；对既不复议又不诉讼，在补偿规定期限又拒不搬迁的被征收人，下达催告书 21 件；向人民法院递交强制执行申请书 19 件；裁决完毕老旧拆迁项目，向市住建委申请执行立案函 7 件。

【“两法”衔接工作】 2015 年，区法制办、区检察院定期组织召开联席会议，部署推进生态环境、医药卫生、食品安全等重点领域“两法”(行政执法与刑事司法)衔接工作，开展打击违法犯罪专项行动。年内，公安鼓楼分局与区市场监管局联合查处 1 起有毒有害食品案，先后抓获犯罪嫌疑人 8 人，并向区检察院提请批准逮捕。区检察院受理后，严格审阅案卷证据，依法讯问犯罪嫌疑人，核实关键证据；9 月，对 8 名犯罪嫌疑人以涉嫌生产销售有毒有害食品罪向区法院提起公诉；12 月，区法院作出一审判决，8 名犯罪嫌疑人被判处有期徒刑一年至三年六个月。该案作为“两法”衔接典型案例得到市级肯定并推广。

【案卷评查与重处备案审查】 2015 年，鼓楼区组织全区行政执法案卷评查工作，在许可和处罚案卷基础上，拓展到强制和征收案卷，逐一审查点评 13 家部门、39 本案卷，提出整改建议并反馈执法部门。初审结束后，从中选送部分优秀案卷参与市级评查。根据市级意见，重新调整区重大行政处罚案件备案标准，明确备案要求，规范细化提交材料。全年，鼓楼区重大行政处罚案件报备 42 件，全部按规定审查完毕并反馈执法部门。

【省依法行政考核座谈会在区召开】 3 月 11 日，江苏省依法行政工作考核座谈会在区召开，区人大代表、政协委员、老干部、企业代表以及群众代表 15 人参会，市法制办主任鲍陈及相关人员参加座谈。会上，与会人员交流法治政府建设和依法行政工作，对“12345”热线和政务服务大厅工作表示满意，并提出 3 点希望。省考核组对区政府依法行政部门为民依法办事表示满意。

【区政府行政复议委员会成立】 11 月 11 日，区政府行政复议委员会成立并召开第一次全体委员会议，主任委员、区委常委、副区长周文中以及副主任委员，常任和非常任委员等 17 人参加会议。区行政复议委员会主任由周文中担任，区法制办主任王丽担任副主任，区人大内司委、政协社法委、区法制办、部分执法部门分管领导担任常任委员，聘请 9 名高校法学专家、律师及熟悉法律工作的基层工作者担任非常任委员。会上，王丽介绍区行政复议委员会组织机构、运行机制、保障措施等方面情况，周文中向非常任委员发放聘书，非常任委员代表发言并提出建设性意见和建议。会议审议通过《鼓楼区政府行政复议委员会工作规则》，规范委员会运行机制。 (桑秋枫)

公　安

【概况】 2015 年，鼓楼区完成纪念中国人民抗日战争暨世界反法西斯战争胜利 70 周年纪念活动、国家公祭活动、省委巡视组接访等安保任务 272 场次及各等级警卫任务 136 件。全年破获刑事案件 4554 起，其中破获侵财案件 2450 起，同比增长 60.7%。刑事案件勘查率 99.7%，同比提升 1.6%；DNA 破案数位居全市第一；采集涉案图像现场 5334 起，涉案图像提取率 33.5%，同比提升 5.7%。破获毒品案件 312 起，其中公安部督办目标案件 3 起，打击处理涉毒犯罪嫌疑人 431 人。侦办各类侵犯知识产权案件 34 起，抓获犯罪嫌疑人 61 人，其中侦办部督案件 3 起、省督案件 1 起。办理户口 9.1 万人次、身份证 6.5 万张；办理各类出国境证件 4.8 万本，办理境外人员临时住宿登记 1.4 万人次；接受咨询服务 33.5 万人次。全区 17 个“公调对接”工作室受理矛盾纠纷 2918 起，同比上升 61.75%，调解成功 2916 起，调处成功率 99.9%。是年，公安鼓楼分局被授予全市公安科技信息化工作、全市“12345”诉求办理工作先进单位称号；获“东方之星”号客轮翻沉事件安保工作集体三等功，18个集体、375位民警受到上级表彰。

【破获刑事案件4554起】 2015年，公安鼓楼分局破获各类刑事案件4554起，其中命案破案率100%，“八大类”（故意杀人、故意伤害致人重伤残死亡、强奸、抢劫、贩卖毒品、放火、爆炸、投放危险物质）案件破案率91%。勘查各类现场1.6万起，提取手印2509枚、足迹1211枚；指纹技术破案、DNA破案及足迹破案682起，通过技术比对线索抓获涉案嫌疑人300人，DNA破案数位居全市第一。破获“5·14”入室强奸抢劫案及房东群发短信诈骗案等一系列大要案。

【破获经济案件64起】 2015年，公安鼓楼分局立经济类案件83起，破获64起。打击涉众型案件专项行动中，破获“鸿通公司非法吸收公众存款案”等非法吸收公众存款案15起，抓获犯罪嫌疑人33人，涉案金额8亿余元；打击假冒伪劣商品专项行动中，破获“南京雷登通信科技有限公司及孙某等人涉嫌销售假冒注册商标的商品案”，并成功发起全国集群战役，抓获涉案嫌疑人3人；打击整治传销违法犯罪集中行动，侦破“7·9”特大网络传销案件；打击利用离岸公司和地下钱庄转移赃款专项行动受到公安部致电慰问表扬。

【毒品犯罪案件督办】 2015年，公安鼓楼分局破获毒品案件312起，其中公安部督办目标案件3起，江苏省公安厅督办目标案件1起；打击处理涉毒犯罪嫌疑人431人，查处吸毒人员1588人，查处新发现吸毒人员391人，强制隔离戒毒入所222人，缴获各类毒品46.2公斤。破获“部目标-2014-645”号、“部目标-2015-115”号、“部目标-2015-651”号贩毒大案，抓获毒品犯罪嫌疑人16人，缴获冰毒、海洛因23.2公斤，K粉18.5克、毒资18万元、涉案汽车3辆。破获省督目标案件，抓获毒贩19名，缴获冰毒18公斤、K粉18.5克、毒资20万元。百城禁毒会战绩效考评排名全市第一。

【人口管理】 2015年，鼓楼区常住人口312441户924950人。公安鼓楼分局办理户口9.1万人次、身份证6.5万张；办理各类出国境证件4.8万本，其中护照2.7万本、港澳通行证1.3万本、往来台湾通行证8000本。管理常住境外人员3920人，约占全市常住境外人员18.7%，居全市第一位。新登记暂住人口22.43万人，新登记房屋出租户1.37万户、注销7021户；6月15日居住证系统启用后，全区办理居住证10.21万张，换发率64.7%。全年通过暂住人口登记，抓获网上“三逃”人员（批捕在逃人员、负案在逃人员、服刑或羁押在逃人员）7人。

【社区警务】 2015年，鼓楼区社区警务工作、社区民警知晓率居全市前三；重点人员列管率和关注“三逃”人员现实表现采集率100%，社区可防性案件较上年同比下降26%，社区民警调解各类纠纷6000多起。是年，公安鼓楼分局中央门派出所工人新村警务室被市公安局定为全市警务示范岗，6名社区民警被省公安厅、市公安局评为优秀军转干部，获市局业务比武第二名。江东派出所长阳花园社区民警朱长星代表市局参加省厅比武获满分，朱长星获个人第三名并荣立三等功。

【社会治安管理】 2015年，公安鼓楼分局完成释迦牟尼佛顶骨舍利供奉大典等各类安保执勤272场次；完成各等级警卫任务、交办任务136件。组织开展治安消防安全隐患集中排查、旅馆长包房专项整治，检查旅馆单位1.3万家（次），核对更改基础信息1236条；发现并责令整改各类安全隐患170余处，当场处罚115人次，责令停业整顿41家。全区旅馆监控联网率99%，门禁安装率98%以上；传输旅客信息531万条，通过旅客信息系统比对等工作，查获网上“三逃”人员22人。强化公共娱乐服务场所监管，规范场所经营，推进“一所一档”（一个场所一份档案）建设，查处卖淫嫖娼活动放任不管场所3家，破获桑拿洗浴场所组织卖淫嫖娼案件1起。处罚电子游艺场所39家，停业整顿29家；查处涉嫌开设赌场刑事案件10起，收缴各类赌博机312台。加强危险物品从业单位安全监督检查，消除安全隐患，检查并下发整改意见书9家，下发督促工作意见书5家，新发现列管单位8家。开展公务用枪检查整治，推进缉枪治爆行动，查获非法持有枪支、弹药案件4起，刑事拘留4人；查获非法持有管制刀具案件4起，查处违法嫌疑人4名；收缴仿军用枪3支、猎枪3支、小口径枪2支、气枪43支、自制枪12支、仿真枪1支，各种子弹5702发，旧炮弹2枚、手榴弹1枚，管制刀具67把，收缴剧毒化学品4.25公斤、易制爆化学品625公斤。

【“110”接处警】 2015年，公安鼓楼分局接报“110”有效警情40.9万起，同比上升4.3%，日均接警量近1120起。指挥中心自处移车警情19.5万起、其他警情0.4万起，占警情53.6%。全年妥善处置10人以上群体性集访705批次2.68万人次，同比分别下降9.6%和8.4%，平均每个工作日3批107人次；其中到省委省政府集访315批次1.33万人次，同比批次下降0.6%、人次上升14.2%。

【公安信息化建设】 2015年，鼓楼区在治安复杂场所、重点要害部位、人群

2015 年，公安鼓楼分局举办“110 与您携手共创平安”广场宣传活动

密集易发案区域、主次干道、背街小巷、无物管小区设置 4800 路监控。技防改造银城花园等 51 个老旧开放小区，工人新村小区和汉口西路 200 号小区安装智能监控“小区智能卡口”“人脸比对系统”。为基层单位配备 500 台北斗对讲机，应用于辅助人员巡防工作。加强涉案图像采集，采集录入涉案图像 1.04 万起，涉案图像提取率增至 33.5%，利用涉案图像串并案件 1062 串 3849 起，图像落地破案 1377 起，约占全部破案总数 1/3，案件破案率提升至 16%。是年，公安鼓楼分局自主研发涉案图像管理应用平台被省公安厅评为科技强警应用类一等奖。年内，创新推出“网上抓小偷”涉案图像协查平台，提高涉案图像落地查证率，将具备协查条件 176 个涉案嫌疑人图像上网发布，鼓励网民向公安机关提供犯罪线索，全年奖励提供线索群众 12 人、奖励金 1.2 万元。

【公安法制建设】 2015 年，公安鼓楼分局开展办案功能区建设，成立刑事执法审核中队、行政执法审核中队、案件管理中心。至年末，管理中心督促办案单位整改各类接处警不规范问题 28 次，督促整改制作不规范笔录 348 份，制作笔录情况通报 2 次，编制工作研判 4 期，未发生执法过错行为。自行开发执法记录仪工作站，实现工作站与警务平台关联，确保执法记录仪使用管理规范，全局基层民警工作中主动规范使用执法记录仪。全局基本级执法资格考试通过率 97.2%（达标率 90%），21 人通过全国司法资格考试，在全市分县局中通过绝对数位列第一。全年办理复议诉讼案件 91 起，其中行政复议案件 24 起（向市局复议案件 8 起、向市政府复议案件 14 起、分局受理复议案件 2 起）、行政诉讼案件 50 起、刑事不立案案件 8 起、刑事不立案复核案件 3 起、国家赔偿案件 5 起、政府信息公开案件 1 起，未出现复议被撤销和行政败诉案件。

【刑事科学技术室通过全国一级示范单位验收】 11 月，公安鼓楼分局刑事科学技术室（简称技术室）通过国家公安部全国一级示范等级评审专家组现场评审验收，获全市公安科技信息化工作先进单位称号。该技术室由公安鼓楼分局投资 400 余万元，于 2013 年建成，面积 400 平方米，是南京市第一家分（县）局 DNA 实验室。技术室拥有大空间熏显系统、一体化信息采集系统、真空 502 熏显系统、激光物证勘查仪以及多型号多波段光源、现场足迹搜索提取系统等十余种检验设备。拥有 27 人技术团队，其中高级工程师 1 人、中级工程师 10 人、初级工程师 16 人，获取鉴定资质 25 人，职称占比率 100%。技术室曾获“全省刑事技术工作先进集体”“全省公安机关执法示范单位”“省青年文明号”“省工人先锋号”等多项荣誉。2015 年，利用手印、足迹、DNA 等现场痕迹对比确认各类案件 682 起，其中对比确认侵财犯罪涉案嫌疑人 300 人，抓获到案 250 余人。 （顾　蓉）

检　察

【概况】 2015 年，鼓楼区检察机关办理审查各类犯罪案件 747 件、逮捕 1032 人，审查起诉案件 929 件 1207 人；在国企、民生、执法与司法等重点行业和领域立案查处贪污贿赂犯罪 17 件 18 人、渎职侵权犯罪 2 件 2 人，其中县处级以上要案 3 件 3 人，执法司法人员受贿、徇私枉法 4 人，办案数量位居全市前列，窝串案率 56.3%。运用自主研发智慧检察系统出庭公诉 143 次，组织区人大代表、政协委员远程观摩庭审 8 次；开展同步庭审监督 91 次。研发手机“移动检务通”，将内务管理从电脑搬至手机，实现检务保障“随机而动、随网而行”。依托“青雁”青少年维权中心，组成“1+1+1”（案件承办人 + 司法社工 + 关工委）帮教模式，帮教未成年犯罪嫌疑人 12 名，关爱、资助 15 名未成年人。“禁止向未成年人售酒” 提案受到市人大重视并进入立法程序。与社区、学校沟通协作，成立未成年人保护工作室，实现专业化保护和社会化保护有机结合、有效互动。开展主题法制教育 6 场，受教育未成年人 5000 余人。组织 10 名青年骨干到社区开办“检察官巡回讲堂”30 余场，就非法集资、电信诈骗、民间借贷、遗产继承等问题进行普法宣传。发布案件程序性信息 1938 条，公开法律文书669份、重大案件信息46件;设立20处电子检察工作站,规范8小时内外行为,实现干警“零违纪”“零举报”“零投诉”。是年,区检察院被最高人民检察院评为首批“全国科技强检示范院”,区检察院驻区看守所检察室被最高人民检察院评为第四届全国检察机关派驻监管场所一级规范化检察室,2起侦查监督案件获南京市检察机关评比第一名。公开出版检察调研专著《公职人员职业风险自我认识、评估和调适》,10余篇检察调研文章获得省级以上奖项,17篇调研文章在国家级刊物发表。1名干警获全省兼职教师“精品课程”评比第一名,1名干警获全市检察机关“十佳公诉人”比赛第一名,5名干警被评为全市业务标兵和办案能手,20余人次在各项检察业务竞赛中获奖。

【职务犯罪预防】 2015年,鼓楼区检察院服务保障区域重大工程建设,开展沪通长江大桥、“淮南—南京—上海”输变电工程等11个总金额400亿元项目专项预防。在社会化预防方面,依托国企、高校、医疗、金融、非公企业五大行业预防分会,开展预防警示教育31场;开展争创“无职务犯罪单位”活动,通过“指导+督促”“教育+规范”,推动行业自治、区域共建。将预防犯罪与邮政通信有机结合,利用邮政快递人员走家进户优势,发放预防资料千余册,推动区域“无职务犯罪单位”评比和“预防邮路”活动。结合办案撰写6篇案例分析报告和预防调查报告,受到省、市检察院和区委肯定,为职务犯罪预防和查办提供决策参考。

【职务犯罪惩治】 2015年,鼓楼区检察院立案查处贪污贿赂犯罪17件18人,立案数量位居全市前列,其中县处级以上要案3件3人,同比增加2件2人。围绕教育、工程建设、交通运输等国企和民生领域,开展查办职务犯罪专项行动,立案查处8件8人,占立案数61.5%。办理涉案金额300万元市道路客运售票中心副主任张某某贪污、受贿案,挽回经济损失100余万元。查窝打串,在省盐业集团、邮政速递公司、交通客运系统等分别立案查处2件2人,在行业内形成警示效应。重源头防腐,立案查处行贿犯罪3件4人,查处司法腐败,依法办理执法人员受贿、徇私枉法案 2件2人。

【法律监督】 2015年,区检察院依法提起抗诉的高某某猥亵儿童案获二审法院支持,徐某某贩卖毒品案被评为南京市优秀抗诉案件。查办金额1000余万元虚假诉讼案,在犯罪嫌疑人张某等人“零口供”情况下,依法追究刑事责任,被评为全市检察机关精品案件。3件涉及虚假诉讼再审检察建议被法院采纳。督促行政机关履行职责案件2件,其中督促和支持区征地拆迁部门起诉杨某某追回国有资产一案获法院判决支持。开展羁押必要性审查,变更强制措施3人,开展减刑假释暂予监外执行专项检察,督促11名暂予监外执行罪犯依法收监执行。对1起拟报请特赦不当案件提出检察意见,督促纠正。是年,2起侦查监督案件在南京市检察机关评比中获第一名。

【检务公开】 2015年,鼓楼区检察机关利用现代信息技术打造微博、微信、新闻客户端“两微一端”及网上检察为民服务中心、手机报等新媒体平台,打造检务公开、为民服务、法制宣教、社会监督、案源拓展五大板块。全年发布案件程序性信息1938条,公开法律文书669份、重大案件信息46件,设立20处电子检察工作站,在电子检察工作站、微博、微信等设置屏幕扫描二维码,方便群众加入微信号表达诉求;举办“检务公开日”7场,实现检察工作与群众需求良性互动。

【刑事检察】 2015年,区检察院批准逮捕692人,提起公诉1067人。从严从快批捕聚集境内外1900余人“五台山体育馆德州扑克赌博案”、涉案金额8亿余元首例洗钱犯罪等多件舆论关注和社会关切案件犯罪嫌疑人,确保案件依法公正办理。适应以审判为中心的诉讼制度改革,提高证据审查和庭审指控能力,没有发生1起无罪判决案件。联合区公安、法院等部门,开展打击毒品犯罪、组织卖淫犯罪、危害食品药品安全犯罪、非法集资犯罪等专项行动,对相关犯罪形成震慑。

【联合办案】 2015年,区检察院与区法制、公安、法院、保监、市场监督管理等部门沟通协作,打击危害食品药品安全、非法集资以及船舶保险诈骗、破坏长江生态保护等违法活动。建立信息共享、案件移送、联合办案、双向咨询、信息通报、联席会议等机制,促进一批涉嫌犯罪案件及时进入刑事诉讼程序。全年办理网络生产、销售有毒有害食品药品犯罪2件9人,非法集资犯罪30件38人、船舶保险诈骗犯罪3件7人,实现办理船舶保险诈骗案件“零”突破。

【涉法涉诉信访改革】 2015年,区检察院加强内设部门信息互通和执法协作,化解信访积案、控制信访增量。化解成功原鼓楼、下关区检察院合并前18件积案,其中包括长达10余年李某跨部门信访案,全区信访增量同比下降35%。非法集资案件涉检信访加强风险防控等相关议题,实时反馈办案进展,严惩犯罪、督促公安机关追赃,促进15件非法吸收公众存款、集资诈骗案集体信访化解和妥善处置。帮助75名信访人挽回非法吸收公众存款案全部经济损失3950万元。

【刑事速裁程序改革】 2015年,区检察院与公安鼓楼分局、区法院就危险驾驶、交通肇事等11种案件适用速裁程序达成共识，明确侦查终结后“集中审查起诉—集中公诉—集中审判”原则，实现案件在公、检、法之间快速流转。建立速裁案件专人专办制度，全年适用速裁程序办理案件121件127人，审查起诉周期由平均21天缩减至8天，被告人一审服判率96.5%，实现效率和公正有机统一。

【沪通长江大桥项目专项预防启动大会】 1月16日，区检察院与中铁大桥局集团第二工程有限公司联合举办共建推进会暨沪通长江大桥项目专项预防启动大会。双方借助检企共建工作平台，专业化和社会化预防双轮驱动，相互借力开展沪通长江大桥项目专项预防工作，让“法治检企”思想贯穿于大桥建设全过程，共促“工程优质，人员优秀”。中铁大桥局集团有限公司党委副书记、纪委书记张跃进等党政主要领导，沪通长江大桥、南京市检察院、南京大学法学院专家咨询团、区检察院及区预防局等110余人参加会议。会上，区检察院与中铁大桥局集团第二工程有限公司签订《共同开展专项预防工作意见书》，南京大学法学院教授狄小华代表专家咨询团成员作公司依法治企、员工严格自律讲话，张跃进和区检察院检察长杨建萍为区检察院驻项目部电子检察工作站揭牌。

链接：

沪通长江大桥是世界最大跨度公铁两用斜拉桥，是新建沪通铁路控制性工程和国家重点工程。全长11.07公里，总工期1645天。中铁大桥局集团第二有限公司承建沪通长江大桥HTQ-2标，合同额约35亿元。

【监理、支护工程施工合同暨廉政协议签订仪式】 2月13日，区检察院与南京医科大学第二附属医院（简称南医大二附院）举行门急诊病房大楼监理、支护工程施工合同暨廉政协议签订仪式。南医大二附院院长季国忠等院领导、兄弟医院领导、施工单位代表，区检察院副检察长梅琨、预防局部分干警80余人参加会议。会上，季国忠介绍该院门急诊病房大楼工程概况并强调该工程涉及民生，是医院转型升级和快速优化发展重要工程。希望在医院、检察院和施工、监理单位共同努力下，达到“三无双优”（无职务犯罪发生、无重大责任事故、无国有资产流失，工程优质、干部优秀）工程目标。副院长汪宝林作大楼监理、支护工程“公开、公平、公正”招投标过程说明。江苏建科建设监理公司、江苏盛凡建设工程有限公司就廉洁工程责任作表态发言，并分别签署《施工合同》及《基建工程廉政协议书》。区检察院向项目施工、监理单位颁发《预防职务犯罪告知书》，建议和提醒在工程项目进程中注重进度与质量并重、效率与安全同步、教育与监管并举，各负其责、各司其职，把握重要岗位、资金、人员廉政风险预防，做到到位不越位，促进“门急诊病房大楼”工程成为优质、安全和廉洁工程。

【未成年人心理干预室建成】 8月2日，区检察院未成年人心理干预室正式建成，引入爱心帮教和专业心理疏导等，双向帮教和保护未成年犯罪嫌疑人、被害人，向涉案未成年人提供心理疏导服务。心理咨询室分为心理诊疗室和会谈室2个区域。由“青雁”司法社工负责与涉案未成年人谈话及心理疏导，帮助涉案未成年人解除案发后负面心理，重塑健康向上、积极改造自信心。至年末，干预室接待涉案未成年人12人次，心理干预62起。

【新型案件专家咨询程序启动】 9月1日，区检察院就一批涉嫌保险诈骗罪案件启动专家咨询程序，借助江苏省保监会反欺诈专业委员会平台，邀请人保财险江苏分公司、平安财险江苏分公司、太平洋产险江苏分公司、中国人寿保险股份有限公司江苏分公司、大地保险江苏分公司等多家保险公司理赔部门负责人及多位资深财产险理赔专家，在江苏省保险综合大厦召开专项研讨会议。会上，区检察院就办理该类案件中涉及保险责任认定、除外责任认定等专项问题向与会专家咨询，与会保险行业专家围绕案件及责任认定等问题作出解答，并就近期理赔业务中遇到可能涉嫌刑事犯罪欺诈行为提到会上共同探讨，会议形成纪要以供参考。 （李国田）

【“检察开放日”活动】 10月15日，区作风办、区检察院联合开展“检察开

10月15日，鼓楼区作风办、区检察院联合开展“检察开放日”活动

放日”活动，邀请市级机关工委领导、市作风建设监督员第二监督工作组、第一网络监督组成员以及部分区作风建设监督员、观察员代表等视察指导工作。监督员听取区检察院关于电子检察工作站讲解和演示，参观该院案管中心和技术信息中心。座谈会上，区检察院负责人作《持之以恒抓作风、司法为民履职能》机关作风建设主题汇报，工作人员演示并介绍区检察院自行开发的智慧检察系统及其运用成效。

（李富慧）

【工程专项预防工作推进会】 11月10日，由区检察院牵头组织，在省电力公司经济技术研究院召开辖区工程建设专项预防工作推进会。省电力公司经济技术研究院、中铁大桥局二公司等6家工程建设单位分管领导、纪检监察部门负责人，省电力公司纪委、监察审计部，市检察院预防局、区检察院等领导及市、区两级预防干警28人参加会议。会上，省电力公司经济技术研究院、中铁大桥局二公司等先后作典型经验交流发言；江苏省口腔医院、南京城建项目建设管理公司、南医大二附院、南京线路器材有限公司介绍开展工程专项预防工作基本做法和成效；区检察院检察长杨建萍和市检察院预防局局长郭煜华为“淮上线”特高压交流输变电工程、沪通长江大桥工程项目“工程建设项目专项预防工作示范点”授牌。

【区检察院获首批“全国科技强检示范院”称号】 11月20日，区检察院被最高人民检察院（简称高检院）授予首批“全国科技强检示范院”称号。年内，区检察院自主研发以全高清办案指挥与监督管理系统为主，以规范化司法电子手册、移动检务通、网上检察为民服务中心、电子检察工作站为辅“五位一体”智慧检察系统，受到高检院副检察长柯汉民以及高检院信息中心、案管中心和省检察院领导肯定。南京市检察系统在区检察院召开科技强检现场观摩会，全国12个省份检察机关到区学习交流26批次，在系统内宣传推广。该院智慧检察系统涉密信息系统分级保护以全省第一名高分通过测评。依托“数字出庭”平台，进行远程庭审指挥、出庭攻略查询、在线电子笔录查询与示证、全程录音录像和远程监控等。全年运用自主研发智慧检察系统出庭公诉143次，组织人大代表、政协委员远程观摩庭审8次，开展同步庭审监督91次。研发手机“移动检务通”，将内务管理从电脑搬至手机，实现检务保障“随机而动、随网而行”。运用“移动检务通”、《规范化司法电子手册》等在线学习考试，组织在线学习、测试13次。

（李国田）

法　　院

【概况】 2015年，鼓楼区法院受理各类案件2.08万件（其中旧存案件2734件），同比增长21.31%；审（执）结案件1.75万件，同比增长21.66%。审结各类刑事案件855件、毒品案件240件、劳动争议案件1438件、房地产案件1965件、行政诉讼案件216件。受理执行案件4461件，执结案件4337件，拘留被执行人75人次。院庭长审（执）结案件2433件，占案件总数13.9%。二轮随机抽选，通过征求意见和资格审查，产生100名人民陪审员。全年，人民陪审员随机参审各类案件3540件。与南京大学法学院联合，开办“法官学堂”12期，将审判实践中存在疑难复杂问题转化为授课主题，提升法官司法能力。1篇案例被《最高人民法院公报》刊载，1篇案例获全省法院第九届“金法槌”优秀案例特等奖，区法院被授予全省法院案例工作组织奖，获全省法院优秀重点调研课题奖1项，获全市公务员优秀调研报告一等奖1项，1篇论文获全省法院第26届学术讨论会一等奖。3人被评定为省法院书记员岗位等级考核中级资格、47人被评定为初级资格，居全省基层法院第一。是年，1名书记员获全省法院书记员业务技能竞赛第二名，被授予“全省法院书记员业务标兵”；1名书记员被授予“全市法院书记员业务标兵”。区法院被省委省政府表彰为人民满意政法单位（集体一等功），被省法院授予集体一等功，被最高人民法院授予2015年度在司法新闻宣传工作中作出突出成绩人民法院称号。

【刑事审判】 2015年，区法院审结各类刑事案件855件，判处罪犯1186人。依法严惩盗窃、诈骗、非法集资等与人民群众安全感密切相关类型犯罪，审结毒品案件240件，判处罪犯311人。惩治非法集资等刑事犯罪，依法审理判决朱某某非法吸收公众存款等案件，依法判决中石化苏州石油分公司原财务核算部主任孙某某挪用公款1.8亿元等案件。

【民商事审判】 2015年，区法院审结劳动争议案件1438件，同比上升35.15%；审结房地产案件1965件，同比上升15.18%；依法对“南京第一高楼”侵犯日照权纠纷案作出被告补偿10万元判决，被央视《东方时空》等栏目报道，受到广泛关注。审结婚姻、家庭、继承类案件1389件。审结金融借款、证券保险、合同等商事案件2528件，依法维护市场经济秩序。强化知识产权司法保护，依法加大侵权赔偿力度，全年受理知识产权案件300件，审结337件，结案、收案率112.33%；审结知识产权刑事案件2件，包括3名自然人和1名法人，判处罚金220万元，其中160万元执行到位。

【精品案例】 2015年，鼓楼区法院依照最高人民法院《关于审理建筑物区分所有权纠纷案件具体应用法律若干问题的解释》第十三条、《中华人民共和国民事诉讼法》第六十四条等规定，在原告孙某某因小区管理、财务收支等问题致业主利益受损，诉被告清江花苑小区业委会物业管理知情权纠纷一案裁判中，判决业委会公开相关信息资料。该案业主作为建筑物区分所有人，享有知情权、享有了解该小区建筑区划内涉及业主共有权及共同管理权等相关事项权利，业主委员会应全面、合理公开其掌握的情况和资料。对于业主行使知情权亦应加以合理限制，防止滥用权利，其范围应限于涉及业主合法权益的信息，并遵循简便原则。该案例被《最高人民法院公报》刊载，对全国同类案件裁判形成良好示范效应。

【行政审判】 2015年，区法院审结行政诉讼案件216件，判决行政机关败诉34件，败诉率15.74%。与公安鼓楼分局、区司法局、信访局、街道等机关对接，全面剖析修改后《中华人民共和国行政诉讼法》受案范围、起诉条件等内容，邀请省法院院长许前飞为全区领导干部开展法治讲座，提高全区机关依法行政能力和应诉能力。

【案件执行】 2015年，区法院受理执行案件4461件，同比上升31.6%；执结案件4337件，同比上升37.1%；拘留被执行人75人次，将3318名被执行人纳入失信人员名单，有1125名失信人被执行慑于信用惩戒制度，履行义务。落实网上司法拍卖机制，通过淘宝网拍卖223件拍品，拍卖成功178件，成交率79.82%，成交额4.18亿元。

【司法公开】 2015年，区法院继续加强网上立案、审判流程、庭审、执行信息和裁判文书等司法公开平台建设，全年网上立案822件、裁判文书上网9407篇，均居于全市基层法院前列。邀请群众旁听庭审748件，网络庭审直播202件，建设官方微博、微信等自媒体阵地，全年宣传报道典型案例572件次，营造守法、信法、用法法治氛围。

【司法改革】 2015年，区法院采取自愿申报方式，对5名审判员实行民商事案件全案由分案。落实"让审理者裁判，由裁判者负责"要求，凸显法官主体地位，将裁判文书签发权还权于法官。推行院庭长办案制度，院庭长审(执)结案件2433件，占案件总数13.9%。

【司法民主建设】 2015年，区法院被确定为全国第一批人民陪审员制度改革试点法院，与市法院联合开展陪审员随机抽选试点工作，第一轮在全区适合人口中随机抽选出500名候选人，通过征求意见和资格审查，从符合条件候选人中进行第二轮随机抽选，最终产生100名人民陪审员。全年，人民陪审员随机参审各类案件3540件，为司法和民意融合作出贡献。 （张 伟）

信 访

【概况】 2015年，鼓楼区区委常委会、区长办公会，以及区四套班子联席会多次专题研究信访问题。春节前，区委区政府专门召开区信访突出问题调处工作领导小组会议，研究房产经营公司退休职工生活待遇、恒茂家园安置房办理"两证"(产权证、土地证)，以及进京非访次数较多个体拆迁安置补偿等问题，并提出化解方案。在全区政法工作会议、全区作风建设大会以及全区经济社会发展总结表彰暨动员部署大会上，区委书记杨学鹏专门就信访维稳工作、控减进京非访提出明确要求。全年办理群众来信来访3694件(批)人次，同比下降44.82%。其中，来信（含领导信箱)489件，同比下降48.31；来访979批3205人次，同比批次、人次分别下降21.87%和44.25%(含集体信访123批2155人次，同比批次、人次分别下降36.60%和47.45%)。同时，到市去省上访降幅较大。进京上访812人次，较上年同比上涨70.94%，其中被中联办登记99人次(含佳和园集体信访2批52人次)，进京非访被中联办登记同比下降7%(其中82人次属于涉法涉诉和跨地区、跨部门、跨行业案件)；该区堵控劝返未登记353人次，进京非访在全市实现退位目标。协调完成"12345"投诉件38件、信访事项复查10件。至年末，先后化解信访案件35件。

【稳控责任化解】 1月，区委常委会研究并以区"两办"(区委办、政府办)名义下发"2015年重点信访事项化解稳控责任表"，47件信访个案和8件重点群体案件落实"五包一"(每一个信访事项落实一名区领导、一名事发单位领导、一名稳控单位领导、一名责任社区干部、一名管段民警包案)化解稳控责任。所属街道主动掌握信访人动态，制定针对性稳控方案，确保"稳得住"。区包案领导对接所包案件，针对信访人诉求，提出化解稳控工作要求，走访慰问信访困难群众42户。滚动交办新增突出问题，确保化解稳控责任逐级明确、压力逐级传导。开展进京非正常上访集中整治专项行动，制定下发《关于开展进京非正常上访集中整治专项行动的实施方案》，建立完善进京非访处置工作责任制。按省信访局结案要求和标准，先后化解重复访2件、引入司法程序3件、形成实质性化解方案2件、终结或无理认定结案2件、信访人病故1件、精神病认定1件。

【信访突出问题化解】 2015年，鼓楼区定期分析研判信访形势，排查梳理矛盾隐患，及时应对到区到市去省集体上访，有效化解或钝化矛盾。先后化解锋尚开发商建设幼儿园对相邻楼房造成影响、鼎鑫菜场30名摊主经营亏本、模范马路西延工程影响居民生活、地铁4号线施工造成宁工新寓部分楼幢发生“不均匀沉降”、黄方村被拆迁户交款选房后拿不到钥匙等信访问题。同时主动介入，协助处理“东方之星”号沉船事故善后事宜。借助省、市部门和专家学者力量，会商会办“三跨三分离”（三跨：跨地区、跨部门、跨行业；三分离：人事分离、人户分离、人事户分离）疑难信访问题，先后5次邀请省、市信访局领导到区协调会办重点信访人员唐某某、何某某、居某某等10多件“三跨三分离”案件；协调省市有关部门会办孙某某、汤某某等“三跨”问题。

【信访积案攻坚】 2015年，鼓楼区结合省、市交办信访案件，分两批次下交76件信访个案、8件集访案件，并区别情况，因人制宜，落实领导包案化解责任，建立“五包一”推进机制。区信访工作联席会议办公室和2个“矛盾调处工作室”按照“一人一策一专办”要求，主动跟踪对接，密度约谈调处，督促、协助事发责任部门制订化解方案、推进化解进程，潘某某、史某某等13件信访案件得到有效化解。靠前工作，在上级交办件之外分别化解小市街道顾某某等及鼓楼区房产经营公司和区征收办退休人员待遇、鑫宏花园阳光权等信访问题。

【重大政治敏感期驻京信访保障】 2015年，鼓楼区信访部门领导成员、街道分管领导常年轮流驻京，保持一定力量值班劝返。全国“两会”期间，全区抽调50多名干部组成工作组驻京劝返，把进京访人员控制在非访发生前。其间，区委书记杨学鹏、政法委书记陶顺生专门进京指导劝返工作，看望值班干部，确保维稳保障扎实有力。纪念抗日战争胜利70周年大阅兵、十八届五中全会等重大政治敏感期，区信访部门主要领导带队驻京，强化值班劝返工作，确保不发生有影响信访事件，实现非访零登记。同时加大依法处置力度，公安部门对重点人员进行系统谈话教育、上门敲打，落实管控措施；按要求将进京非访人员先送公安部门指定的派出所“三留一建”（留笔迹、留指纹、留血样，建档案）及依法处置，给予重复进京非访人员，特别是串联、挑头重点信访人员训诫和警告，由公安部门依法拘留少数扰乱信访秩序人员。

【信访基层化解能力建设】 2015年，鼓楼区初信初访办结率95%。继续实行周三律师接访制度，为群众提供免费法律咨询服务，引导涉法涉诉群众通过司法途径解决问题。配合《中华人民共和国信访条例》颁布实施10周年宣传月活动，组织10多个部门在水木秦淮广场举行宣传日咨询活动。加强信访工作业务培训，先后邀请市信访局领导就依法逐级走访、“南京市和谐信访信息化管理系统”流程及应用等内容进行辅导，提高全区信访干部处访、办信工作能力。加大重点约谈和督查督办力度，区委领导约谈告诫进京上访量大的3个部门和4个街道主要领导，提出明确要求，并督促相关部门重点督查4个街道落实情况。深入开展“三无”（无过激访、无集体访、无越级访）社区创建工作，119个社区达标率87.29%。 （陶万祥）

司法行政

【概况】 2015年，鼓楼区制定《关于鼓楼区医患纠纷人民调解工作联调联动的工作意见》，明确区医调中心与公安、法院、卫生、民政及街道等部门联调联动工作机制，建立辖区二级以上医调中心联系网络。成立鼓楼区医患纠纷调解服务中心，与人寿保险公司建立“调保对接”机制，开通“鼓楼医调委微信平台”，实现“一站式”便民服务。全年各级各类人民调解组织调处民间矛盾纠纷5437件，成功率99.7%。依法强化特殊人群教育管控，全区在册社区服刑294人，刑满释放1512人，当年无重新违法犯罪。推进“法进百家社区、共建幸福家园”以及“中国梦·法治路·社区行”普法教育惠民工程；走进全区70余所中小学开展“关爱明天、共筑未来”送法进校园活动，征集学法征文600余篇；投资10余万元，打造依山郡法治文化社区，编写《敬畏与守护》青少年普法读本，印制2万余册，发至全区各中小学校。创建6家省级民主法治社区，全区创建省级民主法治社区45家。通过南京市“六五”普法终期考核验收。挂牌成立鼓楼区军人军属法律援助工作站。在《扬子晚报》开辟“走进基层司法所”专版，《江南时报》开设3个专版，全方位报道区司法工作。建立和完善法律顾问制度，编制鼓楼区法律服务电子地图，推进公共法律服务全覆盖。年内，辖区新成立律师事务所4家。全年区属51家律师事务所代理案件6592件，业务收入7931万元。鼓楼公证处全年办理各类公证2.15万件，业务收入664万元。全年办理法律援助案件1129件，接待群众咨询2.32万人次，为当事人挽回经济损失156.9万元，办案数位居全市第二，群众满意率99.8%。是年，湖南路司法所获江苏省社区矫正先进司法所称号，宝塔桥司法所所长周万清获全国模范司法所所长荣誉称号，区法律援助中心主任林凡明获江苏省“法润江苏”系列专项行动先进个人，司法局社区矫正科科长戴小明获江苏省社区矫正先进个人。

【法律服务】 2015年，鼓楼区完成区属51家律师事务所475名注册执业律师、10家基层法律服务所69名基层法律工作者执业考核及年检注册工作。指导协助国浩律师（南京）所与金鼎英杰所合并，在鼓楼重新注册。引进省内第一家、华东唯一专业婚姻家事律师事务所——江苏宁嘉律师事务所到区落户。新成立律师事务所4家，拓展税源增长点。编制鼓楼区法律服务电子地图，涵盖全区律师、公证、基层法律服务、法律援助、司法所等近100家法律服务机构，推进公共法律服务全覆盖。在全区各街道、社区及35个政府部门聘请法律顾问。按照“一户一律师”模式，组织30名志愿者成立律师服务团，配合相关街道跟踪“东方之星”号客轮翻沉事故善后法律服务保障。全年，区属51家律师事务所代理案件6592件，业务收入7931万元；10家基层法律服务所代理案件477件，业务收入229万元。

【公证服务】 2015年，鼓楼公证处创新微信即时预约、微博动态发布、网站对接受理“三点合一”便民服务新模式，推进“阳光”公证行动；建立公证服务群众满意度评价系统，公证处增设投诉接待室、意见箱，公证处网站、微博、微信等平台开通投诉渠道，公开收费标准和服务承诺，增强公证服务透明度。开展“公证暖心行”“公证公益行”等活动，开辟老年人、残疾人等特殊困难群体“绿色通道”，提供人性化服务，开展上门服务11次，减免费用6500元；选派公证员赴“东方之星”号客轮翻沉事故现场，为遇难者家属提供公证服务，现场办理公证23件。全年办理各类公证2.15万件，业务收入664万元。

【社区矫正】 2015年，鼓楼区司法部门严格社区矫正规章制度落实，强化全程监管教育，以人员报到、文书移交“双到位”为标准，规范衔接工作环节，完成审前调查91份、假释评估18份、公诉26份。建立健全“一人一档”信息库，手机定位114名严管对象，配备矫务通46部，用于加强与公、检、法等部门联防联动。完善分类管理长效机制，规范奖惩机制，成立社区服刑人员特赦工作评审委员会，联合区检察院核查符合特赦条件10人，7人获批特赦。全区在册社区服刑人员294人，当年无特赦重新违法犯罪。

【帮教安置】 2015年，区司法局协调公安鼓楼分局、检察院、法院、司法局等部门关工委及“五老”(老党员、老专家，老教师，老战士、老模范)志愿者，加强帮教未成年社区服刑人员，与14名未成年矫正对象签订监督帮教协议书。为辖区服刑在教人员邮寄《特别家书》420封；协调民政部门，发放120位低保、低收入困难帮教对象家庭慰问品及救助金2万元。开展困难帮教对象未成年子女延伸帮教活动；推进过渡性安置帮教基地建设，落实社会服务保障机制。严格等级分类管理，落实定期分析研判和重要事项报告制度。全区在册刑释解矫人员1512人，其中刑释人员839人、解矫人员673人，当年无重新违法犯罪。

【人民调解】 2015年，区司法局围绕纪念中国人民抗日战争暨世界反法西斯战争胜利70周年、“东方之星”号客轮翻沉事件处理等重要时间节点，排查化解矛盾纠纷，维护辖区稳定；推进医患纠纷人民调解体制机制创新；与中国人寿保险公司建立“调保对接”机制，保险公司直接履行调解协议理赔责任；提高医患纠纷调解公信力，开通“鼓楼医调委微信平台”，提供在线咨询和网上预约服务，完善医患纠纷“一站式”便民服务；推进司法行政服务站和社区调委会规范化建设，在苏州路、丁山、天正和鸣3个社区运行试点基础上，在全区逐步推广，建成率84.7%。全年，区各级各类人民调解组织调处民间矛盾纠纷5437件，成功率99.7%。建立纠纷受理、查询核实、专家咨询、回避等制度，完善联调联动工作机制。区医患纠纷调解服务中心获批5个事业编制，至年末人员尚在落实中。

【法律援助】 2015年，区司法局在区法院、鼓楼看守所分别设立法律援助驻点工作站，率先开展刑事速裁试点工作。协调办理驻区军人军属法律援助事宜；降低援助准入门槛，对未成年人抚养抚育费、农民工劳动报酬、工伤赔偿等8种情形免于经济状况审查；将环境污染等与民生问题紧密相关权益保护事项，纳入法律援助补充事项范围。建立法律援助半小时服务圈，在全区13个司法所设立法律援助工作站、社区设立法律援助工作点和联络员。编制法律援助律师专业分类名录，实行“集中办案”与“点援制”相结合工作模式。建立介入涉法涉诉信访、突发性事件处置和群体性纠纷化解工作机制，促进社会管理创新。与巾帼律师服务团、公共安全法律服务团等社会公益组织和部门协作联动，开展法律援助进社区、进学校、进工地、进监所等活动32场次。全年办理法律援助案件1129件，接待群众法律咨询2.32万人次，为当事人挽回经济损失156.9万元，办案数位居全市第二，群众满意率99.8%。

【法治宣传】 2015年，区司法局走进全区70余所中小学校，开展“关爱明天、共筑未来”送法活动，制作高、初、小3个级别法治教育展板150多块，征集学法征文600余篇；联合团区委、区关工委启动青少年“学法、守法、崇德、立德”社区行活动，开辟青少年法治教育第二课堂；走进全区13个街道104个社区，开展“弘扬法治精神，推进依法治国”主题“中国梦·法治路·社区行”——法治南京建设走基层活动；投资10余万元，打造依山郡法治文化社区。区司法局印制上万张印有“‘12348’法律咨询热线”的“宪法名片”，发放至全区千家万户，旨在畅通居民维权渠道，营造学法、用法、守法气氛，引导老百姓了解宪法知识，形成全社会共同参与普法宣传氛围。组织完成全区“六五”普法终期考核，通过南京市“六五”普法终期考核验收。“南京鼓楼司法在线”新增微博数、新增原创微博数、被评论数、被转发数等各项考核指标均名列全区前茅。全年媒体采用各类新闻稿件80余篇；成功创建挹江门街道钟阜路社区、江东街道聚福园社区、幕府山街道盛世花园社区、华侨路街道龙蟠里社区、热河南路街道二板桥社区、宝塔桥街道金陵二村社区6家省级民主法治社区。至年末，全区创建省级民主法治社区45家。

【4家律师事务所成立】 4月9日，江苏宁嘉律师事务所成立，注册3名执业律师，主任张磊，办公地址位于南京市鼓楼区中央路389号凤凰国际大厦901、902室；8月24日，江苏方多律师事务所成立，注册3名执业律师，主任蒋文，办公地址位于南京市建邺区云锦路186号凤凰和熙1期2栋701室；9月10日，江苏双汇（南京）律师事务所成立，注册3名执业律师，主任田华峰，办公地址位于南京市鼓楼区建宁路61号C幢1011室；11月4日，江苏苏海律师事务所成立，注册3名执业律师，主任吉玉梅，办公地址位于南京市鼓楼区定淮门大街11号商会大厦B座1604室。

【军人军属法律援助工作站挂牌】 6月，鼓楼区军人军属法律援助工作站在区法律援助中心挂牌。援助工作站主要职责是开展法制宣传，受理军人军属法律援助事项，初步审查受理鼓楼区范围内军人军属法律援助申请，组织法律服务人员开展法制讲座和普法教育，解答有关法律问题，安排专人负责日常联系协调工作，确保军人军属法律援助诉求得到解决，搭建军人军属维权服务平台，为军人军属维护合法权益提供绿色通道。

依山郡社区“法在我心中”文化长廊

【依山郡法治文化社区创建】 6月，鼓楼区在宝塔桥街道依山郡社区成功打造集法治教育与道德教育相结合的法治文化新阵地。该法治文化社区，贯穿和谐和法治设计理念，利用小区原有场地设施，借用地物、地貌，围绕“两廊五亭一路一墙”注入法治元素，让小区居民抬头看法、在家门口学法、闲庭漫步议法、赏法，自觉养成法律意识。在小区人气最高的休闲广场建有10多米“法在我心中”主题法治长廊，上方悬挂6块法治寄语吊牌，取自居民法治文化认识和感想，以和平鸽为装饰，象征法治力量促进和谐生活；长廊中嵌入6幅贴近居民生活需求的法律解读宣传栏，内容包含未成年人、老年人、婚姻法、人身安全等。共建和谐共筑梦想主题长廊中列有7个与中国传统文化息息相关的名言，供群众品味深思。小区内还依次建成五亭：崇德亭倡导诚实、文明、友爱；尊法亭、守法亭、护法亭，分别围绕知法、懂法、用法、守法、崇法、护法6个方面，向居民宣传学法、守法、用法的重要性；其中最具特色的和治亭，圆顶方柱，亭中央有一个石制碗造型象征着“一碗水端平”，寓意法律面前人人平等。小区休闲广场平台中建有“陶渊明移居”“法不徇情”等反映邻里和谐的特色文化墙。漫步小区池水榭，脚下石阶小路上印有常用便民法律服务电话。全年，依山郡社区邻里纠纷大幅度减少，到社区咨询希望依法解决问题的人越来越多，有效促进家庭和美、邻里和睦、社会和谐。 （乔红军）

公共安全

社会治安综合治理

【概况】 2015年，鼓楼区委区政府配套出台《鼓楼区推进公正司法行动计划》《鼓楼区法治宣传教育行动计划》《鼓楼区基层社区民主法治建设行动计划》《鼓楼区法律服务业发展行动计划》4个文件，布局法治建设。全年立刑事案件9796起，同比下降12.1%，其中“八大类”案件129起，破案121起，破案率91%；侵财案件8978起，同比下降17.6%；入室盗窃、盗窃非机动车破案率分别为33.97%、15.41%。区检察院办理审查逮捕各类犯罪案件747件1032人，审查起诉案件929件1207人。公安鼓楼分局日均接警1120

余起，完成大型安保任务272场次，实现刑事发案下降、破案打处上升、治安环境改善、群众安全感向好的综合效能。建立涉安涉恐涉稳情报搜集报送制度，提高"预知、预警、预防、预控"能力，全年国安系统上报信息43条，采用23条，其中中央采用1条、省委采用5条、省委书记罗志军批示2条，被国家安全部评为一类报(重要骨干报)11条。是年，鼓楼区被评为省社会治安安全县(区)、省2012~2014年平安铁路示范县(市、区)、全省禁毒工作先进集体、全省社区禁毒社区康复工作示范单位。区法院被省委省政府命名为人民满意的政法单位，记集体一等功；区检察院被最高人民检察院评为首届全国科技强检示范院，并作为全省唯一代表赴京领奖；公安鼓楼分局刑事科学技术室通过国家公安部全国一级示范单位验收。3月，鼓楼区获国家普法办全国法治县(市、区)创建活动先进单位称号，区委政法委、区法院、区检察院被评为2015年度鼓楼区机关作风建设先进单位。

【社会稳定维护】 2015年，鼓楼区发生各类涉众型群体矛盾129件，其中活跃群体矛盾9件、化解群体矛盾25件、平稳可控群体矛盾120件，矛盾化解稳控率93%；涉法涉诉执法督察协调案件10件，接待涉法涉诉来信来访80余批次，处理答复中央巡视组和省、市交办涉法涉诉信访件176件；收集涉稳信息241条，其中公安信息平台收集146条，各街道、部门收集95条，上报市维稳办录用108条(其中预警性信息4条，录用3条)；上报《每月维稳工作动态》10期、《维稳工作简报》11篇、《调研文章》2篇、《鼓楼维稳信息专报》8期；报备稳评项目130个，按类别划分：工程75个、决策类55个；按涉及领域划分：城乡建设37个、社会管理55个、征地拆迁34个，其他4个。完成稳评项目82个，其中暂缓2个(葡鲸渔港后场违建拆除项目、虎踞关60号小区道路建设项目)，妥善化解石城文化创意产业园建设项目、模范西路拓宽改造工程征收项目、湖南路地下商业街建设、树人附小清江校区(原天妃宫小学分校)教学楼抗震加固项目等矛盾。召开专家论证会82场，排查化解矛盾37起，发放问卷2259份，走访群众1919人。

【平安建设】 2015年，鼓楼区完成全国"两会"、纪念中国人民抗日战争暨世界反法西斯战争胜利70周年阅兵、南京国际马拉松赛、国家公祭日等重大活动期间信访维稳保障任务；做好"东方之星"号特大沉船事故善后应急处置维稳。推进立体化治安防控体系建设，重组巡防体制，在全区党政机关集中、街面犯罪多发及商业发达和人员聚集部位设置14个警务服务站，提高街面见警率和快速处突能力；在政治核心区驻点屯集200名警力，建立"一分钟反应圈"，确保重大突发警情发生后，警力能够在最短时间抵达现场，快速处置，缩小影响；新建144个点位、332路高清图像和14个监控智能卡口，采集通行车辆信息、抓拍关注车辆，及时落地核查，排除涉恐涉稳风险。推行"社区治安责任承包制"改革，试点社区可防性案件发案平均降幅44.5%；创新设立物业保安治安防范激励基金，兑现发放未发案小区物业公司、保安奖励基金20万元；开展平安志愿服务群防群治工作，全区平安志愿者队伍由最初的以离退休共产党员为主，扩展到在职机关干部、大学生、社区保洁员、送奶工、停车管理人员等社会各界人员7万多人参与志愿服务。推进平安为民办实事工程，老旧小区新安装单元安全防盗门945扇，新增高清治安监控3310路。公安鼓楼分局日均接警1120余起，通过快速反应、扁平指挥、合成处置，确保政治核心区安全稳定和人民群众生命财产安全。全年受理各类案件突破2万件，一线法官人均结案216件，同比增长21.7%。

【公众安全感宣传建设】 2015年，鼓楼区出台《关于推进落实群众安全感建设部门责任的实施办法》，开展"加强群众安全感建设，提高群众满意率"专项行动。区主要领导与13个街道签订综治责任书，明确"群众安全感达到95%"的目标。5月，开展"深化平安建设，提升群众安全感"综治和平安建设宣传月活动。9月，区委办、区政府办转发《关于加强群众安全感建设提高群众满意率工作方案》，印发《致全区居民群众的一封信》6万份，制作平安社区橱窗宣传材料2000份，悬挂宣传横幅1300条，向志愿者和机关干部发送平安短信5万条，200块电子广告屏滚动播放平安建设宣传标语。10月

10月22日，中央门街道开展平安法治建设主题广场宣传活动

22日，在中央门街道三牌楼市民广场开展“与平安同行，为鼓楼喝彩”宣传活动；《江苏法制报》《南京日报》、龙虎网等新闻媒体，集中宣传“平安鼓楼”建设情况和成效。开展“小手拉大手”活动，向全区中小学、幼儿园学生家长发送平安短信3万条，印发《致学生家长一封信》5万份，通过“老师—学生—家长”三位一体宣传，让全体师生和学生家长为鼓楼平安创建点赞。开展“平安进万家”入户宣传活动，组织670名平安志愿者和机关干部进入5万户家庭、个体户和企事业单位，开展入户宣传。开展案件回访工作，梳理年内接报刑事、治安案件，辖区派出所、社区民警通过电话或主动上门等形式，将可告知案件办理情况反馈给当事人，听取当事人意见，安抚、稳定情绪，通过沟通增强工作、凝聚利益，形成话语认同，营造情感认同。

【社区治安承包责任制创新】 2015年，鼓楼区创新推广社区治安责任承包，提升无物业小区治安防范水平。针对老旧小区硬件陈旧、无物业力量、防范力量薄弱、案件多发高发、社区可防性案件占比12.2%状况，在选取17个社区试点基础上，4月在全区118个社区推广社区治安责任承包制。由驻社区派出所副所长、社区民警动员组织1040名社区保安和协管员，采取“工资＋考核”“风险＋利益”治安承包模式，签订《社区治安责任承包责任书》，根据社区可防性案件上升或压降比例，进行考核奖惩、现金奖励，风险与利益挂钩，激发社区保安队伍活力。治安责任承包实施以来，可防性案件同比下降20.5%，入室盗窃警情同比下降27.13%。区委区政府全年兑现社区治安考核奖励经费236万元。

【湖南路地区治安重点整治】 2015年，鼓楼区成立由区委常委、政法委书记陶顺生任组长的专项工作领导小组，出台《鼓楼区省级社会治安重点地区整治方案》，强化2个警务服务站力量，地区打盗车、打扒和反网络通信诈骗3个专业队与湖南路派出所、鼓楼派出所捆绑作业；每天增派便衣分成3组在紫峰大厦和鼓楼医院、儿童医院周边等热点地区、热点时段守候；组织平安志愿者，在重点场所设置“平安岗”检查场所2727处，查处违法经营场所411处，整改治安安全隐患1058处。全年，湖南路地区立刑事案件2586起，同比下降15.6%；破案472起，同比上升30.1%，辖区“两抢”（抢劫、抢夺）、入室盗窃、电信诈骗等多发性侵财性案件发案数量明显下降。

【综治工作信息化】 2015年，鼓楼区成立综治信息平台建设工作领导小组，出台《关于加快推进区综治信息系统建设的实施意见》，开展区、街道、综治委成员单位和社区信息平台基本数据录入，导入司法和公安数据，实现综治信息系统全覆盖。出台《信息系统和移动终端管理办法》《信息操作员工作规范》《信息系统应用管理考评办法》，培训13个街道、119个社区、12个成员单位操作员PC终端操作技能。区综治办工作人员、街道综治科科长、综治科内勤、社区综治办主任、综治社工全部配备PC和手持终端，提高信息收集、传报效率。该区信息报送工作始终位居南京综治微信群信息报送工作前列，其中8月、9月、10月分别位列全市第一名、第二名、第二名。

【百场法治讲座进社区】 2015年，区委政法委牵头成立法治鼓楼建设宣讲团，区法制办、区法院、区检察院、公安鼓楼分局、区司法局为宣讲团成员单位。年内，开展“弘扬法治精神、推进依法治国”法治讲座进社区系列宣讲活动。6月起，宣讲团分赴全区13个街道27个社区，利用社区党员之家、市民学堂等活动平台，围绕各自部门职能，紧扣社会关注、群众关心热点问题，向社区党员群众宣讲法治建设成果，汇报法治建设工作，普及法律知识100多场。是年，区法治建设满意度95%，创历史新高。 （何玖莲）

安全生产监管

【概况】 2015年，鼓楼区发生安全事故39起，死亡29人。其中，道路交通安全事故34起，死亡21人；消防安全事故2起，死亡5人；工矿商贸企业安全事故3起，死亡3人。安全生产事故起数和死亡人数继续实现双下降，亿元GDP生产安全事故死亡率指标为0.029，低于南京市0.072生产安全事故控制指标。

【安全生产责任体系建立】 2015年，区制定《鼓楼区“党政同责、一岗双责”暂行规定》，划分各级党（工）委和政府安全生产工作职责，明确党政主要领导对安全生产工作负总责，分管领导负综合监管领导职责，其他领导对分管行业负直接领导责任工作模式。出台《鼓楼区安全生产工作职责暂行规定》（简称《规定》），划分区安全生产委员会、安全生产监督办公室、各街道办事处（园区、管委会）、区党政部门及有关单位安全生产工作职责，明确燃气、废品收购等管理责任主体，该《规定》被南京市安全生产委员会转发，在全市推广。推进标准化建设，制订安全生产标准化实施方案，组织45家重点监管企业签订安全生产承诺书。组织街道安全员、规模以上企业自评员、部分规模以下企业领导，进行标准化培训。28家企业通过安全生产标准化验收。

【安全培训】 2015年，鼓楼区落实安全生产培训制度，协调南京兆元弘港职工学校、南京兆元环境服务有限公司安全培训学校，培训企业主要负责人及安全生产管理员160余名。督促企业加强从业人员特别是新招录人员安全生产责任意识。邀请省安监局副局长、新闻发言人喻鸿斌为全区副处职以上干部作安全生产专题辅导。

【安全隐患整治】 2015年，鼓楼区重点整改华辰大厦顶层墙体开裂、宁工新寓集贸市场危旧房屋、建宁路57号泄洪沟局部塌陷等安全隐患。挂牌督办并组织区法院、挹江门街道、鼓楼房产经营公司解决镇江路11号阳台栏板断裂公共安全隐患问题。全年检查各类生产经营单位8243家，排查一般事故隐患1411个，全部整改到位。

【专项治理】 2015年，鼓楼区聘请危化品专家，检查24家加油站、29个罐区、92个储罐，责令整改安全隐患15处。江边路加油站通过三级标准化验收工作，年内计划完成危险品、化学品安全生产达标工作企业全部达标。在汽车维修、机械制造等行业领域开展职业病危害专项治理，职业病危害项目申报43家，录入用人单位职业病调查系统469家，涉及职工6741人次。开展打非治违专项整治，对照职业卫生标准目录逐条逐项对12家企业监督执法。

【执法检查】 2015年，鼓楼区制定年度安全生产监管执法工作计划，区安监局建立现场执法记录300份，牵头负责处理安全生产责任事故3起。检查危险化学品企业123家、工贸企业177家，行政处罚中国长航金陵船厂、宇翔公司2家责任单位46万元；向乐天玛特超市、巨鲨科技等5家责任单位下发限期整改指令书，并行政处罚2万元。

【重点企业安全监管】 2015年，鼓楼区组织45家重点监管企业网上申报《企业安全生产报告书》，申报率100%。检查发现重点监管企业安全隐患55条，现场整改29条，责令限期整改26条，整改率100%。印发《关于切实做好当前安全生产工作的通知》《关于立即组织开展夏季高温及汛期安全生产大检查的紧急通知》，组织各部门、各行业、各单位，排查道路交通、建筑施工、消防、旅游出行、群租房、地下室住人等事故易发和高风险行业领域安全隐患。其中，建筑施工领域检查51家，发现隐患36处；消防行业检查134家，发现隐患120处；危险化学品行业检查48家，发现隐患13处；电梯等特种设备行业检查82家，发现隐患19处，全部整改到位。

【烟花爆竹禁放】 1月，鼓楼区加强春节期间禁放烟花爆竹联合执法力度，区安监、公安、市场监管、城管等部门联合出动执法人员280人次、车辆60台次，发放《告居民一封信》5万份，悬挂标语横幅1020条，张贴禁放标志1.5万份。春节期间，全区未发生重大违规燃放烟花爆竹事件。

【安全月活动】 6月，安全生产月期间，鼓楼区组织各街道、部门集中宣讲中共中央总书记习近平关于安全生产重要论述和依法治安指示要求，在阅江广场设立7个咨询台、40余块展板，发放各类安全宣传资料2000余份，围绕“加强安全法治、保障安全生产”主题，接受500余人次安全知识咨询。在中国长航金陵船厂组织液氧泄漏生产安全事故应急预案演练；组织24家加油站开展编制应急预案演练，检验事故应急救援预案科学性、针对性和实用性。 （陆海宁）

交通管理

【交警五大队】 2015年，南京市公安局交通管理局第五大队（简称交警五大队）管辖范围交通安全态势总体平稳，事故死亡11人，较上年减少3人，全年未发生一次死亡3人以上重大交通事故。强化停车秩序管理，确保主次干道有序停车；强化重点区域及地段整治，确保路面秩序改观；强化综合治理，确保“三小车”（电动三轮车、残疾人车、动力三轮黄包车）、渣土车等重点违法得到遏制；强化交通设施、停车配套投入，确保交通环境良好；强化为民服务意识，确保社会各界、人民群众满意。结合小区及周边秩序整治，完善小区标志标线；推出女警“护学岗”、配枪“护学岗”品牌；利用媒体，加强施工绕行、交通设置调整等便民宣传，下社区、机关、单位宣传115场次。以排堵保畅为首要工作，优化勤务模式，科学设定勤务等级，加厚管理力量，提高道路通行效率，设民警高峰岗30处、警辅岗34处，见警率、管事率得到提升。

【交通安全管理】 2015年，交警五大队排查辖区施工路段，开展施工路段落实责任区道路整治行动，维护交通标志、标线、护栏等设施，修复信号灯20处，维修护栏420节，补划交通标线4000余米。结合“12345”政府热线等群众诉求反映的路面道路交通安全隐患问题，落实整改。会同鼓楼区有关部门，围绕辖区内管“四类车”（客车、货车、危险品运输车、校车），深入辖区客运单位，检查各重点运输企业源头安全监管责任、相关制度落实、源头监管台账建立以及重点车辆和驾驶员相关情况，同时检查GPS动态监管、人员值守、驾驶人安全教育等，对监管措施落实不到位单位，现场提出整改要求。整治排查重点运输企业81家。

【违法查处】 2015年，交警五大队强化各项重点违法整治措施，全年处罚各类交通违法2.06万起，其中查扣机动车酒驾320起；查处机动车闯信号、不按序排队、变道500起；查扣各类“三小车”745辆；查处非机动车、行人交通违法1.08万起。

【重大活动安保】 2015年，交警五大队围绕南京国际马拉松赛（简称南马）净化道路交通秩序，强化各项重点违法整治措施，为南马举办提供交通保障。11月29日，南马赛事期间，大队投入警力118人次，设置临时隔离设施210节，连续奋战8小时，圆满保障赛事举行。12月13日，国家公祭日期间，大队辖区有纪念地4处、中央电视台直播点2处、防冲撞点1处，并承担辖区195个灯控路口车辆停驶鸣笛保障工作。当天实现交通安保"零差错"，圆满完成国家公祭日交通安保任务。

（智　鲁）

11月29日，交警五大队开展马拉松赛事安保工作

【交警六大队】 2015年，南京市公安局交通管理局第六大队（简称交警六大队）辖6个街道办事处、56个社区居委会，面积30.91平方公里44.51万人。道路总长度128.5公里，其中主干道9条、次干道13条、支路（街巷）80条，呈现中山北路、建宁路、幕府东路和幕府西路、郑和路、热河路、大桥南路、中央北路"三横四纵"路网框架结构。辖区内有交通信号灯控制路口68个，行人过街信号灯65处，交通绿波带控制道路15条、路口56个，绿波控制路口率86.2%；设置道路交通监控点59处，其中高清监控点40个。全年查处各类交通违法行为8.66万起、查处各类机动车违法行为5.17万起。至年末，管区发生各类事故5936起，伤1785人，死亡14人，直接经济损失584.35万元。其中，上报事故24起，死亡10人、重伤17人，直接经济损失35万元，与上年同期相比，死亡人数上升25%、重伤人数下降19.05%、经济损失下降2.78%。全年收到锦旗15面、表扬信8封。

【疏堵保畅】 2015年，交警六大队在四平路广场、中央门立交、五塘广场等重要交通节点及建宁路、中央北路、纬一路等交通"主动脉"，落实执勤中队分片负责，后勤、事故、整治组警力分段支援的勤务模式，根据辖区交通流运行实际，安排警力全天值守、早晚高峰岗值守；通过路口工程改造、完善设施、维护疏导，调整路口渠化、信号配时等措施，提高局部路网通行能力；依托全市道路交通信号和交通技术监控设备排查治理工作，落实大队领导、中队长、民警、路政民警、设施组和信号员五级巡查制度，全天候、多时段开展设施巡查。加大科技设施投入，完善监控调度系统，强化全管区路面通行状况实时监控。协调修剪遮挡交通标志的树枝46处。确保管区无重大堵情，交通畅通有序。

【交通秩序整治】 2015年，交警六大队利用辖区2个示范岗和16个高峰岗，落实每日干部带队整治制度，定点管理与集中整治相结合，加大重点时段和重点路段机动车停车、行车秩序管理。全年查处各类交通违法行为8.66万起，其中暂扣各类车辆、驾驶证2149起；查处各类机动车违法行为51706起，其中机动车涉牌涉证226起、渣土车违法595起、酒后驾驶145起、闯红灯960起、货车闯禁区违法2010起。

【静态秩序整治】 2015年，交警六大队落实市交管局"实施社会化委托清障工作"要求，加大违停车辆清拖管理力度，从内外两方面统一登记台账管理制度；由指挥室值班民警总体负责违停车辆清拖工作，定人定责，集中培训；采取"分片包干，双管齐下"方式，划分每辆清障车工作区域，防止出现清障车在管区"乱转"和"撞车"，填补可能出现静态秩序管理空档，全年清拖违停车辆2022辆。

【非机动车和行人交通违法整治】 2015年，交警六大队以玉桥、四平路广场、热河路岗等重要岗点为依托，严格路口秩序管理，查处少数违法人员，促使行人主动守法、路口通行规范。主动邀约媒体参与整治，制作宣传展板摆放路口，深入学校社区开展宣传、签订倡议书等形式，开展非机动车、行人交通安全宣传，全年查处非机动车交通违法5468起、行人交通违法454起。

【不规范车辆违法整治】 2015年，交警六大队以中央门、四平路广场等窗口地区为重点，整治残疾人车、三轮车等不规范车辆交通违法行为，联合交通运输管理、城市管理、公安等部门开展管控，实现中央门地区不规范车辆源头治理、系统治理、综合治理、依法治理。全年暂扣各类不规范车辆1466辆，其中残疾人车85辆、正三机20辆、三轮车1164辆、农用车2辆、板车1辆。

【高危车辆治理】 2015年，交警六大队成立高危车辆(多违、过检、套牌、强制报废)治理查扣专项工作领导小组，制定“指挥室→中队长→民警(警辅)”三级查扣快速反应工作机制（大队指挥室接交管局指令后，先通知相应路段区域管辖中队的中队长实施布控，再通知分管领导总体指挥部署；中队长接到指令后迅速反应，通知高危车辆前进方向路口民警实施拦截，或通知路段巡逻警力注意设卡拦截；如果高危车辆行经区域涉及多个管辖区，所有辖区的警力都要在沿线主动布控，打好配合战)。全年查扣高危车辆331辆，其中省公安厅督办重点高危车辆3辆。

【重点车辆源头管理和道路交通安全隐患排查】 2015年，交警六大队定期检查辖区内管渣土车、危险品车、旅游客运、槽罐车、校车等重点单位及车辆，定期教育培训重点驾驶员。召开重点单位车管干部、驾驶员安全会议60余场，排查重点企业144家、重点驾驶员7200名、重点车辆1200辆，下发整改通知书33份，重点企业和驾驶员安全责任书签订率100%。专项整治施工路段机动车酒后、无证、逆向、闯信号等违法行为，将整治时间向晚间、夜间延伸，打防结合，全天候管控事故多发路段；排查治理道路交通安全隐患，组织专人“地毯式”排查辖区内交通安全隐患点、段，发现围挡不合理，施工方未经批准擅自挖掘、变更围挡等隐患点7处，通过设置闪光报警灯、增加防撞桶、增设凸面镜、复划标线、修复隔离栏等方式，逐一制定整改措施，最大限度遏制重大交通事故发生。至年末，大队复划标线2.8万米，维护更换交通标志44块，增设信号灯3处，更新更换倒计时屏主机3套，维修新增护栏200余套，有效整改道路交通隐患3处。 （张 伟）

消防安全

【概况】 2015年，鼓楼区建立消防微信平台、设立举报投诉专用奖励基金、建立安全生产第三方评估和火灾隐患菜单式管理制度，推进防消一体化工作。开展夏季消防安全检查专项工作、“九小”(小学校或幼儿园、小医院、小商店、小餐饮场、小旅馆、小歌舞娱乐场所、小网吧、小美容洗浴场所、小生产加工企业)场所消防综合整治、今冬明春火灾防控等系列行动。深入社会单位开展多种形式作战演练200余次，不定期开展实地拉动演练50余次，出动人员800余人次；开展消防知识授课和演练300余次。全年接处警840起，其中成功扑救火灾428起，处置事故抢险245起，出动警力2052车次、1.23万人次，营救被困人员70人，疏散被困人员1053人，保护财产价值558万元，全区火灾直接经济损失47.99万元。鼓楼区消防大队监督检查单位3509家，发现火灾隐患1751处，督促整改火灾隐患1642处。1人荣立个人二等功，4人荣立个人三等功，26人受到部队各级表彰。

【消防管理】 2015年，鼓楼区消防大队官兵通过查、看、验等方法，了解辖区单位道路、水源、建筑功能布局和内部消防设施状况，掌握单位火灾特点及应对措施，完善灭火救援预案，指导开展灭火演练，探索防消一体化工作模式，提供执勤灭火和抢险救援保障。下辖鼓楼、方家营中队坚持“练在平时，用在平时”，定期深入社会单位开展多种形式作战演练200余次，不定期开展实地拉动演练50余次，强化不同场所、不同性质火灾扑救形式推演。在“5·24”中商万豪火灾扑救过程中，1人荣立个人二等功，4人荣立个人三等功，26人受到支队嘉奖表彰。

【清剿火患专项行动】 2015年，鼓楼区开展清剿火患专项行动。其间，组织召开重点单位工作会议3次，开展消防知识授课和演练300余次，指导派出所民警培训36次；引导各部门依法监管，联系职能部门联合开展各类专项检查20余次；建立鼓楼消防微信平台，设立举报投诉专用奖励基金；建立安全生产第三方评估和火灾隐患菜单式管理制度。至年末，监督检查单位3509家，发现火灾隐患1751处，督促整改火灾隐患1642处，下发《责令限期改正通知书》584份、《责令立即改正通知书》629份、《临时处罚决定书》48份、《重大火灾隐患整改通知书》2

3月6日，鼓楼区消防大队组织官兵在湖南路商场、莱茵达酒店进行消防演练

份、《处罚决定书》373份；责令“三停”单位57家，罚款单位405家、个人27人，罚款金额323.7万元，拘留1人，警告1人。开展建筑工程消防设施备案抽查43家，竣工验收备案抽查32家，组织火灾原因调查29起，接受处理举报投诉164件。

【重大火灾隐患整改挂牌督办】 2015年，鼓楼区消防大队提请区政府督办重大火灾隐患南京荣萍服饰和永昌大厦整改工作，联合公安鼓楼分局多次组织召开火灾隐患整改协调会，现场联合执法。截至11月30日，南京荣萍服饰和永昌大厦2家重大火灾隐患单位整改验收合格，成功摘牌。

【消防宣传】 2015年，鼓楼区消防大队开展“11·9”主题宣传月、消防宣传“七进”(进社区、进家庭、进农村、进企业、进学校、进党校、进景区)活动及各类消防宣传培训50余次。在商场、市场、宾馆饭店、歌舞娱乐场所等公众电子屏幕、户外视频、宣传橱窗、现场广播等载体，滚动播放消防安全公益广告、安全提示，张贴冬季消防安全宣传画、挂图、标语；所有电影院放映前播消防公益广告，文化娱乐场所开机、放映前播消防安全提示。通过消防公众微信平台定期发布信息，开展消防科普宣传，发放宣传资料8000余份，组织消防知识讲座50余次。（林　峰）

人民武装

【概况】 2015年，鼓楼区抓好强军目标主题教育、支持改革专题教育和军人好样子大讨论；指导宁海路街道迁址新建海洋国防教育馆、社区将军馆，让国防教育在基层落地生根。开展练将练官活动，建立现役干部军事科目学习和体能训练制度，参加警备区战备拉动、徒步拉练、指挥所演练和“三实”(实弹、实爆、实投)考核，均取得优异成绩。组织13个街道武装部部长、干事集训和资格认证考核，提升基层专武干部能力素质；组织高炮、防化、侦察等六大专业基干民兵7287人／日次参加省军区、南京警备区集中轮训和实弹战术演习考核，总评优秀。以普通高校、科研院所、高新企业为重点，完成国防动员潜力数据收集核准和各类登记统计工作。高标准完成应急、支援、储备“三类队伍”编组结构调整和3550名基干民兵编组任务，重点抓好湖南路女子民兵连建设。抓好征兵宣传、兵役登记、征兵执法、区校挂钩等工作，建立干部职工挂钩街道高校和定期讲评通报制度，圆满完成年度征兵任务。开展“学法规、明职责、严纪律、正秩序”和暑期安全竞赛活动。改造(作战)值班室，高标准建设(人武部)兵器室，进一步规范保密办公秩序。修订完善应急、抢险、维稳等非战争军事行动预案。担负警备区民兵战备值班任务，编实建强情报信息员队伍，扩大获取情报信息覆盖面。是年，鼓楼区人民武装部(简称区人武部)被南京警备区表彰为新闻宣传工作先进单位、后勤管理先进单位，被江苏省军区表彰为军事训练先进单位，11名干部职工被南京警备区表彰为先进个人。

【征兵机构设置】 3月，区人武部牵头成立鼓楼区征兵工作领导小组，区长曹路宝任组长，副区长王红，区人武部部长吴蒙龙、政委翁俊军任副组长；成员由政府办、组织部、宣传部、法制办、总工会、团区委、妇联、发改局、教育局、民政局、司法局、财政局、人社局、卫生局、法院、公安分局负责人，南京大学、河海大学、中国药科大学、南京工业大学、南京邮电大学、南京师范大学、南京医科大学、南京中医药大学、南京艺术学院、江苏第二师范学院、江苏城市学院党委书记组成。征兵工作领导小组下设办公室，由王红兼任办公室主任，吴蒙龙兼任办公室常务副主任。13个街道办事处分别设基层征兵领导小组，街道主任任组长，武装部部长任副组长，各社区征兵工作由社区书记负责。

【民兵整组】 3月，鼓楼区13个街道武装部部长、干事参加警备区专武干部集训和资格认证考核；组织基层武装部部长和干事进行情报信息员报知攻关培训2次；按照任务牵引、因战而建、编用一致原则，从宣传发动、调查摸底、审核录入做好民兵整组工作，调整民兵结构、提升科技含量。年内，增加14所、724所等军用技术企业民兵数量，新建南京机电民兵分队、雷达维修分队；编实湖南路女子民兵连，高标准完成应急、支援、储备“三类队伍”编组结构调整和3550名基干民兵整组任务。

【兵役登记】 5~6月，鼓楼区开展一年一度兵役登记工作。工作分为组织准备、宣传发动、组织登记、总结验收4个阶段。各街道组织社区和单位张贴《兵役登记公告》，组织登记对象携带本人身份证和学历证明，完成网上兵役登记，区征兵办公室责成登记率偏低单位重新登记。

【民兵训练】 2015年，区人武部选派23名民兵干部参加省军区组织的高炮1米测距手、侦查员、高炮标图员和民兵通信分队、防化骨干等集训，组织高炮、防化、侦察等六大专业基干民兵训练7287人／日次。4~5月，组织区双25高炮分队53名民兵携6门高炮、7台车辆，在南京、扬州、盐城3市驻训。6月上旬，4次参加全省防空兵实弹战术演习考核，获3优1良、总评优秀成绩。是年，区人武部被省军区表彰为军事训练先进单位。

【征兵工作】 2015年，鼓楼区与南京大学等11所高校、南京城建集团等5

9月9日，参加“九三”阅兵归来的老新四军、原28军副政委李剑锋将军向入伍新兵讲述抗战历史

家市属国有企业建立征兵工作挂钩关系，上门发放《征兵宣传册》1.7万份，悬挂征兵宣传横幅300余条，布置宣传展板100余块，召开征兵宣传咨询会30余场。区委常委分别挂钩街道、街道干部挂钩社区，区人武部13名职工分别到各街道武装部联合开展征兵工作，社区社工按照适龄青年家庭数进行网格分工，区、街、社三级上下联动。区征兵工作领导小组成员单位紧密配合，为应征大学生开辟绿色通道，做好政策解读、网上报名、体格检查、政治考核等各方面保障。至6月末，圆满完成年度征兵任务。

【湖南路女子民兵连建设】 2015年，鼓楼区制定《湖南路模范女子民兵连建设指导实施方案》，按照心理、舆论、法律、医疗救护专业，在区机关、事业单位遴选71人充实到女子民兵连，优先编组党员、高学历人员、复转退军人，所选人员3年内保持稳定。民兵连组建于1998年6月18日，至2015年年末，有成员71人。年内，按照平时服务、急时应急、战时应战履行使命要求，区武装部组织女子民兵连成建制集训22天，全面提升女民兵军人素养和专业技能。是年，湖南路女子民兵连被省委省政府、省军区表彰为先进基层单位。

【国防教育】 2015年，鼓楼区人武部开展“弘扬伟大抗战精神，同心共筑强大国防”主题教育活动。3月25日，邀请南京军区原司令员朱文泉上将作《岛屿战争论与建设海洋强国》主题报告，全区四套班子领导及机关干部600余人聆听。依托军队离退休将军成立“将军国防教育讲师团”，组织校外辅导员、社区宣传员，以及百支民兵预备役分队编外指导员，深入街道社区、企事业单位和学校进行国防知识宣讲。结合八一建军节、中国人民抗日战争胜利70周年纪念日活动，组织社会各界群众、大中小学生、应征入伍青年8000余人次，到渡江胜利纪念馆、静海寺、拉贝故居、将军馆、海洋馆等红色教育基地，开展系列国防教育活动。12月13日，组织社会各界人士1000余人，在中山码头侵华日军南京大屠杀遇难同胞纪念碑前举行公祭仪式。

【“两馆”迁址扩建】 （参见第298页，“街道社区”类目同名条目）

【战备演练】 2月，区人武部组织民兵应急分队骨干40人进行警棍盾牌术训练，完成省军区和南京警备区组织的应急拉动演练任务。4月，组织区应急连和街道应急排部分人员进行防爆队形训练，完成南京警备区组织的野外战地18公里徒步行军拉练。11月，组织80名民兵参加南京警备区组织的民兵应急连技能比武竞赛和长江大桥防卫演练，3人综合成绩名列全市前茅，整体防卫方案得到南京警备区一致认可。 （蔡巍巍）

【李大清到区调研指导基层武装工作】 8月25日，江苏省军区司令员李大清、副司令员鞠华一行8人，到湖南路街道调研指导基层武装工作。南京警备区司令员曹新民、参谋长刘宁山、政治部主任金全斌，区委书记杨学鹏、区人武部部长吴蒙龙、政委翁俊军陪同调研。李大清实地察看湖南路街道武

4月，鼓楼区湖南路模范女子民兵连在南京市国防教育基地组织训练

装部和湖南路女子民兵连建设情况，听取湖南路街道和区人武部工作汇报，与女子民兵连代表进行交谈。杨学鹏介绍全区经济社会发展和武装工作情况。（张　璐）

【第15个全民国防教育日活动】　9月19日，鼓楼区国防教育委员会在渡江胜利纪念广场举办第15个全民国防教育日活动。印发宣传资料5000余份，布置国防教育宣传展板40余块，邀请参加"9·3"阅兵归来老新四军、28军原副政委李剑锋讲述抗战历史。区人武部、公安鼓楼分局及社区群众1000余人参加活动。（蔡巍巍）

人民防空

【概况】　2015年，鼓楼区推进南京田家炳高级中学操场地下停车场等重点工作，安怀东路地下停车场竣工并通过验收，完成福建路社区人防文化墙打造和狮子山人防纳凉工程对外开放，发放1.4万个应急救援包，完成人防战备资源普查工作和区"十三五"规划人防专项调研课题。人防工程优良率、合格率、开发利用率分别为80%、90%和85%以上。开展人防宣传教育，完成《居安思危、备战人防》宣传片发放，依托鼓楼区人民防空学校举办人防综合培训180人。中央门街道青少年人防教育基地揭牌，启动人防进社区雏鹰行动，"树立先进典型　弘扬民防精神"主题征文活动，收到征文110篇，全区初级中学民防知识课程开课率达100%。利用"5·12"防灾减灾日、"9·18"抗战纪念日等重要时段，开展人防主题特色活动近100次。是年，鼓楼区人民防空办公室（简称区人防办）被省民防局表彰为省民防宣传教育先进单位、省民防工作先进单位、省民防"六五"普法先进单位，被南京市民防局、南京市人民防空办公室表彰为人防工作先进单位、宣传报道先进单位，被区委、区级机关工委表彰为结对共建先进党组织。

【指挥通信建设】　2015年，鼓楼区依托区人防指挥所信息化改造工程项目，完善信息化指挥通信系统；修订完善《鼓楼区城市防空袭方案》，指导街道、社区修订完善人民防空袭预案；开展人口疏散、就近隐蔽等训练演练工作，督促指导重要经济目标单位做好防护、演练工作。结合"9·18"全省警报试鸣和侵华日军南京大屠杀遇难同胞国家公祭日活动，规范警报器建设、维护管理和调试鸣放，安装多媒体警报器7台、高空警报器6台，消除警报音响覆盖盲区。开展以心理救护为特色的新型人防专业队整组训练，训练14位人防专业队骨干；人防队伍训练演练13场次，288人参与。

【人防工程管理】　2015年，鼓楼区推进人防工程建设、管理及项目储备工作。安怀东路地下停车场（人防设施）竣工并通过验收。完成区人防指挥所改造升级。完成人防工程年检备案、维护管理培训、人防工程大普查及综合信息采集工作。开展安全生产专项整治和"打非治违"，排查重点人防工程257个，发现排除一般安全隐患11个，封堵1个；加强义务巡视，巡查整改6个安全问题，全区列管人防工程628个，优良率、合格率分别为90.4%、99.09%。年内，区人防办承接"将平时用作停车位人民防空工程不向全体业主开放、出租停车位租赁期限超过三年或者将停车位出售、附赠"行政处罚权，全年新增人防工程13个、停车位920个、人防工程建筑面积4.54万平方米。

【平战结合】　2015年，鼓楼区推进人防建设与地下空间融合发展，开展人防工程平战转换研究，发挥人防工程战备效益、经济效益和社会效益。全区列管人防工程628个，开发利用车库387个。新增停车位920个、招待所2个（床位199个）、地下商场16个、地下餐饮4个、文娱场所5个、教室办公室会议室12个、仓库76个、自行车库114个、其他5个，开发利用率超过99%，年产值超过2.6亿元，解决就业岗位3974个。

【安怀村地下停车场（人防改造）项目竣工】　安怀村地下停车场（人防改造）项目位于安怀东路和燕亭路交界处东北角，占地3870平方米，建筑面积6148.3平方米。土地规划性质为代征公共绿地，地上建设绿地，地下2层立体机械车库，停车位229个，市人防办投资5500万元并承建。2015年9月竣工。10月，南京市人民防空办公室验收后招标物业公司进行管理。

【区人防指挥所升级改造完成】　鼓楼区人防指挥所升级改造工程于2014年10月开工，市人防办投资498.3万元，区人防办负责建设。工程实施地面指挥中心、地下指挥所及地面配套用房改造升级、人防指挥所指挥信息系统改造升级。2015年11月，工程竣工并通过验收。（黄　伟）

社区建设

【概况】　2015年，鼓楼区争创全国、省社区治理和服务创新实验区，被省民政厅确定为南京市唯一"省级现代社区治理创新实验区"，7月被国家民政部正式确认为第三批"全国社区治理和服务创新实验区"，被南京市确定为社区治理体制改革先行先试区。省级和谐社区建设达标率99%，位列全市第一方阵。获全国和谐社区建设示范城区称号，区领导代表全国140个和谐社区建设示范城区，在国家民政部召开的全国和谐社区示范单位授牌仪式上作交流发言。推进特色社区建设，打造13个特色社区。加强社工队伍建设，全区专职社工持证率70%，且45周岁以下100%，获南京市全科社工技能大赛团体第一名。

【街道社区管理体制改革】 2015年，鼓楼区在上年调研基础上，出台《鼓楼区深化街道和社区体制改革实施方案》。按照社区服务、管理、自治"三位一体"工作格局，理清部门、街道和社区职责边界以及工作关系，通过优化街道机构设置，实施街道去"机关化"改革，整合优化街道内设党政机构，归并相近职能，统一设立"一办五科"：办公室、党群工作科、经济发展服务科、城市管理科、社会事务科、社会安全综合治理科。新建江东街道睿城、小市街道复地新都、幕府山街道云谷山庄、宁海路街道等4个街道社区综合服务中心，作为区政务中心分中心；取消经济指标考核，推动街道办事处由"行政体制"转为"服务模式"，由"行政机关"向"民生窗口"转型。创新社区"委居站办"体制，社区事务与政府公共服务适度分离，按片区设立社区公共服务中心站，每个中心站服务覆盖2~3个社区。探索社区公共服务站事务外包，推进中央门、华侨路、凤凰和小市等街道公共服务站整合提升和中央门街道将军庙社区公共服务站事务外包，通过竞标方式将社区公共服务主要事项交由社会组织承接，政府由买岗聘人转变为购买服务，实现政社分开、减负增效和专业化服务。社区居委会按"政社互动"要求，根据"基层群众自治组织协助政府工作事项"和"基层群众自治组织依法履行职责事项"两份清单，签订"基层群众自治组织协助政府管理协议书"。实施星级文明和谐社区考评，从组织健全、居民自治、管理有序、服务完善、治安良好、环境优美、文明祥和和特色创新8个方面，按工作服务成效和群众满意度测评3：7权重组织考评，社区评估由重"政府标准"转向"群众评判"社区"去行政化"改革，提升基层社区治理能力和水平。

【社区治理和服务创新】 2015年，鼓楼区推行"微网格"治理，按楼栋、单元设立自治小组，建立居民议事小组，完善议事流程。整合社区各类共建主体，开展社区协商民主、构建新型社区多元共治机制建设，出台鼓楼区《关于建设"全国社区治理和服务创新实验区"的工作方案》和《推进全国社区治理和服务创新实验区建设工作实施意见》系列文件，选择27个基础较好社区开展试点，形成宁海路街道"邀约制协商"形式、幕府山街道"云协商"、热河南路街道"有一说一"居民说事制、凤凰和宝塔桥街道"社区议员制"以及江东和小市街道"协商智库"。

【和谐社区建设】 2015年，区委区政府印发《2015年度鼓楼区"星级文明和谐社区"创建实施办法及评价细则》，转变和谐社区评价方式，考核评价体系由"重政府标准"转向"看群众评价"，将群众满意度权重由50%上调至70%，并由第三方专业机构进行测评。开展全区"全科社工"考核认定，专职社工持"国家社工师等级证书率"70%，其中45周岁以下持证率100%。落实《鼓楼区社区为民服务专项资金使用管理实施细则（试行）》，加强社区为民服务专项资金使用管理及专项督查，拨付资金2360万元，计划使用2360.89万元。4月24日，区长曹路宝代表全国140个和谐社区建设示范城区，在国家民政部召开的全国和谐社区示范单位授牌仪式上作重点发言。

链接：

2015年鼓楼区星级文明和谐社区

四星级社区名单(40个)：

五台山社区、龙蟠里社区、广州路社区、清凉山社区、三步两桥社区、颐和路社区、仙霞路社区、北京西路社区、裴家桥社区、丁家桥社区、马台街社区、南秀村社区、傅厚岗社区、汇林绿洲社区、紫竹林社区、颂德里社区、新门口社区、工人新村社区、观音里社区、丁山社区、模范西路社区、鲁迅园社区、妙峰庵社区、回龙桥社区、宝地园社区、聚福园社区、长阳花园社区、腾飞园社区、清河新寓社区、凤凰二村社区、小桃园社区、三汊河社区、清江花苑社区、世茂滨江社区、安乐村社区、东井新村社区、河路道社区、金陵二村社区、云谷山庄社区、五塘新村二段社区。

三星级社区名单(67个)：

石头城社区、慈悲社社区、虎踞关社区、苏州路社区、天津新村社区、山西路社区、康藏路社区、古林社区、青岛路社区、大方巷社区、云南路社区、天正和鸣社区、将军庙社区、青石村社区、劝业路社区、模范马路社区、三牌楼社区、钟阜路社区、福建路社区、戴家巷社区、宝船社区、银城花园社区、江滨新寓社区、睿城社区、西城岚湾社区、莫愁新寓社区、蓝天园社区、教工新村社区、凤凰西街社区、苏城苑社区、凤凰花园社区、白云园社区、二板桥社区、姜圩路社区、新和园社区、新河村社区、白云亭社区、晏公庙社区、多伦路社区、盐大街社区、新民门社区、唐山路社区、热河路社区、东炮台社区、商埠街社区、工农新村社区、四平路社区、滨江花园社区、五所村社区、新民路社区、金川花苑社区、恒盛嘉园社区、象山社区、宝塔桥东街社区、燕江园社区、幕府西路社区、金陵新四村社区、金陵新六村社区、安怀村社区、线路新村社区、小市新村社区、黄家圩社区、东门街社区、东井亭社区、五塘新村一段社区、盛世花园社区、五塘村社区。

二星级社区名单(12个):

察哈尔路社区、凤凰街社区、华阳佳园社区、城河村社区、燕江路社区、依山郡社区、水关桥社区、方家营社区、张王庙社区、北崮山社区、五佰村社区、白云社区。

【特色社区建设】 2015年,鼓楼区加大社区建设力度,打造13个特色社区。分别为:华侨路街道五台山社区"生命健康"、宁海路街道仙霞路社区"智慧助养老模式",湖南路街道丁家桥社区"双拥文化"、南秀村社区"院士文化·中外共融"国际社区、中央门街道三牌楼社区"弘扬孝道"、挹江门街道模范西路社区"特色养老服务(福泰年)"、江东街道睿城社区"智慧·活力·社区"、凤凰街道教工新村社区"善行教工"、热河南路街道二板桥社区"弘扬法治文化,共建和谐家园"、阅江楼街道新民门社区托老日间照料·助残服务·少儿早教·社区文化服务为重点的"志愿者服务基地"、建宁路街道五所村社区"童年时光·为小服务"、宝塔桥街道水关桥社区"帮"文化志愿服务示范基地、小市街道小市新村社区"异乡人·小市情——有爱之家"、幕府山街道北崮山社区"双拥文化"特色社区。 (樊宗洋 刘细梅)

【睿城社区成立】 (参见第307页,"街道社区"类目同名条目)

【睿城社区综合服务中心建成启用】 (参见第307页,"街道社区"类目同名条目)

【获全国和谐社区建设示范城区称号】 4月24日,国家民政部在天津举行全国和谐社区示范单位授牌,鼓楼区获全国和谐社区建设示范城区称号。近年来,该区探索构建"主题引领、共同治理、普惠服务、专业推进"特色社区建设"鼓楼模式",先后获得全国和谐社区建设示范城区、全国社区服务示范区等30多项国家级荣誉。该区围绕街道去机关化、社区去行政化改革,街居体制由"行政体制"转为"服务模式"。全面推开街道便民服务中心和社区综合服务中心建设,将社区公共服务站政务服务事项"上收",实现由"行政机关"向"民生窗口"转型,街道干部由"后台管理"向"一线服务"转型。近十年星级和谐文明社区创建过程中,全区形成一整套科学、规范、行之有效评价体系,由重政府职能、部门考评转向群众评判,将群众满意度权重由原来的50%上调至70%,促使社工由"眼睛向上"听指令变为"眼睛向下"忙服务。考核方式由政府打分改为第三方评估,以问卷调查、电话访谈、随机暗访等方式按季度对社区工作进行测评。

2002年,鼓楼区在全市率先建立以"社区议事园"为载体的社区议事机制,细化民主自治单元,将较大社区网格划分若干"微网格",建立专兼结合、多方参与的网格责任人队伍,定人、定岗、定责,完善"分片包干"责任制,实现"多网合一、一网联动";以"全覆盖、无缝隙"为目标,形成"小区—社区—街道"三级网格管理体系。社会救助和社会保障逐渐由"保障线"式救助拓展到全覆盖的"保障网",由单一生活救助向"多元化"保障转型,健全以低保为核心,与低保边缘救助相衔接,以就业、医疗、住房、教育、养老、助残、司法等专项救助为补充的多层次、广覆盖、立体式综合社会救助与保障体系。经过十多年的实践和创新发展,至2015年年末,全区推出社区居民代表常任制、社区圆桌会、恳谈会等多种社区议事机制;119个社区普遍建立以社区党组织为领导核心,社区居委会、业委会、物业公司、驻区单位、各类社会组织共同参与社区事务的"1+N"社区共治模式。13个街道都将"按标准配足"面积均不小于1000平方米的综合社区服务中心。

【获批第三批"全国社区治理和服务创新实验区"】 7月21日,国家民政部正式批复,确认鼓楼区为"全国社区治理和服务创新实验区"(民函〔2015〕233号)。实验时间为期3年,2015年7月至2018年8月。实验任务:健全社区协商体制机制,形成较为完善的社区协商"六化"(治理主体多元化、服务体系社会化、治理方式法治化、协商民主制度化、治理手段信息化、社区文化特色化)模式,促进社区不同治理主体良性互动,完善社会协同、公众参与的社区治理格局。年内,全区围绕"构建社区协商体系,深化社区居民自治"主题,创建申报与试点先行同步进行,优选26个议事活动基础较好的社区先行开展协商试点。深化府校合作,与南京大学社会学院签订为期3年社区建设战略框架协议和年度合作协议。连续召开8场座谈会进行专题调研,举办由相关部门、各街道和社区参加的社区协商骨干培训会、案例点评会,邀请南京大学专家学者现场参会、授课、点评,从社区协商理论知识强化和实战经验分享两个层面,推动工作快速启动和展开。 (刘细梅)

机关团体

Government Agencies and Organizations

中国共产党南京市鼓楼区委员会

重要会议

【区委一届五次全体(扩大)会议】 7月24日,区委召开一届五次全体(扩大)会议。区委委员、候补委员,区纪委委员,区人大常委会、区政府、区政协领导,区法院院长、区检察院检察长,其他市管领导,各部门、街道、直属单位、垂直管理部门党政主要负责人,区人大、政协各专门委员会和工作机构主要负责人,区属中学、部分小学党政主要负责人等288人参加,会期一天。上午召开一次大会,区委书记杨学鹏代表区委常委会作《加快转型发展,全面从严治党,在“争创首善之区、建设幸福鼓楼”征程中迈上新台阶》专题报告,全面总结全区上半年工作,研究部署下半年任务;区委副书记陆敏就《中共南京市鼓楼区委关于推动全面从严治党迈上新台阶的意见(讨论稿)》作说明,与会人员分组讨论会议材料。下午召开二次大会,区领导冯雯兰、谈健、沈吉鸿以及区发改局等部门发言;会议通过《中国共产党南京市鼓楼区第一届委员会第五次全体会议决议》;区长曹路宝作会议总结,提出贯彻落实全会精神要求,并部署工作。

【区委一届六次全体(扩大)会议】 12月29日,区委召开一届六次全体(扩大)会议。区委委员、候补委员,区纪委委员,区人大常委会、区政府、区政协领导,区法院院长、区检察院检察长,其他市管领导,各部门、街道、直属单位、垂直管理部门党政主要负责人,区人大、区政协各专门委员会和工作机构主要负责人,区属中学、部分小学党政主要负责人等276人参加。会议学习贯彻党的十八大和十八届三中、四中、五中全会精神,以及中共中央总书记习近平系列重要讲话特别是视察江苏讲话精神,全面落实省委十二届十一次全会和市委十三届十一次全会决策部署,回顾总结“十二五”及2015年全区工作,研究部署全区“十三五”经济社会发展安排和2016年重点任务。区委书记杨学鹏代表区委常委会作《争首善、谋创新、促转型,群策群力打赢“十三五”开局之战》主题报告,提出2016年全区工作总定位和稳中求进的工作总基调。会议明确6个方面重点工作:一是聚力转型创新,推动经济平稳较快发展;二是着眼协调长效,全面深化城市建设管理;三是强化均衡共享,持续提升群众幸福指数;四是立足和谐稳定,不断强化民主法治建设;五是突出重点领域,稳步推进全区综合改革;六是坚持从严治党,不断提升党建工作水平。会议讨论《2016年经济社会发展计划目标》《2016年为民办实事重点项目》,通过全委会工作报告、决议以及“十三五”规划建议。区发改局、住建局、小市街道、鼓楼国家大学科技园管委会、滨江商务区管委会等单位作表态发言。 (张 璐)

【机关作风建设大会】 2月28日,鼓楼区机关作风建设大会召开。会议贯彻落实省、市机关作风建设大会精神,动员全区以良好状态和过硬作风投入新一年工作。全体区领导,区各部门、各街道、各直属单位区管干部,垂直部门党政主要负责人以及机关作风建设监督员代表约600人参加。会上,区委副书记陆敏总结2014年全区作风建设情况,通报作风建设综合评议结果,并部署2015年作风建设工作。会议表彰“2013~2014年度机关作风建设人民满意单位”和“2014年度机关作风建设先进单位”,并为被表彰单位颁发获奖牌匾。公安鼓楼分局等4家单位作交流发言。 (李富慧)

【全面深化改革工作推进大会】 8月5日,鼓楼区全面深化改革工作推进大会召开。区委常委,人大、政协主要领导,区政府副区长,区委全面深化改革领导小组及6个专项改革小组成员,各街道和相关单位主要负责人参加会议。区委副书记、区委全面深化改革领导小组副组长、办公室主任陆敏通报全区深化改革工作推进情况。区文化体制改革小组、纪律检查体制改革小组、民主法治领域改革小组、党的建设制度改革小组、经济体制和生态文明体制改革小组、社会体制改革小组分别汇报各自领域改革进展情况。区长曹路宝提出下半年改革工作要求。

(具体改革推进情况,参见第24页,“专记”类目“鼓楼区年度改革工作”)

【省委第八巡视组巡视工作动员会】 11月13日,省委第八巡视组召开巡视工作动员会,第八巡视组组长陈照煌作动员。省委常委、南京市委书记黄莉新就支持配合巡视工作提出要求。市委领导李世贵、郭腊军出席动员会。省委第八巡视组全体成员,南京市委办公厅、市纪委(市委巡联办)有关负责人,鼓楼区四套班子全体领导,区法院院长、区检察院检察长,其他在职副区级以上领导干部,区纪委监察局、区委组织部领导班子成员,区各部委办局和开发区主要负责人、街道党政主要领导、近三年退休的区级领导干部等190人参加会议。会上,陈照煌对区委提出配合巡视组工作要求;市委书记黄莉新、区委书记杨学鹏各自代表市委和区委作表态发言,并提出相应工作要求。

【“领导干部廉洁自律”专题理论学习会】 11月14日,区委中心组召开“领导干部廉洁自律”专题理论学习会。区四套班子全体成员及区管副职以上领导干部400余人参加。会上,省纪委案件监督管理室主任王焕春为参会领导干部作“领导干部如何做到廉洁自律”专题辅导，集体观看以该区查办的3起典型案例为素材拍摄的警示教育片《坠入深渊(二)》。区委书记杨学鹏提出：以案为鉴，时刻绷紧廉洁自律这根弦；守住底线，始终保持清正廉洁的政治本色；落实责任，全面推动党风廉政建设取得新成效3点要求。

【“三严三实”专题会议】 5月23日、25日，区委分别召开“三严三实”(严以修身、严以用权、严以律己，谋事要实、创业要实、做人要实)专题座谈会，了解全区领导干部中存在“不严不实”问题和具体表现，听取关于全区组织开展“三严三实”专题教育意见建议。区委书记杨学鹏、副书记陆敏，区委常委、组织部部长谈健出席；部分区机关部门主要负责人、各街道工委书记、企业代表、民主党派代表、“两代表一委员”(党代会代表、人大代表，政协委员)代表、社区书记和社区居民代表等41人参加座谈。杨学鹏对全区开展“三严三实”教育提出：保持常态抓好作风建设；查找问题、研究问题、解决问题；增强全区干部争先意识、创新意识、服务意识和团结意识3点要求。

6月19日，区委中心组理论学习暨“三严三实”第一次专题交流研讨会举行。区四套班子成员，区法院院长、区检察院检察长及其他市管领导参加。会议邀请省委党校教授周延胜作“践行‘三严三实’，推进作风建设”专题辅导，并围绕“落实‘三严三实’，加强党性修养，坚定理想信念”主题开展交流研讨，区领导陆敏、董伟、吴勇强、冯雯兰、朱滨、王开琳分别作重点发言。市委宣传部、市委组织部分管部长和相关职能处室负责人参加旁听和指导。

7月30日，区委常委会召开“三严三实”第二次专题交流研讨会。区领导曹路宝、沈吉鸿、丁健生、谈健、周文中、陶顺生、郭明雁、吴蒙龙等围绕“做老实人、说老实话、干老实事”议题，作重点交流发言。

9月29日，区委常委会召开“三严三实”专题教育第四次专题交流研讨会。区委常委丁健生、谈健、周文中、陶顺生、郭明雁、吴蒙龙围绕“慎独慎微、勤于自省”作交流发言。

12月1日，区委常委会举行“三严三实”第三专题第一次研讨会，省委常委、市委书记黄莉新，市委常委、组织部部长郭腊军列席。区委常委、副区长、部分党建工作领导小组成员单位负责人参加会议。会上，区领导杨学鹏、陆敏、董伟、吴勇强、沈吉鸿围绕“坚持用权为民”主题作重点交流发言，其他常委补充发言。黄莉新肯定该区专题教育实践活动开展情况，并提出工作要求。 (张　璐)

重要活动

【参加全国和谐社区建设示范城区授牌大会】 4月24日，国家民政部在天津举行全国和谐社区示范单位授牌仪式，鼓楼区区长曹路宝代表全国140个获和谐社区建设示范城区称号的社区分享创建经验。

【获2014年全市经济社会发展目标考核一等奖】 4月28日，市委市政府联合发出《关于表彰2014年度完成全市经济社会发展目标先进单位的决定》(宁委发〔2015〕26号)，鼓楼区获2014年全市经济社会发展目标考核一等奖，位列全市11个区之首。

【全市服务型经济发展现场会在区召开】 9月18日，全市服务型经济发展现场会在区召开。市四套班子领导黄莉新、缪瑞林等，市相关部门以及各区负责人参加会议。参会人员首先考察南京科技广场，听取鼓楼区打造众创空间情况介绍，省委常委、市委书记黄莉新和市长缪瑞林共同为模范马路科技创新街区众创空间、环南艺文化创意产业功能区众创空间揭牌。随后，参会人员考察中海环宇城、南京国际服务外包产业园、下关长江国际航运物流服务集聚区以及白云亭文化艺术中心等，并在下关大厦召开会议。会上，黄莉新、缪瑞林等市领导和参会代表肯定鼓楼区服务型经济发展工作成绩，鼓楼区、建邺区、雨花软件谷、市发改委、市商务局作交流发言。

【接受全国双拥模范城调研督导组检查】 9月24日，全国双拥工作领导小组副组长、全国双拥办主任、民政部副部长窦玉沛率领全国双拥模范城调研督导组一行到区宁海路街道颐和路社区检查社区双拥工作，现场听取社区双拥工作情况介绍，考察社区将军馆，看望参加纪念中国人民抗日战争暨世界反法西斯战争胜利70周年阅兵式的百岁将军张玉华，并表达崇高敬意。督导组一行肯定鼓楼区及宁海路街道双拥工作，并通过检查。省双拥办主任、省政府副秘书长徐国柱，省民政厅厅长侯学元，市委副书记龙翔、副市长华静，区委书记杨学鹏、副区长王红等省市区及部队领导陪同督导组调研。

【西藏自治区拉萨市墨竹工卡县党政代表团到区访问】 11月5日，西藏自治区拉萨市墨竹工卡县县委书记严应骏率县党政代表团到区访问。区领导杨学鹏、王根宝等接待。代表团一行先后参观艺术金陵文化创意产业园、江东街道睿城社区服务中心、联创集团、白云亭文化艺术中心等，重点了解鼓楼区经济、文化、社会治理等方面工作情况，并与区领导座谈。双方表示将加强沟通交流、相互提高，共同促进经济和社会发展。

11 月 5 日，南京市第三届社区暨社会公益服务项目洽谈会在鼓楼区举行

【市第三届社区暨社会公益服务项目洽谈会在区举行】 11 月 5 日，南京市第三届社区暨社会公益服务项目洽谈会在区举行。国家民政部基层政权和社区建设司司长徐立、省民政厅厅长侯学元，市委副书记龙翔、市民政局局长陈学荣，区领导杨学鹏、陆敏、王红以及全市各区民政局、各街道、各社区工作人员代表、鼓楼区相关部门和街道负责人出席。洽谈会上，鼓楼区展示近年来社区治理、养老服务、社会组织发展所取得成果，并出资 100 万元购买 15 个社会组织的微公益项目，达成价值 450 万元公益慈善项目合作意向。同时，全区各街道社区决定无偿提供 1.04 万平方米房源，用于 78 个新发布的社区养老服务项目。 （张 璐）

视察调研

【李学勇视察联创集团】 6 月 26 日，省长李学勇视察联创集团。省委常委、市委书记黄莉新，副省长徐南平，省政府秘书长张敬华、副秘书长何国平，省经信委主任徐一平，省科技厅厅长王秦，副市长黄澜以及区领导杨学鹏、郭明雁陪同视察。李学勇一行参观联创集团展厅，在联创车盟全国汽车生活服务网、智慧城市投资建设、食惟天有机农业电子商务、教育互联网、科技软件园建设等展区驻足停留，并听取联创集团董事长孙力斌关于集团转型创新发展情况汇报。李学勇询问车联网等联创集团核心业务发展情况，肯定联创集团发展，勉励企业用科技创新驱动发展。

【黄莉新到区调研】 2 月 7 日，省委常委、市委书记黄莉新视察幕府山社区卫生服务中心。黄莉新着重考察口腔中心、中医诊疗、产后康复以及“康复医学中心”等特色区域。听取区卫生局局长唐伯才、幕府山社区卫生服务中心主任公丕裕汇报中心硬件设施、人员配备、医疗卫生工作开展情况。唐伯才、公丕裕汇报中，着重介绍幕府山社区卫生服务中心与南京市口腔医院结为对口支援单位，与南医大二附院合作开办“康复医学中心”以及双方通力合作，输送人员参加培训、引进名医专家坐诊情况。区委书记杨学鹏、区长曹路宝等陪同视察。

3 月 9 日，省委常委、市委书记黄莉新到区调研滨江风光带下关试验段和纬三路过江通道建设情况。市领导刘以安、项雪龙，市有关部门主要负责人以及区领导杨学鹏等陪同调研。

3 月 26 日，省委常委、市委书记黄莉新到紫金智梦园调研。黄莉新一行参观“百年经典——模范马路创新文化馆”和“创业支点”服务平台，并与亚信科技(南京)有限公司、南京圣诺热管有限公司、南京安元科技有限公司等园区企业工作人员交流。市领导项雪龙、黄澜，区领导杨学鹏等陪同调研。

5 月 18 日，省委常委、市委书记黄莉新到区专题调研“三严三实”专题教育情况。黄莉新一行先后视察宁海路街道社区服务中心、江东街道“宝船社区·希望来吧”和挹江门街道丁山社区红色电影主题馆，并在丁山社区主持召开座谈会，听取领导干部存在“不严不实”问题反映以及组织开展“三严三实”专题教育意见建议，区领导杨学鹏等以及部分街道、社区、企业家代表参加座谈。市委领导项雪龙、郭腊军等参加调研。

9 月 6 日，省委常委、市委书记黄莉新到区专题调研服务型经济工作，先后考察驻江东软件城艾志集团、水木秦淮街区、下关长江国际航运物流服务集聚区、南京建宁康复医院等企业和项目现场。市领导刘以安、区领导曹路宝等陪同调研。

9 月 18 日，省委常委、市委书记黄莉新率市四套班子及相关部门领导，考察南京科技广场、中海环宇城、南京国际服务外包产业园等，听取鼓楼区打造众创空间情况汇报。

11 月 11 日，省委常委、市委书记黄莉新到小市街道社区联系点走访调研。黄莉新一行考察东井新村社区服务大厅、小市工业印记微博物馆、区老年众益院小市分院以及各服务活动室，了解社会组织发展情况和社区为民服务情况，并向社区工作人员询问社区居民就业状况，看望居民生活。随后，黄莉新到汽轮六村实地察看小区自治管理情况，肯定汽轮六村小区创新实施党员“村长”负责制做法。市委常委、秘书长项雪龙，区委书记杨学鹏

以及市区相关部门负责人陪同调研。

12月1日，省委常委、市委书记黄莉新到区列席区委常委会“三严三实”第三专题第一次研讨会。

【缪瑞林到区调研】 1月8日，市长缪瑞林到区调研。缪瑞林一行视察紫金(下关)科技创业特别社区、白云亭文化艺术中心和江东软件城，并召开座谈会，听取鼓楼区转型创新发展工作情况汇报。缪瑞林肯定区划调整以来及上年工作，并对下一步发展提出5个方面要求。副市长陆冰及市有关部门主要负责人陪同调研。

5月31日，市长缪瑞林陪同台湾商业总会理事长、乡林集团董事长赖正镒一行到区考察下关滨江商务区投资环境。赖正镒一行听取下关滨江商务区总体规划、开发现状及未来发展等情况介绍，实地考察中山码头滨江总部地块、梅家塘地块以及龙湖、证大、深业等滨江沿线项目。副市长储永宏以及区领导杨学鹏等参加考察。

8月21日，市长缪瑞林到区调研近现代建筑保护利用工作。缪瑞林一行实地察看荷兰原驻华大使馆，颐和路十一片区、十二片区等项目，了解重要近现代建筑保护和利用情况，听取相关工作汇报，并就做好历史建筑保护和利用提出：项目推进落实到位、保护利用到位、责任落实到位3点要求。区领导杨学鹏以及相关单位负责人陪同调研。

9月15日，市长缪瑞林专题督查全市水环境治理工作，实地察看内秦淮河、明御河、洪武路污水干管提升泵站、奥体北河和中保河，在下关大厦召开专题工作会议，听取相关部门和各区关于水环境治理情况汇报，并对黑臭河道治理提出4点工作要求。

（张　璐）

【李大清到区调研指导基层武装工作】 (参见“第241页，社会治理”类目同名条目)

纪检监察

【概况】 2015年，鼓楼区立案查办各类违规违纪案件68件68人，其中大案要案43件，占比63%，追缴违纪款400万元。区纪检监察部门组织贯彻落实新颁布的《中国共产党廉洁自律准则》和《中国共产党纪律处分条例》(简称《准则》和《条例》)，第一时间配套出台《鼓楼区学习贯彻〈准则〉和〈条例〉的实施意见》《关于贯彻落实〈准则〉和〈条例〉的意见》和《鼓楼区关于衔接落实〈准则〉〈条例〉的意见》，在全区部署开展“一次讲座、一系列宣传、一次考试、一次竞赛、一次心得体会交流”五个一活动，营造党员干部学思践悟氛围。开展“党风廉政教育月”活动，严明党的纪律，推进作风建设，为全区经济社会发展提供坚强纪律保证和作风保障。开展“四廉”(手机短信送廉、廉政文化导廉、典型案例警廉、旁听庭审醒廉)活动，提升廉政教育质效。以案说纪，组织重点岗位干部参加法院庭审旁听活动。立足警示教育本土化，先后组织全区600多名党员领导干部集中观看该区自编、自导，历时2个月拍摄制作的专题警示教育片《坠入深渊》系列(二)，提升身边人、身边事震慑警示效果。是年，区纪委监察局机关党总支获区级机关先进基层党组织称号。

【区纪委一届三次全会】 2月9日，鼓楼区召开第一届纪律检查委员会第三次全体会议。区领导杨学鹏、曹路宝、王根宝、王隆京、陆敏、冯雯兰出席；区纪委委员、党(工)委书记，纪(工)委书记、纪检组组长，区勤政廉政监督员、区纪委干部120余人参加。全会学习贯彻中纪委、省市纪委全会和区委一届四次全会精神，总结2014年全区党风廉政建设和反腐败工作，部署2015年反腐倡廉建设工作任务。区人社局、教育局、宝塔桥街道等8家党风廉政建设责任单位向区委递交《2015年度党风廉政建设责任书》。全会通过区委常委、区纪委书记冯雯兰代表区纪委常委会所作的《全面从严治党，聚力反腐正风，坚定不移推进党风廉政建设和反腐败工作》报告、《中共鼓楼区第一届纪律检查委员会第三次全体会议决议》。

【“两个责任”落实】 2015年，鼓楼区结合“两个责任”(落实党风廉政建设责任制，党委负主体责任、纪委负监督责任)实施细则，配套下发《鼓楼区关于落实“两个责任”任务分解书》，细化明确33项目标任务和牵头单位，强化主责意识。深化“三三制”党风廉政建设任务落实机制，将全区党风廉政建设目标划分为共性目标8条、个性目标22条、激励目标2条。通过“年初派单、年中质询、年末考核”，形成科学定责、强化履责、严格追责落实链条。加强督查指导，不定期开展“‘两个责任’约谈”，年初在15家单位开展责任制检查，约谈提醒13个街道、18个部门党(工)委书记和纪工委书记，督促6个共性问题和230条个性问题限期整改；年中现场质询区财政局、湖南路街道等7家单位党风廉政建设推进情况；年末全面考核全区党风廉政建设责任制落实情况，99家单位提交主体责任报告、31家单位纪工委提交监督责任报告，487名领导干部上报述责述廉报告。落实主管部门负总责，履行检查所属单位党风廉政建设情况及指导、考核、问责职能，18个系统先后专项检查161个下属单位，促进责任传导压紧压实、督促落实见声见效。制定出台《鼓楼区贯彻落实“两个责任”追究意见》，全年实施责任追究2起，倒逼促进“两个责任”落到实处。

链接：

三三制：将党风廉政建设工作目标分为基础性、关键性、激励性三类，通过《牵头任务函告书》《党风廉政建设和反腐败工作目标及责任分工的意见书》《责任分工报告书》“三书”分解党风廉政建设工作责任。

【作风监督】 2015年，鼓楼区完善作风问题处置管理制度，按照“扎口登记、销号管理、限期跟踪、直查快办、上报请示、交办督办”工作流程，建立专项受理、专人管理等配套机制。挂牌督办群众身边“四风”(形式主义、官僚主义、享乐主义、奢靡之风)问题和腐败线索10件，办理完成9件。先后开展财政经费使用、津补贴发放等专项检查，重点检查区级机关部门、街道等29家单位财务凭证，发现并查处一批违纪违规问题，及时督促相关单位依法依纪规范经费管理，巩固“反浪费反奢侈”等专项整治成果。编织严密作风监督网络，改进明察暗访方式，围绕重点时段、重点场所、重点部位加强监管，先后明察会场、社区、食堂等场点20多次，暗访辖区高档酒店、会所等350多次，检查公车封存638辆次；专项督查辖区苏宁易购等电商企业发放购物卡、开具购物发票等情况。至年末，查实并处理违反“八项规定”案件11件11人，其中1件作为典型案例公开曝光。

链接：

中央八项规定：

1.要改进调查研究，到基层调研要深入了解真实情况，总结经验、研究问题、解决困难、指导工作，向群众学习、向实践学习，多同群众座谈，多同干部谈心，多商量讨论，多解剖典型，多到困难和矛盾集中、群众意见多的地方去，切忌走过场、搞形式主义；要轻车简从、减少陪同、简化接待，不张贴悬挂标语横幅，不安排群众迎送，不铺设迎宾地毯，不摆放花草，不安排宴请。

2.要精简会议活动，切实改进会风，严格控制以中央名义召开的各类全国性会议和举行的重大活动，不开泛泛部署工作和提要求的会，未经中央批准一律不出席各类剪彩、奠基活动和庆祝会、纪念会、表彰会、博览会、研讨会及各类论坛；提高会议实效，开短会、讲短话，力戒空话、套话。

3.要精简文件简报，切实改进文风，没有实质内容、可发可不发的文件、简报一律不发。

4.要规范出访活动，从外交工作大局需要出发合理安排出访活动，严格控制出访随行人员，严格按照规定乘坐交通工具，一般不安排中资机构、华侨华人、留学生代表等到机场迎送。

5.要改进警卫工作，坚持有利于联系群众的原则，减少交通管制，一般情况下不得封路、不清场闭馆。

6.要改进新闻报道，中央政治局同志出席会议和活动应根据工作需要、新闻价值、社会效果决定是否报道，进一步压缩报道的数量、字数、时长。

7.要严格文稿发表，除中央统一安排外，个人不公开出版著作、讲话单行本，不发贺信、贺电，不题词、题字。

8.要厉行勤俭节约，严格遵守廉洁从政有关规定，严格执行住房、车辆配备等有关工作和生活待遇的规定。

【纪律审查】 2015年，鼓楼区健全反腐败工作机制，完善《鼓楼区反腐败协调小组工作制度》和《关于进一步加强案件查办工作的暂行办法》，发挥公安、检察、法院、审计等部门线索发现、调查核实等方面优势，形成信息共享、优势互补、协同作战良好格局。全年立案查办各类违规违纪案件68件68人，其中大案要案43件，占比63%，追缴违纪款400万元。坚持实体与程序并重纪律审查原则，严把“事实关、证据关、定性关、程序关”四大关口，综合运用纪律处分、组织处理和批评教育等手段，依规依纪准确定性量纪，用纪律戒尺作出公正合理处理。继续巩固“三助”(助辩、助谈、助教)式案件审理改革成果，全年开展助辩2件、助谈5次、助教5场，多维度提升纪律审查工作质效。

【纪律检查体制改革】 2015年，中共南京市鼓楼区纪律检查委员会（简称区纪委）制定《鼓楼区纪检监察改革任务分解书》，健全完善统一领导、分工负责、共同落实的改革工作领导机制。至年末，全区18项纪检监察改革任务，完成16项，2项需上下联动并有序推进，其中试点纪工委委员制度、纪委委员评议党政正职工作等多项任务走在全市纪检监察系统前列。继续做好议事协调机构清理，保留或继续参与议事协调机构缩减至12个。完善“三转”(转职能、转方式、转作风)新架构下工作机制，做好操作流程和制度规定衔接，促进监督执纪协调有力、运转顺畅。严格落实对区管干部立案向区委呈批制度，强化查办案件以上级纪委领导为主的自觉意识，促进双重领导体制具体化。

【内设机构调整】 2015年，鼓楼区完成区纪委监察局机关内设机构调整工作。内设机构调整坚持“精简、优化、效能”原则，利用有限力量优先保障监督执纪机构编制和人员配备，充实完善主责主业工作力量，调整前后保持内设机构数和人员编制总数不变。内设机构调整后，委局机关有内设机构9个（办公室、纪检监察干部管理监督室、宣传教育室、党风政风监督室、信访室、案件监督管理室、纪检监察一室、纪检监察二室和案件审理室）、47人，其中直接从事监督执纪问责人员36人，占比77%。

【信访监督】 2015年，区纪委畅通来信、来电、来访、网络受理“四位一体”信访举报渠道，加强巡视组下转信访件办理，全年受理信访举报件442件、实名举报206件。集中管理案件线索，出台《加强和规范问题线索集中管理实施细则》，完善信访举报直查快办机制，形成一批高质量案源线索，信访初核立案和拟立案25件，信访监督13人，信访监督“双公开”（公开信访举报内容，公开信访监督）1人。

【巡查监督】 2015年，鼓楼区制定出台《鼓楼区巡查工作办法》，成立由区委主要领导亲自负责的巡查工作领导小组，先后立项开展公房租赁、“三公”〔出国（境）费、车辆购置及运行费、公务接待费〕经费等专项巡查3项30多家次，发现疑似问题12起，查实并处理4起。创新打造“鼓楼区集中派驻信息管理系统”，构建“事先预报、事中监控、事后评估”实时监督模式，推行重大事项主要领导、纪工委书记“双背书”责任制，先后报备监督“三重一大”（重大问题决策、重要干部任免、重大项目投资决策，大额资金使用）事项2100多项，及时完善廉政风险防控措施，有效防范权力滥用、权力任性等行为发生。

【纪检监察队伍建设】 2015年，鼓楼区集中开展纪检监察部门科级岗位竞争上岗和干部交流工作，及时更新知识结构，提升纪检监察干部履职能力。以委托培训、专题学习等形式，先后开展业务培训7场次490余人次，其中参加上级纪委组织的专业专题培训80多人次。在华侨路街道、区住建局等10家单位试点推行“纪工委委员制度”，加强基层纪检监察组织监督执纪力量。健全完善《街道、部门纪工委工作职责》《纪工委向区纪委报告工作制度》《鼓楼区纪工委书记提名考察办法》等一批制度。全年，区纪委有28人参加竞争上岗，围绕主业轮岗交流8人次。

【年终责任制检查考核】 2月，鼓楼区成立4个考核组，检查考核华侨路街道、宝塔桥街道、区政府办、财政局、教育局、住建局、卫生局和国资办等8家重点单位2014年度落实责任制情况。考核内容包括：执行党风廉政责任制规定，落实党（工）委主体责任和纪（工）委监督责任，履行“一岗双责”情况；《中共鼓楼区委关于中央第十二巡视组在江苏省巡视反馈意见整改工作方案》要求整改工作完成情况；遵守“八项规定”精神，加强作风建设、纠正“四风”情况；区党风廉政建设“三三制”个性目标完成情况等。考核期间，召开各被考核单位领导班子成员座谈会，被考核单位主要领导代表班子进行述责述廉；询问各单位党风廉政建设责任制落实情况，特别是年中区纪委监察局组织的质询会上提出问题落实情况；针对检查考核内容，查阅被检查单位工作记录，向被检查单位反馈检查情况和问题等。同时，全区其他单位党风廉政建设责任制落实和目标完成情况在规定时间内开展自查自纠。

【“讲述城墙故事，传递责任文化，共建廉洁城市”主题作品征集】 6月，区纪委在全区范围组织开展“讲述城墙故事，传递责任文化，共建廉洁城市”主题优秀作品征集活动，先后收到来自社会各界应征作品215篇。应征作品体裁丰富，有廉政诗词歌赋、楹联、理论文章、微小说等文字作品；有音频视频、摄影图片等影像作品，各类作品主题鲜明，贴近生活，弘扬新风正气，传递责任文化，体现较强的思想性、艺术性和教育性。其中，《明城墙颂》《廉洁与爱家》等多项作品获南京市纪委奖项，区纪委获活动优秀组织奖。

（桑圣琴）

【宝船社区廉洁文化体验馆开馆】 （参见第307页，“街道社区”类目同名条目）

【党风廉政教育月】 9月，鼓楼区区级机关开展“守纪律讲规矩，践行‘三严三实’”主题“党风廉政教育月”活动。其间，先后组织部分机关干部到法院开展庭审旁听警示教育活动；邀请专家学者为党员干部作廉政教育专题辅导报告；组织部分重点科室负责人、政务服务窗口负责人参观廉政教育基地；组织党员干部观看一批反腐倡廉电教片；各机关部门（单位）在“两节”（中秋、国庆）前开展廉政提醒教育；各机关党组织开展党风廉政建设“两个责任”（党委负主体责任，纪委负监督责任）落实情况对照检查活动，联系“三严三实”专题教育活动中查摆的“不严不实”问题，立改立行。

【庭审旁听警示教育活动】 9月2日，区纪委和区级机关工委联合组织机关各部门、各街道100余名机关党员干部，到区法院参加庭审旁听警示教育活动。该次庭审内容为一起职务犯罪案件，被告人管某原系鼓楼区某街道办公室副主任，涉嫌在职期间利用职务之便挪用公款33万多元。参加旁听的党员干部亲历法庭调查举证、被告人自述、控辩双方辩论等程序，目睹昔日同事站在被告席上流下忏悔的泪水，心灵深处受到强烈震撼。庭审结束后，法院负责人结合案件情况开展廉政教育。（李富慧　桑圣琴）

【参观廉政教育基地】 9月21日，鼓楼区组织全区执法监管部门科级干部，集体参观雨花台区基层党员干部预防职务犯罪警示教育基地和鼓楼区宝船社区廉洁文化体验馆，进行预防职务犯罪暨廉政文化教育。29个具有行政权力的机关部门（单位）部分重点科室负责人、政务服务窗口负责人50余人参加。雨花台区基层党员干部预防职务犯罪警示教育基地是全省首个“蚁贪馆”，集中展示涉及党员干部职级不高、涉案金额不大、发生在群众身边的121件腐败案件。宝船社区廉洁文化体验馆挖掘和展示郑和廉洁故事、南京历史上廉洁故事等传统文化中廉洁元素。

【"集中派驻信息管理系统"内测工作启动】 10月,鼓楼区"集中派驻信息管理系统"经论证、策划、招标、研发等近半年多建设工作,系统平台逐渐完善并启动全面内测。区纪委采取发挥派驻工作室一线派驻职能,组织各工作室对口联系单位布置内测任务,明确测试项目;发挥网络优势,通过互动网络授课平台,由开发单位为近20家参与内测单位开展网上远程培训,确保测试顺利有效;及时收集和汇总测试中各单位问题反馈,密切与开发单位沟通,针对问题及时调整等措施,确保全面有效验证系统功能性和稳定性。至年末,该系统进入试运行阶段。

【"领导干部廉洁自律"专题学习会】 11月14日,鼓楼区组织召开"领导干部廉洁自律"专题理论学习会,区四套班子全体成员及区管副职以上领导干部400余人参加。会上,省纪委案件监督管理室主任王焕春作"领导干部如何做到廉洁自律"专题辅导,集体观看以该区查办的涉及征地拆迁、教育系统等重点领域3起典型案例为素材的警示教育片《坠入深渊(二)》。该片由鼓楼区有关部门自编、自导,历时2个月拍摄制作完成。

(桑圣琴)

组　　织

【概况】 2015年,鼓楼区有党组9个、党工委36个,其中党委(公安、文化、司法、国资)4个,街道工委13个,系统工委19个;有党员63792人,其中正式党员63410人,预备党员382人;男性党员38102人,女性党员25690人;汉族党员62832人,少数民族党员960人。新发展党员326人。

2015年,全区在职机关干部2767人(其中政府1993人,党群、人大、政协、法院、检察院774人)。全区区属事业单位管理人才1030人,专业技术人才7750人,其中管理岗位128人;区属企业经营管理人才189人,专业技术人才58人,其中管理岗位23人。

是年,119个社区均与省、市共建单位开展"共建幸福家园"主题活动,打造"区域党建共赢、幸福家园共建"党组织活动品牌。升级"鼓楼党建云管理"平台,完善组织关系电子化接转、入党积极分子网上在线学习考试,实现党员发展网上"全程记实"。

【"三严三实"专题教育活动】 (参见第23页,"专记"类目同名专文)

【干部调配】 2015年,鼓楼区修订并下发《鼓楼区区管非领导职务干部配备管理办法(试行)》,开展区管非领导职务干部配备工作。1月,晋升调研员16人、副调研员26人;11月,晋升调研员11人、副调研员34人。遵循"平级安排、人岗相适、工作需要与个人意愿相结合"原则,配置区市场监督管理局干部。调配后,区市场监管局有处级干部23名。同时,落实国家及省、市关于市场监管体制改革部署,加强基层监管力量,全区13个街道分管经济工作副主任兼任区市场监管局下辖对应分局局长,并分别配备工作人员。9月,按照区纪委内设机构调整方案,根据新设定的处室岗位,相应调整区纪委10名处级干部。考核全区中学领导班子,考察试用期满干部,并测评中层正职干部、民主推荐校级领导后备干部,提拔正校职1人、副校职11人、副校级2人,选任助理2人;3名校级领导干部转员,交流中学校级领导干部14人,因职校合并调整校级领导干部16人。

【见习主任(局长)转正】 10月,原鼓楼区2012年竞争性选拔产生的6名见习主任(局长)进行见习期满转正考察,并全部安排到街道、管委会等一线岗位任职。

【街道干部职级晋升】 12月21～22日,区委组织部、区纪委与区人力资源和社会保障局组成4个考核组,考核测评街道拟晋升职级人员。同月24日,经区委书记会(研究)通过,有105人符合职级晋升条件,其中晋升正处级37人、副处级68人。会后,按照要求对晋升人员进行公示。

【挂职干部接洽安置】 2015年,鼓楼区按照省、市要求,接待中央"三部委"(中央组织部、中央统战部、国家民委)选派的列桑到区挂职担任区政府党组成员;6名伊宁市干部到区相关街道、部门挂职;11名内蒙古科尔沁区、2名西藏墨竹工卡县干部到区相关街道、部门挂职。

【干部教育培训】 2015年,鼓楼区分层分类开展干部教育培训。分3批组织150多名区管干部赴井冈山开展党性教育;组织市管和区管干部50人赴中国延安干部学院开展党性教育;组织全区119名社区书记赴临沂开展党性教育;全区540多名正科职干部开展能力提升脱产培训;举办全区新进人员培训班,区划调整以来新录用公务员、军转干部和调入人员130人参加培训。

【干部监督管理】 2015年,制定《鼓楼区领导干部"特别监督档案"实施办法(暂行)》,建立干部"特别监督档案",开展个人事项报告抽查163人次、关爱提醒区管干部28人次、函询20人次。任免党群部门科级干部20人;编制2015年公务员招录和2016年公务员招录计划,完成2015年区法院、检察院 4 个岗位一般公务员招录工作。

【干部人事档案规范化管理】 2015年，区委组织部门提升档案库房建设标准，购置并安装 20 组档案密集架及红外监控设备，统一更换干部人事档案盒，完成原两区干部人事档案合并管理。有序推进全区干部人事档案专项审核，制定《鼓楼区干部人事档案管理工作的暂行规定》，集中审核干部档案 2659 册，出生日期调查核实 122 人次，会商认定“三龄两历一身份”（出生日期、参加工作时间、入党时间，学历学位、工作经历，干部身份）干部基本信息 1324 人次。

【干部考核】 2015 年，鼓楼区出台《严格干部德的考核和运用试行办法》，把 20 字“好干部”标准与鼓楼干部队伍作风建设方面存在 20 项突出问题相结合，进行干部德的正反双向测评。组工干部每季度轮流到部门蹲点调研，近距离接触、了解干部及班子情况；“鼓楼党建云管理”平台及时记录、掌握区机关全体在职党员干部到社区报到开展志愿服务情况，延伸考核触角。发挥干部考核导向、评价和监督，2014 年年度区管干部考核优秀 127 人、不定等次 5 人、不称职 2 人。年内，降职处理 2 名不称职领导干部；领导干部试用期满考核不理想的，1 名取消提拔资格，2 名暂缓转正。

【党建创新项目化管理】 2015 年，全区各级党组织结合工作实际，申报党建创新项目 45 个，经申报、初评、交流、推荐等程序，推选出 19 个获奖创新项目。其中，华侨路街道工委“创意党建　活力无限——创意楼宇党组织生活的探索与实践”等 5 个项目被评为一等奖，湖南路街道工委“青春党建从‘青春驿站’起步”等 6 个项目被评为二等奖，凤凰街道工委“构建党员教育新常态，推进远程站点规范化”等 8 个项目被评为三等奖。

【党建工作专项述职评议】 2015 年，鼓楼区组织开展 2014 年度党组织书记抓党建工作专项述职评议活动，分别组织 13 名街道工委书记、119 名社区党组织书记，围绕履行第一责任人职责、整顿软弱涣散党组织、加强基层党组织建设以及严格党员教育管理等方面内容，开展书记抓基层党建述职评议活动 14 场。其中，街道党工委书记述职评议会 1 场、社区党组织书记述职评议会 13 场，党代表、人大代表、政协委员以及基层党员、群众代表 1400 余人参加现场述职评议活动。街道工委书记述职会上，发出测评表 1300 张，收回 1300 张，综合评价好和较好率平均 98.61%；13 场社区党组织书记述职会上，发出测评表 12008 张，收回 12008 张，综合评价好和较好率平均 97.16%。

【党务工作者队伍建设】 2015 年，鼓楼区举办社区党组织书记专题培训班，宣讲中共中央总书记习近平系列重要讲话精神；举行党建实务知识专题讲座、优秀社区党组织书记经验谈、临沂党性教育基地现场学习等。建立社区党组织书记后备人才队伍，开展社区党务工作者任职资格测试，129 名党员报名参考，接受党务知识、公文写作、组织协调、履职水平等方面测评评价，110 人通过测试并取得任职资格。社区党组织换届工作，按照社区书记空缺岗位 1∶2 比例，选拔 78 名近期后备人才和 40 名中期后备人才。

【非公企业和社会组织党建】 2015 年，鼓楼区制定《“两新”（新经济组织、新社会组织）党组织建设规范化手册》，开展“党建创客”培养计划，促进“两新”企业党务及业务双孵化、同发展。通过内部挖潜、外部选派，首批计划培养“党建创客”35 名。规范“两新”党组织设置方式，优化产业协同型、志愿协同型党建模式，建设金陵饭店楼宇社区党群活动中心、青岛路公益性青年社会组织活动中心。开发“欣新向荣‘两新’”微信党务平台，加强全区“两新”党组织党建指导。

【人才引进】 2015 年，鼓楼区结合重点产业方向招才引智，在国家、省、市各类人才计划申报中，组织 5 人申报国家“千人计划”，入选国家短期“外国专家千人计划”1 人；组织 19 人（团队）申报省“双创（创业、创新）计划”，入选省“双创计划”人才 1 人。全年培育市科技创业家 3 人，入选市领军型创业人才 84 人，超额完成市“十二五”各项人才计划。

【人才制度建设】 2015 年，区委区政府制定《鼓楼区深化人才管理改革实施方案》，强化区高层次人才及人才团队培养和服务；建立财政扶持资金拨付与项目实施进度和绩效挂钩制度。制定《鼓楼区领军型科技创业人才创业扶持资金兑现细则》《房租补贴管理办法》《鼓楼区“创业苗圃”管理办法》，推动人才企业各类政策兑现规范化管理、制度化操作。对接市人才工作考核方向，优化区人才工作实施细则，弱化引才任务“综合目标完成率”分值，新增企业绩效“人才初创企业成长性”“服务人才效能”等考核内容，通过设置“初创成活率、优质孵化率和省级重点人才计划进阶率”等项目，实现量化考核。

【人才服务】 2015 年，区委组织部门组织科技、人力资源和社会保障等部门针对性走访、服务“321 计划”人才企业，解决企业“三难一少”（融资难、产品推广难、人才招聘难，科技创业市场服务主体少）困境；以区人才创新创业促进会（简称“创促会”）换届为契机，成立节能环保、生物医药、电子信息、高级软件和现代服务业4个专业委员会，为人才企业提供科学专业服务。至年末，"创促会"会员企业350多家。发挥政府各职能部门和市场化中介机构、社会组织作用，针对人才创业各环节开展创业培训和交流活动；组织开展"321计划"人才企业首购订购对接活动，打造鼓楼区"321计划"人才微信平台，编制企业产品目录，帮助企业拓展市场渠道，促成南京新奕天智能视频技术有限公司等2家企业与市职能部门签订230万元项目合同。打造"众创空间"，年内2个众创空间示范区揭牌，星火众创工厂等8家众创空间建成运营。引入第三方机构，为区人才企业提供专业化、市场化服务。

（施伟伟）

宣 传

【概况】 2015年，鼓楼区把"四个全面"（全面建成小康社会、全面深化改革、全面依法治国、全面从严治党）战略布局作为全区理论学习和宣传教育中心内容，深化党的十八届五中全会精神和中共中央总书记习近平系列重要讲话精神学习教育。全年组织26场区委中心组学习扩大会，副处级以上党员领导干部万余人次参加学习。举办意识形态建设培训班，采取分众化、互动化培训方式，扩大受众覆盖面。邀请省内知名马克思主义研究专家为主讲人，学习党的十八届五中全会精神和中共中央总书记习近平系列重要讲话精神。制定社会主义核心价值观宣传方案，每季度编发社会宣传工作要点，整合多方资源，在全区范围内开展社会主义核心价值观系列宣传活动。实行各类理论学习辅导、时势政策讲座等培训班季度通报制度，备案各类讲座培训268场。组建全区红客、网评员、舆情信息专员、网络信息员队伍等，负责全区网络舆情应对处置工作，全年监测网络舆情3241条。全新改版"@鼓楼微讯"和"鼓楼微讯"微信公众平台，强化内容建设、创新发布形式，提升影响力。举办2015"幸福鼓楼"社区文化艺术节等各类文化惠民活动2000余场。结合文明城市创建、志愿服务、传统节日，制作并张贴"中国梦"及"社会主义核心价值观"宣传海报，利用学校及公众场合电子屏滚动播放文明实践养成宣传教育视频和标语。开展寻找身边好人自选自评活动和文明单位、文明社区评选，全区评选"每月一星"1184人，表彰文明单位151家、文明社区41家。成立"街道志愿服务总站"，组织24个城市志愿服务示范点社区定期开展志愿服务。至年末，全区注册志愿者20万余人，志愿者队伍1000多个。是年，南京市第二十九中学被评为全国文明单位。

【领导干部理论学习】 2015年，鼓楼区完善区委中心组学习制度，制定全年中心组理论学习专题计划，年内组织26场区委中心组学习扩大会，全区副处级以上党员领导干部万余人次参加学习。区委宣传部会同区纪委、组织部，现场旁听、定期督导各街道系统党工委中心组理论学习。研究起草全区意识形态建设培训班方案，邀请南京军区原司令员朱文泉上将、省高级人民法院院长许前飞、南京大学教授李永刚、省委党校教授章凝等作专题辅导报告，深化党员干部认识与把握马克思主义世界观和方法论。

【基层干部培训】 2015年，鼓楼区组织推进领导干部上讲台活动，主持人由各党工委书记扩大为党（工）委领导班子成员，并形成常态化。制定《2014～2015年度鼓楼区基层党员冬训工作实施意见》，建立区宣讲资料库，与省、市、区委党校和解放军南京政治学院沟通联系，做好教员对接工作，确保授课质量。区委宣传部会同区纪委、组织部到各党工委旁听，组织评比表彰区级冬训工作创新案例和精品课堂。冬训工作期间，送出《学习—活页文选》《支部党课》等学习资料2万余本，区街两级党（工）委和社区层面开展冬训主题讲座618场，参与党员2万余人次。

【新闻宣传】 2015年，鼓楼区落实《关于进一步加强全区新闻宣传管理的实施意见》和《鼓楼区突发公共事件媒体应对方案》，制定落实《2015年全区新闻宣传工作计划》，规范全区新闻宣传管理工作。围绕全区中心工作，联动各级媒体，开展深度合作，进行新闻策划，宣传鼓楼区七大产业功能板块建设、环境综合整治、综合体制改革、民生改善等重点工作创新做法、成功经验和先进典型。围绕区"两会"（人大、政协）、"两区合并二周年"、转型发展上台阶、科技创新创业及人才建设、文化产业建设等工作，在《人民日报》、中国新闻报社、中央电视台、中央人民广播电台、《新华日报》《南京日报》《扬子晚报》《南京晨报》《金陵晚报》、省市电台、人民网、中江网、龙虎网、南报网等媒体发稿7105篇，其中主流媒体发稿28个版面26.2万字；都市媒体发稿50个版面约45万字。

【社会宣传】 2015年，鼓楼区整合区教育局、城管局、区级机关工委等资源，在全区范围内开展社会主义核心价值观系列宣传活动。在拉萨路小学举行鼓楼区中小学生深入践行"社会主义核心价值观"启动仪式，拉开全区主题教育活动帷幕。设计社会宣传画面24幅，印制宣传海报1.1万张，设计并印制社会主义核心价值观文化衫4000件，借助龙舟赛、广场舞、微博微信等活动的公众讯息平台，传播社会主义核心价值观。辖区户外公益广告、电子屏等载体采取统一扎口、属地协调、权责统一等方式管理，调动15块可用户外LED显示屏、320余块可用户外公益广告、100多块灯箱广告等面积近1万平方米社会宣传资源，播放公益广告，在重点区域实现宣传全覆盖；在纪念中国人民抗日战争暨世界反法西斯战争胜利70周年、社会主义核心价值观传播、征兵等重点宣传时段，发挥较好社会宣传作用。制定完成《关于颐和路社区将军馆、宁海路街道海洋国防教育馆（简称：两馆）迁址新建工作情况的实施方案》，搭建“两馆”建设组织构架，规范“两馆”建设工作机制，确保“两馆”建设推进。至年末，将军馆房屋加固和改造基本完成，进入布展阶段；海洋馆房屋改造接近竣工。与省海洋与渔业局合作，拟定《鼓楼区关于加强海洋国防教育、提升海洋意识的方案》，通过展览馆、建设主题市民广场、开展活动日和主题课堂等活动，打造全国海洋意识教育示范区。

【舆情监测】 2015年，鼓楼区坚持网络管理联席会议制度，推进舆情监控，结合区委区政府及各部门、街道主要工作，动态设置近90个关键词，24小时不间断定点巡查境内外289个网站及其下属1633个频道或子版块，监测网络舆情3241条。编印《鼓楼互联网信息快报》25期、《“再干两百天 环境再提升 管理见长效”专项行动舆情专报》46期、《鼓楼区城市建设与管理舆情专报》20期、《鼓楼区新闻网络舆情专报》11期，为区领导和各级部门掌握并快速处置重大网络事件提供信息保证。强化与新浪、腾讯、龙虎网、南报网、中国江苏网等主流网站沟通合作，妥善应对处置网络舆情，重点处置“数百民工聚集讨薪”“白云雅居保障房”“长阳花园小区地基下沉”“违法强拆”等涉及民生问题网帖。全年向中宣部、省市委宣传部报送信息5100余条，被采用230余条，中央领导批示19次，完成交办约稿9次。是年，区委宣传部再次获全国舆情信息工作先进单位。

【“双微”公众平台建设】 2015年，区官方微博“@鼓楼微讯”和“鼓楼微讯”微信公众平台全新改版。至年末，“@鼓楼微讯”拥有粉丝468万人，形成5个版块、25个专题新常态发布模式，通过日常栏目和微活动、微话题、微直播等特有传播方式，公开政务信息、发布相关报道、影响舆论导向、弘扬社会正气，打造信息发布权威平台和服务百姓、信息交流全新通道。全年，官方微博“@鼓楼微讯”发布微博5897条，策划发布多场鼓楼区重大活动微博直播与网络宣传工作，组织发布丰富多彩线上线下微活动，与网友展开良好互动。“鼓楼微讯”官方微信策划发布多项特色专题，年内推送238期694条信息，阅读量、转发数以及覆盖度方面均取得较好成绩，粉丝数量显著增长。是年，“@鼓楼微讯”名列南京市政务微博年度考评区级发布第一名，被评为全国十大优秀基层政务微博；“鼓楼微讯”微信平台获江苏最佳亲民互动奖。

【网宣机制建设】 2015年，鼓楼区建立健全网络舆论引导、网络舆情预警、突发事件应急处置、政务微博管理考评等系列网络宣传机制，明确各街道、区级各部门为网络宣传管理工作责任部门，构建宣传部门组织协调、各街道和各部门齐抓共管、专业人员具体参与大网络大舆情工作格局。强化政务微博管理，引导规范各单位做好微博组织和发布工作。采取分片管理、承包到人工作模式，从业务指导到数据统计，从小范围培训到内容点评，突出分类指导、重点梯次推进，打造政务微博示范效应。同时，调整社区微博发布细则，帮助微博管理员更好利用社区微博为百姓服务。年内，发布政务微博业务通报2类9期。

【舆情队伍建设】 2015年，鼓楼区建立健全以区委宣传部为龙头，街道社区为主体，涵盖机关部门、驻区高校，横向到边、纵向到底、立体互动舆情信息收集网络。组建全区30人红客队伍、209人网评员队伍、6人舆情信息专员队伍、47人网络信息员队伍等骨干力量，负责全区网络舆情应对处置工作。年内，开展新媒体运用和网络舆情处置集中培训3次，分类、分片培训6次，个别辅导110次；培训各单位各类网络人员700余人次，其中网络信息员47人、微博管理员144人、舆情信息员21人；组织红客队伍、网评员队伍、舆情信息专员队伍等培训1700余人次，其中集中培训7次，分类、分片培训20次，个别辅导12次。

【文明创建宣传教育】 2015年，区委区政府制定《鼓楼区践行社会主义核心价值观的实施意见》，结合文明城市创建、志愿服务、传统节日，制作并张贴“中国梦”及“社会主义核心价值观”宣传海报1万余张，56块户外电子显示屏、78所学校电子大屏滚动播放公益广告5万多次；在32处主次干道、建筑工地发布公益广告500多幅，在居民小区悬挂横幅2000多条，全区13个街道分别打造1条社会主义核心价值观“特色街”。定期开展文明创建专项整治活动，48个示范点专设标识标牌及举报电话，14名市民督导团成员深入监督，下发《文明创建工作专报》，通报整改情况。推动社会诚信建设，重点打造“湖南路诚信商业街”；联合区旅游局共同打造“文明旅游实验区”，发放文明旅游宣传资料30多万份；开展“看鼓楼美景、讲文明旅游、话爱国情怀”主题活动，举办“幸福社区、文明旅游”最美夕阳红旅游形象大使选拔赛。组织开展鼓楼区2013～2014年度文明单位、文明社区评选，表彰151家文明单位、41家文明社区。是年，南京市第二十九中学被评为“全国文明单位”。

【典型示范选树】 2015年，鼓楼区开展居民群众自荐自选自评身边好人活动，并发动区公民道德建设观察员寻访、推选，充实“鼓楼好人库”。组织39人参加“南京好人365”访谈节目，陶艳红、蒋时元等8人被评为“南京好人”，柏翠云被评为第五届南京市道德模范。拍摄2015年度10部《感动鼓楼——身边的模范人物》好人微电影，利用道德讲堂载体在119个社区集中展播。开展“好人讲—讲好人”活动，通过官方微博“@鼓楼微讯”、“鼓楼微讯”微信推送好人故事，在《社区报》及社区网站开设《每月一星》及《凡人风采》专栏，带动更多居民群众见贤思齐，全区评选“每月一星”1184人。抓好南京文明网信息上报质量，组织“文明鼓楼”微博发布，上报各类信息578篇，其中《南京市精神文明简报》选用刊登信息13篇，南京文明网录用群话题80条，《南京日报》刊登群话题46条。

【公民道德建设】 2015年，区委宣传部组织开展鼓楼区第14届公民道德建设宣传月活动，承办南京市首届“好人节”启动仪式，制作印有社会主义核心价值观及“中国好人”或“每月一星”纪念水杯，通过表彰座谈会颁发给获奖者。全区13个街道配合“好人节”，开展《感动鼓楼——身边的模范人物》微电影展播、好人颂文艺演出、“每月一星”表彰座谈会等系列活动，助推公民道德建设工作迈上新台阶。开展“我们的节日”系列活动，利用传统节日开展主题宣传教育，举办春节联欢、军民同乐闹元宵、文明祭扫、端午书法笔会、中华经典诵读、舞龙走旱船、中秋百家宴等活动，全年开展活动逾400场。举办“文明南京”志愿服务启动仪式，开展学雷锋纪念日广场志愿服务活动，受惠居民超万人。

【未成年人思想道德建设】 2015年，鼓楼区启动“中小学生深入践行社会主义核心价值观活动”，并细化为“教育教学”“主题开讲”“公益善举”等系列主题实践活动。开展未成年人“温暖冬日”“七彩夏日”假期活动，总结推广芳草园小学“细化、优化、润化、美化、净化”五化工作法，推进核心价值观培育践行特色做法。推进南京市第二十九中学儒学经典课程基地建设，区委宣传部、区文明办、区教育局联合拍摄《培育和践行社会主义核心价值观校园行“致远篇”——最是习惯能致远》微电影，讲述二十九中致远校区将社会主义核心价值观教育细化为培养“9个好习惯”（走好路、说好话、扫好地、排好队、做好操、做好事、吃好饭、读好书、写好字）的教育活动，启发和引领更多未成年人从日常生活和身边小事做起，培育和践行社会主义核心价值观，成长为祖国未来事业的合格接班人。该微电影被南京文明网和中国文明网刊播。将“八礼四仪”（仪表之礼、餐饮之礼、言谈之礼、待人之礼、行走之礼、观赏之礼、游览之礼、仪式之礼，入学仪式、成长仪式、青春仪式、成人仪式）教育列入《鼓楼区培育和践行社会主义核心价值观行动方案》和《鼓楼区群众性精神文明创建提升行动计划》，将学校开展文明礼仪教育情况作为评价学校工作重要指标，学生文明礼仪日常行为表现情况纳入学生综合素质评价体系，全区各中小学校张贴“八礼四仪”宣传画1300张，运用童谣、校园情景剧等多种方式开展“八礼四仪”教育活动。评选申报第三届南京市“百名美德少年”“十大美德少年标兵”以及南京市百万未成年人“儒雅少年”，13人获南京市“美德少年”称号，吴雨桐、柏隽言获南京市“十大美德少年标兵”称号，区文明办获市百万未成年人“儒雅少年”评选工作十佳组织奖。南京市第二十九中学儒学馆和颐和路社区将军馆被评为市第一批社会主义核心价值观教育实践基地。

（黄晓璐）

【“全国文明单位”授牌】 5月12日，鼓楼区举行南京市第二十九中学（简称二十九中）获“全国文明单位”称号授牌仪式。省委宣传部副部长、省文明办主任杨志纯，市委常委、宣传部部长徐宁，市委宣传部副部长、市文明办主任曹劲松以及区领导杨学鹏、董伟、郭明雁出席，二十九中教职工、学生、家长和共建单位代表近500人参加。仪式上，杨志纯、徐宁分别向二十九中授予“全国文明单位”牌匾和荣誉证书。二十九中学生代表向全区中小学生发出“践行核心价值观，建设文明新南京”倡议。区委书记杨学鹏致辞，与会领导、共建单位代表、教职工和学生代表在“践行核心价值观、建设文明新南京”横幅上签名留念。（张　璐）

【“微心愿”征集】 10月，鼓楼区在全区范围内开展困难好人及困难市民“微心愿”征集活动，活动主题“争当好人、关爱好人”，旨在救助困难市民，把征集活动和社区公益服务有机结合，在社会上掀起“争当好人、关爱好人”热潮，营造见贤思齐、崇善向善氛围。通过线上线下征集等形式，征集到小区环境清洁、灌木修建、组织社区活动购买便携音箱等“微心愿”192条，并将所征集“微心愿”进行分解，组织社区志愿者及驻区单位集中认领，确保每条“微心愿”认领到人、落实到位。至年末，全区投入资金3.44万元保障“微心愿”得以实现。（黄晓璐）

统　战

【概况】 2015年，鼓楼区统筹推进各领域统战工作，提升多党合作事业水平，推进统一战线服务改善民生；加大党外代表人士队伍建设力度，加强党外知识分子工作，营造民族和睦宗教和谐大局；创新非公有制经济领域统战举措，拓展港澳台海外统战工作。区委统战部贯彻《关于开展区政府有关部门与民主党派基层组织、工商联对口联系工作的意见》（鼓委发〔2014〕111号）文件精神，到区司法局、区教育局、区发改局、区卫生局、区统计局、区科技局、区人社局、区投资促进局走访调研，推动对口联系工作制度化、规范化。年内，区委统战部领导专程看望前往中国（江苏）援助塞拉利昂（简称援塞）抗疫医疗队休养基地，看望和慰问援塞民盟成员和入盟积极分子，并听取援塞人员先进事迹汇报。中国人民抗日战争暨世界反法西斯战争胜利70周年纪念日前夕，看望抗战老兵、国民党黄埔同学会会员胡省三。是年，区委统战部获江苏省统一战线工作先进集体称号，成为南京市唯一获此殊荣的区级单位。挹江门街道丁山社区获2015年度全国社区侨务工作示范单位称号。凤凰街道统战委员章蔷丽获江苏省优秀统战干部称号。

【党外人士情况通报会】 1月15日、8月3日，区委统战部分别召开党外人士情况通报会，区委常委、统战部部长丁健生向区各民主党派、工商联负责人和无党派人士代表通报全区2014年度和2015年上半年工作情况以及下半年工作安排，并听取与会党外人士意见和建议。与会人员高度评价和肯定全区各项工作取得的成绩，并提出进一步发挥优势、整合资源、凝聚力量等意见和建议。

【党外知识分子联谊会一届二次理事会】 3月26日，鼓楼区召开党外知识分子联谊会一届二次理事会。会上，会长、南京工业大学副校长邢卫红作工作报告，总结2014年工作，部署2015年工作；副会长、南京顺天实业有限公司董事长毛顺初宣读2015年工作要点；区委常委、统战部部长丁健生应邀到会并讲话。会前，与会人员参观南京十朝历史文化展览馆，了解南京十朝历史、政治、经济、文化、军事、科技和制度建设等。

【《马关条约》签订120周年座谈会】 4月15日，区委统战部召开《马关条约》签订120周年座谈会。会上，南京大学历史学院教授陈仲丹讲解《马关条约》历史背景、内容和影响；市佛教协会副会长、清凉寺住持理海法师，民盟鼓楼一总支主委朱建廉，区归侨侨眷联合会主席姚彤分别作交流发言。区各民主党派基层组织负责人、无党派人士代表，区台联、侨联、工商联、基督教三自爱国会负责人，辖区侨台资企业代表，宗教界人士及区委统战部全体人员40人参加会议。

【中国特色政党制度专题报告会】 4月30日，鼓楼区在宝塔桥街道召开“纪念中共中央‘五一’口号发布67周年”专题报告会，区委常委、统战部部长丁健生作《中国特色政党制度——谨以此纪念中共中央‘五一’口号发布67周年》专题报告。街道全体干部、部分民主党派成员、社区党组织负责人和部分党员代表100多人参加报告会。

【统一战线法律服务团成立】 7月27日，鼓楼区举行统一战线法律服务团成立暨法律顾问签约仪式。服务团由12名民主党派成员、无党派人士等党外律师组成，其中5名律师被聘请为区工商联（总商会）、侨台联、区党外知识分子联谊会、区基督教三自爱国会、区侨联、区台联等11个统战系统部门和单位、团体法律顾问，并签订法律服务合同。区委常委、统战部部长丁健生为服务团授旗，并就相关工作提出要求。

【新媒体从业人员统战工作座谈】 8月28日，区委宣传部、区委统战部召开新媒体从业人员统战工作座谈会。市委统战部知工处处长刘必伟向与会人员传达中央关于做好新媒体从业人员统战工作相关文件精神。区委统战部、区委宣传部分管领导分别介绍全区统战工作基本情况和新媒体工作基本情况及相关政策。亚信科技（南京）有限公司等12家新媒体单位从业人员参加会议，分别介绍各自情况，并就新媒体统战工作提出意见和建议。

【党外人士“十三五”规划纲要征求意见座谈】 10月22日，区委统战部受区委委托，召开党外人士“十三五”规划纲要征求意见座谈会，各民主党派基层组织负责人、工商联、无党派人士代表12人参加。会上，区发改局副局长段艳向与会人员介绍区“十三五”规划纲要内容、框架和编制情况，参会人员围绕鼓楼区经济社会发展大局，结合自身工作实际，分别就教育、民主法制、产业布局、创业环境、民生保障等方面建言献策，提出意见和建议。

【首届党外人士趣味运动会】 10月24日，由区委统战部主办、区体育局承办的鼓楼区首届党外人士趣味运动会在树人中学举行。来自全区各民主党派基层组织和区党外知识分子联谊会11支代表队200余名运动员参加比赛。运动会主题“增强体质、促进交流、凝聚力量”，旨在推动统战系统体育健身活动深入开展，推动党外人士强身健体、增强活力、增进了解。运动会设拾贝、夹球接力、滚雪球接力、赶“猪”跑接力及拔河5个项目。经过角逐，5个项目前三名顺利产生，民盟鼓楼一总支代表队囊括夹球接力、滚雪球接力、赶“猪”跑接力3个项目冠军。

【第三期社会主义学校培训班】 11月11～12日，区委组织部、区委统战部及区委党校联合举办区第三期社会主义学校培训班，区各民主党派基层委员会、总支、支部主委及部分无党派人士代表80余人参加培训。省委统战部副部长马连美讲解中央、省委统战工作会议精神，南京中医药大学心理学院院长李荐中作“管理者个性与事业成败”专题讲座。

【王丕君到区调研】 11月13日，中央统战部信息办、信息中心主任王丕君一行到区，调研统战工作信息化建设及新媒体从业人员统战工作。区委常委、统战部部长丁健生汇报该区相关情况。王丕君肯定区委统战部网站建设及主动探索新媒体从业人员统战工作等，并就进一步做好相关工作提出3点要求。市、区统战部相关负责人陪同调研。 （杨　林）

党　史

【概况】 2015年，鼓楼区继续推进《中共下关区地方史（1979~2013.3）》《中共鼓楼区地方史（1979~2013.3）》编撰工作，制定并落实党史三卷本编撰计划，倒排时序进度，细化工作任务，责任到人，明确目标和质量、进度要求。编辑出版《中共南京市鼓楼区委工作纪事（2014）》，按照即时跟进历史步伐要求，及时记载区委2014年领导全区各级党组织及干部群众开展经济、政治、文化、社会、生态文明建设的执政实践和主要成果，为研究鼓楼区党的历史积累史料。贴近基层、贴近群众开展党史宣教工作，完成《党史知识简明读本》编纂工作，并交付印刷。

【地方党史三卷本编纂】 2015年，区委党史工作办公室（简称区委党史办）继续推进《中共下关区地方史（1979~2013.3）》和《中共鼓楼区地方史（1979~2013.3）》编纂工作。根据上级党史部门指导性意见，进一步修改完善地方党史三卷本写作提纲。把1979~2013年划分为4个历史时段，每个时段为一“编”，将“党的建设”设立独立章节，置于每一“编”最后一个章节，完整叙述原鼓楼区委、原下关区委在各个历史时段加强党的建设方面所采取措施及取得的成就。每一“编”起始都用学习贯彻中共党的代表大会做开篇，用中央决策部署指导地方实践，强化全书历史纵深感。充实完善编纂内容，在修改完善纲目标题基础上，进一步理清改革开放新时期各个时段历史脉络、主题主线，着重反映35年间两区区委创造性贯彻落实党的路线方针政策历程和重大历史资料。年内，2次邀请党史专家、上级党史部门领导到区开办培训，指导编撰工作；4次召开编撰工作推进会，加强撰稿人员之间交流、研讨，及时解决撰稿工作中遇到的困难和问题。至年末，鼓楼卷和下关卷三卷本第一稿撰写任务基本完成，完成部分第一稿初步修改补充工作，三卷本编撰工作进入“初稿”修改阶段。

【《中共南京市鼓楼区委工作纪事（2014）》出版】 12月，由区委党史办编撰的《中共南京市鼓楼区委工作纪事（2014）》出版发行。全书近40万字，收录照片140幅，包括专述、工作纪实、专记、文件选编、统计数据等5个部分，重点记载区委2014年领导全区各级党组织及干部群众开展经济、政治、文化、社会、生态文明建设的执政实践和主要成果。该书由中国文史出版社发行。年初，区委党史办进一步优化区委工作纪事编辑方案和工作流程，精心打磨编撰提纲，明确全书架构和资料征集内容；开展资料征集工作，发动机关有关部门和单位提供相关文字及图片资料；加强编辑工作指导，组织编辑工作人员学习2014年区委区政府重要文件、重要会议精神，梳理全区大事、要事，把握全书重点，不定期召开编辑工作会议，交流编辑经验，及时解决编辑中遇到的困难和问题；明确工作分工及质量要求，组织专人负责工作纪实、专记、工作概况等栏目编辑工作，倒排工作进度。1~7月完成“工作纪实、文件汇编及统计数据”等资料和图片收集工作，完成“工作纪实”初稿编辑工作；8月完成“区委工作概述、专记”等部分稿件撰写，并形成全书初稿；9月送审并对全书反复校核；10月定稿付印。

【党史宣教】 2015年，区委党史办把握新中国成立66周年、中国人民抗日战争胜利70周年契机，开展党史宣传教育工作，有效转化党史征编、研究成果。推进党史成果“六进”（进机关、进校园、进企业、进军营、进社区、进乡村）活动。年内，向区机关部门、街道、社区赠送区委党史办编辑的《中共南京市鼓楼区委工作纪事（2013）》及其他有关党史书籍5000余册，宣传鼓楼区区划调整后经济、政治、文化、社会、生态文明建设主要成果。开展“重访革命遗址，坚定理想信念”系列主题活动，走访调研区域内革命遗址、遗迹，深入挖掘革命遗址及其背后发生的党史事件、党史人物故事；制作PPT课件，走进清江花苑社区、小桃园社区等基层单位，开展革命遗址专题宣讲活动。参与做好党史重大事件、重要人物纪念活动，参加有关理论研讨、征文等，组织专人参加省委党史办组织的纪念瞿秋白英勇就义80周年征文活动，撰写理论文章《从历史必然性和偶然性谈瞿秋白的历史贡献与启示》，获邀参加省委党史办举办的理论研讨会。组织纪念中国人民抗日战争胜利70周年征文，在江苏省作家协会主办刊物《雨花》专刊——《烽火记忆——纪念中国人民抗日战争胜利暨世界反法西斯战争胜利70周年特刊》发表《神头岭伏击战》《抗战二三事》等4篇记录抗战口述历史文章。改版升级“鼓楼党史”网站，利用该网站、微博等宣传载体，适应读者新阅读特点，及时更新《党史工作动态》《鼓楼回眸》《党史采撷》《革命遗址》等栏目内容和“鼓楼党史”微博内容，提高党史宣教实效。配合宁海路街道做好将军馆和海洋馆迁建工作，做好党史资料服务工作。

【党史专职干部学习培训】 2015年，区委党史办选派干部参加上级党史部门举办的专题培训班，拓宽干部视野和思路，提高业务能力和水平。4月，鼓楼卷和下关卷2个编写组抽出4名撰稿人参加由市委党史办举办的南京市改革开放新时期地方党史编撰业务研讨会。会上，区委党史办就三卷本提纲编撰作交流发言，获得与会省、市党史专家好评。6月28日至7月3日，由中央党史研究室举办的全国县级党史负责人培训班在北京开班，全国130多个县（市、区、旗）党史部门负责人参加培训学习，区委党史办作为全市唯一、全省5家区县党史部门之一参加培训，并作为全国9家发言单位之一作大会交流发言。

【《党史知识简明读本》编纂】 2015年，区委党史办组织力量编纂《党史知识简明读本》，方便基层党员群众学习党史知识。确定编纂方案和工作计划，组织专人围绕中国共产党历史主线，收集整理和编纂党走过的道路、经历的复杂斗争、遇到的艰难曲折等党史资料，采用“关键词”形式解读有关内容，系统展现中国共产党团结带领全国各族人民为求得民族独立、人民解放和实现国家富强、人民富裕、中华民族的伟大复兴而不懈奋斗的历史。至年末，近10万字《党史知识简明读本》定稿付印。 （张兴中）

老干部工作

【概况】 2015年，区委老干部局服务管理离退休干部451人。其中，离休干部353人，异地安置离休干部51人；区级四套班子离退休老领导70人，其中正职领导20人。全年举办老干部时事报告会、情况通报会、专题讲座、交流座谈会、外出疗养、参观活动等6场。邀请部分老领导参加区党代会、人代会、政协会等重要会议和重大活动。3月17日和11月12日，邀请市委党校经济教研部主任李桂华作学习党的十八届四中、五中全会精神专题报告，200人次老干部参加学习。3次召开党支部书记、委员座谈会，听取改进老干部服务工作意见和建议。11月3～6日，选派沈珂、周维彬等4名老领导参加第11届退休市管干部培训班。5月19～22日，组织70名老干部赴徐州疗养，参观徐州博物馆、龟山汉墓、狮子山楚王岭、淮海战役纪念馆等名胜景区。重阳节期间组织机关50余名老干部赴江宁一日游。

【老干部“两项待遇”落实】 2015年，鼓楼区注重落实老干部“两项待遇”（政治待遇、生活待遇）。2月5日，召开老干部情况通报会，600名老干部参加，区长曹路宝向老干部通报鼓楼区经济社会发展情况，区委书记杨学鹏代表区四套班子向全区离退休干部致以新春祝福。春节前夕，区委区政府主要领导分别带队上门看望、走访慰问老干部。全年走访慰问老干部107人次，看望生病住院老干部81人次。“12345”热线接待来电、来访老干部40多人次，“12345”工单办理满意度100%。及时将《离退休干部党支部学习参考》发送各单位离退休党支部，为老干部学习提供方便。继续为老干部订阅各类报刊杂志30余种，阅览室配有专人服务。健全完善生活待遇保障机制，保证离退休干部各项补贴落实到位，为13名抗战离休干部提高享受按副省（部）长级标准报销医疗费待遇；为13名离休干部无工作配偶办理参保验证手续，方便老干部配偶正常医疗。4月，在中大医院和南医大二附院，安排一周时间为全区450名离退休干部健康体检。5月12日，举办专场老年保健知识讲座，邀请南京军区总医院营养科主任郑锦锋为老干部讲授《老年人膳食营养》健康知识。完成年度127位老干部特约医疗年审工作。做好全区抗战时期离休干部数据统计工作，为全区63名抗战老干部发放抗战胜利70周年纪念章。8月，在乌龙潭公园举办鼓楼区老干部“庆祝抗战胜利70周年”书画展。重阳节为全区8名过整十岁生日老干部祝寿，并发放慰问金。完成离休干部荣誉证、乘车证补办工作。指导有关部门做好离休干部丧事处理和遗属安抚工作，办理15位去世老领导丧事及善后事宜。在宁海路街道天津新村社区活动中心推动示范性老干部活动室创建试点工作，在原有3个“全省服务老干部示范社区”基础上，再次将天津新村社区打造升级为“全省服务老干部精品社区”。加强与天津新村、线路新村、蓝天园、小桃园、清江花苑等老干部居住相对集中社区对接，及时将老干部基本情况、身体状况、个人爱好以及生活需求等信息与社区沟通，为老干部“四就近”（就近学习、就近活动、就近得到关心照顾、就近发挥作用）创造条件。推进老年大学软硬件设施建设。3月，顺利完成老年大学搬迁至原鼓楼少年宫内办学。

【天津新村社区老干部党建工作】 2015年，宁海路街道天津新村社区成功创建江苏省利用社区资源服务离退休干部精品示范社区。天津新村社区有省级机关离退休厅局级以上干部200多人、处级干部800多人，具有党员干部多、文人学者多、政治素质高、参政议政热情高等特点。近年来，在省市老干部部门支持下，区和街道投入财力、物力、人力，把该社区老干部党建工作作为全区党建工作示范点精心打造，社区党委通过抓老干部党建工作推动社区各项工作全面发展，实现老干部党组织建设、思想政治工作、生活照料、文体活动、发挥作用与社区建设有机结合。该社区注重思想方法更新、活动内容创新、组织形式出新的“三新”老干部党建工作新模式受到省市委老干部局有关领导好评。

【专场国际形势报告会】 6月23日，区委老干部局举办专场国际形势报告会，邀请江苏陆军预备役步兵师原副师长、扬州市政协原常委刘友良为老干部作“南海形势分析”专题报告会。会上，着重阐述南海重大地缘战略价值及其对国家安全与可持续发展重大意义，介绍国家在南海依法享有领土主权、海洋权益及面临挑战；剖析南海维权斗争形势特点和周边国家最新动向，并结合形势和中央精神提出在南海方向有效维护海洋权益对策措施。

【AAAA数字档案室创建】 12月9日，区委老干部局数字档案室接受江苏省AAAA级数字档案室评估考核组综合考评。考评会上，区老干部局党总支书记赵志祥、档案兼职人员吴申权分别汇报创建活动开展情况和创建评分细则。考核组一致认为：区委老干部局创建AAAA级数字档案室达标。12月31日，该档案室被评为江苏省AAAA数字档案室；档案兼职员吴申权被评为江苏省数字档案室建设突出贡献人员。 （唐　宁）

关心下一代工作

【概况】 2015年，鼓楼区关心下一代工作委员会（简称区关工委）制定下发《关于开展2015年度主题教育活动的通知》，以系列活动贯穿全年主题教育。开展“学雷锋、学模范”教育实践活动、“我在阅读中成长”读书实践活动、“缤纷假日”暑期系列活动、“铭记历史、面向未来”纪念抗日战争胜利70周年活动、“赞美祖国母亲”国庆庆祝活动、“做明理守法好少年”法制宣传等6个系列活动，通过寻访抗战老英雄，演讲、电子报制作、军事夏令营等多种形式，让青少年了解历史，受到良好教育。同时创立鼓楼区“立德树人大讲堂”，推出“百场万人报告会”系列活动，开办100场以上主题教育报告会，10多万人次青少年受到教育，形成鼓楼区青少年主题教育新载体、新品牌。是年，建宁小学、凤凰街小学等学校被授予“区青少年科普示范基地”，三汊河河口闸水利博物馆挂牌“鼓楼区青少年科普示范基地”。区关工委被评为2011～2015年度全国关心下一代工作先进集体。

【法治教育】 2015年，鼓楼区以“普法校园行”“做学法守法好少年社区行”2项活动引领青少年法治宣传教育。区关工委先后联合区司法局、教育局共同举办“普法校园行”启动仪式；与区司法局共同举办“做学法守法好少年社区行”启动仪式，聘请“五老”（老干部、老战士、老教师、老专家、老模范）作为学校、社区法治宣传辅导员，并进行法治宣讲。年末，开展鼓楼区“明理守法好少年”评选活动，为全区青少年树立榜样。同时，区政法关工委和12个社区、8所学校结对共建，共同帮扶矫正问题青少年。与青雁工作室等民间非营利公益组织合作，开展青少年维权、心理辅导等工作，扩大青少年法治宣传和维护青少年合法权益覆盖面。

【校外辅导站建设】 2015年，鼓楼区119个社区关工委和驻区学校建立关系，各个学校向社区校外辅导站派出154名在职老师担任专职辅导员。5月，根据实际情况及时调整区校外辅导总站领导班子和工作人员，充实区教育局党群科科长担任总站秘书长，协调解决在职教师在辅导站工作中遇到的困难和问题。至年末，全区13个中心站班子全部调整充实到位并开展工作。各学校把教育骨干、学科带头人、共产党员派到社区校外教育辅导站，担任辅导员，开展适合学生特点的活动，受到社区孩子和家长欢迎。区关工委下发《关于开展“站校企”结合工作的意见》，由街道关工委牵头，定期召开联席会，统一筹划辖区内社区关工委、学校关工委以及民企关工委活动，达到三类基层关工委互通有无、互相促进、优势共享目的。

【电子阅览室建设】 2015年，鼓楼区加强电子阅览室硬件建设，采购配备电脑600余台，全区119个社区都建成青少年电子阅览室，平均每个电子阅览室配备电脑10台以上。年初，成立校外教育辅导站电子阅览室工作领导小组，各街道也成立相应组织，从组织上加强电子阅览室管理使用；制定电子阅览室年度活动计划，把主题教育、法制教育、科技教育、中华优秀传统文化教育内容和社区校外辅导站电子阅览室活动有机结合起来。推广“宝船社区·希望来吧”电子阅览室和西城岚湾电子阅览室经验，引导全区社区电子阅览室创新课程设置和活动内容，吸引更多孩子参与活动。暑假期间，结合纪念中国人民抗日战争暨世界反法西斯战争胜利70周年活动，开展“牢记历史、梦想启航”电子报制作、电子绘画、动画制作等系列活动。该区利用社区青少年电子阅览室，举办“科技梦·我的中国梦”电子报制作比赛；并选送优秀作品参加市关工委电子报制作比赛，获1个一等奖、2个二等奖、2个三等奖。是年，宝塔桥街道象山社区电子阅览室活动方案被市关工委评为一等奖。

【特困青少年群体帮扶】 2015年，鼓楼区开展“温暖冬日”寒假活动，动员社区"五老"和青少年，春节前夕为特困青少年送温暖。4月29日，区关工委与省民盟文化工作委员会在建宁中学举办纪念中国人民抗日战争暨世界反法西斯战争胜利70周年公益赠书活动。"六一"前夕，与驻区单位、企业携手以鼓楼区特殊教育学校残障儿童、"希望来吧"外来务工人员及贫困家庭子女为对象，开展"圆梦关爱"行动，帮助每人完成一个小心愿。9月，新学期开学前为贫困家庭品学兼优孩子发放奖学金11.5万元。

【"立德树人大讲堂"开讲】 3月4日，区关工委、文明办、教育局在南京田家炳高级中学礼堂举办2015年鼓楼区青少年主题教育启动暨"立德树人大讲堂"开讲仪式。省关工委主任曹鸿鸣、市关工委常务副主任胡序建，区委副书记陆敏等省、市、区领导，以及鼓楼区相关部门领导、区属各中小学书记、区讲师团成员、学生代表600余人参加。仪式上，区关工委副主任王红云简要介绍区关工委2015年开展6个系列主题教育活动和"立德树人大讲堂"计划安排；南京田家炳高级中学领导和学生代表发言；曹鸿鸣为鼓楼区"立德树人大讲堂"揭牌，与会领导为13个街道"立德树人大讲堂"授牌。胡序建代表市关工委高度评价鼓楼区青少年主题教育和"立德树人大讲堂"创办工作，并向与会青少年提出：刻苦学习、认真实践、崇德守法3点希望。仪式结束后，区关工委思想道德讲师团老师才春祥为青少年上鼓楼区"立德树人大讲堂"第一课——"用道德和法律支撑起美丽的青春"。至年末，"立德树人大讲堂"开展爱国主义教育、中华优秀传统文化教育、革命传统教育、"八礼四仪"教育、法治教育、科技教育、家庭教育等系列讲座和授课100多次，受众10多万人次。

【"在阅读中成长"读书日专题活动】 4月22日，第20个世界读书日、首个"江苏全民阅读日"前夕，鼓楼区关工委、文明办、教育局、团区委在古平岗小学举办"在阅读中成长"读书日专题活动。市、区关工委领导，区文明办、教育局、团区委领导以及各街道关工委常务副主任、鼓楼区各小学德育副校长和古平岗小学师生共同参加活动。该活动是区关工委年内青少年主题教育6个系列活动之一，旨在激励青少年"多读书、读好书"，在阅读中开拓视野、快乐成长，把自已培养成为社会主义合格建设者和可靠接班人，为践行中国梦而奋斗。活动由1部专题(微电影)、1节课堂、1本校刊、1场演出、1次公益组成，展现鼓楼区青少年在阅读活动中收获和成长。

【三汊河河口闸水利博物馆挂牌区青少年科普示范基地】 6月17日，鼓楼区关工委为三汊河河口闸水利博物馆挂牌"鼓楼区青少年科普示范基地"，区关工委和三汊河河口闸管理处有关领导参加挂牌仪式。挂牌旨在提高青少年水环境保护意识，普及水利知识。仪式上，区关工委向河口闸水利博物馆授牌，三汊河河口闸管理处主任吴威等先后发言。仪式后，与会领导参观河口闸水利博物馆。

【"铭记历史·梦想启航"电子小报比赛】 7月31日，区关工委在芳草园小学举办鼓楼区青少年"铭记历史·梦想启航"电子小报比赛，全区40余名小选手参加比赛。经过一个小时现场制作，小选手交出一幅幅精美作品，由评委老师现场评选，小市街道周徐等3名小选手获得一等奖。电子小报比赛，是区关工委"铭史励志·聚能报国"主题夏令营以及中国人民纪念抗日战争暨世界反法西斯战争胜利70周年系列活动重要组成部分，小朋友通过电子小报制作，了解和铭记中国人民伟大抗日战争历史，增强对抗击日本侵略者的民族英雄爱戴和敬仰之意。

【"弘扬抗战精神　歌颂祖国母亲"青少年主题教育】 9月29日，鼓楼区关工委、文明办、教育局、宁海路街道共同举办"弘扬抗战精神　歌颂祖国母亲"青少年主题教育活动。该活动是区关工委"铭记历史，面向未来"纪念中国人民抗日战争暨世界反法西斯战争胜利70周年活动和"赞美祖国母亲"国庆庆祝活动重要组成部分。活动邀请江苏省军区原政委、老将军彭勃等8名抗日战争和解放战争老英雄、老功臣参加，市、区关工委及区文明办、教育局、宁海路街道领导以及"五老"代表、少先队员代表200余人参加。活动中，少先队员代表向8名抗日战争和解放战争老英雄、老功臣献花，小朋友和"五老"通过演讲和演唱抗日歌曲形式，向与会人员汇报鼓楼区青少年开展"纪念中国人民抗日战争暨世界反法西斯战争胜利70周年"主题教育活动情况和成果。　　(唐　宁)

党　校

【概况】 2015年，鼓楼区委党校围绕区情、经济社会发展形势和培训对象需要设置培训内容，打造基本理论与理想信念、战略思维与能力建设、区情研究与发展、人文修养与道德修炼"四大模块"专题教学基本框架。组织开设"坚定理想信念，为民务实清廉"党性教育现场教学、党员干部以社会组织培养和思想政治工作为题的分班教学、弘扬革命传统和国防教育体验式教学、领导干部应对突发事件的桌面推演案例教学等实践课程。全年组织领导干部井冈山培训班、科长培训班、新进人员培训班等主体培训班19期，政协委员培训班、人大代表培训班、区宗教教职人员法治化建设培训班等非主体班11期，参训4718人次。将颐和路社区将军馆等3个社区展馆打造为党员干部培训现场教学点，创新运用"访谈式教学"等教学方法，逐步形成具有特色的办学模式。年内，区社区治理研究中心、区政协委员培训基地和区人社局专业技术继续教育培训基地在区委党校挂牌启用。立省、市级课题4项，结课题3项，其中1项课题获南京市第四届社科决策咨询优秀成果二等奖、1项课题获市委党校重点课题。创办"社区党课大讲坛""流动党校"，组建"贯彻四个全面，建设幸福鼓楼"宣讲团，深入机关、学校、企业、社区等单位，义务宣讲90余场。至年末，完成信息110篇，其中在市委党校网站发表19篇、省委党校网站1篇。公开发表文章1篇，撰写的《努力建设城区精品党校》发表在《江苏党校报》。是年，区委党校取得全市党校系统系列活动团队二等奖，演讲、授课比赛第三名，成为全市主城区党校唯一获此殊荣学校。

【干部教育培训】 2015年，区委党校首次尝试在区新进人员培训班开展"访谈式"教学，邀请访谈嘉宾进行"国防建设与爱国主义"访谈式教学，教员、嘉宾、学员三方互动，增加教学针对性和实效性；创新"走出去"教学新模式，通过派人打前站、交流沟通、课后组织学员向区领导汇报交流等途径，提高教学效果；加强现场教学基地建设，利用区位优势，调研筛选具有鼓楼特色的教学基地，在原有教学基地基础上，谋划申报渡江胜利纪念馆挂牌为市委党校现场教学基地。全年开办各类干部培训班30期，培训4718人次。

【党课宣讲】 2015年，区委党校抽调骨干教师组建"贯彻四个全面，建设幸福鼓楼"宣讲团，围绕十八届四中、五中全会精神，党建工作、一带一路、法律问题、国际形势、反腐倡廉、社会主义核心价值观等课题，通过专题讲座、辅导、座谈会等形式深入街道社区、驻区单位、机关部门开展理论宣讲。同时利用师资力量与省红十字会、区政协及有关部门开办"大讲堂"，宣讲文化、道德、卫生建设等方面知识。全年宣讲90余场，受众4000余人次。

【科研资政】 2015年，区委党校承担市委党校系统"发挥中心城区优势大力发展现代服务业——关于鼓楼区发展现代服务业的思考""充分发挥新媒体在社区治理中的作用"2项调研课题，其中"发挥城区优势 大力发展现代服务业——关于鼓楼区发展现代服务业的思考"获市委党校重点课题。完成"鼓楼区民国建筑群及历史文化街区的发展战略思考及建议""政府购买公共服务背景下社会组织协同社会治理法治化问题研究——以南京市鼓楼区为例"2项调研课题。公开发表文章1篇，内刊发表文章2篇，出版3期《科社参考》学术杂志。立2015～2016年度省、市党校调研课题4项，调研课题结项和立项数在全市区县党校中名列前茅。

【"区政协委员培训基地"揭牌】 4月13日，鼓楼区"区政协委员教育培训基地"在区委党校挂牌成立，区政协主席王隆京为培训基地揭牌。揭牌仪式后，区政协委员履职培训班开班。培训以学习贯彻中共中央总书记习近平在纪念人民政协成立65周年大会上重要讲话精神和中共十八届四中全会精神为主题，邀请全国政协委员、南京大学政府管理学院院长张凤阳就"新时期协商民主建设"进行授课，省委党校法政教研室主任布成良就"我国依法治国方略"进行全面解析。

【精品课建设】 10月22～26日，区委党校举办首届精品课比赛，全校6名中青年教师比赛，邀请8名教师为评委，制定1套考评标准，设立3个等次，打磨出系列优质课程，最终评出一等奖1名、二等奖2名、三等奖3名。持续开展征集精品课教案、评选科研能手、展示咨政成果、修订完善《精品课评选实施办法》等活动。

【"鼓楼区社区治理研究中心"成立】 11月11日，区委党校成立"鼓楼区委党校科研咨政工作暨鼓楼区社区治理(区情研究)中心"。区委副书记、区委党校校长陆敏和市委党校副校长刘喜发为"鼓楼区社区治理(区情研究)中心"揭牌。该中心是区委党校科研咨政重点研究基地，依托省、市委党校以及区其他高校和研究机构智力资源，围绕区委区政府重大决策部署和经济社会发展态势，开展社会治理专题研究，及时分析研判社情民意，为区委区政府科学决策、促进社会管理提供信息服务和智力支持。同时，中心作为专业化智库，旨在加强与省市委党校、区民政部门、街道和社区联系，与社区治理工作紧密结合。 (邹 婷)

机构编制

【概况】 2015年，鼓楼区拟定《关于〈南京市鼓楼区人民政府职能转变和机构改革方案〉的请示》(简称《方案》)，经区委常委会研究后报市委审批，并于12月31日获批准。《方案》围绕行政审批、政府机构和事业单位分类改革，公布全区行政权力事项2459项，分类149家事业单位。年内，全区161家事业单位法人年检制度改为年度报告公开制度，并完成新证换发，同时办理事业单位变更登记工作。协同区发改局、政务办、法制办等部门，做好行政审批服务流程优化、省市权力下放承接、政务服务中心"三集中三到位"〔即：将分散在部门的行政审批、公共服务事项向一个处(科、室)集中，审批服务处(科、室)向政务服务中心集中,审批事项向电子政务平台集中;审批事项进驻中心落实到位,审批窗口授权到位,电子监察到位。〕建设等工作,推动并联审批、多评合一、多图联审、联合踏勘、多规合一等实施办法的制定和完善,建立清单动态调整机制和事中事后监管体制。

【区行政审批制度改革工作通过省市督查】 2015年,鼓楼区行政审批制度改革工作先后通过市、省督查。9月10日,区督查行政审批制度改革工作接受市深化行政审批制度改革督查组督查,副区长周文中及区相关部门负责人参加督查会议。督查组听取区深化行政审批制度改革情况汇报,重点了解落实并联审批、简化投资建设项目流程、提升行政审批效能等方面工作情况;查阅区出台的相关文件资料,并实地查看区政务大厅及网上办事大厅“线上线下”建设情况;随机抽取行政审批事项进行审查和行政相对人进行回访。督察组肯定该区深化行政审批制度改革做法和成绩,并希望整改和完善督查中发现的问题。10月16日,区行政审批制度改革工作接受省深化行政审批制度改革督察一组专项督查,区领导杨学鹏、吴勇强、周文中及区各有关部门负责人参加。督察组督察区政务服务中心企业服务大厅,听取区政务服务中心“三集中三到位”建设情况和马上就办清单、限时办结清单具体内容介绍,了解政务服务中心区域划分、入驻部门、办事流程、项目入驻、设备运行等情况,肯定区深化行政审批制度改革,尤其是政务服务中心建设工作。

【行政权力清单梳理】 2015年,区委机构编制委员会办公室(简称区编办)梳理和审核全区行政处罚、行政强制、行政征收、行政给付、行政奖励、行政确认、行政裁决、行政征用、其他行政权力等十类行政权力事项,梳理市级权力清单中属地行使权力事项,印发《区政府关于公布鼓楼区行政权力事项清单及做好相关工作的通知》,公布区行政权力事项2459项。审核中,区编办按照省、市规范格式,审核全区各部门报送的行政权力清单目录和行政权力清理意见,将审核意见制作规范模板形成书面审核意见,反馈各部门确认,确保审核工作不漏项、不留死角,全面摸清底数。同时,做到权力内容、行使层级、行使状态三明确,确保权力名称、权力来源、权力依据、区级权限、常用和非常用权力清晰明确;与法律法规、市行政权力清单、其他主城区行政权力事项,省市取消、下放的行政权力事项及《行政权力事项清单编制规范》进行比对,确保清单规范标准、全面准确;完善沟通协调机制,与区各相关部门、区法制办、市审改办三方联动;对于出现矛盾和难以把握问题,及时向上级部门沟通请示,确保全区行政权力清单审核工作科学、规范。

【医疗制度改革配套科室编制】 2015年,鼓楼区开展医患纠纷调解体制机制改革,单独设立区司法局人民调解指导科,挂“医患纠纷人民调解指导科”牌子,成立鼓楼区医患纠纷矛盾调处服务中心,为全额拨款事业单位,负责为辖区医患纠纷矛盾调处提供服务保障。整合原区质监局所属区质量技术监督稽查大队和原区食药监局所属区食品药品安全监督所,组建区市场监管综合行政执法大队。年内,省编办主任俞军3次率队赴鼓楼区,指导协调医患纠纷调解体制机制创新试点工作。

【3家园区机构设置完善】 2015年,区编办根据省编办《关于南京市部分省级园区管理机构规格的批复》(苏编办复〔2015〕216号)和市编办《关于部分省级园区机构编制管理事项的通知》(宁编办字〔2015〕182号),将南京市鼓楼紫金科技创业特别社区管理委员会(党工委)更名为南京鼓楼国家大学科技园管理委员会(党工委);明确南京鼓楼国家大学科技园管理委员会(党工委)、南京市下关滨江商务区管理委员会(党工委)机构规格为市副局级,内设机构为正处级。

【事业单位分类改革】 2015年,鼓楼区开展教育、卫生等重点领域事业单位情况调研,全面掌握全区事业单位机构编制、职能范围、经费形式和运行状态。印发《鼓楼区关于分类推进事业单位改革的实施意见》(鼓委发〔2015〕168号),明确分类改革主要目标、主要任务、责任部门和完成时限。按照事业单位分类标准,结合事业单位所承担职能及未来职能发展定位等因素,通过综合分析、研究讨论,进行全区事业单位分类。下发《关于做好事业单位分类工作的通知》,要求各主管部门根据改革要求,结合下属事业单位实际情况,提出分类方案,确保分类准确、科学。完成149家事业单位分类,暂缓分类12家。

【事业单位登记管理】 2015年,鼓楼区事业单位主动接受社会公众监督,在2014年试点年度报告公开基础上,全区161家事业单位法人年检制度改为年度报告公开制度并全部换发新证。同时,督促事业单位按照登记管理条例规定办理变更登记21项,完成注销登记3家,设立登记3家。

【中文域名注册管理】 2015年,鼓楼区把中文域名注册和网站挂标工作纳入全年重点,明确分管领导和责任人,落实工作经费。以机构设立文件、法人证书和组织机构代码为标准,审核部门上报的域名注册和网站挂标信息。全区注册中文域名机构205个,注册率94%。完成网站挂标单位172家,挂标率78%(因涉密、调整、待撤销及网站建设等原因没有开展注册和挂标工作单位除外)。

【省医患纠纷人民调解工作座谈会在区召开】 11月11日,省医患纠纷人民调解工作座谈会在区召开。会议由省编办牵头,省卫计委、省司法厅、省编办,市卫计委、市司法厅、市编办相关人员,部分省属公立医院分管领导等30余人参加。会上,鼓楼区副区长张凯介绍该区医患纠纷人民调解工作开展情况和创新举措。各公立医院代表就履行医疗纠纷矛盾调处服务中心职能、发挥其化解医患纠纷作用提出意见和建议,指出宣传力度不够、群众认可度不高、医保对接机制不够完善等亟待解决的问题。会议形成:要立足于最大程度减轻医患双方后顾之忧,从机构、编制、人员及经费上给予全面保障,不断提升调处工作能力,形成一体化、综合性一条龙服务模式。同时,科学界定履行好医调委职责任务,将医患纠纷矛盾转移到医院外进行化解;要形成联动机制,司法、卫生、机构编制、公安等职责部门紧密联系、通力协作、研究对策、探索路子,共同推进医患纠纷人民调解工作的共识。

(蔡　晶)

社建工委

【概况】 2015年,鼓楼区委社会建设工作委员会(简称区委社建工委)牵头制定"2015年幸福都市考核评价指标体系分解表"(鼓委办发〔2015〕18号)、《鼓楼区2015年社会建设工作目标》《鼓楼区深化街道和社区体制改革实施方案》《鼓楼区网格化社会管理服务实施办法》等一系列文件。结合全市"民生幸福宣传月"活动,运用鼓楼门户网、市委社会建设网站、鼓楼微讯、社建工委官方微博、科协电子屏、社区宣传栏等载体,加强社会建设工作思路、举措、成效和先进典型宣传,发动社会各界人士、人民群众参与幸福鼓楼建设,增强群众认同感和幸福感。在区、街、社区三级层面,以圆桌会形式,针对社会建设中薄弱环节和突出问题,征求幸福鼓楼建设观察员意见和建议,问政问需问计于民,把党的群众路线落到实处。全年召开区级层面"幸福鼓楼圆桌会"2场,发动街道和社区召开圆桌会议200余场;向市区网站、刊物报送信息850余条,发布微博320余条;在有关刊物上宣传鼓楼社建工作,其中《金陵瞭望》1篇、《南京日报》2篇、《扬子晚报》1篇;编发《争创首善之区、建设幸福鼓楼》宣传册2万册。年内,鼓楼区获全市幸福都市建设群众满意度测评83.64分,完成年初既定目标。

【幸福都市考核评价指标体系分解落实】 2015年,区委社建工委依据"2015年幸福都市考核评价指标体系分解表",明确工作目标和责任单位。梳理汇总《幸福都市指标体系(客观指标)》完成情况和工作措施,撰写鼓楼区2014年度幸福都市指标体系测评情况分析报告。对照指标体系,把握序时进度,督查指导和监测分析指标完成情况,组织召开幸福都市指标体系建设推进会。制定《鼓楼区提升市民幸福感满意度系列宣传工作方案》,召开专题部署会,针对群众满意度指标测评内容,向相关部门搜集工作资料编印宣传册,并在有关媒体上开展宣传。年末,全市幸福都市建设群众满意度测评,鼓楼区得分83.64分,完成不低于75分的目标。

【《鼓楼区2015年社会建设工作目标》出台】 2015年,区委区政府制发《鼓楼区2015年社会建设工作目标》(简称《目标》)。该《目标》重点保障和改善民生,路径为创新社会治理;宗旨是加强基层基础建设,推进社会体制改革,构建法治社会,更好地统筹社会力量、平衡社会利益、调节社会关系、规范社会行为,推动社会建设工作迈上新台阶。《目标》具体包括增加居民收入、发展社会事业、实施惠民工程、创新社会体制、建设法治社会五大方面50项指标。至年末,全区社会建设工作目标完成。

【街道社区体制改革方案出台】 2015年,鼓楼区制发《鼓楼区深化街道和社区体制改革实施方案》(简称《方案》),该《方案》包括街道和社区体制改革四大类20项重点任务。年内,区委社建工委牵头组织召开《方案》讲解说明会、专题推进会4场,定期统计汇总各有关部门、街道推进改革情况,分别向市委社建工委和区改革办报送,全年报送14篇。至年末,《方案》规定的各项改革任务按时序进度推进,其中转变街道职能、明确社区工作职责、探索社区公共服务站工作事项外包、加强社工队伍管理、加大社区经费投入、减轻社区负担等18项任务提前完成。

【网格化社会管理服务】 2015年,区委社建工委制定出台《鼓楼区网格化社会管理服务实施办法》(简称《办法》)。该《办法》将全区划分成13个一级网格(街道)、119个二级网格(社区)、964个三级网格(小区、片区),汇总街道网格化管理服务责任分工表、管理分布图和社区网格化管理服务责任分工表、管理责任区图。区委社建工委联合区城管局到各街道调研指导,组织街道分管领导到栖霞区、玄武区学习考察,就运用信息化手段推进网格化管理服务起草调研报告。

【社会建设创新项目评选】 2015年,区委社建工委组织申报南京市第四届

"社会建设创新项目",鼓楼区养老服务组织党建联盟、实施社会治理体制综合改革2个项目分获一等奖和三等奖。组织开展2015年社会建设创新成果评审,经单位申报、全区初选、专家评审等程序,并报区社会建设工作领导小组研究,评选出"鼓楼好人节"等40个创新成果。编印《鼓楼区社会建设创新案例选编》。组织各街道赴雨花台区参观考察社会组织发展情况,学习借鉴先进经验和成功做法,进一步开阔眼界,拓宽工作思路。

【"微幸福"工程】 2015年,全区落实《鼓楼区"微幸福工程"实施方案》,召集街道分管领导开会布置,并督促相关部门推进实施。至年末,全区13个街道、119个社区通过区财政下拨、机关部门和驻区单位支持,投入资金2400余万元,实施东宝花园小广场路面下沉维修、宝地园小区内绿化补种、百花小区楼道灯安装、白云亭小区监控安装等2500余个项目,涉及道路整治、小区绿化、楼道亮化、设施改造等方面。

【幸福鼓楼圆桌会】 2015年,区委社建工委联合区卫生、区食品药品监督管理等部门先后召开2场区级层面"幸福鼓楼圆桌会"。4月24日,联合区卫生局,围绕"提高居民到社区卫生服务中心就诊率"主题,在下关大厦组织召开年内全区首场"幸福鼓楼圆桌会"。10月19日,联合区食品药品监督管理局,围绕"加强食品安全监管,让居民吃得健康、吃得放心"主题,在下关大厦组织召开全区第二场"幸福鼓楼圆桌会"。2场会议有50多人参加。会上,幸福鼓楼建设观察员提出提高社区卫生服务水平、加强食品安全监管等意见建议20多条。至年末,全区街道和社区召开圆桌会议200余场,近4000多人参与。

(刘传递)

机关工委

【概况】 2015年,鼓楼区委区级机关工作委员会(简称区级机关工委)深入推进"先锋工程""满意工程""活力工程"建设,提高机关党建科学化水平。全年机构改革调整撤销机关党支部2个、机关党委1个,新选举成立机关党委1个。区级机关部门有基层党组织57个,有党委3个、党总支11个、党支部111个(直属党支部43个、二级党支部68个)。与57位兼任机关党组织书记部门"一把手"签订《2015年度鼓楼区区级机关党建工作目标责任书》,明确从严推进反腐倡廉目标任务;与15位不设党(工)委、不兼任机关党组织书记的部门"一把手"签订《党风廉政建设责任承诺书》。机关党组织书记全年上党课86次,集中专题研讨228次,梳理"不严不实"问题1100多条,并逐一列出清单落实整改。"七一"表彰优秀党员100名、优秀党务工作者10名、先进基层党组织10个、结对共建先进党组织10个。推进党建创新,机关工委申报的"奉献社区,服务群众——区级机关建立在职党员进社区志愿服务长效机制的实践"获区委组织部2015年度党建创优创先项目一等奖。整合"四解四促"(了解社情民意、破解发展难题、化解社会矛盾、力解机制束缚,促进干群关系融洽、促进基层发展稳定、促进机关作风转变、促进机关执行力提升)、"党组织结对共建""牵手行动"等载体资源,全面推行机关联系基层、干部联系群众"双联系"制度,形成分层次、多渠道、全方位联系和服务群众体系,建立各类联系点5021个,走访群众3.4万人次,跟踪督办重点办实事项目103件,解决问题7435个,帮扶困难家庭1876户,投入资金3762.56万元,完成基层调研文章289篇。各机关党组织班子成员,分别带领有关科室人员到结对共建社区走访慰问,全年慰问特困家庭456户,慰问资金22.8万元;工委集中慰问机关患大病干部职工党员84人次,慰问资金6.43万元;机关工会走访慰问在职机关干部生病住院及特殊情况,慰问金额15万元。开展"适应新常态,迈上新台阶,建设新鼓楼"系列文化活动,组织趣味运动会以及羽毛球、游泳、篮球等各类传统项目竞技比赛;筹划并会同区文联举办晚间机关书法班、摄影班;筹划并会同团区委开展"喜气洋洋闹元宵""幕府登山寻宝户外赛";筹划并会同区妇联、旅游、体育等部门开展"巾帼风采耀滨江"机关女干部滨江健步走等活动。

是年,"'微幸福工程'解决'小问题'汇就'大幸福'"获全市建设服务型机关党组织典型案例一等奖。鼓楼机关建设微博在全区政务微博中位列前十,被转发数位列前三,活跃度排名前四。区级机关工委连续两年被省级机关工委表彰为党建信息工作先进单位,连续三年在市级机关建设网站11个区名列第一,被市级机关工委评为全市机关党建信息工作先进单位。

【机关党员干部冬训】 1月17日,鼓楼区分别在鼓楼大厦、下关大厦组织党员干部集中观看专题记录片《作风建设永远在路上》,区级机关党员干部1000余人参加年度首场冬训报告会。2月11日,在下关大厦4楼报告厅举办第二场区级机关党员干部冬训报告会,邀请南京大学政府管理学院行政管理系副主任、法学博士、江苏省机构编制研究会副秘书长李永刚作"树立法治思维,坚持依法行政"讲座,分析十八届四中全会背景,翔实阐述依法治国具体要求,指导机关干部全面完整理解十八届四中全会精神。全区300余名机关党员干部聆听讲座。

【机关党的工作会议】 3月27日,全区机关党的工作会议在下关大厦召开。区机关各部门(单位)机关党委、总支书记和组织委员,直属党支部书记,区级机关工委委员,各街道工委分管党群副书记以及区级机关工委全体干部参加。会议深入学习贯彻中央及省、市、区委关于加强机关党建工作新要求、新部署,总结2014年机关党的工作,部署2015年任务,表彰区级机关党建信息工作先进单位,通报机关党组织开展“公开党课”情况;区委社建工委、区物价局、江东街道长阳花园社区等单位作交流发言。区委副书记陆敏到会并提出要求。

【践行社会主义核心价值观讲座】 4月2日,鼓楼区区级机关践行社会主义核心价值观讲座举办。讲座邀请省委党校哲学教研部主任、民族宗教研究所副所长、硕士研究生导师章凝作《弘扬传统文化 践行社会主义核心价值观》专题辅导报告。报告围绕为什么提出社会主义核心价值观、传统文化与社会主义核心价值观的关系、立足传统文化弘扬社会主义核心价值观3个方面讲述。区级机关党员干部400余人参加报告会。

【机关党建协作组活动】 4月29日,区级机关党建协作组第四组(经济组)邀请南京市预防职务犯罪宣传团到区作廉政宣讲。区级机关党建协作组第四组成员单位区发改局、投促局、财政局、统计局、审计局、科协、地税局、文创办代表,以及区科技局全体人员参加宣讲会。宣讲会分勤政廉政篇、典型案例篇、犯罪忏悔篇和诫勉劝廉篇4个篇章。宣讲团4位成员结合科技工作内容和职能定位,引经据典,剖析科技系统职务犯罪特点和原因,警示到会人员预防职务犯罪。

5月15日,区机关党建协作组第三组(政法组)开展党建活动,组织党务干部、部分党员赴六合参观竹镇抗日民主政府旧址、李元龙纪念林,开展“争做李元龙式的好党员”主题教育活动。区司法局全体党员,区委政法委、区法院、检察院、信访局等机关党建协作组第三组成员单位党务干部和部分党员参加活动。

5月29日,区级机关第一党建协作组举办协作组党性教育活动。区委办、纪委、组织部、宣传部、党史办公室、老干部局、党校,区总工会、团区委、妇联、地方志办公室等第一协作组成员单位党组织党员代表和区委统战部及区级机关工委党支部全体党员参观南京博物馆“跨越海洋——中国‘海上丝绸之路’九城市文化遗产精品联展”和南京民间抗日战争博物馆。

【聘请作风观察员236名】 5月,区作风办在全区13个街道118个社区聘请236名社区群众作为作风观察员,平均每个社区聘请2名,加上20名作风监督员,全区监督员、观察员队伍256人,均为机关作风建设群众评议活动评议人,负责全区81个机关部门、街道作风建设情况打分。监督形式分集中监督、对口监督、个别监督、网络监督、参加评议5种。监督员、观察员组织开展常态化作风监督活动,对全区机关政务公开、行政审批、投诉办理、舆情处置等情况实施监督,并严肃查处违反工作纪律人员。至年末,开展作风监督活动4次。

【“向群众汇报”活动】 5月28日、6月2日、6月4日、6月9日、6月16日,区级机关工委(区作风办)相继在社区举办5场“向群众汇报”活动。南京市市级机关工委作风办主要负责人、市作风建设第二监督工作组组长,区纪委、区级机关工委领导,以及机关各部门、各街道分管领导参加活动。区委老干部局、区城管局、红十字会、环保局、征收办、住建局、国资办、市场监管局、湖南路管委会、人社局、国税局、地税局、教育局、民政局、计生局、旅游局、下关滨江商务区管委会、中央门商贸区管委会社建委等19家区机关部门向作风监督员、观察员、社区群众汇报部门基本职能、近期作风建设成绩、加强作风建设具体措施以及为民办实事等工作。

【机关纪检干部警示教育】 6月,区级机关工委、区纪委、司法局联合组织57个机关基层党组织纪检委员赴南京浦口监狱、“清风林”廉政文化教育基地、王荷波纪念馆开展警示教育活动。在浦口监狱,召开警示教育现场会,2名职务犯罪人员现身说法后,区级机关工委负责人现场点评,并就“纪检委员如何履职”提出要求。

【纪念建党94周年表彰暨“三严三实”主题演讲会】 7月1日,鼓楼区纪念建党94周年表彰暨“三严三实”主题演讲会在下关大厦召开。区级机关工委委员、受表彰先进基层党组织、结对共建先进党组织、优秀党务工作者、优秀共产党员、机关各党组织书记、党员干部代表近400人参加。区人大常委会主任王根宝、区政协主席王隆京、区委副书记陆敏等区领导出席。会上,区级机关工委作“为党旗增辉,让人民满意”、区市场监督管理局机关党委作“服务窗口写忠诚”、区检察院机关党委作“传递检察好声音,发挥法治正能量”、区物价局党支部作“做好平凡事 温暖百姓心”、区人社局机关党总支作“人社局,你的名字叫集体”、区纪委监察局机关党总支作“践行‘三严三实’,做无愧党和人民的纪检人”主题演讲。会议表彰100名优秀党员、10名优秀党务工作者、10个先进基层党组织、10个结对共建先进党组织。区领导为先进基层党组织、结对共建先进党组织、优秀党务工作者、优秀共产党员代表颁奖。

【第三届区级机关羽毛球、游泳、篮球比赛】 (分别参见第215、216页,“公共服务”类目3个同名条目)

【"爱心送岗、就业帮扶"专场招聘会】 10月30日，区级机关工委牵头，联合区委组织部、区人社局在区人力资源服务中心举办"爱心送岗　就业帮扶"专场招聘会。该活动面向社区居民，旨在帮助所服务辖区内"零就业"家庭、低保边缘户等就业特别困难群体，是鼓楼区机关在职党员到社区报到"奉献社区、服务群众"一项服务举措。南京金川科技园有限公司、南京市金盾押运护卫中心、南京第二道路排水工程有限责任公司、南京畅融网络科技有限公司、江苏顺丰速运有限公司等40家单位参加招聘会，提供押运员、驾驶员、电工、销售、监控、会计、客服文员、保安、保洁等1200个岗位，737名求职人员进场求职，达成意向40人。

【作风建设综合评议】 2015年年末，鼓楼区组织开展机关作风建设综合评议活动，全区67个机关部门（单位）及13个街道列入被评议范围，向2个类别8个层面评议人发放评议表4543份，回收4517份，回收率99.4%。通过调整评议分组，实施社区群众、企业评议人对所属街道"一对一"评价，引入街道政务服务窗口服务对象满意度指标等举措，细化评议方案。评议结果，群众对全区作风建设总体评价满意率87.29%，比2014年提升0.25个百分点；基本满意率12.54%；有2名评议人评价为"不满意"。评议人对80个被评议单位平均满意率79.67%，较2014年提升1.27个百分点，其中满意率最高87.92%、最低66.47%，44个机关部门及13个街道满意率均有不同程度提升。评议活动收到总体评价意见和对41个部门（单位）具体评议意见425条，其中表扬意见282条、建议意见93条、批评意见50条。从评议满意度看，社会评议人中，社区群众满意度92.92%（最高）、企业管理人员85.94%、专业技术人员88.54%，党代表、人大代表、政协委员和作风建设监督员81.16%；机关评议人中，驻区党政军机关（单位）代表100%（最高），机关、街道工作人员84.41%，区管领导干部85.79%、区级领导干部84.62%。依据综合得分排序，区计生局、国税局、地税局、民政局、商务局、人社局、团区委、检察院、法制办、妇联、法院、财政局，区委组织部、区委统战部、区委政法委、区委党校，宁海路街道、湖南路街道、挹江门街道、阅江楼街道等20家单位被评为"机关作风建设先进单位"。

（李富慧）

南京市鼓楼区人民代表大会

【概况】 2015年，鼓楼区人民代表大会及其常务委员会（简称区人大常委会）全年召开常委会会议9次、主任会议13次，听取和审议"一府两院"专项工作报告27项。开展《中华人民共和国老年人权益保障法》实施情况监督和执法检查，听取区政府4个部门主要负责人履职情况报告并进行评议；开展执法检查和视察调研13次，作出决议、决定7项，发出审议意见书11份；备案审查规范性文件3件，制定完善5项常委会工作制度；办结议案2件、建议158件，建议办结率、回复率100%；任免国家工作人员50人次（其中任命22名，免职28名）、人民陪审员102人次（其中任命100名，免职2名）。是年，区人大常委会被省人大常委会研究室评为《人民与权力》杂志通讯联络先进集体，区人大机关档案室被省档案局评为江苏省AAAA级数字档案室，被市人大常委会办公厅评为全市人大新闻宣传工作先进单位三等奖。

【区第一届人民代表大会第三次会议】 1月7～10日，鼓楼区第一届人民代表大会第三次会议召开。区第一届人民代表大会代表441名，出席区一届人大三次会议代表实有434名。大会听取和审查《鼓楼区人民政府工作报告》；审查和批准《鼓楼区2014年国民经济和社会发展计划执行情况与2015年国民经济和社会发展计划草案的报告》，批准《鼓楼区2015年国民经济和社会发展计划》；审查和批准《鼓楼区2014年预算执行情况和2015年预算草案的报告》，批准《鼓楼区2015年本级预算》；审议和确定鼓楼区2015年为民办实事重点项目；听取和审查《鼓楼区人民代表大会常务委员会工作报告》；听取和审查《鼓楼区人民法院工作报告》；听取和审查《鼓楼区人民检察院工作报告》。会议表决通过各项工作报告决议，通过关于2015年为民办实事重点项目决议。

【区第一届人大常委会会议】 2015年，鼓楼区召开第一届人大常委会会议9次（第十五至第二十三次），先后听取和审议《关于鼓楼区2014年国民经济和社会发展计划及预算执行情况与2015年国民经济和社会发展计划草案及预算草案分组审议意见的报告》《鼓楼区人大常委会2015年度主要议题和工作安排》《鼓楼区人大常委会关于开展"为人民监督，热情促效能"代表履职主题实践活动的决定》等报告和议题。

第十五次会议于1月8日举行。会议听取区政府《关于鼓楼区2014年国民经济和社会发展计划及预算执行情况与2015年国民经济和社会发展计划草案及预算草案分组审议意见的报告》。审议通过《关于南京市鼓楼区2014年国民经济和社会发展计划执行情况与2015年国民经济和社会发展计划草案的审查结果报告》《关于南京市鼓楼区2014年预算执行情况和2015年预算草案的审查结果报告》，同意将相关审查结果报告向区一届人大三次会议第二次主席团会议提出。

第十六次会议于2月28日举行。

会议审议通过《鼓楼区人大常委会2015年度主要议题和工作安排》《鼓楼区人大常委会关于开展“为人民监督，热情促效能”代表履职主题实践活动的决定》；审议通过《关于区一届人大三次会议〈加快突破鼓楼区老旧小区管理困境〉的代表议案处理意见的报告》《关于区一届人大三次会议〈抓住机遇，加快鼓楼区体育产业发展〉的代表议案处理意见的报告》，决定将上述2件议案交区政府办理。会议决定免去郑玲玲南京市鼓楼区人民政府副区长职务，并讨论决定其他人事任免事项。

第十七次会议于4月30日举行。会议听取和审议区法院《关于完善人民陪审员制度，保障公民参与司法工作情况的报告》，听取和审议区政府《关于市场监管体制改革工作情况的报告》《关于宗教事务管理工作情况的报告》《关于对〈鼓楼区2015年国民经济和社会发展计划〉中危旧房改造项目进行细化和明确的调整方案的报告》。会议决定批准《鼓楼区2015年国民经济和社会发展计划》中危旧房改造项目细化和明确调整方案。审议通过《南京市鼓楼区人民代表大会常务委员会讨论和决定重大事项的规定（修订）》《关于区政府工作部门主要负责人和区法院副院长、区检察院副检察长向区人大常委会报告履职情况的实施办法》《南京市鼓楼区人民代表大会常务委员会审议意见书督办办法》《南京市鼓楼区人民代表大会常务委员会专题询问暂行办法》4项工作制度。会议补选裴宏志、冯先宏为出席南京市第十五届人民代表大会代表。会议讨论决定有关人事任免事项。

第十八次会议于6月29日举行。会议听取和审议区政府《关于市容卫生长效管理工作情况的报告》《关于学前教育情况的报告》。审议通过《南京市鼓楼区人民代表大会常务委员会预算审查监督办法》。听取部分市人大鼓楼组代表履职情况报告，民主测评12名市代表履职情况。听取和审议区人民政府城市管理局、商务局、文化局、民族宗教事务局4个工作部门主要负责人履职情况报告，并开展测评。

第十九次会议于8月13日举行。会议听取和审议区检察院《关于报请许可对南京市鼓楼区人大代表袁亚康采取强制措施的报告》，表决通过区人大常委会主任会议《关于许可对袁亚康采取法定的限制人身自由的强制措施的决定（草案）》。

第二十次会议于8月26日举行。会议听取和讨论区政府《关于2015年上半年工作情况和下半年工作安排的报告》，讨论区法院《关于上半年工作情况的报告》、区检察院《关于上半年工作情况的报告》。听取和审议区政府《关于鼓楼区2015年国民经济和社会发展计划上半年执行情况的报告》《关于鼓楼区2015年预算上半年执行情况的报告》《关于鼓楼区2014年预算执行和其他财政收支情况的审计工作报告》。听取区政府《关于鼓楼区2014年区本级财政决算草案的报告》，审查《鼓楼区2014年本级财政决算草案》和《关于鼓楼区2014年区本级财政决算草案的报告》，决定批准《鼓楼区2014年本级财政决算》。会议讨论决定有关人事任免事项。

第二十一次会议于10月28日举行。会议听取和审议区人大常委会执法检查组《关于检查〈中华人民共和国老年人权益保障法〉实施情况的报告》。听取区政府《关于〈中华人民共和国食品安全法〉执法检查报告审议意见办理落实情况的汇报》，并测评办理落实情况满意度。听取和审议区政府《关于鼓楼区2015年经济和社会发展计划及为民办实事重点项目调整方案（草案）的报告》，决定批准《鼓楼区2015年经济和社会发展计划及为民办实事重点项目调整方案》。听取和审议区政府《关于鼓楼区2015年预算调整方案（草案）的报告》，决定批准《鼓楼区2015年预算调整方案》。听取和审议区政府《关于“加快突破鼓楼区老旧小区管理困境的议案”办理情况的报告》《关于“抓住机遇，加快鼓楼区体育产业发展议案”办理情况的报告》《鼓楼区2015年代表建议办理情况的报告》，并分别测评2件议案和建议整体办理情况满意度。听取和审议区政府《关于鼓楼区2015年为民办实事重点项目实施情况及2016年为民办实事重点项目征集情况的报告》，并测评2015年实施情况满意度。审议通过《关于召开南京市鼓楼区第一届人民代表大会第四次会议的决定》。会议讨论决定有关人事任免事项。

第二十二次会议于11月20日举行。会议听取和审议区政府《〈关于南京市2013～2017年棚户区改造二期工程项目——鼓楼区项目建设资金列入财政预算的报告〉情况说明报告》。审议通过《关于同意南京市2013～2017年棚户区改造二期工程项目——鼓楼区项目建设资金列入预算的决议》。

第二十三次会议于12月31日举行。会议听取和审议区政府《关于“十二五”规划纲要执行情况及“十三五”规划纲要草案初步方案的报告》，并初步审查“十三五”规划纲要草案初步方案。听取和审议区政府《关于鼓楼区2015年国民经济和社会发展计划执行情况及2016年计划草案初步方案的报告》，并初步审查2016年计划草案初步方案。听取和审议区政府《关于鼓楼区2015年预算执行情况及2016年预算草案初步方案的报告》，并初步审查2016年预算草案。听取和审议区政府《关于鼓楼区2016年为民办实事备选重点项目确定情况的汇报》《关于2014年度鼓楼区本级财政预算执行和其他财政收支审计查出问题整改情况的报告》。听取部分市人大鼓楼组代表履职情况报告，并民主测评11名市代表履职情况。听取和审议区人大常委会《区一届人大四次会议筹备工作情况的报告》。通过区一届人大四次会议议程草案、日程草案、主席团成员和秘书长建议名单；决定区一届人大四次会议列席人员名单；原则通过区人大常委会工作报告草案。会议讨论决定有关人事任免事项。

【区第一届人大常委会主任会议】2015年，鼓楼区第一届人大常委会召开主任会议13次（第二十一至第三十三次）。

第二十一次会议于2月15日召开。会议听取关于拟提请区第一届人大常委会第十六次会议免职人员情况汇报。讨论《鼓楼区人大常委会2015年度主要议题和工作安排（草案）》“鼓楼区人大常委会2015年度主要工作任务分解表”《关于开展“人大代表为人民”之三：“为人民监督，热情促效能”代表履职主题实践活动的意见（草案）》《2015年鼓楼区为民办实事重点项目督办分工》。听取《关于区一届人大三次会议主席团交区人大常委会在大会闭会后审议的代表议案的安排汇报》。讨论确定《2015年度区人大常委会领导对代表建议重点督办分工安排》《区第一届人大常委会组成人员联系代表分工安排》《区第一届人大常委会主任会议成员联系常委会委员分工安排》《区第一届人大常委会主任会议成员、常委会委员接待代表日的“双接待”计划安排》。听取《关于南京市人大代表向鼓楼区人大常委会报告履职情况安排计划的汇报》。讨论确定鼓楼区第一届人民代表大会常务委员会部分副主任工作分工调整有关事项。确定区第一届人大常委会第十六次会议召开时间和议程草案。

第二十二次会议于3月20日召开。会议听取全区13个街道人大工作情况汇报。

第二十三次会议于4月22日召开。会议确定区第一届人大常委会第十七次会议召开时间和议程草案。听取区人大常委会办公室和相关工作委员会关于区人大常委会第十七次会议筹备情况、各项议题准备情况汇报。

第二十四次会议于5月25日召开。会议听取区政府《关于鼓楼区保障性住房建设情况的汇报》。

第二十五次会议于6月19日召开。会议确定区第一届人大常委会第十八次会议召开时间和议程草案。听取区人大常委会办公室和相关工作委员会关于区人大常委会第十八次会议筹备情况、各项议题准备情况汇报。

第二十六次会议于7月29日召开。会议听取区政府《鼓楼区2015年预算调整情况的备案报告》《关于“六五”普法终期实施情况的汇报》《关于2015年代表重点建议办理情况的汇报》。讨论通过《关于对区人民政府贯彻实施〈中华人民共和国老年人权益保障法〉情况的检查方案》。会议研究确定区人大机关关于贯彻落实全区人大工作会议精神主要工作任务分解表、关于贯彻落实区委全面深化改革领导小组2015年工作要点任务分解表、关于贯彻落实区委关于全面推进依法治区的意见任务分解表。

第二十七次会议于8月13日召开。会议讨论区检察院《关于报请许可对南京市鼓楼区人大代表袁亚康采取强制措施的报告》。讨论《关于许可对袁亚康采取法定的限制人身自由的强制措施的决定（草案）》。

第二十八次会议于8月18日召开。会议确定区第一届人大常委会第二十次会议召开时间和议程草案。听取区人大常委会办公室和相关工作委员会关于区人大常委会第二十次会议筹备情况、各项议题准备情况汇报。

第二十九次会议于9月29日召开。会议听取区政府《关于“十二五”规划执行情况和“十三五”规划编制初步情况的汇报》。

第三十次会议于10月19日召开。会议听取关于拟提请区第一届人大常委会第二十一次会议任免人员情况汇报。确定区第一届人大常委会第二十一次会议召开时间和议程草案。听取区人大常委会办公室和相关工作委员会关于区人大常委会第二十一次会议筹备情况、各项议题准备情况汇报。

第三十一次会议于11月16日召开。会议听取区政府《关于南京市2013～2017年棚户区改造二期工程项目——鼓楼区项目建设资金列入财政预算的报告》相关情况说明。

第三十二次会议于11月27日召开。会议听取区政府《关于公共文化服务体系建设情况的汇报》《关于监察工作情况的汇报》。讨论通过《南京市鼓楼区国民经济和社会发展“十三五”规划纲要（草案）审查工作方案》。讨论《区一届人大四次会议筹备方案》。

第三十三次会议于12月24日召开。会议确定区第一届人大常委会第二十三次会议召开时间和议程草案。听取区人大常委会办公室和相关工作委员会关于区人大常委会第二十三次会议筹备情况、各项议题准备情况汇报。讨论确定2015年度区人大代表优秀议案和优秀建议。讨论确定2016年度向区人大常委会报告履职情况的区政府工作部门主要负责人和区法院副院长、区检察院副检察长人员名单。会议讨论《区人大常委会工作报告（草稿）》《区人大常委会2016年主要议题和工作安排（草稿）》。（黄燕平）

调研视察与督察督办

【宗教活动场所规范化管理工作视察】4月22日，区人大常委会主任王根宝，区委常委、统战部部长丁健生，区人大常委会副主任刘人等及部分区人大代表，视察佛教清凉寺、基督教道胜堂和江苏路堂等宗教活动场所。

王根宝一行实地察看宗教场所规范化管理情况，听取相关汇报，了解各宗教场所引导信教群众爱国爱教、开展助残助困和精神抚慰等活动情况，要求各宗教场所依法、安全、有序开展宗教活动，引导教职人员模范遵守教义教规，弘扬慈善精神、传承中华文化，促进社会和谐稳定。副区长梁春燕陪同视察。

【下关滨江商务区和保障房建设情况视察调研】 5月14日，区人大常委会组织部分区人大代表视察下关滨江商务区和保障房建设情况。代表实地查看下关滨江商务区龙湖、证大项目以及金达花园、白云雅居保障房建设情况。5月21日，区人大常委会召开座谈会，在前期视察基础上，就保障房建设工作开展进一步调研。区人大常委会副主任朱滨、环资城建工委负责人和部分区人大代表、南京新厦建设投资有限公司负责人等参加座谈，就保障房建设规划设计、施工管理、设施配套等问题提出意见建议。区人大常委会主任王根宝、副主任刘人等及部分区人大代表参加视察。

【社区社会组织发展情况调研】 5月27日，区人大常委会主任王根宝、副主任华峰等调研区社会组织发展情况。王根宝一行实地走访彩虹社会工作服务中心、爱心传递社会工作服务中心、朝夕相处居家养老服务中心和小市青春助老驿站4家社会组织，并召开座谈会听取情况汇报。提出建立大数据信息，统筹规划、循序渐进、扎实发展，满足不同层次居民服务需求；健全政府主导、社会参与的公益性社会组织发展新模式，增强造血功能，使社会组织更有生命力；加强发展方向指导，不断完善评估、准入、退出、奖励等工作机制，推动社会组织有序健康可持续发展等调研意见和建议。

【市容卫生长效管理工作视察】 6月10日，区人大常委会主任王根宝等及部分区人大代表视察区市容卫生长效管理工作，调研区城管局负责人履职情况。王根宝一行实地查看颐和路环卫精细化保洁、盐大街城市网格化管理、湘江路空地停车场建设等工作，围绕街道保洁清扫、市容整治、停车管理等人民群众关心的热点难点问题和城管局负责人履职情况，召开座谈会听取情况汇报，提出意见建议。

【学前教育情况调研】 6月15日，区人大常委会主任王根宝、副主任刘人等及部分区人大常委会委员、区人大代表，调研区学前教育工作。实地察看南京市东方开心幼儿园、南师大幼儿园、南京市实验幼儿园等3家幼儿园教室、午休室、活动场地及配套设施建设情况，听取学校管理、办园特色等相关情况汇报，就幼儿园师资队伍建设、收费标准、存在困难等问题进行座谈。

【《区人大常委会预算审查监督办法》制定】 6月29日，区一届人大常委会第十八次会议审议通过《南京市鼓楼区人民代表大会常务委员会预算审查监督办法》(简称《办法》)。内容包括《总则》《预算草案初步方案的初步审查》《预算执行的监督》《预算调整的审查和批准》《决算的审查和批准》《预算审计的监督》《预算事项报告和备案》《附则》等八章41条，旨在加强区人大常委会预算审查监督工作，规范区人民政府收支行为，加强预算约束，促进本地区国民经济和社会事业健康发展。该《办法》由区人大常委会财经工委负责起草，并参考《南京市人大常委会市级财政预算审查监督办法（暂行)》。同时，分别征求区政府、区财政局、区审计局和区人大常委会主任会议以及区人大代表意见建议，最终形成《办法》草案。

【"公共停车场建设"项目督办】 7月17日，区人大常委会召开为民办实事重点项目"公共停车场建设"督办会。会议听取区住建局等承办单位关于"公共停车场建设" 项目办理情况汇报，区人大代表和区人大常委会相关工作机构负责人就办理工作提出意见建议。2014年以来，区城管局下设区停车设施中心与4家划线公司签订协议，全区设有泊位道路144条，机动车泊位11578个、非机动车泊位点133处，新增物理隔离381个。重点围绕河西龙江地区建设临时停车场，建设裕盛路、湛江路、湘江路、北圩路、凤凰西街、闽江路、体育局路、江汉路8处空地停车场，新增停车泊位1296个。全区设有11处空地停车场、泊位近1700个。成立13个街道停车管理站，形成以街道为主体的基层管理力量，同时每个街道停车管理站配备驻街交警，夯实街道辖区内精细化管理工作基础。加强重点区域停车秩序管理和执法整治，利用价格杠杆化解新街口、山西路等核心区域停车难问题。集中整治新街口合围区域，协调区相关部门，出新慈悲社路道路，并在出新道路上新增部分道路泊位；同时沈举人巷、慈悲社实行交通管制单向通行，打造环形交通；加大交通护栏设置，落实该地区临街店面"门前三包"(包卫生、包绿化、包秩序)责任，确保车辆不占用路面，停车有序；加大贴单告知力度和支路街巷违停清拖，在合围区域重点道路设定岗点位等。中大医院周边环境综合整治，由城管局联合交警五大队、中央门街道、城管执法大队、综管所等部门进行多轮协商，最终确定将中大医院大门北侧即丁家桥南端撤销部分泊位，改为非机动车停放区域，由交管、停车中心协调处理；湖南路与中央门街道负责管控童家巷、丁家桥周边机动车停车秩序，中大医院履行"门前三包"责任，协助街道管理非机动车停车秩序。区人大常委会副主任、党组副书记华峰,区委常委、常务副区长吴勇强,区人大常委会副主任刘人,区人大常委会财经工委、教科文卫工委负责人,区住建局、区教育局、区城管局、区人防办负责人以及5名区人大代表参加会议。

【区政务服务工作视察】 8月14日,区人大常委会组织部分代表持证视察区政务服务工作。代表实地视察区"96180"政府服务热线、"12345"政府服务呼叫中心、区企业服务大厅和居民服务大厅,听取区政府政务服务工作情况汇报,提出小区公共设施维修管理、绿化带行道树无主枯树处理等民生问题建议。区人大常委会主任王根宝,副主任蓝绍森、张晓燕和部分区人大代表参加视察。

【市公安局年度部门预算执行情况检查】 10月16日,市人大代表鼓楼区组受市人大财经委(预算工委)委托,由区人大常委会副主任华峰任组长,市人大财经委副主任委员、常委会预算工委主任从跃滋,市人大内司委副主任周鲁宁、部分市人大代表及区人大财经委负责人组成检查组,检查市公安局2015年部门预算执行情况。检查组成员听取市公安局相关情况汇报及市财政局评价,查阅资料和台账,询问相关问题,并结合检查情况对市公安局提出按照《中华人民共和国新预算法》规定,分析预算执行进度、树立绩效理念、完善制度建设等改进预算管理意见和建议。

【代表议案建议办理及为民办实事重点项目实施情况视察】 10月22日,区人大常委会组织部分代表视察代表议案建议办理和为民办实事重点项目实施情况。代表实地察看河西片区公共自行车投放点、南京市体质检测和运动健身建议指导站、文景花园保障房建设、建宁老年康复护理院、中央门街道紫竹苑小区出新和物业管理等情况,听取区发改、住建、民政、城管、体育等部门和中央门街道相关工作情况汇报。区人大常委会主任王根宝、副主任刘人等,以及部分区人大常委会委员和区人大代表参加视察。

【驻区市人大代表专题座谈会】 12月9日,市法院召开驻鼓楼区市人大代表座谈会,汇报审议意见办理情况及全市法院工作情况。市法院院长胡道才,区领导杨学鹏、王根宝,11名驻鼓楼区市人大代表、15名鼓楼区人大代表出席座谈会。会上,胡道才汇报市人大代表审议意见办理情况和2015年主要工作情况,区法院汇报2015年法院工作情况。与会人大代表肯定市、区两级法院自觉接受人大监督,强化代表联络工作效果,并提出意见建议。

【区一届人大四次会议会前代表集中视察】 12月23日,区人大常委会组织全体区人大代表开展人代会前集中视察活动。代表分2组,分别视察金达花园保障房、苏宁睿城社区服务中心、中海环宇城、宁海路将军馆、海洋国防教育馆、十里长沟水环境整治、华宏A中学、航运中心、建宁老年康复护理院等具有代表性的全区经济和社会发展重点项目,为人代会期间审议政府工作报告做调研准备。区领导王根宝、华峰等参加视察。 (黄燕平)

重要活动

【人大代表议案与建议办理】 2015年,区一届人大三次会议期间,代表提出议案2件、建议153件;闭会期间,代表提出建议5件。是年,交办建议158件。至年末,议案建议全部办结。158件建议中,解决或基本解决133件,占84.2%,较上年提高6个百分点;建议被采纳或所提建议纳入计划逐步解决13件,占8.2%;受政策或客观条件所限暂时难以解决而向代表作出解释12件,占总数7.6%。建议办结率、回复率100%。区人大常委会开展151件建议办理工作满意度测评,其中满意112件,占74.2%;基本满意28件,占18.5%;不满意11件,占7.3%。

【法律监督】 2015年,区人大常委会加强依法行政监督,促进法治鼓楼建设。听取"六五"普法终期实施情况汇报,推动法治宣传教育深入开展。落实省、市人大备案审查工作会议精神,有件必备、有备必审、有错必纠。全年备案审查政府报送规范性文件3件,向市人大常委会报送5件。监督任命人员依法履职情况,组织对区城管、商务、文化、民宗4个部门主要负责人履职情况开展评议。围绕"司法改革与司法公信力"主题,邀请南京大学法学院副院长、博士生导师吴英姿举办专题讲座,开展学法培训活动。专题审议区法院关于《完善人民陪审员制度、保障公民参与司法》工作情况报告,发挥人民陪审员作用,提高司法公信力。加强审判工作监督,先后12次共组织100余名代表旁听法院庭审。强化检务公开监督,促进"科技强检、智慧检察"建设。督办涉法涉诉信访案件,全年接待处理来信来访67件次。

【区人大工作会议】 5月8日,区委召开全区人大工作会议。区四套班子领导、区委常委、人大常委会领导出席会议。会上,区人大常委会主任王根宝就深入贯彻党的十八届三中、四中全会精神,加强和改进新形势下人大工作,促进和保障全面深化改革、依法治区提出要求;区政府、区法院、区检察院作接受人大监督、支持人大工作表态性发言;宁海路、阅江楼2个街道作经验交流;区委书记杨学鹏讲话并提工作要求。会议下发区委《关于坚持和完善人民代表大会制度,推动人大工作与时俱进的意见》。区人大常委会全体委员，区委办、区人大常委会各工作机构和办事机构、区政府相关部门主要负责人，各街道党工委书记、人大工委专职主任和副主任，教卫、高校代表组组长，以及区人大代表约100人参加会议。

【《中华人民共和国老年人权益保障法》执法检查】 8～10月，区人大常委会成立由副主任蓝绍森为组长，部分常委会委员、部分市（区）人大代表、为老服务机构负责人以及相关法律专家为组员的执法检查组，开展全区贯彻实施《中华人民共和国老年人权益保障法》（简称《老年人权益保障法》）情况执法检查。区人大常委会第二十六次主任会议讨论通过执法检查方案，明确执法检查指导思想、检查对象、检查范围、检查内容以及检查步骤。8月21日，执法检查组召开第一次全体会议，组织学习相关法律法规，听取区政府关于贯彻《老年人权益保障法》情况汇报，并就执法检查工作进行部署。细化检查内容和步骤，明确检查时间节点和责任主体，执法检查组组长和分管副区长分别就如何开展和配合执法检查提出要求。9月14日，区人大常委会主任王根宝、副主任刘人等执法检查组全体成员，以及部分市、区人大代表，实地视察鼓楼区金色夕阳居家养老服务中心燕江园社区服务站、南京石城护理院，并听取区司法局、区卫生局和宝塔桥街道关于贯彻实施《老年人权益保障法》情况汇报。检查期间，组织常委会专题视察1次、检查组实地视察5次、听取政府相关职能部门汇报8次、外出调研考察1次、召开座谈会1次、问卷调查400份、代表持证暗访3次6人次。执法检查中，区政府及其相关职能部门配合检查活动，遵循"边检查，边整改"原则，发现问题采取跟踪检查、反复检查等方式，及时进行整改，切实解决突出问题，确保区老年人权益保障工作整体水平提升。

10月19日，鼓楼地区四级人大代表调研成果报告会在鼓楼大厦召开

【四级人大代表调研成果报告会】 10月19日，鼓楼地区全国及地方各级人大代表联席会暨定向定点调研视察成果报告会在鼓楼大厦召开。会议围绕"建言'十三五'，助力促效能"主题，与会代表结合前期定向定点调研视察和检查成果，就鼓楼区"十三五"规划编制和城市治理、教育文化、健康卫生、社会保障、司法改革等"一府两院"职能工作提出意见和建议。省人大常委会副主任赵鹏，市人大常委会副主任陈礼勤、秘书长侯成新，区领导杨学鹏、王隆京等出席会议。鼓楼地区110余名各级人大代表参加会议。

（黄燕平）

人事任免

【概况】 2015年，区人大常委会按照法律赋予的职权，依法行使人事任免权，根据有关人事任免法律、法规，依法任免国家工作人员50名（其中任命22名，免职28名），人民陪审员102名（其中任命100名，免职2名）。其中区级领导免职1名，区管中层领导任命3名，免职15名。

【第一届人大常委会人事任免】 2月28日，第十六次会议决定：免去郑玲玲区人民政府副区长职务。免去潘京潮区人大常委会中央门街道工作委员会主任和区人大常委会教育科学文化卫生工作委员会副主任职务，免去彭如志区人大常委会环境资源城乡建设工作委员会副主任职务，免去王鸣清区人大常委会人事代表联络工作委员会副主任职务，免去黄建新区人大常委会凤凰街道工作委员会副主任职务，免去邵统明区人大常委会阅江楼街道工作委员会副主任职务，免去郑静区人大常委会建宁路街道工作委员会副主任职务。

4月30日，第十七次会议决定：免去李新明区人大常委会江东街道工作委员会主任职务。免去王进华、王磊区人民法院审判员职务。

8月26日，第二十次会议决定：任命赉小青为区人民法院民事审判第一庭副庭长，任命孙燕为区人民法院民事审判第四庭副庭长。免去丁广区人民法院审判委员会委员、审判员职务，免去王进华区人民法院审判监督庭副庭长职务，免去耿予萍区人民法院审判员职务。任命丁吉、丁虹、亢小军、毛海燕、王亚芬、王亚燕、王炜、王勇、王菁、王银燕、王慧琴、左光强、石中花、任立明、刘世明、刘扬、刘欢、刘春陵、刘虹、刘德军、吕茜、孙珂丽、孙美红、孙凌、孙善伟、朱怀凤、朱贵珍、汤奖龙、汤晓梅、祁燕、许大连、许雪丽、阮海玲、严成、位星、何玉思、冷健、吴济平、宋涛、张木芹、张立春、张安诚、张旭、张进、张金霞、张桂华、张莉、张萍、时虹燕、李如春、李玮、李莉、李萍、李静、李赞、杨敏、沈娟娟、陆冬琳、陈亚蕾、陈光全、陈春飞、陈晓飞、陈晓明、陈曙光、周立江、房金亮、范国伟、范妮、范玥洪、金长亭、侯芝婷、姜丽萍、姜勇、柏力、唐文、唐祥麟、夏洁、徐进、徐修文、徐新运、徐静、殷露、袁红梅、郭红梅、陶亚凯、陶彭、顾智城、常瑞、曹延俊、绪曼莉、鹿立新、黄云凤、黄春勇、黄燕明、程阳、童爱珍、董红、董梅、蔡树华、魏宾卿等100人为区人民法院人民陪审员。

10月28日，第二十一次会议决定：免去于爱珍区人大常委会宁海路街道工作委员会主任职务，免去鲁昌贵区人大常委会热河南路街道工作委员会主任职务。任命王伟为区安全生产监督管理局局长。免去檀利区安全生产监督管理局局长职务。任命姚旭、江舜治、戚晓宁、严安为区人民检察院检察委员会委员；任命马文成、马新海、王品、王莹、石丽艳、刘振洋、杨媛、顾明君、顾善坤为区人民检察院检察员。免去叶凯区人民检察院检察员、检察委员会委员职务。

12月31日，第二十三次会议决定：任命黄迎为区人大常委会财政经济工作委员会副主任，任命葛龙军为区人大常委会内务司法工作委员会副主任。免去贝维纲区人大常委会民族宗教侨台事务工作委员会主任职务，免去郑峰区人大常委会凤凰街道工作委员会主任职务，免去姬玲区人大常委会内务司法工作委员会副主任职务，免去赵莉蓉区人大常委会信访办公室副主任职务。任命孙晋辉、李庆华、张广鲁、韩浩为区人民法院审判员。免去黄德清区人民法院副院长、审判委员会委员、审判员职务，免去沈菁区人民法院审判委员会委员、审判员职务，免去吴言霞区人民法院民事审判第二庭副庭长、审判员职务，免去衣硕朋、王平、戎建生区人民法院审判员职务，免去叶东风、张争先区人民法院人民陪审员职务。　　　　（黄燕平）

南京市鼓楼区人民政府

重要会议

【区政府常务会议】 2015年，鼓楼区政府召开区政府常务会议9次，研究各类议题43个，内容涉及财税经济、民生保障、城市建设、重大项目、人才引进、综合改革、廉政建设、社会建设、文化建设、环境保护等方面。专题讨论全区“十三五”规划编制、经济和社会发展重大事项和重点工作。

【区长办公会议】 2015年，鼓楼区政府召开区长办公会议19次，研究经济建设、民生保障、城市建设与管理、公共服务等各类议题100个。

2015年鼓楼区区政府常务会议纪要大纲一览表

表46

序号	会议届次	日　期	纪　要　大　纲
1	第21次	1月13日	1.关于区政府区长工作分工调整 2.关于《政府工作报告》任务分解落实方案 3.关于全面深化医疗卫生体制改革实施方案 4.关于鼓楼区“十三五”规划编制工作 5.关于区消防大队及区消防站规划建设有关事宜
2	第22次	2月8日	1.关于2015年建议提案办理工作 2.关于全区安全生产工作 3.关于2015年街道城市长效综合治理考核办法及鼓楼区城市治理网格化管理实施意见 4.关于归集南京市小微企业应急互助资金专项引导资金有关事宜
3	第23次	3月2日	1.关于全区依法行政有关工作 2.关于全区政务服务中心建设有关事宜 3.关于全区审计有关工作 4.关于全区司法行政有关工作 5.关于区政府全体(扩大)会议暨廉政工作会议有关事宜
4	第24次	3月30日	1.关于规范被拆迁居民保障性住房安置相关事宜 2.关于保障性安居工程、旧城区改建项目列入2015年国民经济和社会发展年度计划的相关事宜 3.关于鼓楼区残疾人社会保险补贴办法 4.关于2014年街道、部门、产业功能板块分成奖励相关事宜

续表 46

序号	会议届次	日　期	纪　要　大　纲
5	第 25 次	5 月 4 日	1.关于 2015 年部门、板块、街道和国有企业工作任务书 2.关于全区财税管理考核办法 3.关于中央北路环境综合整治及沿线土地利用等有关事宜 4.关于二板桥路拓宽改造工程增项有关事宜 5.关于市电台村地块贷款有关事宜 6.关于金达花园及文景花园保障房项目融资有关事宜
6	第 26 次	6 月 1 日	1.关于区建保障房小区配套用房管理有关事宜 2.关于鼓楼区金川河流域 1~5 批次雨污分流工程 BT 项目补签建设工程合同有关事宜 3.关于红山南路西延工程(东段)贷款担保有关事宜 4.关于危旧房改造项目拆迁封闭资金利息发放标准 5.关于纳税企业奖励扶持政策有关事宜
7	第 27 次	7 月 2 日	1.关于 2015 年经济和社会发展目标、为民办实事重点项目推进落实有关事宜 2.关于鼓楼区 2015 年第一批地方政府债券置换存量债务有关事宜 3.关于区市场监督管理局公务用车制度改革实施方案 4.关于社保和低保协理员编制核定及薪酬待遇有关事宜
8	第 28 次	8 月 11 日	1.关于 2015 年市对区综合考核有关事宜 2.关于鼓楼区历史文化名人塑像展示工作实施方案 3.关于第 11 届中国(南京)国际软件产品和信息服务博览会鼓楼专场方案 4.关于鼓楼区 2014 年试点单位部门决算公开有关事宜 5.关于 2014 年度鼓楼区本级财政预算执行和其他财政收支的审计工作报告
9	第 29 次	9 月 8 日	1.关于全区入江支流劣 V 类断面整治工作 2.关于 2016 年为民办实事项目公开征集工作 3.关于下关滨江范围内道路名称命名工作 4.关于 2015 年全区教育系统资产报废处置工作 5.关于近期有关工作

2015 年鼓楼区区长办公会议纪要大纲一览表

表 47

序号	会议届次	日　期	纪　要　大　纲
1	第 50 次	1 月 4 日	1.关于“再干两百天”环境综合整治行动有关事宜 2.关于鼓楼区承接市社会保险制度改革工作的实施方案 3.关于承接省、市集中下放行政审批事项有关事宜 4.关于河西公共服务中心土方工程及应急处置有关事宜 5.关于鼓楼区分类推进事业单位改革实施方案
2	第 51 次	1 月 26 日	1.关于绿化养护招投标有关事宜 2.关于鼓楼区国有资产经营中心改制有关事宜 3.关于华宏 A 配建中学渣土运输费增加有关事宜 4.关于高端研发机构集聚计划政策兑现有关事宜 5.关于机关工作人员子女医疗费报销有关事宜 6.关于电子政务公共平台应用推广有关事宜
3	第 52 次	2 月 2 日	1.关于 2015 年全区经济和社会发展目标分解、为民办实事重点项目分解、重大项目责任分解以及区领导挂钩联系重大项目安排有关事宜 2.关于 2015 年“济困送温暖”慰问活动 3.关于鼓楼区行政审批事项清单公开有关事宜 4.关于鼓楼区深化财政体制改革实施方案 5.关于佳盛花园东侧路建设有关事宜 6.关于区“两会”上人大代表、政协委员建议分解落实方案

续表 47

序号	会议届次	日期	纪要大纲
4	第 53 次	2 月 14 日	1.关于全区全面改善义务教育薄弱学校基本办学条件有关事宜 2.关于 2015 年全区财税指标分解落实有关事宜 3.关于金鹏大厦商住用房与山西路 18 号中信银行门面房房屋使用权置换有关事宜 4.关于鼓楼河西公共服务中心项目财务移交有关事宜 5.关于江汉路东侧危旧房改造项目相关门面房补偿事宜 6.关于规划、国土管理工作中第三方服务项目招标有关事宜 7.关于全区应急值班工作有关事宜
5	第 54 次	3 月 10 日	1.关于 2015 年社会建设工作目标 2.关于鼓楼区城市建设体制改革实施方案 3.关于鼓楼区加快养老服务发展的实施意见 4.关于江东、小市居民生活服务中心建设相关事宜 5.关于紫金(下关)特区公司向南京银行融资事宜
6	第 55 次	3 月 16 日	1.关于鼓楼区非税收入管理办法 2.关于 2015 年度教育建设、装备项目及资金安排有关事宜 3.关于鼓楼区开放大学建设有关事宜 4.关于幕府山社区卫生服务中心用房购置有关事宜 5.关于全区卫生系统职工交通补贴标准调整有关事宜 6.关于宁海路街道“大干一百天”环境综合整治工作经费安排有关事宜
7	第 56 次	4 月 7 日	1.关于 2015 年南京“创治会”鼓楼区专场活动相关事宜 2.关于“银政保—文创贷”项目相关事宜
8	第 57 次	4 月 13 日	1.关于南京港(集团)拆迁安置补偿方案 2.关于 2012 年、2013 年入选市“领军型科技创业人才”2015 年度工作场所和人才公寓补贴相关事宜 3.关于规范企业扶持政策相关事宜 4.有关行政开除处分
9	第 58 次	4 月 20 日	1.关于全区非管养市政设施维修改造管理办法 2.关于全区城市综合治理网格化管理有关事宜 3.关于街道城市管理工作 4.关于鼓楼区 2015 年综合目标考核办法 5.关于南京港(集团)拆迁安置补偿有关事宜 6.关于下关旅游开发公司融资贷款及 2015 年南京妈祖庙会活动有关事宜 7.关于全区“12345”“96180”政务热线工作总结表彰大会有关事宜
10	第 59 次	5 月 18 日	1.关于全区防汛工作有关事宜 2.关于《关于进一步深化鼓楼区经济责任审计工作的意见》及《鼓楼区审计整改工作暂行办法》有关事宜 3.关于青奥会、亚青会专项经费财务收支审计有关事宜 4.关于《鼓楼区区属房产管理暂行办法》。
11	第 60 次	6 月 30 日	1.关于建立行政权力事项清单有关事宜 2.关于《鼓楼区在金融领域扶持中小微企业加快发展的若干意见》 3.关于南京鼓楼科技产业公司向省电台展期续借资金有关事宜 4.关于对热河路 69 号拆迁房产进行部分实物补偿有关事宜 5.关于长航公司项目融资有关事宜 6.关于支付鲁迅楼原住户安置费用有关事宜
12	第 61 次	7 月 7 日	1.关于全区“十三五”规划编制工作 2.关于《鼓楼区深化医疗卫生综合改革建设现代医疗卫生体系的实施意见》及建设现代化妇幼保健体系有关工作 3.关于全区地质灾害隐患点整治工作及 2015 年防洪防涝救灾应急贷款有关事宜 4.关于鼓楼区城市治理标准化工作实施方案 5.关于全区楼宇经济发展及 2014 年楼宇政策兑现有关事宜 6.关于玉桥三期物流楼项目环评有关事宜

续表 47

序号	会议届次	日期	纪要大纲
13	第 62 次	7 月 13 日	1.关于全区市场主体联合检查工作有关事宜 2.关于中央门街道、建宁路街道便民服务中心装修改造有关事宜 3.关于清江广场项目资金往来结算有关事宜 4.关于紫金(鼓楼)项目建设融资有关事宜 5.关于市场监督管理局人员工资待遇有关事宜
14	第 63 次	7 月 22 日	1.关于市级重大项目督查交办事项推进落实有关事宜 2.关于 2015 年区市场监督管理局预算编制有关事宜 3.关于全区机关事业单位工作人员预发调整基本工资标准和离退休人员增加离退休费有关事宜 4.关于亚青青奥会专项经费结余统筹用于社区服务中心建设有关事宜 5.关于鼓楼公园修缮及环境整治有关事宜
15	第 64 次	7 月 28 日	1.关于全区第二次全国地名普查实施方案 2.关于城市管理体制改革及街道城市管理工作 3.关于 2015 年预算调整有关事宜 4.关于滨江项目与恒大集团合作有关事宜
16	第 65 次	8 月 17 日	1.关于鼓楼区 2015 年国民经济和社会发展计划上半年执行情况的报告 2.关于 2015 年建议提案办理工作 3.关于鼓楼区 2014 年本级财政决算(草案)的报告及 2015 年预算上半年执行情况的报告 4.关于线路器材厂地块土地出让金返还款使用安排有关事宜 5.关于幕燕金属物流地块运作成本及资金清算有关事宜
17	第 66 次	8 月 31 日	1.关于《鼓楼区老年人口信息和老龄事业发展状况报告》 2.关于《鼓楼区“互联网+”实施方案(2015~2017)》 3.关于《鼓楼区关于发展众创空间推进大众创业创新的实施方案》 4.关于下关滨江商务区道路建设有关事宜 5.关于 2014~2015 年度“五方挂钩”资金拨付有关事宜 6.关于鼓楼大厦电梯更换有关事宜
18	第 67 次	9 月 21 日	1.关于《鼓楼区政府购买公共服务实施办法》及 2015 年度政府购买公共服务目录 2.关于《鼓楼区社区财务管理办法》 3.关于全区垃圾中转站及公厕升级改造有关事宜 4.关于二板桥道路分摊白云亭危旧房改造项目征收成本有关事宜 5.关于鼓楼派出所办公用房置换有关事宜
19	第 68 次	9 月 30 日	1.关于《鼓楼区关于加快发展众创空间推进大众创业创新的实施意见》 2.关于区科技局下属公司重组整合有关事宜 3.关于线路器材厂地块土地收益使用有关事宜 4.关于有关财政资金使用安排相关事宜 5.关于拨付 2015 年第二批公开发行地方政府债券置换存量债务有关事宜 6.关于鼓楼区市、区总部企业复核，认定及政策兑现有关事宜

【城市建设暨管理工作动员大会】 3 月 6 日，鼓楼区 2015 年城市建设暨管理工作动员大会召开。会议总结 2014 年全区城建城管工作，部署 2015 年城市建设和管理工作重点任务。区住建局、城管局等 13 家单位及各街道向区长曹路宝递交城建城管目标责任书；区住建局、城管局、征收办、宁海路街道、小市街道作表态发言。区领导杨学鹏、曹路宝、吴勇强等出席会议；区有关部门、单位负责人，各街道书记、主任、城管（城建）主任、城管科长，各社区书记、主任，区住建局、城管局、执法大队、征收办部分干部参加会议。

【区政府全体（扩大）会议暨廉政工作会议】 3 月 9 日，区政府全体（扩大）会议暨廉政工作会议召开。会议肯定 2014 年区政府廉政作风和依法行政工作成绩，分析存在主要问题，并重点围绕政府廉政建设、依法行政以及落实全年各项目标任务提出要求。区政府班子全体成员、区纪委主要领导、区人大常委会、区政协相关领导出席。区各部门、各街道、各直属单位相关负责人参加。区监察局、财政局、审计局、法制办、政务办、司法局分别作主题发言。

【全区经济社会发展总结表彰暨动员部署大会】 3 月 28 日，鼓楼区经济社会发展总结表彰暨动员部署大会召开，全体区领导，受表彰先进集体和个人，区机关各部门、各街道、各直属单位负责人以及部分驻区单位代表参加会议。会上，区委副书记陆敏宣读2014年经济社会发展先进集体、先进个人表彰决定以及“建设鼓楼突出贡献单位”表彰决定，并为获表彰单位和个人代表颁奖。16个目标承担部门、5个产业功能板块以及各街道负责人向区长曹路宝递交经济和社会发展目标责任书。区发改局等6家单位作大会交流发言。区委书记杨学鹏提出4点工作要求。

【经济工作推进会】 4月15日，鼓楼区经济工作推进会召开，全体区领导及区有关部门、各功能板块、各街道、各市场监管局分局主要负责人参加会议。会上，区发改局、统计局、财政局、投促局分别汇报全区1~3月份经济运行情况、主要经济指标监测分析情况、财政收入情况、招商引资情况及下一步工作措施；区发改局通报2014年市考核区基本现代化指标完成情况和区综合目标考核情况。区国税局、地税局、市场监管局、湖南路管委会、中央门商贸区管委会作表态发言。区长曹路宝就下一步经济工作提出4点意见。 （苏鸿飞）

服务型政府建设

【依法行政】 2015年，鼓楼区在全区普遍建立法律顾问制度，区政府行政诉讼出庭应诉率100%。重视区人大、区政协监督工作，388件省、市、区建议提案全部办理答复完毕。推进财政预决算等重点领域信息公开，使用财政拨款部门全部公开预算，10个试点部门公开财政决算。持续提升“12345”“96180”热线服务效能，综合满意率居全市前列。南京市委机关刊物《金陵瞭望》2015年第21期刊登介绍该区“12345”政务热线工作做法和经验。

【综合改革】 2015年，区政府推进经济发展工作格局、社会治理体制、国资管理等十大类改革措施，193项具体改革事项基本完成。深化行政审批制度改革，公布93项行政审批事项、2459项行政权力事项清单，23个部门131个服务事项进驻行政服务大厅；在13个街道建成便民服务中心，实行“一门受理、一站办结”。先行先试医患纠纷调解创新，成立区医患纠纷矛盾调处服务中心。

【廉政建设】 2015年，区政府全面贯彻执行中央、省、市、区有关作风建设规定，自觉践行“三严三实”，深化推进“四风”（形式主义、官僚主义、享乐主义、奢靡之风）问题整改落实，认真开展“三公”〔财政拨款支出安排的出国（境）费、车辆购置及运行费、公务接待费〕经费使用等专项检查，压缩一般性行政支出，实施公车制度改革。依法完成财政预算执行、政府投资、经济责任等审计项目192个，同步强化问题整改，审计监督效能进一步提升。

【《鼓楼区“互联网+”实施方案（2015~2017）》出台】 9月17日，区委区政府印发《鼓楼区“互联网+”实施方案（2015~2017）》（简称《方案》）。《方案》分总体要求、重点任务、保障措施3个部分，包括“加快产业转型升级，激活经济发展新动能；推进智慧城市建设，拓展完善城市新功能；创新民生服务方式，实现和谐发展新跨越”三大重点方向、17项重点工作，提出4个重点保障措施，并为下一步全区推动“互联网+”和经济社会各领域深度融合，提升区域经济发展创新动力，促进产业转型升级明确方向、时间表和责任单位。

（苏鸿飞）

【行政审批改革】 2015年，鼓楼区梳理区政府确定的93个事项，与涉及的20多个部门磋商，报区长办公会研究确定。4月，区安监局、教育局、体育局、文化局等单位进驻区政务服务大厅开设服务窗口；区发改局、民政局、卫生局、环保局、城管局、市场监管局等单位窗口增加服务项目。根据实际工作需要，遵循方便企业和群众办事原则，5次调整服务窗口设置，3次为区教育局教师资格认定工作开设临时窗口。将原区工商行政管理分局上海路办事大厅、科技工商所注册登记点全部整合进区企业服务大厅，引导企业通过并联审批形式进行企业设立登记，提升企业注册效率。1~9月，办理多证联办工作2153件，平均每件用时1.83天，在全市区县中名列前茅。10月起，按照所有企业新设、变更均纳入“三证合一、一照一码”（营业执照、组织机构代码证、税务登记证，改为一次申请；将原工商、组织机构代码管理部门、税务部分分别核发的上述3证改为由1个部门核发营业执照的登记模式）要求，新设6个并联审批综合窗口，确保国庆节后上班首日与全省联调工作顺利对接。至年末，2个服务大厅办理各类事项12.6万件。其中，企业服务大厅办理5.74万件，居民服务大厅办理6.86万件；提供各类咨询服务12万余人次。

【街道便民中心建设】 2015年，鼓楼区13个街道整合内部行政资源，各设置一个便民服务中心，人力资源和社会保障、民生保障、计划生育等七大类103项涉及居民生活公共服务事项，实行“一门受理，一站办结”。挹江门、小市、湖南路等街道，将零散税征收、个体工商户登记等相关事项纳入街道便民服务中心办理，政务服务更加贴近、方便群众。区政务中心设计制作便民服务指南彩页，投放各街道便民中心，供居民取阅，引导居民办事。7月，区政务办公室与区民政局协同开办2期街道便民中心工作人员培训班，提升街道工作人员业务水平和办事能力。至年末，各街道便民服务中心均正式对外服务，并接入市综合管理系统，实现同一工作平台管理与考核。

【审批办件压缩率90.47%】 2015年，鼓楼区分别制作“马上就办”和“限时办结”目录清单公示牌，在企业服务和居民服务大厅醒目位置公示，接受群众监督。66件需要上级机关审批、制证，或者需要勘验现场后方能审批而无法实现“马上就办”的项目，被承办部门列入为自我加压、限时办结项目。年内，全区20个部门84个进厅办理事项，有76个事项实现压缩办件(含19件“马上就办”事项)，压缩率90.47%。

【政务热线办理平台整合】 2015年，鼓楼区将省、市、区长信箱办理职能整合到区政务办公室，建成“一个系统流转、一班人员负责、一个模式办理、一套制度管理、一个标准考核”“五位一体”高效便捷综合服务平台。

【政务热线新老系统转换】 5月8日，全市“12345”新办理系统启用，区政务办配合做好老系统收尾工作，跟踪督办所有工单。6月12日，全部办理完毕，未出现1件超期办结件，按时办结率100%。同时，做好新系统部署和培训，先后组织全区性培训3次、到承办单位培训5次，指导承办单位掌握新系统操作流程、新考核办法标准和要求，避免因系统交接造成考核成绩下滑。全年开展不同层次和形式业务培训20多次，培训300余人次，新系统办理诉求工单4.71万件。

【诉求工单办理】 2015年，鼓楼区围绕重大项目推进、机构职能调整，以及群众关注热点问题，主动靠前，与工单承办单位共同谋划，寻求对策，防患未然；协调督办疑难复杂、推诿扯皮诉求工单，推进诉求问题有效解决。区政务办先后走访调研承办单位10余家，召开会办会10余次，现场督促办理60余次，协同相关单位办理群众诉求工单100余件。向区政府报送舆情专报9期、专题报告8次。全年接收“12345”政务热线诉求工单6.95万件，受理“96180”民意直通热线、领导信箱、网络问政等诉求工单7173件，按时办结7170件，综合办结率99.96%，综合满意率80.51%。

（吕　成）

电子政务

【概况】 2015年，鼓楼区组织实施全区信息化项目建设，探索和适应新技术下电子政务应用发展，从大数据、“云”平台、移动互联和创新服务与管理4个方面推进电子政务建设，加强政府门户网站信息维护、政务网运行管理、网络与信息安全等信息化日常规范管理。开展区门户网站信息系统安全应急响应和应急演练，在全市率先完成市、区、街道、社区四级网络整合对接工作。开办3期电子政务公共平台应用推广培训班、举办门户网站信息维护员培训会、机关各部门网络安全管理人员网络与信息安全技术培训年度轮训等近600人次参加。建设面向机关工作人员的“i鼓楼服务直通车平台”，升级VPN专线带宽和互联网出口带宽，在鼓楼大厦与下关大厦间增加裸纤，全区政务网宽带平均速率提高到50兆以上。年末，区政务数据公开智能检索平台上线试运行。

【数据公开系统建设】 2015年，鼓楼区电子政务办公室(简称区电政办)与政府办、政务办、档案局等部门开展沟通交流和调研，拓展政府信息公开范畴，制定大数据公开平台方案，明确“四层二体系”总体构架(基础设施层、信息资源层、数据交流层、公开应用层，标准规范体系和安全保障体系)。年内实施第一阶段，整合民生类、档案类、公共设施类原有可公开数据资源，集中在政府门户网站、微门户和微信等渠道公开。

【“i鼓楼服务直通车”平台建设】 2015年，鼓楼区利用微信平台建设跨平台优势，建设面向机关工作人员移动平台“i鼓楼服务直通车平台”，应用微信企业号功能开发，满足机关工作人员日常办公服务需求，将“公共平台”部分办公功能对接到移动终端微信应用上，实现基于移动终端的查阅、批示、回复等功能。年内，启动全区平台推广使用工作。

【政务数据智能共享交换系统建设】 2015年，鼓楼区依托大数据、云计算、物联网等先进信息技术手段，逐步建立一套可行数据共享规范机制，形成基于全区各部门业务数据智能共享交换政务数据中心，彻底解决电子政务建设“纵强横弱”和“信息孤岛”等现象。该项目一期以合作方式建设区“运时”金融服务平台，整合区发改局、科技局和市场监管局所有企业信息，通过企业信息大数据交互和云平台分析，为金融机构授信、贷款、融资等金融活动设立评价体系提供参考依据，提供驻区企业在线金融信息服务。

【政务网宽带提速】 2015年，鼓楼区参照市信息中心关于电信宽带资费调整模式，调整升级政务骨干网，提升政务“云”平台网路通信速率、降低宽带租赁费用。通过升级VPN专线带宽、互联网出口带宽和在鼓楼大厦与下关大厦间增加裸纤等方式，使全区政务网宽带速度平均速率由不到20兆一次性提高到50兆以上,相关宽带费用下降约30%。

【网络与信息安全管理】 2015年,鼓楼区完成全区重点信息系统等级保护测评工作,整改加固发现的问题,完成市网络与信息安全等级保护办公室第一阶段自查工作,并上报材料至公安鼓楼分局。开展区门户网站信息系统安全应急响应和应急演练,上线试运行日志收集分析系统,完善全区网络安全防护体系。针对区政务网络中存在的问题及安全隐患提出优化管理建议,通过相关软件和设备测试,形成鼓楼区政务网络优化管理建议书。全年区内没有发生任何网络与信息安全等级事故。

【电脑网络及信息化系统维护】 2015年,鼓楼区完成电脑维护近1100台次,故障平均响应时间不超过半个工作日,故障修复率99.6%,服务满意率96%以上。解决网络使用问题1000余次,全年区政务网无等级网络事故发生。每周2次巡查鼓楼大厦、下关大厦中心机房和服务器,实时监控2个机房运行。做好2个核心数据库平台、33个重点信息系统和130余台服务器运行维护工作,全年系统无故障运行时间超过99.8%。更新维护全区统一用户系统机构与人员信息800余人次,实现全区各业务系统中用户信息与实际情况一致。

【部门信息化项目建设】 3月,鼓楼区部门信息化项目试运行。区相关职能部门协助政务办领导信箱与服务热线整合方案制定,并组织项目招标、项目技术支持和相关协调工作。9月,项目通过验收;10月正式交付投入使用。年内,完成区域卫生信息化平台一期项目软硬件系统集成、安装调试、测试运行和项目验收等工作,并参与审核二期项目招标文件内容。完善区纪委“集中派驻信息化管理系统”招标文件,并指导该项目相关招投标工作;完成区委政法委2015年度治安防范监控点位确定工作,项目在市政府采购中心顺利挂网招标并实施。年末,完成新增高清治安监控点位900个1800路区人代会目标。

【电子政务公共平台移动办公应用推广】 4月,鼓楼区电子政务公共平台移动办公应用系统上线试运行。该系统依托区电子政务公共平台,采用“一个平台+N个应用”模式,面向全区工作人员,实现任何地点、任何时间办公,提高办公效率和智能化水平。年内,区电政办开办全区各部门公文收发员业务操作、新老办公系统切换运行应急措施准备、区领导及“四办”(区委、区人大、区政府、区政协办公室)领导针对性使用等各类培训,升级完善平台,平稳顺利推广平台应用。

【门户网站群平台迎查】 4月,鼓楼区布置安排区门户网站群平台迎查工作,发放“鼓楼区门户网站群主站栏目设置及内容维护任务分解表”至各相关部门填报。梳理在线办事事项,与20余个相关单位整理核对200余项办事事项;为44个子网站统一建设政策咨询邮箱和在线调查栏目;调整和改版20余个子网站栏目;执行日常读网工作,查出和修改错链、死链、未及时更新信息等问题500余处。扩大利用门户网站工作QQ群,群成员发展到151人;采用集中培训、上门培训和QQ远程培训等方式,确保工作人员清楚了解全国政府网站普查要求,并落实到位。

【智能检索平台上线试运行】 12月30日,鼓楼区政务数据公开智能检索平台上线试运行。该平台为采用人工智能引擎在线智能机器人搜索平台,基于智能语义分析、数据挖掘和人机交互技术,基于知识库自动将公众自然语言转换为政务专业术语,具备自主学习功能,能自动更新知识库。通过互联网和移动互联网搭建公众与政府互动交流信息平台,帮助公众用户更方便快捷找到所需政务数据信息和服务内容,将门户网站内信息资源转换成公众用户实际利益,实现快捷、准确、全面智能交互服务。 (葛 枫)

人事人才

【概况】 2015年,鼓楼区入选“六大人才高峰”计划5人;有“专家服务基层基地”1个、人社部2015年度“中国留学人员创业启动支持计划”优秀项目1个。江苏尧云智能科技有限公司、南京拓步智能科技有限公司和南京美合纳米科技有限公司3家“321计划”人才企业,获2015年度人社部留学人员科技活动项目择优资助经费。引进领军型科技创业人才364人,超额完成5年引进指标任务。年内,区人才交流服务中心先后组织驻区南京百事讯信息技术有限公司、南京金浦投资控股集团有限公司、江苏国苏检测有限公司、南京元山网络科技有限公司、深圳中润四方信息技术有限公司江苏分公司、农夫山泉有限公司、北京中公未来教育咨询有限公司江苏分公司、新城市商业置业有限公司、南京吉谛文化传播有限公司等400多家单位,参加南京大学、南京邮电大学、南京师范大学等高校及南京毕业生就业市场——高校毕业生公益招聘会、南京市“互联网+”人才综合性招聘会,江宁、浦口高校毕业生就业市场招聘会等,提供会务企划、教务管理老师、商务助理、软件开发、初级软件工程师等1000多个岗位5000多个用人需求。完成公务员年度考核和机关事业单位工作人员工资套改,举办公务员培训班3期298人参培。核定并办理302

名机关事业单位到龄退休人员手续。完成机关及事业单位工勤技能岗位等级考核、技师考评报名和材料审核工作。公开招聘事业单位工作人员，年内218人进编区属事业单位工作。接收并安置军转干部18人。

【公务员管理】 2015年，鼓楼区按照事业单位参照公务员法管理审批原则、条件和程序，申报区综合抽样调查队、社会保险管理服务中心、劳动保障监察大队、食品药品安全监督所、财政结算中心5家事业单位。公开招录公务员6人；交流行政机关工作人员65名；任免干部348名，其中军转干部初任定职23人，通过交流转任、民主推荐、竞争上岗等任命科职、副科职领导干部175人，任免区市场监管局科职干部92人、科级非领导职务58人。开展街道公务员职务与职级并行工作，109人晋升职级，其中40人晋升正处级、69人晋升副处级。

【公务员培训】 2015年，区人社局与区委组织部、区委党校共同开展鼓楼区公务员基本能力提升培训，举办2期科长培训班，参训人员170人；举办1期2013年以来新进人员培训班，参训128人。组织参加全省公务员优秀调研报告评选活动，选送的调研报告获省三等奖和市一等奖、二等奖、三等奖各1篇，鼓楼区获优秀组织奖；组织参加全市公务员网络信息安全技能竞赛，个人竞赛获二等奖和三等奖各1名，获团体第二名；2683人参加“中国南京公务员学习网”培训，2607人通过培训，通过率98.6%。

【公务员年度考核】 2015年，鼓楼区依据《公务员考核规定（试行）》和《江苏省公务员考核实施办法》，对全区1952名科级以下机关工作人员进行2014年年度考核。其中，优秀332人、称职（合格）1597人、不称职4人、不定等次12人（试用期公务员及其他）、长期病假未参加考核7人。经区委区政府研究决定，给予当年优秀公务员嘉奖；对2012～2014年连续三年考核优秀的49名公务员给予记“三等功”，并享受健康休养。

【工资审批调整及套改】 2015年，鼓楼区完成机关事业单位工作人员各类工资审批1.92万人次。其中，机关工作人员晋级、晋档、跨年限调整津补贴、职务变动、试用期转正、特岗津贴等工资审批3580人次；事业单位工作人员晋升薪级工资、跨年限调整岗位津贴、小岗位变动、职称变动、教龄津贴等工资审批1.56万人次。10月，按照分类布置、分别审批、分步到位原则，在全市率先完成全区机关事业单位12025人工资标准调整及清算补发。全年工资套改505人次，其中机关110人次、事业单位395人次，调转91人工资关系，开具157人工资关系介绍证明信。至年末，全区工资统发4484人，其中离休128人、退休1476人、在职2880人。

【机关事业单位人员退休】 2015年，鼓楼区核定302名机关事业单位达到法定退休年龄或申请提前退休人员工资，其中机关109人、事业单位193人，并按照管理权限办理相关退休手续；完成“事改企”单位环卫所符合离岗退养、提前退休人员退休证办理207人。完成2014年10月1日至2029年9月30日达到法定退休年龄机关事业单位全部工作人员数据采集及上报。经汇总，全区15年间符合退休人员5337人，其中公务员1683人、机关工人39人、事业单位工作人员3615人。

【专业技术人员职称评审考试和继续教育】 2015年，鼓楼区办理各行业及等级申报职称447人。全区新增各系列专业技术人员411人，其中高级职称119人、中级职称145人、初级职称147人。会同区财政、卫生主管部门按照职称属地管理原则，受理2036人报名参加全国会计中级专业技术资格考试；受理736人报名参加全国卫生初、中级资格考试。审核436名专业技术人员继续教育及学分，确认通过337人，通过率77.3%。其中，初级升中级培训236人、中级升高级培训101人。

【事业单位岗位设置和人员聘用】 2015年，鼓楼区设置13个涉及整合并轨的区属事业单位新岗位，按照岗位聘用原则和职责、任职条件，通过公开、平等、竞争程序，择优聘任工作人员。全年审批区属事业单位工作人员岗位聘任1520人，其中专业技术岗1429人、管理岗66人、工勤岗25人。

【事业单位人员年度考核】 2015年，全区应参加事业单位年度考核8975人，实际参加8926人，因健康等原因未参加年度考核49人。其中，考核优秀等次1336人，占参加考核人员14.97%；合格等次7363人，占参加考核人员82.49%；未定等次222人，其中试用期219人，立案调查期未下结论3人；因工作纪律问题考核基本合格等次1人；考核结果不合格等次4人，其中3人因受违纪处分、1人因无故旷工。

【军转干部安置】 2015年，全区接收营以下及专业技术军转干部18人（行政编17人，事业编1人）；接收自主择业军转干部13人。全年为自主择业军转干部缴纳医保费160余万元。

【领军型科技创业人才】 2015年是“‘321’人才引进计划”收官之年，全年申报提交市领军型创业人才407人，通过技术评审198人，入选84人；引进领军型科技创业人才364人，超额完成5年引进指标任务。引才企业中主营业务收入超过千万元7家，被认定为南京市创新型企业17家。

【人才培育服务保障】 2015年，区人社局为各引才单位工作人员、企业、科技创业人才等提供政策讲解、引进申报、政策兑现等服务，组织人员初审网上申报资格，成立项目小组优化申报计划书，确保申报质量；邀请风险投资家、企业家、专业技术人员为申报人提供综合答辩技能模拟培训；协助入选者办理企业选址、工商登记等手续，做好政策兑现服务。结合南京市“321”企业中期评估工作，走访调研全区领军型科技创业人才前6批226家企业，定制企业个性化帮扶方案。根据地税部门提供的数据，该区前6批“321”落地企业中有108家企业产生税收，占落地企业47.8%。至年末，48.2%的企业产生销售收入。

【“321”人才项目入选中国留学人员创业启动支持计划】 7月，驻区南京市领军型科技创业人才王健主持的“大型公共建筑全生命周期能耗管理及节能服务统一融合平台项目”，申报人社部2015年度中国留学人员回国创业启动支持计划，经过专家严格评审及人社部审核确定，入选优秀创业项目，获一次性创业支持资金奖励20万元。（吴婉榕）

【第八届中国留学人员南京国际交流与合作大会】 4月24～25日，第八届中国留学人员南京国际交流与合作大会（简称“留交会”）、2015年度南京“321计划”创业大赛总决赛在南京国际博览中心与“创洽会”同期举行。鼓楼区专题展位以“创聚鼓楼、创享未来”为主题，通过图文等形式，宣传鼓楼区人文特点、产业规划、人才政策、载体环境及创业成功典型等，吸引海内外人才及优秀技术、项目洽谈对接。在“321计划”创业大赛总决赛中，来自美国、加拿大、英国、法国等国家创业团队携25个项目参加，移动互联网、生物医药等成为创业热门领域。除大赛组委会统一活动外，该区举办“鼓楼创业行活动”，通过参观考察江东软件城、鼓楼区白云亭文化艺术中心等，向海内外人才介绍鼓楼区特有的投资环境、扶持政策及优质服务平台。此次“留交会”现场对接500余人，参加“鼓楼区创业行活动”180余人，达成落户意向70余人。（张璐 吴婉榕）

【工勤技能岗位等级考核和技师考评】 7月，鼓楼区机关、事业单位工勤技能岗位编制内在职在岗技术人员以及编外合同制人员开展技能等级考核、技师考评报名及材料审核工作。通过市工考办集体会审，全区31位工勤人员通过报名资格审核，其中参加工勤技术高级工、中级工、初级工等考核升级18人、技师考评报名13人（其中，申报高级技师2人、技师11人，通过初审7人）。（吴婉榕）

中国人民政治协商会议南京市鼓楼区委员会

【概况】 2015年，政协鼓楼区委员会（简称区政协）坚持团结、民主两大主题，履行政治协商、民主监督、参政议政职能，为促进全区平稳较快发展作出贡献。区政协一届三次全会期间，政协委员听取并审议政府工作报告和其他报告，综合归纳整理经济社会发展7个方面26条具体意见和建议，为区委区政府科学决策和任务落实提供参考。政协主席会议针对全区计生、体育、党史、地方志、档案、残联、红十字会、依法治区等社会建设工作开展调研视察，听取相关工作情况通报，提出意见和建议。政协常委会议专题听取区政府上半年经济和社会发展目标执行情况通报，区法院、区检察院工作情况通报，以及提案办理情况通报。各专委会围绕重大项目、科技产业、健康产业、信息技术、提案办理等议题组织委员视察调研，与相关部门开展对口协商，提出意见和建议。年内，区政协确定“民国建筑群和历史文化街区保护与发展”“基础教育内涵发展”为专题协商课题，并开展专题调研，适时与区政府相关部门召开专题协商会议，提出意见和建议，形成共识。

区政协通过政协提案和反映社情民意两项政协特色和优势工作，增强服务经济发展和民生福祉实效；发挥文史工作存史、资政、团结、育人功能，提升服务发展水平。结合区情实际，探索贯彻落实和创新发展基层协商民主有效举措，组织召开基层协商民主工作座谈会，研究在社区层面开展基层协商民主好办法。各街道政协工委发挥辖区资源优势，组织全国、省、市、区四级政协委员走进社区，开展民主协商活动23次。全年，收到提案284件，立案218件，全部办结，满意率95%。其中，解决采纳167件，占比89.8%。根据提案质量、办理效果，综合评定出年度优秀提案33件，并予以表彰。全年完成理论研究论文38篇，其中3篇被市政协评为优秀理论研究文章。挖掘辖区内文史资料资源，完成《纪念抗战胜利70周年》和《老下关记忆》两册《鼓楼文史》专辑，《鼓楼揽胜》画册进入定稿阶段。举办“珍爱和平”纪念中国人民抗日战争胜利70周年书画展、“长青雅集”——老委员、区级机关老干部书画展、庆“五一·颂和谐”书画联展等活动。在区委党校设立政协委员履职培训基地，增强委员履职观念，提升履职水平。是年，区政协连续第三年获南京市政协反映社情民意信息工作先进单位一等奖。

【提案办理】 2015年,区政协一届三次会议以来收到提案284件,立案218件,委员就经济版块建设、科技园区发展、城市长效管理、水环境治理、养老事业发展、历史街区保护、路面停车等经济社会发展问题提出意见和建议。办理过程中,提案委认真履行职责,紧抓提案交办、督办和落实3个关键环节,联系协调承办部门和提案人,为提案办理工作提供优质服务,推动提案办理工作优质高效进行。完善主席督办重点提案筛选和跟踪督办机制,根据提案办理进度,开展视察调研,3次召集承办单位和提案人面对面通报、协商办理工作。至年末,全部提案办理完毕,其中满意207件,满意率95%;基本满意10件,基本满意率4.5%;不满意提案1件,不满意率0.5%。

【社情民意反映】 2015年,区政协收集上报社情民意信息187篇,被市级以上政协采用78篇,上报及被采用信息数量均列全市各区之首。其中,《建议国家将新生儿遗传代谢病治疗纳入大病医疗保险》《对我国"十三五"发展规划的建议》等4篇被全国政协采用;《我市居民缴纳医疗保险困难重重亟需解决》《在内环快速路平叉路口增设信号灯调控车流建议》《建议我市在地下隧道引入无线广播信号》等信息得到市领导重视,并批转有关部门研究解决。《关于加快铁北地块开发建设的建议》《关于完善鼓楼区公共自行车站点的建议》等22篇事关鼓楼区经济社会发展信息对相关问题的解决起到推动作用。

【市政协十三届二十九次主席会议在区召开】 6月18日,市政协十三届二十九次主席会议部分议题在鼓楼区江东街道进行。会前,与会人员视察江东街道,并围绕"协商民主在基层"展开研讨。会上,鼓楼区政协和江东街道政协工委介绍基层协商民主工作经验,听取全市兄弟区县政协及街道代表关于开展协商民主在基层情况汇报,并进行协商讨论。2010年,江东街道成立政协街道工委,5年来紧扣团结和民主两大主题,发挥区域优势和主体作用,团结辖区省、市、区政协委员,扎根基层、倾听反映民意,探索出一条政协工作向基层延伸新路子。市政协主席沈健肯定该区基层协商民主工作"强化党委领导、提供支撑保障、实现重心下移、丰富协商形式"做法。

【"珍爱和平"纪念抗战胜利70周年书画展】 9月1～18日,区政协在下关历史陈列馆举办"珍爱和平"纪念中国人民抗日战争胜利70周年书画展,展出书画作品70幅,参展作者大多为区书法家协会、区美术家协会会员,有身经百战的老将军、德艺双馨老一辈书画家、享誉社会的中青年书画家(区政协委员、区政协书画协会理事),其中年龄最大95岁,最小23岁。参展作品用笔墨抒发对日本军国主义者和法西斯分子无限愤慨,讴歌中华民族不屈不饶、艰苦卓绝、自强不息、勇往直前的无畏精神,具有警示、教育意义,吸引参观者近370人次。 (刘　浩)

政协会议

【区政协一届三次会议】 1月6～9日,区政协一届三次会议在区召开。区四套班子领导、区法院院长、区检察院检察长,全体政协委员出席;区政协离退休老领导,区委区政府各部门负责人应邀列席。区政协副主席刘晓青主持会议。开幕式上,区政协主席王隆京作常委会工作报告,副主席王开琳作常委会提案工作报告。区委书记杨学鹏肯定政协2014年工作,同时提出聚焦重点和关键,为鼓楼区把握发展新常态集聚智慧;坚持团结和民主,为鼓楼区科学发展凝聚正能量;提升能力和水平,为开创政协工作新局面打牢基础3点意见。

【区政协一届常委会议】 2015年,区政协召开一届常委会议5次(第十至第十四次),听取和讨论区政府工作报告等。

第十次会议于1月7日召开。会议听取15个委员组学习讨论区委书记杨学鹏在区政协一届三次会议开幕式上讲话以及政协常委会、提案委员会工作报告情况汇报。

第十一次会议于1月9日召开。会议听取15个委员组讨论区政府工作报告及其他报告情况汇报;协商通过区政协提案委员会关于区政协一届三次会议提案初步审查情况的报告(草案)及区政协一届三次会议决议(草案)。

第十二次会议于3月17日召开。会议传达学习全国政协、江苏省政协、南京市政协会议相关精神,通报提案立案及交办情况,审议通过《区政协2015年常委会工作要点》《鼓楼区政协参政议政积极分子评选表彰办法》及相关人事安排。

第十三次会议于7月27日召开。会议组织全体常委分别参观南京军区军史馆和军区坦克训练修理大队。

第十四次会议于8月18日召开。会上,区政府常务副区长吴勇强、区法院院长衡阳、区检察院检察长杨建萍分别通报上半年工作情况及下半年工作打算。区委副书记陆敏通报区委改革办关于全区综合改革推进情况,区政府办公室副主任石红珍通报关于2015年重点提案办理情况,全体常委会委员围绕全区综合改革、提案办理、区"十三五"规划及全区经济社会全面发展大局提出一系列意见建议;陆敏、吴勇强分别就全区综合改革和提案办理有关情况向委员作进一步解释说明。区政协主席王隆京肯定"一府两院"上半年工作，希望全体政协委员继续关注全区经济社会全面发展大局，在做好本职工作的同时认真履行职责，多建有用之言，多献有用之策，为促进鼓楼发展作出新的更大贡献。

【区政协一届主席会议】 2015年，区政协召开一届主席会议11次（第二十一至第三十一次），先后研究开展政协委员联谊活动新形式，组织与会人员视察中央门街道青石村社区等。

第二十一次主席会议于2月10日召开。会议审议2015年区政协常委会工作重点，审议提案审查立案及交办工作，审议《鼓楼区政协参政议政积极分子评选表彰办法》，研究开展政协委员联谊活动新形式。

第二十二次主席会议于3月10日召开。会议组织与会人员视察中央门街道青石村社区人口文化建设情况、鼓楼区早教服务中心（建宁路社区卫生服务中心内），提出区计划生育宣传工作、人口素质提高工作、早教机构工作等意见和建议。召开座谈会，区人口和计划生育局负责人汇报2014区计生工作目标任务完成情况及2015年主要工作任务，副区长梁春燕就人口计划生育工作新变化、新情况及区政府围绕执行国家计生政策如何做好幸福家庭创建工作、推进计划生育工作创新、服务计划生育工作困难家庭等方面情况予以说明。

第二十三次主席会议于5月6日召开。会议围绕鼓楼区体育工作，组织与会人员视察鼓楼区社区体育中心、石头城体育公园和南京市羽毛球运动学校，听取区体育局工作汇报。参会委员就全区体育工作状况和发展提出意见和建议。会上，区政协主席王隆京提出面向社会、服务群众，注重群众体育事业发展，推进全民素质提升要求。

第二十四次主席会议于5月27日召开。与会人员视察区档案馆建设与管理情况；在随后的座谈会上，区委党史工作办公室、区地方志办公室、区档案局分别汇报两区合并以来工作情况以及下一步工作计划。与会人员分别就3个单位工作情况提出相关意见和建议。区政协主席王隆京作总结并提出3点工作要求。

第二十五次主席会议于6月24日召开。与会人员视察鼓馨阳光家园和生命安全体验馆；区残疾人联合会、红十字会负责人分别汇报两区合并以来工作情况以及下一步工作计划。与会人员分别就2个单位工作情况提出相关意见和建议。副区长梁春燕讲话并提出3点工作要求。

第二十六次主席会议于7月31日召开。会议围绕为民办实事工程，重点视察江东北路公共自行车系统建设和建宁路街道"平安e门"推广安装情况，听取区发改局、城市管理局和综合治理办公室等部门工作汇报。参会委员围绕会议主题进行讨论。副区长张凯作表态发言，政协主席王隆京提出3点工作建议。

第二十七次主席会议于8月14日召开。会议主题：视察2015年重点提案办理情况及2014年提案推进情况。与会人员实地察看五台山小区电梯运营情况及安怀村与和燕路交叉口绿地建设情况；区住建局通报"加强老旧小区高层住宅电梯维护管理的建议""提升园林绿地景观文化品位，促进居民素质全面提高"2件提案办理情况；区卫生局通报"加强社区卫生人才建设，提升基层医疗服务水平"提案办理情况。提案人与区住建局、卫生局提案承办单位负责人就如何进一步办理提案交换意见。区政协主席王隆京归纳总结并提出工作要求。

第二十八次主席会议于9月30日召开。会议围绕推进依法治区工作，分别听取区法制工作办公室、区依法治区办公室、信访局和征收办4个部门关于开展依法治区和依法行政工作汇报；参会委员结合自身工作实际，对相应部门提出工作意见和建议。副区长张凯作表态发言，政协主席王隆京从5个方面剖析依法治国进程中存在的问题，并强调依法治区4个方面工作。

第二十九次主席会议于10月26日召开。会议视察区市场监督管理局热河南路分局和湖南路分局，听取局长丁卫泽关于机构改革以来人员调整和工作运行情况汇报。会议期间，参会委员就社会关注度较高的"毒塑胶"和假冒伪劣产品查处等问题与视察单位进行交流。副区长童晓佳作表态发言，政协主席王隆京提出工作要求。

第三十次主席会议暨2016年工作务虚会于11月23日召开。会议听取区发改局关于2015年为民办实事项目落实及推进情况，肯定区政府相关部门在落实"三严三实"要求、践行"群众路线"中，贴近实际为民服务的工作效率和务实作风。各专委会和街道政协工委分别简要汇报2015年工作情况，着重阐述2016年工作计划和愿景。与会副主席结合各自分管工作进行点评，并从夯实工作基础、创新工作方法、拓展工作渠道和加强机关作风建设等方面提出2016年政协工作意见。政协主席王隆京提出2016年工作要求。

第三十一次主席会议于12月7日召开。会议通报区委有关人事调整情况；听取一届四次会议筹备工作汇报；协商讨论区政协一届四次会议议程（草案）、日程（草案）、常委会工作报告（讨论稿）和提案工作报告（讨论稿），会议同意将一届四次会议相关材料提请下次常委会协商通过。

（刘　浩）

专题议政

【"十三五"规划编制建言献策】 2015年，区政协围绕鼓楼区"十三五"发展规划编制工作，专家委员参加政府部门征求意见座谈会，提出区域发展定位、经济新常态下发展动力、城市建设与管理、基础教育均衡化和推进“智慧医疗”发展等意见，建议区“十三五”规划修订要充分体现和完善推进经济转型发展、促进创新驱动、提高社会文明程度、加快改善民生保障、加强生态文明建设和继续深化改革、改善政府与市场关系六个方面的内容。

【民国建筑群和历史文化街区保护与发展专题议政会】 8月26日，区政协就民国建筑群和历史文化街区保护与发展专题会同区政府开展专题协商议政。会上，区政协文史委主任李晶晶代表专题调研组介绍历时半年调研情况；政协委员王菡薇代表调研组汇报鼓楼区民国建筑群和历史文化街区发展定位及建议；政协委员顾华明、孔伟佳、陆沛瑜作补充发言；区委常委、区委宣传部部长董伟作鼓楼区推进民国建筑和历史文化街区保护利用方面存在主要问题相关解释和说明。区长曹路宝、区政协主席王隆京及滨江指挥部、区住建局、文化局、文创办、旅游局主要负责人参加会议。区政协各秘书长、专委会主任及街道政协工委主任列席会议。 （刘　浩）

【水环境综合整治重点提案主席督办会】 5月22日，区政协召开“河西地区地表水环境综合整治的建议”重点提案主席督办会议，听取区环保局、住建局、城管局汇报提案办理情况。区政协副主席王开琳，区政协委员、提案人南京水利科学研究院教授黄国泓出席，区政协提案委、区环保局、住建局、城管局负责人参加会议。会上，区环保局作提案办理情况汇报，区住建局、城管局作河西水环境整治与管理专题汇报。黄国泓委员对提案办理情况表示满意，希望水环境整治工作逐年向前推进，落实委员建议，逐步改善河西水环境质量。区政协副主席王开琳对落实委员建议、整治河西水环境提出3点要求；参会各有关部门认真研究委员建议，形成结合所在部门职责合力推进区域水环境综合整治工作不断深化的共识。 （区环保局）

调研与交流

【“民国建筑和历史文化街区保护与发展”课题调研】 3月，鼓楼区政协启动“民国建筑和历史文化街区保护与发展”专题调研。课题组邀请部分委员、专家学者、大学教授、特聘人士参加，全面深入了解辖区民国建筑、历史文化街区资源状况和保护现状，专程到北京、天津等地考察学习，并多轮分析研讨，探究对策，形成《鼓楼区民国建筑群和历史文化街区发展定位及建议》调研报告。在调研分析基础上，于8月26日召开专题议政会，课题组成员与区政府和职能部门负责人面对面协商议政，提出合理统筹规划、成立区级组织管理机构、创新发展思路、设立专项投融资平台、加大宣传力度、保证公共利益等6项意见和建议。

【“基础教育内涵发展”课题调研】 4月，鼓楼区政协开展“基础教育内涵发展”专题调研。课题组重点针对基础教育优质、均衡发展，教师队伍建设、学校评价体系改革和校园特色文化引领等方面交流探讨，初步完成《直面问题，敢于挑战，切实推进基础教育高标准高水平发展》调研文章，计划于2016年择时与区政府召开专题协商。

【安徽省岳西县招商团到区考察推介】 1月30日~2月1日，安徽省岳西县招商团在鼓楼区举办招商说明会，实地考察亚太商务楼、紫金（下关）特别社区运作模式和成果转化机制。鼓楼区政协会同区投资促进局、旅游局和工商联等部门，组织驻区15位企业家代表参加说明会，并与岳西招商团互相开展项目推介。考察期间，两地政协进行多方面工作交流。

【周越古率队赴上海、杭州专题调研】 5月14~15日，区政协副主席周越古率领由区政协委员、区属部分中小学校长和特聘高校教授组成的调研组，专程赴上海黄浦区和杭州西湖区调研学习。调研围绕鼓楼区“基础教育内涵发展”主题，重点针对基础教育优质、均衡发展，教师队伍建设、学校评价体系改革和校园特色文化引领等方面，与外埠教育界同行交流探讨。

【重庆市九龙坡区政协到区调研】 5月15日，重庆市九龙坡区政协调研组到区调研社区卫生机构绩效工作。区卫生局负责人介绍鼓楼区社区卫生服务机构基本情况和基层医疗机构绩效工作实施情况，双方就社区医疗机构绩效工作中存在问题交换意见，就如何创新思路、推进社区医疗机构绩效改革工作进行研讨，并取得共识。区政协副主席王开琳等陪同调研。

【合肥市瑶海区政协到区调研】 5月26日，合肥市瑶海区政协主席芮成清一行到江东街道专题调研基层协商民主工作。调研组参观街道“政协委员之家”建设情况，听取街道主任阙晶晶关于街道政协工委开展协商民主工作汇报，双方就基层开展协商民主工作进行讨论和交流。区政协副主席田跃初等陪同调研。

【王隆京到北京西路社区走访调研】 6月1日，区政协政协主席王隆京到共建结对社区宁海路街道北京西路社区走访调研，听取街道关于开展“民主协商在基层”工作情况汇报，了解社区开展纪念中国人民抗日战争暨世界反法西斯战争胜利70周年活动筹备情况。王隆京要求街道重大工作要充分发挥“协商民主”作用，探索创新工作方式方法，妥善处理各方诉求，使“协商民主”工作方式成为有力推进各项工作平台；同时表示区政协将动员全体政协机关工作人员精心准备、全力支持参加社区纪念抗战胜利70周年活动。

【广东省中山市政协主席一行到区考察调研】 6月4日，广东省中山市政协主席丘树宏一行到区考察宝船厂遗址景区，区政协副主席田跃初、秘书长李增平及景区相关负责人陪同考察调研。

【湖北省浠水县政协到区调研】 7月13日，湖北省浠水县政协主席郑宁一行到区，围绕“养老服务体系建设”开展专题调研。郑宁一行参观热河南路街道社区养老服务中心和南京建宁康复医院，围绕“养老服务体系建设政策引领、市场培育、融合发展、产业提升”等方面新模式、新理念、新举措交流座谈。区政协副主席田跃初等和区民政局有关领导陪同调研。（刘　浩）

民主党派

【概况】 2015年，鼓楼区中国国民党革命委员会(民革)、中国民主同盟(民盟)、中国民主建国会(民建)、中国民主促进会(民进)、中国农工民主党(农工党)、九三学社、中国致公党(致公党)、台湾民主自治同盟(台盟)8个民主党派设有基层组织104个。其中，基层委员会3个、总支8个、支部93个；有党派成员2295名。党派成员在区人大中有2名副主任、29名人大代表；在区政协中有4名副主席、146名政协委员。全区副处实职以上民主党派干部32名。

【中国国民党革命委员会南京市鼓楼区总支委员会】 2015年，中国国民党革命委员会南京市鼓楼区总支委员会(简称民革鼓楼总支)“关于海绵城市建设”等6件提案被选列为市、区“两会”优秀提案。组织调研骨干围绕全区党政中心工作，就现代农业及工业转型、交通规划、公共服务、城市管理、城镇化建设等课题调研，向区政协提供5篇调研报告。提交的《关于科技成果与技术转化空间评议报告》得到区政协和区科技局认可。总支组织上报十余篇社情民意信息，部分被区委统战部和民革市委会录用。开展纪念中国人民抗日战争暨世界反法西斯战争胜利70周年系列活动，组织40多名党员，赴安徽马鞍山凤凰湖山庄拓展训练2天；开展“铭记历史、缅怀先烈、珍爱和平、开创未来”红歌对唱比赛。11月10日，成立民革鼓楼综合五支部，民主选举产生首届支部委员会，林明竹担任支部主委，丁健、张晶晶担任支部副主委，董邦根担任支部组织委员，蔡公明担任支部宣传委员。是年，民革鼓楼总支被评为省服务社会先进集体，范闻天等4位党员被省民革表彰为服务社会先进个人，左杨莉被民革市委会评为反映社情民意信息工作先进个人。

【中国民主同盟南京市鼓楼区总支委员会】 2015年，中国民主同盟南京市鼓楼区总支委员会（简称民盟鼓楼总支）下属二总支组织盟员服务社会，南京铁道职业技术学院支部为大学生提供就业指导服务，开设人文素质教育系列讲座，开展心理咨询与团体辅导；组织依山郡社区居民到学院参观学习，组织宝塔桥部分社区居民到学院与学校部分教师、员工一道听取消防安全讲座和参加消防安全演练。南京市第十二中学支部老师郝跃华支援新疆教育；何成浩等盟员服务和谐社区建设，开设传统文化系列讲座，参加一日捐活动。南京师范大学附属中学支部义务辅导贫困学生。南京市第三十九中学、南京市第十二中学初中部支部开展捐资助学。南京市第六十六中学支部主委李红星捐款帮助学生学习声乐；支部每年在学生中开展捐书活动。综合支部与共建单位宝塔桥街道金陵四村居民开展健身活动，并提供活动奖品；与共建单位宝塔桥街道金陵四村开展“勿忘国耻·圆梦中华”国家公祭日主题活动。老师管京如为宝塔桥街道社区居民开办法制教育讲座、提供法律援助。8月，“管京如工作室”获“南京市最优女性社会组织”称号。11月23日，民盟鼓楼一总支基层支部与凤凰街道下辖社区党组织举行结对共建签约仪式，民盟鼓楼综合二支部、凤凰街社区作结对工作经验发言，并探索做好结对工作方式方法。

【中国民主建国会南京市鼓楼区总支委员会】 2015年，是中国民主建国会南京市鼓楼区总支委员会（简称民建鼓楼区总支)换届选举年。鼓楼区总支及所辖9个支部均完成换届选举，产生新一届领导班子。年内，民建鼓楼总支与区发改局开展对口联系活动，邀请鼓楼区发改局领导和相关科室人员，与民建企业家会员一行30余人，视察民建会员南京开元经济发展有限公司，体验公司“香山壹境”房地产开发项目，并座谈交流和咨询服务；民建鼓楼区综合五支部、二支部联合主办“民建之友”大讲堂，邀请南京大学商学院教授裴平、市文化广电新闻出版局葛继彬分别作“基于互联网的众创与众筹”专题讲座和全民阅读意义讲座，并提出与大讲堂合作参考建议。民建鼓楼区会员桑道春、白长宁资助柬埔寨西南部贡布省贡布市甘再社华裔小学“树英公校”1台台式电脑和2台笔记本电脑，出资维修1台电脑；调试所有捐助电脑，并安装常用软件，捐助1台显示器和配件给学校以作备用。

【中国民主促进会南京市鼓楼区总支委员会】 2015年，中国民主促进会南京市鼓楼区基层委员会成立，新成立的基层委员会，下辖鼓楼一总支、二总支、经济及新兴阶层支部，基层委员会主委由区督导室副主任邬向飞担任，副主委由杨清华、陈世生、卞鹏萱3人担任。年内，民进鼓楼总支与江东街道各社区结对共建，相继开展文化、历史进社区等系列活动11场。

【中国农工民主党南京市鼓楼区基层委员会】 2015年，中国农工民主党南京市鼓楼区基层委员会（简称农工党鼓楼基层委员会）省直文化综合支部、南京市同仁医院支部、南京市鼓楼小教支部等举行跨界、跨行业、跨地域"名医名师名家新春联谊"活动。农工党省委领导毛庆卫、市委领导孟钵、区委统战部副部长厉东芳等与医卫界、教育界和文化艺术界党员参加联谊活动。8月7~8日，农工党鼓楼基层委员会开展纪念中国人民抗日战争暨世界反法西斯战争胜利70周年、纪念中国农工民主党成立85周年主题教育实践活动，传达中央统战会议精神，邀请农工党党史专家王宗宏作"农工民主党与抗战"专题讲座。会后，全体党员前往安徽泾县参观叶挺、项英等老一辈无产阶级革命家指挥新四军作战军部旧址。

【中国致公党南京市鼓楼区总支委员会】 2015年，致公党鼓楼总支开展送温暖、献爱心、办实事活动，与中央门街道开展结对共建，并以此为平台，开展"社区三送"(送医义诊、送药帮困、送爱扶弱)活动。5月16日，组织由鼓楼医院支部主委翁文杰领队，汇聚内科、外科、骨科、肿瘤科、神经外科、心脏科、镇痛科等多名专家的"致公党医疗服务队"，到中央门街道为社区居民诊断病情、普及食疗养生常识，接待就诊咨询群众100多人次。总支联合中央门街道观音里社区党委开展送药进社区活动，为居民免费发放近万元常用非处方药品。总支号召党员为中央门街道模范马路社区居民、总支部结对帮扶对象、大三特困生开展爱心捐资助学，解决完成学业的后顾之忧。

【九三学社南京市鼓楼区基层委员会】 2015年，九三学社鼓楼基层委员会联合对口联系部门区科技局、挹江门街道及宝塔桥街道，围绕服务发展、服务民生开展调研，撰写提交专题调研报告2篇。先后组织九三学社中区政协委员及各支社社员走访区域街道社区，了解群众急需解决问题，反映社情民意并协调解决，撰写、提交建议提案10多篇。其中，"鼓楼区出新小区管理中的问题及其建议"作为2015年重点提案办理，并列入区政府年度重点工作，由常务副区长牵头办理；"关于妙耳山公园修缮的建议""关于老小区安装路灯的建议""关于无物管老旧小区维修问题的建议"等提案均获区主要领导批示。撰写社情民意28篇，其中社员纪习尚撰写21篇。28篇中"建议修订《国务院关于职工探亲待遇的规定》"被全国政协采用，另被省九三采用12篇、市政协采用8篇。南京市鼓楼医院、南京市脑科医院支部社员参加省、市、区组织社会义诊；南京市脑科医院支部多次组织策划心脑血管疾病大型义诊及科普宣传活动，并到结对共建宝塔桥街道下辖社区举办健康讲座；南京市儿童医院支部六一儿童节期间，到盱眙县人民医院举办义诊活动和儿童医疗保健知识讲座；鼓楼一支社孔祥卫组织年度祭孔活动，弘扬中国传统国学、孝道美德；鼓楼一支社、二支社及南京汽车集团有限公司支社围绕"南京创业人才321计划"开展招商引资和企业服务活动，为好项目牵线搭桥，引荐优秀人才到区落户。是年，一支社获九三学社省委2015年度思想宣传工作先进集体称号。12月11日，九三学社第十三届中央委员会第四次全体(扩大)会议上，九三学社鼓楼区基层委员会受到九三学社中央表彰，获庆祝九三学社创建70周年全国优秀基层组织称号。南京市脑科医院王小姗获2015年市级"十大女杰"荣誉称号，被授予"南京市三八红旗手标兵"。

【台湾民主自治同盟南京市鼓楼区支部委员会】 2015年，台湾民主自治同盟南京市鼓楼区支部委员会（简称台盟鼓楼支部）与民革鼓楼总支缔约为友好支部，推动共同建设与发展，为鼓楼区各项事业作出更大贡献。7月26日，台盟鼓楼支部、民革鼓楼总支与民革无锡新区总支在无锡市民生大厦民革新区总支"民革义工家园"，联合开展"培育和践行社会主义核心价值观参观学习暨主题书画笔会活动"，以"党派服务社会、奉献爱心"为主题，现场10多名两地党派成员书画家挥毫泼墨，每人各自创作2~3幅书画作品，同时共同创作2幅锦绣江南巨幅画作，所有作品均捐赠给民革无锡新区总支"民革义工家园"。年内，台盟鼓楼支部联合区台联走访调研区台协并召开座谈会，与会台商就两岸关系，台商在大陆出生的下一代户籍存在选择矛盾，并由此带来就学、就业和就医等一系列问题进行交流。 （翁开封）

工商联

【概况】 2015年，鼓楼区工商业联合会(简称区工商联)探索鼓楼特色工作模式，引导非公有制经济人士爱国、敬业、创新、守法、诚信、贡献，全区民营企业得到健康发展。其中，全区民营企业在境外投资新设企业32家，年内累计投资18.8亿美元，遍布18个国家和地区。江苏金浦集团有限公司收购西班牙酒店及德国酒庄，成为省、市、区民营企业"走出去"发展典型案列。

南京奥派信息产业股份有限公司、南京四新科技应用研究所股份有限公司等企业成功登陆“新三板”(全国性的非上市股份有限公司股权交易平台),大千生态景观股份有限公司、吉锐生物科技、江苏绿博低碳科技有限公司、南京天翔电子技术有限公司等企业筹备上市。开展“税银联动”活动,103家中小微企业受益,授信贷款额4900万元。年内,完成华侨路、宁海路等7家街道商会换届工作,成立区青年企业家联合会、区首家园区联合商会江东商会。是年,区工商联获2014年度江苏省“五好”(领导班子好、会员发展好、商会建设好、作用发挥好、工作保障好)工商联,成为江苏首批省级“五好”工商联,获2015年度省工商联系统先进集体称号;工商联所属南京钢贸商会、鼓楼路桥商会获2015年度全省工商联商会组织先进集体称号;区工商联社情民意、信息宣传工作获全市工商联系统一等奖;区工商联调研工作获市工商联先进,其中“深化改革,强化服务,再创鼓楼民营经济发展新优势”获全市工商联优秀调研成果一等奖;苏宁电器集团、苏宁环球股份有限公司、南京新城市商业置业有限公司、南京钢贸商会、南京航运商会获南京市工商联系统宣传先进单位称号;区工商联副主席单位苏宁云商集团股份有限公司、博西家用电器投资(中国)有限公司、南京汽轮电机(集团)有限责任公司、南京金州城北污水处理有限公司、南京四新科技应用研究所股份有限公司,执委企业南京康尼电子科技有限公司、南京全信传输科技股份有限公司、艾志工业技术集团有限公司、南京原野旅行社有限公司9家企业获2014年建设鼓楼突出贡献单位称号。

【7家街道商会完成换届】 2015年,区工商联指导华侨路、宁海路、湖南路、中央门、挹江门、江东、凤凰7家街道完成商会换届。年中,区工商联党组分别走访7家街道商会,与街道商会分管领导、部分街道主要领导沟通,总结推广中央门、江东2个街道换届筹备工作经验,及时提醒相关街道换届过程中应该把握的原则和有关注意事项。7月28日,中央门街道商会率先召开会员代表大会进行换届,至12月24日,宁海路街道商会举行换届大会,7家街道商会换届工作全部完成。各家商会根据章程,回顾上届商会工作,选举产生新一届街道商会领导班子,审议通过相关商会规定。

【区工商联一届三次执委会】 1月28日,区工商联(总商会)召开一届三次执委会议,学习贯彻落实区委区政府近期重要会议精神,总结2014年工作,部署2015年重点目标任务。区委常委、统战部部长丁健生,区人大常委会副主任刘人、区政府副区长王红出席会议。区工商联4个执委小组近百名执委参会。

【林毅夫调研飞元集团】 4月13日,全国工商联副主席、中国民间商会副会长林毅夫一行到区工商联副主席单位南京飞元集团,调研企业“走出去”发展情况。南京飞元集团自1998年“走出去”以来,在德国公司累计投资2000万欧元,通过学习德国先进技术,在日用玻璃器皿装备行业中位居世界第三。省工商联副主席陆群,市委统战部副部长、市工商联党组书记毛卫华等领导陪同调研。

【“税银联动”座谈会】 5月7日,鼓楼区“税银联动”为企业提供融资服务座谈会在江东软件城召开。会议由区工商联联合区国税局、区紫金科创特区管委会共同举办。来自区工商联、国税局、紫金科创特区高校园区联络处和江苏银行等金融机构,以及有贷款需求的鼓楼区企业家代表30多人参加座谈会。会议解读全市支持小微企业发展7项金融扶持政策,介绍小微金融特色产品以及新三板操作实务。活动根据小微民营企业需求,对接有关政府部门和金融服务机构,提供针对性服务,推进小微金融“政策直通、产品直通、信息直通、服务直通”,受到民营企业欢迎。

【区工商联获市首批省级“五好”工商联称号】 5月25日,区工商联获2014年度江苏省“五好”工商联称号,成为南京市首批省级“五好”工商联之一。2013年以来,经过全体执委、基层商会共同努力,区工商联按照“五好”创建标准,对标补差,夯实基础工作,建立健全规章制度,更新完善会员数据库,一批基层商会实现升级,服务水平进一步提升,作用显现更加突出,整体工作跃上新台阶,得到区委区政府和地区非公有制经济人士普遍认可。

【安七一到区调研】 8月4日,全国工商联党组成员、专职副主席安七一到南京紫金(下关)科技创业特别社区,开展“全面支持小微企业发展”相关政策措施落实情况第三方评估专题调研,实地走访江苏能瑞磁技术应用研究有限公司、台资企业南京群霆信息科技有限公司,并召开全国工商联第三方评估调研工作会,18家新创、初创企业负责人汇报企业发展和各级政府小微企业扶持政策落实情况。省工商联副主席陆群,市委统战部副部长、市工商联党组书记毛卫华,区委常委、统战部部长丁健生陪同调研。

【银企座谈会】 9月21日,鼓楼区工商联、区金融办举办银企座谈会,区工商联、金融办有关负责人,10家基层商会会长、紫金农商银行有关负责人参加会议。会上,区金融办解读《鼓楼区金融领域扶持中小微企业加快发展意见》,介绍鼓楼区企业债权融资、股权投资企业引进、利用资本市场融资、构建中小微企业综合金融服务平台工作和政策；紫金农商银行有关负责人分析经济金融形势并介绍金融产品；各商会会长围绕民营企业融资“痛点”，竟相发言，谈发展、想办法、出主意，部分会长单位与紫金农商银行达成意向性合作。

【“点对点”金融服务】 （参见第92页，“服务业”类目同名条目）

【区青年企业家联合会成立】 12月21日，南京市鼓楼区青年企业家联合会（简称青企会）成立大会暨第一次会员大会在华东饭店召开。市委统战部副部长、市工商联党组书记毛卫华，区委书记杨学鹏，区委常委、统战部部长丁健生，省青企会常务副会长江楠、市青企会常务副会长刘伟等出席，区委组织部、区民政局、投促局、科技局等有关负责人应邀参加。青企会有会员61人。大会选举产生第一届领导班子，江苏紫峰国际医疗管理有限公司总经理于辉当选为会长；刘智文、冯强、徐林海、颜涛当选为常务副会长，王三明等17人为副会长，秘书长1人，理事39人。会上，鼓楼区推介14个重点项目，区青企会与区招商中心签订合作备忘录；省青企会常务副会长江楠代表省、市青企会致贺词，区委书记杨学鹏祝贺青企会成立并提出4点希望。

【区首家园区、街道联合商会江东商会成立】 12月22日，鼓楼区“江东商会”成立大会暨第一次会员代表大会在江东软件城召开，江东街道、江东软件城主要领导及辖区30多家企业负责人参加会议。该商会为全区首个园区商会，与街道商会实行“两块牌子、一套班子”。会上，区委统战部副部长、工商联党组书记张敏宣读《关于同意成立鼓楼区江东商会的批复》。会议选举产生“江东商会”第一届理事会成员及领导班子成员，通过首届《江东商会章程》，南京巨鲨显示科技有限公司董事长王卫当选为第一届商会会长。

（牛　勇）

侨联台联

【“叙侨情暖侨心”老归侨座谈会】 4月，鼓楼区侨办根据归侨居住地分片举办“叙侨情暖侨心”老归侨座谈会。4月8日，邀请华侨路、宁海路、湖南路、中央门、挹江门5个街道40余名老归侨参加第一场座谈会。4月24日，邀请凤凰、江东、阅江楼、小市、幕府山等8个街道27名老归侨召开第二场“叙侨情暖侨心”座谈会。区委常委、统战部部长丁健生等参加2场座谈会。会上，区委统战部副部长、侨办主任厉东芳感谢与会老归侨早年回国参加祖国建设，并向老归侨介绍两区合并后新鼓楼基本情况，着重介绍区侨务工作开展情况以及侨情状况，宣传侨务政策及相关法律、法规。

【台协鼓楼分会完成换届】 5月15日，南京市台湾同胞投资企业协会鼓楼分会举行换届仪式。会议选举通过区第二届台协分会会长、秘书长人选：南京和雅投资有限公司总经理林永昌担任会长，半坡村咖啡厅总经理刘杰担任秘书长；原会长林作彬、秘书长俞金来担任顾问。市台协副会长、市台办副主任姜峰，区委常委、统战部部长丁健生，副区长梁春燕等领导应邀出席。市台协各位副会长、鼓楼分会各位理事50余人参加典礼。

【“看鼓楼寻故根共筑中国梦”活动】 6月12日，区委统战部、区台办、区侨办联合举办“看鼓楼寻故根共筑中国梦”活动。活动邀请区部分侨商、台商、港商40余人，参观《南京条约》议约地——静海寺、大陆官方最早与台湾交往联系出发地——石头城遗址公园、郑和七下西洋最大造船和出海基地——郑和宝船遗址公园和滨江风光带。活动旨在让工作和生活在区侨商、台商、港商了解鼓楼区，密切相互之间交流与合作，更好地为鼓楼区经济社会发展服务。

【《南京市华侨权益保护条例》培训】 7月30日，区侨办在挹江门街道丁山社区举办《南京市华侨权益保护条例》（简称《条例》）培训暨社区侨务工作推进会，全区13个街道统战委员、统战干事以及119个社区书记140余人参加培训。会议邀请市侨办侨政处工作人员宣传和解读新实施的相关政策，增强社区涉侨工作者对《条例》中相关法规政策系统认识，帮助社区工作者进一步树立依法护侨意识。

【台资企业集中普查】 9月1日至10月20日，鼓楼区台办联合区市场监督管理局，集中普查全区28家台资企业。普查历经动员部署、普查、数据汇总阶段，区13个市场监督管理分局负责人和各街道统战委员联合上门登记台资企业信息。通过普查，掌握企业第一手资料，了解企业详细数据。至10月20日止，全部录入系统完成上报工作。

【省侨办专题调研“侨务进园区”工作】 12月30日，江苏省侨办侨政处到紫金（下关）科创特区专题调研“侨务进园区”工作，并召开座谈会，区政务办、人才办、人社局、教育局、科技局等相关职能部门及华侨华人创业企业家代表参加调研座谈。调研组一行与吉锐生物技术有限公司等3家华侨创新创业企业负责人交流运营发展中存在的问题和困难，分别听取各部门有关华侨华人、留学回国人员在鼓楼区创新创业相关政策落实与服务成效汇报。

（曹秀玲　童　萍）

人民团体

总工会

【概况】 2015年，鼓楼区总工会围绕市总工会《关于实施2015年建会行动计划的通知》要求开展组建工作，以党工共建、非公企业法人数据库为基础，重点关注25人以上未建会企业，开展边普查边组建行动，夯实工会组织基础。至年末，全区新建独立工会104家，涵盖法人单位345家；新增工会会员9580人，农民工会员4000余人。

是年，区总工会获南京市第六届《劳动者之歌》职工合唱比赛优秀组织奖。驻区企业亚信集团"信悦读"获南京市"优秀职工阅读组织"奖。2个班组被授予南京市工人先锋号称号。

【劳模服务与管理】 2015年，鼓楼区完成59名上报劳模参选对象筛选工作，全区有19名职工被授予2012～2014年度南京市劳动模范称号。全年慰问辖区困难劳模9人，发放慰问金23万余元；元旦、春节期间慰问全区劳模154人。完善劳模数据库管理，启用电子支付手段简化劳模慰问金发放手续，确保劳模各项慰问、补贴发放准确率100%；组织劳模宣传活动，制作劳模展板10块，分别在鼓楼大厦和下关大厦巡展半个月，在《新华日报》《南京日报》《扬子晚报》和南京电视台宣传报道全区新当选劳模。

【职工法律援助】 2015年，鼓楼区将法律援助"绿色通道"建成职工群众快速维权通道，全年完成法律援助案件66件，参加广场法律咨询宣传活动2次，发放各类宣传书籍1000余册，制作展板26块。开展"五一劳动法律宣传服务月"活动和《中华人民共和国劳动合同法》颁布20周年纪念活动，在全区组织劳动法和劳动合同法知识宣传活动，各街道系统组织集中授课15场，制作劳动合同法宣传板报、宣传栏30余块。

【工资集体协商】 2015年，鼓楼区总工会推进非公企业和行业协商工作，把常态"春季要约""秋季要约"和动态要约结合起来，重点开展区域性、行业性工资集体合同签订工作，同步做好工资集体协商合同、集体合同、女职工特殊权益保护专项合同协商工作，全年发放要约书1800余份。招聘2名工资集体协商专职指导员，到区指导工资集体协商工作。推动全区所有中小企业全面建立协商民主机制，在湖南路商业街餐饮服务行业和服饰行业中建立工资集体协商制度。全年签订区域性、行业性工资集体合同168份，区域、行业覆盖企业单位4434家职工3.53万人。

【女职工权益保护】 2015年，鼓楼区女职工特殊权益保护专项合同签订率100%，与集体合同同步签订率100%；推树女职工先进个人和集体典型，崔惠娟等5人当选为2015年南京市"五一巾帼标兵"，教育系统、环卫系统、企业基层工会等5个岗位被授予2015年南京市"五一巾帼标兵岗"称号。女职工周末学校开展"书香茉莉——江苏女职工读书节"活动，引导全区女职工多读书、读好书，征集到读书征文80余篇。"三八"妇女节期间，筹集女职工康乐互助保障专项资金3万余元，为女职工购买康乐互助保险。

【困难救助和关爱】 2015年，鼓楼区发放市、区两级困难职工慰问金41.43万元（其中元旦、春节25.03万元）；发放98名市级特困职工人均爱心实物卡200元、医疗互助保险120元，金额3.14万元。全年筹集女职工康乐互助保障专项资金11.04万元，康乐参保1873人次；其他项目1.96万元，参保3618人次。夏季，筹集资金39.6万元慰问全区室外高温作业人员。与市总工会、区人社局和区妇联联合举办招聘会4场，组织800余人到场，达成就业意向500余人；为职工提供就业信息1200余条，提供就业咨询800余人次。为150名困难保洁员赠送3万元洗化生活用品；为社区困难民工保洁员和环卫工开展妇科、内科、口腔科、中医科等科目义务体检或咨询，并赠送防暑药品；组织15名保洁员子女参加"热爱南京、共享蓝天"夏令营活动。

【劳动竞赛】 2015年，鼓楼区上报196家单位参加市级"安康杯"竞赛活动，有9个班组、单位和个人被市表彰为年度"安康杯"竞赛先进单位和个人。组织下发全区普遍开展劳动竞赛指导文件，区住建局、城管局、旅游局等单位分别组织各种类型劳动竞赛活动4场，促进全区城市建设速度和质量、城市管理水平和要求、商业窗口服务标准提升。

【和谐企业创建】 2015年，区总工会组织全区各级工会开展2007～2014年命名的23家和谐企业"回头看"活动，活动分企业自查、系统内部检查2个阶段。活动期间，走访19家2014年区和谐劳动关系企(事)业单位，与企业负责人面谈，送上就业、补贴、培训等相关政策；组织全区"劳动关系和谐企业"创建活动，对2014年17家区级劳动关系和谐企业授牌。

【百日建会行动】 6月20日~9月30日，鼓楼区总工会在全区范围内开展百日建会行动，抓好园区、楼宇、街(区)、新社会组织等建会工作。年内组建鼓楼区紫金科技创业园区、南京红楼山庄有限公司等72家工会联合会，配备基础独立工会组织领导班子。制定鼓楼区

《关于开展"农民工集中入会专项行动"实施计划》,召开13个街道及相关系统工会专职副主席、工会协理员会议,统一布置全区"农民工集中入会专项行动",集中时间、人力、精力,推进农民工入会工作开展。至9月30日,全区4000余名农民工加入工会组织。

【"信悦读"获优秀职工阅读组织奖】 9月16日,在南京市总工会组织的"市劳模精神宣传教育活动表彰、职工阅读推进会暨第七届职工读书节"开幕式上,驻区亚信集团"信悦读"获2015年度优秀职工阅读组织奖。亚信集团"信悦读"图书角成立于2014年1月。至2015年年末,在北京、南京、上海、广州、福州、沈阳、成都、长沙、新疆、南昌等地设有20余处,有图书3500余册,其中200余套书籍为董事长田溯宁亲自推荐。"信悦读"图书角成立两年来,为员工创造良好阅读环境,形成求知奋进、开拓创新学习型组织氛围,使理想主义和专业主义精神成为企业文化建设核心动力。

【职工读书活动】 10月,南京市第七届职工读书节活动期间,区总工会在全区范围内开展"建设书香企业、培养知识型职工"读书征文活动,引导职工多读书、读好书。至年末,区总工会收到读书征文近400篇,并对所有征文进行评选,评出一等奖9篇、二等奖27篇、三等奖33篇。（张慧民）

共青团鼓楼区委员会

【概况】 2015年,共青团鼓楼区委员会(简称团区委)开展"爱心圆梦,温暖鼓楼"2015暖冬行动,举办2015"成长·感恩"主题公益年会,与区级机关工委联合举办"喜气羊羊闹元宵"机关干部元宵猜灯谜活动,召开共青团南京市鼓楼区一届三次全委(扩大)会议。举办"与人生对话"优秀中学生读书分享会,开展"奔跑青春,声动鼓楼"纪念五四运动主题实践活动。六一儿童节前夕,举行"走进红色记忆　放飞童年梦想"庆六一少先队表彰大会暨复兴小学少先队主题活动。组织街道团干部赴苏州、上海学习团建项目,联合区级机关工委举办机关青年"幕府登山寻宝"比赛活动。举办2015年度团队干部培训班,开展共青团"双报到"〔团组织到街道(镇)、团干部到社区〕工作见面推进活动。至年末,全区有基层团(工)委45个、基层团总支12个、基层团支部943个,新建非公企业团组织52家、共青团员17077人。年内,完成区"青年文明号"验收工作。

【团中央及团省市委调研指导"宝船社区·希望来吧"】 1月4日,团省委副书记蒋敏,团市委副书记林武平、吕璟等到区体彩爱心工作室"宝船社区·希望来吧"参观指导,并与区委副书记陆敏等座谈交流。2月12日,中央团校中国青年政治学院团研所所长、中国青年工作院校协会秘书长吴庆到"宝船社区·希望来吧"参观指导,团市委区县部相关领导陪同参观。参观指导中,团区委副书记陈昕介绍该"希望来吧"运作方式、运行流程、学生管理、特色课程等,并观看宣传片;参观书法教室、国学教室、船模教室、图书及电子阅览室等功能场所;查看"希望来吧"活动台账,召开座谈会。团中央及团省、市委领导肯定"宝船社区·希望来吧"工作,同时希望"希望来吧"始终以孩子需求为导向,完善各种配套设施,不断整合各方资源,拓展志愿服务阵营,确保关爱行动富有实效,切实发挥关爱作用,为外来务工家庭子女提供帮助。

【"爱心圆梦,温暖鼓楼"2015暖冬行动】 1月14日,"爱心圆梦,温暖鼓楼"2015暖冬行动先后在鼓楼区特殊教育学校(简称鼓楼特校)和"云谷山庄社区·希望来吧"举行,活动由团市委与团区委联合主办。省希望工程办公室主任魏月清,团市委、团区委相关负责人出席。活动中,出席领导与鼓楼特校学生一同观看《南京特教30年》纪录片,并向学生发放助学金6.39万元。在"云谷山庄社区·希望来吧",参会领导与孩子们共同观看吧微电影《成长·感恩》,欣赏孩子们手语表演《国家》儿童歌曲串烧。

【"成长·感恩"主题公益年会】 2月7日,鼓楼区"成长·感恩"2015年主题公益年会在宝船厂遗址景区举行,活动由团区委主办,鼓楼区百余名公益人士参加。年会上,播放《成长·感恩》微视频,再现鼓楼区6家"希望来吧"为孩子们提供课业辅导、兴趣课程、拓展活动等景象。志愿者和孩子们联合策划的开场舞《小苹果》、国学表演《十道黑》、手语表演《国家》儿童歌曲串烧等节目展现"希望来吧"孩子才艺,南京艺术学院志愿者现场表演小品《年夜饭》、歌曲《点亮未来》等节目。年会特别环节,由南京市体彩中心爱心工作室公益人士为"希望来吧"孩子现场捐赠50份助学用品。

【团区委一届三次全委(扩大)会议】 3月19日,共青团南京市鼓楼区一届三次全委(扩大)会议召开,区委副书记陆敏出席会议,团区委委员、候补委员及各街道、系统、中学60余名团干部参加会议。

会上,团区委书记樊向前作全委会工作报告,回顾2014年全区共青团工作情况,明确2015年总体思路和工作重点。会议表彰2014年度区信息宣传工作先进单位和先进个人,区城管局团工委、江东街道团工委、南京市第十二初级中学团委3家单位作交流发言。全会安排和部署2015年度开展共青团调查研究工作。区委副书记陆敏肯定团区委2014年工作成果,同时就新形势下做好共青团工作提出3个方面要求。会议审议通过《共青团南京市鼓楼区一届三次全委会关于一届委员会委员、候补委员卸职递补确认案》。

【"与人生对话"中学生读书分享会】 4月26日,"与人生对话"中学生分享会之"世界那么大　我想去读读"在区举行,分享会由团市委、市学联主办,南京新华书店、南京电视台生活频道、《金陵晚报》、团区委协办。江苏省教育学院附属高级中学和南京树人国际学校教师、学生、家长50余人参加。活动围绕"在今天,我们是否有必要阅读经典文学作品?""碎片化阅读,是否改变了我们的生活?"等主题进行讨论。学生、教师、家长代表分别作交流发言,分享阅读体会、创作佳品、阅读书单,获得与会者共鸣。

【"奔跑青春,声动鼓楼"主题实践活动】 5月4日,鼓楼区"奔跑青春,声动鼓楼"——纪念五四运动96周年主题实践活动举行,240余名团员青年参加。活动分"奋发吧,青年!""歌唱吧,青年!""撒欢儿吧,青年!"3个篇章,其中"奋发吧,青年!"表彰近年来为幸福鼓楼建设作出突出贡献的共青团先进集体和个人;"歌唱吧,青年!"是一场以"音为梦想、声动鼓楼"为主题的青年歌唱比赛,来自全区各系统、街道、中小学、大学生志愿者及社会组织等各方青年,组成6支参赛队伍,为大家献上《长城长》《我爱你中国》等歌曲;"撒欢儿吧,青年!"由团员青年组成5组参赛队伍,在滨江风光带举行红色足迹健走滨江活动。

【"走进红色记忆　放飞童年梦想"庆六一少先队表彰大会暨复兴小学少先队主题活动】 5月28日,"走进红色记忆　放飞童年梦想"庆六一少先队表彰大会暨复兴小学少先队主题活动在复兴小学举行。共青团南京市委副书记王慧以及鼓楼区相关领导、复兴小学全体少先队员2000余人共同参与大队主题活动。该活动是鼓楼区少先队"走进红色记忆　放飞童年梦想"系列活动之一,复兴小学少先队员将所见所闻所感用特殊方式传递给全区少先队员,生动演绎红色主题下《红色少年·梦幻画卷·多彩音符·梦想少年》四部曲。《红色少年》篇章,少先队员和辅导员用歌舞串烧还原电影经典场景,展示少先队员爱党爱国朴素情怀;《梦幻画卷》篇章,少先队员用音诗画表演《红领巾相约中国梦》,诉说自己的梦、身边的鼓楼梦和伟大的中国梦;《多彩音符》篇章,现场表演《读书小儿郎》民乐绘画组合及校园剧《我想当冠军》;《梦想少年》篇章,表演快闪舞《青春修册》。现场嘉宾为获2014年度鼓楼区优秀辅导员、少先队员称号代表,《红色地图》创作获奖代表颁发荣誉证书。

5月4日,鼓楼区开展纪念"五四"运动96周年暨"奔跑青春,声动鼓楼"主题实践活动

【区"青年文明号"验收工作完成】 6月18日,团区委召开2014年度区级"青年文明号"考核验收工作会议,由团区委副书记陈听牵头成立验收组,通过听取各单位汇报、查看创建资料等形式,全面检查验收2014年度9个区级"青年文明号"创建集体。验收中,各创建集体结合自身特色汇报和展示"青年文明号"形象标识、档案资料、文化建设、思想认识、青年活动开展情况等;验收组听取汇报,并与创建集体青年代表座谈交流,在各单位自查基础上,现场打分创建情况。9家单位均通过验收。

【团队干部培训】 10月12～13日,团区委举行少先队建队66周年绘画展暨2015年度鼓楼区团队干部培训班,全区街道、系统、中小学、社会组织100余名团干部、少先队大队辅导员和"青年文明号"号长参加培训,副区长梁春燕、区政协副主席田跃初等领导出席活动。培训由讲座沙龙、"少年派　手绘印象鼓楼"画展、"8090"系列之鼓楼小咖秀、素质拓展训练等系列活动组成。培训期间,邀请市委党校、团校客座教授岳翔宇作"媒体融合发展和共青团宣传工作案例剪影"主题宣讲,用生动翔实的工作案例让团干部意识到新媒体宣传工作重要性;在白云亭文化艺术中心开办"少年派　手绘印象鼓楼"画展,全区200幅优秀作品参加展览;举办"8090"系列之鼓楼小咖秀活动,各街道、系统、中小学、社会公益组织等各方青年组成8支参赛队伍参加表演;在南山湖举行素质拓展训练,由攀岩、彩虹跑等多项游戏环节组成,近100名团队干部参加训练。

【共青团“双报到”工作见面推进活动】 11月24日,团区委开展共青团“双报到”工作见面推进活动。11个驻区市直属团组织责任人与13个街道团工委书记参加。活动中,团干部参观鼓楼区志愿服务工作基地“宝船社区·希望来吧”和公共服务设施聚集体“苏宁睿城社区综合服务中心”,并开展座谈,介绍团建特色,剖析工作重点,交流活动经验。至年末,团区委动员组织市直11个大机关、大单位团组织与江东街道等13个街道办事处、社区团组织开展“双报到”活动,推进团组织间横向联系,促进资源向基层倾斜,形成网格化管理、阵地化服务、社会化运作、功能化发展的区域整体性格局。

（张　媛）

妇女联合会

【概况】 2015年,鼓楼区有女性41.56万人、儿童10.65万人。区妇女联合会(简称区妇联)下属街道妇联13个、系统妇女工作委员会11个、社区妇联119个;有三级妇联干部893人,其中专职14人、兼职879人;有妇女儿童活动中心1个。年内,区政府加强区、街、社三级妇联组织网络建设,成立区银杏树老年人服务中心、科技园红山创意工厂产业园妇联。将妇女免费“两癌”(乳腺癌、宫颈癌)检查、免费孕前优生健康检查、妇女创业就业综合援助、女职工权益维护服务、妇女参政能力提升、家庭文明建设创新发展、学前教育普惠优质发展促进、未成年人社会保护、老年妇女综合关爱、妇女儿童活动阵地建设10个涉及妇女儿童实施项目纳入《鼓楼区2015年度政府购买服务目录》;把落实妇女儿童实事责任纳入经济社会发展全局和部门重点工作,确保实事项目有序推进。启动妇女儿童公益服务微创投项目11个,推进区“十二五”妇女儿童发展规划圆满收官。在全区开展问卷调查、个案访谈,组织相关成员单位召开2场调研座谈会,科学合理编制《鼓楼区“十三五”妇女发展规划》《鼓楼区“十三五”儿童发展规划》及调研报告《南京市鼓楼区妇女儿童发展现况及对策》。全年走访调查348名妇女,为48名妇女办理创业小额贷款412万元,带动68名妇女就业,19人成功创业。举办家政、插花、电脑等技能培训34期,1460名妇女参加培训,229人取得相关证书。全年接待妇女群众上访121件,调解处理率99%以上。开展送科技、送教育、送文化、送服务等百团“四送”进百家主题宣传系列活动13场,开办文明礼仪、家庭美德、低碳生活、体育健身等讲座和课程142场。是年,区“兆兰儿童爱心小屋”项目通过市级验收。区妇联被评为江苏省巾帼建功先进集体、江苏省预防青少年违法犯罪工作先进集体;挹江门街道丁山社区获全国巾帼文明岗称号,区民政局婚姻登记处、区妇保所、区法院未成年人及家事审判庭、南京鼓楼人力资源服务中心4家单位被授予江苏省巾帼文明岗。区妇联推荐的“十大女杰”陈平当选为市级劳动模范,石头城社区党委书记兼妇联主席王燕君获南京市十大女杰提名奖及“三八”红旗手标兵称号,鼓楼医院护理部主任陈湘玉、区检察院副检察长徐明明被评为南京市“三八”红旗手。石头城社区家园文化灌溉孕育家庭文明之花及江东街道“寻找最美家庭,感受最美风尚”寻找最美家庭活动分别获南京市家庭文明建设创新案例一等奖和三等奖。黄震昌家庭获南京“十大最美家庭”称号,王燕均等9户家庭被评为南京市“最美家庭”。

【妇联基层组织建设】 2015年,区妇联继续夯实区、街、社三级妇联组织网络,13个街道、119个社区配齐统一标准和标识“妇女儿童之家”沙发、橱柜和报架——体现“三到家”(妇女群众平时能看得到妇联,有困难时能找得到妇联,关键时能用得到妇联)理念,突出社区“妇女儿童之家”服务功能。加强江东街道、小市街道妇女儿童活动中心及宁海路街道彩虹社会工作服务中心“妇女儿童之家”阵地建设指导,争取资源,协调解决困难。培育发展各类女性社会组织,科技园区红山创意园、女性社会组织鼓楼区银杏树老年人服务中心成立妇女组织,建立联系和服务妇女长效机制。吸收“阳光家园”爱心助学协会负责人为区妇联常执委,拓展妇联工作范围,延伸妇联工作职能。

【妇女儿童公益服务项目微创投活动启动】 2015年,鼓楼区启动妇联工作项目化暨妇女儿童公益服务项目微创投活动,通过各街道妇联和女性社会组织项目申报,鼓楼区惠仁社工服务中心组织专家督导团评审项目方案内容、可行性、预期效果、经费预算等,最终确定:贫困单亲母亲、困境儿童和家庭“巾帼圆梦行动”、“模拟家庭生活之道”“做好亲子阅读促进家庭和睦”“困境儿童及新市民子女圆梦‘微心愿’”“从‘心’出发——妇女儿童家庭综合服务项目”“青少年、新市民工作服务”“多多快乐购”“关怀来自深刻的理解”——关爱失独与单亲母亲11个项目立项,凸显妇联组织和女性社会组织承接政府公共职能、服务妇女儿童与家庭重要作用。

【妇女权益维护宣传】 2015年,区妇联与区法院、区检察院、公安鼓楼分局等部门联合开展“三八”妇女维权周广场宣传服务活动,提升妇女自身维权意识和依法维权水平。联合区民政局、司法局、教育局等多家单位开展“文明南京”支援服务行动。区综治宣传月广场活动中,区妇联集中宣传《中华人民共和国妇女儿童权益保障法》《中华人民共和国未成年人保护法》《中华人民共和国婚姻法》等法律法规，向群众发放《维护妇女权益法律法规宣传手册》《江苏省实施妇女权益保障法》等宣传资料和宣传手册。全年参与平安鼓楼建设，与“宁姐工作坊”联合开展普法讲座6场。

【青少年思想道德建设】 2015年，鼓楼区组织开展“心中有祖国”教育活动、“心中有他人”文明活动和“安全大于天”等各类暑期活动，引导少年儿童学习和践行社会主义核心价值观。举办第四届国际家庭日主题活动——“低碳环保　展现自我”亲子环保时装秀、鼓楼区第二届亲子节暨湖南路地区第15届亲子游戏节，组织42名青少年到国防园参加“我们的抗战纪念日”夏令营活动等。

【“十二五”妇女儿童发展规划收官】 2015年，鼓楼区2次召开全区妇女儿童工作会议并举办成员单位领导及监测统计员专题培训和辅导，全面推动区“十二五”妇女儿童发展规划各项指标落实。至年末，《鼓楼区妇女发展纲要、规划终期评估报告》有目标要求的87个指标，82个达到或超过目标，达标率94.25%；《鼓楼区儿童发展纲要、规划终期评估报告》有目标要求的63个指标，62个达到或超过目标，达标率98.41%。

【“缘来珍惜，共建家园”项目启动】 1月，鼓楼区第一个以婚姻辅导为主的公益项目——“缘来珍惜，共建家园”项目启动运行。2014年年末，区妇联针对80后、90后闪婚闪离现象，引进“缘之园”婚姻家庭服务中心，在鼓楼区政务大厅一楼民政局婚姻登记处和三牌楼社区设点，配备国家二级心理咨询师，为家庭关系、婚姻关系提供公益咨询辅导，同时常年对未婚男女进行婚前辅导。10月，该服务中心受邀至白云亭社区驻点服务，并为颂德里社区提供公益咨询服务。年内，“缘之园”婚姻家庭服务中心在三牌楼社区开展驻点服务，进行社工团队心理学培训及心理辅导3次，帮助社工学习调节自我状态并培训社工专业接访技能；举行广场为民服务活动1次，开展失独母亲专项关爱行动、老龄妇女身心状态专项调查和帮扶活动；心理辅导长江失事轮船“东方之星”号遇难者家属、戒毒妇女等。至年末，婚姻辅导820人，其中离婚前咨询190对，128对调解成功，调解成功率67.4%；离婚后情绪辅导12人；婚姻法律咨询20人；婚前辅导204对。其中，鼓楼民政大厅辅导新婚夫妻48对、离婚夫妻咨询17对（只有4对夫妻办理离婚手续，其他夫妻关系缓和后没有办理离婚），全区非理性离婚现象有所减少。

【三级妇联干部培训】 3月，区妇联与南京大学社会学院联合举办鼓楼区三级妇联干部社会工作交流培训班，50多人参加。培训班从妇联工作与社会工作结合点入手，培训“社会工作通用模式与通用模式的实践”“社会工作项目设计实践与评估”等内容，教授妇联干部掌握社会工作理念方法。邀请“宁姐工作坊”讲师团浦口区健康教育指导中心心理咨询师赵团山到阅江楼街道，为女干部举办“和谐沟通，情绪管理”专题辅导讲座，讲授交流沟通重要性及与人沟通技巧，约60人参加活动。9月，区妇联与区委组织部、区委党校联合举办为期2天的全区三级妇联干部培训班，180多人参加培训。培训班举办“家事案件常见法律问题分析”“做一名聪慧的职业女性”“妇联工作项目化运作”等专题讲座，拓宽妇联干部工作视野和增强新形势下妇女工作能力和水平。

【三八国际劳动妇女节105周年纪念活动】 3月5日，区委宣传部、区妇联与区文化局在区白云亭文化艺术中心联合举办“平等和谐促发展　巾帼共建新鼓楼”主题活动，纪念三八国际劳动妇女节105周年暨表彰2014年度鼓楼区“最美家庭”幸福人。陆敏、冯雯兰、张晓燕、王红、甘卫华等区四套班子领导及区妇联退休老领导，街道、社区妇联约200人参加。活动中，表彰鼓楼区35户“最美家庭”，区领导陆敏等为冯再平、苏冬玲等10户“最美家庭”代表颁发获奖证书；社区工作者和巾帼志愿者组成演讲团，宣讲5户“最美家庭”事迹；活动现场主持人采访照顾社区老人6年并热心公益活动的金兆惠和积极投身志愿服务的80后志愿者马连平全家；各街道巾帼艺术团队表演歌舞《家和万事兴》《妈妈70一朵花》《浅吟春雨》《南京我爱你》等文艺节目。

【“迎三八·架金桥”女性专场招聘】 3月6日，区妇联与区人力资源和社会保障局联合在鼓楼区人力资源服务中心（虎踞路49号）2楼大厅，举办“迎三八·架金桥”女性专场招聘会。30多家企业提供部门经理、营业员、收银员、客服等800个岗位，达成录用意向282人。招聘会现场设立专门妇女服务展台，发放春风就业宣传册、就业创业促进政策宣传单页、妇女维权手册等300余份。宣传册印有求职指南、维权注意事项、公共职业介绍机构名称、联系方式及办事流程，为辖区妇女提供方便快捷就业及创业指导服务。

（包桂林）

【“巾帼风采耀滨江”活动】 3月7日，“巾帼风采耀滨江”全区机关女干部庆祝三八妇女节健步走活动在滨江4号码头广场举行。活动由区级机关工委、妇联、体育局主办。区委书记杨学鹏、区长曹路宝等区四套班子领导，区委区政府女领导冯雯兰、谈健等出席活动启动仪式，新区成立以来获省、市、区表彰的“三八红旗手”“巾帼岗位明星”等11名机关女干部代表和近300名机关女干部参加健走活动。曾获南京市十佳公仆称号、70岁高龄的区人大常委会原副主任张世英和团区委副书记陈昕代表女干部致辞。活动前，区妇联组织新区成立以来获省、市、区“三八红旗手”“巾帼岗位明星”的女干部参观下关历史陈列馆。活动当天，利用展板等形式，宣传新区成立以来获省、市、区“三八红旗手”“十大女杰”“巾帼文明岗”“巾帼岗位明星”机关女干部先进事迹；近300名佩戴统一标识机关女干部在区领导带领下，沿鼓楼区滨江风光带岸线[欢乐舞台(下关历史陈列馆)—中山码头—红云桥—宝船遗址公园]，走完约4800米路程。

（李富慧　周　磊　包桂林）

【手工编织培训】 5月8日至6月12日，区妇联依托幕府山街道云谷山庄社区“妇女儿童之家”，与南京鼓楼幕燕社会工作服务中心合作，举办“舞动指尖”创业就业手工编织(初级)培训班，帮助妇女实现灵活就业，下岗失业女性及单亲贫困母亲60多人参加。该培训为免费培训，有20课时，每周3次，时间跨度1个多月，课程主要围绕手工编织技巧、编织色彩搭配等内容。培训结束后，学员均熟练掌握钩针、棒针等基本编织技巧，能独立完成鞋帽、围巾、连裤衫、开衫等作品。并评选出29名优秀学员和10件优秀作品。10月19日，区妇联领导把学员亲手编织的120顶毛线帽、价值3000余元的慰问品送到区银杏树老年人服务中心老人手中。

【“牵手成长·E家圆梦”大型公益活动】 5月29日，“牵手成长·E家圆梦——江苏万名困境儿童”大帮扶活动启动暨南京童安守护揭牌仪式在宝船社区举行。省慈善总会副会长陶礼仁，省妇联儿童部领导，鼓楼区区委及区人大领导，市、区妇联及江东街道相关领导出席启动仪式并共同触亮“江苏万名儿童大帮扶”爱心球。活动现场，爱心企业为妇女儿童公益事业捐赠善款；参会领导为小朋友送上学习礼包，并祝六一节快乐；10位社会妈妈与帮扶儿童互换结对卡；江东街道基层妇联主席张爱琴代表社会妈妈发言。

【全国家庭教育指导服务体系工作组到区调研】 6月7日，中国儿童中心党委书记丛中笑一行到区调研全国家庭教育指导服务体系工作。调研中，工作组考察湖南路地区家庭教育中心工作，听取中心成立13年来，在“公民道德建设与家庭教育”“现代家庭道德教育研究”“各年龄段家庭道德培育研究”课题研究及亲子游戏节、小公民夏令营、楼栋关工委等方面工作汇报，并观看湖南路地区第15届亲子游戏节开幕式演出。工作组肯定湖南路街道家庭教育方面所做工作，并指出要提炼湖南路地区家庭教育模式经验加以推广。省、市、区妇联领导，湖南路街道相关部门领导陪同调研。

【“兆兰儿童爱心小屋”项目结题】 6月19日，“鼓楼区兆兰爱心小屋”项目结题会在小市街道召开，南京市妇联、市妇女儿童工作委员会办公室相关领导组成专家组进行验收，出资方苏宁环球集团副总裁吴兆兰及区妇联有关领导到会。会上，项目负责人谈春霞以PPT形式进行结题汇报，专家组个别访谈部分项目儿童，查看项目台账，部分项目儿童进行才艺展示。专家组给予鼓楼区实施该项目一年来工作高度肯定，并提出项目发展建设性意见；吴兆兰认为“爱心小屋”很有成效，表示继续出资让“爱心小屋”延续下去，同时希望更多爱心人士帮助扶持小屋，让爱心不断传递。“鼓楼区兆兰儿童爱心小屋”由区政府妇女儿童工作委员会办公室开发设计，旨在帮助留守儿童、流动儿童及困境家庭儿童关爱扶助，于2014年5月30日在南京市正式启动。区心莲家庭心理调护中心老师谈春霞负责开办并组织运作，小屋设置在小市街道东井新村社区活动中心二楼。开办以来为社区内流动儿童及困难、困境家庭儿童开展“亲子阅读”系列沙龙活动，培养儿童时间管理意识、锻炼儿童时间管理能力。年内，继续推进“小候鸟共享蓝天”——“兆兰儿童爱心小屋”项目活动，开展模拟小法庭、民族文化与布艺沙龙、“我爱我家‘融合绘画’”“探索·发现”艺术灵性成长等各类活动160场。（包桂林）

6月19日，市妇联副主席贯慧带队参观并验收“鼓楼区兆兰爱心小屋”项目

鼓楼年鉴 2016

街道社区

Subdistrict Community

华侨路街道

【基本情况】 华侨路街道地处鼓楼区东南部、新街口商圈西北角,东沿上海路、广州路、中山路,南临汉中路,西接秦淮河、明城墙、石头城风光带,北沿北京西路、虎踞路、汉口西路,面积3.64平方公里,下辖7个社区居委会,户籍居民2.31万户8.84万人。街道办事处驻广州路177号。

2015年实现地区生产总值149.7亿元,同比增长10.2%,其中服务业增加值142.9亿元,同比增长11.8%。一般预算收入7.03亿元,同比增长18.4%;社会消费品零售总额64.1亿元,同比增长13.3%。全社会固定资产投资10.9亿元,完成率181.75%;城镇居民人均可支配收入55745元,同比增长9.1%。完成税收12亿元,同比增长30%;完成公共收入6.9亿元,同比增长20%。

是年,街道获南京市信访工作基础建设先进街道(镇)称号。

2015年华侨路街道社区居委会基本情况

表48

序号	社区	居民户籍规模(千户)	总人口规模(万人)	80岁以上老人(人)	残疾人(人)	最低生活保障家庭(户)	最低生活保障边缘家庭(户)	党组织建制	党员规模(人)	办公服务用房面积(平方米)
1	慈悲社	3.5~4.0	1.1~1.2	583	121	26	5	党委	450~500	800
2	广州路	2.5~3.0	0.9~1.0	331	96	20	3	党总支	400~450	300
3	龙蟠里	3.5~4.0	1.6~1.7	534	101	16	1	党委	200~250	450
4	清凉山	2.0~2.5	0.8~0.9	286	81	32	12	党委	200~250	408
5	五台山	3.0~3.5	1.3~1.4	356	125	22	14	党委	350~400	400
6	虎踞关	4.0~4.5	1.4~1.5	533	119	24	1	党委	400~450	350
7	石头城	3.5~4.0	1.2~1.3	359	110	75	16	党委	350~400	810

注:表内数据为12月底的时点数,因全年相关数据部分为动态汇总,与条目中相关数据存在不一致

【经济发展】 2015年,华侨路街道税收24.1亿元,同比增幅5.8%。其中区街共管企业税收12亿元,同比下降8%;公共收入5.1亿元,同比下降5%。属地企业税收12.1亿元,同比增长24%;公共收入7亿元,同比增长18%。地区生产总值、服务业增加值2项指标位居全区第一。跟踪服务虎踞路135号大地商务大厦、南京中医药大学健康城、南京医科大学国际妇幼中心、新华日报社立体停车场等重大项目,全部项目按形象进度有序推进。全年新增高技能人才取证80人,完成100%。

【环境综合整治】 2015年,华侨路街道整治占道经营、户外广告、倚门出摊648家次;拆除户外楼顶广告牌700多平方米,清理废旧车20余次、路边垃圾80多起200余吨;拆除峨嵋岭道路老旧违建65平方米,取缔永庆巷2个占道非法洗车点;与1300家单位和经营店家签订"门前三包"责任书。结合道路整治和小区管理,在盔头巷、延安路等实施划线停车和POS机收费管理,新建车棚4处;疏通汉中路金轮广场、汉中门车站等主要干道沿线排污管道,整修排水沟盖板及路面。投入200万元,改造、整修拉萨路6~12号小区和明华新村及峨嵋岭10号院老旧小区基础设施,33个老旧小区安装楼道灯,实施亮化工程。在南京市市容长效管理考核中,4次进入前15名,其中2次进入前10名。

【民生保障】 2015年年末,华侨路街道在册低收入保障户215户327人,低收入保障边缘户52户135人,全年发放低收入保障金218.21万元、低收入保障边缘户补助金6.6万元、临时困难救助金3.12万元、80岁以上老人高龄补贴2946人189.87万元。全年新增城镇就业2800人,实现再就业1200人,援助困难人员就业280人,培育自主创业者250人,创业带动就业2000人,大学生创业50人,再就业培训380人,以上指标均完成100%。是年,街道结合区"微幸福"工程,投入20万元为民服务专项资金,解决民生问题140个。

【社区建设】 2015年,华侨路街道依托五台山社区周边医疗体育资源,打造五台山"生命健康"特色社区,与省人民医院、省体育局、南京市中级人民法院等驻地单位,开展仁医志愿行、健康讲坛、阳光院落、翰墨书香等惠民共建活动,受惠百姓5000余人。在永庆村小区利用一处200平方米社区原办公服务用房,建成1个居家养老服务

站，可供500名老人就餐，实现助餐、精神养老和医养结合等多项服务。制订社工包片服务考核细则，强化社工包片300户服务，将居民对社工服务满意度直接与社工收入挂钩。是年，街道整合慈悲社、广州路2个社区服务站，建成街道便民服务中心，将与居民关系密切的109项公共事务集中在8个窗口办理，集中承接政府延伸到社区公共服务事务。引进鼓楼区鹤颜服务发展中心、夕阳希望乐园等社会组织，分别建成虎踞关社区居家养老服务站和龙蟠里社区文化养老服务站。

【平安建设】 2015年，华侨路街道将政法综治、信访维稳工作分解量化，明确相关科室、社区、综治列管单位责任，并签定责任书，定期组织召开综治列管成员单位会议，专题研究部署涉信访矛盾、纠纷隐患工作。加强信访工作宣传，出黑板报6期，办宣传栏5期。年内，接待居民来访22批142人次，来信23封；解决各类问题22起，无集体上访、越级上访、重复上访；平稳处置城西干道建设工程、大地建设集团虎踞路135号项目、金鹰三期工程、省人民医院扩建工程等重大项目矛盾纠纷；街道社区派专人及时上门安抚1户涉及"东方之星"号客轮翻沉事件家庭，全程跟踪服务，化解家属负面情绪，配合省、市有关部门圆满解决后续事宜；推广"365"党员志愿者民情站经验，构建基层党组织"听民意、察民情、解民忧、惠民生"零距离服务有效平台。全年为无物业管理小区安装"平安E"型单元防盗门53樘；排查各类矛盾纠纷28次162起，成功调处145件，成功率90%。

【楼宇经济】 2015年，华侨路街道发挥楼宇综合服务中心和楼宇信息平台作用，提升楼宇在地注册率和税收贡献率，建成1栋2亿元楼宇（亚太商务楼）和1个亿元园区（艺术金陵园区）。加强与辖区世界500强企业南京分支机构和街道大企业互动，转化南京国际租赁公司、瀚华担保公司、德勤永华会计师事务所、恒生银行、德轩堂药业等9家企业，涉及税收6000万元。与区市场监管分局、新街口—湖南路商务商贸区管委会联动，走访1000余家企业。至年末，楼宇租赁税收8321万元，增长53%。

【共驻共建】 2015年，华侨路街道与驻地单位党组织围绕共建"健康华侨、美丽华侨、幸福华侨"，制定地区党建联席会章程，构建"先锋引领、凝聚共识、合作共建、谋求共赢"区域化党建新格局。与金陵饭店共同在亚太商务楼打造以"青春党建"为特色金陵饭店楼宇社区党群服务中心；与大众书局合作，提供千余册图书供党员借阅；与驻地单位党组织共同组织党员赴雨花台烈士纪念馆重温入党誓词，参观"'三严三实'好干部专题展"、侵华日军南京大屠杀遇难同胞纪念馆，举办"微心愿"认领、"党旗飘飘"书画展和登山环保行等活动。以为民服务为主线，建立网格（院落）党支部，65个老旧小区院落被驻地单位党组织认领。利用企信通每周发1条廉政短信给街道全体党员。全年上报"三重一大"事项92件、涉及金额1000余万元，无迟报和漏报。"七一"前夕，街道工委与南京新闻广播电台举办"左邻右里相携手，有事没事您说话——在职党员社区行"活动，丰富党建生活。（毛超林）

宁海路街道

【基本情况】 宁海路街道地处鼓楼区中心，是江苏省委、省政府、省政协及区委区政府所在地，位于石头城之东，中山北路、上海路以西，南北分别以汉口西路、模范中西路为界，辖区面积3.99平方公里。设有9个社区居民委员会，户籍居民2.83万户10.6万人。街道办事处驻宁海路54号。

2015年实现地区生产总值144亿元，同比增长10.3%，其中服务业增加值142.8亿元，同比增长11.9%。完成一般预算收入3.22亿元，同比增长3.3%；社会消费品零售总额51.31亿元，同比增长11.6%。全社会固定资产投资3.9亿元，完成率64.95%；城镇居民人均可支配收入49479元，同比增长8.9%。

是年，宁海路街道获2012～2014年全市信访工作基层基础建设先进街道（镇）、城市治理优胜单位。

2015年宁海路街道社区居委会基本情况

表49

序号	社区	居民户籍规模（千户）	总人口规模（万人）	80岁以上老人（人）	残疾人（人）	最低生活保障家庭（户）	最低生活保障边缘家庭（户）	党组织建制	党员规模（人）	办公服务用房面积（平方米）
1	山西路	4.5~5.0	1.5~1.6	505	117	46	6	党委	650~700	420
2	仙霞路	3.0~3.5	1.1~1.2	439	64	19	1	党委	200~250	70
3	北京西路	3.0~3.5	1.0~1.1	367	55	8	2	党委	250~300	310

续表 49

序号	社　区	居民户籍规模(千户)	总人口规模(万人)	80 岁以上老人(人)	残疾人(人)	最低生活保障家庭(户)	最低生活保障边缘家庭(户)	党组织建制	党员规模(人)	办公服务用房面积(平方米)
4	古　林	3.0~3.5	1.5~1.6	422	29	28	3	党委	200~250	110
5	苏州路	4.5~5.0	2.3~2.4	465	103	40	6	党委	300~350	260
6	天津新村	3.0~3.5	0.9~1.0	482	44	6	0	党委	150~200	455
7	颐和路	4.5~5.0	1.2~1.3	694	100	25	4	党委	350~400	320
8	康藏路	2.0~2.5	0.6~0.7	334	74	29	8	党委	250~300	400
9	三步两桥	3.0~3.5	1.1~1.2	353	140	43	14	党委	600~650	400

注:表内数据为 12 月底的时点数,因全年相关数据部分为动态汇总,与条目中相关数据存在不一致

【经济发展】 2015 年，宁海路街道税收 11.88 亿元，同比增长 9123 万元，增幅 8%；公共收入 6.6 亿元，同比增长 5500 万元，增幅 9%。其中街区共管企业税收 6.3 亿元，同比增长 9925 万元，增幅 19%；公共收入 3.4 亿元，同比增长 4468 万元，增幅 15%。属地企业税收 5.58 亿元，同比下降 602 万元，降幅 1%；公共收入 3.2 亿元，同比增长 1032 万元，增幅 3%。全年税收 50 万元以上 147 家企业中同比税收下降有 78 家、基本持平 9 家、实现正增长 60 家。是年，街道组织南泰大厦申报亿元楼宇、颐和商厦申报楼宇改造奖励，3 人通过中高级人才评审。

【环境综合整治】 2015 年，宁海路街道拆除整治人和街沿线、南阴阳营沿线、四卫头沿线违法建筑。全年拆违 241 处 3375.7 平方米。改造拓宽人和街，整体改造南阴阳营。通过环卫托底、社区配合、街道考核“三位一体”新模式，发放《致店家的一封信》5000 份，与 1500 家单位续签“门前三包”责任书。整治匡芦路、剑阁路、山阴路等老街巷，尤其是四卫头和仙霞路等片区乱停车、停车难问题，全年划设机动车停车泊位 700 个，机动车违停贴单 7565 张。增设 3 处非机动车停放点、电动自行车便民充电桩 20 个。

【民生保障】 2015 年年末，宁海路街道在册低收入保障户 244 户 373 人，全年发放低收入保障金 215 万元；年末在册低收入保障边缘户 44 户 99 人，全年发放低收入保障边缘户补助金 4 万余元。组织再就业技能培训 800 次，全年新增城镇就业 3472 人，其中再就业 1352 人，就业困难人员就业 256 人。是年，街道以三步两桥社区、颐和路社区作为民主协商工作试点单位，以“畅通渠道、汇集民意、促进参与”为原则，通过召集居民代表、专家团队等构成协商主体，通过“邀约”模式共同探讨协调解决小区居民实际问题。成功解决中商万豪楼宇失火后有关电梯维修、损失补偿、物业管理等一系列难题；通过“邀约” 模式制定水佐岗 48 巷 5 号小区停车难题解决方案等。

【社区建设】 2015 年，宁海路街道整体迁建颐和路社区将军馆和三步两桥社区海洋国防教育馆，加大两馆内部展陈、外围宣传、软件服务方面投入，新增展陈面积 1850 平方米。年内，建成云南路 44 号社会组织孵化基地，邀请“陈宗霞”工作室、“泥旦旦”工作室、“葫天瓢地”工作室等社会组织，走进社区开展特色服务，扩大影响力和覆盖面。全年新增社区服务用房 300 平方米，改造升级宁海路街道便民服务中心，设立康藏路片区社会事务受理中心，开展一站式服务。

【平安建设】 2015 年，宁海路街道排查南京地铁 4 号线建设、模范西路快速路网拆迁、水佐岗 15 巷拆迁、宁夏路周边环境综合整治、省委和省财政厅地下车库等重大项目推进中出现的各类矛盾 78 起，其中群体性矛盾 11 起，化解 75 起，化解率 96%。办结工单 1204 件，按期办结 1204 件，办结率 100%，其中城管 1027 件，民政 119 件，其他科室 58 件。全年安装“平安 E”型单元防盗门 67 樘，完成率 90%。是年，街道排查整治老旧电梯安全隐患 54 起，维修更换中商万豪等楼宇电梯 5 部。整改 1687 家单位安全生产隐患 230 起；签订安全生产责任状 200 份，张贴预防各类事故告知书 2000 份，签订《企业安全生产公告六条规定》2000 份，发放签收《社会单位消防安全承诺书》3000 份。年内，建立 500 人志愿者骨干队伍，全年注册平安志愿者 6000 人，注册平安志愿者占人口 5%。

（李　雪）

【“两馆”迁址扩建】 2015 年年初，鼓楼区启动并全面推进颐和路社区将军

馆和宁海路街道海洋国防教育馆（以下简称“两馆”）迁址扩建工作。新扩建“两馆”位于宁海路54号，均为迁址重建。新将军馆面积416平方米，分为序厅、沙场雄威、将军晚年生活3部分；新海洋国防教育馆面积1100平方米，分为序厅、海洋历史篇、海洋形势篇、海洋资源篇、海洋国策篇、辽宁舰航母专题馆、海洋社区篇等8部分。将军馆原址位于颐和路社区，该社区住着向守志、朱文泉、傅奎清、张玉华、甄申、彭勃等30多位戎马一生、功勋卓越的共和国老将军。2004年，社区开辟1间房，展陈30多件实物及图片资料。2009年，全国首家社区将军馆——颐和路社区将军馆开馆。2013年9月，宁海路街道在三步两桥社区打造海洋国防教育馆。至年末，将军馆房屋加固和改造基本完成，进入布展阶段；海洋馆房屋改造接近竣工。

（李　雪　蔡巍巍）

【宁海路街道“两会”】 2月6日，宁海路街道召开2015年度社区党建联席会和社区建设协调委员会会议。南京军区原司令员朱文泉，省政府副秘书长、省级机关事务管理局局长费伟康，省民政厅厅长侯学元、省人大内司委主任顾汉萍、省委办公厅副主任束慧敏、省委省级机关工委副书记李新平，河海大学校长徐辉，区领导杨学鹏，曹路宝、王根宝、陆敏、冯雯兰、丁健生、谈健、王红，驻地省级机关、驻军部队、院校及重点企事业单位领导近百人出席会议。会上，宁海路街道汇报2014年工作情况和2015年工作打算。与会人员开展座谈交流，为宁海路地区发展和街道工作提出建设性意见和建议。朱文泉肯定街道一年来取得的成绩，并就颐和路社区将军馆和宁海路街道海洋国防教育馆扩建工作提出3点要求。区委书记杨学鹏对街道下一步工作提出6点要求。

【“宁海党建在线”网站及微信平台开通】 7月1日，宁海路街道举办“宁海党建在线”网站及微信平台开通仪式暨“共建幸福家园”主题党日活动。江苏省委组织部、省级机关工委、省级机关事务管理局、省疾病预防控制中心、南京市委组织部、区委组织部领导及200多名党员代表参加活动。“宁海党建在线”网站及微信平台开通后，推出众筹项目42个，征集“微心愿”148个，义卖物品17件；完成众筹项目17个、“微心愿”80个。

【第四届海洋夏令营开营】 8月21日，宁海路街道与中国人民解放军海军指挥学院联合举办第四届海洋夏令营，各社区30多位中小学生参加夏令营活动。夏令营组织营员参观海军指挥学院海军军史馆，向营员赠送舰船模型，让营员全面了解中国海洋国防力量发展史，永记历史教训，建立守护“蓝色国土”国防意识。

【张玉华将军百岁华诞】 11月15日，区委书记杨学鹏、区相关部门领导及宁海路街道主要领导登门向颐和路社区将军张玉华祝贺百岁华诞。张玉华是参加过抗日战争和解放战争老兵，自1986年离休后，投身慈善事业，先后向全国各地贫困群众、学校捐款40万元，捐赠大米1万公斤。2012年被评为“中国好人”。2015年9月3日，受邀参加纪念中国人民抗日战争暨世界反法西斯战争胜利70周年阅兵式，为抗战老兵乘车方队成员，在天安门广场接受祖国和人民检阅。区领导为老将军送上“百岁寿星”生日蛋糕和庆生鲜花，向老将军表示崇高敬意，祝老将军百岁生日快乐。张玉华在生日快乐歌声中许愿、吹蜡烛、切蛋糕，与大家共唱经典红歌《跟着共产党走》。

【宁海路街道商会成立】 12月24日，宁海路街道商会成立暨第一次会员代表大会在街道办事处召开。区委、区工商联相关领导及地区40多家企业代表参加大会。区人大代表、南京大件起重运输有限公司董事长陶志强当选商会会长。

（李　雪）

湖南路街道

【基本情况】 湖南路街道东至中山路、中央路，南至广州路，西至上海路、云南路、江苏路、山西路，北至中山北路、虹桥、童家巷，区域面积2.65平方公里。下辖8个社区，户籍居民2.41万户7.61万人，有党组织78个、党员3573名。街道办事处驻青云巷27号。

2015年实现地区生产总值115.8亿元，同比增长10.2%，其中服务业增加值114亿元，同比增长12%。完成一般预算收入7.12亿元，同比增长10.3%；社会消费品零售总额102.74亿元，同比增长12.2%。全社会固定资产投资1.4亿元，完成率46.67%；城镇居民人均可支配收入61041元，同比增长8.8%。

是年，街道司法所获2015年度江苏省优秀司法所、江苏省社区矫正先进集体称号。裴家桥、云南路、青岛路3个社区分别获江苏省文明和谐社区，获江苏省优秀社区志愿服务组织、江苏省和谐建设示范社区称号。

2015年湖南路街道社区居委会基本情况

表 50

序号	社　区	居民户籍规模（千户）	总人口规模（万人）	80岁以上老人（人）	残疾人（人）	最低生活保障家庭（户）	最低生活保障边缘家庭（户）	党组织建制	党员规模（人）	办公服务用房面积（平方米）
1	马台街	3.5~4.0	1.0~1.1	551	132	43	14	党委	400~450	1500
2	裴家桥	3.5~4.0	1.3~1.4	545	144	33	5	党委	400~450	450
3	丁家桥	0.8~0.9	0.2~0.3	67	22	2	1	党总支	50~100	564
4	傅厚岗	3.5~4.0	1.4~1.5	675	134	33	2	党委	450~500	900
5	大方巷	4.0~4.5	1.2~1.3	553	172	40	6	党委	450~500	540
6	南秀村	2.0~2.5	1.3~1.4	364	55	9	2	党委	150~200	630
7	青岛路	2.0~2.5	1.6~1.7	391	55	23	4	党委	200~250	640
8	云南路	4.0~4.5	1.0~1.1	783	196	33	6	党委	400~450	1158

注：表内数据为12月底的时点数，因全年相关数据部分为动态汇总，与条目中相关数据存在不一致

【经济发展】 2015年，湖南路街道完成税收28.5亿元，其中8家区街共管企业完成税收16.3亿元，增幅40%；属地企业完成税收12.2亿元，增幅12%。引进千万元以上大项目96家；开元石化、凯海贸易等35家企业转税2000万元。全年引进“321”人才3人，新增高技能人才110人，入选江苏省“双创”企业1家；苏宁银河国际广场、凤凰国际广场、紫峰大厦、新联创业园税收过亿元；翠峰大厦入选区特色楼宇，商务商贸业集聚率40%以上。

【环境综合整治】 2015年，湖南路街道制定小区院落、楼道卫生等9个工作菜单，淘汰更新环保车410辆，集中整治卫生死角6500余处，清理单元楼道2091个，清除各类垃圾3891吨，拆除私设地锁26个；试点垃圾清运市场化运作，建筑垃圾收费率从40%提升到86%；改造南秀村7号二次供水，受益居民474户；增设丁家桥和云南北路临时停车场，新增停车泊位305个，辞退10名严重违规违纪收费人员；主次干道、背街小巷沿线商家市容环卫责任区签订率100%、网格化管理覆盖率100%。是年，街道获南京市市容长效管理考核优胜街道称号。

【民生保障】 2015年年末，湖南路街道有低收入保障户216户350人、低收入保障边缘户40户97人、重度残疾户73户79人，全年发放保障、补助、救济金277.08万元，80岁以上高龄老人补贴253万元，独生子女父母奖励金944万元。为139名优抚对象、82名在职烈士遗属发放抚恤金173万元。年内，街道有五保对象11人，其中集中供养8人、分散供养3人。全年慈善捐款28万元、红十字会捐款3.8万元。失业人员RTI（乙肝）检查后续服务60人。新增城镇就业2807人，其中大学生就业占比69%；实现再就业1350人，援助困难人员就业297人，培育自主创业人员327人，创业带动就业2340人。

【社区建设】 2015年，湖南路街道新增社区文化场所面积4200平方米，按“三室一路径”标准，建成棋牌室9个、乒乓球室11个、室内健身室3处、室外健身路径23处，形成“十分钟体育健身圈”。建成南秀村、大方巷、云南路和青岛路4个社区AAA级社区居家养老服务站，设立助餐服务点6个（含中心厨房1个），1600多名老年人办卡，每日用餐600人次。建成0～3岁婴幼儿早期发展指导站6个。全年街道持证社工53人，持证上岗率66%。街道登记注册社会团体325个，民办非企业157个，登记合格率100%。

【平安建设】 2015年，湖南路街道接待群众纠纷投诉359批667人次，调解282起，调解成功率100%；接收处理信访件10件，接待来访44批次51人次。全年排查877家企业安全隐患，整改平安里76号安全隐患70处。配合区委区政府相关部门，善后处理北秀村3号火灾、“东方之星”号沉船事故等突发事件。调处苏宁乐购仕租赁、云南路社区三条巷32~40号居民与国税大楼建设纠纷，全年未发生群体性纠纷事件和民事转刑事案件。为8个社区安装“平安E”型单元防盗门121樘。办理“12345”工单3856件，办结率100%，综合满意率在全区13个街道中排名第一。是年，街道获江苏省调解示范点称号。

【社区矫正】 7月30日，湖南路街道司法所与江苏宁嘉律师事务所合作设立“湖南路社区矫正工作协会”，通过普及法律知识、组织关爱活动矫正和帮教在册社区服刑人员及帮教对象。年内，矫正协会开展法律知识讲习4

次，上门走访22人次，组织关爱活动2次，解除矫正14人、帮教12人。全年在册社区矫正人员22人（缓刑16人、假释3人、暂予监外执行3人）、帮教对象75人（其中刑满释放人员70人），无1人重新犯罪。是年，街道获江苏省社区矫正先进集体称号。

【老旧小区自管新模式】 2015年，湖南路街道在无物业管理老旧小区试点管理创新模式，组建裴家桥、随园等17个老旧小区居民自管委员会，把小区停车位租赁和聘请小区物管人员经费来源两大困扰老旧小区管理难题结合起来，通过居民自主协商，民主解决。全年，试点小区拆除私设地锁26把、聘请物管人员22人，未发生重大物业管理矛盾和治安事件，该做法被《南京日报》作为老旧小区管理模式创新报道。

【"军民鱼水，双拥共建"特色社区建成】 2015年，湖南路街道以"双拥共建促发展，齐心协力筑和谐"为主题，在丁家桥社区建成"军民鱼水，双拥共建"特色社区，街道与江苏省军区司令部、政治部有关处室和基层连队围绕传统、重大节日，组织开展广场文化体育表演、义务理发、维修家电等多项双拥共建活动3场。是年，街道以军嫂就业服务站为平台，为随军家属、下岗失业军嫂提供就业机会12个，其中实现就业5人。驻地连队邀请社区青少年进军营，请军区老首长对青少年进行爱国主义和理想信念教育，为社区青少年体验军营生活、接受国防教育、磨练意志提供重要基地。

10月21日，湖南路街道丁家桥社区组织驻区部队战士、志愿者为社区内独居老人、军烈属老人、残疾老人举办"温馨重阳饺子宴"

【湖南路地下商业街项目开工建设】 （参见第74页，"产业板块"类目同名条目）

【湖北路商业综合体项目开工建设】 （参见第74页，"产业板块"类目同名条目）

（冯 磊）

中央门街道

【基本情况】 中央门街道位于鼓楼区东北部，东到中央路，南到童家巷，西到中山北路，北沿福建路、护城河，区域面积3.37平方公里。下辖12个社区，户籍居民3.5万户10.45万人。有两院院士6人、享受国务院津贴17人、全国中青年突出杰出人才35人。街道办事处驻三牌楼大街138号。

2015年实现地区生产总值78.6亿元，同比增长10%，其中服务业增加值62.5亿元，同比增长11.7%。完成一般预算收入4.44亿元，同比增长14.6%；社会消费品零售总额42.07亿元，同比增长11.5%。全社会固定资产投资3.31亿元，完成率110.25%；城镇居民人均可支配收入39296元，同比增长9%。

是年，街道获省级科普示范街道、市统一战线工作先进集体、市平安建设先进街镇、市信访工作绩效考核先进街镇、市信访工作基层基础建设先进街镇称号。将军庙社区获国家级综合减灾示范社区称号，新门口社区姜春田被评为全市政法系统南京首届最美平安志愿者，汇林绿洲社区民警刘宇翔被评为南京最美警察。

2015年中央门街道社区居委会基本情况

表51

序号	社 区	居民户籍规模（千户）	总人口规模（万人）	80岁以上老人（人）	残疾人（人）	最低生活保障家庭（户）	最低生活保障边缘家庭（户）	党组织建制	党员规模（人）	办公服务用房面积（平方米）
1	紫竹林	3.0~3.5	0.9~1.0	473	119	30	8	党委	400~450	398
2	观音里	3.0~3.5	1.0~1.1	610	141	38	7	党委	450~500	258

续表 51

序号	社　区	居民户籍规模（千户）	总人口规模（万人）	80 岁以上老人（人）	残疾人（人）	最低生活保障家庭（户）	最低生活保障边缘家庭（户）	党组织建制	党员规模（人）	办公服务用房面积（平方米）
3	工人新村	3.5~4.0	1.1~1.2	455	95	27	4	党委	400~450	820
4	汇林绿洲	3.5~4.0	1.2~1.3	224	82	60	4	党委	300~350	300
5	将军庙	2.5~3.0	1.0~1.1	294	100	30	6	党总支	300~350	650
6	青石村	2.5~3.0	1.0~1.1	517	81	17	4	党委	300~350	600
7	劝业路	1.5~2.0	1.0~1.1	340	54	17	3	党总支	200~250	385
8	三牌楼	3.5~4.0	1.1~1.2	460	182	94	12	党委	350~400	400
9	颂德里	3.5~4.0	1.0~1.1	446	113	36	4	党委	650~700	160
10	天正和鸣	3.5~4.0	1.0~1.1	391	103	18	7	党委	500~550	447
11	模范马路	3.5~4.0	1.6~1.7	470	174	62	14	党委	400~450	580
12	新门口	3.5~4.0	0.9~1.0	350	83	52	4	党委	300~350	64

注：表内数据为 12 月底的时点数，因全年相关数据部分为动态汇总，与条目中相关数据存在不一致

【经济发展】 2015 年，中央门街道属地企业完成税收 7.45 亿元，公共财政收入 4.44 亿元，同比增幅 15%，完成率 100%。专利申请 1089 件，其中发明专利 768 件；专利授权 745 件，其中发明专利授权 477 件。完成固定资产投资监测目标 3.31 亿元，完成率 110.25%。至年末，街道引进 16 名“321”人才、1 名科技创业家。第 3～7 批入选人才中正常经营（非零社保或有税收）占比 100%。南京海天信息技术公司、南京东纳生物科技 2 家企业年度营业收入超过 200 万元。

【环境综合整治】 2015 年，中央门街道出动 26 批 400 人次，拆除违建 73 处 372 平方米。集中整治占道经营、倚门出摊 170 余次，收缴违法经营器具 37 件，驱离流动摊贩 500 余人次。签订“门前三包”承诺书 230 份，全年清运各类垃圾 1190 车 4760 余吨。贴单 7000 张。专项清理“三小车”8 辆，整顿小餐饮扰民，取缔 5 家，整改 11 家。

【民生保障】 2015 年年末，中央门街道有低收入保障户 481 户 893 人，新进线 32 户，退线 35 户，全年发放低收入保障金 547.39 万元；年末有低收入保障边缘户 77 户 183 人，新进线 18 户，退线 16 户，全年发放低收入保障边缘户补助金 8.45 万元。为困难群体发放苏果超市和慈善超市救助券 122.7 万元。全年新增城镇就业 4100 人，完成率 152%；实现再就业 1932 人，完成率 161%；城镇登记失业率控制在 2.7%。参加全国残疾人专项调查，走访调查 1258 名残疾人，为残疾人募集善款 12.285 万元。投入 240 万元，征集为民服务项目 331 个，受益居民 20.5 万人次。

【社区建设】 2015 年，中央门街道把东柏果园 48 号原社区服务中心改造成集为民服务、文体活动、科普、居家养老等功能为一体便民服务中心；合并原劝业路和将军庙社区公共服务站，组建社区公共服务中心站，实行政府服务事项外包试点；在三牌楼社区建成以“家”文化为主题特色社区 1 个；建成工人新村和观音里社区科普广场 2 个，举办科普大讲堂 10 场、科普讲座 100 场、各类教育培训活动 152 场。

【平安建设】 2015 年，中央门街道在无物管小区安装视频监控 200 个、楼宇防爬刺 600 枚、汽车电动车智能防盗器 120 套；购置社区保安巡逻电动车 12 辆。年内，调解居民纠纷 282 起，其中化解国际广场地面施工扰民、芦席营 24 号停水等群体性矛盾纠纷 11 件及信访积案 2 起，化解率 64.7%，社区可防性案件同比下降 36.6%。全年处理“12345”工单 2487 件，办结率 100%，群众满意率 94.91%；办理“12319”平台派工单 1387 件，办结率 100%，群众满意率 95%；办理“96180”工单 148 件，其中区长信箱 4 件、市长信箱 28 件、网络问政 18 件、普通诉求工单 98 件，综合满意率 82.35%。

【社区协商民主试点探索】 2015 年，中央门街道工人新村社区和新门口社区推进社区协商民主，试点探索社区协商民主新形式、新内容。年内，工人新村社区依托“议事园（会）”平台，线上线下收集议题，把每月 15 日设立为“民意收集日”，安排专人听取和收集居民意见建议。新门口社区依托“老姜工作室”“居民轮值”平台定期收集民情民意，引

导社会关爱孤寡老人。至年末,2个试点社区征集各类协商议题123个,开展协商活动46场,解决各类难题11个。

【获省级科普示范街道】 2015年,中央门街道发挥将军庙防空防灾科普教育馆、百米科普长廊、科普阅读大屏宣传教育作用,发放健康宣传单页及保健手册6000余册。打造紫竹林社区丁家桥小学"南京市中小学科技创新星光基地""鼓楼区中小学生机器人实践教育活动基地"、天正和鸣社区"洪爷爷科技工作室"、工人新村社区"老年科普大学"、模范马路社区南京邮电大学互联网科技基地等科技学堂和教育实践场所,开办保健、养生、食品安全、防震减灾等科普大讲堂7次,提升全民科学素养。12月,中央门街道被省科协命名表彰为江苏省科普示范街道。

【南京首个社区APP项目上线】 6月28日,南京首个社区APP项目——"中央门生活圈"在汇林绿洲社区上线。该项目整合周边100多家商家资源,为社区居民提供在线购物、洗车、快递、邻居互助、二手交易、家政保洁等实体商家服务;为上班族解决没时间排队洗车、买菜,没渠道找钟点工等问题;为居家老人预约家政服务、送货上门。300多位社区居民先期注册。

链接:

APP指智能手机第三方应用程序。外语全称:Application,外语缩写:APP。实际是由第三方利用网络应用程序构建服务平台,为供需双方提供相应服务。

【全区首家街道双拥协会成立】 8月7日,全区首家街道双拥协会在中央门街道劝业路社区挂牌。协会根据《中央门街道双拥协会章程》,由街道、属地部队和企业推举理事21人组成。街道、部队、企事业单位、社会组织代表42人参加挂牌仪式。

9月22日,新门口社区"新心百家宴"社会组织成立并揭牌

【中秋"百家宴"】 9月22日,新门口社区举办爱老敬老"中秋百家宴"。88位热心居民、33家爱心单位献上132样菜肴,社区近百位独居空巢老人参加宴会品尝菜肴。"百家宴"上,"新心百家宴"社会组织成立并揭牌。鼓楼区鹤颜服务发展中心、南京长江医院等8家驻区单位,"老姜工作室""爱心彩虹"等志愿者团队就老人吃饭、就医、便民服务作出承诺。

(李万昕)

挹江门街道

【基本情况】 挹江门街道地处鼓楼区西北部,东以中山北路、福建路、钟阜路为界,南至模范中路、模范西路,西临古城墙,北与阅江楼、建宁路2个街道办事处交界,面积3.34平方公里。下辖9个社区居委会,户籍居民2.43万户6.85万人。街道办事处驻萨家湾89号。

2015年实现地区生产总值58.1亿元,同比增长9.3%,其中服务业增加值50.7亿元,同比增长11.3%。一般预算收入属地企业完成2.55亿元,增长24%,共管企业完成0.61亿元,增长16%;社会消费品零售总额39.27亿元,同比增长10.7%。全社会固定资产投资3.34亿元,完成率111.37%;城镇居民人均可支配收入44170元,同比增长9%。

是年,街道获南京市关心下一代工作先进集体、法治南京建设先进单位、南京市幸福家庭建设示范街道、南京市城市治理工作优胜街道。丁山社区获全国巾帼文明岗、全国侨务工作示范单位、江苏省科普示范社区等称号;妙峰庵社区获全国科普示范社区称号;察哈尔路社区获江苏省充分就业示范社区称号;模范西路社区获南京市平安家庭创建活动示范社区称号。

2015年挹江门街道社区居委会基本情况

表52

序号	社　区	居民户籍规模(千户)	总人口规模(万人)	80岁以上老人(人)	残疾人(人)	最低生活保障家庭(户)	最低生活保障边缘家庭(户)	党组织建制	党员规模(人)	办公服务用房面积(平方米)
1	戴家巷	3.0~3.5	0.9~1.0	428	171	70	11	党委	250~300	407
2	福建路	1.5~2.0	0.5~0.6	238	62	22	6	党总支	200~250	200
3	丁　山	3.0~3.5	1.1~1.2	312	99	24	6	党委	350~400	1080
4	妙峰庵	2.5~3.0	1.2~1.3	374	144	57	4	党委	300~350	410
5	鲁迅园	1.5~2.0	0.5~0.6	250	39	10	3	党总支	150~200	560
6	回龙桥	2.5~3.0	1.2~1.3	700	119	25	7	党委	600~650	184
7	察哈尔路	2.0~2.5	0.7~0.8	287	109	13	15	党委	250~300	600
8	钟阜路	3.0~3.5	1.3~1.4	362	117	50	8	党委	300~350	682
9	模范西路	3.5~4.0	1.3~1.4	576	171	37	5	党委	350~400	650

注:表内数据为12月底的时点数,因全年相关数据部分为动态汇总,与条目中相关数据存在不一致

【经济发展】 2015年,挹江门街道属地企业完成一般公共预算收入2.55亿元,同比增长24%,全口径税收4.87亿元,同比增长28%;共管企业一般公共预算财政收入0.61亿元,同比增长16%,全口径税收2.2亿元,同比增长17%,是全区唯一属地和共管企业均完成年度目标任务的街道。14人获高级人才资格评审,其中3人入选领军型科技创业人才,完成率150%。定期召开楼宇园区联席会,走访服务纳税大户600家(次),帮助企业解决消防、停车、门头广告等问题。排查属地经营、在外区纳税企业150多家,成功转化4家。全年引进企业407家,其中252家注册资本超过100万元。跟踪服务中山骏景、南京财经大学科技楼等新建楼宇。是年,中山骏景租赁税征收169.6万元,同比增长162.9%。

【环境综合整治】 2015年,挹江门街道整治店招广告86处;取缔违规占道经营、倚门出摊655起、夜间排档16家,暂扣物品316件,查扣水果车24车次;教育整改流动摊点325处次,处罚73次,整治规范倚门经营1226处次。新修建车棚2处300平方米、围墙3处250平方米;修补路面17处392平方米,粉刷墙面29处860平方米,出新立面8处2000平方米,更换落水管11处,疏通下水道化粪池43处;拆除违建104处1728.6平方米。整治机动车违停,贴违停罚单1.18万张;组织志愿者580余人整治内金川河、秦淮河挹江门段河道,铲除护城河两侧菜地52平方米,清理河道杂物和垃圾258处90余吨。是年,街道6次进入全市城市治理月考核街道组排名前20名,连续8年被评为南京市城市治理工作优胜街道;街道城管科获南京市工人先锋号先进班组称号。

【民生保障】 2015年年末,挹江门街道有低收入保障308户511人,低收入保障边缘65户170人,全年发放低收入保障金364.15万元、低保边缘户生活救助金7.78万元;慰问特困残疾人162人次,发放慰问资金8.57万元;优抚对象256人,发放抚恤补助金282.54万元、伤残军人春节慰问金18.43万元、纪念中国人民抗日战争胜利70周年抗战老兵一次性生活补助金2.75万元;发放四级以上伤残军人护理费和参战退役、回乡军人定补费558万元。组织失业人员再就业培训10期400人次(技能培训班340人次、创业培训班60人次)。全年援助就业困难人员249人,其中稳定就业56人;培育自主创业398人,其中大学生创业120人,创业带动就业2200人。新增城镇就业2139人,实现再就业1415人。完成车棚翻建、沿街墙面出新、路灯安装、防爬刺安装、社区公益活动等287个服务项目(环境类107个、活动类114个、管理类48个、公益类18个)。

【社区建设】 2015年,挹江门街道将办事处精简整合为“一办五科一中心”(办公室,党群科、综治科、民政科、经济科、城管科,街道便民服务中心)。便民服务中心面积由198平方米扩大到288平方米,按照七大类(民政相关事务、社会保障事务、计划生育事务、安居福利事务、残疾人保护事务、安全保障事务、便民服务事务)103项公共服务事项需求,设立8个综合服务窗口,增设信访投诉快速处理平台,快速处置居民诉求。发挥社区党建议事会、居民代表大会和社区议事园基层协商平台作用,围绕小区整治改造、停车管

理、矛盾调处等问题开展各类议事会100余场，解决福建路社区萨家湾二次供水、电梯改造、丁山社区休闲场地使用等41个问题。投入180万元，落实年度为民办实事项目299个。是年，挹江门街道获南京市幸福家庭建设示范街道称号，妙峰庵社区获全国科普示范社区称号，模范西路社区获南京市平安家庭创建活动示范社区称号。在鼓楼区119个社区文明指数测评中，鲁迅园、模范西路、妙峰庵、回龙桥4个社区总分排名进入前15名。

【平安建设】 2015年，挹江门街道建立完善平安志愿者招募注册、学习培训、巡逻登记、工作例会、情况报告和考核奖惩等制度，制定《平安志愿者工作站工作计划》《社会治安大巡防工作实施方案》，绘制"街道治安防范示意图""社区治安防范示意图""社区治安网格化管理示意图"，实现各级网格管理领导明确、人员明确、片区明确、点位明确、责任明确。发动3000余人次，走访各类人员和单位5850户（个），印制发放《老年人防骗招式及案例分析图册》2万余册、平安宣传手册5000余份。推进老旧小区和无物管小区物防建设，通过政府补贴、单位出资、居民自筹等方式，安装"平安E"型单元防盗门98樘，完成率156%；投入5.5万元安装防爬刺865个，安装监控探头100个。全年收到和谐网来信来访12件、上级转办件27件，办结率100%；接待群众来访33批58次，处理回复率100%；排查各类矛盾纠纷案件337件，调解成功327件，成功率97%。

【安全生产】 2015年，挹江门街道与9个社区及辖区内139家单位签定《安全生产工作目标责任书》，将安全生产、消防管理纳入网格化管理，巡查辖区企业单位及"九小"行业（小餐馆、小理发店、小浴室、小旅店、小歌舞厅、小网吧、小洗车店、小修理店、小废品收购站）安全隐患，结合重大节日、重大活动、安全生产月，检查整治宾馆、酒店、学校、幼儿园、市场、网吧、公共娱乐场所、换气站等人员密集场所。全年安全检查1043人次，发现隐患207处，现场整改189处，限期整改18处。至年末，全部整改完毕。

【行知文化特色社区建设】 2015年，挹江门街道钟阜路社区开展"弘扬行知文化，真情服务社区"行知文化特色社区建设，聘请社区老党员、南京市陶行知纪念馆第一任馆长汤翠英担任社区"陶行知文化活动中心"主任，定期举办陶行知文化交流会、青少年读书会等活动。以书法或摄影方式介绍陶行知生平和陶行知在南京工作学习情况，社区服务大厅配备电子屏播放系列专题片展现陶行知思想文化。定期开办行知育人讲堂，邀请知名专家、学者举办系列讲座，解析陶行知"生活即教育""社会即学校""教学做合一"等生活教育理论，以及"全民教育"和"平民教育"思想。全年开展弘扬行知文化系列活动20场，630人次参与。

【《老年人防骗招式及案例分析手册》编印】 8月，挹江门街道聘请南京铁路机务段原工会主席、鼓楼区老年科技工作者协会理事、平安志愿者杭振荣，针对老年人被骗案件高发态势，历时3个月，编印《老年人防骗招式及案例分析手册》。该手册根据全国老龄工作委员会办公室和国家公安部编制的《中国老年人防诈骗指南》一书，用漫画加文字形式，手绘近50幅老年人防骗招式及案例分析图片，一个图片一个案例，每个图片下方都附有"警方提醒"标识，作为社区平安法治建设丛书。街道出资3.2万元，将图片编印成册。至年末，首批2万册发放到居民手中。

【安康年居家养老服务中心开业】 11月16日，挹江门街道模范西路社区安康年居家养老服务中心开业。该服务中心由模范西路社区腾出175平方米办公服务用房建成，设日托床位10张、老年人活动室、康复理疗室等，提供助餐、助浴、日间照料、居家上门健康管理、康复锻炼、文化活动、精神慰藉等一站式、一体化综合养老服务。开业以来，为社区老人提供助餐、免费测量血压、血糖200人次，开展老年人扑克牌比赛、健康讲座等活动6次，约180位老人受益。

（张莉莉）

11月16日，挹江门街道安康年居家养老服务中心开业

江东街道

【基本情况】 江东街道地处南京河西地区北部，东依秦淮河，西临长江，面积5.95平方公里。6月，睿城社区成立。至2015年年末，街道下辖9个社区居民委员会及4个公司，户籍居民3.02万户9.3万人(含水上公安分局)。街道办事处驻江东北路101号。

2015年实现地区生产总值38.4亿元，同比增长9%，其中服务业增加33.6亿元，同比增长11.1%。完成一般预算收入3.63亿元，同比增长15%；税收总额6.97亿元，同比增幅16%；社会消费品零售总额50.57亿元，同比增长12.9%。完成固定资产投资10.34亿元，完成率114.94%；城镇居民人均可支配收入58525元，同比增长8.8%。

是年，街道获南京市消防安全基层基础工作"十佳"单位、南京市幸福家庭建设示范街道、南京市统战宣传工作先进基层单位、南京市统计工作先进集体、南京市五四红旗团(工)委、南京市就业年龄段持证残疾人就(失)业情况调查工作先进单位、南京市殡葬改革工作先进街道、南京市老旧高层住宅电梯整治先进单位等称号。腾飞园社区获江苏省科普示范社区称号。

2015年江东街道社区居委会基本情况

表53

序号	社 区	居民户籍规模(千户)	总人口规模(万人)	80岁以上老人(人)	残疾人(人)	最低生活保障家庭(户)	最低生活保障边缘家庭(户)	党组织建制	党员规模(人)	办公服务用房面积(平方米)
1	江滨新寓	3.0~3.5	0.9~1.0	232	64	12	2	党总支	300~350	300
2	宝 船	4.0~4.5	1.2~1.3	219	97	21	4	党委	400~450	1500
3	腾飞园	3.0~3.5	1.3~1.4	366	55	2	0	党总支	250~300	300
4	长阳花园	4.5~5.0	1.0~1.1	152	47	15	0	党委	300~350	550
5	聚福园	3.5~4.0	1.0~1.1	82	51	18	4	党委	250~300	410
6	银城花园	3.0~3.5	0.8~0.9	158	88	59	9	党委	150~200	480
7	清河新寓	5.0~5.5	1.9~2.0	239	83	26	2	党委	350~400	800
8	睿 城	2.5~3.0	0.8~0.9	78	51	7	0	党总支	50~100	6900
9	宝地园	3.0~3.5	1.1~1.2	136	31	2	0	党委	200~250	450

注：表内数据为12月底的时点数，因全年相关数据部分为动态汇总，与条目中相关数据存在不一致

【经济发展】 2015年，江东街道完成一般预算收入3.63亿元，增长15%。其中，3家区街共管企业完成税收2.14亿元，下降14%；2365家属地企业完成税收6.35亿元，增幅18%。年内，新增企业582家，其中注册资金1000万元以上企业116家。专利申请265件，其中发明专利79件；专利授权147件，其中发明专利授权35件。申报"321科技领军人才"项目14个，8人参加综合答辩，其中4人入选；新增高技能人才取证419人，完成523.75%。发放小额担保贷款8笔190万元，回收率100%。

【环境综合整治】 2015年，江东街道拆除新建违建57处1190平方米；整治原银城菜场脏、乱、差及燕山路夜市摊点，暂扣违章车辆10台，处罚金2000元；银城花园、宝船社区无物管小区实行市场化保洁，全年有偿清运垃圾1300余吨，收费4.52万元。联系区财政局、区环卫所将辖区内18条"无名路"纳入财政管养。推行道路停车"POS"机系统收费，启用闽江路停车场，新增停车泊位76个。是年，街道位列南京市城市管理长效考核街道第19名，区第三名。

【民生保障】 2015年年末，江东街道新增低保户18户28人，清退不符合条件低保户39户69人。全年发放低保金171.18万元、救助金3.43万元、医疗救助金1.09万元、临时救助金4.1万元、因病致贫临时生活救助金3.06万元，发放80岁以上老人高龄补贴1664人100.84万元。组织企业退休人员免费体检5415人。新增城镇就业3117人，完成135%；实现再就业1551人，完成141%；援助困难人员就业282人，完成101%；培育自主创业者382人，完成153%；创业带动就业2382人，完成132%；大学生创业115人，完成287.5%；再就业培训383人，完成100.79%。

【社区建设】 2015年，江东街道投入1700万元，建成6902平方米睿城社区综合服务中心。招标引进社会

组织“惠仁社工服务中心”，全面承接睿城新社区管理工作。更换银城花园、鼓教新村等4处全民健身点健身器材。新增睿城社区AAAA级居家养老服务中心和江滨新寓、宝船社区2个社区养老服务助餐点，累计建成养老服务助餐点5个，解决近2000名老人用餐问题。年内，新增社会组织15个，自管组织覆盖率100%。

【平安建设】 2015年，江东街道接待到访群众800余人，处置矛盾纠纷256件，清理整治群租房41起；安装“平安E”型单元防盗门69樘，维修更新高教新村、金舟花园电梯16部。招募、培训600名平安志愿者，提供治安信息596条；检查整改各类安全隐患16起，上报企业安全报告书895份。是年，街道获区安全生产先进单位一等奖，聚福园社区被评为省级民主法治社区。主持高教新村、海德卫城小区业委会换届，成立9个小区业主委员会和3个小区管委会。

【党建创新】 2015年，江东街道深化在职党员进社区活动，推进站校企共建、军地共建、警民共建工作。全面打造“区域化党建模式推动社区党建工作的实践探索”项目。开展党员“微心愿”服务活动6场，服务1200余人次。街道党建专题新闻“在职党员进社区搭建干群新桥梁”被南京电视台《金陵党建》栏目播出，列入南京远程教育频道培训学习专题。

【睿城社区成立】 6月，江东街道睿城社区成立。该社区位于河西新城江东门商贸区中心区域，东临万达商业广场，南与建邺区接壤，西接滨江风光带，北靠江东软件城，面积1.16平方公里，辖江东软件城全部以及苏宁睿城、佳和园2个居民小区，服务100多家企业及3738户居民。新社区驻鼓楼区润江路1号。 （潘德荣）

【宝船社区廉洁文化体验馆开馆】 7月28日，全国首家社区廉洁文化体验馆——宝船社区体验馆在鼓楼区沅江路62-1号(宝船社区办公楼3楼)开馆。体验馆建筑面积315平方米，分“上善若水，崇水之德”“平凡坚守，至善至真”“厚德载物，清水鉴心”“天道爱人，劝善惩恶”“廉洁江东，幸福港湾”5个篇章，以南京历史人物故事为素材，围绕“水”与“德”关联性，挖掘“宝船”“七下西洋”背后廉洁故事，分别展示郑和廉洁故事、鼓楼区近期发生的廉洁故事、南京历史上廉洁故事、不廉不洁典型案例、宝船社区居民勤廉家风五大主题内容。体验馆综合运用灯光和图案，营造步步生“廉”氛围，设置大幅3D地面立体画，以启发式、体验式、互动式教育，带给人身临其境的触动和思考。馆内专设体验式教育区域，参观者可参与廉洁剪纸、廉画拓印、廉洁拼图、廉话魔方、录制廉洁微信小视频、“打贪官”游戏等廉洁互动。中央电视台、中纪委网站、《新华日报》《南京日报》《扬子晚报》、南京新闻综合频道《直播南京》栏目等中央、省、市属媒体均予以关注和报道。年内，46家全国各地机关、企事业单位、社会团体、民间组织1000多人次到馆参观。 （桑圣琴）

【睿城社区综合服务中心建成启用】 10月26日，江东街道睿城社区服务中心启用。该中心建筑面积6902平方米，地上4层、地下1层，其中1层设“新睿城、心服务、馨家园”社区一站式综合服务站、24小时免费开放的“江东书房”、电子超市以及针织、家电维修、配锁等便民服务项目；2层为社会组织发展中心、文体活动中心以及青少年、妇女儿童教育发展中心；3层为社区卫生服务中心，为社区居民提供家门口医疗服务；4层为携才居民养老服务组织承办的社区居家养老服务中心，提供包括日间托老、自在书屋、家政保洁、公益助浴、棋牌益智、爱心洗涤等10多项助老服务，是南京市最大基层社区服务中心。 （潘德荣）

【区首家园区、街道联合商会江东商会成立】 （参见第288页，“机关团体”类目同名条目）

凤凰街道

【基本情况】 凤凰街道地处南京河西地区北部，东临秦淮河，西至江东北路，南沿汉中门大街，北至草场门大街，面积3.85平方公里。下辖11个社区居民委员会，户籍居民3.04万户8.57万人。街道办事处驻嫩江路59号。

2015年实现地区生产总值20.6亿元，同比增长8.8%，其中服务业增加值19.3亿元，同比增长10.8%。一般预算收入1.38亿元，同比下降9.9%；社会消费品零售总额28.22亿元，同比增长11.7%。全社会固定资产投资8.81亿元，完成率80.09%；城镇居民人均可支配收入65154元，同比增长8.4%。

是年，街道获江苏省住房和城乡建设建设有功单位、获市委市政府“第二届夏季青年奥林匹克运动会先进集体”、南京市十佳残疾人托养服务机构等称号。 （郑晓刚）

2015年凤凰街道社区居委会基本情况

表54

序号	社　区	居民户籍规模（千户）	总人口规模（万人）	80岁以上老人（人）	残疾人（人）	最低生活保障家庭（户）	最低生活保障边缘家庭（户）	党组织建制	党员规模（人）	办公服务用房面积（平方米）
1	凤凰二村	2.0~2.5	0.5~0.6	241	154	114	10	党委	100~150	935
2	凤凰花园	4.5~5.0	1.0~1.1	121	35	5	0	党总支	200~250	790
3	凤凰街	3.5~4.0	0.9~1.0	344	97	62	13	党委	300~350	510
4	苏城苑	2.0~2.5	1.0~1.1	165	23	2	0	党委	150~200	400
5	华阳佳园	3.0~3.5	1.4~1.5	196	69	30	8	党委	300~350	320
6	白云园	3.0~3.5	1.3~1.4	317	75	8	2	党委	250~300	150
7	教工新村	2.5~3.0	0.8~0.9	259	90	55	11	党总支	200~250	400
8	西城岚湾	2.5~3.0	1.5~1.6	240	79	36	0	党委	200~250	400
9	凤凰西街	3.0~3.5	1.7~1.8	194	127	79	3	党委	250~300	600
10	蓝天园	9.5~10.0	1.0~1.1	125	35	2	0	党委	200~250	400
11	莫愁新寓	3.5~4.0	1.0~1.1	237	102	40	8	党委	250~300	618

注：表内数据为12月底的时点数，因全年相关数据部分为动态汇总，与条目中相关数据存在不一致

【经济发展】 2015年，凤凰街道有属地企业2869家，完成全口径税收2.19亿元，序时进度72%；区街共管企业完成全口径税收2.43亿元，序时进度93%；完成公共收入8292万元，序时进度96%。专利申请113件，完成率60.1%，其中发明专利申请41件，完成率52.6%；专利授权92件，完成率93.9%，其中发明专利授权37件，完成率108.8%。跟踪服务中海环宇城、苏宁清江广场等重大项目，全年建筑安装税入库579万元。整理2012～2014年辖区新增企业名录库，新增街道入库企业名册142家，其中68家企业纳入街道税库，纳税额90万元。是年，街道基础经济信息数据更新维护完成率100%。（栾炳辉）

【环境综合整治】 2015年，凤凰街道联合区征收办、城管局、行政执法大队拆除违章建筑50处4000余平方米；拆除户外广告56处760平方米；暂扣违法物品400余件、违法车辆18辆次；清理积存垃圾2000余车、牛皮癣5000余处。专项整治龙树路车主私设地锁违法行为，拆除占用停车位地锁70余个，清理废旧自行车10余辆。全年处理各类环境综合案件581起，处罚6万余元。遏制夜排档返潮现象，暂扣20家倚门出摊、露天坐吃夜排档经营工具。查处6家餐馆油烟、6家干洗店挥发性有机物违规排放，协助区环保局处理餐饮污染投诉信访案件200件。安排专人巡查里圩河、清江东沟、清江沟（已覆盖）河道沿岸环境，贴单4691张。出新金信幼儿园、凤凰新村小区、湛江路苏果店门前路面；更换凤凰二村小区7栋、8栋，莫愁新寓郁金里17栋、18栋楼道56个破损铝合金窗。改造凤凰西街57号小区汛期积淹水片区排水系统。与辖区1300多家单位续签“门前三包”（包卫生、包绿化、包秩序）责任书，查处26家责任不落实单位。

【民生保障】 2015年年末，凤凰街道有最低生活保障户433户713人、低收入保障边缘户55户132人，全年发放低收入保障金、低收入保障边缘户补助金、重度残疾保障金506万元；春节期间，发放慰问款3.5万元、大病救助金3.1万元、各类残疾人补贴10万元。年内，新增就业3273人，完成现代化考核指标155%；新增高技术人才87人，完成率107%；大学生创业79人，完成率197%。再生育二孩审批102件；办理“独生子女父母光荣证”440人。审核、新增登记伤残死亡扶助金194人，组织慈善募捐3场，募集善款12万元；配合爱德基金会为残疾人家庭发放募集轮椅车20辆、家电物资55台。为独居特困老人增装“安康通”“康惠通”12部，为老年痴呆患者、半失能老人、残疾人发放身份识别手环150个。保护困境儿童，在凤凰二村睦邻中心成立未成年人保护中心。全年举办应急救护培训78场，5408人参与体验。投资198.59万元，组织公益服务项目127个。是年，街道省级城市和谐社区建设达标率100%。（唐　斌）

【社区建设】 2015年，凤凰街道新增公共文化设施面积9696平方米，城市社区“10分钟体育健身圈”覆盖率100%；社会组织登记22家，登记备案合格率100%。是年，街道探索“4+1”

（4：为弱、为残、为老、为小服务的社会组织，1：一个社会组织服务中心平台）社会组织参与社区治理模式，推进社区居家养老服务站提档升级，与侨馨人家合作注册凤凰侨馨居家养老服务中心1个，打造成AA级社区医养结合式居家养老服务站。在教工新村引入携才社会组织，建立凤凰老年配餐中心，为1000多位老人提供就餐服务。联合交管部门在道路两侧和窗口地区、商业大街、支路街巷、农贸市场等施划机动车停车泊位1585个，新增机动车停车泊位170个、非机动车停车泊位3568米，安装非机动车停放架1050米，解决老旧小区停车困难。

【平安建设】 2015年，凤凰街道受理居民到访诉求150余起960余人次，化解各类社会矛盾320余起，其中重点群体性矛盾27起、重点个访矛盾10起、一般性矛盾283起。组织“治安小分队”“党员志愿者”“小区保安”开展治安巡逻、群防群治；提升街道治安防范水平，为辖区内敞开式、无物业管理老旧小区安装“平安E”型单元防盗门87樘、治安防控探头100处、防爬刺700个。妥善处理并答复各类民生热点问题，全年接待群众来信到访220起，接受电话投诉并回复150起；处理上级信访转办件36起、“12345”“12319”“96180”工单3040件，处理回复率100%。

（朱成亮）

【首届社工节启动】 3月17日，凤凰街道首届社工节启动。该活动由凤凰街道与区爱德慈幼院和街道社会组织发展促进会共同举办，市区相关部门、协会和街道负责人及社区工作人员200多人参加。活动展示社工成果，传播社工文化，宣传社工理念，营造社工氛围，促使更多社会公众了解社工、支持社工。组织街道全科社工培训，参与南京市首届“全科社工”技能大赛。其间，组织45岁以下社工参加专职社工职业资格培训，全面提高社工专业化服务水平。至年末，服务该街道范围内持证社工123人，每万人拥有社工9人。

【第一届街道趣味运动会举行】 4月10日，凤凰街道第一届趣味运动会在莫愁新寓小学举办，街道各部门及11个社区100多人参加。经过角逐，余鹏获踢毽子、马超获自行车个人项目一等奖，街道民政科获赶猪跑接力一等奖、凤凰二村社区获跳短绳接力一等奖、西城岚湾社区获滚雪球一等奖和集体跳长绳一等奖。

【生命安全体验志愿行动】 7月17日，南京师范大学、东南大学医学院、南京医科大学、南京药科大学、江苏第二师范学院5所高校大学生志愿者基地挂牌仪式在凤凰街道凤凰生命安全体验馆举行，区红十字会、凤凰街道及健康网领导和志愿者代表200人参加。年内，凤凰生命体验馆招募馆内志愿者142名，培训志愿者110多名，举办应急救护培训78场，参观体验169场5408人，其中社区居民、中小学生3890人。

【教工新村社区养老文化驿站建成】 8月25日，凤凰街道与区民政局、江苏《老年周报》、江苏汇银集团合作，依托凤凰社会组织服务中心，共同在教工新村社区建成社区文化养老驿站，推进社区居家养老服务站提档升级。该养老文化驿站每天可为110多位老人提供用餐服务，日常为辖区老人提供家居日用品、蔬菜、鱼肉等购买服务。为满足社区老年人文化需求，具备名家讲堂、名医义诊、中医体检、电脑上网、ATM机使用、代际国学讲堂、影视戏曲赏析等22项服务功能，为南京市首家特色文化养老服务体系。至2015年年末，社区353位老人办卡接受服务。新华网、《现代快报》、南京电视台等多家媒体给予跟踪报道。（郑晓刚）

热河南路街道

【基本情况】 热河南路街道东至明城墙，南至定淮门大街，西临长江，北至中山北路，面积5.1平方公里，水域面积2.37平方公里。辖9个社区居委会，户籍居民2.11万户5.65万人。街道办事处驻热河南路92号。

2015年实现地区生产总值30.9亿元，同比增长10.4%，其中服务业增加值29.7亿元，同比增长12.1%。一般预算收入1.66亿元，同比增长18.6%；社会消费品零售总额完成52.39亿元，同比增长10.8%。全社会固定资产投资8.22亿元，完成率137.03%，城镇居民人均可支配收入55557元，同比增长8.7%。

是年，街道获江苏省基层党员冬训工作示范街道、南京市城市管理优胜街道、南京市统计工作先进集体、南京市综治工作先进单位、南京市信访工作基层基础建设先进单位等称号。

2015年热河南路街道社区居委会基本情况

表55

序号	社　区	居民户籍规模（千户）	总人口规模（万人）	80岁以上老人（人）	残疾人（人）	最低生活保障家庭（户）	最低生活保障边缘家庭（户）	党组织建制	党员规模（人）	办公服务用房面积（平方米）
1	三汊河	1.5~2.0	0.3~0.4	134	61	30	4	党总支	100~150	168
2	二板桥	3.0~3.5	0.8~0.9	347	137	60	10	党委	350~400	420
3	晏公庙	1.0~1.5	0.4~0.5	131	58	34	5	党总支	100~150	315
4	姜圩路	2.0~2.5	0.8~0.9	350	112	43	6	党委	250~300	410
5	白云亭	3.0~3.5	1.1~1.2	293	150	62	20	党委	300~350	440
6	新河村	2.0~2.5	0.6~0.7	168	82	73	16	党总支	150~200	260
7	小桃园	2.5~3.0	0.7~0.8	325	121	66	13	党委	300~350	460
8	新和园	2.5~3.0	1.1~1.2	236	142	59	5	党委	200~250	400
9	清江花苑	2.5~3.0	0.9~1.0	212	33	2	0	党委	250~300	518

注：表内数据为12月底的时点数，因全年相关数据部分为动态汇总，与条目中相关数据存在不一致

【经济发展】 2015年，热河南路街道引进企业133家，注册资本8.2亿元，其中引进1000万元以上企业10家。专利申请50件，其中发明专利6件；专利授权27件，其中发明专利授权7件；引进“领军型科技创业人才”14人。推进市、区重大项目建设，复兴大厦项目B区主体封顶并通过验收；金陵湾项目一期6号、7号、8号楼竣工交付；南京酿造厂项目通过环评审批和节能评估。

【环境综合整治】 2015年，热河南路街道拆除各类违建50余处3500平方米；专项整治依门出摊、占道经营、夜市摊点67批次，暂扣经营工具130余套，取缔占道经营1300处，整改1000余次；拆除违规、破旧店招店牌70处，取缔无证洗车点5家，清除各类招贴牛皮癣5000余处；拆除街巷及老旧小区内私设地锁40批次1000余个；实施雨污分流施工企业5家；签订新“门前三包”（包卫生、包绿化、包秩序）责任书1205份；淘汰“黄标车”50台；安装餐饮企业隔油池35个。开通24小时食品安全监督投诉热线。与辖区内食品批发市场、学校食堂、考生集中住宿点及周边餐饮单位签订《食品安全责任书》300余份，整改食品卫生隐患9个，取缔不符合卫生条件食品加工小作坊和流动摊点5家。7条道路通过标准化验收。是年，街道在市容长效管理考核全市综合排名第17位，其中4次进入前20名、2次进入前10名，获南京市市容长效管理优胜街道称号。

（陈贯源）

【民生保障】 2015年年末，热河南路街道在册低收入保障户429户679人，其中新进低收入保障户46户70人；在册低收入保障边缘户79户210人。全年发放低收入保障金430.37万元、低收入保障边缘户困难补助金17.9万元。慈善实物救助411人、折合5.8万元，慈善现金救助76人次4.03万元。为空巢老人安装“安康通”“康惠通”350台，为困难独居老人安排家政服务51人次；实施人寿民安工程，办理374名老人短期保险，发放2087名80岁以上老人高龄补贴68万元。年内，开设技能培训班13期，提供就业岗位1100人次；1200人实现再就业，其中就业困难人员再就业209人；培训自主创业者201人，创业带动就业1825人。

【社区建设】 2015年，热河南路街道重点创建特色社区，实施“一居一品牌”（即一个居委会打造一个品牌）创建战略，建成小桃园社区“桃园映像”、白云亭社区“妇女儿童之家”、二板桥社区“法文化”、姜圩路社区“子衿学堂”4个特色社区。注册公益组织10家，制定《热河南路街道专职社工考核办法》，加强专业社工人才队伍建设，全年在册社工83人，持证社工比例54%。

【平安建设】 2015年，热河南路街道建立“一岗双责”（即领导干部承担业务工作和党风廉政工作双重责任）信访工作责任体系和“四个超前”（超前介入、超前预测、超前排查、超前盯防）工作机制，加强社会治安防范体系建设。年内，为无物业管理小区安装“平安E”型单元防盗门66樘，安装监控探头170个。与市住建委、市交通局等部门配合，解决二板桥500号68户居民与开发商，纬三路隧道保障性施工与周边

300余户居民矛盾。全年排查受理各类民事纠纷217件，调解成功215件，成功率99%。全年接待到访、信访近400人次，处置率100%。在南京市安全指数测评中，位列鼓楼区第二。（周长春）

【为老服务方式创新】 2015年，热河南路通过租赁、合作、改建等方式，建成9个AA级社区居家养老服务站。开办9个老年活动中心，为困难老人提供日间照料服务；与南京携才居家养老全民服务中心合作，开办热河南路街道携才居家养老服务中心（中心厨房）1个，设助餐点7个，为1300余名老人提供就餐服务，为1000余名居家老年人和居民提供“五助”（助餐、助浴、助急、助洁、助医）服务。

【“呼唤城市人文记忆”系列活动】 4月11日，热河南路街道举办“呼唤城市人文记忆”系列文化惠民活动，省作家协会副主席、市作家协会主席叶兆言，南京大学艺术研究院教授、《百家讲坛》主讲人康尔等省市文化、学术、书画界人士近20人应邀出席。鼓楼区政府及政协相关领导参加活动。与会人员参观小桃园公园、渡江战役胜利纪念馆等标志性景观，在小桃园公园广场观摩街道文艺汇报演出，就探寻热河南路特有人文气质、文化发展开展研讨交流和建言献策。叶兆言向姜家园小学师生代表捐赠亲笔签名图书。（郇小红）

【下关果品市场地块拍卖】 9月23日，位于热河路广场南边，东至姜家圩，南至晏公庙东路，西至热河南路的下关果品市场地块，经过89轮竞拍，由中国石油海洋钻探公司房地产开发公司南京海欣房地产开发有限公司以20.8亿元竞得，楼面价22373元/平方米，成为当期南京下关地区地王。（刘尚业）

【首届热河南路风光摄影大赛】 10月10日，首届热河南路风光摄影大赛在白云亭文化艺术中心举行颁奖仪式。南京大学艺术研究院教授康尔、南京市摄影家协会秘书长狄于震、南京市群艺馆研究员张可为获奖者颁奖。该摄影大赛由热河南路街道与南京报业传媒集团《金陵瞭望》杂志社联合主办，历时近5个月，投稿作品近2000件。经过专业评选，40幅摄影作品获奖，其中一等奖2名、二等奖3名、三等奖5名、佳作奖30名。作品集中反映记录热河南路街道环境优美宜居、人文魅力彰显、社会和谐安定、居民满意自豪的现代“桃花源”美景。所有获奖作品在白云亭文化艺术中心美术馆举办的庆祝建国66周年“我身边的桃花源”——热河南路地区风光摄影展上展出。（郇小红）

4月11日，“呼唤城市人文记忆”系列文化惠民活动在热河南路街道举办

阅江楼街道

【基本情况】 阅江楼街道地处南京主城滨江核心区域，东起大桥南路与建宁路街道相接，南至中山北路与热河南路街道、挹江门街道相接，西临江边路长江岸线，北到煤炭港与宝塔桥街道相接，辖区面积3.74平方公里。下辖8个社区居委会，户籍居民2.08万户5.41万人。街道办事处驻北祖师庵45号。

2015年实现地区生产总值87.2亿元，同比增长10.1%，其中服务业增加值77.5亿元，同比增长11.9%。一般预算收入2..39亿元，同比增长34.2%；社会消费品零售总额54.19亿元，同比增长10.4%。全社会固定资产投资1.10亿元，完成率36.63%；城镇居民人均可支配收入56713元，同比增长8.9%。

是年，街道建成省AAAA数字档案室，获市民族团结进步先进集体、统战宣传工作先进基层单位、城市治理优胜街道、关心下一代工作先进集体等称号。

2015年阅江楼街道社区居委会基本情况

表 56

序号	社 区	居民户籍规模（千户）	总人口规模（万人）	80岁以上老人（人）	残疾人（人）	最低生活保障家庭（户）	最低生活保障边缘家庭（户）	党组织建制	党员规模（人）	办公服务用房面积（平方米）
1	东炮台	2.0~2.5	0.7~0.8	228	155	222	11	党总支	150~200	150
2	多伦路	6.0~6.5	0.8~0.9	485	107	67	3	党委	350~400	456
3	热河路	2.0~2.5	0.4~0.5	241	179	102	15	党总支	100~150	400
4	商埠街	2.0~2.5	0.6~0.7	292	133	111	3	党总支	50~100	50
5	世茂滨江	0.5~1.0	0.3~0.4	28	8	0	0	党支部	50~100	400
6	唐山路	6.0~6.5	1.5~1.6	651	462	455	16	党总支	300~350	110
7	新民门	2.0~2.5	0.6~0.7	423	111	53	7	党委	350~400	350
8	盐大街	1.5~2.0	0.5~0.6	268	102	90	8	党委	200~250	200

注：表内数据为12月底的时点数，因全年相关数据部分为动态汇总，与条目中相关数据存在不一致

【经济发展】 2015年，街道属地企业实现全口径税收3.6亿元，增幅27%；公共收入2.39亿元，增幅34%；区街共管企业实现全口径税收2.9亿元，公共收入2.18亿元。街道重点项目世茂二期（7号、16号楼封顶，8号、11号、12号、15号楼主体施工）和长江峰景二期（基础施工），按目标形象有序推进；下关电厂综合楼改造项目竣工，茂悦街区项目投入运营。危旧房改造和整治黄土山地块、驴子巷后街地块、杨家花园地块项目拆迁590户（含工企单位16家），完成率97.94%。全年引进企业141家，同比增长92%；注册资本6.55亿元，同比增长106%，其中新增注册1000万元以上企业24家。全年引进“321”人才5人，培养新增高技能人才57人。

【环境综合整治】 2015年，阅江楼街道拆除违建39处2962平方米；拆除中山北路、建宁路、热河路等未经审批和违规设置户外广告34处787平方米；规范倚门出摊2443起，教育、驱赶各类占道经营2218次，清理“三乱”（乱涂写、乱张贴、乱刻画）3180处；清理卫生死角772处，清运垃圾2860吨；南通路重新铺设沥青约500米，施划停车泊位63个；组织40余名保洁员，整治淮滨路世茂路口1000平方米无主空地环境卫生，清除杂物、杂草、建筑垃圾5车20吨；增设南通路、淮滨路道路两侧分类垃圾箱30多处。综合整治南京国际马拉松赛事活动途经中山北路、热河路、建宁路北段、郑和路沿线环境，拆除沿街违规门头13个，修砌围墙165平方米，粉刷出新围墙2974平方米、清理杂物29车。

【民生保障】 2015年年末，阅江楼街道有最低生活保障户1100户1854人；最低生活保障边缘户63户155人。年内发放保障金和救助金1309.73万元、困难居民春节慰问金232.38万元；组织企业退休人员免费体检4687人，发放市民卡1532张，救助孤儿31人次。建立大学生就业信息库，落实未就业高校大学生实名制调查登记，实现就业1190人、稳定就业586人；再就业培训301人，通过职业指导和职业介绍实现临时就业和灵活就业1265人；援助就业困难人员就业170人；培育自主创业195人，其中大学生创业41人；创业带动就业1563人（包括外籍户口人员）、再就业1915人。开展以创业就业解困为主要内容的“创业种子计划”、以帮困助学为主旨的“爱心种子计划”和以倡导文明习惯为主题的“文明种子计划”，扶持创业项目15个，成功创业7个，带动就业54人；资助贫困生738人，621人完成学业。是年，街道“创业种子计划”被评为全区社会建设创新成果一等奖。

【社区建设】 2015年，阅江楼街道建成“一站式”便民服务中心1个，形成多伦路社区“多多”志愿服务站、新民门社区“三金”志愿服务站、世茂滨江社区“和美公益”志愿服务站等特色服务品牌。设置“专职＋兼职＋动态”（街道、社区专职委员＋驻地单位兼职委员＋辖区党员动态委员）“大党委”制，扩大党内民主，该项目获全区基层党建最具推广价值创新创优成果奖。新民门社区党员志愿者规范化建设、多伦路社区在职党员“五线谱”（志愿服务连接线、爱心众筹连心线、互助感恩牵引线、单位社区协同线、党员管理分数线）机制被列入区党建创新项目。党员李世红获市级劳动模范、李金国获市优秀共产党员称号。

【平安建设】 2015年，阅江楼街道以民生矛盾不出楼道、不出小区为

目标，强化“红袖标”巡逻、“小喇叭”提醒、“老娘舅”调解等群防群治队伍建设，每天活跃在街头巷尾平安志愿者队伍达12支100余人次。新装“平安E”型单元防盗门51樘、“防爬刺”230处、监控探头100个。在全区率先设立8个社区司法服务站。开展律师进社区活动，把法治宣传教育、法律咨询服务送到居民家门口。全年民调受理288起，成功率100%。

【“爱心种子”帮困助学行动】 4月24日，阅江楼街道在盐大街社区举行“爱心种子”计划行动——帮困助学资金发放仪式。街道及南京港边防检查站和爱心企业——江苏海之源、苏皖煤电、王府名殿管理公司领导参加仪式。“爱心种子”计划行动始于2002年，累计资助贫困生768人次。年内，街道向街道干部、边防武警官兵、民企职工等募集爱心善款2万元，资助辖区30个贫困家庭孩子完成学业。发放仪式上，受助学生家长向爱心企业、部队及与会人员汇报孩子学习情况和品德表现，感谢大家爱心捐助。街道领导向支持街道“爱心种子”计划行动部队和企业颁发锦旗。

【第二届社区趣味运动会】 5月27日，阅江楼街道邀请区民政局、人社局、残联、红十字会等部门，在鼓楼区教师进修学校举办第二届社区趣味运动会。多伦路社区火凤凰舞蹈队、盐大街社区健身气功队、商埠街社区柔力球队、新民门社区舞蹈队为运动会表演，街道领导及科室人员、社区工作人员、社区民警协警组成8支社区运动队，150余人在雨中展开“再接再厉”(袋鼠接力跳比赛)、“落地有声”(夯破气球比赛)、“共同跨越”(瞎子背哑巴比赛)、“争分夺秒”(综合竞技比赛)、“齐心协力”(拔河比赛)5项趣味比赛。经过3轮对决，新民门社区获“再接再厉”“争分夺秒”2个项目第一，唐山路社区获“落地有声”项目第一，多伦路社区获“共同跨越”项目第一，东炮台社区获“齐心协力”项目冠军。

【“礼义孝廉”主题社区文艺活动】 6月15日，商埠街社区在原民国首都电厂旧址公园举办“礼义孝廉”主题社区文艺活动。活动现场，驻地某部官兵为社区居民表演舞狮子，80名天妃宫小学学生朗诵《弟子规》，社区居民表演大合唱《共祝中国梦》，现场布置“礼义孝廉——传统道德教育”文化宣传画16幅。区人大代表、政协委员、驻地部队官兵、天妃宫小学学生、社区居民、在职党员200余人参加。

4月24日，阅江楼街道发放“爱心种子”帮困助学金

【“帮忙进社区”广场志愿服务活动】 6月26日，阅江楼街道新民门社区和江苏电视台新闻频道在狮子山公园东门共同举办“帮忙进社区”广场志愿服务活动。邀请文艺、毽球跳绳花样表演爱好者现场表演助兴，设法律援助、义诊服务及修理、理发、按摩等志愿服务项目，受益居民近1000人。新民门社区党员骨干、志愿者、结对共建支部等150余人参加活动。

【侵华日军南京大屠杀死难者中山码头丛葬地悼念仪式举行】 12月13日，根据国家公祭日丛葬地悼念活动安排，侵华日军南京大屠杀死难者中山码头丛葬地举行悼念仪式。区委书记杨学鹏等四套班子领导、相关单位负责人、驻区部队代表、学生和市民等社会各界人士参加悼念。仪式上，全体人员唱国歌，向南京大屠杀遇难者默哀，驻区部队代表敬献花圈，学生代表发言，全体人员绕场一周并献花，向大屠杀中遇难同胞表示深切悼念。同日，区委常委、组织部部长谈健等一行在南京大屠杀死难者挹江门丛葬地，区委常委、纪委书记冯雯兰等一行在南京大屠杀死难者煤炭港丛葬地分别参加悼念活动。 （许彩侠）

建宁路街道

【基本情况】 建宁路街道地处长江大桥公路桥南端，东起中央门立交桥与玄武区毗邻，南以护城河为界与中央门街道、挹江门街道相接，西至建宁路建宁桥与狮子山风景区相望，北以沪宁铁路为线与宝塔桥、小市街道相连，辖区面积2.32平方公里。下辖8个社区居委会，户籍居民1.57万户4.11万

2015 年建宁路街道社区居委会基本情况

表 57

序号	社　区	居民户籍规模（千户）	总人口规模（万人）	80 岁以上老人（人）	残疾人（人）	最低生活保障家庭（户）	最低生活保障边缘家庭（户）	党组织建制	党员规模（人）	办公服务用房面积（平方米）
1	城河村	1.0~1.5	0.4~0.5	134	62	29	0	党总支	150~200	650
2	安乐村	3.0~3.5	1.1~1.2	438	102	56	2	党委	400~450	300
3	金川花苑	2.0~2.5	0.5~0.6	199	54	31	4	党委	500~550	500
4	工农新村	2.0~2.5	0.5~0.6	249	102	42	1	党总支	150~200	400
5	新民路	3.0~3.5	0.8~0.9	233	196	68	7	党委	150~200	410
6	五所村	3.0~3.5	0.9~1.0	427	140	90	7	党委	300~350	400
7	四平路	1.5~2.0	0.5~0.6	200	87	73	0	党总支	200~250	420
8	滨江花园	1.5~2.0	0.6~0.7	149	62	41	1	党总支	150~200	500

注：表内数据为 12 月底的时点数，因全年相关数据部分为动态汇总，与条目中相关数据存在不一致

人。街道办事处驻新民路 142 号。

2015 年，建宁路街道完成地区生产总值 28 亿元，同比增幅 10.5%，其中服务业增加值 26.8 亿元，同比增幅 12.2%。社会消费品零售总额 82.58 亿元，同比增幅 13%；完成固定资产投资 0.91 亿元；一般预算收入 1.49 亿元，同比增幅 −0.1%；城镇居民人均可支配收入 54909 元，同比增幅 8.8%。

【经济发展】 2015 年，建宁路街道属地企业完成公共财政预算收入 1.49 亿元，同比增幅 −0.1%；完成全口径收入 2.25 亿元，同比下降 6%。区街共管企业完成公共财政预算收入 1508 万元，与上年持平；完成全口径收入 2675 万元，同比增幅 5%；个体零散税征收 1184 万元。全年引进“321”人才 3 名；专利申请 55 件，完成率 108%，其中发明专利 18 件，完成率 129%；专利授权 23 件，其中发明专利授权 2 件。

【环境综合整治】 2015 年，建宁路街道查处违规占道经营、倚门出摊、流动摊贩 1300 余起；拆除违章建筑 16 处 2931 平方米，制止各类新增违章建筑 39 处 637 平方米。垃圾分类覆盖率 85%、分拣率 60%以上，其中卢龙山庄、明城华贵园等示范小区垃圾分类分拣率 100%；清理街巷 18 条、沿河大埂 1000 余米、楼道 898 栋、牛皮癣 1.86 万处、卫生死角 1391 处、院落杂物 1553 处、车棚屋顶 92 处、蚊蝇孳生地 1261 处，清运垃圾 1287 吨。加强扬尘管控，巡查工地 164 次 242 人次，下发整改菜单 26 次，整改率 100%；巡查金川河主段、护城河北路段、护城河卢龙湖段等 168 段次 172 人次。淘汰“黄标车”824 辆，淘汰率 97.1%；整改 5 家餐饮店油烟超标，淘汰不达标干洗店 3 家，淘汰率 75%；巡查食品药品行业店家（单位）326 家次 109 人次，整改问题 12 起。施划停车位 320 处，张贴违停罚单 2100 余张。

【民生保障】 2015 年年末，建宁路街道有低收入保障户 430 户 757 人、低收入保障边缘户 22 户 54 人。全年发放低收入保障金 502.97 万元、低收入保障边缘户补助金 2.84 万元、孤儿补贴 1.25 万元、临时救助金 6.09 万元；元旦、春节期间，发放困难慰问金 57.92 万元；发放百岁老人、日军侵华南京大屠杀幸存者、特困职工、孤儿慰问金 1.13 万元。年内为 432 户 762 人次发放住房补贴，为 87 户低收入家庭办理住房保障。

【社区建设】 2015 年，建宁路街道通过资产调整、租赁和区资产划转等方式，整合新民路和金川花苑 2 个社区服务用房，开设助餐点 1 个，为辖区老人提供配餐、就餐和送餐服务，实现社区助餐服务全覆盖；建成四平路社区公共服务站，社区用房达标率 100%；引进“晚霞情健康养老服务中心”，为街道 8 个居家养老服务站提供医疗保健、文化娱乐、心理关爱等医养结合养老服务；创成 AAA 级居家养老服务站 2 个、AA 级居家养老服务站 6 个；建成 0～3 岁社区亲子活动室，开展早教、卫生保健等计生知识讲座 10 余场，受众 6500 余人。

【平安建设】 2015 年，建宁路街道重点整治中央门商贸区及周边地区，全年组织平安建设宣传活动 5 次，散发宣传资料 7000 余份，安装“平安 E”型单元防盗门 76 樘，设置治安监控点 50 个、探头 100 个。是年，街道与各社区签订《禁毒工作责任书》，上门走访帮教在册吸毒人员，62 名帮教对象无一脱管、漏管和重新犯罪。开展法制宣

传20场次，解答法律咨询300人次，发放《中华人民共和国人民调解法》等宣传资料600份，排查各类矛盾纠纷291件，化解成功率100%。

【残联工作】 2015年，建宁路街道将符合条件的18名孤残、阳光家园残疾人纳入社保，同时申请将低保标准提高30%，申请将18名低保重残人员和非低保无固定收入重残人员纳入救助范围。全年免费发放残疾人轮椅车7辆、各种家用电器44台；为8名参加区第一届残疾人运动会的残疾人运动员免费体检；将690名残疾人服务和需求信息录入残疾人基础信息库。全年开展助残活动12次，开展残疾人康复训练250次，安装辅助器具31件，康复指导50次。

【建宁路商圈党建群成立】 2015年，建宁路街道针对建宁路商圈商贸企业多、小微公司多、专业商会多特点，在党员人数100人以上的金盛集团、南京金桥市场管理有限公司、南京玉桥市场管理有限公司和江苏南京长途汽车客运集团有限责任公司等大公司设立党委基础上，将党员数量在10人以下的10余家非公企业和商会中成立小微党支部，通过申请微信公众号、开辟党建微信群，联办党建论坛。全年发微信12条，组织活动3次，实现建宁路商圈商贸企业党建资源共享，党员教育全覆盖。

【“大桥下文化”微型博物馆开馆】 1月，建宁路街道滨江花园社区“大桥下文化”微型博物馆建成并向居民免费开放。该馆是南京首家通过以浓缩大桥建设历程和参建者忆事片断，开展群众性社会主义核心价值观教育的社区微型博物馆。该馆分6个单元：时间轴、序厅、双年表厅、人物展示厅、三维展示厅和现代风貌厅。街道引进“南京长江大桥桥工联谊会”民间组织，邀请大桥参建者和守桥老兵现场讲述、追忆等，开展教学互动，将微博馆打造成“党员教育”“双拥共建”“青少年教育”“居民互动”四大平台。至年末，滨江花园社区微博馆接待20余批次、500余人参观学习，先后被《新华日报》《现代快报》《南京晨报》等多家媒体宣传报道。 （韩永红）

【首支社区应急志愿者服务队成立】 5月12日，是全国第七个“防灾减灾日”，鼓楼区首支社区应急志愿者服务队在安乐村社区成立。应急队伍由20名热心公益事业的社区志愿者组成。成立仪式上，志愿者发放应急救援宣传手册80份，与50多名社区居民互动交流，现场演练应急救援措施。全年，志愿者开展科学减灾宣传活动5次，上门发放应急救援宣传手册1500份、应急救援包402个，组织应急疏散演练1次、应急出动1次。 （邓安宁）

【禁毒宣传进校园】 6月10日，建宁路街道禁毒办在南京市第三十九中学开展禁毒宣传，禁毒社工和禁毒民警向师生专题讲解“毒品的危害与预防”“青少年如何预防毒品诱惑”等相关法规和常识，通过播放视频介绍毒品来源、种类，吸贩毒违法犯罪性质及毒品对人体、家庭、社会的严重危害性。禁毒宣传进校园设展板6块，分发禁毒宣传单200张，开办禁毒专题讲座2场，播放禁毒视频18分钟，现场解答师生疑问15条。

【街道退休人员门球队获区首届“橙色时光杯”门球赛冠军】 10月9日，区人力资源和社会保障局、退休人员管理中心、13个街道劳动保障所联合在五台山门球场举办鼓楼区首届“橙色时光杯”企业退休人员门球友谊赛，近100名门球爱好者参赛。经过4轮角逐，建宁路街道门球队摘得比赛桂冠。 （韩永红）

宝塔桥街道

【基本情况】 宝塔桥街道位于鼓楼区西北部，东起水关桥，南起煤炭港，西至长江边，北至五塘村。面积7.48平方公里，其中陆地面积5.9平方公里。下辖12个社区居委会以及金大农工商总公司，户籍居民2.62万户6.9万人。街道办事处驻燕江路58号。

2015年实现地区生产总值49.5亿元，同比增长9.5%，其中服务业增加值21.0亿元，同比增长11.5%。社会消费品零售总额18.93亿元，同比增长10.2%。城镇居民人均可支配收入37646元，同比增长8.6%。

是年，宝塔桥街道获江苏省人口和计划生育依法行政示范街道、南京市征兵先进单位等称号。

2015年宝塔桥街道社区居委会基本情况

表58

序号	社区	居民户籍规模(千户)	总人口规模(万人)	80岁以上老人(人)	残疾人(人)	最低生活保障家庭(户)	最低生活保障边缘家庭(户)	党组织建制	党员规模(人)	办公服务用房面积(平方米)
1	方家营	4.5~5.0	1.2~1.3	591	331	211	5	党委	350~400	400
2	桥东街	1.5~2.0	0.5~0.6	246	66	46	1	党委	200~250	416

续表 58

序号	社　区	居民户籍规模（千户）	总人口规模（万人）	80岁以上老人（人）	残疾人（人）	最低生活保障家庭（户）	最低生活保障边缘家庭（户）	党组织建制	党员规模（人）	办公服务用房面积（平方米）
3	燕江园	2.0~2.5	0.6~0.7	243	133	105	12	党总支	200~250	460
4	金陵四村	1.5~2.0	0.6~0.7	147	80	37	3	党总支	250~300	402
5	金陵六村	2.0~2.5	0.5~0.6	180	101	72	6	党总支	200~250	1000
6	恒盛嘉园	1.0~1.5	0.4~0.5	159	78	75	3	党委	150~200	586
7	燕江路	2.5~3.0	0.6~0.7	178	104	73	4	党总支	200~250	400
8	金陵二村	3.0~3.5	0.6~0.7	182	95	53	1	党委	200~250	600
9	水关桥	2.5~3.0	0.6~0.7	316	125	121	8	党总支	200~250	420
10	象　山	2.0~2.5	0.5~0.6	144	104	43	1	党总支	150~200	500
11	幕府西路	0.5~1.0	0.2~0.3	35	4	0	0	党总支	100~150	1100
12	依山郡	2.0~2.5	0.7~0.8	173	59	66	1	党总支	100~150	600

注：表内数据为12月底的时点数，因全年相关数据部分为动态汇总，与条目中相关数据存在不一致

【经济发展】 2015年，宝塔桥街道引进企业221家，新增注册资本6.88亿元，其中引进注册资本1000万元以上企业26家。对接各类有意申报人才189人，其中20人参加申报，9人通过技术评审，5人通过综合评审并落地注册；引进6名领军型科技创业人才。企业申请专利总量62件，其中发明专利申请总量8件；专利授权55件，其中发明专利授权9件。华能滨江总部基地——数码港2号楼进入销售阶段，3号楼实施桩基施工，二期项目进入前期准备。

【环境综合整治】 2015年，宝塔桥街道排查和专项整治辖区范围食品药品安全情况。重点加大食品小门店、小饭馆、小作坊、小摊贩特别是流动食品摊贩清理整治力度。彻查食品原料和食品来源凭证，打击使用、销售来源不明食品原料和食品等非法经营行为，规范持照经营，取缔无照经营。出动城管执法中队240人次，检查20家，其中小门店62家、小饭馆68家、小作坊11家、小摊贩60家，驱赶无证流动食品小摊贩100余起。年内，街道组织驻区部队、社区民警、城管、社工、保洁员等人员组成突击队，深入街巷和小区，集中开展环境整治突击行动。组织百人以上突击整治行动16次，投入人力千余人次，先后赴金陵村100号、幕府佳园、星河广场等7个小区和幕燕金属物流中心地块危旧房改造项目拆迁工地等多个场所，集中开展环境综合整治会战，清理各类垃圾杂物300余吨。将小区、楼栋划分为管理网格，机关、街道干部，社工、城管队员、保洁员共同参与，确保环境卫生管理无缝隙、无死角、无空白。完成金陵二村、金陵新六村和水关桥3个社区保洁工作市场化改革。

【民生保障】 2015年年末，宝塔桥街道有最低生活保障户902户1635人，新进线47户，退线76户，全年发放保障金89.83万元。低保边缘户45户116人，新进线3户，退线6户，全年发放救济金4.76万元。为在线低保户发放垃圾费5.68万元、水费3.69万元、苏果卡116.68万元。

【社区建设】 2015年，宝塔桥街道在依山郡社区和燕江园社区试点构建10分钟社区公共服务圈，撤并社区公共服务站，实行中心一门受理，一站办结服务。给每个社区拨付5000元作为志愿服务专项经费，提升志愿服务水平。年内，建成AAA级社区养老服务中心4家，新增2处公共文化设施，累计近7000平方米。新增登记注册公益服务类社会组织10家。全年，宝塔桥街道10名社工通过社工师资格考试，持证上岗社工达75人，持证率63%。

【平安建设】 2015年，宝塔桥街道人民调解接待各类纠纷894批次1773人。其中，受理197件，调解成功193件，调处成功率97%，无调处不当而引起的非正常死亡和民事转刑事案件发生。开展入户走访、面对面宣传活动，提高辖区居民平安建设关注度和满意度。全年发放平安建设宣传品、宣传册1.5万份，出黑板报72幅，张贴宣传画360幅，悬挂横幅150条。街道修订、完善三级治安防控应急预案，绘制辖区治安防范示意图。同时，把平安建设落在实处，为居民安装"平安E"型单元安全防盗门85樘，选址安装监控探头177个。联合宝塔桥派出所重点整治宝燕中路治安状况，提高辖区治安防控水平。

【群众文化活动】 2015 年，宝塔桥街道新增鼓楼区睦邻中心、象山和园综合服务楼 2 处公共文化设施近 7000 平方米。升级金陵新五村、象山和园 2 处室外健身器材。普查和巡修辖区内 35 处室外健身器材。燕江园社区宝象花园健身点成功申报南京市优秀健身点，幕府西路社区文化室以及燕江路社区文化室成功申报市级社区标准文化活动室。至年末，街道开展各类文体活动 156 场，其中大型广场活动 35 场、放映电影等活动 10 场。

【老龄工作】 2015 年，宝塔桥街道所有社区均成立社区居家养老服务机构，社区服务用房 40%以上用于养老服务。通过调查摸底，将辖区内老人特长、爱好、需求分类建档，建立老年人档案和老年人需求信息库。街道建有 AAA 级社区养老服务中心 4 家，分别为金陵二村社区七彩阳光老年俱乐部、金陵新六村社区朝夕相处居家养老服务中心、恒盛嘉园社区金色夕阳居家养老服务中心、燕江园社区金色夕阳居家养老服务站，均由社会组织运作。金陵新六村社区朝夕相处居家养老服务中心和南京亿未来好家长服务中心联合，将“为老”和“为小”同时纳入服务内容之中，完善老幼群体服务体系。根据多数老人用餐需求，引进南京携才控股公司，增设老人配餐点 2 个。至年末，实现辖区老人配餐全覆盖，150 位老人收益。

【“友善”主题特色社区建设】 2015 年，宝塔桥街道将水关桥社区列为特色社区重点打造。根据水关桥社区周边环境及社区居民服务需求，结合社区服务资源等因素，全面改造社区办公服务用房，建成“友善”主题特色社区。社区金川河卫士志愿服务队、心桥帮帮团、蒲公英助残工作站等社会组织逐步走上正轨，仁爱社区服务中心于 8 月成立。

【企业退休人员门球队成立】 2015 年，宝塔桥街道根据区企业退休人员社会化管理服务中心要求，成立宝塔桥街道企业退休人员门球队，拥有队员 90 多人。组织辖区门球爱好者，举办门球比赛 1 场。

【区首个社区协商成功案例】 宝塔桥街道燕江园小区 60 岁以上老人占社区总人口 0.18%，独居、空巢老人 800 多人，对养老服务需求迫切。6 月，小区居委会、业主、业委会经过多轮协商后，获 90%以上业主同意，将小区内闲置的 200 多平方米六角凉亭改造成为社区居家养老服务站，满足社区居民养老需求。此事成为鼓楼区启动新一轮社区体制综合改革，争创“全国社区治理和服务创新实验区”以来首个社区协商成功案例。 （黄 河）

小市街道

【基本情况】 小市街道地处鼓楼区东北角，南与玄武区、东与栖霞区相接，紧邻南京火车站、小红山长途客运站，是南京城北“窗口”区域、鼓楼铁北核心片区，辖区面积 3.92 平方公里。下辖 9 个社区居委会，户籍居民 2.11 万户 5.6 万人，有居住小区 76 个。街道办事处驻黄家圩路 36 号。

2015 年实现地区生产总值 39.4 亿元，同比增长 9%，其中服务业增加值 22.7 亿元，同比增长 11.1%。完成一般预算收入 1.65 亿元，同比增长 35.8%；社会消费品零售总额 35.32 亿元，同比增长 11.8%。全社会固定资产投资 12.19 亿元，完成率 135.5%；城镇居民人均可支配收入 44708 元，同比增长 8.8%。

是年，街道获南京市城市治理进步奖、南京市信访工作基层基础建设先进单位、南京市幸福家庭建设示范街道。东井新村社区获江苏省充分就业示范社区称号。

2015 年小市街道社区居委会基本情况

表 59

序号	社 区	居民户籍规模（千户）	总人口规模（万人）	80 岁以上老人（人）	残疾人（人）	最低生活保障家庭（户）	最低生活保障边缘家庭（户）	党组织建制	党员规模（人）	办公服务用房面积（平方米）
1	黄家圩	3.5~4.0	0.9~1.0	361	165	52	15	党委	450~500	300
2	线路新村	2.0~2.5	0.9~1.0	336	95	40	3	党委	350~400	1000
3	张王庙	2.5~3.0	0.7~0.8	149	102	57	3	党总支	200~250	600
4	河路道	3.0~3.5	0.9~1.0	362	97	46	5	党委	400~450	200
5	安怀村	3.0~3.5	0.8~0.9	191	83	35	2	党委	300~350	860
6	东井亭	3.0~3.5	1.0~1.1	458	111	53	3	党委	500~550	1500
7	东门街	2.5~3.0	0.6~0.7	270	104	51	3	党总支	150~200	256

续表 59

序号	社区	居民户籍规模（千户）	总人口规模（万人）	80岁以上老人（人）	残疾人（人）	最低生活保障家庭（户）	最低生活保障边缘家庭（户）	党组织建制	党员规模（人）	办公服务用房面积（平方米）
8	东井新村	2.5~3.0	0.8~0.9	198	91	41	6	党委	300~350	1300
9	小市新村	2.0~2.5	0.7~0.8	376	109	77	0	党委	300~350	500

注：表内数据为12月底的时点数，因全年相关数据部分为动态汇总，与条目中相关数据存在不一致

【经济发展】 2015年，小市街道实现税收7.93亿元，增幅15%，其中属地企业税收3.88亿元，增幅37%；区街共管企业税收3.29亿元，增幅9%。实现公共收入3.77亿元，增幅11%，其中属地企业公共收入1.65亿元，增幅36%；区街共管企业公共收入1.42亿元，增幅6%。组织20余名科技创业人才，申报领军型科技创业人才计划，2人入选，其中1人入选国家千人计划。专利申请147件，其中发明专利申请33件，获专利授权76件。年内，竣工交付复地新都国际3万多平方米商业设施及2期9栋商品住宅；开工建设南京火车站北广场莱蒙都会商业综合体、中储一期（喜年中心）；以钢贸物流为核心的互联网运力配载平台“中储智运”上线运行，营业额8000万元，注册会员5000户。

【环境综合整治】 2015年，小市街道拆除违建179处6200余平方米。整治和燕路、中央北路、小市街等7个重点路段150余次，清除“三乱”（乱涂写、乱张贴、乱刻画）1.03万处。增设机动车停车泊位900多个、非机动车停车泊位1500余个。整治南十里长沟和支流水环境，改造河道两侧雨污管线、排水管网，协调环保部门检测12家企事业单位污水排放，办理排水合格证。改造黄家圩路、和燕路、燕亭路、中央北路和中储二期、金宁三环、中央北路95号地块。是年，街道获南京市城市治理进步奖。

【民生保障】 2015年年末，小市街道在册低收入保障户452户735人，低收入保障边缘户40户87人，全年发放低收入保障金、低收入保障边缘户救助金800万元。新增就业2774人，新增高技能人才80人，成功扶持大学生创业48例。

【社区建设】 2015年，小市街道调配500平方米社区服务用房，在小市新村社区建成“异乡人、小市情”为主题的友爱之家。设立5个中心社区老人助餐服务点，实现助餐服务全覆盖。注册成立鼓楼致诚社会工作服务中心、街道社工之家、社区居家养老服务中心、共携拥军指导服务站；建成东井亭100号综合服务中心，包含绘本艺术馆、绿色生态馆、健康养生馆、幸福夕阳馆、老少同堂缤纷馆等多功能服务场馆。全年新增文化设施面积9347平方米，开展文体活动200余场。

【平安建设】 2015年，小市街道开展“三红”（红帽子、红袖标、红马甲）平安志愿者巡逻，公众安全感满意率90%。改造开放式老旧小区治安防范设施，安装“平安E”型单元防盗门113樘，完成率179%；安装安全监控探头47个。全年接待到访居民390余批次近500人、信访居民13人；受理调处各类民事纠纷352起，成功调处347起，制作协议书193份，纠纷受理率100%、调解成功率98%。化解黄家圩社区拆迁户顾某家族6年信访积案；全年进京上访人数下降62%，受到中央信访工作专项督导组肯定。年内，举办普法活动26场次，发放普法宣传资料7000余份。

【“有爱之家”特色社区建设】 2015年，小市街道调配约500平方米社区用房，在小市新村建设“异乡人、小市情——有爱之家”特色社区，为外来人口搭建互动平台。社区以“五站五室一广场”（五站：青少年服务站、0～3岁早教服务站、助老服务站、创业就业指导站、家庭公共服务站。五室：情绪调节室、阅读室、文娱活动室、协商民主议事室、廉政文化室。一广场：室外文化广场）服务形式，为流动人口提供民生服务。

【管奇彬当选“南京好市民”】 2015年，小市街道线路新村社区居民管奇彬当选第14届“南京好市民”。管奇彬，男，1990年出生。4月，在海南三亚旅游时，勇救落海青海西宁老人，其先进事迹得到南京和青海媒体广泛报道，引起微信、微博大量转载。

【“中储智运”上线运行】 （参见第98页，“服务业”类目同名条目）

【基督教小市教堂搬迁】 （参见第221页，“公共服务”类目同名条目）

【全区首个协商民主议事会成立】 9月6日，小市街道召开协商民主议事会成立暨第一次大会。区领导和应邀出席的南京大学社会学院教授闵学勤、副教授郭未为协商民主议事会揭牌，127名议事会代表出席会议。协商民主议事会第一次会议收集涉及公共设施建设、老旧小区管理、危旧房改造、民生保障等各类意见建议29条。

该议事会为全区首个由街道、社区、小区三级组成的协商民主议事会，人民网、《南京日报》《南京晨报》、南京电视台等多家媒体给予专题报道。

（张 欣）

幕府山街道

【基本情况】 幕府山街道位于鼓楼区东北部，东邻栖霞区燕子矶街道，南接小市街道，西连宝塔桥街道，北靠长江，辖区面积7.14平方公里。下辖8个社区居委会，户籍居民1.24万户3.18万人。辖区内有小学2所、幼儿园3所、中等职业专科学校1所、在册企事业单位850家。街道办事处驻中央北路168号。

2015年实现地区生产总值9.2亿元，同比增幅10.1%；其中服务业增加值8.4亿元，同比增幅11.7%。属地企业公共财政收入6056万元，同比下降6.4%；税收1.08亿元。区街共管企业公共财政收入1876万元；税收3400万元。社会消费品零售总额6.85亿元，同比增幅11.5%。固定资产投资6.39亿元，完成率127.75%；人均可支配收入35716元，同比增幅8.5%。

是年，街道获江苏省AAAA级数字档案室、南京市统战宣传工作先进单位。云谷山庄社区获江苏省和谐社区建设示范社区、盛世花园社区获江苏省民主法治示范社区称号。

2015年幕府山街道社区居委会基本情况

表60

序号	社　区	居民户籍规模（千户）	总人口规模（万人）	80岁以上老人（人）	残疾人（人）	最低生活保障家庭（户）	最低生活保障边缘家庭（户）	党组织建制	党员规模（人）	办公服务用房面积（平方米）
1	白　云	2.0~2.5	0.7~0.8	131	51	41	2	党总支	50~100	240
2	五塘村	3.0~3.5	1.0~1.1	190	92	37	1	党总支	150~200	580
3	五塘新村一段	2.5~3.0	0.7~0.8	220	84	51	0	党总支	150~200	400
4	五塘新村二段	2.0~2.5	0.7~0.8	105	56	14	3	党总支	100~150	650
5	五佰村	3.0~3.5	1.0~1.1	202	115	85	6	党总支	50~100	230
6	北崮山	2.5~3.0	0.7~0.8	196	44	9	1	党总支	100~150	600
7	盛世花园	2.0~2.5	0.7~0.8	51	46	12	1	党总支	50~100	300
8	云谷山庄	3.0~3.5	0.9~1.0	125	62	22	2	党总支	100~150	1478

注：表内数据为12月底的时点数，因全年相关数据部分为动态汇总，与条目中相关数据存在不一致

【经济发展】 2015年，幕府山街道申报“321”领军型科技创业人才2名，引进、新增高科技人才92人。专利申请126件，完成率154%，其中发明专利申请27件，完成率337%；专利授权20件，完成率111%，其中发明专利授权10件，完成率166%。重点项目扎实推进：华宏家纺城一期工程交付使用，二期工程桩基施工及配套项目华纺路拆迁完成；申领华宏A商业地块一期工程规划许可证和1～7号楼施工许可证，8号楼主体封顶、5～7号楼桩基施工；云谷山庄（德水香林）项目全部封顶，进入室内外装修阶段；实施南京起重机械设备厂地块征收，搬迁436户，拆除房屋3.1万平方米。

【环境综合整治】 2015年，幕府山街道重新制定街道城管绩效考核办法，淘汰不合格队员7人。集中攻坚拆违5次，拆除各类违建210处5800平方米；取缔占道经营2400处、“三乱”（乱涂写、乱张贴、乱刻画）840余处、五塘集贸市场和五塘新村菜场门前4处占道“钉子户”；拆除长达20多年老违建汽轮五村压占燃气管道及化粪池。全年整治污水漫溢、毁绿、大树修剪、停车、自来水爆管等1220件，居民满意度较上年提升5个百分点。在鼓楼区长效管理绩效考核中位列第二。

【民生保障】 2015年，幕府山街道发放低保金256.45万元，临时救助217人10.13万元。投入93.11万元，为民办实事171项，其中环境类34项、活动类62项、管理类57项、公益类18项，受益8.4万人次。街道培训失业人员307人，帮助117名就业；培育135人自主创业，创业带动就业1052人；扶持大学生创业34人，办理小额担保贷款20万元。开展“祝寿日”敬老活动，发放特困家庭退休人员慰问金138人16.56万元；发放鳏寡孤独退休

老人慰问金 67 人 5.36 万元。组织退休人员观看电影、登幕府山等特色活动 45 场次。

【社区建设】 2015 年，幕府山街道引进鼓楼颐乐苑居家养老服务中心和南京携才控股集团，联合创建 2 个一站式居家养老服务平台。开设北崮山、云谷山庄、盛世花园、五塘村、白云 5 个社区老人助餐点，日用餐 400 人。整合 20 支志愿者服务队，成立“紫藤花志愿者服务队”，有志愿者 286 人。通过“寻找身边感动人物”每月一星评选，产生 96 位每月一星。与 6 家“两新”(新经济组织，新社会组织)组织签订《为民服务公约》，全年开展各种便民服务 12 场次，服务居民 1000 多人次。

【平安建设】 2015 年，幕府山街道调解纠纷 440 件，成功率 100%，协议金额 60.11 万元；梳理整改 9 个重点安全隐患。邀请江苏省社会科学院法学专家为街道干部和执法人员讲授“依法治理背景下的行政管理”知识；举办“消防安全与逃生”“掌握防震减灾知识，保护生命安全”主题活动，宣传减灾自救和互救知识。矫正和帮教在册人员 40 人。

【双拥共建】 2015 年，幕府山街道与驻地部队结合学雷锋志愿服务、国家扶贫日、慈善一日捐等活动，搭建共建平台。年内，与驻地部队共同走访困难群众 7 次，开办科普讲堂 4 次，为街道、社区工作人员及居民上形势教育课 1 次；通过“幕府有约”军地联谊会促成 3 对男女青年婚姻；举办驻地部队军嫂招聘会，6 位军嫂被用人单位聘用；整治驻地部队营房周边和家属小区卫生环境，协助驻地部队第一干休所、第六干休所评为市级园林式单位。八一建军节期间，联合区文化局和中国人民解放军南京政治学院，开展双拥文化进军营、进社区大型演出活动，营造军地合作氛围。

【“省 AAAA 级数字档案室”建成】 2015 年，幕府山街道以创建江苏省 AAAA 级数字档案室为目标，聘请专业人员对档案管理进行数字化改造，实现与区政府办公系统对接。12 月，街道档案室通过市、区档案局检查验收，在江苏省数字档案室评估考核中，取得 93.5 分成绩，获省 AAAA 级数字档案室称号。

【刘更光调研云谷山庄社区】 5 月 28 日，国家民政部政研中心副主任、《中国民政》主编刘更光到云谷山庄社会事务受理中心，调研社区治理体制改革和社会组织承接公共服务情况。刘更光肯定幕府山街道整合调整行政、社会事务，精简办事窗口(由原来 12 个减至 8 个，承办便民事务 76 项)，以政府购买方式，公开招标引进社会工作服务组织，共同运营云谷山庄社会事务受理中心做法。全年，云谷山庄社会事务受理中心接待来自全国各地区级以上参访团 15 批。

【街道志书编纂】 6 月，幕府山街道印发《关于区志资料长编和幕府山街道志编纂工作的实施方案》，成立“幕府山街道区志资料长编和街道志编纂”工作领导小组和编纂组。全年编纂《幕府山街道资料长编(2002.3~2013.3)》初稿 15.8 万字、263 张彩色图片；编纂《幕府山街道志(2002~2014)》征求意见稿 13 章、23 万字、263 张彩色图片。

【区第一家少年军校成立】 8 月 20 日，在纪念世界反法西斯战争暨中国人民抗日战争胜利 70 周年之际，幕府山街道在江苏省军区第一干休所成立幕府山少年军校，成为鼓楼区第一家少年军校。成立大会上，区相关部门、省军区及幕府山街道有关领导为少年军校揭牌，200 多名军校小学员聆听曾参加莱芜、孟良崮、济南、淮海和抗美援朝战役老英雄李泽林讲述少年时期抗战故事，参观部队兵器陈列馆和老干部荣誉室。 (曹　辉)

8 月 20 日，区第一家少年军校——幕府山军校小学员参观部队兵器陈列馆

鼓楼年鉴 2016

人物

Figures

新闻人物

【全国模范司法所所长——周万清】南京市鼓楼区宝塔桥司法所所长，2015年12月获全国模范司法所所长荣誉称号。

周万清，男，汉族，1986年10月出生，江苏南京人，中共党员，大专学历。2006年转业参加工作，先后被评为江苏省优秀公务员、"五五"普法先进个人、刑释解教管理工作先进个人，南京市司法行政系统先进个人、司法行政系统"三争一创"实践活动先进个人、"六五"普法中期先进个人，2015年12月被国家司法部评为全国模范司法所所长。

作为一名基层司法所所长，要面临各种矛盾纠纷错综复杂，如稍微处置不当，必将产生各种预想不到的后果，影响社会稳定，给社会带来不利影响，于是他更加严格要求自己，刻苦钻研业务理论。多年来，他在平凡的工作岗位上，兢兢业业工作，成功调处化解各类矛盾纠纷300余件，调解率100%，成功率98%，挽回经济损失2000余万元。开展普法"六进"活动，先后带领全所人员开展并参与广场宣传120余次，服务咨询群众4.7万人，接待群众法律咨询663人，帮助提供法律援助226人，提升地区居民群众学法、知法、合理诉求，依法维权意识，同时促进地区社会和谐。在社区矫正特殊人群监管中，先后接受社区矫正人员260多人，在他强烈责任心和用爱心、真心帮教下，1人获减刑、1人获特赦，无1人重新犯罪。

（黄　河）

【孝老爱亲好人——柏翠云】鼓楼区热河南路街道新河村社区居民，2015年5月被中央文明办、中国文明网评为"孝老爱亲——中国好人"。

柏翠云，女，1965年2月出生，江苏南京人。2001年6月，柏翠云的姐姐柏翠霞被查出身患白血病，当时唯一的救命办法就是找到配对骨髓，移植造血干细胞。得知消息后，柏翠云和弟弟第一时间去医院做了配型。配型结果显示，姐妹俩匹配指数高达99.99%。2001年8月，柏翠云在北京307医院，将造血干细胞移植到姐姐体内，第一次从死神手中把姐姐"夺"回来。2009年国庆节前夕，姐姐白血病复发。柏翠云和姐姐重新回到北京307医院，同8年前一样，依然用自己血液再次挽救了姐姐的生命。14年来，每当姐姐病情反复，柏翠云就会陪着姐姐赶赴北京，躺在血细胞分离器旁，等着医生提取出足够的免疫细胞，再在医院附近租下一个小房间，守着住院的姐姐。这样的情况，在这对姐妹身上发生10多次。也正是这样的过程，使她一次又一次为血癌反复发作的姐姐提供造血干细胞和淋巴细胞，创造出生命奇迹。

（黄晓璐）

【感动江苏教育人物"2015最美特教教师"——赵艳霞】南京市鼓楼区特殊教育学校校长，2015年9月被评为感动江苏教育人物"2015最美特教教师"。

赵艳霞，女，汉族，1971年6月出生，江苏江都人，中共党员，本科学历。长期从事培智教育工作，任江苏省特殊教育专业委员会副理事长、江苏省康复医学会儿童康复专委会常委、国家培智课标《绘画与手工》研制组组长等职务。多年来，她带领学校教师开展校本课程、学前融合、特职融合教育、医教结合等项目的研究与探索，并取得一定成绩。主持多项国家级、省、市级课题，主持的课题研究教研成果获江苏省首届基础教育教科研成果评比一等奖，南京市首届基础教育教科研成果评比特等奖。撰写的多篇论文在全国、省、市论文评比中获奖并发表。她多次担任江苏省特殊教育培训班校本课程研发专题、教学管理专题的主讲教师，2014年被聘为校长国培计划——特殊教育学校校长能力提升项目影子培训实践导师。先后被评为鼓楼区优秀教育工作者、全国特奥先进个人等。

（周　燕）

【全国先进工作者——王学浩】江苏省人民医院（南京医科大学第一附属医院）肝脏移植中心主任、中国工程院院士、主任医师、教授、博士生导师，2015年被评为全国先进工作者。

王学浩，男，汉族，1942年3月出生，江苏建湖人。1965年毕业于南京医科大学，获学士学位，1982年获医学硕士学位，1983～1985年在美国匹兹堡大学Starzl研究所研修肝脏外科。回国后长期致力于肝脏外科基础研究和临床工作，任国家卫计委器官移植重点专科主任、肝脏移植重点实验室主任，南京医科大学第一附属医院肝脏外科研究所长、肝移植中心主任等职务，先后担任国内外20余家学术期刊副主编、编委等职，2011年12月，当选中国工程院院士。诊治患者数以万计。1995年开展国内首例活体肝移植，率先在国内建立活体肝移植技术规范化体系，完成活体肝移植领域多项开拓性工作，将活体肝移植技术向全国推广，开创国内肝癌早期定位和定性诊断，为肝癌的介入治疗奠定基础。主持建立GMP级实验室及转化医学平台，在国际上首次采用调节性T细胞诱导移植免疫耐受并用于肝移植临床。发表学术论文500余篇，其中SCI论文（被科学引文索引收录的期刊所刊登的论文）80篇，获国家科技进步奖二等奖1项、省部级二等奖以上奖项8项。 （胡 玲）

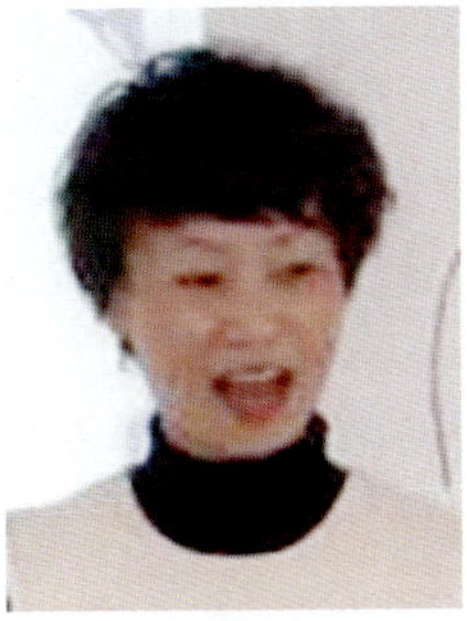

【全国五一巾帼标兵——史春妍】 南京市天妃宫小学教师发展中心主任、江苏省特级教师，2015年3月被评为全国五一巾帼标兵。

史春妍，女，汉族，1976年2月出生，江苏南京人，中共党员。南京晓庄师范学院毕业，大学本科学历。国家课程标准苏教版小学语文教材编委、教师教学用书编委、苏教版小学语文教材评价组成员、《七彩语文》杂志《兜兜龙说汉字》专栏作者。长期从事小学语文教学，潜心研究母语启蒙教学20多年，追寻基于汉字特点的“目艺、耳艺、心艺”三艺之美的雅趣语文教学。关注儿童的学习心理和能力生长，倡导“双线识字，三境阅读”母语启蒙教学，课堂大气、灵动、温暖。两次获全国语文课堂教学大赛特等奖，在汉语拼音国际研讨会上上课、发言，作为教学专家去香港做教学指导，先后去广西南宁、陕西商洛、贵州毕节等边远贫困地区支教、送教，在全国各地上观摩课、作专题讲座200多场。在各级报刊杂志上发表文章近百篇，著有个人教学专著《静下心来教语文》。2012年成立“史春妍语文名师工作室”，作为工作室主持人，与区内14名青年教师结为师徒。先后被评为江苏省特级教师、南京市劳动模范，获南京市五一劳动奖章。

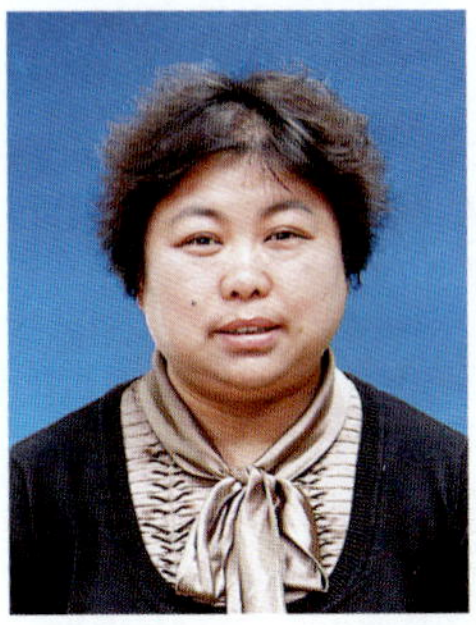

【全国五一巾帼标兵——杨琴】 南京汽轮电机集团有限责任公司汽轮机车间电焊工，2015年3月被评为全国五一巾帼标兵。

杨琴，女，汉族，1971年4月出生，江苏南京人，中共党员，高级技师。长期从事焊接工作，工作勤恳踏实、敬业进取，短时间内熟练掌握生铁焊接与氩弧焊工艺，主要负责电站汽轮机的隔板、转导、汽缸等部件的焊接。虽然因长期劳累患有颈椎病，但是能急生产之所急，在车间承接机组安装、大修或是用户服务需要出差时，服从全局利益，尽最大努力完成任务。因焊接技术过硬、工作态度认真，先后获集团、江苏省五一巾帼标兵等称号。

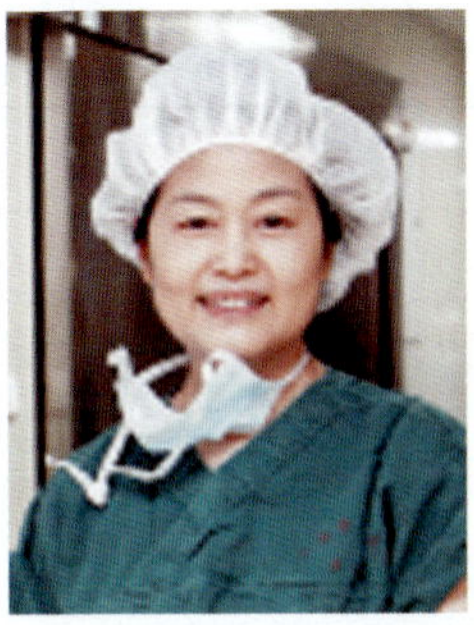

【全国五一巾帼标兵——孙丽洲】 江苏省人民医院（南京医科大学第一附属医院）教授、博士生导师、主任医师、产科主任，2015年3月被评为全国五一巾帼标兵。

孙丽洲，女，汉族，1957年8月出生，江苏淮安人，中共党员，研究生学历，医学博士。长期从事妇产科医学教研工作，任国家卫计委产前诊断专家组成员、中华医学会围产学会委员、中国妇幼保健协会促进自然分娩专家委员会副主任委员等职务。作为全省最大的综合性医院和省级妇幼保健院的产科主任，承担着全省产科会诊重任，经常深夜赶赴各级医院，进行长时间连续救治。主持建立全省第一个产科重症监护病房，使很多危重病人转危为安。增设胎儿医学组，扩展母胎医学专科，使传统产科学获得继承和发展。主攻妊娠期高血压疾病相关基础与临床研究、产科危急重症救治、孕前优生咨询与围产期保健管理、产前筛查及诊断等新技术。发表论文180余篇，其中SCI论文25篇，主编产科专著3部，参编9部。获省科技进步奖二等、三等奖，省卫生厅新技术引进奖一等、二等奖，以及国家教育部科技进步奖二等奖、国家妇幼健康科技奖二等奖等奖项。被中国医学基金会杨崇瑞妇幼卫生基金表彰，入选江苏省“六大人才高峰”高层次人才培养对象，获江苏省巾帼标兵、南京最美产科医生、国家卫计委走基层最美妇幼天使等称号。

【唐明述获国际水泥化学领域杰出贡献奖】 南京工业大学教授、博士生导师、中国工程院院士，2015年10月获国际水泥化学大会特别颁发的杰出贡献奖。

唐明述，男，汉族，1929年3月出生，四川安岳人。1956年研究生毕业于南京工学院（现东南大学）化工系并留校任教。长期从事水泥与混凝土科学与技术研究，对用水泥处理核废渣、大坝用氧化镁膨胀水泥、钢渣微观结构研究等在理论、实践中均获成果。对影响混凝土工程寿命的“碱集料反应”课题进行系统研究，创建的砂石碱集料活性快速鉴定法在国际上被称为“中国法”，被中国和法国列为国家标准。在京、津等地发现并促使多处具有碱活性集料的采石场停工，避免混凝土工程碱集料反应造成的损失。发表中英文论文280余篇，译作、著作9本，鉴定成果10项。获国家级有突出贡献的中青年专家、全国高等学校先进科技工作者、江苏省优秀学科带头人等称号，享受国务院政府特殊津贴。研究成果获国家自然科学二等奖，被应用于长江三峡大坝和江阴长江大桥等大型混凝土工程。

（刘运玺）

【女子排球世界杯冠军队队员——张常宁】中国女子排球队运动员，2015年9月参加女排世界杯，和队友一起获女子排球世界杯冠军。

张常宁，女，汉族，1995年11月出生，江苏南京人，南京师范大学本科在读。幼时在南京市中山东路体校接受排球业余训练，后进入江苏队，2009年进入中国女子沙滩排球队从事训练与比赛，2013年年末改练室内排球。2014～2015年，代表江苏女排参加全国女排联赛获得季军。2014年首次代表国家队参加第四届女排亚洲杯赛，获冠军。

（李红梅　张媛媛）

新当选院士

邹志刚

南京大学长江学者特聘教授、博士生导师，2015年12月当选中国科学院院士。

邹志刚，男，汉族，1955年3月生于天津，祖籍山东黄县。1982年毕业于天津大学，1986年获天津大学硕士学位，1996年获日本东京大学博士学位。2004年回国，在南京大学建立环

境材料和再生资源研究中心，任中国光化学及光催化专业委员会主任委员、中国材料学会理事、总装备部国民核生化灾害防护国家重点实验室学术带头人。长期从事光催化材料研究，利用太阳可见光将水分解为氢和氧。“可见光响应光催化材料及在能源与环境中的应用基础研究”获国家自然科学二等奖。在国内率先开展光催化还原二氧化碳研究，实现利用光催化材料将二氧化碳和水转化为氧气和甲烷等碳氢化合物。从分子水平上阐明光催化降解有机有害物的机理，研制出日处理量20吨以上的光催化污水净化设备，创造出良好的社会和经济效益。发表论文300余篇，被SCI（被科学引文索引收录的期刊所刊登的论文）他引1万余次。获发明专利33项，其中美国专利1项、日本专利2项。

（潘　静）

先进集体、先进个人名录

2015年区属单位获市级以上（含市级）表彰的先进集体一览表

表61

单　　位	荣　　誉	授予部门	授予时间
鼓楼区	全国和谐社区建设示范区	国家民政部	2015年4月
区政府办	国家级第二批节约型公共机构示范单位	国家机关事务管理局、发展和改革委员会、财政部	2015年12月
区关工委	2011~2015年度全国关心下一代工作先进集体	中国关心下一代工作委员会	2015年9月
区委宣传部	2014年度舆情信息工作先进单位、“好信息”奖	中央宣传部	2015年3月
区委宣传部（鼓楼微讯）	2014全国十大基层机构微博奖	《人民日报》微博	2015年1月
九三学社鼓楼区基层委员会	庆祝九三学社创建70周年全国优秀基层组织	九三学社中央	2015年12月

续表 61

单　位	荣　誉	授予部门	授予时间
区法院	2015 年度司法新闻宣传工作突出成绩奖	最高人民法院	2015 年 9 月
区检察院	首批“全国科技强检示范院”	最高人民检察院	2015 年 11 月
区红十字会	全国红十字青少年自救互救知识竞赛最佳组织奖一等奖	中国红十字会	2015 年 7 月
区红十字会	报刊宣传先进集体三等奖	中国红十字会	2015 年 9 月
区科协	2015 年全国科普日优秀组织单位	中国科协	2015 年 12 月
区教育局	2014 年全民终身学习活动周优秀组织奖	全民终身学习活动周工作小组中国成人教育协会	2015 年 1 月
中央门街道将军庙社区	全国综合减灾示范社区	国家减灾委员会	2015 年 12 月
挹江门街道丁山社区	全国巾帼文明岗	中华全国妇女联合会	2015 年 3 月
挹江门街道丁山社区	全国社区侨务工作示范单位	国务院侨办	2015 年 12 月
挹江门街道妙峰庵社区	全国科普示范社区	中国科协	2015 年 9 月
南京市第二十九中学	全国文明单位	中央文明委	2015 年 5 月
鼓楼区特殊教育学校	2011~2014 年全国残疾人体育先进单位	中国残疾人联合会、国家体育总局	2015 年 9 月
南京市赤壁路小学	2015 年度国际生态学校项目绿旗	国家环保部	2015 年 12 月
鼓楼区	江苏省公共体育服务体系示范区	省体育局	2015 年 4 月
鼓楼区	江苏省科普示范县(市、区)	省科协	2015 年 10 月
区人大办	《人民与权力》杂志通联先进集体	省人大常委会、研究室	2015 年 12 月
区人大办	江苏省 AAAA 级数字档案室	省档案局	2015 年 12 月
区政府办	江苏省政务信息工作先进单位	省政府办公厅	2016 年 2 月
区法制办	2015 年全省政府法制工作成绩突出单位	省法制办	2016 年 1 月
区纪委	江苏省纪检监察信息工作优秀单位	省纪委办公厅	2015 年 4 月
区委宣传部	2014 年度宣传信息工作先进单位	省委宣传部	2015 年 4 月
区委宣传部(鼓楼微讯)	2014 江苏省十大外宣政务微博	新浪江苏	2015 年 1 月
区委统战部	江苏省统一战线工作先进集体	省委统战部	2015 年 9 月
区工商联	江苏省县(市、区)工商联先进集体	省工商联	2016 年 1 月
区人武部	军事训练先进单位	江苏省军区	2016 年 1 月
区人武部	新闻宣传工作先进单位	南京警备区	2016 年 1 月
区人武部	后勤管理先进单位	南京警备区	2016 年 1 月
区法院	人民满意的政法单位(集体一等功)	省委、省政府	2015 年 2 月
区法院	集体一等功	省法院	2016 年 2 月
团区委	江苏省共青团工作创新创优项目三等奖	团省委	2015 年
团区委	江苏省少年儿童书信文化大赛优秀组织奖	省少工委	2015 年
团区委	江苏省少先队活动优秀项目奖	省少工委	2015 年
区妇联	江苏省巾帼建功先进集体	省妇联	2015 年 3 月
区红十字会	2015 年度《江苏红十字》报刊宣传工作三等奖	省红十字会	2015 年 11 月
区发改局	江苏省发展改革系统 2014 年度综合先进奖	省发改委	2015 年 4 月

续表 61

单　　位	荣　　誉	授予部门	授予时间
区知识产权局	2014 年度江苏省知识产权执法维权工作先进单位	省知识产权局	2015 年 4 月
区知识产权局	2014 年度江苏省知识产权政务信息工作先进单位	省知识产权局	2015 年 4 月
区科协	2011~2015 年科协系统先进集体	省人社厅、省科协	2015 年 6 月
区科协	创新发展综合示范县级科协	省科协	2015 年 1 月
区教育局	2014 年度江苏省教育系统官方微博创新奖	省教育厅	2015 年 3 月
区人社局	江苏省人力资源和社会保障系统先进集体	省人社厅	2015 年 1 月
区人社局	江苏省军队转业干部安置工作先进单位	生军队专业干部安置工作领导小组、省委组织部、省人社厅、省军区政治部	2015 年 7 月
区人社局	第四批省级社会保险经办服务示范窗口	省人社厅	2015 年 12 月
区市场监督管理局	2015 年全国清理整顿人力资源市场秩序专项行动取得突出成绩单位	省人社厅	2015 年
区环保局	第 12 届江苏美境行动优秀组织奖	江苏美境行动活动评选组委会	2015 年 12 月
区档案局	2014 年全省档案学会工作先进单位	省档案学会	2015 年 1 月
区档案局	江苏省档案科技工作先进单位	省档案局	2015 年 10 月
区档案馆	江苏省 AAAA 数字档案馆	省档案局	2015 年 12 月
区地方志办	江苏省综合年鉴“整体框架”二等奖、“综述性条目”二等奖	省地方志办	2015 年 12 月
区残疾人联合会	省残疾人之家	省残疾人联合会	2015 年
阅江楼街道	江苏省数字档案馆、室	省档案局	2015 年 12 月
中央门街道	江苏省科普示范街道	省科协	2015 年 12 月
小市街道	江苏省标准化社区教育中心	省教育厅	2016 年 1 月
中央门街道紫竹林社区	江苏省科普示范社区(2015~2017)	省科协	2015 年 12 月
挹江门街道丁山社区	江苏省科普示范社区(2015~2017)	省科协	2015 年 12 月
江东街道腾飞园社区	江苏省科普示范社区(2015~2017)	省科协	2015 年 12 月
挹江门街道钟阜路社区	民主法治示范社区	省依法治省领导小组	2015 年 6 月
挹江门街道察哈尔路社区	2014 年度省级充分就业示范社区	省人社厅	2015 年 2 月
江东街道腾飞园社区	江苏省科普示范社区	省科协	2015 年 12 月
小市街道东井新村社区	江苏省科普示范社区	省科协	2015 年 9 月
小市街道东井新村社区	江苏省充分就业示范社区	省人社厅	2015 年 1 月
区未成年人及家事审判庭	江苏省巾帼文明岗	省妇联	2015 年 3 月
区民政局婚姻登记处	江苏省巾帼文明岗	省妇联	2015 年 3 月
湖南路司法所	江苏省社区矫正先进司法所 2014~2015 年度江苏省优秀司法所	省司法厅	2015 年 1 月 2016 年 2 月
区人力资源服务中心	江苏省巾帼文明岗	省妇联	2015 年 3 月
区劳动就业管理中心	2014 年度公共人力资源市场功能建设五星级单位	省人社厅	2015 年 4 月
区卫生监督所	015 年度基层卫生监督工作先进单位	省卫生监督所	2015 年

续表 61

单　　位	荣　　誉	授予部门	授予时间
区妇保所	江苏省巾帼文明岗	省妇联	2015 年 3 月
旭日景城小学	江苏省第 15 批“绿色学校”	省环保厅、省教育厅	2015 年 12 月
挹江门街道	法治南京建设先进单位	市委、市政府	2015 年 4 月
阅江楼街道	南京市民族团结进步先进集体	市政府	2015 年 7 月

2015 年区属单位获市级以上(含市级)表彰的先进个人一览表

表 62

姓　名	性别	工作单位	荣　　誉	授予部门	授予时间
衡　阳	男	区法院	全国法院系统第 26 届学术讨论会二等奖	最高人民法院	2015 年 1 月
张　伟	男	区法院	全国法院系统第 26 届学术讨论会二等奖	最高人民法院	2015 年 1 月
陶　岚	女	区监督所	全国无偿献血志愿服务二星级志愿者获得者	国家卫计委、中国红十字会总会、中国人民解放军总后勤部卫生部	2015 年 6 月
周万清	男	宝塔桥司法所	全国模范司法所长	国家司法部	2015 年 12 月
柏翠云	女	热河南路街道新河村社区	孝老爱新——中国好人	中央文明办、中国文明办	2015 年 5 月
史春妍	女	天妃宫小学	五一巾帼标兵	中华全国总工会	2015 年 3 月
唐明述	男	南京工业大学	国际水泥化学领域杰出贡献奖	第 14 届国际水泥化学大会	2015 年 10 月
王学浩	男	江苏省人民医院	全国先进工作者	中共中央、国务院	2015 年 4 月
孙丽洲	女	省人民医院	五一巾帼标兵	中华全国总工会	2015 年 3 月
杨　琴	女	汽轮电机集团有限责任公司	五一巾帼标兵	中华全国总工会	2015 年 3 月
张常宁	女	女子排球队运动员	2015 年女子排球世界杯冠军	女排世界杯组委会	2015 年 9 月
晋　辉	男	鼓楼区特殊教育学校	2011~2014 年全国残疾人体育先进个人	中国残疾人联合会、国家体育总局	2015 年 9 月
纪明敏	男	区委办	2015 年江苏省机要工作先进个人	省委机要局	2016 年 2 月
邵世芳	女	区委机要局	2014 年度全省机要系统先进个人(三等功)	省委机要局	2015 年 2 月
肖朝晖	女	区人大办	《人民与权力》杂志通联先进个人	省人大常委会研究室	2015 年 12 月
黄燕平	女	区人大办	省创建等级数字档案室突出贡献人员	省档案局	2015 年 12 月
吴申权	男	区委老干部局	省创建等级数字档案室突出贡献人员	省档案局	2015 年 12 月
李　亮	男	区政府办	江苏省政务信息工作先进个人	省政府办公厅	2016 年 2 月
桑圣琴	女	区纪委	省纪检监察信息工作先进个人	省纪委办公厅	2015 年 4 月
吴蒙龙	男	区人武部	一对好主官	南京警备区	2016 年 1 月
段　猛	男	区人武部	三等功	南京警备区	2016 年 1 月
刘　犇	男	区人武部	新闻宣传工作先进个人二等奖	南京警备区	2016 年 1 月
马元杰	男	区人武部	嘉奖	南京警备区	2016 年 1 月

续表 62

姓　名	性别	工作单位	荣　　誉	授予部门	授予时间
张景昌	男	区人武部	安全管理先进个人	南京警备区	2016 年 1 月
高红华	男	区人武部	新闻宣传工作先进个人三等奖	南京警备区	2016 年 1 月
曾志山	男	区人武部	军事训练先进个人	南京警备区	2016 年 1 月
翁俊军	男	区人武部	新闻宣传工作先进个人一等奖、一对好主官	南京警备区	2016 年 1 月
宋　歌	女	区人武部	新闻宣传工作先进个人三等奖、嘉奖	南京警备区	2016 年 1 月
童升华	女	区人武部	优秀职工	南京警备区	2016 年 2 月
谢小方	男	区人武部	优秀职工	南京警备区	2016 年 2 月
贲小青	女	区法院	二等功	省高院	2016 年 1 月
林凡明	男	区司法局	“法润江苏”系列专项行动先进个人	省司法厅	2015 年 5 月
戴小明	男	区司法局	江苏省社区矫正先进个人	省司法厅	2015 年 1 月
张卫平	男	区档案局	数字档案馆建设突出贡献人员	省档案局	2015 年 12 月
崇宗平	男	区科协	省科协系统先进个人	省科协	2015 年 6 月
宋晓丽	女	挹江门街道	基层规范统计岗位标兵	省统计局	2016 年 1 月
章蔷丽	女	凤凰街道	江苏省优秀统战干部	省委统战部	2015 年 12 月
周　原	女	阅江楼街道	数字档案室建设突出贡献人员	省档案局	2015 年 12 月
赵艳霞	女	鼓楼区特殊教育学校	感动江苏教育人物——最美特教教师	省教育基金会、江苏教育报刊总社	2015 年 9 月
胡建明	男	南京鼓楼卫生监督所	江苏省卫生计生监督技能竞赛公共卫生监督专业知识问答个人单项奖	省卫计委、省总工会	2015 年 8 月
周　雅	女	区妇幼保健所	省巾帼文明岗	省妇女联合会	2016 年 3 月
张文轩	男	区委机要局	第二届夏季青年奥林匹克运动会三等功	市委、市政府	2015 年 2 月
金亚琴	女	区委统战部	统战工作先进个人	市委	2105 年 11 月
罗燕华	女	区委统战部	民族团结进步先进个人	市政府	2015 年 7 月
樊晋安	男	区人社局	第二届夏季青年奥林匹克运动会先进个人、二等功	市委、市政府	2015 年 2 月
王翠凤	女	区人社局	第二届夏季青年奥林匹克运动会先进个人、二等功	市委、市政府	2015 年 2 月
罗　素	女	挹江门街道	南京市劳动模范	市政府	2015 年 4 月
李金国	男	阅江楼街道	南京市优秀共产党员	市委	2015 年 7 月
李世红	女	阅江楼街道	南京市劳动模范	市政府	2015 年 4 月
陶艳红	女	挹江门街道丁山社区	南京市优秀党务工作者 第 14 届南京好市民	市委	2015 年 7 月 2015 年 12 月
潘道红	男	区劳动就业管理中心	2012~2014 年度南京市劳动模范	市政府	2015 年 4 月

大事记

Chronological Events

1 月

6 日 政协南京市鼓楼区第一届委员会第三次会议召开中共党员委员大会。

市级文化产业园考核小组实地考察评估南艺·鼓楼文化创意产业集聚区和艺术金陵文化创意产业园。

7 日 政协南京市鼓楼区第一届委员会第三次会议开幕。

市城市治理委员会在鼓楼区召开“湖南路标准化管理现场会”。

天津市西青区区委书记周家彪率领西青区党政代表团到区考察学习。

8 日 市长缪瑞林一行到紫金(下关)科技创业特别社区、白云亭文化艺术中心和江东软件城调研。

区第一届人民代表大会第三次会议在解放军南京政治学院礼堂开幕。

10 日 区第一届人民代表大会召开第三次全体会议暨闭幕式。

12 日 解放军代表组部分全国人大代表到宁海路街道视察。

12~13 日 市政协主席沈健带领市党风廉政建设责任制检查考核组,全面检查考核鼓楼区 2014 年度党风廉政建设责任制建设情况。

15 日 区“三小车”(电动车、燃油助力车、摩托车)非法营运专项整治迎查工作部署会召开。

16 日 区委书记杨学鹏、区长曹路宝带队到南京大学调研。南京大学校长、中国科学院院士陈骏主持召开调研座谈会。

17 日 第二届区级机关趣味运动会在南师附中树人学校开幕。

21 日 驻区大学科技园负责人座谈会召开。

22 日 市环境综合整治指挥部主城 6 区考核组到鼓楼区,全面考核 2014 年度城市环境综合整治“9322”暨“再干两百天”专项行动第一阶段工作。

区街道城市管理工作专题会召开。

28 日 湖南路街道召开地区党建联席会、社区建设发展协调委员会暨双拥工作座谈会。

30 日 宁海路街道召开迎春双拥会。

2 月

4 日 区投资环境新春推介会举办。

5 日 区委区政府召开春节老干部情况通报会。

区教育系统负责干部大会召开。

9 日 省军区司令员李大清、政委曹德信、政治部主任吕先景一行到湖南路街道养老院走访慰问。

区第一届纪律检查委员会第三次全体会议召开。

10 日 铁北地区改造提升工程指挥部第一次工作会议在小市街道召开。

10~11 日 2 场区重点税源企业座谈会在白云亭文化艺术中心召开。

11 日 区军民迎春座谈会召开。

“迎新春、送春联——书画家进社区活动”在凤凰街道白云园社区阳光广场小区举行。

13 日 区委书记杨学鹏到宁海路街道走访慰问老将军向守志及社区困难党员群众。

区委书记杨学鹏,区委常委、宣传部部长董伟走访慰问“中国好人”“南京市道德模范”百岁老将军张玉华。

16 日 区安全生产暨消防工作会议召开。

区长曹路宝、副区长王红到宁海路街道走访慰问南京军区原司令员朱文泉。

27 日 长三角商品交易所董事长翟小平、总裁黄庆锋到江东软件城考察,签订入驻园区协议。

28 日 区机关作风建设大会召开。

全区政法工作会议召开。

3 月

2 日 区迎接国家信访督查暨全国“两会”信访保障工作会议召开。

3 日 2015 年区卫生工作会议召开。

4 日 南京市暨鼓楼区“文明南京”志愿服务行动启动仪式在狮子桥步行街举行。

2015 年鼓楼区青少年主题教育

1 月 10 日,鼓楼区第一届人民代表大会第三次会议召开

启动暨“立德树人大讲堂”开讲仪式在田家炳高级中学礼堂举办。

由河海大学、南京师范大学和虎踞关社区联合举办的“让雷锋精神在社区闪光”志愿服务大行动暨在职党员进社区服务日启动仪式，在汉口西路广场举行。

5日 纪念“三八”国际劳动妇女节105周年暨2014年度鼓楼区“最美家庭”表彰演讲活动在白云亭文化艺术中心举办。

创建2016～2020年度江苏省及全国科普示范城区工作领导小组会议召开。

6日 全市市场监管体制改革工作座谈会在区召开。

区城市建设暨管理工作动员大会召开。

区教育系统安全与廉政教育大会召开。

9日 省委常委、市委书记黄莉新视察滨江风光带下关试验段和纬三路过江通道建设情况。

10日 市人民检察院检察长葛晓燕到区调研。

13日 区宣传思想文化工作会议召开。

区四套班子领导在滨江大道幕燕西延段参加义务植树活动。

区民政、残联工作会议召开。

18日 区河道管理河长制工作专题推进会召开。

19日 共青团南京市鼓楼区一届三次全委(扩大)会议召开。

区城管系统工作暨党风廉政和作风建设动员大会召开。

20日 市委常委、常务副市长刘以安一行视察金茂广场二期、上元门华能南京滨江总部基地、紫金(下关)科创特区等项目建设情况。

24日 省民政厅副厅长戚锡生到区调研街道社区综合服务中心建设推进情况。

25日 区委举行中心组理论学习(扩大)会，南京军区原司令员朱文泉作“岛屿战争论与建设海洋强国”主题报告。

26日 省委常委、市委书记黄莉新到紫金智梦园调研，并参观“百年经典——模范马路创新文化馆”“创业支点”服务平台。

市质量强市工作领导小组到区检查2014年度质量强市工作。

区人口计生工作会议召开。

27日 湖南路街道组织地区人大代表视察中江公司珍珠雅苑安置房项目。

28日 区经济社会发展总结表彰暨动员部署大会召开。授予73家单位“2014年度经济社会发展先进集体”称号，授予182人“2014年度经济社会发展先进个人”称号。

31日 江苏股权交易中心南邮科技园辅导中心签约揭牌仪式在南京邮电大学举行。

4月

1日 区重大项目推进会召开。

8日 江苏省中国画学会主办的“重造画境——聂危谷中国画讲座暨彩墨画展”走进南京社区活动，在南京金盏花文化艺术中心举行。

10日 国家科技部创新发展司司长余健视察紫金智梦园。

区滨江邮轮旅游开发项目商洽会召开。

区食品安全工作会议召开。

11日 相约“桃花源”广场文艺表演在小桃园公园举办。

13日 市委常委、常务副市长刘以安一行到“宝船社区·希望来吧”视察指导。

14日 山东省潍坊市奎文区区委书记、区人大常委会主任李辉带队到区考察城市建设及拆迁安置工作。

15日 区经济工作推进会召开。

16日 省政府副秘书长、省信访局局长莫宗通一行到区调研信访工作。

“江苏省中国画学会——宁海中学美术教育基地揭牌仪式暨名家名作进校园”活动在南京市宁海中学举行。

《鼓楼区加快养老服务发展实施意见》新闻发布会召开。

17日 省法院院长许前飞视察区法院新审判大楼建设项目。

市委常委、副市长徐锦辉一行视察区企业服务大厅多证联办工作运行情况。

“南京鼓楼科技园联盟”成立大会

4月，中国科学院院士、南京大学教授郑有炓应邀到紫金科创特区“园区大讲坛”作“大众创业、万众创新”主题辅导

在江东软件城召开。

区召开第八届中国留学人员南京国际交流与合作大会(简称“留交会”)参会筹备工作会。

22日 省编办主任俞军会同省司法厅、省卫计委相关领导到区专题调研医患纠纷矛盾调解工作。

区委书记杨学鹏会见瑞典德瑞医疗集团全球总裁 Dag Andersson 一行，就推进肾科医院项目进行交流。

24日 第八届中国留学人员南京国际交流与合作大会在南京国际博览中心举行，区组织有关部门参加。

2015年中国·南京“创洽会”鼓楼主题活动“聚焦现代产业，争创首善之区——鼓楼区滨江·铁北片区投资推介会”举行。

区慈善书画作品义卖交接仪式举行，区级层面首次尝试以书画义卖方式征集善款。

25日 “创聚鼓楼 创享未来——第八届南京‘留交会’鼓楼专场活动”举行，同期举行鼓楼专场推介会。

国家副总理刘延江视察江东软件城，省委常委、市委书记黄莉新陪同。

29日 省物价局局长张卫东一行到区督查省政府《关于进一步深化价格改革，切实加强价格监管的意见》及省物价局《实施意见》落实情况。

30日 区资料长编编纂工作动员大会召开。

区政协举办庆“五一·颂和谐”书画联展。

市委市政府联合发出《关于表彰2014年度完成全市经济社会发展目标先进单位的决定》，鼓楼区位列全市11区之首，被评为一等奖。

5月

5日 镇江市京口区副区长陈德福带队考察模范马路创新街区。

7日 区市场主体联合检查工作推进会召开。

8日 省委常委、省军区政委曹德信到区人武部检查指导工作。

9日 新鼓楼区第一届残疾人体育运动会开幕式暨第25次“全国助残日”宣传活动举行。

11日 2015年南京妈祖庙会在阅江楼风景区天妃宫启幕。

12日 南京市第二十九中学获“全国文明单位”称号授牌仪式在区举行。

区“快乐能豆豆，幸福阳光城”践行社会主义核心价值观主题活动在芳草园小学举办。

13日 市委常委、组织部部长郭腊军一行到白云亭文化艺术中心和丁山社区调研。

15日 南京市台湾同胞投资企业协会鼓楼分会换届仪式举行，选举产生新一届会长。

16日 “幸福鼓楼”2015社区文化艺术节在白云亭文化艺术中心开幕。

南京市暨鼓楼区首届“职业教育活动周”在南京商业学校启动。

18日 省委常委、市委书记黄莉新到区开展“三严三实”专题调研，视察宁海路社区服务中心、“宝船社区·希望来吧”和丁山社区红色主题馆。

省编办主任俞军会同省司法厅、省卫计委相关领导到区专题调研医患纠纷调解体制创新试点工作。

19日 市总工会党组书记、主席臧正金一行到区调研。

20日 中国红十字会副会长王海京、赈灾救护部副部长李立东到区参观红十字凤凰生命安全体验馆。

市委常委、常务副市长刘以安率领第一届市城治委公务委员，视察湖南路城市综合治理标准化建设。

区委举行中心组理论学习扩大会，邀请省高级人民法院院长、党组书记许前飞作“全面推进依法治国与建设法治政府”专题学习辅导。

区科协联合南京工业大学科协和科技广场科协，在南京工业大学国家大学科技园举办“创新创业在园区”活动。

23~25日 区委分2场召开“三严三实”专题座谈会，了解全区领导干部中存在的“不严不实”问题和具体表现，听取对开展“三严三实”专题教育的意见建议。

26日 合肥市瑶海区政协主席芮成清一行到江东街道专题调研基层协商民主工作。

27日 “在职党员点亮‘微心愿’”暨“爱心微盟”成立广场主题活动在宝船厂遗址景区举办。

28日 区2014～2015学年小学课堂教学改革成果展评暨教学工作会议在芳草园小学举行。

5月12日，鼓楼区举行第二十九中学荣获“全国文明单位”称号授牌仪式

29 日 “牵手成长·E 家圆梦——江苏万名困境儿童”大帮扶启动暨南京童安守护社会服务中心揭牌仪式在江东街道宝船社区举行。

南京中医药大学大学生创业园开园暨鼓楼区大学生创业工作推进会在南京中医药大学汉中门校区召开。

31 日 台湾商业总会理事长、乡林集团董事长赖正镒一行到区考察下关滨江商务区投资环境。

6 月

3 日 广东省中山市政协主席丘树宏一行到区考察宝船厂遗址景区。

5 日 “践行绿色生活·我们正在改变”——南京市暨鼓楼区纪念“六五”环境日主题活动启动仪式在滨江欢乐舞台喷泉广场举行。

7 日 全国妇联家庭教育研究指导中心党委书记丛中笑一行到区，调研湖南路地区家庭教育中心工作。

9 日 江苏省、南京市暨鼓楼区“档案——与你相伴”主题宣传活动在静海寺广场举行。

13 日 中组部及省、市委组织部有关领导到区调研基层党组织设置及隶属关系情况，视察江东街道清河新寓社区和长阳花园社区。

17 日 省安全生产委员会到区督查安全生产工作。

18 日 市政协主席沈健带领市政协主席会议成员、市政协机关各专委会主任及 13 个区政协主席到区，视察调研基层协商民主工作。调研组一行视察江东街道政协委员之家建设情况。

24 日 市委常委、统战部部长徐锦辉到区调研统战工作。

26 日 省长李学勇到区视察联创集团。

29 日 全区防汛抢险工作紧急会议召开。

7 月

1 日 “宁海党建在线”网站及微信平台开通仪式暨“共建幸福家园”主题党日活动举办。

区教育系统“我是共产党员”纪念建党 94 周年大会举行。

2 日 “筑梦强军新征程”解放军南京政治学院 2015 年毕业典礼暨学习成才标兵颁奖仪式在该院礼堂举行。

太原市人口计生委到区参观考察丁山社区人口家庭公共服务中心。

3 日 省妇联副主席顾敏一行到区走访慰问“南京市最美家庭”代表，在江东街道宝船社区开展“感受最美风尚，倾听群众呼声，严以正己修身”支部活动。

区“十三五”规划前期重点研究课题评审会召开。

6 日 省工商局局长王元慧到区调研市场监管工作，现场考察市场监管局华侨路分局办公环境。

市委常委、统战部部长徐锦辉到区开展“四解四促”调研。徐锦辉到宁海路街道、中央门街道观音里社区和区钢贸商会，实地调研多党合作、社区统战及行业商会等工作。

7 日 省委统战部副部长、省民委主任、省宗教局局长李国华一行视察法眼宗祖庭南京清凉寺，了解清凉寺遗址保护及展示工程进展情况。

8 日 区长曹路宝会见瑞典德瑞医疗集团全球战略执行官 Claus Biermann 一行，就推进肾科医院项目合作进行交流。

区幸福都市指标体系建设推进会召开。

9 日 省委宣传部副部长梁勇一行到静海寺纪念馆和南京渡江胜利纪念馆视察爱国主义教育基地运转情况。

市人大常委会主任陈绍泽到湖南路街道“人大代表之家”，开展接待代表日活动。

10 日 区召开贯彻落实中共中央总书记习近平视察江苏讲话精神推进会。

区“‘互联网 +’变革中的机遇和挑战”中心组理论学习(扩大)会举行，特邀美国特保金融集团联合创始人兼首席风控官、上海冰鉴信息科技公司创始人 CEO 顾凌云作专题讲座。

区青少年“铭史励志·聚能报国”夏令营在南京国防园开营。

13 日 湖北省浠水县政协主席郑宁等一行到区，调研养老服务体系建设。

18 日 成都市委常委、组织部部长胡元坤一行到紫金智梦园考察，参观“百年经典——模范马路创新文化馆”、“321”人才企业南京快拼信息科技有限公司。

22 日 市委常委、宣传部部长徐宁一行到南京市第二十九中学儒学经典课程基地调研。

23 日 受中国科协委托，省科协党组成员、副主席冯少东带领检查组到区检查验收“全国科普示范区”创建工作。

区人民陪审员选任委员会开展人民陪审员候选人随机抽选活动。

27 日 区统一战线法律服务团成立暨法律顾问签约仪式举行。

28 日 区委举行中心组理论学习(扩大)会，邀请省编办主任俞军作“阳光、便民、高效，构建简约的政府治理体系”专题辅导报告。

江东街道宝船社区廉洁文化体验馆开馆。

29 日 省政府办公厅副秘书长王志忠、省财政厅副厅长王汉增、省科协副主席冯少东一行到紫金(下关)科创特区，为省科协科学中心项目考察选址。

30 日 区四套班子领导走访武

警南京市消防支队、武警江苏省消防总队、武警江苏省边防总队和解放军南京政治学院，为部队官兵送上节日问候。

区文化工作会议召开。

8月

4日 全国工商联党组成员、专职副主席安七一到南京紫金(下关)科技创业特别社区开展专题调研，实地走访江苏能瑞磁技术应用研究有限公司、南京群霆信息科技有限公司。

区公共自行车站点建设规划项目评审会召开。

香港公共政策研究机构高层访问团一行24人参观静海寺。

5日 省司法厅副厅长周红养到区调研医患纠纷调解机制改革试点工作。

市委常委、组织部部长郭腊军，市妇联主席宋晓辉到华侨路街道石头城社区调研妇联工作。

区全面深化改革工作推进大会召开。

市人大代表鼓楼区五组对市卫生局工作开展定向定点调研视察和检查活动。

“长青雅集——老委员、区级机关老干部书画展”举办。

7日 全市社区治安责任承包制工作现场会在区召开。

11日 区长曹路宝等会见南京安居集团董事长毛龙泉一行，就深化历史文化街区保护、开发利用等方面合作交换意见。

12日 市妇联主席宋晓辉、副主席徐晓洁一行到区调研贯彻落实中央群团工作会议精神。

合肥市瑶海区政协主席芮成清一行到江东街道专题调研基层协商民主工作。

13~15日 区教育系统领导干部暑期学习会举办。

8月19日，国务院法制办《残疾预防和残疾人康复条例》起草调研组视察丁山社区残疾人康复站、鼓馨残疾人影院及无障碍阅览室

14日 区长曹路宝等会见工商银行江苏省分行副行长王都富一行，深入交流融资贷款等问题，并陪同考察江东软件城、白云亭文化艺术中心、下关滨江商务区。

区2015年招商顾问年中座谈交流会召开。

18日 全区开展涉氨重点企业及加油站联合执法检查。

19日 国务院法制办《残疾预防和残疾人康复条例》起草调研组一行参观调研丁山社区残疾人康复站、鼓馨残疾人影院及无障碍阅览室。

20日 省政府社区减负督察组专项督查鼓楼区社区减负增效工作，省民政厅副厅长戚锡生率队实地查看小市街道东井新村社区和凤凰街道教工新村社区减负情况。

21日 市长缪瑞林调研区近、现代建筑保护利用工作，实地查看荷兰原驻华大使馆、颐和路十一片区及十二片区等项目。

市人民检察院检察长葛晓燕到区开展“四解四促”活动。

区纪念中国人民抗日战争暨世界反法西斯战争胜利70周年庆典及“9·3”大阅兵活动信访维稳保障工作会议召开。

25日 “金洽会”鼓楼专场活动筹备工作会议召开。

中央门街道联合多家驻区部队举办“信仰的力量”军地纪念抗战胜利70周年大型文艺演出。

26日 区民政工作分析会召开。

27日 省编办主任俞军一行到区调研医患纠纷矛盾调处工作。

9月

1日 第11届中国(南京)国际软件产品和信息服务博览会鼓楼专场活动——鼓楼区“互联网+”产业项目对接会，在阅江楼景区游客服务中心举行。

市委常委、政法委书记刘志伟率市督查组到区督查信访维稳工作。

“珍爱和平”纪念中国人民抗日战争暨世界反法西斯战争胜利70周年书画展开幕式在下关历史陈列馆举行。

2日 韩国江原道科学技术院代表团到江东软件城参观考察。

6日 省委常委、市委书记黄莉新到区专题调研服务型经济工作，先后考察驻江东软件城艾志集团、水木秦淮街区、下关长江国际航运物流服务集聚区、南京建宁康复医院等企业和项目。

7~13 日 区委书记杨学鹏率团赴瑞典、西班牙开展经贸洽谈及文化旅游产业主题招商活动。

9 日 省信访稳定工作督导一组组长、省政府副秘书长、省信访局局长莫宗通一行，到区督导信访维稳工作。

10 日 浙江省金华市决策咨询委员会副主任李秋华一行到紫金智梦园参观考察。

区市场监管系统街域经济工作分析会召开。

11 日 省、市、区红十字会联合在云谷山庄社区开展宣传活动。

15 日 区委书记杨学鹏到宁海路街道看望老将军向守志和张玉华。

区"十二五"人口和计划生育目标管理责任制终期评估暨创建人口协调发展区工作会议召开。

18 日 英国政府内政部国务大臣、枢密院顾问官麦克·贝茨勋爵一行参观凤凰街道生命安全馆。

全市服务型经济发展现场会在区召开。省委常委、市委书记黄莉新，市长缪瑞林等市领导参会并考察下关国际航运物流服务集聚区等。

模范马路科技创新街区、环南艺文化创意产业功能区众创空间揭牌。

20 日 首届"南京好人节"启动仪式在商业学校举行。

24 日 全国双拥工作领导小组副组长、全国双拥办主任、民政部副部长窦玉沛率领全国双拥模范城调研督导组一行，到宁海路街道颐和路社区检查社区双拥工作，考察社区将军馆，看望百岁将军张玉华。

2015 中国南京金秋经贸洽谈会暨第八届中国国际服务外包合作大会鼓楼区高端现代服务业投资推介会举办。

29 日 区军休系统举办"烽火激荡奋进路"主题文艺演出。

10 月

10 日 区综合考核目标推进会召开。

12 日 区关工委获"全国关心下一代工作先进集体"称号，为全市首个获得该荣誉的区级关工委。

12~13 日 团区委举办少先队建队 66 周年绘画展暨 2015 年度团队干部培训班。

13 日 中央门街道与民主党派结对共建十周年座谈会召开。

14 日 "以爱为证，唱响和谐"重阳节慰老文艺汇演活动在宁海路街道古林社区举办。

15 日 区委书记杨学鹏等走访凤凰传媒集团，就湖南路地下商业街项目建设准备工作进行沟通。

16 日 省政府督查室主任邹宁华率省深化行政审批制度改革督查一组到区开展专项督查。

19 日 鼓楼地区全国及地方各级人大代表联席会暨定向定点调研视察成果报告会在鼓楼大厦召开。

20 日 《鼓楼区 2014 年老年人口信息和老龄事业发展状况报告》(白皮书)向社会公开发布。

21 日 由省老龄委办公室、省老年协会、江苏广电集团、江苏老年图影学会、鼓楼区政府、中国电子科技集团第十四研究所联合举办的 2015 老年节、江苏省第二届百佳孝星颁奖仪式暨鼓楼区重阳乐龄游园嘉年华活动在古林公园举行。

22 日 模范马路科技创新街区暨众创空间规划征求意见会召开。

区创建国家级食品安全城市动员部署会召开。

"与平安同行、为鼓楼喝彩"主题宣传活动在三牌楼市民广场举办。

23 日 最美夕阳红旅游形象大使选拔大赛决赛在白云亭文化艺术中心举办。

24 日 首届党外人士趣味运动会在树人中学举行。

26 日 2015 以色列节能环保技术中国巡回展南京站活动在鼓楼区举行。

区委书记杨学鹏会见美国旧金山湾区(简称湾区)委员代表团首席全球业务拓展官德尔·克里斯滕森一行，就推动鼓楼区与湾区合作进行探讨和交流。

27 日 区推进公立医院综合改革工作专题会议召开。

江东地区重点企业座谈会召开。

28 日 区委书记杨学鹏会见朗坤集团董事长武爱斌一行，就政企合作进行探讨和交流。

29 日 南京市第二十九中学举行建校 70 周年庆典。

30 日 南京市实验幼儿园举行建园 60 周年庆典活动。

11 月

2 日 广东省中山市政协副主席郭惠冰等一行到区调研居家养老服务工作。

5 日 南京市第三届社区暨社会公益服务项目洽谈会在区举行。

西藏自治区拉萨市墨竹工卡县党政代表团到区访问。

区迎接省文明城市测评工作动员部署会召开。

6 日 区第二届公益慈善暨社区养老服务资源项目推介会举办。

10 日 "蓝色海疆——徐生华海洋画作品走进南京社区展"在南京金盏花文化艺术中心开幕。

11 日 省委常委、市委书记黄莉新到小市街道东井新村社区，考察社区服务大厅、"小市工业印记微博物馆"以及各服务活动室。

全省医患纠纷人民调解工作座谈会在区召开。

12 日 全市检察工作情况通报

会在区召开。

13日 中央统战部信息办、信息中心主任王丕君一行到区调研统战工作信息化建设及新媒体从业人员统战工作。

15日 区委书记杨学鹏、区委宣传部部长董伟等察看颐和路社区将军馆新馆和街道海洋国防教育馆新馆建设情况。

18日 市委常委、统战部部长徐锦辉到区调研宗教工作。

区综合考核目标推进会召开。

江苏省高新技术创业服务中心和区科技局联合举办中英智能材料项目对接大会。

25日 区“迎接幸福都市建设”群众满意度测评动员会召开。

区安委会全体成员单位会议召开，部署保障国家公祭日活动安全生产及消防工作。

26日 区委区政府联合苏宁睿城在上海举办“南京市鼓楼区苏宁睿城楼宇集群发布会”。

30日 港澳台侨委组织委员参观考察南京康宝莱保健品有限公司，并开办饮食、保健方面健康讲座。

12月

1日 省委常委、市委书记黄莉新列席区委常委会“三严三实”第三专题第一次研讨会。

区健康服务业暨卫生“协同创新、协同发展”大会召开。

2日 区负责干部大会召开，会议贯彻学习省委常委、市委书记黄莉新讲话精神。

3~4日 区委书记杨学鹏率队赴北京参加南京市“十三五”发展商机(北京)推介会。

12月13日，幕府山街道举行南京大屠杀死难者草鞋峡丛葬地悼念活动

10日 鼓楼区举行第一届科普讲师团成立大会。

全区开展安全生产及消防大检查。

11~12日 区2016年工作务虚会召开。

12日 模范马路科技创新街区众创空间创业大赛暨南京3D数字化产业合作交流大会在区举行。

13日 辖区9处侵华日军南京大屠杀死难者丛葬地举行悼念仪式。

15日 拉萨市墨竹工卡县县委常委、统战部部长普斌率宗教界代表人士到区考察交流。

由江苏省中国画学会、鼓楼区政协主办，凤凰街道、江苏金泓文化发展有限公司承办，著名画家刘守瑶创作的“青山绿水”系列彩墨中国画作品展，在南京金盏花文化艺术中心举办。

16日 2015南京妈祖文化交流研讨会在南京天妃宫举行。

17日 区委书记杨学鹏陪同南京军区原司令员朱文泉到宁海路街道，视察宁海路街道海洋国防教育馆新馆和颐和路社区将军馆新馆建设工程。

区创建“全国社区治理和服务创新实验区”工作推进会召开。

21日 区青年企业家联合会成立大会暨第一次会员大会举行。

22日 区信访包案工作情况汇报会召开。

区第一家园区商会——江东商会成立大会暨第一次会员代表大会在江东软件城召开。

25日 2015年度慈善工作会议召开。

28日 南京财经大学现代服务业科技园举办开园仪式暨“财智128”众创空间揭牌仪式。

29日 区委召开一届六次全体(扩大)会议，区委书记杨学鹏代表区委常委会作《争首善、谋创新、促转型，群策群力打赢“十三五”开局之战》报告。

是月 宝塔桥街道司法所所长、人民调解委员会主任周万清获“全国模范司法所所长”称号。

鼓楼年鉴 2016

附录

Appendix

2015 年统计资料

经　济

2015 年鼓楼区区级财政、税收完成情况

表 63　　　　单位：万元

指　标　名　称	2015 年	同比增幅(±%)
国税局小计	748029	2.2
地税局小计	705394	16.6
财政局小计	60195	-16.7
税收收入小计	1412614	8.6
非税收入小计	112526	-2.2
财政总收入合计	1513617	7.3
一般预算收入合计	879105	7.6

2015 年鼓楼区地区生产总值完成情况

表 64　　　　单位：亿元

指　标　名　称	2015 年	同比增幅(±%)
地区生产总值	1011.81	10.0
第二产业	85.87	-4.5
工　业	41.59	4.0
其中：规模以上工业	41.29	4.0
建筑业	44.43	-12.0
第三产业	925.93	11.7
交通运输仓储业	44.54	7.0
批发和零售业	231.65	6.7
住宿和餐饮业	20.38	0.1
金融业	91.68	16.1
房地产业	68.74	8.3
其他服务业	468.79	15.0
其中：信息传输、计算机服务和软件业	62.37	10.3

备注：因统计口径变化，二产、三产分项之和与该项总计存在不一致

2015年鼓楼区开放型经济目标完成情况

表65 单位:亿美元

指　标　名　称	实　绩	区目标	区目标完成率(%)	市目标	市目标完成率(%)
服务外包执行额	17.1	11.2	152.4	—	—
服务外包离岸执行额	10.6	5.4	195.9	10.55	100.1
对外承包劳务营业额	14.2	7.5	188.9	12.80	110.7
外贸出口	31.1	22.0	141.1	38.80	80.0
实际利用外资	3.7	2.5	148.0	—	—
到账注册资金千万元以上大项目(个)	161	130	124.0	—	—

2015年鼓楼区固定资产投资、基本建设项目完成情况

表66 单位:万元

固定资产投资指标	实　绩	同比增幅(±%)	基本建设项目指标	实　绩	同比增幅(±%)
全社会固定资产投资额	2780750	9.3	全年完成投资额	1489748	6.4
一、基本建设	1489748	6.4	其中:工业投资	29312	-35.7
二、房地产开发	1291002	12.9	大专院校校舍建设投资	517514	261.3
			城市建设投资	28047	-66.7
			新开工项目(个)	28	-71.1
			全年施工项目面积(平方米)	577696	-63.0

2015年鼓楼区房地产开发投资完成情况

表67

指标名称	实　绩	同比增幅(±%)	指标名称	实　绩	同比增幅(±%)
1.房地产开发投资额(万元)	1291002	12.9	新开工面积(平方米)	1338234	156.8
其中:住　宅	699284	34.1	其中:住　宅	778136	84.9
办公楼	259696	6.0	竣工面积	1629347	79.0
商业用房	257607	12.6	其中:住　宅	1129043	97.4
其　他	74415	-36.7	3.商品房销售面积(平方米)	805925	4.2
2.房屋建筑面积(平方米)			其中:住　宅	712294	5.9
施工面积	4870397	0.2	4.房屋销售额(万元)	1184325	-4.9
其中:住　宅	2476003	4.6	其中:住　宅	1043679	-3.7

2015年鼓楼区社会消费品零售额完成情况

表68　　　　单位：亿元

指标名称	实绩	同比增幅(±%)
社会消费品零售总额	797.60	11.5
按行业类别分组		
一、限额以上批发和零售业	680.94	2.8
1.批发业	166.92	51.5
2.零售业	514.02	-6.9
二、限额以上住宿和餐饮业	60.17	13.2
1.住宿业	14.07	4.1
2.餐饮业	46.10	16.3

备注：社会消费品零售总额为市统计局反馈数

2015年鼓楼区城镇住户调查主要指标情况

表69

指标名称	单位	实绩	2014年	同比增幅(±%)
家用汽车	辆/百户	39.7	38.0	4.5
家用电脑	台/百户	113.6	119.0	-4.5
固定电话	部/百户	83.2	90.6	-8.2
移动电话	部/百户	212.0	210.5	0.7
现住房总建筑面积	平方米/人	36.6	31.3	16.9
恩格尔系数	%	25.6	26.4	-0.8
教育文化娱乐支出占消费支出比重	%	16.0	15.3	0.7
居民可支配收入	元/人	50526.5	46596.6	8.4
消费支出	元/人	30838.9	28483.2	8.3

2015年鼓楼区分板块固定资产投资额完成情况

表70　　　　单位：万元

板块名称	年度目标	实绩	完成率(%)
下关滨江商务区	630000	634785	100.8
新街口—湖南路商务商贸区	140000	168736	120.5
中央门商贸区	140000	140814	100.6
紫金科创特区管委会	410000	553863	135.1
历史文化街区	40000	—	—
江东软件城	—	553900	—
模范马路科技创新街区	—	256000	—

2015 年鼓楼区分板块限额以上零售额完成情况

表 71　　单位：±%

板　块　名　称	限额以上零售额增幅
下关滨江商务区	-13.50
新街口—湖南路商务商贸区	25.67
中央门商贸区	28.60

2015 年鼓楼区分板块标准以上服务业增加值完成情况

表 72　　单位：万元

板　块　名　称	2015 年	同比增幅(±%)
下关滨江商务区	510976	10.9
紫金科创特别社区	545198	11.4
新街口-湖南路商务商贸区	1726383	11.5
中央门商贸区	75647	12.0

2015 年鼓楼区各街道一般预算收入完成情况

表 73　　单位：万元

街　道	2015 年	同比增幅(±%)	街　道	2015 年	同比增幅(±%)
合　计	378591	11.8	凤　凰	13760	-19.9
华侨路	70254	18.4	热河南路	16588	18.6
宁海路	32208	3.3	阅江楼	23934	34.2
湖南路	71231	10.3	宝塔桥	6997	-31.0
中央门	44391	14.6	建宁路	14942	-0.1
挹江门	25460	24.0	小　市	16502	35.8
江　东	36267	15.0	幕府山	6056	-6.4

2015 年鼓楼区各街道统计指标完成情况

表 74

街　道	人均可支配收入		全社会固定资产投资			地区生产总值		服务业增加值		社会消费品零售额	
	绝对值（元）	同比增幅（±%）	监测目标（亿元）	绝对值（亿元）	完成率（%）	绝对值（亿元）	同比增幅（±%）	绝对值（亿元）	同比增幅（±%）	绝对值（亿元）	同比增幅（±%）
华侨路	55745	9.1	6	10.90	181.75	149.7	10.2	142.9	11.8	64.10	13.3
宁海路	49479	8.9	6	3.90	64.95	144.0	10.3	142.8	11.9	51.31	11.6
湖南路	61041	8.8	3	1.40	46.67	115.8	10.2	114.0	12.0	102.74	12.2
中央门	39296	9.0	3	3.31	110.25	78.6	10.0	62.5	11.7	42.07	11.5
挹江门	44170	9.0	3	3.34	111.37	58.1	9.3	50.7	11.3	39.27	10.7
江　东	58525	8.8	9	10.34	114.94	38.4	9.0	33.6	11.1	50.57	12.9

续表 74

街道	人均可支配收入		全社会固定资产投资			地区生产总值		服务业增加值		社会消费品零售额	
	绝对值（元）	同比增幅（±%）	监测目标（亿元）	绝对值（亿元）	完成率（%）	绝对值（亿元）	同比增幅（±%）	绝对值（亿元）	同比增幅（±%）	绝对值（亿元）	同比增幅（±%）
凤 凰	65154	8.4	11	8.81	80.09	20.6	8.8	19.3	10.8	28.22	11.7
热河南路	55557	8.7	6	8.22	137.03	30.9	10.4	29.7	12.1	52.39	10.8
阅江楼	56713	8.9	3	1.10	36.63	87.2	10.1	77.5	11.9	54.19	10.4
宝塔桥	37646	8.6	3	—	—	49.5	9.5	21.0	11.5	18.93	10.2
建宁路	54909	8.8	3	0.91	30.41	28.0	10.5	26.8	12.2	82.58	13.0
小 市	44708	8.8	9	12.19	135.50	39.4	9.0	22.7	11.1	35.32	11.8
幕府山	35716	8.5	5	6.39	127.75	9.2	10.1	8.4	11.7	6.85	11.5

人 口

2013~2015 年鼓楼区土地面积与户籍人口密度一览表

表 75

年 份	土地面积（平方公里）	人口密度（人/平方公里）	年末户数（户）	年末人口数（人）			性别比（以女性为 100%）
				合 计	男	女	
2013 年	54.18	17338	308479	939381	472098	467283	101.0
2014 年	54.18	17264	311046	935336	468590	466746	100.4
2015 年	54.18	17183	312772	930524	464951	465573	99.87

2015 年鼓楼区各街道户数与户籍人口一览表

表 76

街 道	年末户数（户）	年末人口（人）			性别比（±%）
		合 计	男	女	
合 计	312772	930524	464951	465573	99.87
宁海路	28307	105970	53073	52897	100.33
华侨路	23059	88429	43865	44564	98.43
湖南路	24057	76100	37609	38491	97.71
中央门	35137	104533	51901	52632	98.61
挹江门	24256	68523	33372	35151	94.94
江 东（含水上公安分局）	30267	93037	48276	44761	107.85
凤凰	30393	85684	42178	43506	96.95
阅江楼	20766	54112	27959	26153	106.91
热河南路	21146	56458	27878	28580	97.54
幕府山	12401	31757	15686	16071	97.60

续表 76

街　　道	年末户数(户)	年末人口(人)			性别比(±%)
		合　计	男	女	
建宁路	15665	41129	20259	20870	97.07
宝塔桥	26203	68835	35109	33726	104.10
小　市	21115	55957	27786	28171	98.63

2015 年鼓楼区户籍人口机械变动情况

表 77　　单位:人

指 标 名 称	总人数	男	女
出　　生	6971	3638	3333
死　　亡	5369	3000	2369
省外迁入	5867	—	—
省内迁入	12718	—	—
迁往省外	6986	—	—
迁往省内	10283	—	—

2013~2015 年鼓楼区户籍人口自然变动一览表

表 78

年　份	出　　生		死　　亡		自 然 增 长	
	人数(人)	出生率(‰)	人数(人)	死亡率(‰)	人数(人)	增长率(‰)
2013 年	6915	7.30	5120	5.40	1795	1.90
2014 年	7697	8.20	5203	5.60	2493	2.70
2015 年	6971	7.47	5369	5.75	1602	1.72

2015 年鼓楼区各街道户籍人口自然变动情况

表 79　　单位:人

街　　道	出　　生				死　　亡				自然增长	
	人数			出生率(‰)	人数			死亡率(‰)	人数	增长率(‰)
		男	女			男	女			
宁海路	563	281	282	5.30	490	286	204	4.61	73	0.69
华侨路	544	284	260	6.14	378	201	177	4.26	166	1.87
湖南路	527	287	240	6.91	476	257	219	6.24	51	0.67
中央门	817	420	397	7.80	685	384	301	6.54	132	1.26
挹江门	557	287	270	8.11	459	258	201	6.68	98	1.43
江　东(含水上公安分局)	878	445	433	9.41	267	171	96	2.86	611	6.55
凤　凰	764	400	364	8.89	357	196	161	4.16	407	4.74

续表 79

街道	出生				死亡				自然增长	
	人数			出生率(‰)	人数			死亡率(‰)	人数	增长率(‰)
		男	女			男	女			
阅江楼	323	166	157	5.95	473	260	213	8.72	-150	-2.76
热河南路	474	256	218	8.37	378	215	163	6.68	96	1.70
幕府山	278	155	123	8.73	207	108	99	6.50	71	2.23
建宁路	316	168	148	7.66	316	178	138	7.66	0	0.00
宝塔桥	502	276	226	7.27	486	259	227	7.04	16	0.23
小　市	428	213	215	7.63	397	227	170	7.08	31	0.55
总　计	6971	3638	3333	7.47	5369	3000	2369	5.75	1602	1.72

2015 年区委区政府主要文件目录

区委发文

鼓委发〔2015〕3 号　鼓楼区委关于全面推进依法治区的意见

鼓委发〔2015〕4 号　鼓楼区深化街道和社区体制改革实施方案

鼓委发〔2015〕25 号　鼓楼区综合改革工程第二阶段文化体制改革实施方案

鼓委发〔2015〕28 号　关于经济发展工作格局改革的实施方案

鼓委发〔2015〕29 号　关于印发 2015 年经济和社会发展目标的通知

鼓委发〔2015〕35 号　关于表彰 2014 年度星级文明和谐社区的决定

鼓委发〔2015〕36 号　关于表彰机关作风建设人民满意单位、机关作风先进单位的决定

鼓委发〔2015〕37 号　关于印发《鼓楼区安全生产党政同责、一岗双责暂行规定》

鼓委发〔2015〕43 号　关于申报“第三批全国社区治理和服务创新实验区”的请示

鼓委发〔2015〕44 号　关于表彰 2014 年度建设鼓楼突出贡献单位的决定

鼓委发〔2015〕45 号　关于表彰 2014 年度经济社会发展先进集体、先进个人的决定

鼓委发〔2015〕50 号　区委常委会 2015 年工作要点

鼓委发〔2015〕51 号　鼓楼区 2015 年政治建设工作目标

鼓委发〔2015〕53 号　鼓楼区 2015 年文化建设工作目标

鼓委发〔2015〕54 号　鼓楼区 2015 年生态文明工作目标

鼓委发〔2015〕56 号　鼓楼区 2015 年社会建设工作目标

鼓委发〔2015〕60 号　关于印发《鼓楼区 2015 年综合目标考核办法》的通知

鼓委发〔2015〕63 号　鼓楼区委关于加强人大工作的意见

鼓委发〔2015〕64 号　关于贯彻落实习近平总书记视察江苏重要讲话精神的意见

鼓委发〔2015〕68 号　关于表彰 2014 年机关工作人员年度考核中记三等功和嘉奖人员的决定

鼓委发〔2015〕92 号　鼓楼区财税管理考核办法(试行)

鼓委发〔2015〕99 号　关于推动文化建设迈上新台阶的实施意见

鼓委发〔2015〕101 号　关于命名表彰 2013～2014 年度区级文明单位、文明社区的决定

鼓委发〔2015〕102 号　关于表彰奖励 2014～2015 年度名师、名校长的决定

鼓委发〔2015〕107 号　鼓楼区深化医药卫生综合改革建设现代医疗卫生体系的实施意见

鼓委发〔2015〕120 号　深化财政体制改革实施方案

鼓委发〔2015〕121 号　鼓楼区区管非领导职务干部配备管理办法

鼓委发〔2015〕136 号　关于贯彻落实《南京市党风廉

政建设党委主体责任、纪委监督责任追究办法(试行)》的意见

鼓委发〔2015〕142 号　南京市鼓楼区学习贯彻新修订两项法规的实施方案

鼓委发〔2015〕144 号　关于进一步加快鼓楼区社会信用体系建设的实施意见

鼓委发〔2015〕168 号　鼓楼区关于分类推进事业单位改革的实施意见

鼓委发〔2015〕170 号　关于《南京市鼓楼区人民政府职能转变和机构改革方案》的请示

鼓委发〔2015〕173 号　推进全国社区治理和服务创新试验区工作实施意见

区政府发文

鼓政〔2015〕7 号　关于加快中央门长途客运站搬迁后地块开发建设提档升级的报告

鼓政〔2015〕16 号　区政府关于批转鼓楼区环境空气质量(一级、二级)防控方案的通知

鼓政〔2015〕23 号　区政府关于印发鼓楼区 2015 年为民办实事重点项目责任分解表的通知

鼓政〔2015〕40 号　区政府关于印发鼓楼区 2015 年街道城市长效综合治理考核办法的通知

鼓政〔2015〕46 号　区政府关于印发南京市鼓楼区创建 2016~2020 年度江苏省及全国科普示范区实施意见的通知

鼓政〔2015〕54 号　区政府关于印发鼓楼区 2015 年城市规划、建设和管理任务计划的通知

鼓政〔2015〕55 号　区政府关于印发南京市鼓楼区创建国家知识产权强县工程试点工作方案的通知

鼓政〔2015〕58 号　区政府关于加快养老服务发展的实施意见

鼓政〔2015〕78 号　关于蔡家巷地块项目规划方案的意见

鼓政〔2015〕106 号　关于开展医患纠纷调解体制机制创新试点工作的请示

鼓政〔2015〕146 号　区政府关于印发鼓楼区"互联网+"实施方案(2015～2017)的通知

鼓政〔2015〕175 号　区政府关于印发鼓楼区"十三五"城市水环境整治规划方案的通知

鼓政〔2015〕207 号　鼓楼区政府关于落实 2015 年区长环保目标责任状的报告

鼓政〔2015〕208 号　区政府关于印发鼓楼区推进科技创新体制改革实施方案的通知

鼓政规〔2015〕1 号　区政府关于印发鼓楼区残疾人社会保险补贴办法的通知

2015 年新闻报道题录

《新华日报》

讲民主　有规则　肯实践　专题协商,鼓楼政协开创民主议政新格局　1 月 7 日　4 专版

一头扎进现实问题中——南京鼓楼区政协专题协商的几点启示　1 月 7 日　4 专版

牢记责任,做百姓贴心人　1 月 8 日　4 专版

南京鼓楼:深度融合适应新常态,城市升级迈上新台阶　1 月 12 日　4-5 专版

逼近千亿,南京鼓楼释放重构活力　1 月 12 日　头版 -2 版

南京鼓楼:聚力五大优势产业　开辟城区转型新天地　3 月 9 日　A6-A7

南京鼓楼:创新进取新作为　迈向四个全面新时代　3 月 30 日　4-5 专版

纪委约谈让基层党委书记直冒汗　4 月 3 日　A2

南京鼓楼统战:凝聚正能量　助推新发展　4 月 17 日　A6

南京鼓楼养老机构　购买医疗服务　4 月 17 日　A7

唱响文明主旋律　彰显核心价值观　5 月 11 日　A8

南京妈祖庙会在阅江楼风景区天妃宫内启幕　5 月 12 日　10 版

劳模——新时代精神的诠释者　5 月 20 日　A9

聚焦南京鼓楼区　民营经济转型升级民企转型,城区发展新引擎　8 月 12 日　9 版

聚焦南京鼓楼区　民营经济转型升级民企升级,先行者就是领跑者　8 月 13 日　9 版

南京设立首家社区型基金　8 月 26 日　9 版

集聚七千双创企业　新增五千创业项目　南京鼓楼:政策给力　众创有活力　9 月 15 日　1 版

南京鼓楼:从城区中心迈向创新中心　9 月 15 日　8 版

南京鼓楼区:特色产业集聚成群　助推服务业走向高端　9 月 24 日　4 版

南京鼓楼:新思想新思路　四级代表献计"十三五"　10 月 20 日　8 版

南京最大社区服务中心开业　政府出钱出地邀社会

组织入驻　10 月 27 日　2 版
大处着眼小处着手　合作共赢同谱新篇　11 月 11 日　6 版
多党合作路　风雨同舟情　11 月 13 日　7 版
12 家社区医院牵手大医院组建医联体南京鼓楼让社区医院重获信任　12 月 3 日　A2

《南京日报》

转型谋变，打造七大功能板块发展现代产业　1 月 8 日　A01
鼓楼 2014：立足创新转型求发展　幸福生态城区再升级　1 月 8 日　A6-A7
加快新常态下鼓楼区转型发展创新发展　1 月 9 日　A01
新建两大停车场　缓解医院门前停车难　1 月 9 日　A02
幕府山街道好居民郭庆云默默奉献 36 年无偿献血 5 万毫升　1 月 19 日　A8
精致鼓楼，渐行渐近——2014 年环境整治工作回眸　1 月 22 日　A9
深化整治从严从实　转变作风知行合一——鼓楼区教育实践活动整改落实工作进展情况公示　2 月 5 日　A3
鼓楼将试点机关公共服务标准化建设　3 月 2 日　A2
鼓楼多措并举推动现代服务业转型升级　3 月 9 日　A1
迈上新台阶　首善鼓楼正发力　3 月 9 日　A6-A7
鼓楼区多年的看病停车难问题要解决了省人医、儿童医院附近将增建停车场　3 月 9 日　A07
露天烧烤摊点将入室“安家”　3 月 17 日　A5
市场培育、融合发展、产业提升“解码”鼓楼养老新样本　3 月 27 日　A6
从磨合到融合　新鼓楼释放“乘数效应”　3 月 30 日　A1
融合的力量　3 月 30 日　A6-A7
鼓楼纪委逐一约谈 31 位基层党委书记　4 月 3 日　A2
提升治理水平　各区城管“金点子”频出　4 月 17 日　A4
每年多掏 2000 万元补贴养老服务　4 月 17 日　头版
鼓楼 44 个园区组建发展联盟　4 月 20 日　头版
物流版“滴滴打车”落户鼓楼　4 月 27 日　A3
从“小护士”到“大专家”　4 月 27 日　A8
鼓楼警方揭秘网络骗局　骗子用上“互联网 +”刷单兼职多为骗局　4 月 27 日　A8
鼓楼区获评　和谐社区建设示范城区　4 月 28 日　A01
鼓楼紫金科创特区“联络服务平台”助推项目建设　4 月 30 日　A7
人民陪审员制度改革试点启动　5 月 4 日　A6
鼓楼区首尝义卖书画征集善款　5 月 5 日　A6
直击立案登记制实施首日打官司更方便　自助立案 3 分钟搞定　5 月 5 日　A07
天妃宫妈祖庙会 11 日启幕　5 月 7 日　A4
依法行政和法治政府建设，是法治南京建设的核心和关键　5 月 11 日　A10
鼓楼打造全国一流的现代化教育强区　5 月 12 日　A4
天妃宫妈祖庙会启幕　5 月 12 日　A6
“儒雅少年”海选掀起国学热　5 月 13 日　B4
鼓楼区中小学践行社会主义核心价值观　5 月 15 日　A1
江东软件城展新姿　5 月 18 日　A1
鼓楼打造首个校园戏剧精品公益剧场　5 月 19 日　A1
扫二维码可报名参加中央门街道志愿活动　5 月 20 日　A7
十多年“违建一条街”一天全拆除　5 月 20 日　A7
民国建筑内打造旅游服务中心　5 月 20 日　A7
秦淮多所小学合并　江宁栖霞浦口学区划分有变　5 月 27 日　A3
全市高中阶段学校招生计划揭晓　5 月 27 日　A3
践行“三严三实”，为建设新南京加油助力　6 月 1 日　A2
宝船社区 32 户困难家庭实现“微心愿”　6 月 3 日　A7
街道残疾人艺术沙龙成立　6 月 3 日　A8
鼓楼检方用信息技术规范司法行为　6 月 16 日　A11
虎踞北路一处文化墙开裂向外倾斜　6 月 17 日　A3
5 秒！下关电厂烟囱昨爆破拆除　6 月 20 日　头版
大烟囱原址地块将建设文化配套设施　6 月 20 日　头版
鼓楼区率先试点社区协商自治　6 月 30 日　A4
“转型升级”的鼓楼实践　7 月 24 日　A6
深化改革再发力，鼓楼转型升级迈上新台阶　7 月 24 日　头版
“宝船社区廉洁文化体验馆”建成开放　7 月 29 日

A2
鼓楼区举办安全生产应急演练　7月29日　A4
鼓楼区市场监管局　优化行政审批服务　8月7日　A5
建设南京区域性航运物流中心　8月7日　头版
鼓楼为1800多名环卫工人免费体检　8月10日　A3
锤炼好作风　展现新作为　8月18日　头版
鼓楼　全力打造航运物流服务集聚区　8月19日　A6
未来两年内完成200亿元以上投资　下关长江国际航运物流集聚区启航　8月19日　头版
鼓楼以社会化路径打造社区养老新模式　8月26日　A5
中央门街道举办《信仰的力量》文艺演出　8月26日　A16
鼓楼区软博会专场亮出8个互联网"服务业淘宝"亮相,技能也可在线交易　9月2日　A2
兑现承诺,居民车棚一月之内"重生"　9月2日　A6
"南京外滩"将建火车主题公园　9月6日　头版
黄莉新调研服务型经济发展时强调　9月7日　头版
高端商业中心配套滨江CBD　9月8日　头版
鼓楼构建"升级版"城市长效治理网格　9月14日　A5
集装箱咖啡馆　现身南艺校园　9月15日　A3
鼓楼　众创的"2+N"　9月15日　A6
利用高校资源和人才优势推动创业创新　鼓楼区建设两个众创空间示范街区　9月15日　头版
扬子饭店　修缮出新　9月15日　A2
鼓楼区:领导带头示范　树立严实标杆　9月17日　头版
全面提升服务型经济发展水平　加快建设全国重要的现代服务业中心　9月21日　头版
鼓楼　创新转型,提升服务型经济发展能级　9月24日　A4
一栋小楼"孵出"40多个大学生公益项目　9月24日　A9
中海20.8亿元竞得鼓楼滨江地块　9月24日　A10
鼓楼签约19个项目揽金超240亿元　9月25日　A4
亚信开启2.0时代　10月16日　A4
鼓楼可尝试推进老年友好城市建设　10月20日　A2
鼓楼区免费发放1.4万个人防应急救援包　10月21日　A4
鼓楼区人口进入中度老龄化阶段　10月21日　A7
鼓楼区征收办原科长梁斌获刑5年3个月　10月23日　A2
南京百赛生物:高精准提纯,快而狠"检毒"　10月23日　A5
江东街道睿城社区综合服务中心今开放　10月26日　A4
鼓楼建成全市最大社区综合服务中心　10月27日　头版
鼓楼区纪委　开展"班子对班子"质询　10月30日　A10
鼓楼区湖南路街道探索老旧小区自管新模式　11月4日　A10
鼓楼微讯　有态度有温度点亮我们的指尖生活　11月4日　A10
鼓楼区"最美警花"开评　11月6日　A3
融生态于建设　用生态于景观下关滨江建设充分利用原有绿化资源　11月18日　A4
老社区搞出新花样　湖南路街道撬动社会资本提升社区服务　11月18日　A5
中央门街道另辟蹊径创建平安社区人防技防合力保障百姓安居　11月19日　A4
鼓楼政务中心日均办理事项488件　11月20日　A5
借互联网开展多项公益活动,金婚典礼完成9对老人"微心愿"　11月24日　A3
鼓楼区推进并联审批提升企业注册效率项目审批平均时限不到2天　11月25日　A4
鼓楼创新构建分级诊疗通道　12月3日　A1
所所共建,法律顾问被请进每个社区　12月3日　A3
建宁路街道老旧小区建设出新招成立5个"家"建管靠大家　12月4日　A5
"全科社工"技能赛鼓楼社工夺冠　12月7日　A5
"12345"投诉集中在哪儿　为民服务资金用到哪儿　12月7日　A6
华侨路街道创建先锋岗服务平台　12月9日　A7
南京白云亭由批发市场精彩转身昔日菜篮子装满惠民果　12月15日　A1
模范路科技创新街区众创空间谋新生　12月15日　A4
紫藤花香飘千家幕府山街道五塘村社区"紫藤花"志愿者服务队侧记　12月16日　A3
免费文化大餐,看鼓楼如何"烹饪"　12月16日　A7
纪录片《记忆影像——我们的大桥》重现大桥建设点滴　12月31日　A4

《扬子晚报》

鼓楼今年将办2所名校分校　1月9日　A33
幕府山一位居民坚持献血36年　1月19日　A27
国足反弹鼓舞南京球迷　他们想踢球找个球场不容易　1月20日　A7
违建墙拆除,钟阜北路将完成拓宽　2月5日　A28
“大头娃娃”为独居老人端上热饺子　2月9日　A30
鼓楼区机关作风大会“晒”排名　排名末位的4单位将被约谈　3月2日　A27
南京举行巾帼风采耀滨江活动　3月8日　A10
鼓楼“社区养老综合体”今年全推广　3月9日　A27
“在一起”2年,新鼓楼民生保障提前实现“向高看齐”　3月30日　A32–A33
南大教授昨披露120年前《马关条约》签订秘闻,不少细节是首次曝光　4月17日　A9
黄家圩小区下月完成出新　4月21日　A28
今后可以在地下　从玄武门逛到山西路步行广场　4月27日　A25
工地挖出铁锚桨叶“燃烧瓶”明朝最大的龙江船厂找到了?　5月7日　A7
最文艺旅游服务中心开放　5月20日　A29
鼓楼区13个街道比赛门球　5月28日　A37
20多家省级机关单位为困难居民圆梦　6月16日　A36
南京下关电厂大烟囱明天要爆破了　6月18日　A3
摇中29中,妈妈喜极而泣:再远都上!　6月29日　A4
南京最大社区服务中心下月底投用　7月28日　A33
郑和船队为何能造出坚韧“宝船”　7月29日　A27
“模范路科创”“环南艺文创”鼓楼区将建两大众创空间　9月15日　A32
鼓楼区已进入“中度老龄化”　10月21日　A29
南京最大社区服务中心落户江东街道　10月26日　A8
鼓楼区举办夕阳旅游大使比赛　10月28日　A34
家门口的社区医院就能看专家门诊　12月3日　A25
环南艺:南京最文艺的“文创空间”　模范路:鹊起百年前的科技梦腾飞之地　12月18日　T68–T69

《南京晨报》

鼓楼“蛮拼的”:品质提升　居民满意　1月16日　A04
鼓楼端“十个民生大餐”再办两所名校分校　1月19日　A06
琅小分校科睿小学今年将扩大招生　1月29日　A07
“春色满园”书画展启动仪式　在省世博诗书画院美术馆举行　2月13日　A7
鼓楼区纪委　约谈31位基层党委书记　4月3日　A7
珍贵绘画再现甲午海战悲壮场景北洋水师重创的日本战舰首露真容　4月17日　A05
鼓楼每个街道都将有“万达式”养老综合体　4月17日　A7
二十九中被评为“全国文明单位”　5月13日　A07
鼓楼区聘请236名作风观察员　5月29日　A06
鼓楼区0~3岁儿童早期综合发展中心正式开放　6月1日　A06
吐出最后一口烟　下关大烟囱倒下　6月20日　A05
鼓楼警花手绘警方版的《捉妖记》　8月10日　A08
建议名校弱校“捆绑式”办学　10月20日　A06
“环南艺”:鼓楼文创的“造梦空间”　10月30日　T02
昔日白云亭批发市场　如今成了“话剧圣地”　12月15日　A06

《现代快报》

鼓楼公园整体修缮将启动　1月9日　都2
鼓楼区发展公众健康服务中心居民将在家门口享受三级医院服务　3月9日　D2
鼓楼最大综合社区服务中心最快6月底投入使用　3月30日　都2
南京鼓楼区纪委率先对31位基层党委书记逐一约谈　4月3日　封13
鼓楼将打造15分钟养老服务圈　4月17日　都2
湖南路04、05地块将“变身”现代服务业总部城　4月27日　都1
鲁迅读书旧址今夏重新启用　5月5日　都3
居民状告街道违法南京法院当场立案　5月5日　封4
郑和宝船厂的爷爷叫龙江船厂　5月7日　封5
鼓楼整合教育资源　3年办10余所名校分校　5月13日　封20
颐和路街区将推黄包车游　5月20日　都1
南京各区义务教育阶段招生方案昨日出台　5月27日　封6–封7

鼓楼 0～3 岁儿童早期综合发展训练中心正式开放　6 月 1 日　都 2
南京下关电厂大烟囱明天爆破拆除　6 月 18 日　封 7
8 秒　下关电厂大烟囱完美告别　6 月 20 日　封 4- 封 5
南京 67 所热门中小学摇号　6 月 29 日　封 8
鼓楼近 1800 名环卫工可以享受免费体检　8 月 10 日　都 2
下关滨江打造长江航运集聚区　8 月 17 日　都 2
把一技之长发到网上忙里偷闲就能把钱赚了　9 月 2 日　都 2
创客快来！鼓楼两大众创空间喊你入驻　9 月 15 日　都 4
湖南路拟下月封闭交通方案预计月底公布　10 月 20 日　都 1
南京百岁老人超四分之一在鼓楼区　10 月 21 日　封 6
湖南路下月起全封闭施工 7 个半月　10 月 27 日　都 1
小学生写信向区教育局长吐槽　11 月 12 日　封 5
家门口就有名医坐诊　12 月 3 日　封 5

《金陵晚报》

地铁 5 号线今年开建　一批学校改扩建办分校　1 月 9 日　A5
鼓楼区 2015 愿景令人期待大医院专家坐诊社区医院　3 月 9 日　A6
两区融合显现成效　鼓楼发展令人期待　3 月 30 日　B03
每年多掏 2000 多万元支持养老服务　4 月 17 日　A4
长江边将建体验式主题公园　4 月 27 日　A03
特种设备安全知识进社区　4 月 28 日　B20
鼓楼法院在最高法介绍经验　4 月 29 日 B04
鼓楼区举行慈善书画义卖　5 月 2 日　A19
沉睡了数百年龙江船厂遗址首次被发现　5 月 7 日　A03
老人集体生日会　小举动大温暖　5 月 11 日　A06
下关“民国码头”被拆？原来是场误会　5 月 13 日　A06
鼓楼区召开 2015 年征兵动员会　5 月 18 日　A06
鼓楼颐和路街区 225 栋民国建筑带你穿越时光　5 月 20 日　A07
今天各校公布小学一年级招生通告　5 月 27 日　A05
鼓楼区儿童早期综合发展中心开放　6 月 1 日　B02
10 秒钟下关电厂大烟囱倒地　6 月 20 日　A03
鼓楼区市场监管局助力区域经济发展　6 月 26 日　专版
南京 67 所热点学校昨摇号　6 月 29 日　A05
郑和宝船为啥能下西洋　看看郑和怎么监工　7 月 29 日　B03
与将军为邻的双拥示范街区　9 月 21 日　B20
鼓楼区百岁老人达 69 名　10 月 21 日　B07
鼓楼样本继续创新　养老服务迈入 2.0 时代　10 月 21 日　T05
南京小学生给局长写信要秋游　11 月 12 日　B07

《江南时报》

广州路将新建两大停车场　大马路将重现“南京外滩”　1 月 9 日　A04
南京鼓楼区优化布局调整、实施转型发展成绩瞩目　3 月 9 日　A08
南京警方捣毁特大制假窝点　3 月 16 日　B5
那些江上的浪花，装饰着岸边的梦　3 月 30 日　T03–T14
幸福的元素　南京鼓楼区人文生活特辑　3 月 30 日　T01–T16
追寻郑和，在海上丝绸之路起点看尽云卷千峰　3 月 30 日　T02–T15
你来得正好，文创街区里满是激情和惊喜　3 月 30 日　T04–T13
去白云亭，找回生活本来的样子　3 月 30 日　T05–T12
社区里有我记忆中忘不了的温存　3 月 30 日　T06–T11
烟火气息的暧昧，不是今天才开始等你　3 月 30 日　T07–T10
在颐和路那一束春光里惊艳蝶变　3 月 30 日　T08–T09
南大史学家揭秘 120 年前的《马关条约》　4 月 17 日　A03
南京创洽会凸显产业转型升级　4 月 27 日　A06
鼓楼区高位谋划　法律服务业创新发展思路　4 月 27 日　B07
鼓楼区建宁路司法所举办法律知识讲座　5 月 4 日　B07

鼓楼区将军庙社区地震演练　5 月 13 日　A03
鼓楼区两校　举办社会主义价值观主题班　5 月 13 日　A09
鼓楼区 236 名社区群众成了作风观察员　监督 17 家单位治理　5 月 29 日　A10
下关电厂标志性建筑老烟囱要拆了　6 月 18 日　A02
鼓楼区城管队员　冒雨为受灾居民送饭　6 月 29 日　A2
得知贫困大学生学费没凑齐　他拍着胸脯说　6 月 29 日　C02
南京鼓楼区小市街道成立全区首个街道协商民主议事会　9 月 21 日　A04
社区书记创办“王姐红娘工作室”为 300 多单身男女免费“搭鹊桥”　9 月 21 日　A06
鼓楼“医养结合”模式三管齐下　社区卫生服务中心养老唱主角　10 月 22 日　A05
南京四大三甲医院牵手社区医院　组医疗联合体打通分级诊疗　12 月 3 日　A07
院士领衔 35 位专家团队送科普　社区居民家门口就能“涨知识”　12 月 15 日　A02

石城夜色美

鼓楼年鉴 2016

索引

Index

索引说明

1.本索引采用内容分析法,兼选关键词。
2.依据首字汉语拼音字母顺序排列,首字音调相同按第二字音序排列,依次类推。
3.类目、分目、副分目用黑体字,标引词后数字表示内容所在页码或参见页码,数字后的字母 a、b、c 表示左、中、右栏别。
4.“彩页”“大事记”“附录”中的内容均未作索引。
5.为便于检索,标引词前的“2015 年”和“鼓楼区”均作省略,个别易产生歧义的除外。

A

B

C

D

E

F

G

H

I

J

K

L

M

N

P

S

X

Y

Z